© SIME/Stefano Cellai/Photononstop

Le Routard

Les Charentes

La Rochelle, îles de Ré et d'Oléron, Marais poitevin, Cognac, Angoulême

2022/2023

Cofondateurs : Philippe GLOAGUEN et Michel DUVAL

Directeur de collection et auteur
Philippe GLOAGUEN

Secrétaire général
Gavin's CLEMENTE-RUIZ

Rédacteurs en chef
Amanda KERAVEL (France)
Benoît LUCCHINI (Étranger)

Directrice administrative
Bénédicte GLOAGUEN

Conseiller à la rédaction
Pierre JOSSE

Responsable voyages
Carole BORDES

Direction éditoriale
Élise ERNEST

Rédaction
Isabelle AL SUBAIHI
Emmanuelle BAUQUIS
Mathilde de BOISGROLLIER
Marie BURIN des ROZIERS
Camille CAMPET
Diane CAPRON
Véronique de CHARDON
Laura CHARLIER
Florence CHARMETANT
Fiona DEBRABANDER
Géraldine LEMAUF-BEAUVOIS
Alain PALLIER
Anne POINSOT
Alexia POULAIN

hachette

TABLE DES MATIÈRES

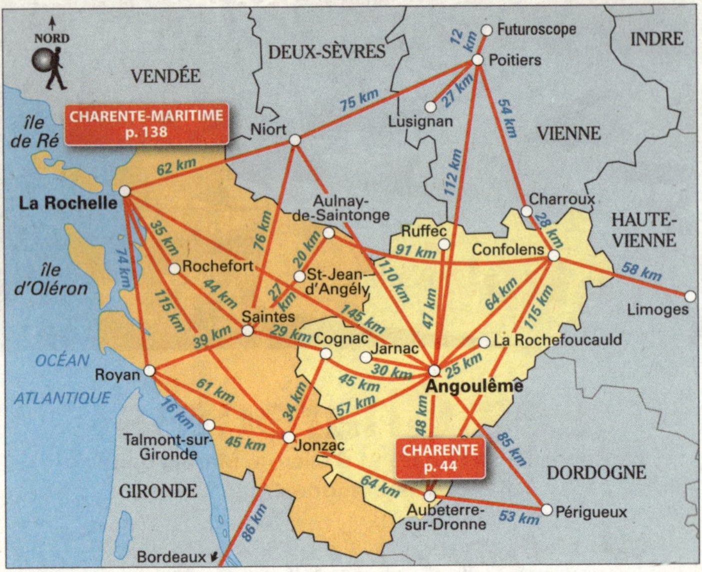

PRÉAMBULE

COMMENT Y ALLER ? 34

BON À SAVOIR AVANT LE DÉPART 38

LA CHARENTE 44

Pictogrammes du Routard

Établissements

- Hôtel, auberge, chambre d'hôtes
- Camping
- Restaurant
- Terrasse
- Pizzeria
- Boulangerie, sandwicherie
- Pâtisserie
- Glacier
- Café, salon de thé
- Café, bar
- Bar musical
- Club, boîte de nuit
- Salle de spectacle
- Boutique, magasin, marché

Infos pratiques

- Office de tourisme
- Poste
- Accès Internet
- Hôpital, urgences
- Adapté aux personnes handicapées

Sites

- Présente un intérêt touristique
- Point de vue
- Plage
- Spot de surf
- Site de plongée
- Recommandé pour les enfants
- Inscrit au Patrimoine mondial de l'Unesco
- Pas de côté

Transports

- Aéroport
- Gare ferroviaire
- Gare routière, arrêt de bus
- Station de métro
- Station de tramway
- Parking
- Taxi
- Taxi collectif
- Bateau
- Bateau fluvial
- Piste cyclable, parcours à vélo

« OSONS LE PAS DE CÔTÉ »

Le surtourisme ? Tous concernés. Et pourtant, à l'écart des grands flux touristiques, il existe plein de pépites méconnues, souvent oubliées des circuits trop encombrés. Ici un site ignoré ; là un quartier secret ; plus loin un village caché au charme discret, avec un troquet d'une autre époque. Il existe une infinité de lieux peinards que l'on a envie de mettre en avant avec ce pictogramme. Un vagabondage enfin calme favorisé aussi par les **visites aux heures creuses.** Vive le *slow trip* !

#osonslepasdecote

☎ **112 :** c'est le numéro d'urgence commun à la France et à tous les pays de l'UE, à composer en cas d'accident, agression ou détresse. Il permet de se faire localiser et aider en français, tout en améliorant les délais d'intervention des services de secours.

Sites inscrits au Patrimoine mondial de l'Unesco
Pas de côté
NORD
MARAIS POITEVIN
NIORT
A 83
A 10
D 137
N 11 E 601
AUNIS
St-Martin-de-Ré
Île de Ré
LA ROCHELLE
Surgères
D 939
E 5
Châtelaillon-Plage
Dampierre-sur-Boutonne
Île d'Aix
CHARENTE-MARITIME (17) p. 138
Aulnay-de-Saintonge
St-Pierre-d'Oléron
Fouras-les-Bains
A 837
Île d'Oléron
Rochefort-sur-Mer
St-Jean-d'Angély
E 602
Fort Louvois
Hiers-Brouage
St-Trojan-les-Bains
D 733
La Roche-Courbon
St-Savinien
Taillebourg
Marennes
Ronce-les-Bains
La Tremblade
D 728
Saintes
Mornac
Charente
Cognac
D 14
La Palmyre
N 150
St-Palais-sur-Mer
Royan
St-Georges-de-Didonne
Phare de Cordouan
D 730
D 732
Pons
D 700
Meschers-sur-Gironde
Talmont-sur-Gironde
D 142
OCÉAN ATLANTIQUE
Gironde
Mortagne-sur-Gironde
D 2
Jonzac
D 699
N 10 E 606
0 10 20 km
GIRONDE (33)
BORDEAUX

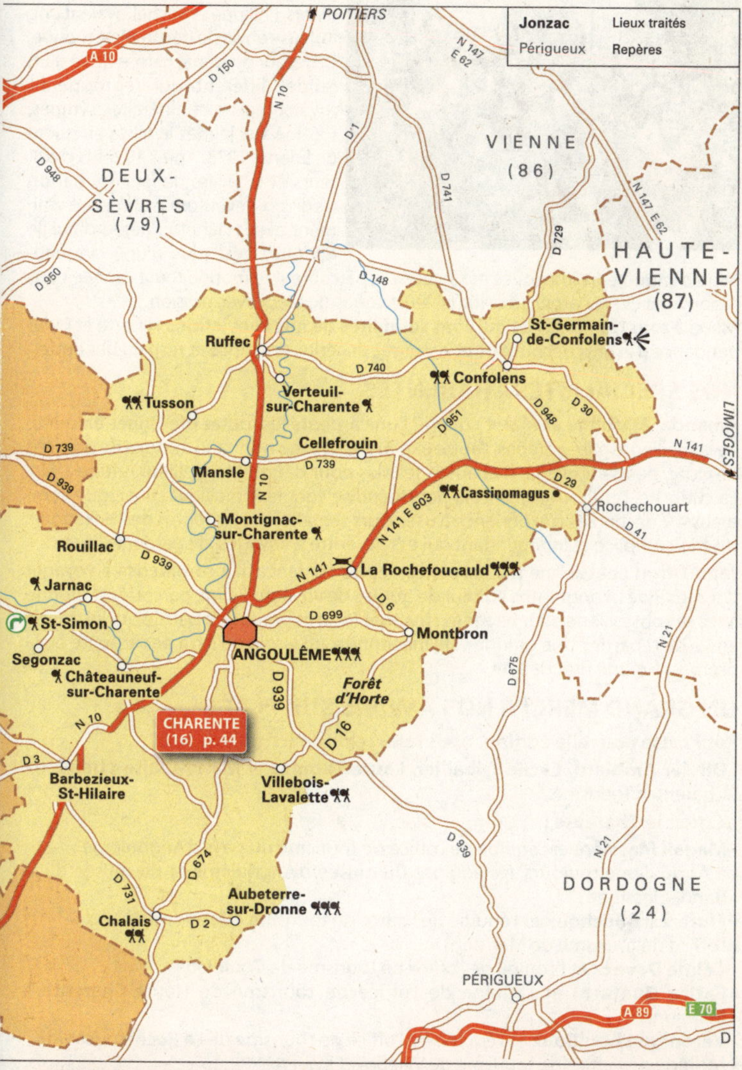

LES CHARENTES

LA RÉDACTION DU ROUTARD

© R. Delalande et E. Dessons

La saga du *Routard* : en 1971, 2 étudiants, Philippe et Michel, avaient une furieuse envie de découvrir le monde. De retour du Népal germe l'idée d'un guide différent qui regrouperait tuyaux malins et itinéraires sympas, destiné aux jeunes fauchés en quête de liberté. 1973. Après 19 refus d'éditeurs et la faillite de leur 1re maison d'édition, l'aventure commence vraiment avec Hachette. Aujourd'hui, le *Routard*, c'est plus d'une cinquantaine d'enquêteurs impliqués et sincères. Ils parcourent le monde toute l'année dans l'anonymat et s'acharnent à restituer leurs coups de cœur avec passion.

Merci à tous les Routards qui sont solidaires de nos convictions : liberté et indépendance d'esprit ; découverte et partage ; sincérité, tolérance et respect des autres.

NOS SPÉCIALISTES CHARENTES

Amanda, Mathilde et Marie : quand l'une arpente les routes bretonnes en quête de la meilleure pâte à crêpes, l'autre explore le bocage normand à coups de gorgées de cidre, pendant que la 3e chausse ses skis pour dégoter le meilleur refuge alpin. La curiosité, l'enthousiasme et la gourmandise sont leur meilleur sonar, que complètent 2 décennies d'expérience à user leurs semelles sur les routes de l'Hexagone. Un trio complice et indépendant qui essaie, entre 2 voyages, de garder la ligne.

Jean Tiffon : passionné par les cartes depuis l'enfance, il a commencé à voyager dans les livres. Longtemps éditeur de guides de voyage, il aime parcourir le monde avec ses obsessions pour bagages : manger local et penser global. Ce qui lui donne envie de repartir ? Une grande ville méconnue, un jardin qu'il n'a pas arpenté ou la promesse d'une nuit de fête.

UN GRAND MERCI À NOS AMI(E)S SUR PLACE

Pour cette nouvelle édition, nous remercions particulièrement :

- **Olivier Amblard, Cécile Triballier, Laure Thomas** et **Marie-Claire Chené,** de Charentes Tourisme.

... pour la Charente :

- **Magali Massière** et l'équipe de l'office de tourisme du pays d'Angoulême ;
- à Angoulême toujours, les équipes du musée d'Angoulême et du musée de la Bande dessinée ;
- **Florence Bouchoux** et l'équipe de l'office de tourisme du Pays ruffécois ;
- l'office de tourisme de Mansle ;
- **Céline Deveza** et l'équipe de l'office de tourisme de Confolens ;
- **Fatira Guetarni** et l'équipe de l'office de tourisme de Haute-Charente à Massignac ;
- **Véronique Bouilloux** et l'équipe de l'office de tourisme de La Rochefoucauld ;
- l'équipe de l'office de tourisme de Villebois-Lavalette ;
- **Pascale Gillet** de l'office de tourisme d'Aubeterre-sur-Dronne ;
- **Séverine Poineaud** et l'équipe de l'office de tourisme de Cognac ;
- l'office de tourisme de Rouillac ;
- et toutes celles et tous ceux croisés dans les vieilles rues (ou les bars !), d'Angoulême à Cognac, qui ont généreusement accepté de partager avec nous leurs bonnes adresses !

... pour la Charente-Maritime :

- **Sophie Nogues, Marion Givelet** et **Bastien Cogne,** de l'office de tourisme de La Rochelle ;
- **Elvire Noyer** et **Catherine Bouffet,** de l'office de tourisme de l'île de Ré ;
- **France Aumont,** de l'office de tourisme de Saintes ;
- **Frédéric Saint-Pol,** de l'abbaye aux Dames de Saintes ;
- **Cécile Cailhol,** de l'office de tourisme de Rochefort-Océan ;
- **Cécile Chartier,** de l'office de tourisme de Marennes-Oléron ;
- **Philippe Lafon,** historien de l'île d'Oléron ;
- **Jean-Claude** et **Catherine Nageotte,** Oléronais de cœur, pour leurs bons tuyaux sur l'île ;
- **David Guilbot,** de l'office de tourisme de Jonzac ;
- **Annabelle,** de la Maison de la baie du Marais poitevin à Esnandes ;
- **la famille Laugier,** pour ses conseils sur Rochefort et sa région ;
- **Axel Maffert,** pour ses tuyaux à La Rochelle et à l'île de Ré ;
- **Stéphanie Delaballe,** pour sa patience et son aide.
- Nous remercions également tous les offices de tourisme des Charentes pour leur aide précieuse.

NOS ENQUÊTEURS-FURETEURS

Nous tenons à remercier tout particulièrement Loup-Maëlle Besançon, Thierry Bessou, Gérard Bouchu, François Chauvin, Grégory Dalex, Fabrice Doumergue, Cédric Fischer, Carole Fouque, Guillaume Garnier, Nicolas George, Michelle Georget, David Giason, Claude Hervé-Bazin, Emmanuel Juste, Dimitri Lefèvre, Fabrice de Lestang, Romain Meynier, Éric Milet, Pierre Mitrano, Louis Nagot, Jean-Sébastien Petitdemange, Thomas Rivallain et Jean Tiffon pour leur collaboration régulière.

Guillem Aurenche, Jean-Jacques Bordier-Chêne, Gérard Bouchu, Philippe Coupy, Agnès Debiage, Jérôme Denoix, Tovi et Ahmet Diler, Clélie Dudon, Agustina Ernesta, Alain Fisch, Hermine Frachon, Adrien et Clément Gloaguen, Simon Hafi, Anaelle Hascouet, Chloé Iacono, Thelem Jolliot-Curie, Lawrence Lemane, Maeva Libessart, Marine Lucas, Lise Machu, Martine Partrat, Odile Paugam et Didier Jehanno, Orianne Pouchard, Marva Prevost, Alexia Rambaud, Prakit Saiporn, Lara Tantawi, Sarah Toson, Emma Vadillo Quesada.

DU CÔTÉ D'HACHETTE-LIVRE

Direction : Sidonie Chollet
Direction éditoriale : Élise Ernest
Édition : Matthieu Devaux, Olga Krokhina, Gia-Quy Tran, Julie Dupré, Amélie Ramond, Margaux Lefebvre, Lucie Léna, Joséphine Bonneau, Morgane Zambrelli et Tony De Sousa
Ont également collaboré : **Catherine Hidé, Agnès Petit** et **Alba Bastida Díaz**
Cartographie : Frédéric Clémençon et **Aurélie Huot**
Contrôle de gestion : Jérôme Boulingre et **Yannis Villeneuve**
Marketing : Clotilde Tougeron et **Élise Sylvestre**
Assistanat : Julia Lorrain
Fabrication : Nathalie Lautout et **Liza Sacco**
Relations presse : COM'PROD, **Fred Papet** et **Laëtitia de Cerval.** ☎ 01-70-69-04-69. • info@comprod.fr • **Martine Levens** (Belgique)
Contact Partenariats : Jérôme Denoix • jeromedenoix@gmail.com •
Contact Partenariats et régie pub : Florence Brunel-Jars • fbrunel@hachette-livre.fr •
Silhouette du Routard : Clément Gloaguen (d'après Solé)
Couverture : le-bureau-des-affaires-graphiques.com ; **Maquette intérieure : le-bureau-des-affaires-graphiques.com, Thibault Reumaux** et **npeg.fr**

Le fort Louvois

« Verser de l'eau dans du cognac, c'est gâcher deux bonnes choses. »
Charles Lamb

Les Charentes sont irriguées par la... Charente. « Plus beau ruisseau de mon royaume », disait François Ier, né sur ses rives. Non sans une pointe d'ironie, puisque la Charente est bel et bien un fleuve qui parcourt nonchalamment 380 km avant de s'oublier dans l'Atlantique. Avec ses **420 km de côtes** à l'ensoleillement record, une ville-port, La Rochelle, tournée vers 2 joyaux, les îles de Ré et d'Oléron, la mer tient le devant de la scène dans cette Charente forcément maritime.

Mais avant de rejoindre le littoral, le fleuve paresse à travers **2 pays historiques, Aunis et Saintonge,** façonnant un paysage « de pierres et d'eau », vallonné et baigné d'une douce lumière. Plus en amont, le fleuve alimente 2 autres bien vieilles provinces : l'Angoumois, pays du papier (et aujourd'hui de la bande dessinée), et le Cognaçais, aux vignes prospères.

Et, de fait, avec l'ample estuaire de la Gironde au sud-ouest, une tranche de Limousin à l'est et un zeste de Périgord au sud, les Charentes offrent une remarquable variété de paysages, peuplés d'une multitude de **petits trésors architecturaux** : maisons de pierre ou à colombages de villages paisibles, solides châteaux et adorables églises romanes au long des chemins de Saint-Jacques.

Plus que 2 visages, les Charentes présentent donc d'**innombrables facettes.** Cette région, à la fois festive et secrète, balnéaire et rurale, moderne et rustique, a quelque chose à offrir à tous ses visiteurs.

Les gourmets apprécieront sa gastronomie, aussi simple que variée, à l'image des **richesses de ses terroirs.** D'un côté, le meilleur de la mer, les huîtres de Marennes, les moules de Charron. De l'autre, escargots, volailles et autres délices fermiers. Avec un pineau des Charentes et une goutte de cognac, les Charentes ont décidément tout pour plaire !

Roses trémières sur l'île de Ré

NOS COUPS DE CŒUR

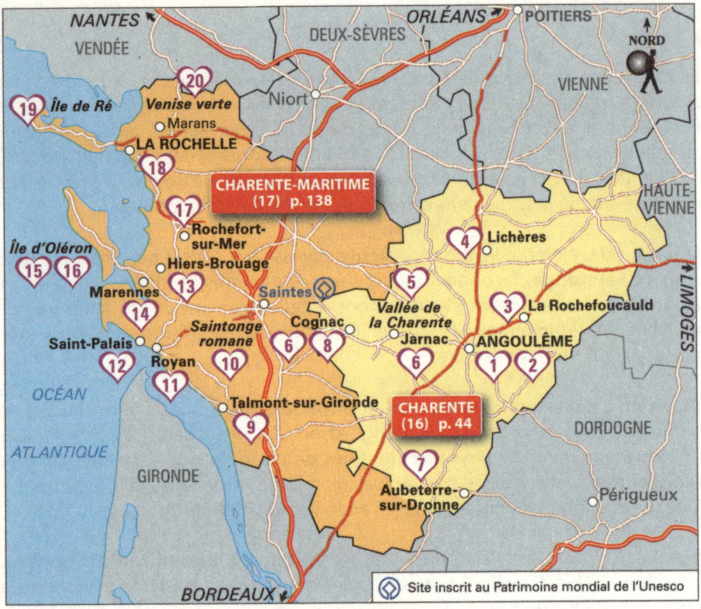

1 Quadriller Angoulême pour dénicher les fresques de célèbres dessinateurs de B.D.

Angoulême est LA ville française de la bande dessinée. On s'en rend compte dès la 1re plaque de rue (en forme de phylactère !) et en détaillant les fresques peintes sur les murs d'après l'œuvre d'une bonne vingtaine de dessinateurs de B.D. Dénicherez-vous *La Fille des remparts* de Cabanes, perdue dans ses rêveries, la bande des Dalton incarcérée par Lucky Luke, *Le Jardin extraordinaire* de Florence Cestac, la mèche immensément célèbre du jeune Titeuf ? *p. 62*

***Bon à savoir :** un plan avec circuit des œuvres est disponible à l'office de tourisme ou sur • angouleme-tourisme.com •*

La fille des remparts d'après Max Cabanes
Parcours de murs peints BD d'Angoulême
Maître d'ouvrage : Ville d'Angoulême
Concept et réalisation © CITÉCRÉATION

2 Se tordre le cou pour détailler toutes les sculptures de la sublime façade de la cathédrale Saint-Pierre, à Angoulême.

Cette façade abondamment sculptée constitue la pièce maîtresse de la cathédrale d'Angoulême. 2 grands thèmes y sont développés : l'Ascension et le Jugement dernier avec, notamment, des damnés aux étonnants corps décharnés. Au total, on découvre 75 personnages pleins de relief, dont quelques chevaliers de la *Chanson de Roland*. Une superbe « page de pierre », un chef-d'œuvre de l'art roman. *p. 57*

***Bon à savoir :** le trésor de la cathédrale est présenté dans une « mise en scène » très contemporaine signée Jean-Michel Othoniel.*

3 **Passer de salons en bibliothèques dans le château de La Rochefoucauld, habité par la même famille depuis 1 000 ans !**

Si ses origines remontent au Xe s, c'est pendant la Renaissance que le château de La Rochefoucauld a pris son aspect actuel avec, par exemple, les superbes galeries à arcades à l'italienne de la cour d'honneur. L'intérêt de la visite réside également dans le fait que ce château est toujours habité par une des plus vieilles familles de la noblesse française : les La Rochefoucauld, évidemment ! *p. 91*

© René Mattes

© Nicolas Thibaut/Photononstop

4 **Dénicher, au milieu des champs de tournesols, l'église Saint-Denis de Lichères, la plus photogénique de Charente !**

Impossible de résister à l'envie de photographier l'harmonieuse silhouette de cette église romane, presque perdue au milieu des champs et d'une quiétude d'un autre temps. Avant ou après en avoir soigneusement fait le tour pour détailler toutes ses sculptures, et avoir poussé la porte pour découvrir d'autres chapiteaux sculptés ou cet étonnant sol de pavés dits « cœurs des demoiselles ». *p. 77*

Bon à savoir : on peut traverser la Charente, en contrebas de l'église, à bord d'un des derniers bacs à chaîne du fleuve.

© Roy Philippe/hemis.fr

5 **Embarquer à bord d'une gabare pour découvrir autrement les trésors cachés de la vallée de la Charente.**

La Charente, berceau d'une civilisation fluviale (celle des gabariers), est le plus beau des fils conducteurs pour découvrir le terroir. On peut aujourd'hui embarquer à Saint-Simon, à bord d'une reconstitution d'un de ces grands bateaux à fond plat qui autrefois sillonnaient le fleuve, chargés de sel, de bois, de vin… puis de cognac. Au long des berges, des paysages empreints de charme : coteaux brodés de rangs de vignes, ponts de pierre, îlots de verdure, fermes paisibles, le tout nimbé d'une lumière d'ambre. *p. 134*

6 À Cognac ou à Jarnac, entrer dans l'obscurité (et les secrets) des chais de l'une ou l'autre des prestigieuses maisons de négoce.

Après avoir parcouru ces vastes espaces emplis de barriques de chêne et autres dames-jeannes, vous devriez être incollable sur le cognac, sa passionnante histoire, ses différents métiers... Espaces historiques ou conçus par de prestigieux architectes contemporains, entreprises familiales ou propriétés de grands groupes internationaux, avec balade en petit train dans les vignes ou en bateau sur la Charente : il y en a pour tous les goûts. *p. 115, 129*

Bon à savoir : chaque visite se termine par une dégustation, évidemment.

© Cintract Romain/hemis.fr

7 Grimper les ruelles du charmant village d'Aubeterre-sur-Dronne et pénétrer dans sa surprenante église souterraine.

Peut-être bien le plus original des villages de Charente, et sûrement l'un des plus jolis ! Spectaculairement construit en amphithéâtre autour d'une boucle de la Dronne avec des rues qui n'en finissent pas de monter et de descendre, livrant ici ou là des panoramas sur les toits, d'étroits passages entre de hautes maisons aux bien vieux balcons de bois, une adorable placette où se poser le temps d'un verre. Et un incontournable : la surprenante église souterraine dite « église monolithe », la plus haute d'Europe dans son genre. *p. 97*

© Hervé Gyssels/Photononstop

8 Se balader le nez en l'air dans les vieilles rues pleines de charme de Cognac ou le long des quais.

Combien de petites villes françaises peuvent se vanter, comme Cognac, d'être célèbres dans le monde entier ? Bourgeoise, royale même (François Ier y est né) et européenne (Jean Monnet est également un enfant du pays), Cognac est un cas à part en Charente. Aujourd'hui labellisée Ville d'art et d'histoire, elle affiche encore plus fièrement son patrimoine au hasard de ses rues jalonnées de maisons du XVe s et d'hôtels particuliers des XVIe et XVIIe s. Et dans l'air flotte ce parfum si particulier, lié à l'évaporation du cognac, la fameuse « part des anges » ! *p. 116*

9 Voir Talmont-sur-Gironde… et mourir !

« Plus Beau Village de France », « joyau de la Saintonge », « perle de l'estuaire », « Village de pierres et d'eau », Talmont invite immanquablement à l'emphase et au lyrisme. Cette bourgade unique, s'avançant sur la mer et serrée autour de son église, l'une des plus belles de la région, est une vision qui marque à jamais. Vous y ferez vos plus belles photos. Des croisières en mer permettent d'inverser le point de vue ; magique là aussi ! *p. 315*

***Bon à savoir :** le parking est plus grand que le village, ce qui en dit long sur la fréquentation de Talmont. Venez donc le matin pour éviter la foule, voire en très basse saison.*

10 Élever son âme, comme touché par la grâce de l'art, en Saintonge romane.

Le moindre village semble posséder sa ravissante église romane et témoigne de cet âge d'or que furent en Saintonge les XIe et XIIe s. On découvre émerveillé une architecture proche du sublime et une iconographie mystique quasi surnaturelle, alimentée par les peurs de l'an mil et propagée par les pèlerinages. Partout, sur les frises et les voussures, s'observent bestiaires fantastiques et personnages grimaçants. *p. 321, 323, 326, 336*

© Bertolissio Giovanni/hemis.fr

11 **Revivre avec curiosité l'époque de *Mon oncle* de Tati en s'offrant une balade architecturale dans Royan, ville balnéaire des années 1950.**

Royan, bombardée par les Alliés, fut détruite à 80 %. Si de jolies villas égaient toujours le front de mer et le quartier du Parc, la majorité des bâtiments date de la reconstruction, confiée à Claude Ferret, dont on salue aujourd'hui la patience et le talent. Royan est une ville géométrique, lumineuse, moderne, où le béton a su révéler son potentiel quand il est utilisé à bon escient. *p. 300*

Bon à savoir : *l'office de tourisme propose des visites guidées et un circuit des incontournables, à commencer par l'église et le marché.*

12 **Guetter, traquer les carrelets le long de la côte, comme autant d'adorables clichés charentais.**

Les carrelets font véritablement partie de l'identité charentaise. Fortement endommagés pendant les grandes tempêtes, ils ont été restaurés voire reconstruits, bien qu'ils aient le plus souvent perdu leur usage professionnel. Cette petite cabane de bois sur pilotis, reliée à la côte par un ponton et équipée d'un filet de pêche rectangulaire actionné par un treuil, contribue au charme de cette côte atlantique. *p. 172, 219, 245, 297, 319*

Bon à savoir : *on en trouve une forte concentration à Saint-Palais, sur le chemin des Douaniers, à Port-des-Barques et à Talmont-sur-Gironde.*

© SIME/Photononstop

13 Prévoir une halte pour découvrir le bourg fortifié de Brouage et son architecture du XVIIe s.

L'ancienne cité portuaire conserve d'intéressants vestiges de son âge d'or. Ne pas manquer de parcourir le chemin de ronde des remparts, qui offre une belle vue sur les marais environnants. *p. 282*

14 Déguster une douzaine d'huîtres chez les ostréiculteurs de Marennes, avec un verre de vin blanc et des tartines de beurre demi-sel AOP Charentes-Poitou.

Et, pour ne pas manger « idiot », profiter de cette expérience pour visiter la Cité de l'Huître à Marennes et repartir incollable sur l'affinage ou l'élevage en claires. Histoire de ne plus jamais confondre une spéciale de claire avec une pousse en claire. Rien de tel pour briller au prochain réveillon ! La visite se poursuit par une balade bucolique le long du chenal et du port et dans les marais salants reconvertis en claires. *p. 285, 289*

Bon à savoir : *l'huître de Marennes-Oléron bénéficie d'une IGP et de 2 Label Rouge.*

15 **Savourer une églade ou éclade, fameuse spécialité de moules typiquement oléronnaise.**
Disposées en rosace sur une planche de bois, les moules sont recouvertes d'une épaisse couche d'aiguilles de pin que l'on enflamme. Spectaculaire ! La cuisson à l'étouffée leur donne une saveur unique de fumée et de pin. À déguster à la bonne franquette, avec du pain beurré et un p'tit verre de colombard. Une tradition ancestrale et conviviale, mais prévoir la brosse à ongles car on s'en colle plein les doigts ! *p. 256, 274, 275*
Bon à savoir : *l'églade se réserve souvent à l'avance dans les petits restos de l'île. Elle est aussi servie dans les fêtes de village.*

© David Page/Alamy/Hemis

16 **Explorer le labyrinthe des marais salants d'Oléron en *stand up paddle.***
Une expérience instructive et ludique, accessible à tous, même aux enfants. Après quelques explications techniques pour maîtriser son équilibre sur la planche, c'est parti pour 2h de balade tranquille dans le dédale des chenaux, à la découverte de ces paysages silencieux entre terre et mer. Entre 2 coups de rame, on écoute les anecdotes du guide sur ce fameux « or blanc » et on goûte la flore des marais : salicorne et autres. *p. 270*
Bon à savoir : *départ de Saint-Pierre-d'Oléron (marais de l'Éguille). Résa impérative auprès de* La Salicorne, *06-69-56-42-47. • salicorne-sup.fr •*

© Cintract Romain/hemis.fr

17 Embarquer à bord de *L'Hermione* et jouer au gabier en escaladant un grand mât à Rochefort-sur-Mer.

La mer s'est retirée depuis longtemps, mais Rochefort reste un incontournable charentais. Pierre Loti ou les célèbres *Demoiselles* ont moins la cote depuis que la réplique de la frégate leur a volé la vedette. Le chantier qui dura près de 17 ans est terminé, *L'Hermione* a enfin pris le large. Mais son port d'attache reste Rochefort, où elle est amarrée à 2 pas de la Corderie royale entre 2 voyages. Juste à côté, une nouvelle attraction fait fureur : l'Accro-mâts. *p. 237*

Bon à savoir : pensez à vous renseigner sur la présence de L'Hermione *à Rochefort, sous peine d'être déçu.*

© Azam Jean-Paul/hemis.fr

18 Être pris en flagrant délit de péché de gourmandise au marché de La Rochelle, l'un des plus beaux de France.

La Rochelle est une ville au riche patrimoine historique. Belle et rebelle, c'est aussi une halte gourmande, où les restaurants rivalisent de fraîcheur et de créativité. Il faut dire qu'ils ont, à portée de panier, un fabuleux marché qui leur offre quotidiennement les plus beaux produits qui soient. Se promener dans ses allées donne envie de mordre les Charentes à pleines dents ! *p. 162*

Bon à savoir : le marché se tient tlj sous la grande halle, mais les mer et sam sont les 2 jours les plus fastes, où les producteurs envahissent les rues alentour.

19 Succomber aux charmes de l'île de Ré…

Si l'île de Ré fait tant rêver, ce n'est évidemment pas un hasard… L'architecture de ses charmants villages immaculés contribue évidemment à son pouvoir de séduction, mais certains ports, comme La Flotte ou Saint-Martin, rivalisent d'élégance avec leurs riches maisons d'armateurs dont la pierre blonde s'enflamme au soleil couchant. « Ré la Blanche » offre mille couleurs éclatantes à qui sait l'observer… Véritable kaléidoscope, typique des paysages maritimes ; on s'émerveille à chaque instant de la lumière changeante et l'on s'attendrit devant la floraison des roses trémières. p. 174

Bon à savoir : *l'île se découvre encore mieux à vélo. Avec l'application « Île de Ré Tour », vous avez accès en un clic au réseau de pistes cyclables que vous pouvez combiner à des circuits et itinéraires touristiques ou… gastronomiques !*

20 Éprouver un sentiment de plénitude, au plus près de la nature, au cœur de la Venise verte.

La Venise verte désigne la partie « mouillée » du Marais poitevin. À cheval sur 3 départements, cette enclave protégée se parcourt en barque. On découvre alors un paysage certes façonné par l'humain, mais aussi une jungle bocagère à l'écosystème aussi riche que fragile, fascinant labyrinthe aquatique et végétal. Un peu plus loin, le marais « desséché » aux paysages poldérisés vaut lui aussi le détour. *p. 368*

***Bon à savoir :** il est parfaitement possible de découvrir le marais mouillé en Charente-Maritime, par exemple du côté de l'embarcadère de Bazoin.*

Le port de La Flotte sur l'île de Ré

ITINÉRAIRES CONSEILLÉS

Les essentiels

Et si, tout naturellement, nous suivions, comme le faisaient les gabariers, le cours de la Charente ? Après quelques 1ers méandres apparaît **Angoulême (1),** aujourd'hui ville de la B.D. En aval, les vignes à perte de vue annoncent **Cognac (2).** Puis la Charente traverse **Saintes (3),** ancienne capitale de l'Aquitaine romaine, à l'histoire aussi riche que son patrimoine ; **Rochefort (4),** enfin, insolite cité navale et militaire. Même origine, un peu plus au sud, pour **Brouage (5),** avant de passer le pont pour l'**île d'Oléron (6).** On prend une leçon d'architecture moderne à **Royan (7),** à l'orée de l'estuaire de la Gironde, avant de mettre le cap vers le nord, jusqu'aux tours de **La Rochelle (8).** L'**île de Ré (9)** n'est plus qu'à quelques rouleaux d'écume. Et si nous prenions ensuite notre bâton de pèlerin pour égrener le chapelet presque sans fin des merveilles romanes essaimées sur les anciens chemins de Saint-Jacques, comme l'**abbaye royale Saint-Jean-Baptiste de Saint-Jean-d'Angély (10)** ou l'**ancien hôpital des pèlerins de Pons (11) ?**

Dans les Charentes, les monuments ne sont pas tous religieux. Il existe de solides forteresses, comme le **fort Louvois à Bourcefranc-le-Chapus (12),** et de plus délicats châteaux comme ceux de **La Roche-Courbon (13)** ou de **La Rochefoucauld (14).** Et des bourgs et villages aussi pittoresques que délicieux comme **Mornac-sur-Seudre (15), Talmont-sur-Gironde (16), Aubeterre-sur-Dronne (17)** ou **Confolens (18).**

Avec des enfants

Les enfants adorent les animaux ? Il y en a 1 600 (et de 115 espèces différentes) au **zoo de La Palmyre (1).** Sortez ensuite vos jumelles pour découvrir une faune (beaucoup plus locale !) au **parc de l'Estuaire à Saint-Georges-de-Didonne (2),** dans le **marais d'Yves (3),** dans la réserve naturelle de **Lilleau des Niges à l'île de Ré (4)** et au **Marais aux Oiseaux à Oléron (5).** On reste en bord de mer (voire sous la mer !) avec l'exceptionnel **Aquarium de La Rochelle (6).** Une ville où il faut également, avec ses bambins, visiter le **Muséum d'histoire naturelle (6)** et, dans un tout autre registre, les **musées des Automates et des Modèles réduits (6).** Partez ensuite à la découverte de l'animal emblématique du Poitou dans les réserves naturelles des Charentes à l'**asinerie du baudet du Poitou (7).** Avant de remonter le temps jusqu'à l'époque des dinosaures avec le **gisement paléontologique d'Angeac-Charente (8).** Au **Paléosite de Saint-Césaire (9),** on se prend pour un homme de Néandertal et pour un autre de nos ancêtres au **village gaulois d'Esse (10) ;** on se prend pour une princesse ou un chevalier pour découvrir le **château de La Rochefoucauld (11).** Il est temps ensuite de faire marcher ses méninges au **Château des Énigmes de Pons (12).** Une fois le mystère résolu, en route vers **Angoulême,** la capitale française de la bande dessinée, pour y visiter le **musée de la B.D. (13).**

Flamants roses au zoo de La Palmyre

Pas de vacances sans Histoire

Depuis que l'homme est homme (ou presque), il a trouvé les Charentes à son goût. Au long du fleuve, Cro-Magnon a, par exemple, laissé des grottes ornées ou sculptées comme au **Roc de Sers (1)** ou à **Mouthiers-sur-Boëme (2).** Quelques jolis souvenirs gallo-romains également avec les **thermes de Cassinomagus à Chassenon (3),** le **théâtre des Bouchauds,** l'**amphithéâtre** et l'**arc de Germanicus à Saintes (4),** ou bien encore l'**ancienne cité portuaire du Fâ (5).** Mais s'il est un patrimoine historique impossible à louper, c'est bien celui laissé par les **bâtisseurs romans,** d'églises en abbayes. Et si la Charente n'est pas la Loire, elle compte tout de même au fil de ses rives beaucoup de châteaux : médiévaux – le **donjon de Pons (6)** – comme Renaissance – à **La Rochefoucauld (7),** à **La Roche-Courbon (8)** ou encore à **Dampierre-sur-Boutonne (9).** Il y a aussi de quoi faire côté architecture militaire ! Richelieu a créé **Brouage (10),** Colbert **Rochefort et sa Corderie royale (11),** l'inévitable Vauban a signé les plans de la **citadelle de Saint-Martin-de-Ré (12)** ainsi que du **fort Louvois (13).** Quant à Napoléon, il a laissé quelques constructions sur la côte, dont le médiatique **fort Boyard (14).** L'**île d'Aix (15)** consacre d'ailleurs un **musée** au grand petit homme. Le **Bunker de La Rochelle (16)** évoque quant à lui l'époque où une base secrète de U-Boots avait été implantée dans le port.

Envie de nature

Avec ***La Vélodyssée* (1), *La Flow Vélo*** et ***La Scandibérique*** qui sillonnent le territoire, les Charentes sont une région prédestinée pour les cyclistes, qui pédaleront le plus souvent à plat, à l'ombre et au bord de l'eau… Le pied ! Et pour les zones où ça grimpe, sachez que de plus en plus de loueurs proposent des vélos électriques. Les randonneurs sont tout aussi bien lotis avec des GR qui permettent de combiner plaisirs pédestres et émois culturels. Destination éminemment familiale, les Charentes ne manquent pas de ressources pour des vacances au grand air. Côté terre et rivière, on pourra embarquer à bord d'une gabare ou d'un bateau à moteur pour une **croisière sur la Charente (2)** (à Saintes, Taillebourg, Angoulême…). Les plus sportifs opteront pour le **kayak ou le *paddle*.** Le **Marais poitevin (3)** est également propice aux séjours « nature » et l'on prendra le temps de le découvrir en barque, à VTT ou à cheval. À voir aussi, les **Échappées Nature** mises en place par le département de Charente-Maritime : 14 sites qui permettent de découvrir des paysages exceptionnels et qui proposent toutes sortes d'animations de sensibilisation à l'environnement et aux activités humaines associées : le **travail de la pierre à Crazannes (4),** l'**élevage du baudet à l'asinerie du baudet du Poitou (5),** la **récolte du sel sur les îles de Ré ou d'Oléron (6),** la **pêche à Vitrezay (7),** l'**embarcadère des écluses de Bazoin (8)…**

Produits du terroir

Un séjour entre terre et mer, là encore ! Dans les Charentes, le vignoble est omniprésent, dans le Cognaçais comme en Saintonge. Dans la zone de production de cognac, vous trouverez une longue liste de producteurs qui seront ravis de vous recevoir dans leurs chais et distilleries et de vous expliquer toutes les ficelles du métier et le grand art de la distillation. La plupart produisent également pineau et vin de pays que vous pourrez déguster avant d'acheter, ce qui est toujours un plaisir. À **Cognac (1), les grandes maisons** comme Rémy Martin, Hennessy, Camus, Martell, Meukow ou Otard (ou Courvoisier à Jarnac) sont évidemment toutes disposées à accueillir le public et ont aménagé leurs chais et espaces de vente. L'**écomusée du Cognac à Migron (2)** et **Le Cep Enchanté à Macqueville (3)** sont un bon complément de visite. À **Trois-Palis,** sur les rives de la Charente, c'est au péché de gourmandise qu'incite la **chocolaterie Letuffe (4).** Si vous avez encore de la place dans le coffre, vous pourrez faire vos emplettes aux **marchés d'Angoulême (5),** de **Saintes (6)** et de **La Rochelle (7).** Huîtres, moules, fruits, légumes, sels, vous pourrez même comparer les crus et les origines ! Côté maritime, **Oléron, Ré** et **Marennes (8)** sont 3 destinations où l'on aura soin de déguster et d'acheter des **huîtres** (labellisées), des **moules de bouchot,** du **sel,** des **salicornes,** des **pommes de terre primeurs,** de la **bière microbrassée** et des **petits vins blancs** qui ont le bon goût de prolonger les vacances. Producteurs et ostréiculteurs pratiquent le plus souvent la vente directe. En remontant vers le **Marais poitevin (9),** vous pourrez trouver en boutique – mais aussi, en saison, sur le bord de la route – des **mojettes,** ces haricots typiquement charentais. Bref, les bons produits ne manquent pas dans les Charentes !

Le phare des Baleines, île de Ré

© Leroy Francis/hemis.fr

Interview #experienceroutard

par la rédaction du *Routard*

Pourquoi cette destination en particulier ?

Parce que les Charentes offrent plein d'occasions de quitter ses... charentaises ! Et, par exemple, de les troquer pour des chaussures de rando, en marchant dans les pas des pèlerins de Saint-Jacques, avec halte obligée dans l'un des innombrables édifices romans qui balisent le chemin : églises, abbayes, cathédrales... On peut aussi enfourcher un vélo pour découvrir les nombreux villages de charme que recèlent les Charentes. Ou bien arpenter les rues d'un de ces centres-ville au décor bien planté où l'on pourrait tourner un film de cape et d'épée, comme à La Rochelle, Angoulême ou Aubeterre-sur-Dronne. Sinon, bottes en caoutchouc de rigueur pour s'essayer à la pêche à pied le long des falaises du littoral ou sur l'une des îles qui s'égrènent au large de la côte (Oléron, Ré, Aix, Madame). Et puisqu'on parle de littoral, une simple paire de tongs peut suffire pour aller à la plage !

Un moment à partager ?

Un samedi matin sous les halles de La Rochelle quand le marché historique fait le plein de commerçants et que les étals envahissent les rues alentour. On se lève tôt (même si c'est les vacances !) pour éviter la foule. On prend ensuite le temps de jeter un coup d'œil à l'architecture de ces halles, typiques du XIXe s, avant de remplir son panier des meilleurs produits des Charentes : huîtres, moules et poissons en direct des producteurs ou de la criée, pommes de terre de l'île de Ré, salicorne des marais, melon charentais, cognac ou pineau...

Une activité à faire absolument ?

Une balade en *stand up paddle* dans les marais salants des îles d'Oléron et de Ré ou à Mornac-sur-Seudre. Il faut d'abord se familiariser avec cette longue et large planche de surf qu'on manœuvre avec une pagaie. Ensuite, c'est parti pour une belle promenade dans un dédale de chenaux, à travers des paysages aussi surprenants que silencieux : on découvre, outre toute l'histoire de ce fameux « or blanc », la faune (oiseaux, poissons...) et la flore (salicorne, qu'on peut même grignoter !) des marais.

La spécialité locale à goûter absolument ?

Une douzaine d'huîtres de Marennes-Oléron. Tout le monde en a déjà sûrement goûté mais, franchement, ces huîtres n'ont pas la même saveur entre son chez-soi et une cabane d'ostréiculteur posée sur le port de la Cayenne à Marennes ou dans les marais de Loix sur l'île de Ré, voire à un comptoir sur les marchés de Saintes ou d'Angoulême !

COMMENT Y ALLER ?

PAR LA ROUTE

Depuis la capitale

➢ ***L'autoroute*** A 10 puis la N 10 après Poitiers mènent directement à Angoulême (env 4h40). Pour rejoindre La Rochelle, 2 itinéraires à peu près équivalents en temps : l'A 10 jusqu'à Niort puis la N 11 (env 4h40), ou l'A 11 puis l'A 87 via Cholet.

Depuis la province

➢ ***Depuis Bordeaux,*** la N 10 en direction d'Angoulême, l'A 10 puis l'A 837 (ou D 137) vers La Rochelle.
De Rennes à Poitiers, N 137 jusqu'à Nantes, où il faut prendre l'A 83 (qui passe à proximité de Niort) et enfin l'A 10.
➢ ***Par les petites routes :*** si vous voulez prendre votre temps – et économiser un peu d'argent –, vous pouvez gagner Angoulême (4-voies à partir de Poitiers) et La Rochelle par les nationales 10 et 11.

Info utile

• *autoroutes.fr* • Le portail des autoroutes, bien utile pour préparer son voyage en France et en Europe. Renseignements sur les temps de trajet, conditions de circulation et prix sur tous les tronçons autoroutiers de l'Hexagone.

Location de voitures

■ ***BSP Auto :*** ☎ *01-43-46-20-74 (lun-ven 9h-21h30, w-e 9h-20h).* • *bsp-auto.com* • Les prix proposés sont attractifs et comprennent le kilométrage illimité et les assurances. *BSP Auto* propose exclusivement les grandes compagnies de location sur place, assurant un très bon niveau de service. Les plus : vous ne payez votre location que 5 jours avant le départ. Remise spéciale de 5 % aux lecteurs de ce guide avec le code « Routard22 ».

Covoiturage

Le principe est économique, écologique et convivial. Il s'agit de mettre en relation un chauffeur et des passagers afin de partager le trajet et les frais, que ce soit de manière régulière ou occasionnelle • *blablacar.fr* • (disponible sur le Web et sur mobile). L'inscription est gratuite.

EN BUS

Le réseau de bus longue distance s'étant intensifié ces dernières années, le plus pratique est de consulter le comparateur de billets d'autocars • *comparabus.com* • qui regroupe les compagnies présentes en France. À vous de voir en temps réel les liaisons existantes. Un lien vers les compagnies permet d'acheter ses billets en direct.

EN TRAIN

Au départ de Paris et de la province

➢ ***Depuis Paris :*** TGV au départ de la gare de Paris-Montparnasse. Trains pour Angoulême (min 1h50), Surgères (2h20) et La Rochelle (min 2h35). Ensuite, trains Intercités (plus lents mais moins chers) pour Cognac, Saintes, Rochefort et Royan (correspondance à Niort, Angoulême ou La Rochelle).
➢ ***Depuis Lille et la région parisienne :*** TGV directs pour Angoulême uniquement depuis les gares de Lille (env 4h), Aéroport-Charles-de-Gaulle-TGV, Marne-la-Vallée-TGV (env 3h) et Massy-TGV (env 2h15).

Pour voyager au meilleur prix

La SNCF propose des services et tarifs adaptés à chacun de vos voyages. Mais, pour voyager au meilleur prix, mieux vaut réserver vos billets le plus tôt possible (et viser les billets Prem's, les TGV Ouigo – disponibles sur Internet – et... les promos).

– ***Les cartes de réduction :*** pour ceux qui voyagent régulièrement, profitez de 30 % de réduction avec les cartes « Avantage » *Famille, Jeune, Week-end* ou *Senior* + (49 €, valables 1 an).

– ***Billets Prem's :*** des billets à petits prix, échangeables et remboursables comme les autres billets (offres soumises à conditions), mis en vente 4 mois avant le départ du train. Impossible de poser des options de réservation sur ces billets : il faut les payer immédiatement. Leur prix augmente à l'approche du départ. Ils ne sont pas proposés sur les TGV Ouigo.

Renseignements et réservations

– ***Sur Internet :*** *• oui.sncf •*

– ***Par téléphone :*** *☎ 36-35 (appel gratuit).*

– Également dans les gares, les boutiques SNCF et les agences de voyages agréées.

– ***OUI.sncf :*** acteur majeur du tourisme en Europe, expert de la distribution du train et de la destination France, OUI.sncf propose les offres des transporteurs train tels que TGV InOui, Ouigo, Intercités, Eurostar, Thalys, TGV Lyria ; compagnies de bus, compagnies aériennes ; nombreuses offres d'hôtels référencés et des services exclusifs (relation clients disponible tous les jours, 24h/24, Alerte Petits Prix, OUIbot, etc.).

Comment circuler en Charentes ?

Le TER

TER Nouvelle-Aquitaine vous propose la *Carte +* (29 €, valable 1 an) grâce à laquelle vous bénéficiez d'une réduction jusqu'à 50 % les week-ends, jours fériés et vacances scolaires de la zone A (pour le titulaire de la carte et la personne de son choix l'accompagnant). Réduc de 25 % le reste de l'année pour le titulaire de la carte.

Si vous avez moins de 28 ans, optez pour le billet *Jeunes* (sans formalité) à partir de 4 €.

Si vous voyagez à plusieurs, profitez du tarif *Tribu* : à 2 voyageurs - 20 % ; à 3 personnes - 30 % ; et jusqu'à 5 personnes - 50 % (enfants de 4 à 11 ans : 50 % supplémentaires).

– ***Pour tout renseignement :*** *rdv sur • ter.sncf.com/nouvelle-aquitaine •, sur l'application « Assistant SNCF », dans les gares de la région ou appelez Allo-TER Nouvelle-Aquitaine au ☎ 0800-872-872 (service et appel gratuits).*

EN AVION

▲ AIR FRANCE

Rens et résas au ☎ 09-69-39-36-54 (appel non surtaxé), sur • airfrance.fr •, en agences de voyages. Également à votre écoute tlj, 24h/24, sur Messenger, Facebook et Twitter.

Air France propose à tous des tarifs attractifs toute l'année. Pour consulter les offres et promotions du moment sur Internet, consultez la page « Nos meilleures offres » sur *• airfrance.fr •* *Flying Blue,* le programme de fidélité gratuit d'Air France-KLM, permet de gagner des *Miles* en voyageant sur les vols Air France, KLM et grâce à de nombreux partenaires aériens et non aériens... Les *Miles* peuvent ensuite être échangés contre des billets d'avion ou des services (surclassement, bagage supplémentaire, Menu à la Carte...) ainsi qu'auprès des partenaires. Pour en savoir plus, rendez-vous sur *• flyingblue.com •*

➢ ***Depuis La Rochelle :*** vols directs vers Lyon et Nice ; vols saisonniers en été vers Ajaccio.

➢ ***Depuis Poitiers :*** vols directs saisonniers vers Lyon et Montpellier, puis Marseille et Nice via Lyon.

BON À SAVOIR AVANT LE DÉPART

ABC des Charentes

- ***Superficie :*** 12 820 km².
- ***Préfectures :*** Angoulême (Charente), La Rochelle (Charente-Maritime).
- ***Population :*** 998 710 hab.
- ***Densité :*** 59 hab./km² côté Charente, 94 hab./km² côté Charente-Maritime.
- ***Signes particuliers :*** 800 églises romanes, 6 sites classés au Patrimoine mondial de l'Unesco, 6 « Plus Beaux Villages de France », 7 « Petites cités de caractère », 470 km de côtes, 170 km de plages et 4 îles (Oléron – la plus grande après la Corse – , Ré, Aix et Madame).
- ***Vins et gastronomie :*** 75 000 ha de vignes (120 000 dans le Bordelais) pour 2 AOC (cognac, pineau des Charentes) et 1 IGP (Vins Charentais) ; 4 AOP (beurre Charentes-Poitou, pomme de terre primeur de l'île de Ré, chabichou du Poitou, noix du Périgord), et 1 IGP pour la star locale, l'huître Marennes-Oléron.
- ***Principaux secteurs d'activité :*** agriculture (bovins, céréales), viticulture, industrie du bois, aéronautique et transports, agroalimentaire.

INFOS UTILES

Adresses utiles

Charentes Tourisme : • *infiniment-charentes.com* • Regroupe les structures des 2 départements ; voir en introduction de chaque département.

■ **Gîtes de France :** • *gites-de-france.com* • Les réservations se font auprès des *Gîtes* de chaque département (voir en introduction de chacun d'eux).

Randonnées

■ ***Fédération française de la randonnée pédestre (FFRP) :*** *centre d'information, 64, rue du Dessous-des-Berges, 75013 Paris. ☎ 01-44-89-93-93.* • *ffrandonnee.fr* • Ⓜ *Bibliothèque-François-Mitterrand.* Édite de nombreux topoguides.

– Les associations locales s'occupant de randonnées se pressent sur les sentiers. Renseignez-vous auprès de la FFRP et des offices de tourisme. Vous y trouverez notamment une collection de guides de pays, bien faite et abordable, avec plein de petites randonnées pédestres ou à vélo : les guides *Pays côté chemin,* aux éditions Chamina.

– À la recherche d'une idée de rando ? Hop, on tape le numéro du département (voire plus précisément le nom d'un bourg ou d'une ville) sur • *visorando.com* •, éventuellement la durée et le niveau de difficulté souhaités, et, magique, les suggestions apparaissent ! D'emblée sont alors précisées clairement d'autres infos (dénivelés, coordonnées GPS du point de départ, en boucle ou pas) et petits conseils à la clé pour mieux anticiper son itinéraire. Un site collaboratif qui permet de

consulter/imprimer le descriptif de la balade, bien sûr, mais aussi l'extrait de carte IGN au 1/25 000 concerné. Le tout complété par les avis des randonneurs.
– Dans le même ordre d'idée, le site • *mongr.fr* • Un autre site de la rando itinérante, celui de la FFRandonnée et ses milliers de bénévoles qui maintiennent les GR® de France accessibles.
➢ Balisés en 1970 par la Fédération française de randonnée pédestre, les 4 sentiers français des ***chemins de Saint-Jacques-de-Compostelle*** sont inscrits au Patrimoine mondial de l'humanité. La région des Charentes, traversée par la ***via Turonensis*** (voie de Tours), permet de découvrir les merveilles de la Saintonge. *Rens : Fédération française des associations des Chemins de Saint-Jacques-de-Compostelle (FFACC),* • *compostelle-france.fr* •

Carte internationale d'étudiant (carte ISIC)

Elle prouve votre statut d'étudiant dans le monde entier et offre de nombreuses réductions (billets d'avion, hôtels et auberges de jeunesse, assurances, cartes SIM internationales, locations de voitures...).

Renseignements et inscriptions

– ***En France :*** • *isic.fr* • *13 € pour 1 année scolaire.*
– ***En Belgique :*** • *isic.be* •
– ***En Suisse :*** • *isic.ch* •
– ***Au Canada :*** • *isiccanada.ca* •

Carte d'adhésion internationale aux auberges de jeunesse (carte FUAJ)

Cette carte vous ouvre les portes des 2 400 auberges de jeunesse du réseau *HI – Hostelling International* en France et dans le monde. Elle permet aussi de bénéficier de tarifs préférentiels avec les partenaires des auberges de jeunesse *HI* (locations de voitures, excursions et activités variées). Il n'y a pas de limite d'âge pour séjourner en auberge de jeunesse, il faut simplement être adhérent ; carte valable 1 an à compter de la date d'achat (sur Internet ou dans les AJ).

Renseignements et inscriptions

– ***En France :*** • *hihostels.com* • *Tarif 11 €.*
– ***En Belgique :*** • *lesaubergesdejeunesse.be* •
– ***En Suisse :*** • *youthhostel.ch* •
– ***Au Canada :*** • *hihostels.ca* •
Si vous prévoyez un séjour itinérant, vous pouvez réserver plusieurs auberges de jeunesse en une seule fois en France et dans le monde.

BUDGET

Nous vous donnons ci-dessous l'échelle des tarifs auxquels nous nous référons pour le classement de nos adresses en France.

Hébergement

D'une manière générale, nous indiquons des fourchettes de prix allant de la chambre double la moins chère en basse saison à celle la plus chère en haute saison. Ce qui implique parfois des écarts de prix notables, pas toujours en adéquation avec la rubrique dans laquelle l'établissement est cité. Le classement retenu est donc celui du prix moyen des chambres et de leur rapport qualité-prix.

– Les tarifs des ***campings*** sont calculés sur la base d'un emplacement pour 2 avec voiture et tente en haute saison. Ils sont classés en tête de rubrique « Où dormir ? ».
– Pour les ***auberges de jeunesse,*** le tarif indiqué est celui du lit en dortoir, et de la chambre double quand il y en a.
– En ***chambres d'hôtes,*** les prix sont donnés sur la base d'une chambre double. Ils doivent inclure le petit déjeuner, c'est la loi. Les cartes de paiement sont rarement acceptées. Dans le cas contraire, nous indiquons « CB acceptées ».
– Quant aux ***hôtels,*** le prix retenu reste celui d'une nuit en chambre double (sans petit déjeuner). La fourchette de prix englobe toutes les saisons, mais il est important de noter que, dans les grandes villes, les prix baissent significativement le week-end. Lorsque l'établissement dispose de chambres familiales, nous l'indiquons sans précision de prix.
– ***Bon marché :*** jusqu'à 60 €.
– ***Prix moyens :*** de 60 à 90 €.
– ***Chic :*** de 90 à 120 €.
– ***Plus chic :*** de 120 à 150 €.
– ***Beaucoup plus chic :*** plus de 150 €.

– **Logis** est la 1re chaîne de restaurateurs-hôteliers indépendants en Europe avec 2 300 établissements répartis dans 8 pays. Fort de ses 70 années d'expérience, le réseau offre l'assurance d'un accueil personnalisé et chaleureux, d'un hébergement de qualité ainsi que d'une restauration faite maison mettant à l'honneur produits locaux et de saison. Engagés sur les territoires, tous les Logis sont impliqués dans une démarche d'économie locale, privilégiant les circuits courts et les produits régionaux. Plus d'infos sur ● *logishotels.com* ●

Restos

Au restaurant, notre critère de classement est le prix du 1er menu servi le soir (hors boissons). Les notions de « Prix moyens » ou « Plus chic » n'engagent donc que les prix, pas le cadre, même si, souvent, ils vont de pair. Ainsi, certains restos gastronomiques (et chics) qui proposent parfois des formules avantageuses au déjeuner seront malgré tout classés dans la rubrique « Plus chic » en raison des tarifs pratiqués le soir. Ne boudez donc pas cette rubrique qui recèle parfois d'intéressantes formules. Enfin, la rubrique « Sur le pouce » référence des adresses que l'on recommande pour les sandwichs et plats à emporter. Les tarifs correspondent généralement à la rubrique « Très bon marché ».
– ***Très bon marché :*** moins de 15 €.
– ***Bon marché :*** de 15 à 25 €.
– ***Prix moyens :*** de 25 à 35 €.
– ***Chic :*** de 35 à 50 €.
– ***Plus chic :*** plus de 50 €.

Recommandation à ceux qui souhaitent profiter des réductions et avantages proposés dans le *Routard* par les hôteliers et les restaurateurs

À l'hôtel, pensez à les demander au moment de la réservation ou, si vous n'avez pas réservé, **à l'arrivée.** Ils ne sont valables que pour les réservations en direct et non cumulables avec d'autres offres promotionnelles (notamment sur Internet). Au restaurant, parlez-en **au moment** de la commande et surtout **avant** que l'addition soit établie. Poser votre *Routard* sur la table ne suffit pas : le personnel en salle n'est pas toujours au courant, et une fois le ticket de caisse imprimé, il est difficile de modifier le total. En cas de doute, montrez la notice relative à l'établissement dans le *Routard,* et ne manquez pas de nous faire part de toute difficulté rencontrée.

LIVRES DE ROUTE

– ***Le Noyé de Trousse-Chemise,*** de Didier Jung (Geste Éditions, 2019). Alors qu'elle passe de paisibles vacances sous la canicule de l'île de Ré, Anaïs découvre le corps sans vie d'un ancien amour échoué sur la plage. Entre la gendarmerie locale et la police judiciaire rochelaise, l'enquête ne sera pas de tout repos. N'hésitez pas à consulter le site de Geste Éditions (● *gesteditions.com* ●), éditeur régional comptant à son actif de nombreuses références et publications dans les domaines les plus pointus.

– ***Cognac Blues,*** de David Patsouris (Éditions du Rouergue, 2013). Charly est charentais, la trentaine, beau garçon, intelligent. Il partage sa vie entre Cognac et Royan. Charly n'a en apparence rien de particulier. Mais Charly tue pour gagner sa vie. Il nettoie tous ceux qui obstruent le chemin des magnats du cognac. Il fait partie de ces êtres fantômes qui n'existent que dans un univers parallèle. Charly est un tueur froid, sans scrupule, intéressé. Mais après avoir éliminé Bernard Bellion, vigneron syndicaliste trop fort en gueule, sa vie bascule. L'auteur, longtemps journaliste à *Sud-Ouest,* traîne son lecteur avec une langueur proche de celle de la Charente dans les méandres crasses du milieu de la liqueur des dieux. De Cognac à la côte royannaise, cet étrange polar à l'écriture puissante se lit comme on déguste un bon verre.

– ***Monsieur Chien,*** de Jacques Tallote (L'Âge d'Homme, 2013). Sur l'île d'Oléron, un événement lointain vient bouleverser la vie de 4 adolescents, 2 garçons et 2 filles. Une angoisse étrange s'infiltre dans l'atmosphère, le tout planté dans le décor îlien d'une Oléron nébuleuse. 2d livre de l'auteur, qui a reçu le prix Marcel-Aymé pour son 1er roman (2010), ce récit atypique étonne par sa simplicité. On se laisse accrocher sans même s'en rendre compte.

– ***Le Gang des charentaises,*** de Vicky Sébastien (Geste Éditions, 2016). Ermantine Godaille, l'héroïne du roman de cet auteur saintongeais, est une déclaration d'amour farouche à la région des Charentes. La voilà prise dans les fils poussiéreux d'un mystère vieux de plus d'un siècle, au cœur du monde désuet des antiquaires. Un polar avec du caractère, à l'image de l'héroïne et de la région. Jargon local, modes de vie, parcours du territoire, les particularités régionales foisonnent et se mêlent avec joie à l'intrigue. Les Charentes sont ici plus que représentées, elles sont exaltées, aimées.

– ***Le Lys et la Pourpre,*** de Robert Merle (Le Livre de Poche, 1999). Ce livre est le 10e de la grande série de Robert Merle, *Fortune de France.* Vous pourrez, au travers du siège de La Rochelle par Richelieu, plonger dans le passé protestant et tumultueux de la ville fortifiée.

– Le grand ***Georges Simenon,*** qui considérait La Rochelle comme sa « 2de patrie » (il a vécu au logis de la Richardière, entre Nieuil-sur-Mer et Marsilly, de 1927 à 1934), a largement évoqué la Charente-Maritime dans beaucoup de ses romans *(Le Voyageur de la Toussaint, Le Fantôme du chapelier, Le Testament Donadieu, Le Coup de vague, Le Riche Homme, L'Évadé...).* Et évidemment dans une des aventures de son célèbre commissaire, avec *Maigret à l'école.*

– ***Le Roman d'un enfant,*** de Pierre Loti (Folio, 1999). À travers des notes personnelles, « l'enfant terrible » de Rochefort se dévoile et raconte ses souvenirs de famille. Loin de ses célèbres récits de voyage, du Loti plus intimiste.

– ***L'Héritage Van der Meer,*** de Virginie Cailleau (Ex Æquo Éditions, 2019). Entre meurtres inexpliqués et vol d'œuvres d'art, la brigade d'André Callemin doit démêler le vrai du faux dans un mystère qui nous entraîne au cœur du marais poitevin.

– ***Royan Garden Blues,*** de Jacques-Edmond Machefert (Le Croît Vif, 2012). Polar sombre et envoûtant, dans les règles du genre, qui se déroule dans le monde du jazz royannais. Du bain de mer au bain de sang, Royan révèle sa part d'ombre à l'enquêteur amateur Marc, le personnage principal.

PERSONNES HANDICAPÉES

Tourisme & Handicap est la seule ***marque d'État*** qui labellise des sites touristiques accessibles aux personnes en situation de handicap (campings, restaurants, musées, monuments...). Elle permet aux touristes en situation de handicap de vivre leurs vacances comme tout un chacun. Les sites sont identifiés grâce à un logo qui symbolise chacune des quatre familles de handicap (auditif/mental/moteur/visuel) et garantit un maximum d'autonomie :

TOURISME & HANDICAP

Les informations et sites labellisés sont disponibles sur ● *tourisme-handicap.gouv.fr* ●

En complément, ***Acceslibre*** est une ***plateforme collaborative*** portée par le ministère de la Transition écologique. Des informations d'accessibilité essentielles aux personnes en situation de handicap y sont collectées et affichées sur des cartes pour savoir si un lieu leur est accessible ou non. Sur mobile ou ordinateur, ce service permet de préparer au mieux sa sortie ou de collaborer en partageant des nouvelles informations.

Pour contribuer et/ou profiter d'Acceslibre : ● *acceslibre.beta.gouv.fr* ●

Par ailleurs, dans notre guide, nous indiquons par le logo ♿ les établissements qui possèdent un accès ou des chambres pouvant accueillir des personnes handicapées. Certaines adresses sont parfaitement équipées selon les critères les plus récents. D'autres, plus simples, plus anciennes aussi, sans répondre aux normes les plus actuelles, favorisent l'accueil des personnes handicapées en facilitant l'accès à leur établissement, tant sur le plan matériel que sur le plan humain. Évidemment, les handicaps étant très divers, des lieux accessibles à certaines personnes ne le seront pas pour d'autres. Appelez donc auparavant pour savoir si l'équipement de l'hôtel ou du resto est compatible avec votre niveau de mobilité. Malgré les combats menés par les nombreuses associations, l'intégration des personnes handicapées à la vie de tous les jours est encore balbutiante en France. Il tient à chacun de nous de faire changer les choses. Une prise de conscience est nécessaire, nous sommes tous concernés.

SITES INTERNET

● ***routard.com*** ● Le site de voyage nº 1, avec près de 800 000 membres et plusieurs millions d'internautes chaque mois. Pour s'inspirer et s'organiser, près de 300 guides destinations actualisés, avec les infos pratiques, les incontournables et les dernières actus, ainsi que les reportages terrain et idées week-end de la rédaction. Partagez vos expériences avec la communauté de voyageurs : forums de discussion avec avis et bons plans, carnets de route et photos de voyage. Enfin, vous trouverez tout pour vos vols, hébergements, voitures et activités, sans oublier nos suggestions pour réserver votre voyage au meilleur prix.

– ***Bon à savoir :*** entre 2 parutions, des événements fortuits (conditions d'accès aux sites, fermetures inopinées, etc.) peuvent intervenir et modifier vos projets de

voyage ou de visite. Pour éviter les déconvenues, nous vous recommandons de consulter la rubrique « Inspirations » par région et de cliquer sur l'onglet « Actus ».
● *terra-aventura.fr* ● Découvrez les Charentes à travers une chasse au trésor guidée par GPS ou application mobile. Autour d'un monde imaginaire et de petits personnages appelés Poï'z, des énigmes de différents niveaux à résoudre et des indices à recueillir sur le terrain sont le prétexte à une découverte ludique des trésors de la région. Une expérience à vivre surtout en famille et complétée d'un ***Routard Terra Aventura Nouvelle-Aquitaine*** !

VÉLOROUTES

Grande nouvelle, les Charentes font partie de ces régions richement dotées en itinéraires cyclables. Ces itinéraires, nationaux ou européens, alternent voies vertes réservées aux vélos et petites routes peu fréquentées. Une façon écologique de découvrir la France en itinérance douce particulièrement adaptée aux familles !

Les itinéraires

- ***La Vélodyssée : l'Atlantique en roue libre !*** De Roscoff à Hendaye, longeant la façade atlantique, *La Vélodyssée* est la plus longue véloroute de France. Elle déroule ses vastes perspectives et ses charmants méandres sur plus de 1 200 km, en majorité en voies vertes. Cette longue piste cyclable prend racine dans le Finistère, suit les agréables berges du canal de Nantes à Brest, puis se confond avec le littoral atlantique, ses plages à perte de vue et ses pittoresques stations balnéaires, avant d'arriver au Pays basque. *La Vélodyssée* est caractérisée par la diversité des milieux traversés : eau salée de l'Atlantique et eau douce des lacs aquitains, forêts bretonnes de feuillus et pinèdes landaises, marais salants et parcs à huîtres, plages de sable fin et zones humides où viennent nicher les oiseaux... Il existe un ***Routard La Vélodyssée.*** ● *lavelodyssee.com* ●
- ***La Flow Vélo*** circule de Thiviers en Dordogne à l'île d'Aix en Charente-Maritime (290 km), en flirtant avec les rives de la Charente. Angoulême, Jarnac, Cognac, Saintes, Rochefort : comme un collier, l'itinéraire relie entre elles des perles des Charentes. Un ***Routard La Flow Vélo*** détaille cet itinéraire. ● *laflowvelo.com* ●
- ***La Vélo Francette,*** qui descend de Ouistreham à La Rochelle, traverse la partie nord de la Charente-Maritime, en particulier le Marais poitevin (étapes à Bazoin, Marans et La Rochelle). ● *lavelofrancette.com* ●, complété d'un tout nouveau ***Routard La Vélo Francette.***
- Le trajet du ***Canal des 2 Mers à vélo,*** qui relie l'Atlantique à la Méditerranée, démarre à Royan ; il longe le littoral charentais jusqu'à Vitrezay, à la limite de la Gironde. Il existe un ***Routard*** sur cet itinéraire. ● *canaldes2mersavelo.com* ●
- Et une partie de la ***Scandibérique (EuroVelo 3)*** traverse la Charente, de Confolens au Sud-Charente via Angoulême. ● *eurovelo3.fr* ●

Plus d'infos

Pour bien préparer son périple à petite reine, consulter le site ● *infiniment-charentes.com/thematique/a-velo* ●
Et pour tout savoir sur les locations de vélos en *one-way* (on peut rendre son vélo au terme de son périple sans avoir à le ramener au point de location initial), transport de bagages, gares SNCF à proximité... bref, pour connaître les astuces qui rendront le coup de pédale plus facile, consulter ● *francevelotourisme.com* ●

LA CHARENTE

• Carte *p. 46-47*

ABC de la Charente

- ***Population :*** 351 778 hab.
- ***Superficie :*** 5 956 km².
- ***Préfecture :*** Angoulême.
- ***Sous-préfectures :*** Cognac et Confolens.
- ***Angoulême :*** 15 écoles de formation aux métiers de l'image et du jeu vidéo. La ville est le 2e pôle de production d'images animées en France (après Paris).
- ***Également 400 églises romanes et... pas loin de 192 millions de bouteilles de cognac vendues chaque année !***
- ***Truffières :*** 700 ha, répartis entre 500 producteurs.

La mer ayant été confiée à sa sœur voisine, cette Charente-là s'est consolée en s'enrichissant de microrégions piochées de-ci de-là : un brin de Poitou (au nord), une touche de Limousin (au nord-est), un zeste de Périgord (au sud-est), un bout de Saintonge (à l'ouest) et quelques plaines aquitaines (au sud-ouest)... Au centre de cette mosaïque : le fleuve Charente, bien sûr, « le plus beau ruisseau de mon royaume », dixit François Ier. Au long des siècles, il a alimenté et enrichi les 2 provinces qui constituent le véritable cœur charentais : l'Angoumois, riche en histoire, et le Cognaçais, battant au rythme des vendanges et de la distillation de son divin breuvage. Terre fertile, terre tranquille, longtemps refermée sur elle-même, la Charente s'est reconnue dans un animal à son image : l'escargot (ou plutôt la cagouille, comme on dit dans le coin) ! Ici, on prend son temps, on travaille posément et on réfléchit avant de sortir la tête de sa maison...
Ce département discret, voire secret, peut-être aussi un peu jaloux de ses richesses – et de sa tranquillité –, a mis du temps à s'ouvrir au tourisme. En un sens, tant mieux ! Vous aurez l'impression d'être parmi les 1ers à longer les rives sauvages de son fleuve, à arpenter ses vallons intacts, à découvrir ses paisibles villages et à visiter ses églises oubliées.

Adresses et infos utiles

Charentes Tourisme *(zoom d'Angoulême, C3,* ***2****) :* • *infiniment-charentes.com* • Site officiel de l'agence de développement économique et touristique de Charente et Charente-Maritime.

Gîtes de France *(zoom d'Angoulême, C3,* ***2****) : dans la Maison du tourisme, 21, rue d'Iéna, 16000* ***Angoulême.*** *☎ 05-45-69-48-64.* • *gitescharente.com* • Chambres et tables d'hôtes, gîtes ruraux, de groupes, pour enfants, etc.

Agriculture et Territoires en Charente : *chambre d'agriculture, ZE Ma Campagne, 66, impasse Nièpce, 16016* ***Angoulême*** *Cedex. ☎ 05-45-24-49-49.* • *charente.chambre-agriculture.fr* • Les onglets « Commercialiser » et « Bienvenue à la ferme » renseignent sur les fermes de séjour, fermes-auberges, campings, gîtes et chambres d'hôtes à la ferme, marchés des producteurs de pays...

Bus : le conseil départemental de la Charente a mis en place un réseau entre les principales villes du département. Ticket : 2 € pour tous (3,60 € l'aller-retour dans la journée), quelle que soit la distance parcourue. Renseignements : ***Citram Charente,*** ☎ *05-45-25-99-99 ;* • *citram-charente.fr* •

ANGOULÊME ET SES ENVIRONS

ANGOULÊME (16000) 42 080 hab. *Carte Charente, B2-3*

• Plan d'ensemble *p. 49* • Zoom *p. 50-51*

Autrefois capitale de l'Angoumois, aujourd'hui préfecture de la Charente, labellisée Ville d'art et d'histoire, Angoulême n'en reste pas moins une cité à taille humaine. C'est cet aspect qui séduit au 1er abord quand on abandonne sa voiture pour découvrir la ville haute, perchée sur un large plateau dominant la Charente et toute la région. Quel plaisir de battre les pavés du vieux centre en furetant dans ses ruelles serrées autour de jolies placettes...
L'autre charme d'Angoulême, surtout si on la découvre par beau temps, réside dans son petit air méridional. La clarté de sa lumière, ses élégantes maisons de pierre aux toits de tuiles et ses nombreuses terrasses de cafés lui donnent un petit côté italien, déjà vanté par Théophile Gautier en son temps. Le poète Alfred de Vigny, lui, allait jusqu'à la comparer à... Constantinople ! On cherche encore la ressemblance. Récemment, c'est le réalisateur américain Wes Anderson qui s'est laissé séduire par la préfecture de la Charente, tournant dans ses rues une partie de son film *The French Dispatch.*
Si Angoulême reste une ville agréable à l'architecture plaisante, elle étonne par son dynamisme culturel. Sa population, plutôt jeune et active, vit au rythme des institutions culturelles locales et des grands festivals, qui animent la cité tout au long de l'année. Sans parler des nombreux étudiants, fréquentant les bancs de la quinzaine d'écoles liées à l'image installées par ici. Car n'oublions pas qu'Angoulême doit sa renommée actuelle à la B.D., qui a pris le relais d'une forte tradition papetière...

UN PEU D'HISTOIRE

Bâtie au bord de la Charente, axe commercial qui allait assurer sa survie, la ville n'a longtemps occupé qu'un plateau calcaire surélevé, surnommé « acropole ». Du haut de ce rocher fortifié, la population allait pouvoir s'enrichir tranquillement... D'abord occupé par des troglodytes il y a plusieurs millénaires, le site plaît aux Romains, qui y fondent l'une de leurs cités d'Aquitaine. Puis la ville, alors appelée *Engolisma,* est sauvée des mains des Wisigoths par le brave Clovis, au début du VIe s. Mais elle ne trouve son identité que sous Charles le Chauve, qui en fait un comté. Apparaît alors un personnage mythique, encore célébré de nos jours : le comte Guillaume, surnommé Taillefer pour avoir proprement découpé d'un coup d'épée un envahisseur normand recouvert d'une armure ! Ce bel effort n'aura pas servi à grand-chose, puisqu'en 1360 Angoulême tombe aux mains des Anglais par la grâce d'un traité. La famille d'Orléans récupère ensuite le comté, peu après transformé en duché par François Ier, qui l'offre à sa mère, Louise de Savoie, en signe d'amour filial...
À partir de là, l'histoire de l'Angoumois suit de très près celle du royaume de France. Le duché, dans le genre beau cadeau pour enfants gâtés, échoit à divers princes.

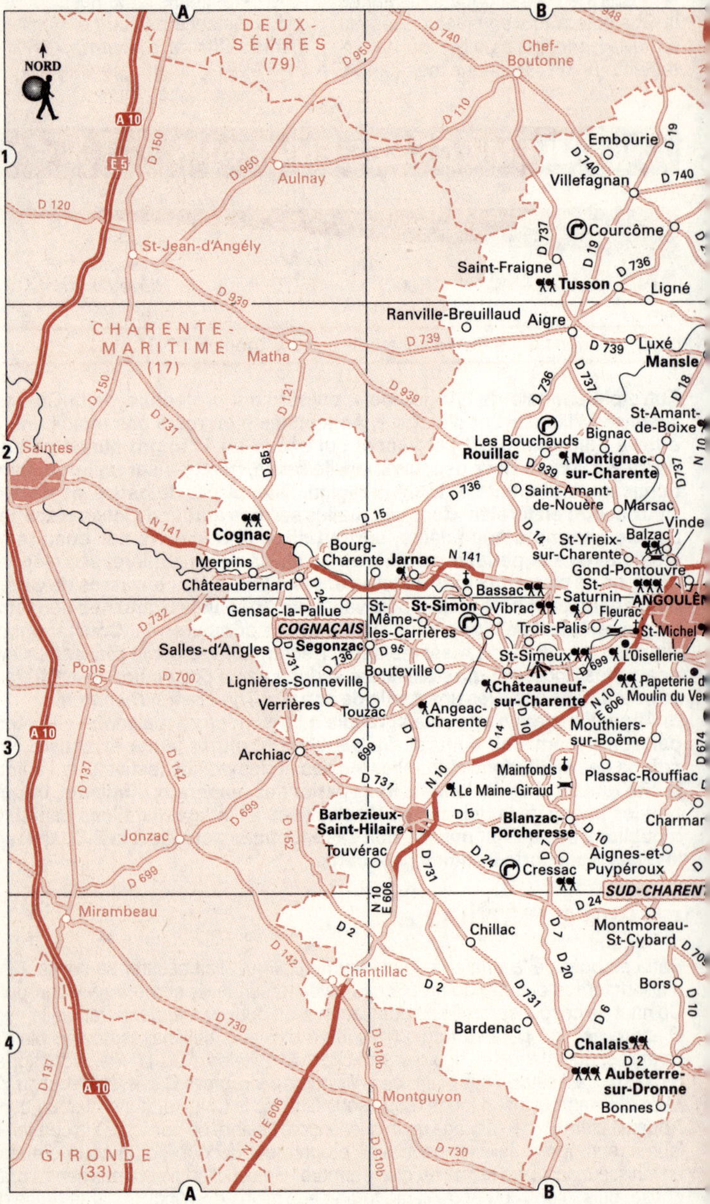
NORD
A
B
1
2
3
4
DEUX-SÈVRES (79)
CHARENTE-MARITIME (17)
GIRONDE (33)
A 10
E 5
D 150
D 120
D 950
D 740
D 110
D 939
D 739
D 731
D 121
D 85
N 141
D 15
D 736
D 737
D 19
D 18
D 14
D 24
D 732
D 700
D 95
D 699
D 1
N 10
E 606
D 10
D 674
D 137
D 142
D 152
D 5
D 7
D 20
D 6
D 2
D 730
D 910b
Chef-Boutonne
Aulnay
St-Jean-d'Angély
Matha
Saintes
Cognac
Merpins
Châteaubernard
Bourg-Charente
Jarnac
Gensac-la-Pallue
COGNAÇAIS
Salles-d'Angles
Segonzac
St-Même-les-Carrières
St-Simon
Bouteville
Lignières-Sonneville
Verrières
Touzac
Angeac-Charente
Pons
Archiac
Jonzac
Barbezieux-Saint-Hilaire
Touvérac
Mirambeau
Chantillac
Montguyon
Chillac
Bardenac
Embourie
Villefagnan
Courcôme
Saint-Fraigne
Tusson
Ligné
Ranville-Breuillaud
Aigre
Luxé
Mansle
St-Amant-de-Boixe
Bignac
Les Bouchauds
Rouillac
Montignac-sur-Charente
Saint-Amant-de-Nouère
Marsac
Vinde
Balzac
St-Yrieix-sur-Charente
Gond-Pontouvre
Bassac
Vibrac
St-Saturnin
Fleurac
Trois-Palis
St-Michel
St-Simeux
L'Oisellerie
Châteauneuf-sur-Charente
Papeterie d
Moulin du Ve
Mouthiers-sur-Boëme
Mainfonds
Plassac-Rouffiac
Le Maine-Giraud
Blanzac-Porcheresse
Charmar
Aignes-et-Puypéroux
Cressac
SUD-CHARENT
Montmoreau-St-Cybard
Bors
Chalais
Aubeterre-sur-Dronne
Bonnes

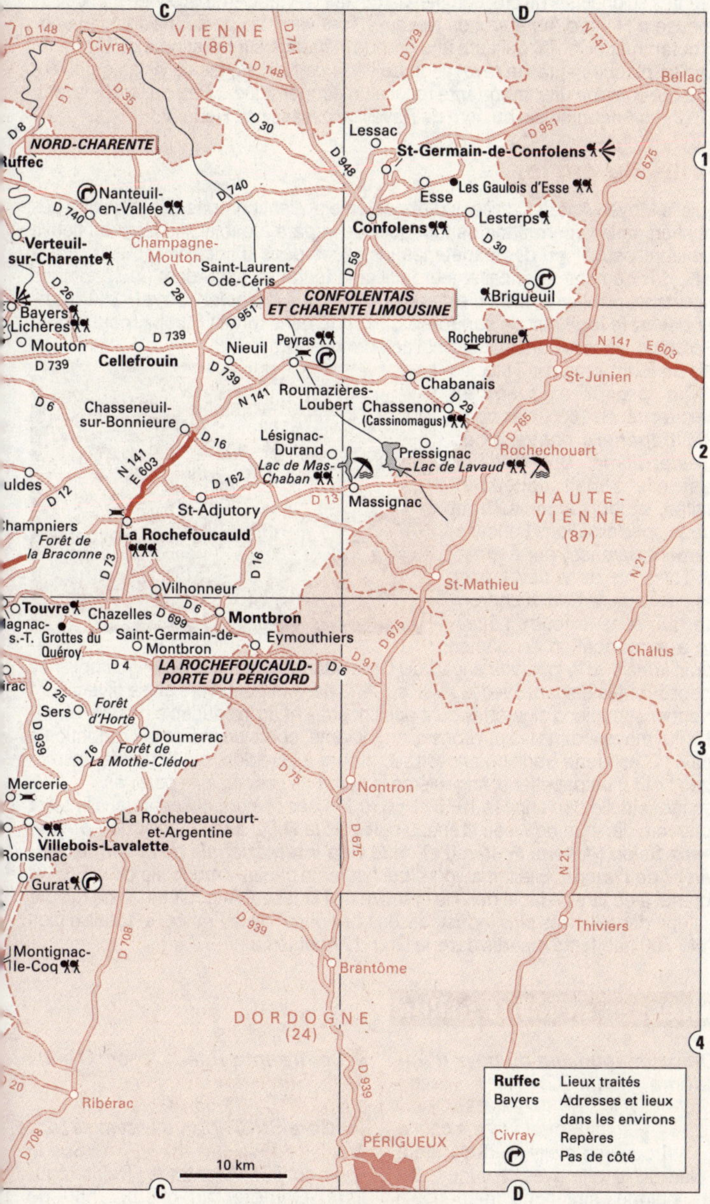
VIENNE (86)
Civray
NORD-CHARENTE
Ruffec
Nanteuil-en-Vallée
Verteuil-sur-Charente
Champagne-Mouton
Saint-Laurent-de-Céris
Lessac
St-Germain-de-Confolens
Esse
Les Gaulois d'Esse
Confolens
Lesterps
Brigueuil
Bellac
CONFOLENTAIS ET CHARENTE LIMOUSINE
Bayers
Lichères
Mouton
Cellefrouin
Nieuil
Peyras
Rochebrune
Roumazières-Loubert
Chabanais
St-Junien
Chasseneuil-sur-Bonnieure
Chassenon (Cassinomagus)
Lésignac-Durand
Pressignac
Rochechouart
Lac de Mas-Chaban
Lac de Lavaud
Massignac
St-Adjutory
HAUTE-VIENNE (87)
Champniers
Forêt de la Braconne
La Rochefoucauld
Vilhonneur
St-Mathieu
Touvre
Chazelles
Montbron
Eymouthiers
Grottes du Quéroy
Saint-Germain-de-Montbron
Châlus
LA ROCHEFOUCAULD-PORTE DU PÉRIGORD
Sers
Forêt d'Horte
Doumerac
Forêt de La Mothe-Clédou
Mercerie
Nontron
La Rochebeaucourt-et-Argentine
Villebois-Lavalette
Ronsenac
Gurat
Thiviers
Montignac-le-Coq
Brantôme
DORDOGNE (24)
Ribérac
PÉRIGUEUX
10 km
Ruffec Lieux traités
Bayers Adresses et lieux dans les environs
Civray Repères
Pas de côté

Différentes seigneuries du cru, comme Marguerite d'Angoulême (sœur de François Ier et épouse d'Henri d'Albret, roi de Navarre), font venir les personnalités de l'époque, notamment Calvin, qui aura une grande influence sur les esprits de la région. Mauvaise pioche : après la révocation de l'édit de Nantes, les calvinistes doivent fuir, ce qui entraîne une importante récession économique... Peu de temps avant, en 1610, un Angoumoisin du nom de Ravaillac assassinait Henri IV !

La ville du papier

Depuis le Moyen Âge, les artisans d'Angoulême avaient compris que la qualité des eaux charentaises permettait de fabriquer de la pâte à papier. Au bord du fleuve s'établirent peu à peu des papeteries installées dans d'anciens moulins. François Ier, décidément visionnaire, leur facilita la tâche en accordant aux papetiers d'importants privilèges. Mais c'est sous Colbert que ***le papier « royal » d'Angoumois devint le meilleur de son temps,*** exporté dans toute l'Europe, notamment en Hollande, sous le nom aujourd'hui célèbre de vélin.

Ainsi, pendant près de 2 siècles ***la ville prospéra, jusqu'au départ forcé, en 1685, des nombreux papetiers convertis au protestantisme.*** Une tradition industrielle s'était cependant installée, et du papier naîtront d'autres spécialisations (fonderie, armement, faïence) qui permettront à la région de se développer. Sans oublier ***la fameuse charentaise*** qui, sans le feutre nécessaire à la fabrication du papier, n'aurait jamais vu le jour (voir encadré) ! Cependant, les papeteries angoumoisines n'ont pas toutes disparu avec le XVIIIe s. Certaines ont persévéré en se diversifiant (cartonnerie, papier à cigarettes ou à dessin, etc.), et un irréductible moulin retranché à Puymoyen, dans les environs d'Angoulême, continue même la production à la main ! C'est cette tradition ancestrale, propre à la région, qui fit tant fantasmer Balzac : il fit d'un papetier d'Angoulême le héros de ses *Illusions perdues.*

Crise industrielle des années 1970 et évolution des mœurs obligent, la ville s'est reconvertie dans un nouveau créneau culturel : ***la B.D., avec la création de son fameux Salon (devenu Festival) et de la Cité internationale de la bande dessinée et de l'image.*** Elle fait aujourd'hui figure de capitale mondiale de la B.D. et a obtenu, à ce titre, le label de Ville créative de l'Unesco. Angoulême reste malgré tout l'une des villes les plus industrialisées de l'ouest de la France, et totalise plus de 141 700 habitants répartis dans le Grand Angoulême.

L'INVENTION DE LA CHARENTAISE

On utilisait le feutre en laine pour sécher les feuilles de papier que l'on fabriquait dans la région. Ce feutre usagé était ensuite utilisé pour fabriquer des pantoufles placées à l'intérieur des sabots. Si les sabots ont disparu, les charentaises ont, elles, survécu...

Adresses et infos utiles

Office de tourisme du pays d'Angoulême *(zoom C2, **1**) : 1, pl. de l'Hôtel-de-Ville, BP 20222. ☎ 05-45-95-16-84. • angouleme-tourisme.com •* Vous y trouverez plein de docs (dont un plan de la ville avec le circuit des murs peints), ainsi que le mensuel gratuit *Sortir Label Charente* (disponible également dans de nombreux commerces, et sur *• sortir-label-charente.net •*).

Centre Info Rando *(zoom C3, **2**) : dans Charentes Tourisme, 21, rue d'Iéna. ☎ 05-45-38-94-48.*

Gare SNCF *(plan d'ensemble B2) : 4, pl. de la Gare. ☎ 36-35.* Sur la ligne du TGV Atlantique. Trains réguliers. Compter au mieux 1h50 de trajet depuis Paris et 40 mn depuis Bordeaux.

Gare routière *(zoom D2) : **Citram Charente,** 2 bis, bd Pasteur.*

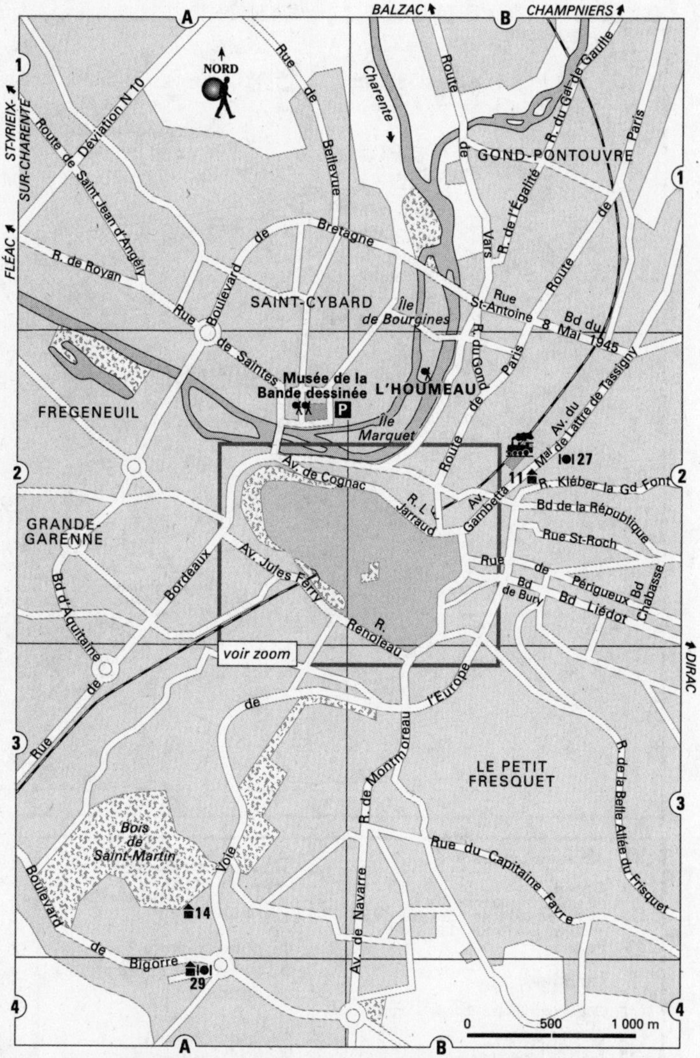

ANGOULÊME – Plan d'ensemble

Où dormir ?

11 Hôtel d'Orléans (B2)
14 Chambres d'hôtes de Champ Fleuri (A3)

Où manger ?

27 Le Terminus (B2)
29 Les Sources de Fontbelle (A4)

■ Adresses utiles

- 1 Office de tourisme du pays d'Angoulême (C2)
- 2 Charentes Tourisme, Gîtes de France et Centre Info Rando (C3)
- P Parkings

Où dormir ?

- 12 Chambres d'hôtes Jardins Secrets (B1)
- 13 Hôtel du Palais (C2)
- 15 Hôtel de France Mercure (C2)
- 16 Hôtel Le Saint-Gelais (D3)

Où manger ?

- 20 Au Jardin (C2)
- 22 La Voile Bleue (C2)
- 23 Le Comptoir de Brice (C1)
- 24 Le Saint-André (C2)
- 25 La Cour, Zézette et Marcelle (C2)
- 28 Cokotte (C2)

Où boire un verre ? Où écouter de la musique ? Où danser ?

- 31 La Girafe (C2)
- 33 The Kennedy Pub (B2)
- 36 Le River 102 (B1)

Achats gourmands

- 40 Letuffe (C2)
- 42 Chocolaterie Duceau (C2)
- 44 Biscuiterie Lolmède (C2)

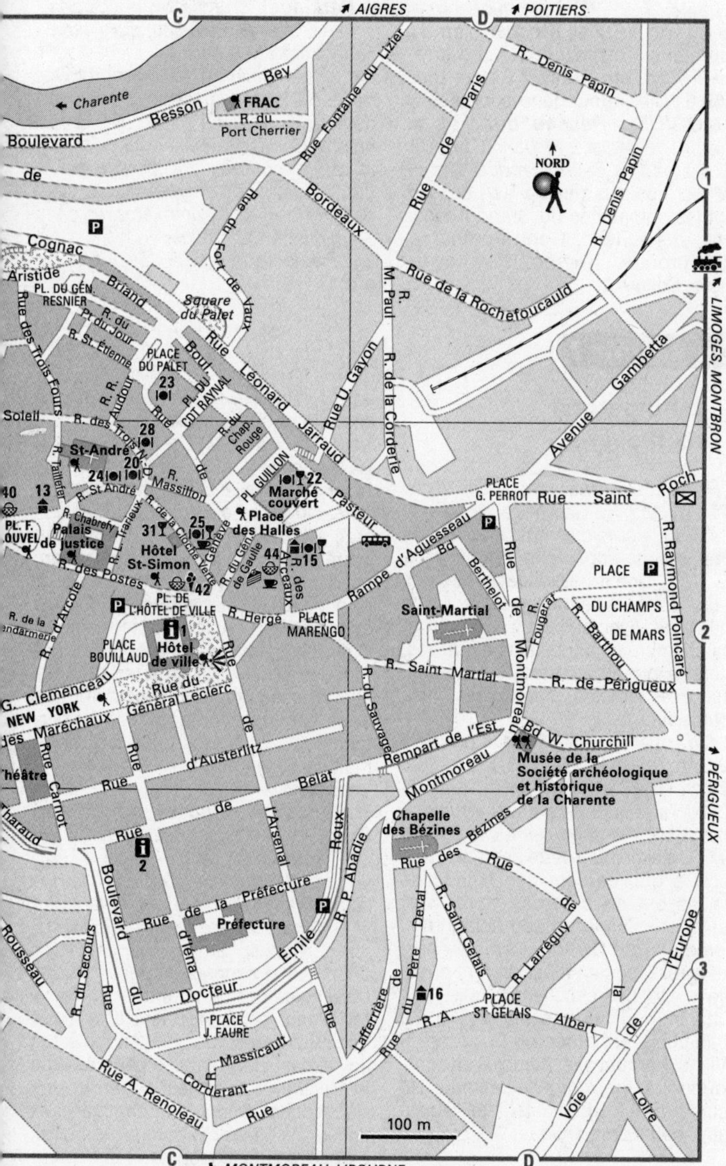

ANGOULÊME – Zoom

☎ 05-45-25-99-99. • citram-charente.fr • Bus pour Ruffec, Cognac, Jarnac, Confolens, Barbezieux, Aubeterre-sur-Dronne, etc. Tarif : 2 € pour tous (3,60 € l'aller-retour dans la journée).

■ ***MOBIUS* – Réseau bus :** *pl. du Champ-de-Mars. ☎ 05-45-65-25-25. • stga.fr • Service réduit dim et j. fériés.* Les bus de la *STGA* desservent les communes du Grand Angoulême, dont Fléac, Gond-Pontouvre, La Couronne, Nersac, Puymoyen, Ruelle, Soyaux...

Parkings : *gratuits av. de Cognac (zoom C1) et pl. Beaulieu, sur l'esplanade (zoom A1), mais les places sont parfois rares. Autre solution gratuite, se garer sur le parking du musée de la B.D. (plan d'ensemble A2) et emprunter la passerelle pour rejoindre le centre (compter 15-20 mn à pied). Les parkings de l'hypercentre sont payants (sauf les 30 premières mn dans les parkings souterrains).*

Radio-taxis : *☎ 05-45-95-55-55.*

Où dormir ?

De bon marché à prix moyens

Hôtel d'Orléans *(plan d'ensemble B2,* ***11****) : 133, av. Gambetta. ☎ 05-45-92-07-53. • hoteldorleans@hotmail.fr • hotel-orleans-angouleme.fr • Doubles 60-110 €.* Une adresse idéale pour les petits budgets, située juste en face de la gare. Avec sa façade bleu ciel et ses chambres aux couleurs acidulées, l'hôtel a pris un bon coup de jeune. Chambres simples, bien tenues, avec double vitrage.

Chambres d'hôtes Jardins Secrets *(zoom B1,* ***12****) : 23, rue Froide. ☎ 05-45-92-21-54. 06-84-76-02-10. • claude.rapp@wanadoo.fr • jardins-secrets-angouleme.fr • Double 80 €.* On aime bien cette petite adresse secrète qui, derrière une façade de pierres blanches et des volets vert pastel, dissimule un adorable jardin. Comme le dit Claude, l'aimable propriétaire, « ici, rien n'est droit ni parallèle ». Un bel escalier dessert une suite intime, parfaite en famille. La 2e chambre est ornée de fresques du XVIIIe s. Parquet ciré, meubles anciens, bougeoirs, napperons, tableaux et fleurs fraîches agrémentent les lieux, à l'atmosphère romantique.

De chic à beaucoup plus chic

Hôtel du Palais *(zoom C2,* ***13****) : 4, pl. Francis-Louvel. ☎ 05-45-92-54-11. • info@hotel-angouleme.fr • hotel-angouleme.fr • Congés : 1 sem entre Noël et le Nouvel An. Doubles 59-160 €. Garage payant, sur résa.* C'est le seul hôtel de la vieille ville, planté sur une agréable place envahie de terrasses, face au palais de justice. Et il a une sacrée personnalité : dès la réception, on sent la patte d'une vraie décoratrice, avec un penchant pour les œuvres d'art et les couleurs pop ! Chambres toutes différentes, pour tous les goûts et à tous les prix (les plus chères sont franchement immenses). Insonorisation pas toujours parfaite, mais vous êtes dans une vieille maison... Une adresse que l'on aime beaucoup !

Chambres d'hôtes de Champ Fleuri *(plan d'ensemble A3,* ***14****) : rue de l'Hirondelle. 06-85-34-47-68. • contact@champ-fleuri.fr • champ-fleuri.fr • Sur la gauche en montant vers le golf. Tte l'année. Compter 85-120 € pour 2. Parking gratuit. Apéritif maison offert sur présentation de ce guide.* Dissimulée par un porche et son portail blanc, cette propriété offre l'une des plus belles vues sur Angoulême ! Joli jardin fleuri, terrasse panoramique et piscine, le cadre est superbe. Une dépendance abrite les chambres raffinées, avec poutres et murs en pierre, et des salles de bains fraîchement rénovées offrant douche ou baignoire. 2 d'entre elles bénéficient de la vue sur la ville. Également une cuisine commune à la disposition des hôtes. Une adresse de charme, juste à côté du golf : extra !

Hôtel de France Mercure (zoom C2, **15**) : *1, pl. des Halles-Centrales. ☎ 05-45-95-47-95. • h1213@accor.com • mercure.com • Doubles 95-170 € ; petit déj 17 €. Au resto, formules et menus 19,50-25,50 €. Parking payant.* Si la belle façade ancienne rappelle qu'ici est né l'écrivain Guez de Balzac, les chambres modernes et tout confort n'ont rien conservé du charme de l'époque, privilégiant un style contemporain pour certaines, design pour les autres. Ravissant jardin intérieur, dont les allées bordées de bancs s'entrecroisent à l'abri des regards indiscrets derrière un haut mur d'enceinte. Et superbe terrasse pavée... de pierres charentaises ! En prime, un resto gourmand au style bien dans l'air du temps, ainsi qu'un bar à cognacs cossu.

Hôtel Le Saint-Gelais (zoom D3, **16**) : *12, rue du Père-Deval. ☎ 05-45-90-02-64. • contact@hotel-saint-gelais-angouleme.com • hotel-saint-gelais-angouleme.com • Resto tlj sauf lun, sam midi et dim. Doubles 115-155 € ; petit déj 15 € ; brunch 29 €.* À 15 mn à pied du centre historique et dans un quartier éminemment tranquille, voici le dernier-né de l'hôtellerie locale : un 4-étoiles installé dans une longue bâtisse XIXe s (ancienne maison de retraite du diocèse...) avec jardin et piscine. L'ensemble, de la réception aux chambres, est franchement design (on sent le travail d'un cabinet d'architecture d'intérieur !). Agréable resto *(L'Algorithme)*, à visées gastro.

Où manger ?

De très bon marché à bon marché

Au Jardin (zoom C2, **20**) : *5, rue Ludovic-Trarieux. ☎ 05-45-90-07-97. • au.jardin16@orange.fr • Ouv le midi lun-ven, plus le soir lun-mar et jeu juin-août. Formule déj 11 € ; menu 16 € ; carte env 20 €.* Salon de thé, boutique, resto : *Au Jardin*, c'est un peu tout cela à la fois. On s'attable entre amis, et on commande la soupe du jour avant de composer sa salade, spécialité de la maison : sur une base de laitue, on ajoute 5 ingrédients à choisir parmi une longue liste. Simple, ludique et fort bon (produits frais, souvent bio). Impeccable pour un déjeuner léger en terrasse.

Zézette et Marcelle (zoom C2, **25**) : *26, rue de la Cloche-Verte. ☎ 09-81-75-33-86. • leroy1stephane.ludovic@gmail.com • Tlj sauf dim-lun 9h-19h (ouv tlj en période de festival, parfois ouv le soir). Formules 14,50-17,50 € ; carte env 18 € (plus cher le soir). Apéritif offert pour un repas sur présentation de ce guide.* Cette petite adresse s'annonce comme un « *coffee shop* à la française », avec des cafés soigneusement sélectionnés et torréfiés sur place. Mais ses 2 salles de poche au mobilier vintage ainsi que ses petites terrasses (côté rue ou dans la courette sur l'arrière) peuvent se fréquenter à toute heure de la journée : du petit déj au quatre-heures (excellentes pâtisseries maison) comme au déjeuner, avec des plats du jour tout simples, tout bons, des salades et des tartes salées.

Prix moyens

La Voile Bleue (zoom C2, **22**) : *au cœur des Halles. Tlj sauf lun 8h-13h30 (15h sam-dim). Huîtres 6-15 € ; plateaux 18,50-32 €.* Caché au fond du magnifique marché couvert d'Angoulême, ce bar à huîtres et comptoir marin fait le plein les midis de fin de semaine. Il faut dire qu'on se régale sans se ruiner sur ses grandes tablées partagées ! Outre les fruits de mer, on peut aussi grignoter un croque-monsieur ou un œuf cocotte et terminer par une tranche de melon charentais. Très convivial.

Le Saint-André (zoom C2, **24**) : *6, rue Saint-André. ☎ 05-45-92-25-85. • bienvenue@le-st-andre.fr • Ouv le midi mar-sam, plus le soir mar et jeu-ven (ouv tlj midi et soir en période de festival). Congés : 2 sem en mars, 1 sem en juin et 2 sem en oct.*

Formule et menu déj en sem 13,90-17,50 € ; carte 30-35 €. Une terrasse qui s'éparpille sur un petit square au chevet de l'église (Saint-André, évidemment), face à l'un des plus beaux murs peints de la ville. Et une salle de bistrot contemporain juste comme il faut. La cuisine est dans le même esprit, bistrotière mais avec le goût de l'époque, entre simplicité et inventivité. Accueil et service irréprochables.

Le Comptoir de Brice *(zoom C1, **23**) : 50, rue de Genève. 06-61-82-91-61. • lecomptoirdebrice@gmail.com • Tlj sauf dim-lun 12h-14h, 19h30-23h. Formule et menu déj en sem 14,50-17,50 € ; le soir, à la carte env 33 €. Café offert sur présentation de ce guide.* À 1re vue, on pourrait croire que c'est le genre de resto qui mise tout sur son cadre, actuel et décontracté. Mais le contenu de l'assiette tient franchement la route. La formule du midi est fraîche et efficace ; le soir, le choix reste relativement limité mais les préparations sont de qualité et les prix raisonnables. Sans compter que les menus sont renouvelés chaque semaine. Quelques tables dans la rue piétonne.

De prix moyens à chic

La Cour *(zoom C2, **25**) : 22, rue de la Cloche-Verte. ☎ 05-16-16-26-94. • lacour.angouleme@gmail.com • Tlj sauf dim soir. Formules déj 17-20 € ; carte env 35 €. Brunch dim 25 €.* Nichée autour d'une cour pavée au charme irrésistible, cette adresse branchée, dont les espaces colorés ont su conserver une certaine intimité, ne désemplit pas. Les formules du midi, qui misent sur les produits locaux et suivent le goût des saisons, se révèlent particulièrement convaincantes... Tout comme la carte du soir, un peu plus élaborée et originale, que l'on peut accompagner d'un savoureux cocktail imaginé par le mixologiste maison. Atmosphère géniale les soirs d'été. Et le dimanche, place au brunch !

Cokotte *(zoom C2, **28**) : 6, rue des Trois-Notre-Dame. ☎ 05-45-95-15-19. • contact@cokotte.fr • Fermé sam midi et dim-lun. Formules déj 17-20 € ; menu 33 € ; carte env 40 €.* C'est l'une des adresses les plus gourmandes du centre d'Angoulême, installée dans une maison en pierre du XVIIIe s, autrefois traversée par une ruelle. Déco pleine de peps, avec sa fresque *street art* représentant une... poule et ses meubles gentiment design. Et la cuisine ? Servie dans des cocottes en fonte, elle est franchement délicieuse et plutôt originale. Outre les œufs bio préparés de diverses manières, on a craqué pour la lotte rôtie, à la cuisson parfaite. On reconnaît ici tout le talent de Guillaume et Séverine Veyssière, également aux commandes des *Sources de Fontbelle* (voir ci-dessous).

Les Sources de Fontbelle *(plan d'ensemble A4, **29**) : 1 bis, rue des Meules-à-Grains. ☎ 05-45-23-51-75. • contact@sourcesdefontbelle.com • Dans le quartier de Ma Campagne. Bistrot ouv lun-ven midi, plus le midi du 4e dim du mois. Resto ouv mer-dim midi. Au bistrot, formules déj 17-21,90 € ; carte env 40 €. Au resto, menus 35 € (le midi), puis 60 €. Résa indispensable pour les 2 espaces.* Le chef étoilé Guillaume Veyssière fait coup double dans cet espace contemporain ouvert sur la nature, situé à quelques minutes du centre d'Angoulême. Au bistrot *La Forêt,* on se régale d'une cuisine de saison futée, qui marie les saveurs avec bonheur. Mais c'est au restaurant gastronomique *La Source* que l'on prendra la mesure du talent exceptionnel du chef : sublimant le terroir charentais, ses assiettes pleines d'harmonie font naître des émotions uniques. Service à la hauteur. Pour ceux que l'expérience aura comblés, la maison propose aussi 5 chambres d'hôtes logées dans un ancien prieuré *(compter env 140 € la double).*

Le Terminus *(plan d'ensemble B2, **27**) : 3, pl. de la Gare. ☎ 05-45-95-27-13. • le-terminus16@neuf.fr • Fermé dim-lun. Formule déj 20,50 € ; menu 29 € ; carte env 55-65 €.* Le *Terminus* fait partie des références à Angoulême. Pour son cadre d'un chic décontracté, pour son accueil ou son service impeccable, et pour sa cuisine gastronomique sans fausse note. Les spécialités de poisson font partie des bons souvenirs : il faut dire que le chef travaille avec talent les meilleurs produits (bar, turbot ou maigre, par exemple, proviennent du port de La Cotinière, à Oléron). Terrasse face au parvis de la gare.

Où dormir ? Où manger dans les environs ?

Prix moyens

Chambres d'hôtes L'Épicerie de Vénat : *9, rue Jean-Ravanaud, 16710* ***Saint-Yrieix-sur-Charente.*** *06-12-94-35-51. • info@lepicerie-de-venat.com • lepicerie-de-venat.com • À 6 km au nord-ouest d'Angoulême. Tte l'année. Double 65 €.* Délaissée pendant 40 ans, cette épicerie-café du village a été merveilleusement retapée par l'adorable Monique. La maison a conservé son âme d'antan et arbore un look vintage attachant. Il y a aussi un salon (avec baby-foot !), l'ancien bistrot avec son bar en formica et une terrasse avec tonnelle noyée sous la glycine pour les petits déj. À l'étage, 4 chambres, plus contemporaines et design, toutes différentes mais dans le même esprit : simplicité, confort et bon goût. Une adresse très chouette !

Chambres d'hôtes Le Clos du Charpentier : *2, rue des Courly, 16430* ***Balzac.*** *☎ 05-45-68-28-39. 06-74-14-97-01. • mcbouchaud@wanadoo.fr • À 8 km au nord d'Angoulême. Tte l'année. Compter 75 € pour 2 ; familiale autour de 100 €.* Une maison en pierre de pays, au confort indéniable : salon avec cheminée, kitchenette, salle de lecture à l'étage, petite piscine intérieure, appareils de musculation... Marie-Claire et Joël se mettent en quatre pour accueillir leurs hôtes ! Les chambres, de styles différents, se révèlent élégantes et douillettes, notamment le duplex pour 3 personnes. Jolies salles de bains, modernes et spacieuses. Une halte paisible.

Chambres d'hôtes La Templerie : *440, rue des Lys, Denat, 16430* ***Champniers.*** *☎ 05-45-68-73-89. 06-87-13-14-65. • richon.jean@wanadoo.fr • latemplerie-richon.fr • À 5 km au nord d'Angoulême. Compter 73 € pour 2. Également un gîte pour 6 pers.* Rien de médiéval chez cette *Templerie* : c'est une belle ferme viticole du XIXᵉ s, dont la grange a été repensée pour accueillir les hôtes avec la manière : salle commune au beau volume dotée d'une cheminée, cuisine équipée, terrasse couverte pour manger paisiblement, chambres confortables donnant directement sur le jardin ou à l'étage. Cerise sur le gâteau : la piscine, cachée à l'arrière de la maison. Idéal pour les familles.

Le Moulin Neuf : *34, rue du Moulin-Neuf, 16160* ***Gond-Pontouvre.*** *☎ 05-45-94-50-29. • lemoulinneuf16@orange.fr • hotel-moulin-neuf.com • À 5 km au nord d'Angoulême. Resto tlj sauf lun et le soir ven et dim. Doubles 73-95 €. Menus 18,50 € (déj en sem), puis 28-35 €.* À environ 15 mn d'Angoulême, cet hôtel-resto jouit d'un emplacement vraiment privilégié, au bord de la Touvre. Depuis la terrasse à fleur d'eau ou la salle avec baies vitrées, le cadre enchanteur séduit. Dans l'assiette, une cuisine de marché de belle qualité, entre terre et mer, aux cuissons maîtrisées et présentations soignées. L'hôtel propose des chambres simples et plutôt plaisantes (surtout celles avec terrasse commune, côté rivière ; les plus chères).

La Guinguette de Fléac : *rue du Tranchard, 16730* ***Fléac.*** *06-87-55-20-49. À 5 km du centre d'Angoulême. En saison, tlj 10h-22h. Compter env 20 €.* Une guinguette posée sur les rives de la Charente, avec lampions et grandes tablées de rigueur. Outre le cadre, vraiment ravissant, on y vient pour déguster de bonnes viandes limousines, une belle andouillette ou des truites de la Touvre. Service un peu débordé les week-ends d'été, mais le patron met l'ambiance. Location de canoës et bateaux possibles en journée.

Le Chat Bourg : *55, route de Sainte-Catherine, 16410* ***Dirac.*** *☎ 09-80-36-51-78. • perni99@yahoo.com • À l'entrée du bourg. Formule déj 16 € ; carte env 25 €.*

Un bistrot de village sympathique et gourmand, qui constituera une pause idéale dans l'exploration de ce coin verdoyant de l'Angoumois. Pêche du jour, brandade maison ou magret rôti, tout est appétissant et savoureux. Agréable terrasse ombragée, abritée par un auvent. Le lieu appartient aux propriétaires du *Domaine du Châtelard*, l'excellent hôtel-restaurant situé non loin (voir ci-contre).

De chic à plus chic

Les Hauts de Chalonne : *27, rue Corneille, 16160* ***Gond-Pontouvre.*** *06-15-09-80-76. • leshautsdechalonne@gmail.com • leshautsdechalonne.com • À env 6 km au nord d'Angoulême. Doubles 90-125 €, petit déj compris ; familiale. Également un gîte. Repas sur résa 30 €.* Dans un ancien monastère du XIIIe s qui veille sur le hameau de Chalonne, de belles chambres spacieuses, hautes de plafond, restaurées dans les règles de l'art. Elles donnent toutes sur une vaste cour enherbée. La déco est sobre et actuelle (béton ciré, couleurs douces, douche à l'italienne). Le petit déj est servi dans une verrière qui s'avance dans le jardin, ou, mieux, au milieu de la pelouse en été. Il y a même un studio avec cuisine équipée qui peut être loué pour quelques nuits. À la table d'hôtes, produits locaux et plancha estivale. Piscine à l'écart. Une adresse de charme.

Le Domaine du Châtelard : *1079, route du Châtelard, 16410* ***Dirac.*** *05-45-70-76-76. • perni99@yahoo.com • domaineduchatelard.com • À 8 km au sud-est d'Angoulême ; fléché sur la droite avt Dignac. Congés : 3 sem en janv. Resto fermé dim soir-mar (seulement lun en saison). Doubles 130-210 € ; familiales. Formule déj en sem 26 € ; menus à partir de 49 € (menu végétal 38 €). Café offert sur présentation de ce guide.* Une impression de bout du monde ! La petite route s'arrête là, au cœur de la vallée de l'Anguienne. Cette ancienne ferme du XIXe s, à la façade tapissée de vigne vierge, est tenue par un couple helvético-danois qui l'a soigneusement restaurée. Chambres de charme, à la déco personnalisée. Piscine, tennis, barque, canoës, vélos et promenades à pied. Côté resto, une salle cosy avec feu de cheminée et, aux beaux jours, la superbe terrasse surplombant le lac privé (de 10 ha !). La cuisine est inventive et raffinée, à base de produits de saison, du domaine ou locaux autant que possible. La carte est courte, mais les suggestions alléchantes, des plus classiques aux plus curieuses : déclinaison de foie gras, purée de cresson, fondant betterave-chocolat... Accueil adorable. Une adresse aux charmes multiples !

Où boire un verre ? Où écouter de la musique ?

Pas mal de bistrots sympa sont dispersés dans le centre-ville et au bord de la Charente, pour le bonheur des étudiants et des oiseaux de nuit drainés par le petit monde de la B.D. et de l'image. Dès le retour des beaux jours, les terrasses affichent complet, surtout à l'occasion des concerts des jeudis de l'été (notamment place des Halles).

La Girafe (zoom C2, **31**) **:** *23, rue de la Cloche-Verte. 05-45-90-91-20. Tlj sauf dim-lun 18h-2h.* Tout le monde connaît *La Girafe.* Pour sa déco digne d'une galerie d'art, mais aussi pour son atmosphère décontractée propice aux retrouvailles entre copains, sur la terrasse en bord de rue piétonne. L'un des rendez-vous favoris des trentenaires débonnaires, surtout à l'heure de l'apéro, lorsqu'il s'agit de goûter les bières de la maison.

The Kennedy Pub (zoom B2, **33**) **:** *3, rue de Beaulieu et 10, rue Tison-d'Argence. 05-45-94-12-41. Tlj 17h-2h.* 2 entrées pour ce vaste pub typique à la déco plus vraie que nature : affiches de concerts, objets hétéroclites, billard et écran géant pour les retransmissions de matchs. Concerts (rock, blues, celtique) en principe le samedi, à partir de 21h-22h (parfois le vendredi aussi). Terrasse sympa sous le porche.

Le River 102 *(zoom B1, **36**) : 102, rue de Bordeaux. ☎ 05-45-39-07-94. • leriver102@gmail.com • Tlj sauf dim (plus lun et mar soir hors saison) 12h-minuit (2h jeu-sam). Tapas et plats 17-20 €.* Un des lieux branchés d'Angoulême, posé au bord de la Charente. Dans cet ancien hangar, les néons, le béton et l'acier le disputent aux vieilles pierres. On vient ici s'accouder au bar, prendre place sur une banquette ou, à la belle saison, profiter de l'agréable terrasse au bord de l'eau. Un lieu idéal pour siroter un verre ou grignoter quelques tapas en musique, de jour comme de nuit.

Achats gourmands

Letuffe *(zoom C2, **40**) : 10, pl. Francis-Louvel. ☎ 05-45-95-00-54. • chocolaterie-letuffe.com • Tlj sauf dim-lun 9h-12h, 14h-18h30.* C'est la boutique chic de la célèbre chocolaterie de Trois-Palis (voir plus loin « Dans les environs de Châteauneuf-sur-Charente » dans « La vallée de la Charente, d'Angoulême à Cognac »). Il y a tant de créations que les étals ne suffisent pas pour toutes les présenter ! Toutes sortes de chocolats, bonbons, pâtes de fruits ou berlingots.

Biscuiterie Lolmède *(zoom C2, **44**) : 3, rue des Arceaux. ☎ 05-45-95-05-09. • macarons-lolmede.com • Tlj sauf dim-lun 9h-19h.* L'avantage, dans cette biscuiterie artisanale au cadre charmant, c'est sa terrasse donnant sur une rue piétonne. Impeccable pour goûter les célèbres macarons (environ 50 sortes !) ou les madeleines au chocolat de cette vénérable maison. Pour accompagner la dégustation, d'excellents thés et chocolats chauds à l'ancienne. Vraiment agréable, d'autant que l'accueil est fort sympathique.

Chocolaterie Duceau *(zoom C2, **42**) : 18, pl. de l'Hôtel-de-Ville. ☎ 05-45-95-06-42. • chocolaterie-duceau.com • Mar-ven 9h-19h ; sam 9h-13h, 14h-19h ; plus lun 14h30-19h oct-avr. Fermé dim.* Pour son décor immuable, son vrai chocolat noir (notamment sous forme de marguerite à effeuiller), sa « charentaise garnie » et son « liqueur cognac ». Également des glaces maison en été.

Où trouver chausson à son pied ?

La Pantoufle : *parc commercial de la Croix-Blanche, N 10, 16430 **Champniers.** ☎ 05-45-92-77-40. • contact@lapantoufle.com • À 5 km au nord d'Angoulême. Tlj sauf dim 10h-12h30, 14h-19h.* Le temple de la pantoufle charentaise, en direct des ateliers de Rivières. Semelle feutre ou plastique, à poil long ou à poil ras, du modèle le plus classique au plus farfelu...

À voir

– ***Bon à savoir :*** un ***pass regroupe les 3 musées principaux*** de la ville, à savoir le musée d'Angoulême, le musée du Papier et la Cité de la B.D. ; en vente dans les musées concernés et à l'office de tourisme *(10 € ; valable 1 an).*

Le vieil Angoulême

La cathédrale Saint-Pierre (zoom B2) : *au bout du rempart Desaix. Tlj 9h-17h. Mars-déc, tlj sauf lun, possibilité de visite guidée du trésor : 5 € ; résa obligatoire auprès de l'office de tourisme (☎ 05-45-95-16-84).*
Construite au début du XIIe s sur les ruines de 3 autres cathédrales, dont une érigée, paraît-il, par Clovis avant d'être incendiée par les Normands au Xe s. On doit

l'actuel bâtiment au richissime évêque Girard de Blaye, légat des papes, qui, pour l'édifier, utilisa les bénéfices que lui rapportaient 3 abbayes et une cinquantaine d'églises ! Encore un membre influent de l'Église qui semble avoir oublié le vœu de pauvreté... Toujours est-il que le résultat est superbe, d'autant plus que la cathédrale du XIIe s est restée en grande partie intacte (contrairement à tant d'autres), n'ayant subi de dégâts qu'à l'époque des guerres de Religion. Elle fut ensuite restaurée au XIXe s par l'architecte Paul Abadie (celui du Sacré-Cœur de Paris), perdant les quelques modifications faites après l'époque romane, mais dotée en contrepartie de 2 clochetons, d'un pignon et d'un tympan sur le portail central (en gros, toute la partie supérieure de la façade).

L'extérieur

En venant du centre, on remarque tout d'abord la gigantesque coupole et le très joli clocher à 6 étages, haut d'une soixantaine de mètres, de style presque italien. Mais l'édifice est surtout célèbre pour sa sublime ***façade sculptée,*** chef-d'œuvre de l'art roman, qui vient d'être magnifiquement rénovée. Au pied de l'édifice, prenez du recul pour mieux admirer l'ensemble (attention aux voitures du carrefour !) et remarquez la chaude coloration de la pierre, aux teintes dorées.

L'élégance et la cohérence de cette « façade écran » se traduisent par une succession d'arcatures, supportées par de fines colonnes et réparties de manière parfaitement symétrique. Assemblées par blocs autour du Christ en ascension (évidemment au centre), elles sont censées former... une grande croix. Mais on ne le voit pas tout de suite (image subliminale ?), trop occupé que l'on est à détailler toutes les sculptures... En tout, 75 personnages pleins de relief, comme ce cavalier brandissant une épée ou ces damnés aux étonnants corps décharnés. Nombreux monstres et animaux fantastiques autour du portail. À droite, une frise raconte un épisode de la *Chanson de Roland*. Au 2e niveau, la Vierge et les apôtres (sauf Judas !) assistent à l'Ascension du Christ au milieu des anges. Les thèmes principaux décrits par cette « page de pierre » sont ceux, plus courants, du Jugement dernier (joie céleste aux côtés de Jésus, damnation aux extrémités) et de la Rédemption. Mais leur traitement en dehors du portail était nouveau pour l'époque. Ce qui explique l'influence prépondérante de cette façade sur celles des églises de la région.

L'intérieur

On entre dans la nef unique par un beau portail de bois orné de ferronneries. Le regard est tout de suite happé par les ***vastes coupoles*** du plafond, dont la plus haute, située à la croisée du transept, n'est autre que la base du dôme que l'on voit de l'extérieur. Ce genre de nef à coupoles, que l'on ne trouve que dans le Sud-Ouest, serait vraisemblablement d'origine orientale. À noter, les badigeons avec faux joints qui donnent l'illusion de pierres assemblées une à une. Autre particularité, qui ajoute à la majesté des lieux : les galeries latérales soutenues par des arcatures. Remarquez les chapiteaux sculptés, notamment dans la chapelle de gauche. Le chœur, lui, est embelli par une grande arcade brisée et des absidioles rayonnantes. Les transepts n'ont en revanche plus beaucoup de cohérence, celui du sud ayant, hélas, perdu son clocher, abattu par les protestants. Reste celui du nord (à savoir la haute tour décrite plus haut). Parmi le mobilier se distinguent des orgues du XVIIIe s richement décorées (têtes d'anges), un bel autel aux colonnettes sculptées et une chaire au bois finement travaillé.

Le trésor

La cathédrale expose son ***trésor*** (vêtements liturgiques, calices, encensoirs et autres reliquaires) dans 3 salles du transept sud. Époustouflant décor, conçu par l'artiste contemporain Jean-Michel Othoniel (à qui l'on doit, entre autres, l'habillage de la bouche du métro Palais-Royal à Paris) et exécuté par une foule d'artisans français et européens. Si l'on retrouve les colonnes en boules de verre de Murano caractéristiques du style de l'artiste, Othoniel signe également les vitraux, la châsse d'un reliquaire, une grille en aluminium, etc. C'est également lui qui a sélectionné tous les objets sacrés présentés dans les vitrines. La dernière salle, qui constitue l'aboutissement du parcours, a été baptisée « Le Merveilleux ». Un terme idéalement choisi pour cet espace à l'atmosphère presque magique.

Le musée d'Angoulême *(zoom B2)* **:** *rue Corneille (entrée par le sq. Girard-II). ☎ 05-45-95-79-88. • maam.angouleme.fr • Tlj sauf lun 10h-12h30, 14h-18h. Entrée : 5 € ; réduc ; gratuit moins de 18 ans et 1er dim du mois. Audioguide : 2 €.*
Installé dans l'ancien évêché d'Angoulême, le musée mérite une visite, à la fois pour le soin apporté à la muséographie (on peut faire une partie de la visite en imagerie virtuelle grâce à une technologie « 3.0 ») et pour la qualité de ses collections, qui s'articulent autour de 3 thématiques : la ***paléontologie et l'archéologie de la Charente,*** les ***arts d'Afrique et d'Océanie,*** et les ***beaux-arts***.
Au *rez-de-chaussée*, grand écart entre les temps géologiques et l'époque médiévale ! On y découvre de nombreux fossiles (dont un fémur de sauropode découvert à Angeac-sur-Charente), une saisissante reconstitution d'un chantier de fouilles de 1er ordre (on y exhuma plus de 10 000 ossements de vertébrés et des empreintes de dinosaures), de belles pièces gauloises, comme le superbe casque d'Agris (Ve s av. J.-C.), l'un des joyaux du musée, ou encore toutes sortes d'objets médiévaux (étriers, boucles...).
Au *1er étage*, très intéressante collection d'Afrique et d'Océanie (masques, sculptures, armes...) commencée en 1934 par un don du docteur Lhomme, notable de la région. La reconstitution d'une partie de son cabinet de curiosités, attenante à la chapelle, lui rend hommage. Un espace est dédié aux instruments de musique du monde entier. Exposés par roulement, ils proviennent de la riche collection du musée (près de 700 pièces !). Les plus anciens remontent au XIXe s.
Le *3e étage* est consacré aux beaux-arts, avec de nombreuses œuvres des écoles flamande et hollandaise, quelques préimpressionnistes comme Ziem, Maurice Denis et Henri Martin, ainsi qu'une section consacrée à des artistes charentais comme Léonard Jarraud et Henry Daras. Également de belles céramiques signées Alfred Renoleau.
Expos temporaires régulières.
– Après la visite, rejoindre la rue de Friedland, à l'opposé de l'entrée du musée. En haut du pignon de la façade de l'ancien évêché (du musée d'Angoulême donc), remarquer la statue d'un singe laid (enfin... difficile d'en juger !) posée là à la demande d'un évêque qui s'appelait Saint-Gelais (et ne manquait donc pas d'humour !). Juste en face, un hôtel particulier de la fin du XVIIe s.

La place du Minage *(zoom B1)* **:** cœur de la ville au Moyen Âge, elle abritait autrefois des halles (le minage est une unité de mesure du grain) remplacées au XIXe s par une gentille fontaine. D'une tranquillité presque campagnarde, les rues à proximité invitent à une balade dans le temps : la rue de Turenne avec le superbe portail de style baroque (XVIIe s) de l'ancien couvent des Carmélites, la rue Vauban jalonnée d'hôtels particuliers ou la rue Froide (qui donne, histoire de se réchauffer, sur la rue du Soleil !).

La place Francis-Louvel *(zoom C2)* **:** aménagée en lieu et place d'un ancien couvent détruit par les guerres de Religion. Elle est bordée par l'imposant *palais de justice* : construction du XIXe s, de style néoclassique, façon temple antique. Comme l'indique une plaque, sont passés dans le quartier quelques grands esprits : Calvin, Vigny, les deux Balzac (Honoré et Jean-Louis Guez), ainsi que Paul Valéry. À côté, l'*Hôtel du Palais* (voir « Où dormir ? ») à l'encore élégante façade du XVIIIe s.

L'église Saint-André *(zoom C2)* **:** *rue Taillefer.* L'une des plus vieilles églises de la ville, construite au XIIe s, puis agrandie au XVe s (le beau clocher carré est de cette époque). La façade classique ne date, elle, que du XIXe s. On la doit au papa Abadie, dont le fiston retapa ensuite la cathédrale. L'intérieur est un curieux mélange de roman (l'avant-nef) et de gothique flamboyant (la nef et le chœur) et contient, outre une chaire et un retable remarquables, un orgue anglais du XIXe s, classé Monument historique. Derrière l'église, place Saint-André, belle fresque en trompe l'œil d'après un dessin d'Yslaire.

De la place Saint-André, la rue du même nom conduit à un charmant quartier de petites rues piétonnes aux airs médiévaux. On est au cœur de la partie la plus animée du *vieil Angoulême (zoom C1-2),* plein de bars et de bons petits restos. Flânez dans la ***rue des Trois-Notre-Dame*** jusqu'à la *place du Palet,* passez devant la ***maison de Calvin*** (à l'angle des rues de Genève et du Chapeau-Rouge) et buvez un verre dans l'un des cafés du coin !

L'hôtel Saint-Simon *(zoom C2)* **:** *15, rue de la Cloche-Verte.* Le porche cache une minuscule et charmante cour pavée où se blottit un tout petit hôtel particulier Renaissance, le seul de la ville ! Joli comme tout avec sa tourelle aux airs d'échauguette, ses médaillons, ses fenêtres à meneaux et pilastres, ses petits carreaux à fil de plomb, ses frises et sa porte sculptée. Parfois des expos temporaires à l'intérieur.

La place des Halles ou place Gustave-Guillon *(zoom C2)* **:** joli petit marché couvert du XIXe s *(tlj sauf lun 7h30-14h),* bâti à l'emplacement d'une forteresse du XIIIe s dont on aperçoit des restes de remparts côté nord. En face du marché, l'*Hôtel de France* (aujourd'hui *Mercure,* voir « Où dormir ? »), où Marie de Médicis vécut quelques mois avec sa cour après s'être fâchée avec son fils Louis XIII. La petite histoire dit même que Richelieu commença ici sa carrière, puisqu'il réconcilia la reine mère avec son fils par la grâce d'un petit traité d'Angoulême...

L'hôtel de ville *(zoom C2)* **:** *1, pl. de l'Hôtel-de-Ville (évidemment !). Tte l'année, visites guidées payantes, sur rdv seulement ; rens à l'office de tourisme (☎ 05-45-95-16-84).* Impossible de rater cet imposant édifice aux faux airs de château de conte de fées. Mais ne vous bercez pas d'illusions : il n'a plus grand-chose à voir avec la fameuse résidence comtale où naquit Marguerite d'Angoulême (voir la rubrique « Personnages » dans le chapitre « Hommes, culture, environnement » en fin de guide). L'architecte Paul Abadie fils, qui avait un peu la manie de la reconstruction, a été moins inspiré que pour la cathédrale en transformant le château au XIXe s. L'édifice médiéval a ainsi hérité d'un style éclectique et a été doté d'un imposant beffroi. Toutefois, 2 vieilles tours, l'une du XIIIe s (le donjon), l'autre du XVe s, ont été conservées. Toute cette partie ancienne se visite (sur rendez-vous). On grimpe via un escalier en colimaçon jusqu'au sommet du donjon : beau panorama à 360°, naturellement, sur la ville. Dans la tour ronde du XVe s se trouve la chambre (supposée – et non meublée) de cette chère Marguerite et un petit oratoire.

La place New-York *(zoom B-C2)* **:** jolie promenade plantée d'arbres, aménagée au XVIIIe s. Elle est bordée sur un de ses côtés par le théâtre d'époque Second Empire (mais l'intérieur, rénové, est définitivement moderne), à la façade chargée, surmontée d'anges musiciens. En face, une banque occupe un joli immeuble Art nouveau. Au bout de la place, côté opposé à l'hôtel de ville, massive statue (1897) d'une femme endeuillée

ANGOULÊME, C'EST L'AMÉRIQUE !

L'ancienne place du Parc est devenue place New-York en 1956 en souvenir de l'ancien nom de la ville américaine : la Nouvelle-Angoulême ! En effet, au XVIe s, l'explorateur Verrazano, envoyé par François Ier à la découverte du Nouveau Monde, baptisa ainsi la future New York en se souvenant que le roi était duc... d'Angoulême.

surmontée d'un buste géant de Carnot (originaire d'Angoulême). De l'esplanade, large panorama sur la vallée. Un chemin descend vers la rue Waldeck-Rousseau et permet de voir 3 des petites tours de l'enceinte construite au XIIIe s.

Le musée de la Société archéologique et historique de la Charente *(zoom D2) : 44, rue de Montmoreau. ☎ 05-45-94-90-75. • soc.archeo.charente@gmail.com • Visites commentées, sur rdv seulement (voir le programme sur • angouleme-tourisme.com •). Fermé juil. GRATUIT.* Petit musée à l'ancienne mode, constitué grâce aux dons des membres de la Société archéologique et historique de la Charente, fondée en 1844 par des érudits et notables passionnés. Il s'agit donc avant tout d'une maison de collectionneur, avec sa délicieuse atmosphère surannée de cabinet de curiosités. Les collections éclectiques, réparties entre un joli bureau, des salles anciennes aux parquets qui craquent et les galeries du jardin, s'intéressent à toutes les périodes, de l'âge du bronze à l'époque dite « moderne » en passant par le monde gallo-romain et le Moyen Âge. Toute l'histoire de la ville et de la Charente défile sous la forme de vestiges romains retrouvés sur le site du théâtre des Bouchauds, de morceaux de remparts d'Angoulême, de sculptures de la cathédrale ou de l'abbaye Saint-Cybard, mais aussi de mosaïques gallo-romaines, de poteries médiévales, d'émaux champlevés du XIIIe s ou d'autres peints du XVIe au XIXe s... Également diverses armes, des faïences d'Angoulême et d'ailleurs, des bijoux, serrures et clés, etc. L'équipe, très dynamique, s'efforce de faire revivre ce musée en proposant conférences et concerts.

Petit tour des remparts

Au bout de la place New-York, prendre sur la droite pour revenir vers la cathédrale. On remonte alors le ***rempart Desaix,*** qui n'est autre qu'une agréable esplanade. Au n° 30, le bel hôtel Montalembert, où vécut, au XVIIIe s, Marc-André de... Montalembert, maître ès fortifications. En face de la cathédrale démarre le ***rempart du Midi*** (rue Paul-Daumer). Au n° 16, remarquer la façade ouvragée d'un hôtel particulier de style napoléonien. Environ 100 m plus loin, dans un renfoncement, la délicieuse école Saint-Paul, dont l'un des élèves avant-guerre fut le petit... François Mitterrand.

On arrive ensuite en surplomb du ***Jardin vert*** *(zoom A1),* agréable promenade aménagée en 1860, avec un tout petit parc animalier, un « théâtre de la nature » des années 1930 et quelques bassins pleins de canards et de nénuphars ! Plutôt charmant et fréquenté par de nombreux lycéens : le lycée Guez-de-Balzac est juste au-dessus. Dans la rue de Beaulieu qui longe le lycée sur son côté droit, se dressent, au n° 79, la surprenante (on jurerait un temple antique) façade de l'hôtel de Bardines (XVIIIe s) et, presque en face, la gothique chapelle des Cordeliers (ne se visite pas).

Au fond de la place de Beaulieu commence le ***rempart Beaulieu.*** D'ici, on aperçoit la Charente derrière les frondaisons. Cherchez la ***tour Ladent*** (XVIIe s), accolée au rempart. C'est de cet endroit que s'élança plusieurs fois, en 1801, le précurseur de l'aviation Guillaume Resnier de Goué ! La haute falaise sur laquelle est édifié le rempart, truffée de grottes, cacha d'autres originaux, comme saint Cybard,

ET LE PREMIER HOMME S'ENVOLA

En 1801, Guillaume Resnier de Goué s'élança par 3 fois des remparts d'Angoulême à bord d'une machine en forme de papillon qu'il actionnait avec bras et jambes. Sa 3e tentative fut la bonne : en volant 300 m, il put franchir la Charente et se cassa seulement une jambe.

héros du VIe s. Ce grand défenseur des esclaves passa 44 ans ici... Plus loin, au début du boulevard Aristide-Briand, des escaliers (à gauche) vous permettent de descendre (ou de dégringoler) sur l'avenue de Cognac, d'où l'on gagne la Cité (voir ci-dessous « Parcours B.D. »), puis les berges aménagées de la Charente.

Parcours B.D.

Les murs peints : depuis 1998, les murs de la ville, du centre-ville à la périphérie, se sont couverts d'une grosse vingtaine de fresques, inspirées d'œuvres de célèbres dessinateurs de B.D. Si vous avez fait le trajet gare/centre-ville, vous n'avez, par exemple, pas pu manquer le *Samedi à Malakoff* de Margerin, qui occupe un large pan de mur au n° 153 de l'avenue Gambetta, ou la bande des Dalton incarcérée par Lucky Luke au n° 58. Sinon, *La Fille des remparts* de Cabanes, perdue dans ses rêveries, est accoudée au 6, boulevard Pasteur, sous le marché couvert. Titeuf se perd tout autant dans ses rêves (de gloire) au n° 43 du même boulevard. À défaut de vous dresser la liste complète de tous les murs peints (difficile dans la mesure où la collection s'étoffe régulièrement), on vous conseille de vous procurer à l'office de tourisme le plan détaillant un circuit des œuvres. Mais voici une petite balade sur le plateau *(zoom C-D2)* où sont concentrées beaucoup de fresques.
Départ de la place de l'Hôtel-de-Ville. Emprunter, juste en face, la rue Hergé : le sarcastique *Baron noir* de Got et Pétillon survole le quartier.
Les Pieds Nickelés s'interrogent dans un immeuble à l'angle des rues Barthou et Fougerat. En traversant la place du Champ-de-Mars, on découvre vers la poste *Avec le temps,* 1er des murs peints à Angoulême d'après un dessin de François Schuiten. En revenant vers le centre, on s'arrêtera à l'angle de la rue de Montmoreau et du boulevard Churchill pour (c'est une des plus grandes fresques de la ville) un lumineux combat intergalactique signé Philippe Druillet. Dans le vieil Angoulême, ne loupez pas, face au n° 50, rue de Beaulieu, la drôle (et un peu inquiétante aussi) *Réalité, Sortie de secours* de Marc-Antoine Mathieu. Ou *Les Coulisses du théâtre,* peint par un atelier de muralistes lyonnais d'après la composition graphique de Dupuy et Berberian, juste derrière... le théâtre. Et à vous balader dans les rues de ce vieil Angoulême, vous tomberez sûrement sur les tout premiers murs peints (en 1996) : des personnages des *Sept Vies de l'épervier* d'André Julliard. Et c'est toute la ville, en fait, qui respire la B.D., des plaques de rue en forme de phylactère aux armoires électriques décorées, en passant par nombre de bus... Découvrez le mur B.D. projeté (chaque jour à la tombée de la nuit, des images format XXL sont projetées sur une façade du boulevard Pasteur), *L'Archiviste* (1 million de trous sur des plaques en inox reproduisent un dessin de Schuiten sur 2 000 m² de façade) et *L'Obélisque* (sur le parvis de la gare, en hommage à Goscinny). Et les 2 dernières créations : *Le monde René Goscinny,* le 1er mur à représenter un auteur, ici entouré de ses plus célèbres créations, Astérix, Lucky Luke, le Petit Nicolas, d'après Moon et Catel, sur une commande d'Anne Goscinny ; et *Le 1er RIMa ancré dans sa ville,* une fresque qui rend hommage au 1er régiment d'infanterie de marine d'Angoulême (rue du Tunnel, à côté de la gare).

Le musée de la Bande dessinée *(plan d'ensemble A2)* **:** *quai de la Charente. ☎ 05-45-38-65-65. • citebd.org • Dans la ville basse, le long de la Charente. Juil-août, mar-sam 10h-19h, dim 14h-19h ; sept-juin, mar-sam 10h-18h, dim et j. fériés 14h-18h. Fermé lun, 1er janv, 1er mai et 25 déc. Entrée : 10 € ; réduc ; gratuit moins de 18 ans et pour tous le 1er dim du mois sauf juil-août. Ateliers enfants 6 €. Petite info au passage pour nos lecteurs frileux : il fait 19 °C max (pour la préservation des œuvres) dans le musée.*
Angoulême est LA ville française de la bande dessinée. Il lui fallait par conséquent une vitrine à la hauteur de sa renommée. C'est chose faite depuis la création du musée de la B.D., partie intégrante de la Cité internationale (voir ci-après).

Pour s'y rendre, on emprunte de préférence la passerelle piétonne qui enjambe la Charente depuis la rue de Bordeaux (sinon, vaste parking gratuit à côté), histoire de profiter du cui-cui des oiseaux et de saluer Corto Maltese, dont la belle statue contemple les eaux du fleuve.
Installé dans des chais de 1857, le musée a été pensé dans un style sobre et contemporain du meilleur effet. Planches originales, revues anciennes et croquis sont présentés par roulement, regroupés par ***sections chronologiques (de 1830 à nos jours).*** De nombreuses vidéos d'interviews d'auteurs jalonnent le parcours. Dans les méandres des présentoirs, des espaces de lecture permettent d'approfondir tel ou tel auteur découvert lors de la visite. Au comptoir des matières sont présentés matériaux et outils utilisés dans la technique du dessin (papiers, encres, graphites, fusains, etc.). Juste à côté, le ***petit musée des enfants,*** un espace ludique avec déguisements à disposition, permet aux plus jeunes de se divertir pendant que les adultes profitent du musée.
Si c'est un Suisse (le Genevois Rodolphe Töpffer) qui est considéré comme l'inventeur de la B.D., si les Français figurent en bonne place parmi les précurseurs du 9e art (images d'Épinal, illustrations de La Fontaine par Benjamin Rabier, Bécassine), les Américains imposent leurs codes dans les années 1930 avec le *Journal de Mickey* ou *Tarzan,* dont les dessins sont parfois retouchés en traversant l'Atlantique afin d'en atténuer la violence ou l'érotisme. L'après-guerre sonne l'heure de gloire de l'école franco-belge (Lucky Luke, Tintin, les Schtroumpfs, Spirou, Blake et Mortimer, Boule et Bill), jusqu'à la création du journal *Pilote* en 1959, qui révélera une nouvelle génération d'auteurs : Gotlib, Bretécher, Tardi ou même Uderzo et Goscinny, les « papas » d'Astérix. Depuis, la B.D. a acquis ses lettres de noblesse, passant des revues aux albums, devenant outil de reportage, décrochant même le prestigieux prix Pulitzer en 1992 avec *Maus* d'Art Spiegelman. En fin de parcours, les mangas, comics et romans graphiques les plus récents ne sont évidemment pas oubliés.
En prime, le musée accueille chaque année des expositions temporaires d'envergure internationale.
La ***librairie*** *(mêmes horaires que le musée)* regroupe un très large choix de B.D., des plus grands auteurs aux nouveaux talents, pour adultes et pour enfants. Plus de 30 000 références disponibles qui couvrent toute l'histoire du genre !

Le Vaisseau Mœbius *(zoom B1) : 121, rue de Bordeaux. ☎ 05-45-38-65-65. • citebd.org • ♿ Dans la ville basse, en face du musée, par la passerelle. Mar-ven 13h-18h (bibliothèque fermée jeu sauf vac scol), w-e et j. fériés 14h-18h.*
Avec le musée (voir ci-dessus) et la Maison des auteurs (inaccessible au public car elle accueille des artistes en résidence), le Vaisseau Mœbius constitue la ***Cité internationale de la bande dessinée et de l'image.*** Il s'agit d'un vaste centre installé dans un bâtiment de métal et de verre, construit à la place d'une ancienne brasserie (on ne sort pas des bulles !) par l'architecte Roland Castro. Sur le « parvis des stars », inauguré par Mœbius, on découvre les dalles dédicacées par les artistes, sur le modèle des empreintes de Hollywood. Immense, le centre contient (entre autres !) des salles d'expos temporaires, une bibliothèque et 2 salles de cinéma d'art et d'essai.
– ***La bibliothèque :*** *au 1er étage du Vaisseau Mœbius.* La plus grande collection spécialisée de France ! Dépôt légal des B.D. Au total, tous fonds confondus, elle regroupe plus de 45 000 bandes dessinées et périodiques, que l'on peut lire sur place ou chez soi (pour les abonnés). Il y a même un coin lecture face à la Charente !

Le musée du Papier – Le Nil *(zoom B1) : 134, rue de Bordeaux. ☎ 05-45-38-71-61. • maam.angouleme.fr • ♿ En face de la Cité internationale de la B.D. Tte l'année, tlj sauf lun et certains j. fériés 14h (13h ven)-18h. Entrée : 3 € ; réduc ; gratuit moins de 18 ans et pour tous le 1er dim du mois.*

LA CHARENTE

Installé sur la Charente, ce bâtiment-pont permettait d'utiliser l'énergie hydraulique. Moulin à papier en 1792, papeterie industrielle en 1835, fabrique de papiers à cigarettes de 1918 à 1970, il accueille finalement le musée du Papier à partir de 1988 ainsi qu'une artothèque (un concept sympa : plus de 1 000 œuvres d'art prêtées aux adhérents ; 06-22-44-12-59, • artotheque@mairie-angouleme.fr •). Une visite intéressante, notamment pour le bâtiment lui-même, plein de charme avec, en « rez-de-Charente », ses vieilles passerelles et ses salles traversées par le fleuve. Derniers témoignages d'un passé révolu, une roue à aubes et des cuviers où l'on fabriquait la pâte à papier. L'exposition « Charentes Confluence » y raconte le fleuve et les différentes industries liées à son histoire, et présente l'évolution des lieux, depuis l'artisanat préindustriel et l'abbaye Saint-Cybard jusqu'à l'actuel Pôle Image. Évocation historique et technique de l'industrie papetière également. À l'étage, des expos temporaires consacrées au papier et à l'image qu'il véhicule, publicitaire comme artistique.

Au bord de la Charente

Le quartier de l'Houmeau *(zoom C2 et plan d'ensemble B1-2)* **:** il s'est développé autour de l'ancien port, florissant dès le Moyen Âge mais abandonné en 1926, définitivement concurrencé par le train. Et les bombardements de la Seconde Guerre mondiale n'en ont malheureusement pas laissé grand-chose : l'ancienne capitainerie sur les quais, quelques vieilles maisons dans la bien nommée rue Petite et des hôtels particuliers au long de la rue de Paris. Depuis une dizaine d'années, le quartier s'offre un 2d souffle, comme en témoigne la nouvelle médiathèque l'Alpha *(1, rue Coulon ; tlj sauf dim-lun)* à l'audacieuse architecture contemporaine et dotée d'un café dont la terrasse propose une vision inédite de la ville.

Le Fonds régional d'art contemporain Poitou-Charentes *(FRAC ; zoom C1)* **:** *63, bd Besson-Bey. ☎ 05-45-92-87-01. • frac-poitou-charentes.org • Mar-sam et 1er dim du mois 14h-18h. Fermé dim-lun. GRATUIT.* Cette structure a pour mission la collection et la diffusion auprès du public de l'art contemporain. Sa politique d'acquisitions régulières lui a permis de constituer un fonds de près de 1 000 œuvres (peintures, sculptures, dessins, photographies, vidéos et installations) de plus de 400 artistes français et étrangers. Cette collection, représentative de la création artistique de ces 35 dernières années, est présentée dans le cadre d'expos temporaires dans un vaste bâtiment moderne et lumineux face à la Charente. Le programme comprend également des expos, hors collection, monographiques ou collectives.

À faire

➢ ***Les berges de la Charente :*** réaménagées, les berges de la Charente donnent l'occasion d'une balade agréable tout le long du boulevard Besson-Bey, grosso modo du pont Saint-Antoine au musée du Papier. Au niveau du musée, une passerelle piétonne conduit au musée de la B.D. Au pied de la statue de Corto Maltese, un escalier donne accès à l'île Marquet *(plan d'ensemble A-B2)*, une zone naturelle protégée, fermée de mi-décembre à mi-avril pour faciliter la nidification des oiseaux. Un sentier d'interprétation permet d'en découvrir les richesses naturelles (et quelques vestiges de son occupation humaine, dont l'ancienne cheminée d'une cartonnerie).

➢ ***La Coulée verte :*** une belle randonnée à pied ou à vélo. 2 possibilités, sur 3 km à chaque fois :
- de l'île de Bourgines au ***plan d'eau de Saint-Yrieix,*** où se trouvent le Centre Nautilis et une base de voile ainsi qu'un lieu de baignade surveillée ;

– de l'île de Bourgines au ***parc de loisirs de Frégeneuil.*** Possibilité de continuer jusqu'à Nersac, à 20 km.

➢ ***Le Périph' Vert :*** circuit de 19 km en boucle (balisage jaune) pour découvrir curiosités, petit patrimoine, endroits sauvages et points de vue autour d'Angoulême. Et si vous êtes fatigué, possibilité de reprendre le bus à différents endroits pour rejoindre le centre-ville.

– ***Le Centre Nautilis :*** *le Fontastier, rue des Mesniers, 16710* ***Saint-Yrieix-sur-Charente.*** *☎ 05-45-95-50-00. • nautilis.fr • À env 8 km au nord d'Angoulême. Pour s'y rendre en bus, lignes n°s 3 et 9 de la STGA. Ouv tlj. Entrée : 5,70 € ; réduc ; gratuit moins de 3 ans. Entrée avec balnéo : 10,70 €.* Centre nautique très moderne regroupant à la fois un complexe sportif (bassin olympique, fosse de plongée...), un espace ludique (piscine à vagues, toboggans, rivière, pataugeoires...), un secteur dédié à la balnéo (saunas, hammams...), et même une patinoire en hiver (location de matériel). Bars et resto sur place.

– ***Croisière sur « La Reine Margot » :*** *port de l'Houmeau, bd Besson-Bey. 06-60-17-36-96. • visitecharente.fr • Mars-nov. Résa sur le site. Croisière simple (1h45) tlj à 16h (juin-août) ; 11 €, réduc ; gratuit moins de 4 ans. Excursion avec repas, départ à 12h ; 47-74 €.* Croisières au long de la Charente. Aussi des départs à Cognac.

– ***Le train des Valois :*** *07-68-07-85-55. • visites-charente.fr • Mai-sept. Résa sur le site. Tarifs : 7-12 € selon parcours ; réduc ; gratuit moins de 4 ans ; également des formules avec bateau.* Visite commentée de la ville. Circuit ville haute, ville basse, murs peints, ou avec un *pass* bateau et train.

Manifestations

– ***Festival international de la Bande dessinée :*** *4 j. fin janv. Dans tte la ville : musées, écoles, mairie, Cité, sous de grands chapiteaux (pl. du Champ-de-Mars), etc. Programme disponible en nov ou déc. Infos et résas : ☎ 05-45-97-86-50. • bdangouleme.com •* Angoulême est bien LA ville française de la bande dessinée. Et son Salon de la bande dessinée est bien au 9e art ce que Cannes est au 7e (pour faire dans le cliché !). Rendez-vous un peu underground d'une « sous-culture » à sa création en 1973, le festival international de la Bande dessinée est aujourd'hui devenu une institution (impensable pour un ministre de la Culture de ne pas faire le déplacement !). Immanquable rendez-vous des stars du genre, dont les albums font des piles dans les librairies, comme des passionnés qui bricolent des fanzines dans leur chambre de bonne. Pendant 4 jours, des foules de bédéphiles envahissent une ville où tout le monde (restos, bistrots, vitrines des boutiques) ne pense plus qu'aux « petits mickeys ». Inutile d'espérer trouver un hébergement (même dans les environs...) sans avoir réservé longtemps à l'avance. Sous les fameuses « bulles » (chapiteaux), les files de fans s'allongent devant les stands où les dessinateurs sacrifient aux sacro-saintes séances de dédicaces (assorties, pour les plus courageux, d'un petit croquis). Des expos sont présentées dans tous les espaces disponibles. Pourtant, malgré le succès, malgré la présence de nombreux médias pour la remise des Alph'art, qui récompensent les meilleurs auteurs, le Salon d'Angoulême conserve une atmosphère franchement bon enfant. À l'image, par exemple, des *24h de la B.D.*, un défi relevé chaque année par de nombreux pros, étudiants ou même simples amateurs, qui consiste à réaliser en 24h une B.D. (couverture comprise) dont le sujet n'est dévoilé qu'au dernier moment ! Un vrai challenge.
– ***Musiques Métisses :*** *un w-e fin mai-début juin. • musiques-metisses.com •* Plus de 40 éditions pour ce festival qui, même s'il a (faute de moyens) récemment revu ses ambitions à la baisse, reste une référence française pour les musiques du monde.

LA CHARENTE

– **La B.D. tout l'Été :** *15 juil-15 août. Rens : ☎ 05-45-95-16-84. • angouleme-tourisme.com • Gratuit mais inscription obligatoire.* Ateliers images, *battles* de B.D., fresques murales, etc.
– **Coupe d'Europe de montgolfières :** *4-5 j. en août, ts les 2 ans (années impaires). Rens : ☎ 05-45-64-18-98. • mainfonds.com • Entrée payante.* Compétitions d'envol de montgolfières sur différents sites charentais, notamment sur l'île aux Vaches à Angoulême. Meeting aérien et voltige, démonstration d'hélicos, parachutistes, planeurs et présentation d'avions de collection à Mainfonds, près de Blanzac. Baptême en montgolfière.
– **Festival du Film francophone :** *5 j. fin août ou début sept. Rens : ☎ 09-81-41-16-00. • filmfrancophone.fr •* Fondé, entre autres, par Marie-France Brière et Dominique Besnehard, ce festival est devenu un rendez-vous des plus courus autant par les comédiens (et des plus connus !) que par le public. En compétition : une dizaine de films francophones.
– **Circuit des Remparts :** *3e w-e de sept. • circuitdesremparts.com •* Le rendez-vous européen des collectionneurs de voitures de course. On peut en admirer une bonne centaine.
– **Piano en Valois :** *2 sem en oct. • piano-en-valois.fr •* Des pointures du jazz et du classique y sont invitées.
– **Gastronomades :** *dernier w-e de nov. • gastronomades.fr •* Le meilleur moment pour découvrir l'authentique cuisine charentaise ou se laisser surprendre par quelques découvertes de chefs. Saveurs, produits, livres : toutes les manières de découvrir la gastronomie de la région. Une vraie réussite.

DANS LES ENVIRONS D'ANGOULÊME

La papeterie du Moulin du Verger : *16400* ***Puymoyen.*** *☎ 05-45-61-10-38. • moulinduverger.com • À env 4 km au sud-est d'Angoulême ; fléché depuis Puymoyen. Excellente visite guidée sur résa seulement (Jacques Brejoux travaille seul et doit parfois s'absenter). Prévoir 60 € (à diviser en fonction du nombre de participants). Sinon, on peut toujours passer jeter un coup d'œil au site et à la galerie (là encore, téléphoner avt).*
Installé dans la charmante vallée des Eaux-Claires, le dernier bastion de la papeterie artisanale authentique est un petit moulin adorable dont l'origine remonte au XVIe s. Mais ne vous attendez pas à trouver des vestiges de cette époque. Ce que l'on a conservé ici, outre un séchoir du XVIIIe s et des cuves en cuivre du XIXe s, est plus important que le décor : un secret de fabrication ancestral, hérité des Chinois (inventeurs du papier il y a 2 000 ans) et des Italiens (qui mirent au point la technique moderne au XIIIe s).
Antithèse d'une usine, le Moulin du Verger évoque plutôt l'atmosphère d'un laboratoire d'alchimistes ! En 1972, alors que l'on croyait le moulin perdu, arrive le propriétaire actuel, un soixante-huitard érudit et volubile : Jacques Brejoux. Ce véritable passionné continue à jouer les irréductibles Gaulois de la papeterie, militant contre l'uniformisation et s'entêtant à fabriquer à la main du papier comme aux XVIIe et XVIIIe s ! C'est d'ailleurs aujourd'hui le seul moulin au monde à utiliser encore des chiffons de lin et de chanvre battus dans une pile à maillets. Seule concession à la modernité : le moulin utilise désormais l'eau du robinet, à la place de celle de la rivière...
La visite (environ 1h30) est une démonstration passionnante, dans l'unique atelier, de la fabrication du papier. Si Jacques Brejoux a le temps, vous aurez probablement droit à un cours magistral. Car ce perfectionniste, multipliant inlassablement recherches et expériences, est devenu une référence dans son domaine, répondant fréquemment aux invitations d'écoles ou d'universités. Chapeau !

La vallée des Eaux-Claires : *en contrebas de* ***Puymoyen*** *(fléché).* Les falaises qui bordent cette bucolique petite vallée étaient déjà prisées des hommes de

Néandertal, qui avaient trouvé à leur goût les grottes et autres abris-sous-roche (sentier d'interprétation). Le coin est aujourd'hui un spot pour dingues d'escalade avec pas moins de 450 voies (dont 2 des plus difficiles au monde !). C'est même le 1er site français pour la pratique du bloc, discipline née dans les années 1990, dont l'intérêt n'est pas dans la hauteur de la falaise (rien de franchement spectaculaire ici) mais dans la difficulté des passages à franchir.

L'Oisellerie : *au lycée agricole de l'Oisellerie, 16400* ***La Couronne.*** *☎ 05-45-67-36-90. • epl-charente.com • À 3 km au sud d'Angoulême par la N 10, sortie La Couronne (fléché). Visite libre des extérieurs du château. Boutique ouv mar-ven 9h-12h, 13h30-18h ; fermée sam-lun. L'Oisellerie,* c'est avant tout un beau château du XVe s, avec châtelet, tour à mâchicoulis, façade gothique, etc., où François Ier aurait séjourné lors de chasses. Le château était d'ailleurs connu à l'époque pour son élevage de faucons gerfauts dressés pour la chasse royale (d'où son nom). Il abrite aujourd'hui l'atelier Canopé (Création et accompagnement des nouvelles offres pédagogiques en éducation). L'intérieur ne se visite qu'à de rares occasions (comme lors des Journées du patrimoine), mais ses bâtiments restaurés méritent le coup d'œil. D'autant que le CDDP organise régulièrement des expos temporaires (parfois payantes) dans les dépendances. Le site accueille aussi un lycée agricole centré sur la culture de la vigne. Possibilité de visite guidée gratuite des chais et de la distillerie. Cognac, pineau et jus du domaine en vente à la boutique.

L'église de Saint-Michel-d'Entraygues : *à 4 km au sud-ouest d'Angoulême.* Très mignonne église romane, construite en 1137 sur l'un des chemins menant à Saint-Jacques-de-Compostelle. L'une de nos préférées, vraiment originale avec sa forme octogonale parfaitement équilibrée ! On est également saisi par l'abondance de sculptures sur le portail, mais aussi, c'est plus rare, sur les côtés. Étonnant bestiaire fantastique et scènes d'une belle inventivité, presque païenne : chouette, vache qui rit, âne hilare, personnage moustachu, ivrogne, serpent, queues de sirènes, etc. Si ce n'était pas dûment daté, on pourrait croire que Gotlib ou Solé sont passés par ici ! À l'intérieur, encore des sculptures sur les chapiteaux (remarquez la tête de diable, à droite). Autre originalité : on compte 8 absidioles réparties autour du chœur, véritables niches où logeaient, paraît-il, les routards de l'époque lorsqu'ils se rendaient à Compostelle...

Au pied du pont, à ***Vindelle,*** chouette petite plage en herbe, au bord de la Charente. Aire de pique-nique et buvette. Locations de canoës-kayaks, d'embarcations à pédales et de *stand up paddle* (*07-68-16-56-85 ; • canoevindelle.fr •*).

Le château de Balzac : *à 3 km de* ***Balzac*** *(16430), sur la route de Vindelle, et à 8 km au nord-ouest d'Angoulême. ☎ 05-45-68-15-16. • chateaudebalzac.fr • Ouv env 10 juil-20 août, tlj 12h-18h pour les extérieurs ; visite guidée à 17h pour l'intérieur. Également des visites guidées organisées par l'office de tourisme d'Angoulême, sur demande. Entrée : 10 € ; réduc.*
Datant du XIIIe s puis restauré aux XVIIe-XVIIIe s, labellisé Maison des illustres, il a appartenu à Jean-Louis Guez de Balzac, écrivain né à Angoulême en 1597 et l'un des 1ers académiciens. Rien à voir avec l'autre, Honoré de Balzac. Jean-Louis fut l'ami de Richelieu, mais aussi de Marie de Médicis, qui séjourna ici en sa compagnie.
À voir : la chapelle du XIIIe s reconvertie en cuisine, l'escalier en bois monumental d'origine, la salle à manger et le salon parfaitement restaurés. Mais le véritable chef-d'œuvre des lieux, ce sont les fresques du XVIIe s qui ornent les murs de l'ancien vestibule d'entrée. Intégrées dans un harmonieux décor en trompe l'œil, les silhouettes de Mercure (avec son caducée), de Neptune (armé d'un curieux trident fleuri), d'Apollon et de 2 cupidons fascinent. Un dernier personnage, qui pourrait être Flore, peut encore se deviner. En ressortant dans la cour, jeter un coup d'œil à l'harmonieuse galerie à colonnes, au joli porche charentais ainsi qu'au jardin, où se trouve un étonnant puits-lavoir.

Saint-Saturnin : *à 10 km à l'ouest d'Angoulême.* Entre le fleuve et la route nationale, un joli village étonnamment préservé. Comme si l'horloge du temps s'était détraquée. On longe d'étroites rues bordées de vieilles maisons assoupies pour dégotter la jolie petite église romane à côté de laquelle Calvin séjourna, il y a de cela bien longtemps...

Bourgoin Cognac : *14, rue du Puits, 16290* ***Saint-Saturnin.*** *• contact@bourgoincognac.com • Boutique tlj 8h30-12h, 14h-18h30. Visite commentée « Initiation – Les Secrets du cognac » (1h) avec dégustation : 25 € ; visite premium avec pique-nique dans les vignes : 45 € ; safari viticole 75 €.* Frédéric Bourgoin, vigneron et bouilleur de cru, s'impose comme l'un des acteurs les plus intéressants du vignoble de cognac. Il propose une visite passionnante, où tout le processus de distillation et de vieillissement est expliqué à sa façon – pleine d'humour et de parti-pris ! –, au pied de l'alambic familial. Son rêve ? Réconcilier les Français avec le cognac !

TOUVRE (16600) 1 245 hab. *Carte Charente, C3*

Ce discret village des environs d'Angoulême a le privilège d'être le berceau d'une rivière ! La Touvre, affluent de la Charente, prend sa source ici même, au pied d'une colline surmontée d'une vieille église romane en partie fortifiée (position dominante oblige). C'est en fait une résurgence, la 2e en importance de France, parmi les curiosités naturelles les plus étonnantes du département.

Où dormir ? Où manger dans les environs ?

Chambres d'hôtes Le Clos Saint-Georges : *rue de Bel-Air, 16600* ***Magnac-sur-Touvre.*** *☎ 05-45-68-54-33. 06-83-21-36-86. • nadjacq16@gmail.com • le-clos-st-georges.fr • La maison n'est pas à Magnac mais à la sortie de Bussac (village situé au sud). Double 80 € (réduc de 10 % à partir de 3 nuits) ; familiale.* Stratégique ! Car, mine de rien, cette belle demeure en pleine campagne se trouve aux portes d'Angoulême. Difficile d'y croire en profitant de la vue panoramique sur les bois depuis la terrasse, en piquant une tête dans la piscine, ou en se reposant dans les chambres soignées (2 d'entre elles bénéficient d'un accès indépendant). Relaxant donc, d'autant que l'accueil est vraiment aux petits soins.

Chambres d'hôtes du Château de Maumont : *4, rue Aristide-Briand, 16600* ***Magnac-sur-Touvre.*** *☎ 05-45-68-61-38. 06-81-29-99-56. • contact@chateaudemaumont.fr • chateaudemaumont.fr • À 1 km à l'ouest de Touvre en direction d'Angoulême. Congés : de mi-déc à début janv. Compter 135-153 € pour 2 ; familiale. Apéritif maison offert sur présentation de ce guide.* Dans une magnifique demeure veillée par une puissante tour et dont la façade du XVIe s est envahie de vigne vierge. Les 3 chambres et 2 suites mêlent habilement le style d'époque et la décoration contemporaine. Les salons sont tout aussi chaleureux avec murs colorés, cheminée, tapis et objets d'art. On profite aussi du calme d'un parc soigné, avec massifs, bambouseraie et belle piscine. Les propriétaires, soucieux d'apporter confort et commodités à leurs hôtes, reçoivent avec gentillesse. Possibilité de massages.

La Cour de Ruelle : *13, rue Jean-Maurice-Poitevin, 16600* ***Ruelle-sur-Touvre.*** *☎ 05-45-65-53-73. • contact@lacourderuelle.fr • À 4 km au nord-ouest de Touvre. Ouv le midi lun-ven, et le soir jeu-sam. Congés : 2 sem en août et 1 sem pour les fêtes de fin d'année (dans ce cas la pizzeria reste ouverte). Formule et menu déj en sem 14-26 € ; carte env 40 €.* Autour d'une cour (évidemment), où une agréable terrasse est installée dès que le soleil fait des siennes, 2 adresses en une : une pizzeria *(La Cour de Pizz')* et un resto au cadre contemporain, à la plaisante cuisine, évoluant au gré de l'inspiration du chef, du marché et des productions locales. Menu du déjeuner vraiment impeccable, comme le service et l'accueil, très chaleureux. Un lieu qu'on aime beaucoup.

À voir. À faire

Les sources de la Touvre : *au pied du village (bien fléché). Se garer sur le parking, puis marcher env 100 m. Accès libre et GRATUIT.* Il s'agit de la 2e résurgence de France après celle de Fontaine-de-Vaucluse. Paysages changeants : ici un marais tapissé d'algues, là une large rivière avec ses îlots de roseaux. Poules d'eau, canards et cygnes y trouvent leurs aises. L'eau, incroyablement claire sur les rives, passe ensuite par toutes les teintes de vert, de l'émeraude à la menthe, en fonction de la végétation. Bref, une piscine naturelle de rêve. Dommage qu'il soit interdit de s'y baigner ! Un petit sentier longe en partie le site. Vous découvrirez ainsi qu'il y a en réalité plusieurs sources : le Gouffre (vaste bassin naturel), le Dormant (profond d'une vingtaine de mètres), le Bouillant (trou de 3 m de diamètre) et la fontaine de Lussac (née d'un tremblement de terre ayant eu lieu, dit-on, à... Lisbonne !).

➢ ***La coulée d'Oc :*** une « voie verte » aménagée au long de l'ancienne voie ferrée Angoulême-Nontron. Soit 21 km à parcourir à vélo, à rollers, etc., entre Le Quéroy (à environ 4 km à l'est de Touvre) et Souffrignac.

DANS LES ENVIRONS DE TOUVRE

Les grottes du Quéroy : *16380* ***Chazelles.*** *☎ 05-45-70-38-14. À 8,5 km à l'est de Touvre. Visite guidée (1h) : juil-août, tlj 14h-18h30 ; de mi-juin à fin juin, 2 visites/j., à 14h30 et 16h ; d'avr à mi-juin et de début sept à fin oct, seulement dim et j. fériés à 14h30 et 16h (plus lun-ven pdt les vac scol) ; sur résa le reste de l'année. Entrée : 8 € ; réduc ; gratuit moins de 4 ans. Prévoir un pull (12 °C à l'intérieur).* Ce labyrinthe de galeries creusées par les eaux souterraines dans la roche calcaire s'étend sur plusieurs kilomètres. Découvertes par hasard en 1892 par une femme qui cherchait son chien (disparu dans un trou en chassant un renard !), elles ont d'abord été explorées par le géologue Martel, puis, dans les années 1930, par le fameux spéléologue français Norbert Casteret. Ce chercheur opiniâtre ouvrit la voie vers un 2d réseau de superbes grottes, habitées pour certaines au Néolithique. Sur un parcours de 800 m, divisé en 2 sections distinctes, une trentaine de chambres et de couloirs permettent d'observer éponges, draperies, stalactites (et stalagmites). Magnifique ! Minigolf pour les amateurs.

Ruelle-sur-Touvre *(16600) : à 5 km au nord-ouest de Touvre.* Bourgade sans grand charme mais qu'on pourra traverser pour découvrir sa gigantesque fonderie fondée au XVIIIe s par le marquis de Montalembert. Elle ne se visite pas, secret défense oblige : après les canons pour les bateaux de la Royale des chantiers navals de Rochefort, on y fabrique aujourd'hui des missiles. Mais, même de l'extérieur, cet ensemble d'imposants bâtiments sillonnés par un ingénieux réseau de canaux mérite le coup d'œil.

Le site préhistorique du Roc de Sers : *route du Roc, à* ***Sers*** *(16140). Rens : ☎ 05-45-24-92-91. ♿ À 13 km au sud-est de Touvre. Tlj 8h-20h. GRATUIT. Possibilité de visites guidées sur résa : 4 € ; gratuit moins de 18 ans.* Au pied de cette falaise calcaire sont creusés plusieurs grottes et autres abris-sous-roche, occupés autour de 20 000 années av. J.-C. Dans l'une d'elles a été mise au jour la plus grande paroi sculptée (chevaux, bisons et bouquetins) de cette époque dite « du Solutréen ». Mais on n'en découvrira que des moulages (les originaux sont au Musée préhistorique de Saint-Germain-en-Laye) au long du sentier aménagé (avec panneaux explicatifs et reconstitution de la cabane de l'archéologue Henri Martin en 1927). La visite guidée débute par le petit musée situé dans le village.

LE NORD-CHARENTE

Au nord d'Angoulême, cette vaste région a longtemps appartenu au Poitou. Pourtant, la Charente y coule, et le long de ses rives se sont établis de bien jolis villages, de vieux châteaux et de charmantes églises, dont la plus photographiée du département ! Il faut dire que le Nord-Charente a séduit l'homme depuis longtemps, comme en témoignent de nombreux tumulus du Néolithique, dont 4 parmi les plus importants d'Europe situés vers Tusson (non, ce ne sont pas des collines, mais bien une nécropole !).

RUFFEC

(16700) 3 480 hab. *Carte Charente, C1*

Capitale d'une microrégion (le Nord-Charente, donc), au cœur d'une grande zone rurale agricole, l'ancienne sous-préfecture de la Charente est une petite ville tranquille, peu touristique et charmante. On y vient surtout pour se balader dans la vieille ville, en contrebas du centre, et admirer la façade romane de l'église Saint-André.

Adresse et info utiles

ℹ ***Office de tourisme Destination Nord-Charente :*** *18, pl. des Martyrs-de-l'Occupation. ☎ 05-45-31-05-42. • ruffecois-tourisme.com • Juil-août, ouv lun ap-m, mar-ven et le mat sam-dim ; le reste de l'année, mar-mer et ven, plus sam mat.* Propose des randos ludiques et familiales. Livrets-jeux pour les enfants.

– ***Marchés :*** *sam mat, tte l'année. Un autre, mer mat, plus petit. Sinon, marché très sympa jeu mat à* ***Aigre.***

Où manger à Ruffec et dans les environs ?

Les Caprices du Marché : *12, pl. d'Armes, à* ***Ruffec.*** *☎ 06-63-13-05-46. • lescapricesdumarche@live.fr • Tlj sauf lun et j. fériés. Congés : vac scol de fév et de la Toussaint. Menu déj 15 € ; le soir, menus 32-35 €. Café offert sur présentation de ce guide.* Accueil tout sourire et ambiance décontractée pour une jolie cuisine au gré du marché. Des produits frais donc, un chef mû par une réelle envie de bien faire et des prix sages complètent cet agréable tableau. Très belle terrasse, où il est agréable de boire un verre en fin d'après-midi.

Le Réjallant : *aire de Réjallant, 16700* ***Condac.*** *☎ 05-45-30-79-67. • lemoulinderejallant@orange.fr • À 2,5 km de Ruffec ; suivre les panneaux « Base de canoës-kayaks ». Tlj sauf lun soir, mar et dim soir (ouv dim soir en juil-août). Menus 14 € (déj en sem), puis 25,90-35,90 € ; carte env 35-40 €.* Avec une superbe terrasse en bord de rivière et un ensemble d'îlots auxquels on accède par des passerelles, le lieu est véritablement séduisant. Cet ancien moulin qui a conservé sa roue à aubes est aujourd'hui le resto un peu chic du coin, apprécié pour les repas endimanchés. Cuisine bien ficelée. Également une partie snack-bar pour ceux qui souhaiteraient juste grignoter ou boire un verre au bord de l'eau.

Auberge de L'Argentor : *16700 Nanteuil-en-Vallée. ☎ 05-45-31-85-20. • aubergedelargentor@hotmail.fr • Juil-août, tlj sauf lun et le soir des j. fériés ; hors saison, ouv mer-dim midi. Formules déj en sem 12,50-15,50 € ; menus 28-39 € ; carte env 30 €. Café offert sur présentation de ce guide.* *L'Argentor* fait l'unanimité. Pour son cadre d'agréable auberge rustique, pour son accueil efficace et pour sa cuisine inventive, qui revisite le terroir régional. Qu'il s'agisse du petit menu du midi, simple et bon, ou des plats plus élaborés, on n'est jamais déçu. Plaisante terrasse, au cœur d'un village de charme. Un vrai coup de cœur !

À voir

L'église Saint-André : *rue Saint-André (eh oui !). En contrebas du centre (fléché).* À voir pour sa magnifique façade d'époque romane. Toute l'originalité réside dans les hautes colonnes qui entourent le portail, ainsi que dans cette belle procession d'apôtres sculptée à l'étage. Au sommet, le Christ en gloire, entouré d'anges voletant. Parmi les scènes sculptées sous les arcatures, de chaque côté du portail, on aperçoit un barbu allongé et une femme derrière un drap. En fait, il s'agirait d'un mourant « dont l'âme prête à quitter le corps sous forme d'un animal [...] est veillée par un archange debout derrière le lit »... À l'intérieur, de style gothique, magnifiques vitraux contemporains aux couleurs flamboyantes, signés Vivian Oël, une ancienne élève de Dalí.

La vieille ville : quelques belles demeures anciennes, certaines à colombages, et les ruines d'une chapelle des Templiers, rue Boitant.

Le château : *sur une colline, de l'autre côté de la rivière.* Vestiges d'une bâtisse du XVIe s détruite pendant la Révolution. L'endroit est surtout connu pour avoir appartenu au duc de Saint-Simon, illustre mémorialiste du XVIIe s, dont les *Mémoires* sont un régal à lire. Ne se visite pas, mais la balade vaut franchement le coup pour les rives du Lien, avec lavoir agréablement rénové et joli moulin (privé).

DANS LES ENVIRONS DE RUFFEC

L'aire de Réjallant : *à 2,5 km au sud-est de Ruffec en direction d'Angoulême puis suivre « Base de canoës-kayaks ».* Magnifique site aménagé sur les rives de la Charente, avec de petites passerelles pour sauter d'île en île. L'endroit idéal pour pique-niquer ou piquer... une tête dans la rivière (ponton de baignade). Base nautique avec location de canoës-kayaks, embarcations à pédales et *stand up paddle* (*06-45-40-40-06 ; • canoeruffec.fr • ; juil-août, tlj 10h-19h).* L'ensemble est labellisé Station Sports Nature.

Nanteuil-en-Vallée : *à 11 km à l'est de Ruffec.* Au cœur d'une charmante vallée, un vieux village plein de charme (labellisé Petite Cité de caractère). Une promenade à travers le village conduit aux jardins de l'Argentor, composés d'un arboretum et d'un jardin aquatique. Dans l'église Saint-Jean-Baptiste (du XIIIe s mais remaniée plusieurs fois), belles stalles sculptées de part et d'autre du chœur. En haut du village, de hauts murs cachent l'***abbaye Notre-Dame*** *(juil-août, tlj sauf lun 14h-19h ; mai-juin et sept-oct, dim 14h-18h ; entrée : 3 €, gratuit moins de 18 ans).* Elle aurait été fondée par Charlemagne et aurait reçu la protection spéciale du pape Clément V. Son bâtiment le plus étonnant, en forme de donjon carré, est appelé le « Trésor ». C'est sans doute là-dedans que les riches moines de l'abbaye cachaient leurs archives et objets précieux au XIIe s. On peut aussi voir l'*hôtellerie* du XIIIe s, ainsi que de grandes salles superbement restaurées. Un endroit envoûtant !

L'église Notre-Dame : *à* ***Courcôme,*** *à 7 km au sud-ouest de Ruffec.* Fondée au XIe s, ce qui en fait l'une des plus vieilles du Nord-Charente – sinon du département –, même si elle a été modifiée un siècle plus tard. Jolie façade (avec ses modillons sculptés d'animaux fantastiques) et beau clocher carré, décoré d'arcades et surmonté d'un toit en forme de pyramide. Il faut pousser la porte pour découvrir une quarantaine de chapiteaux sculptés (dans le chœur et derrière l'autel) et une gigantesque statue de la Vierge, du XIIIe s, adorée par les habitants du coin : les mariées y déposent leur bouquet !

Le moulin des Pierres-Blanches : *à* ***Villefagnan.*** *Reins : ☎ 05-45-31-60-57 (mairie). 06-71-41-37-22 (meunier). • villefagnan.fr • À 10,5 km à l'ouest de Ruffec. De mi-juil à mi-août, visite mar à 15h et 15h30 ; juin et sept, sur rdv. Entrée : 3 € ; réduc ; gratuit moins de 8 ans.* Un vieux moulin (le seul à toile de Charente) joliment restauré qu'un meunier fait visiter tout en surveillant sa meule au travail... Petite expo dans la grange attenante.

La villa gallo-romaine des Châteliers : *à* ***Embourie.*** *☎ 05-45-31-07-14. 07-80-38-37-89. • villa-gallo-romaine-embourie.com • À 15 km à l'ouest de Ruffec. Site archéologique : tte l'année, tlj ; accès libre et GRATUIT. Visite guidée : 15 juil-15 août, ven et dim à 11h (sur résa le reste de l'année) ; tarif : 3,50 € ; gratuit moins de 16 ans.* De cette villa, située dans les champs proches du village (bien fléché), ne restent que des fondations. Elles permettent de se faire une vague idée de cet ancien domaine agricole exploité entre les Ier et Ve s (on comprend beaucoup mieux avec la visite guidée !). Le produit des fouilles (dont une fresque) est exposé dans le petit espace découverte, installé dans le village. Derrière cet espace, reconstitution d'un jardin antique *(accès libre et GRATUIT).* Également un parcours de géocaching.

Balades avec un âne : *Moutardon, 16700* ***Nanteuil-en-Vallée.*** *☎ 05-45-71-57-18. • loje-nature.com • Compter 20 € pour 1h ; 60 € la ½ journée et 100 € la journée.* Balade de 1h à la journée (différents circuits à travers bois et champs).

TUSSON (16140) 220 hab. *Carte Charente, B1*

À 16 km au sud-ouest de Ruffec, ce charmant village vaut le détour pour sa poignée de rues lumineuses, bordées de vieilles demeures restaurées où fleurissent les artisans d'art et brocanteurs. Un vrai charme et pas mal de curiosités architecturales, héritage d'une prospérité passée, liée à la présence d'une abbaye aujourd'hui presque entièrement disparue. Marguerite d'Angoulême s'y était retirée pendant 2 mois après la mort de son frère, François Ier.

Où manger ?

Le Compostelle : *4, route de Ruffec. ☎ 05-45-31-15-90. • le-compostelle@wanadoo.fr • Dans le centre. Juil-août, tlj sauf dim soir et lun ; sinon, ouv ts les midis sauf lun et sam, plus le soir ven-sam. Congés : 2 sem début janv. Menu 20 € (déj en sem) ; carte env 35-55 €. Café offert sur présentation de ce guide.* On vient de loin pour *Le Compostelle,* et cela n'a rien à voir avec un quelconque pèlerinage ! Le secret : un menu du marché d'un très bon rapport qualité-prix, et surtout une cuisine de terroir personnalisée qui mérite nos louanges. Cadre rustique assez cossu. L'été, le restaurant déménage dans le grand jardin juste en face. Accueil et service charmants.

Où dormir ? Où manger dans les environs ?

Glamping Tipis en France : *rue de l'Ancien-Four, 16140* ***Ranville-Breuillaud.*** *☎ 05-45-91-07-34. • enquiries@glampingtipis.fr • glampingtipis.fr • ♿ À 18 km à l'ouest de Tusson. Ouv de juin à mi-sept. Tipis jusqu'à 6 pers env 150 €, petit déj en sus (possibilité de brunch) ; 2 nuits min (sinon supplément). Menus 15-30 €.* D'authentiques tipis, plantés par un couple anglais, à l'écart d'un ensemble de maisons bourgeoises d'autrefois et à l'orée de champs à perte de vue. Ils sont joliment décorés et dotés de tout le confort : de bons lits, et même une salle de bains ! Cuisine à disposition ou petits plats du monde entier préparés le soir par la proprio (qui a été cheffe dans un grand resto londonien) au *Woody's* (une cabane de bois, comme son nom l'indique !). Petite piscine naturelle.

Achats

La Maison de Charente : *8, rue de Ruffec. ☎ 05-45-30-31-85. Lun-sam 9h30-12h15, 14h30-18h30 ; plus dim mat en juil-août et déc.* Un des spécialistes (depuis 1988) charentais du foie gras. Mais cette jolie boutique propose bien d'autres spécialités maison à base de canard (cou farci, confit, magret, grillades), entre autres produits du terroir (miel, huile, vins, pineau...).

Les Gâteaux de Lydia : *7, route de Sévigné. 📱 06-70-32-51-64. Tlj 10h-18h pdt vac scol.* Lydia est écossaise et les Angoumoisins viennent jusque chez elle se fournir en bons gâteaux *home made.* Fait aussi salon de thé. Et vend des plantes.

À voir

La maison de Marguerite d'Angoulême et le Jardin monastique médiéval : *face à l'église. ☎ 05-45-31-17-47. ♿ (jardin et rdc du musée). Tlj 10h-13h, 15h-18h. GRATUIT.* ***La Maison du patrimoine est actuellement fermée.*** Appelé « maison de Marguerite d'Angoulême » (sa suite y aurait séjourné plusieurs fois vers 1547), ce beau logis du XVIe s se distingue par sa jolie façade Renaissance. En entrant sous son porche, on accède à un réseau de cours bordées de bâtiments anciens, où l'on peut croiser différentes machines agricoles (presses, alambic, etc.). Derrière cet ensemble, le charmant jardin monastique, réalisé à partir de documents d'époque, rassemble des plantes cultivées entre le XIIe et le XVe s, copie (presque) conforme d'un jardin médiéval typique. On y trouve des carrés de simples (culture des plantes médicinales), un jardin bouquetier (plantes servant au culte), un potager, ainsi qu'un verger.

Balade dans le village : *petit circuit historique fléché.* Juste derrière la maison de Marguerite d'Angoulême (prendre la 1re petite rue à gauche en sortant) s'élèvent, dans les champs, les ruines de l'abbaye des Dames, fondée au début du XIIe s, filiale de celle de Fontevraud en Anjou ; un peu plus loin, en suivant le chemin, on tombe sur le logis du Prieur (XVe s), seul bâtiment survivant de l'ancien couvent des Hommes. On peut ensuite monter la rue de l'église (on y découvre une très ancienne boutique – XIVe s) jusqu'à l'ancien presbytère (XVe-XVIe s) et l'élégant logis Nicolas Pasquier (XVe s), flanqué d'une tourelle.

DANS LES ENVIRONS DE TUSSON

Le cimetière de Ligné : *à* ***Ligné,*** *à 4 km à l'est de Tusson (fléché depuis l'église de Tusson).* À l'entrée de ce cimetière, un étrange alignement de tombes de pierre, usées par le temps... En tout, 70 sarcophages du Moyen Âge, certains gravés (on reconnaît des épées et des croix), que l'on a longtemps attribués à des templiers. Il s'agirait plus probablement, sous les dalles, de simples chevaliers.

L'Isle Nature – Les Jardins éphémères : *rue du Chant-du-Coq, 16140* ***Saint-Fraigne,*** *à env 10 km au nord-ouest de Tusson. Infos à la Maison de l'Eau : ☎ 05-45-21-57-65. • islenature.fr • Juil-août, mer-dim 13h-19h ; juin et sept-début oct, w-e 13h-19h ou sur rdv. Entrée : 4,50 € ; visite guidée de l'église : 4,50 € ; visite combinée de l'église (aux surprenantes fresques contemporaines classées) et des jardins : 6 € ; réduc ; gratuit moins de 10 ans. Nombreuses animations, dont la fête de la Confiture (mi-sept) ; pdt vac scol sauf Noël, ateliers payants pour petits et grands axés sur la protection de la nature.* Charmant endroit, entre nature et culture, baigné par 2 petites rivières qui sortent de leur lit tous les hivers et inondent le site. C'est pourquoi on recommence tout à zéro chaque année. On confie alors la création de 10 jardins éphémères à de jeunes paysagistes et artistes professionnels ou amateurs, qui s'expriment autour d'un thème principal. Également la reconstitution d'une tourbière et des pavillons abritant de petites expos. La Maison de l'Eau accueille des expositions sur la nature. Pour les enfants, un labyrinthe végétal, des tipis en osier, un sentier pieds nus...

Le musée de l'École publique : *16140* ***Saint-Fraigne,*** *à côté de la mairie. 06-89-19-77-39. Sur rdv, en théorie tte l'année mais mieux vaut prévenir un peu à l'avance. Entrée : 3 € ; réduc.* L'occasion de découvrir une salle de classe 1900, avec tous les accessoires en bonne place : blouses, encriers, porte-plume, tableau noir...

Maison Gautier : *28, rue des Ponts, 16140* ***Aigre.*** *☎ 05-45-21-58-67. • cognac-gautier.com • Tlj sauf dim-lun 9h30-12h30, 14h-18h45 (17h sam). Visites mar, jeu et ven à 10h et 14h30, sur résa. Tarif : 4 €.* Cette maison de cognac qui existe depuis 1755 est installée au cœur du village d'Aigre, dans un ancien moulin à eau construit sur une île, au milieu de la rivière de l'Osme. Pourquoi là ? Car l'humidité ambiante s'avère primordiale pour le vieillissement des cognacs. La visite débute dans la maison de maître – où se trouve l'accueil – par un petit film retraçant l'histoire du commerce du cognac et celle de Gautier. Ici, le savoir-faire maison est transmis depuis 10 générations : la famille était à l'origine spécialisée dans l'exploitation du bois en forêt de Tronçais (permettant de fabriquer des barriques d'exception). La visite se poursuit dans les chais, entrecoupée d'un passage par le bureau du maître assembleur. Plus loin, une amusante machine censée rendre le cognac plus « hygiénique » pour répondre aux préoccupations du XIXe s. On découvre ensuite un autre chai où se trouvent des barriques plus anciennes ainsi que le « paradis », recelant les eaux-de-vie les plus précieuses (certaines datent de 1840 !). La visite se termine par une généreuse dégustation. Boutique.

LE LONG DE LA VALLÉE DE LA CHARENTE

VERTEUIL-SUR-CHARENTE

(16510) 640 hab. *Carte Charente, C1*

Très joli village des bords de Charente, bâti autour de son château, propriété de famille des La Rochefoucauld pendant près d'un millénaire ! Autant dire que nombre d'événements appartenant à l'histoire de France s'y sont

déroulés : les sièges y furent nombreux pendant la guerre de Cent Ans, un important synode protestant y eut lieu pendant les guerres de Religion, l'empereur Charles Quint y séjourna en 1539, puis Louis XIII y résida après son mariage avec Anne d'Autriche...

« À NOUS DEUX, PARIS ! »

Verteuil est avant tout connue grâce à 2 écrivains. Le 1er, François VI de La Rochefoucauld, y commença la rédaction de ses fameuses Maximes. Le 2d, Honoré de Balzac, y a fait naître l'un de ses personnages les plus connus : Rastignac !

Où manger ? Où boire un verre ?

Café Portebleue : *3, rue du Baril. ☎ 05-45-30-22-06. Dans le centre du bourg. Tlj sauf dim soir et lun. Menu déj en sem 14,75 € ; carte 25-30 €.* Entre poutres et vieux murs de pierre, un joli petit bistrot tenu par des Anglais (donc pas mal fréquenté par les sujets de Sa Majesté !). Produits frais pour une cuisine entre terroir charentais, influences britanniques et saveurs plus exotiques. Bon rapport qualité-prix pour le menu du déjeuner. Un poil cher, peut-être, à la carte.

Le Baril : *chemin des Tureaux. ☎ 05-45-71-01-03. • lebaril@outlook.com • Tlj sauf lun-mar, midi et soir ; journée continue le w-e. Concerts le mer en principe.* Logé dans et autour de l'ancienne sénéchalerie, voici un endroit à la fois étonnant et attachant. On a adoré prendre un verre sur la terrasse, avec vue sur le château, ou manger dans le jardin planté d'arbres fruitiers. Cuisine simple, réalisée à partir de produits frais et locaux. En été, soirées festives et concerts se succèdent.

Le Moulin de Verteuil : *4, allée du Moulin. ☎ 05-45-29-04-77. • contact@moulin-verteuil.fr • moulin-verteuil.fr • Tlj sauf lun-mar 10h30-18h. Fermé janv-fév. Formule et menus 16,80-29,80 €. Visite du moulin sur rdv seulement.* Au pied du pont de Verteuil, ce vieux moulin tourne de nouveau grâce à l'énergie passionnée d'un formidable couple de... Savoyards ! François a réparé une à une les pales de la roue à aubes et a dû retrouver des meules de silex avant de se métamorphoser en authentique meunier. Avec la farine bio qu'il produit, il confectionne de délicieuses brioches et pains, à emporter ou à déguster en terrasse, si le temps le permet. Propose également un service de restauration à midi ainsi qu'un gîte pouvant accueillir 9 personnes.

Bistrot des Douves : *38, rue des Halles. ☎ 05-45-84-18-49. • nicolas.poux@hotmail.fr • ♿ En face de la mairie. Tlj sauf mer, jusqu'à 21h (22h ven, 18h dim).* Un bistrot au cadre gentiment vintage et surtout un point de ralliement pour tous ceux qui ont envie de prendre l'apéro dans un lieu plein de convivialité. Et il faut bien reconnaître que ce genre d'endroit ne court pas les petites routes de campagne dans ce coin du département ! Bières artisanales. Terrasse sur la place.

À voir

Le château : ***ne se visite malheureusement plus.*** On peut l'admirer du vieux pont qui enjambe la Charente, d'où la vue est absolument ravissante. Les tours surgissent au-dessus du fleuve, des arbres et des toits de tuiles. L'actuel château a été construit au XVe s (celui du XIIe ayant été détruit), puis remanié au XIXe s.

L'église Saint-Médard : *sur les hauteurs du bourg (à l'opposé du château).* Du XIIe s, elle est surtout connue pour son exceptionnelle *Mise au tombeau* : un groupe de personnages grandeur nature, en terre cuite, entièrement peint. Du XVIe s, l'œuvre d'un réalisme stupéfiant (notez le drapé des tissus !) avait à l'origine été commandée pour la chapelle du château aux fameux sculpteurs André et Germain Pilon.

MANSLE

(16230) 1 650 hab. *Carte Charente, B2*

Dans un méandre de la Charente, à mi-chemin entre Ruffec et Angoulême, cette tranquille mais commerçante petite ville propose quelques activités bucoliques. Aux alentours, de belles forêts et de jolies églises.

Adresses et info utiles

Office de tourisme : *pl. du Gardoire. ☎ 05-45-20-39-91. • ruffecois-tourisme.com • En été, tlj sauf lun mat et l'ap-m le w-e ; hors saison, ouv mat seulement mar, ven et sam.*

Location de canoës-kayaks : *base nautique Le Champion, à 200 m du centre en direction de Ruffec, sur la droite après le pont. ☎ 05-45-22-26-68. 06-32-85-87-29. • canoemansle.fr •* Location de canoës-kayaks et de *stand up paddle*.

– Marché : *ven et sam mat, pl. de l'Hôtel-de-Ville.*

Où dormir ? Où manger à Mansle et dans les environs ?

Camping municipal Le Champion : *rue Watlington, à Mansle. ☎ 05-45-20-31-41 (mairie). 06-23-01-03-47. • campinglechampionmansle@gmail.com • À 200 m du centre en direction de Ruffec, sur la droite après le pont. Ouv 15 mai-15 sept. Forfait pour 2 pers 17-21 €. 80 empl.* Un 2-étoiles bien tenu et bien équipé, stratégiquement situé aux portes de la ville. Les emplacements les plus agréables jalonnent les berges de la Charente. Pêche possible, aire de jeux pour enfants et terrain de volley-ball. Base nautique à proximité. Réduction pour les campeurs à la piscine municipale (ouverte en été).

Hôtel-restaurant Beau Rivage : *pl. du Gardoire, à Mansle. ☎ 05-45-20-31-26. • hotel.beau.rivage.16@orange.fr • hotel-beau-rivage-charente.com • Juste à côté du pont sur la Charente. Resto tlj sauf dim soir oct-avr. Doubles 76-87 €. Formule et menu déj (sauf dim) 13-15 € ; menus 21-33 € ; carte env 40 €. Parking privé gratuit.* L'immeuble, un peu années 1950, n'a rien de folichon au 1er abord, mais il cache un vaste jardin à la française aménagé sur la berge de la Charente. Demandez l'une des chambres du haut, dotées de balcons, qui offrent de jolies vues sur ce charmant paysage. Vaste salle à manger avec de grandes baies vitrées, ouvrant comme il se doit... sur le parc, la rivière et la terrasse. Cuisine traditionnelle.

Auberge du Cheval Blanc : *la Gare, 16230* ***Luxé.*** *☎ 05-45-22-23-62. À 6 km à l'ouest de Mansle ; face à la gare. Tlj sauf dim soir-mar. Formules déj en sem 16-25 € ; menus 40-56 €.* Cette enseigne qui sent bon la France de toujours cache (au fond du couloir) une petite salle contemporaine. La cuisine est dans le même esprit, dans la tradition (généreusement servie !) mais avec des influences bien d'aujourd'hui. Vaisselle choisie, assiettes joliment présentées et service souriant.

À voir. À faire

Le parc floral Jean-Pierre-Lanson : *à la sortie de la ville, direction Angoulême. Tte l'année. GRATUIT.* Petit jardin botanique et arboretum. Une particularité : est présentée ici une rare collection (500 variétés) de fuchsias (qui fleurissent à partir de juillet !).

Le sentier de la prairie de Goué : *départ du camping* Le Champion. *Boucle de 4,2 km (compter 1h). Livret-jeu gratuit pour les enfants, disponible à l'office de tourisme.* Agréable balade balisée le long des berges de la Charente (qu'on traverse avec un bac à chaîne traditionnel). Panneaux explicatifs sur la faune et la flore et les loisirs au fil de l'eau (et des siècles !). Possibilité de rejoindre (en 1,5 km) un autre sentier d'interprétation (*de l'Étouyer,* au départ de Saint-Groux, qui se parcourt en boucle d'environ 3 km).

DANS LES ENVIRONS DE MANSLE

L'église Saint-Denis : *à* **Lichères,** *à env 6,5 km au nord-est de Mansle.* Perdue en pleine campagne, c'est l'une des petites églises romanes les plus connues de Charente. Outre le bâtiment lui-même, dont il faut faire le tour pour en déguster les rondeurs, on admire le noble portail sculpté : sur le tympan, l'Agneau apparaît encadré par 2 anges et 2 personnages en buste. Le tout est surmonté d'une voussure ornée d'animaux fabuleux. Observez bien les détails des fenêtres, à droite de l'église, côté cimetière : chouette, tête de loup, ogre dévorant une bestiole, etc. À l'intérieur, un sol fait de pavés dits « cœurs des demoiselles » et un chœur décoré de chapiteaux historiés.
– En descendant jusqu'au fleuve, on trouve la « barque du passeur », un petit bac qu'on hale d'une rive à l'autre en tirant sur un câble. Une curiosité amoureusement entretenue par les gens du coin.

L'église Saint-Martial : *à* **Mouton,** *à 7 km au nord-est de Mansle.* Reconstruite au début du XIIe s, cette église romane présente une élégante façade, quelque peu austère. On déniche des sculptures surprenantes, comme cette tête de Gaulois (au-dessus de la porte) ou ces animaux des arcades latérales : on reconnaît un lion ailé et... un mouton ! Autres sculptures de personnages sur le mur côté sud.
– Dans le village, on découvre plusieurs maisons à « balet » – dotées d'une avancée de toit et d'un escalier extérieur –, un lavoir alimenté par une fontaine, des pierres tombales provenant de l'ancien cimetière...

Le château de Bayers : *16460* **Bayers.** *☎ 05-45-22-54-74. 📱 07-50-52-51-25. À 7,5 km au nord-est de Mansle. 14 juil-fin août, tlj sauf lun ; visite guidée à 14h30 et 16h30 et visite libre du parc seulement 12h-14h30. Entrée : 6,50 € ; parc seul 4 € ; réduc ; gratuit moins de 12 ans.* Ancienne propriété de la famille de La Rochefoucauld, ce beau château des XIIe et XVe s a fière allure depuis sa rénovation. À l'intérieur, des photos donnent la mesure des efforts consentis : les arbres poussaient carrément dans le logis ! Avant la Révolution, la forteresse comptait un pont-levis et 8 tours de défense jalonnant son rempart. Toujours habitée, elle ne conserve de cette époque que quelques pans de murailles, un corps de garde et le château lui-même. On en découvre 3 pièces du rez-de-chaussée. Magnifique vue sur les environs.

MONTIGNAC-SUR-CHARENTE

(16330) 720 hab. *Carte Charente, B2*

Au bord du fleuve, à une dizaine de kilomètres en aval de Mansle. Ce souriant village aux airs méridionaux avec sa petite place centrale conserve fièrement quelques vestiges de son ancien château construit par les comtes d'Angoulême : une solide porte flanquée de 2 tours rondes du XIIIe s, d'où un escalier puis un sentier conduisent à un donjon carré, au sommet d'une colline. Joli panorama du haut de la tour.

Où dormir à Montignac et dans les environs ?

Camping Les Platanes : *allée des Platanes, à Montignac. ☎ 05-45-39-89-16. • campingmontignac.fr • Ouv en été seulement. Compter env 12 € pour 2. 70 empl.* Un camping tout simple, ombragé par de hauts peupliers, qui a l'avantage d'être situé non loin du bourg et de ses commerces.

Camping Marco de Bignac : *2, chemin de la Résistance, 16170* ***Bignac.*** *☎ 05-45-21-78-41. • info@marcodebignac.com • marcodebignac.com • À env 5 km à l'ouest de Montignac-sur-Charente. Ouv avr-oct. Compter 13-25 € pour 2. Quelques mobile homes et tentes lodge (2-5 pers). Resto ouv le soir seulement, mer-dim. 81 empl.* Un formidable camping, ombragé et bucolique, aménagé autour d'un étang où l'on peut taquiner le gardon. On plante la tente sur une vaste pelouse. Grande piscine, tennis, resto-bar avec terrasse au bord de l'eau, laverie ou micro-épicerie (il y en aussi une au village), rien ne manque. Accueil vraiment sympa.

Chambres d'hôtes Domaine de Chantemerle : *chemin de Chantemerle, 16570* ***Marsac.*** *☎ 05-45-64-75-89. 📱 06-49-73-04-51. • ecurie@chantemerle.fr • chantemerle.fr • À env 10 km au sud-ouest de Montignac et à 12 km d'Angoulême. Tte l'année. Compter 80 € pour 2 (plus cher pdt le festival de la Bande dessinée d'Angoulême).* Cet ancien domaine producteur de cognac, petit joyau dans son écrin de nature vallonnée, a fière allure avec son portique d'inspiration gréco-romaine. Ici, on a la fibre écolo : les 4 chambres ont été aménagées avec des matériaux naturels (chaux pigmentée, beaucoup de bois, paille de chanvre pour l'isolation, panneaux solaires), avec pas mal d'objets de récup' en guise de déco. Quant au petit déj, il est bio. Une adresse de charme, au rapport qualité-prix remarquable. On peut rendre visite aux chevaux en pension juste à côté.

DANS LES ENVIRONS DE MONTIGNAC-SUR-CHARENTE

L'abbaye de Saint-Amant-de-Boixe : *à 2 km au nord de Montignac. ☎ 05-45-94-24-27. • abbayesaintamantdeboixe.fr • (accès partiel). Église : tlj 9h-18h ; GRATUIT. Espace d'architecture romane : juil-août, tlj 10h-13h, 14h-19h ; mars-juin et sept-nov, mer-ven 10h-12h30, 14h-18h, w-e et j. fériés 14h-18h ; déc-fév, tlj sauf lun-mar 14h30-17h30 ; visite audioguidée (commentaires lus par Michael Lonsdale !) : 5 € ; réduc sur présentation de ce guide ; gratuit moins de 18 ans. Nombreuses manifestations et visites guidées sur résa.*

Un site passionnant, que Viollet-le-Duc considérait comme « un des édifices religieux les plus remarquables de Charente ».

– ***L'église abbatiale :*** imposante église romane (XIIe s), complétée (après un incendie) d'un chœur gothique du XIVe s aux vitraux bleutés. Haute tour-clocher fortifiée et très belle façade, pleine d'élan, avec un large portail aux chapiteaux sculptés. Intérieur tout aussi étonnant : pour son escalier en bois (rare dans une église !) et pour la nef qui s'avère construite de travers (encore plus rare !). Bref, il y règne une atmosphère étrange, d'autant plus que c'est l'une des plus vastes églises de Charente, aux proportions de cathédrale. Superbes peintures murales du XIVe s (provenant de la crypte) dans le transept sud.

– ***L'Espace d'architecture romane :*** *juste à côté de l'église, dans les anciens bâtiments conventuels.* Bien conçu, absolument pas barbant avec une muséographie qui interpelle petits et grands à l'aide de belles maquettes, d'illustrations, de documents sonores, de modules ludiques et de bornes interactives. À la fin, vous serez incollable sur le monachisme en Charente, sur les différents aspects de l'architecture romane et, bien sûr, sur l'histoire de l'abbaye dont on découvre, via cet espace, le cloître, le réfectoire des moines (et l'impressionnant cellier voûté, en visite guidée seulement). Les enfants suivront avec intérêt *Les Enquêtes d'Anne de Mésia,* parcours qui leur est destiné.

LES DESSOUS DU CLOÎTRE

En 2004, lors des fouilles archéologiques du cloître, la découverte de la sépulture d'une femme souleva bien des questions. Qui était-elle et pourquoi reposait-elle dans un lieu réservé aux moines bénédictins ? Certains anonymes avaient à l'époque le privilège de se faire inhumer dans le cloître, parfois même avec l'habit de moine, dans le but d'échapper au diable. À ce jour, on ignore encore tout de cette dame.

De Montignac à Angoulême, oubliez la D 737 qui s'éloigne du fleuve. Passez plutôt rive droite, pour suivre le fleuve par la D 15, puis la D 96 jusqu'à ***Marsac.*** Entre ***Vouharte*** (un peu en amont de Montignac) et Marsac, la Charente s'éparpille en une multitude de bras, se couvre de mille et une petites îles, noyées sous la végétation. Un des paysages les plus étonnants de la vallée.

LE CONFOLENTAIS ET LA CHARENTE LIMOUSINE

Au nord-est du département, cette région a la particularité d'être une enclave occitane en terre charentaise. Tout y est différent : la terre (granitique), la langue (limousine), l'architecture et, bien sûr, la cuisine. Cette région vallonnée où l'on élève de belles vaches limousines offre de verts paysages, bucoliques à souhait : petites routes tranquilles, étangs et châtaigniers, quel cadre ! Elle conserve aussi un patrimoine d'une grande diversité : adorables villages, églises originales, châteaux forts, menhirs et thermes romains. Vive la Charente libre, euh, pardon : la Charente limousine !

CONFOLENS (16500) 2 710 hab. *Carte Charente, D1*

Au confluent (c'est l'origine de son nom) de la Vienne et de la discrète rivière du Goire, une petite ville ancienne à la physionomie plaisante. Ses quais pleins de charme, ses vieilles rues, ses maisons à pans de bois en font même l'une de nos cités préférées dans le département (pas mal de touristes et de résidents anglais semblent de notre avis !). D'ailleurs, Confolens a pris la bonne habitude de s'ouvrir sur le monde : chaque année, à l'occasion d'un grand festival devenu célèbre, elle accueille des groupes folkloriques issus de tous les continents.

Adresse utile

Office de tourisme : *8, rue du Maquis-Foch (juin-sept) ; le reste de l'année, s'adresser à la Communauté de communes de Charente limousine, 8, rue Fontaine-des-Jardins. ☎ 05-45-84-22-22. • tourisme-charentelimousine.fr • Juil-août, tlj sauf dim (tlj pdt le festival) 9h-12h30, 14h-18h ; sept-juin, lun-ven 8h30-12h30, 14h-17h30 (16h30 ven).* On y trouvera notamment un circuit de visite et un historique de la ville. Organise des visites guidées thématiques à Confolens et dans le Confolentais (tout le secteur a été classé Pays d'art et d'histoire !).

Où dormir ?

Camping

Camping des Ribières : *21, av. de Saint-Germain. ☎ 05-45-85-35-27. 06-82-09-86-76. • camping-les-ribieres@orange.fr • campingdesribieres.fr • Au bord de la Vienne, à env 500 m du centre, en direction de Saint-Germain-de-Confolens. Ouv avr-sept. Env 14-19,50 € pour 2. Hébergements locatifs (2-5 pers). 115 empl.* Emplacements bien ombragés et verts (car au bord de la Vienne), agréables et bien délimités (éviter toutefois ceux situés à proximité de la route). Tables de ping-pong, plage aménagée et canoës (gratuits) sur place ; piscine et tennis à proximité. On peut aussi pêcher dans la rivière (prêt de cannes). Snack-bar. Accueil très sympathique.

Prix moyens

Chambres d'hôtes Pont-Vieux : *3, pl. de la Fontorse. ☎ 05-45-30-72-61. • artthegalerie@orange.fr • pont-vieux.com • Au bout du pont, de l'autre côté de la Vienne. Ouv avr-déc. Compter 68-88 € pour 2.* Très bien située sur les rives de la Vienne, cette maison tenue par un couple d'Anglais comprend des chambres confortables, à la déco sobre et contemporaine, avec vue sur le fleuve. Également une cuisine commune bien équipée, ainsi qu'une terrasse et un jardin au bord de l'eau. Des atouts ô combien appréciables, tout comme l'accueil british de Nick et Mary. Au rez-de-chaussée, le sympathique salon de thé *ARTthé* leur appartient (voir ci-dessous).

Chambres d'hôtes 13 Bees : *13, rue du Bois-des-Roses. ☎ 05-45-71-22-90. • info@13bees.co.uk • 13bees.fr • Congés : 1 sem entre Noël et le Jour de l'an. Doubles 63-73 €.* Cette grande villa de 1948, où le marbre et le fer abondent, recèle pas mal d'atouts. Il y a la Vienne qui coule à ses pieds dans un calme olympien, un salon avec une grande fenêtre pour profiter de la vue, un vaste jardin à l'arrière et des chambres spacieuses, simplement aménagées, dans lesquelles on se sent bien. Accueil adorable d'Amanda et de Kévin, 2 Anglais passionnés par les *bees*. Ils proposent d'ailleurs des stages d'apiculture.

ARTthé : *1 bis, pl. de la Fontorse. 06-26-09-52-68. Ouv mai-oct seulement, jeu-dim 10h-18h. Plat du jour env 11 €.* Le point fort de cette adresse tenue par une famille anglaise ? Sa magnifique terrasse en bord de la Vienne, noyée dans la verdure, offrant une vue imprenable sur le pont Vieux et la ville. On peut y déjeuner d'une salade, d'un sandwich ou d'un plat du jour, mais aussi y passer à l'heure du goûter pour tester les délicieuses pâtisseries maison, forcément très british (*cheesecake, carrot cake*, etc.). Chouettes expos photo dans la salle principale tout en longueur. Service parfois un peu longuet, mais on prend le temps de vivre par ici !

À voir

Rive droite (centre-ville)

L'église Saint-Maxime : *à l'angle des rues du Maquis-Foch et de la Fontaine-Pommeau.* Plusieurs fois remaniée, notamment aux XVIe et XIXe s, elle n'a conservé de ses origines (XIIIe s) que son portail roman limousin. L'intérieur, pour l'essentiel du XIXe s, est néogothique : les voûtes, les grandes rosaces... Dans la 1re chapelle sur la droite, naïve pietà polychrome du XVIe s.

À droite, juste après l'église, les rues du Marché puis du Puits-d'Olivet grimpent (sec !) jusqu'à un ***donjon*** en granit, du XIe ou XIIe s, dernier vestige du 1er château de la ville. Redescendre par la rue du Vieux-Château et prendre la rue des

Portes-de-Ville pour admirer justement l'une de ces anciennes portes, prolongée côté droit par l'imposante façade de l'ancien tribunal. De la terrasse, beau panorama sur la ville.

Les maisons à colombages : la plus belle, dite « du duc d'Épernon » (même si celui-ci n'y a jamais vraiment habité), du XVe s, se trouve rue du Soleil, au no 12 (pas loin de l'église). À l'angle de la rue du Soleil et du quai du Goire, un vieux manoir Renaissance (XVe-XVIIe s). D'autres maisons à colombages sur le quai, qui étaient habitées par des tanneurs aux XVIIe et XVIIIe s. En continuant le quai jusqu'à un barrage, on tombe sur un moulin à roue. Sinon, rue Pinaguet, de l'autre côté de l'église, d'autres belles maisons à pans de bois, dont une avec tour-escalier (à l'angle de la rue Bournadour). Avant de passer le pont Vieux, jeter un œil à l'***hôtel Dassier des Brosses,*** avec sa magnifique façade classique.

Le pont Vieux : jeté en travers de la Vienne, il relie les 2 parties de la ville. Construit au Moyen Âge mais entièrement rénové au XIXe s, il a hélas perdu ses maisons et ses 3 tours fortifiées. Restent ses belles arcades de pierre qui se reflètent dans la rivière. Vue très romantique depuis la petite grève située à la Porte-du-Gué.

Le menhir du Repaire : *à 2 km de Confolens, sur la droite de la D 30, en direction de Lesterps.* Haut de presque 3 m et large de plus de 2 m, c'est le seul du département ! Les Celtes y rendaient un culte à la Nature.

Rive gauche

La place de la Fontorse : *dans le prolongement du pont Vieux.* Charmante petite place bordée d'hôtels particuliers du XVIIIe s (aux nos 7 et 9). Au centre, élégante fontaine jaillissante (naturelle), vieille de 500 ans mais modifiée à la fin du XXe s.

Pas mal de constructions anciennes dans les rues qui partent de la place de la Fontorse : plusieurs maisons à colombages du XVIIe s dans les ***rues de la Fontaine-de-Guimard*** et ***des Portes d'Ansac.*** La ***rue Théophile-Gibouin*** est, elle, jalonnée d'hôtels particuliers du XVIIIe s.

L'église Saint-Barthélemy : *du haut de la rue Théophile-Gibouin, suivre la direction de la gare.* Un peu isolée au milieu de la ville « moderne », une construction romane du XIIe s, d'une vraie sobriété malgré quelques ajouts plus tardifs (notamment les chapelles du XVe s, au nord). C'est tout ce qui subsiste d'un ancien prieuré.

Le cimetière : *de la rue Saint-Barthélemy, prendre la rue Auguste-Duclaud, puis à droite.* À l'entrée, incroyable tombeau en lave, posé sur un authentique dolmen.

À faire

Vélo-rail : *la gare, av. Gambetta. ☎ 05-45-71-16-64. • cf-charentelimousine.fr • Fonctionne avr-début oct : juil-août, tlj, départs de Confolens vers Manot à 10h30 et 15h, de Roumazières vers Manot à 10h, 13h et 16h (résa conseillée) ; le reste du temps, départs de Confolens et de Roumazières à 10h30 et 15h. Tarif : 32 € le vélo-rail 5 places (2 conducteurs et 3 voyageurs).* Balade le long d'une ancienne voie ferrée à bord de curieuses « voitures à pédales » montées sur des roues de wagons. Plusieurs allers-retours possibles, de 15 à 18 km, soit 2-3h de balade, de villages en sous-bois en franchissant des viaducs. Sur cette même ligne circule un train touristique.

Manifestation

Festival international de Danses et Musiques du monde : *1 sem autour du 15 août. Rens : ☎ 05-45-84-00-77. • festivaldeconfolens.com •* Le festival de Confolens existe depuis plus de 60 ans. Il reçoit des groupes de danses et de musiques populaires traditionnelles en provenance du monde entier. Toute la ville vibre au rythme des concerts, sous la scène couverte ou dans les rues. Et une foule de près de 100 000 personnes s'y presse chaque année.

SAINT-GERMAIN-DE-CONFOLENS

(16500) 85 hab. *Carte Charente, D1*

Adorable village des bords de Vienne, dominé par les ruines d'une imposante forteresse.

Où dormir ? Où manger à Saint-Germain-de-Confolens et dans les environs ?

Chambres d'hôtes Le Pit *(chez Hélène Everitt) : le Pit, 16500* ***Lessac.*** *06-30-34-14-11. • everitt16@aol.com • lepit.fr • À 3 km à l'ouest de Saint-Germain-en-Confolens. Tte l'année. Compter 65 € pour 2 ; familiale. Dîner sur résa 20 €. Apéritif maison offert sur présentation de ce guide.* Petite ferme isolée au bout d'un chemin champêtre, coincée entre un étang et des prés où s'ébattent des moutons. Dans une dépendance, 2 chambres simples mais vastes, claires et confortables, avec vue sur le lac. Poêle dans la plus grande pour les soirées d'hiver. Également un gîte pour 2 personnes. Nombreux chemins de randonnée dans les alentours.

La Cave du Château : *à l'entrée du village, sur la droite en venant de Confolens. ☎ 05-45-31-18-04. • lcdstgermain@gmail.com • Tlj sauf dim soir et lun. Plats 16-20 €.* Au pied du château, un resto-bar à vins installé dans une jolie cave envahie de bouteilles, au décor industriel, avec cuisine ouverte. À la carte, viandes limousines d'exception, relayées par quelques salades ou plats de poisson. Également des planches de charcuterie pour un apéro dinatoire. Belle carte des vins, forcément. Large terrasse pour les beaux jours. Service efficace.

La Guinguette Patavrap : *sur l'aire de repos en bord de Vienne, à l'entrée du village en venant de Confolens. 06-01-86-22-16. Ouv mai-fin sept seulement ; juin-août tlj, sinon fermé mar. Pizzas et plats env 10 €.* Pizzas cuites au feu de bois, poulet fermier rôti, fondants travers de porc ou burgers maison, le tout préparé avec des produits locaux... Voici ce qui vous attend dans cette guinguette joyeuse offrant un cadre magnifique, en bord de Vienne. On commande au comptoir avant de s'installer sur des chaises et tables colorées. Pas mal d'attente les soirs d'été, mais ça vaut le coup.

À voir

La forteresse : *accès libre et GRATUIT.* De petites rues mènent aux vestiges de ce château du XVIe s, dont les tours colossales ne manquent pas de prestance. De là-haut, panorama époustouflant sur le joli village aux vieilles maisons couvertes de tuiles, mais aussi sur la Vienne et les frondaisons des arbres qui la bordent. Sublime au coucher du soleil !

L'église Saint-Vincent : *à côté du château.* De style roman, cette ancienne chapelle castrale se distingue par son plan en forme de croix grecque, très rare, et ses dimensions imposantes.

DANS LES ENVIRONS DE SAINT-GERMAIN-DE-CONFOLENS

Le domaine de Boisbuchet : *16500* ***Lessac.*** *☎ 05-45-89-67-00. • boisbuchet.org • À env 5 km au nord de Confolens ; bien fléché depuis Lessac. Mai-sept. Visite guidée seulement, tlj sauf lun à 14h30 (compter 2h30-3h ; résa indispensable sauf juil-août). Entrée : 15 € ; réduc ; gratuit moins de 12 ans. Propose des événements culturels.* En bord de Vienne, un endroit plus qu'étonnant. Il s'agit d'un centre international de design et d'architecture qui accueille, chaque été, des stagiaires venus du monde entier autour de *workshops* hebdomadaires, sous la direction d'architectes et d'artistes. Le lieu est en constante évolution comme l'a souhaité son fondateur, longtemps directeur du prestigieux Vitra Museum de Weil-am-Rhein, en Allemagne. Chaque année, le domaine s'enrichit de nouvelles créations. Dans un parc de 150 ha voisinent un château néogothique du XIXe s *(expos temporaires en été),* un authentique pavillon japonais de 1865, la *Techstyle-Haus,* un prototype d'habitation énergétiquement autonome, un immense manège de bambous, un pavillon de papier, une pyramide de bois... Une vingtaine de constructions au total, entre design et architecture (et avec, toujours, une démarche écolo), signées par les créateurs les plus célèbres. En été, le vendredi à partir de 17h, les stagiaires présentent leur travail de la semaine.

Pour boire un verre et grignoter quelques petits trucs bio, ***Le Café*** *(en accès libre, de mi-mai à mi-oct, tlj sauf lun 14h-20h),* inévitablement meublé design, est installé dans un ancien moulin avec une très chouette terrasse au bord de la Vienne.

CIRCUIT EN CHARENTE LIMOUSINE

Offrez-vous ce beau parcours en boucle au départ de Confolens... Aussi charmante que la route de la vallée de l'Issoire, la D 30 qui va de Confolens à Lesterps est bucolique à souhait : on passe du bocage aux champs de maïs et des alignements d'arbres aux murs de fougères. Un vrai tunnel de verdure !

Adresse utile

Office de tourisme de Charente limousine – Maison des Lacs : *le Bourg, 16310* ***Massignac.*** *☎ 05-45-65-26-69. • tourisme-charentelimousine.fr • Juil-août, tlj 9h30-12h30, 14h-18h ; juin, tlj sauf dim, mêmes horaires mais jusqu'à 17h. Le reste de l'année, s'adresser à la Communauté de communes de Charente limousine : 65, route Nationale, 16270* ***Roumazières-Loubert*** *; ☎ 05-45-71-79-00 ; tlj sauf w-e.* Pour le secteur des lacs de Lavaud et Mas-Chaban. Boutique. Salle dédiée aux expositions temporaires.

Où dormir ? Où manger au long du circuit ?

Camping des Lacs : *plage de la Guerlie, 16150* ***Pressignac.*** *☎ 05-45-31-89-03. • info@campingdeslacs.fr • campingdeslacs.fr • Au bord du* *lac de Lavaud. Ouv avr-oct. Compter 21-30 € pour 2. Loc de mobile homes, chalets et Coco Sweet (2-8 pers). 166 empl. Réduc de 10 % sur ts les hébergements sur présentation de ce guide.* Dans un cadre magnifique, d'immenses emplacements en terrasses, avec vue sur le lac pour certains. Pas moins de 3 piscines (couvertes et découvertes) si l'on ne veut pas faire trempette dans le lac (la plage publique, surveillée en été, est à 2 pas). Bar-resto les pieds dans le sable, activités nautiques, pétanque, minigolf... Gérants aussi sympathiques que dynamiques.

Chambres d'hôtes et ferme-auberge Château de la Redortière : *14, route de Massignac, 16310* ***Lésignac-Durand.*** *☎ 05-45-65-07-62 ou 05-45-61-50-40. • chateaudelaredortiere@laposte.net • chateaudelaredortiere.com • En pleine campagne (bien fléché), sur la D 52 entre Lésignac-Durand et le lac de Mas-Chaban. Ferme-auberge tlj sauf lun et mar midi, sur résa. Doubles 70-72 €. Menus 23,50-29,50 €.* Quand on voit la pancarte « ferme-auberge », on ne s'attend pas vraiment à tomber, après avoir traversé un morceau de forêt, sur ce petit château néogothique du XIXe s tout en tours et clochetons, dominant une tranquille campagne. Un vrai voyage dans le temps avec des chambres meublées d'ancien (aux parquets qui grincent...) et une salle à manger au décor de manoir où est servie, en toute simplicité, une cuisine familiale à base de produits de la ferme (installée à proximité) : veau, canard, pintade et fromages.

L'Estaminet : *1, pl. des Tilleuls, 16500* ***Esse.*** *☎ 05-45-71-20-66. • nicohar@hotmail.fr • ♿ Dans le village. Tlj sauf lun-mar. Formule déj en sem 13,90 € ; le soir, à la carte env 35-40 €. Apéritif maison offert sur présentation de ce guide.* Grande terrasse contemporaine, prolongée d'une salle dans le même esprit avec mezzanine, le tout entre de solides murs de pierre. Bonne cuisine de bistrot d'aujourd'hui, à l'ardoise, donc au gré des saisons, d'une apparente simplicité mais pleine d'excellentes idées. Assiettes joliment présentées, accueil décontracté et service d'une franche efficacité.

Le Vieux Moulin : *étang du Bouchaud, route de Limoges, 16150* ***Chabanais.*** *☎ 05-45-84-24-97. • vieux.moulin2@wanadoo.fr • ♿ À la sortie de Chabanais en direction d'Étagnac. Tlj sauf lun soir et mar-mer. Congés : 3 sem en janv, 1 sem en mai et 2 en oct. Formule déj en sem 19 € ; menus 40-55 € (menu végétarien 30 €).* Un peu cachés en contrebas de la route, les bâtiments, superbement rénovés, sont environnés de fleurs et bordés par l'ancien bief. Quant à l'intérieur, il s'avère tout aussi agréable. De quoi se mettre en (bonne) condition pour goûter la cuisine joliment ciselée de la maison, qui travaille les meilleurs produits de la région (agneau du Confolentais, bœuf du Limousin, ris de veau, etc.). Agréable terrasse. Une halte gourmande à la solide réputation !

Circuit

Esse : petit village un peu perché. On y admire un vieux tilleul, paraît-il planté par Sully, devant la jolie petite église romane qui abrite un intéressant retable de bois brut sculpté (XVIIIe s). Au pied de l'arbre, curieux monument aux morts, façon mégalithe. Tous les 7 ans, le lundi de Pentecôte (prochain rendez-vous en 2024 !), on commémore à Esse (après l'exposition au public – ou ostensions – des reliques de saint Martial), comme dans tout le Limousin depuis le Xe s, l'éradication miraculeuse du mal des ardents qui frappait la région. Un petit ***musée*** (mais riche de quelque 500 pièces dont les plus anciennes datent de 1660) est consacré à cette tradition à l'étage de la mairie *(☎ 05-45-84-11-46 ; sur résa ; GRATUIT).*

Les Gaulois d'Esse : *village gaulois de Coriobona, au pont Binot. ☎ 05-17-23-15-71. 📱 06-15-63-64-58. • gaulois-esse.fr • coriobona-village-gaulois.fr • À 3 km d'Esse (fléché). Juil-août, tlj sauf dim-lun, animations 14h-18h,* *et visites guidées (mieux vaut téléphoner avt) à 14h30 et 16h30 (compter 1h30) ; vac scol de Pâques et de la Toussaint, visite guidée tlj sauf dim-lun à 15h (pas d'animations). Entrée : 7 € (9 € les jours d'animation) ; réduc ; gratuit moins de 6 ans.* Il n'y a pas qu'en Armorique qu'on trouve d'irréductibles Gaulois ! Bienvenue à *Coriobona,* village de fiers Lémovices (qui ont donné leur nom à Limoges et au Limousin), retranché sur une colline inexpugnable. L'association à l'origine du projet n'a pas chômé : le *murus gallicus* qui défend le site ne manque pas de panache avec ses remparts en gros moellons et troncs d'arbres. Passé la porte en bois épais, on découvre un village construit de façon traditionnelle (chaume, bois, chevilles... et pas de clous !) : maisons d'artisans, ateliers, grenier, etc. Mais attention, il ne s'agit pas d'un parc d'attractions ! Pendant les périodes d'animation, nos Gaulois d'aujourd'hui se baladent en tenue et expliquent le quotidien des Lémovices d'hier. Des artisans travaillent le fer, le bois, la laine, ou façonnent des poteries comme à l'époque. Rien n'est laissé au hasard donc, même les reconstitutions de batailles ! Heureusement qu'il y a de la bonne cervoise pour se rabibocher...

LA CHARENTE

Lesterps : au centre du village se dresse l'***église Saint-Pierre,*** une imposante abbatiale célèbre pour son clocher-porche, unique en son genre. D'un seul tenant, ce monument de granit s'élève à plus de 40 m de haut. Mais c'est surtout le porche qui nous intéresse : cet étrange petit couloir se compose de voûtes soutenues par des colonnes aux chapiteaux sculptés, typiques des débuts de l'art roman (Xe s). Le reste de l'église a malheureusement beaucoup souffert : le chœur gothique s'est ainsi écroulé au XVIIIe s. À gauche de l'entrée, de vieux chapiteaux sont exposés au sol. Toujours à l'intérieur, sur la droite, remarquez les médaillons représentant le Christ en majesté et une Vierge à l'Enfant.
Après une pause dans les jardins, auprès de la reconstitution de la fontaine médiévale en granit, vous pouvez jeter un œil à la petite ***Maison du patrimoine*** *(☎ 05-45-71-02-92 ; juil-août, tlj sauf lun 14h30-18h30 ; sept, dim seulement ; le reste de l'année, sur résa pour les groupes ; GRATUIT).* Maquette de l'abbaye telle qu'elle était à l'origine, mécanisme d'horlogerie, automates, photos anciennes du village et expos temporaires...

Brigueuil : *à 10 km au sud-est de Lesterps.* Perché sur une colline, un vieux bourg fortifié comme on en voit rarement en Charente. Laissez votre voiture sur la place centrale, au pied d'une curieuse fontaine pyramidale (XIXe s), pour continuer la visite à pied en franchissant la porte de l'Est (XIVe s). La ruelle pavée qui suit est bordée de bien vieilles maisons et d'un portail Renaissance qui est tout (ou presque) ce qui reste de l'ancien château. À 2 pas s'élève l'église Saint-Martial : portail roman et, à l'intérieur dans l'une des chapelles, un gisant du XVIe s. Le cimetière, à peine à l'écart du bourg, abrite une des 4 lanternes des morts (XIIe s) de Charente.

Le château de Rochebrune : *16150* ***Étagnac.*** *☎ 05-45-65-26-69 (office de tourisme de Charente limousine). Possibilité de visite guidée sur résa ; rens auprès de l'office de tourisme. Tarif : 7 €.* Il appartenait, aux XIe-XIIe s, au seigneur de Chabanais et Confolens. C'est aujourd'hui un château classique, sobre et élégant, retranché derrière ses douves en eau, au bout d'une grande allée. Remarquez le bassin au lion, à l'entrée, et le puits de la cour, les 2 pigeonniers fortifiés et les vastes communs. 4 belles tours veillent encore sur l'ancienne demeure des seigneurs de Chabanais, reconstruite au XVIIe s et restaurée au XIXe s. À l'intérieur, des cheminées du XVIIe s, du mobilier Renaissance et Empire, et divers souvenirs des campagnes napoléoniennes (le château a été acquis en 1805 par un général d'Empire).

Le parc archéologique de Cassinomagus : *16150* ***Chassenon.*** *☎ 05-45-89-32-21. • cassinomagus.fr • (accueil, espace d'exposition et une partie des thermes). Ouv début avr-Toussaint : juil-août, tlj 10h-19h ;*

le reste du temps, tlj sauf lun-mar (tlj pdt vac scol) 10h-18h (voire 13h-18h) ; fermeture du guichet 1h avt. Visite libre avec audioguide ou guidée à heure fixe (env 1h15). Entrée : 7 € (5 € sur présentation de ce guide ; audioguide compris) ; réduc ; gratuit moins de 6 ans et personnes en fauteuil roulant. Livret-jeu pour les enfants. Visites guidées (1 €) et animations (payantes, voir site).

Cassinomagus (Chassenon en v.f.) est l'un des sites majeurs de Charente. Juste retour des choses, puisque, après tout, c'était déjà le cas à l'époque gallo-romaine ! Aux Ier et IIe s apr. J.-C., Cassinomagus appartenait au territoire lémovice (dont le chef-lieu, *Augustoritum,* n'était autre que... Limoges !), stratégiquement située au carrefour des voies romaines allant de Saintes à Lyon et de Périgueux à Poitiers. Le sanctuaire, situé aux portes de l'agglomération, était doté d'un temple où l'on venait honorer des dieux, mais pas seulement... On venait aussi pour se distraire, faire du sport, se laver et profiter des thermes majestueux pour faire des rencontres. Longtemps restés ensevelis, ces thermes ont échappé aux pillages. Ils sont aujourd'hui considérés comme les mieux préservés d'Europe. Certains murs atteignent encore plus de 7 m de hauteur ! C'est dire l'importance du site. D'ailleurs, les archéologues ont obtenu la déviation de la route pour préserver les vestiges.

Le bâtiment d'accueil, à l'architecture contemporaine aérienne, abrite l'exposition « La vie quotidienne au temps des Gallo-Romains » et un petit film de reconstitution en 3D, *Une journée aux thermes.*

D'une surface de 12 500 m^2 (une sacrée taille !), ces thermes se distinguent des établissements classiques par leur structure originale : ils sont construits de manière symétrique comme cela se faisait à l'époque à Rome. On pense aujourd'hui qu'un côté était dédié à l'hygiène et aux soins du corps tandis que, de l'autre côté, les 2 grandes piscines d'eau chaude servaient à la purification des corps, en vue de se rendre au sanctuaire. À l'étage, on distingue parfaitement les bains au dallage en calcaire d'époque. À proximité, différentes salles des soins et d'exercices physiques. En dessous, c'est un véritable réseau de salles (il y en avait près de 25 !) auxquelles on accède en visite guidée seulement. Depuis les cours de chauffe, on distingue parfaitement les anciens fours et l'ancêtre de notre chauffage au sol : le chauffage par hypocauste (air chaud).

UN MATÉRIAU DE CONSTRUCTION INÉDIT

Cassinomagus est définitivement un site unique ! La région a été heurtée par une gigantesque météorite il y a environ 206 millions d'années. Le projectile, d'un diamètre de 1,5 km et évalué à 6 milliards de tonnes, fit un impact de 20 km. La chaleur fut telle que tous les matériaux (terrestres et extraterrestres) ont fusionné, créant une nouvelle roche... utilisée par les Gallo-Romains pour la construction des thermes.

Ne pas manquer de se balader dans le jardin de Pline et son potager, plantés d'essences connues durant l'Antiquité. Pour les enfants, carré de fouilles, jeux antiques et *Parcours des Dieux,* pour lequel ils résoudront des énigmes. Également des spectacles (combats de gladiateurs, artisans gaulois, etc.) à l'occasion des *Grandes Journées antiques (2 w-e, fin juillet et fin août).*

Les lacs de Lavaud et de Mas-Chaban : *Suivre le fléchage « Lacs de Haute-Charente » (immanquable dans le coin).* Au cœur d'une jolie campagne, 2 lacs de barrage (environ 200 ha chacun), aménagés à l'origine pour réguler le cours de la Charente. Le nord du lac de Lavaud est très nature (on trouve plusieurs observatoires ornithologiques) ; le sud est plus fréquenté, avec la grande plage de la Guerlie *(surveillée juil-août, tlj sauf lun, l'ap-m seulement).* Embarcations à pédales, camping et resto. On trouve quelques petites plages moins fréquentées dans les environs. Pas de baignade possible en revanche dans le lac de Mas-Chaban, domaine des pêcheurs, des dériveurs et des planchistes. Sentiers de randonnée qui relient les 2 lacs et circuits VTT.

Le château de Peyras : *16270* ***Roumazières-Loubert.*** *☎ 05-45-71-25-25. Accès : du lac de Lavaud, prendre, via Suris, la direction Roumazières (fléché). En principe, tte l'année, dim 14h30-18h (mieux vaut téléphoner avt) ; sur rdv en sem. Visite guidée env 1h. Entrée : 6 € (5 € sur présentation de ce guide) ; gratuit moins de 12 ans.*

Dominant la vallée de la Charente depuis le XIe s (il protégeait un gué), fief de la seigneurie de Roumazières, le château des terribles chevaliers de Peyras est passé de main en main (du XIIIe au XVIIIe s, tenu par la famille chevaleresque des Feydeau, il est devenu, en 1720, propriété des La Rochefoucauld) avant de sombrer peu à peu dans l'oubli. Et quand Pierrette et Guy Broin sont arrivés, à la fin des années 1970, au bout de ce chemin en sous-bois, ils ont découvert une semi-ruine. Coup de foudre pourtant. Après des années de travaux, on peut désormais visiter le château.

Certes, Peyras ne ressemble plus guère à ce qu'il était à l'époque médiévale (les tours ont presque toutes disparu, le château est à moitié enfoui sous 6 à 8 m de remblai), mais la visite est captivante... et la dizaine de salles meublées comme à l'époque (sinon la catapulte !) justifient le détour. Dans la tour intacte (du XIIIe s), salle des gardes du XIIIe s et surprenant escalier à vis taillé dans l'épaisseur du mur (on vous expliquera pourquoi il tourne dans ce sens-là !). Superbe pièce aménagée au XVe s (le carrelage est d'époque). Dans le corps de logis du XVe s, belle charpente en coque de navire renversée. On peut voir aussi un four de métallurgiste (Ier ou IIe s) découvert dans l'une des salles les plus anciennes du château, à l'intérieur d'une cheminée du XIIIe s ! Quelques objets celtes et grecs (du Ve au Ier s av. J.-C.), trouvés sur place, attestent que Peyras était occupé bien avant le Moyen Âge.

CELLEFROUIN (16260) 560 hab. *Carte Charente, C2*

À une trentaine de kilomètres au sud-ouest de Confolens, à droite de la route allant vers La Rochefoucauld. On est ici au carrefour du pays de La Rochefoucauld, du Ruffécois et du Confolentais... Ce charmant village est connu pour son église romane, vestige d'une ancienne abbaye, et pour une curiosité : la lanterne des morts.

Où dormir ? Où manger dans les environs ?

De bon marché à prix moyens

Le Saint-Laurent : *1, rue de la Teinturerie, 16450* ***Saint-Laurent-de-Céris.*** *☎ 05-45-71-54-96. • sybourdet@laposte.net • À 12 km au nord-est de Cellefrouin. Tlj sauf mar soir et mer (hors j. fériés). Formules déj en sem 14-18 € ; menus 23-25 €. Apéritif maison offert sur présentation de ce guide.* Une salle aux murs de pierre, une déco soignée dans des tons blanc et crème, un accueil des plus sympathique, des prix particulièrement raisonnables pour une cuisine pleine de fraîcheur, d'idées et de sincérité. On s'est régalés ! La carte change régulièrement. Un excellent rapport qualité-prix. Terrasse sympa.

Le Bonnieure : *106, av. de la République, 16260* ***Chasseneuil-sur-Bonnieure.*** *☎ 05-45-39-67-66. • lebonnieure16260@gmail.com • À 8 km au sud de Cellefrouin.*

Tlj sauf lun-mar. Formule déj en sem 13,50 € ; carte env 25 €. Café offert sur présentation de ce guide. Au bord de la rue principale, ce resto apprécié des locaux passerait presque inaperçu tant sa façade est discrète. À l'intérieur, salles pimpantes à la déco actuelle. Aux beaux jours, la terrasse en teck et son jardin baroque sont des plus rafraîchissants. Cuisine simple, d'inspiration traditionnelle et bien vue, le tout servi en portions généreuses. Service prévenant. Une étape bienvenue.

Beaucoup plus chic

Château de Nieuil : *16270* ***Nieuil.*** *☎ 05-45-71-36-38. • chateaunieuilhotel@wanadoo.fr • chateaunieuilhotel.com • À env 10 km à l'est de Cellefrouin (fléché depuis le village). Ouv juin-oct ; le reste de l'année, seulement le w-e. Congés : nov. Doubles 130-195 € ; familiale.* Ancien relais de chasse de François Ier, ce séduisant château Renaissance compte parmi les plus prestigieux de Charente. Transformé en hôtel 4-étoiles, l'endroit n'est évidemment pas donné mais vaut vraiment la peine, avec ses douves en eau, son parc immense, ses jolis jardins à la française et son impressionnante entrée ornée de tapisseries et d'un escalier Renaissance. L'accueil (pas snob du tout) des propriétaires est tout à fait charmant. Chambres spacieuses, d'un grand raffinement, décorées à l'ancienne et équipées de salles de bains de rêve... Génial pour une lune de miel ! Piscine dans le parc. Possibilité de dormir dans une cabane pour 2 personnes, avec plafond de verre.

La Grange aux Oies : *au château de Nieuil, 16270* ***Nieuil.*** *☎ 05-45-71-81-24. • info@grange-aux-oies.com • Pâques-Toussaint, tlj sauf dim soir et lun-mar ; hors saison, mer-sam. Formule déj en sem 26 € ; menu 64 € avec vin, apéro et café ; carte env 70 €.* Les anciennes écuries du magnifique château de Nieuil accueillent une belle salle contemporaine sur fond de vieilles pierres. L'équipe efficace et souriante propose une carte inventive évoluant au gré des saisons. Excellente cuisine de terroir revue et corrigée avec une pointe de modernisme par un chef jamais en panne d'idées, qui cultive ses propres légumes et aromates dans le potager bio du château et qui propose même une cuvée maison. Très belle terrasse donnant sur le parc et le château. Salon cosy pour s'offrir un cognac à la fin des agapes.

À voir

L'église Saint-Nicolas : *au centre du village.* Cette abbatiale du XIe s est le seul vestige d'un monastère important détruit pendant les guerres de Religion. Sa façade (légèrement enterrée) est la plus ancienne de l'Angoumois. Elle se différencie de la plupart des églises romanes de la région par son aspect assez austère. On remarque seulement quelques chapiteaux sculptés.

La lanterne des morts : *dans le cimetière, sur les hauteurs du village. À pied, de l'église, prendre les escaliers situés à gauche de la route, vers la sortie du village. En voiture, prendre la rue du Petit-Château (face à l'église, à gauche de l'épicerie), puis à gauche et à droite.* Cet étrange monument surmonté d'un cône en écailles de pierre est l'un des plus beaux de France. On en trouve quelques autres dans les Charentes.

UNE FLAMME D'OUTRE-TOMBE

Érigée au XIIe s, la lanterne de Cellefrouin de 12 m de haut servait à élever une lampe à huile dont la flamme symbolisait la vie... après la mort. Les ouvertures que l'on aperçoit sous le sommet laissaient filtrer la lumière. Remarquez les griffes sculptées au pied de l'édifice, ainsi que les écailles du toit.

DANS LES ENVIRONS DE CELLEFROUIN

Le mémorial de la Résistance : *16260* ***Chasseneuil-sur-Bonnieure.*** *À 8 km au sud-est de Cellefrouin.* Plantée au sommet d'une colline, cette immense croix de Lorraine mélangée à un V de la victoire veille sur le cimetière où reposent les 2 029 maquisards et combattants tués pendant la Seconde Guerre mondiale. Au 16, rue Bir-Hakeim, une expo gratuite *(en principe, en saison, tlj sauf dim-lun)* retrace l'historique du groupe de résistants le plus important et le plus actif de la région, le *maquis Bir Hakeim* du colonel Chabanne (affiches, documents et matériel d'époque).

LA ROCHEFOUCAULD – PORTE DU PÉRIGORD

À l'est du pays d'Angoulême, cette région réunit les environs de la forêt d'Horte, grande et encore sauvage, et ceux de la vallée de la Tardoire, plus au nord. Transition entre la Charente, le Limousin et (comme sa nouvelle appellation l'indique) le Périgord, le coin offre donc une grande diversité de paysages. Beaucoup de forêts pour les amateurs de randonnée, mais aussi quantité de grottes qui réjouiront les spéléologues en herbe.

LA ROCHEFOUCAULD

(16110) 3 980 hab. *Carte Charente, C2*

Un nom pareil, celui d'une prestigieuse famille, ça en impose ! Pourtant, de prime abord, cette grosse bourgade semble peu attrayante. Elle cache bien sa partie ancienne, que l'on risquerait de manquer si un panneau « Château » n'était pas là pour rappeler que nous sommes dans une ville historique ! Et ce serait dommage : le château de La Rochefoucauld est certainement le plus beau du département, et la vieille ville réserve quelques surprises.

UN PEU D'HISTOIRE

Au Xe s, une forteresse est bâtie sur la roche qui surplombe la Tardoire. La légende raconte que son fondateur, Aymard de Lusignan, apparenté aux Foucauld, était le fils de la fée Mélusine ! Au siècle suivant, sous l'impulsion d'un autre Foucauld, le fort veille sur une petite cité, dont le nom est alors tout trouvé : La Rochefoucauld. Pendant tout le Moyen Âge, la ville s'enrichit grâce à ses artisans, et devient l'une des plus peuplées de la région, rivalisant même avec Angoulême !
Parallèlement, la dynastie des La Rochefoucauld participe activement à l'histoire de France. Très copains avec les Capétiens, puis avec les Valois, les barons de La Rochefoucauld sont de toutes les grandes batailles aux côtés des rois de France. C'est même dans leur château que Charles VII apprend la fin de la guerre de Cent Ans. On imagine la fête qui a dû avoir lieu ici... François Ier de La Rochefoucauld, conseiller de Charles VIII et de Louis XII, devient le parrain de... François Ier, futur roi de France, auquel il donne son prénom. Bref, on ne compte plus les membres célèbres de la famille, et l'on finit même

par les confondre puisqu'ils prendront tous l'amusante habitude, à partir de cette date, de baptiser leurs fils aînés... François !
Cette amitié avec François Ier (le roi) va propulser la famille au sommet puisque, grâce à lui, la baronnie est érigée en comté en 1515. Du coup, sous François II (de La Rochefoucauld), le château est agrandi et largement transformé au goût de l'époque, c'est-à-dire en style Renaissance, influencé par le château de Blois. Certains historiens se demandent même si le génie d'un certain Léonard de Vinci (qui a travaillé pour le roi François Ier, comme on le sait) n'est pas derrière le château de La Rochefoucauld...
Les François suivants, convertis au protestantisme, ont moins de chance : le numéro III est assassiné pendant le massacre de la Saint-Barthélemy et le numéro IV par les ligueurs. Puis l'ascension reprend, la famille étant redevenue catholique : Louis XIII donne à François V de La Rochefoucauld le titre de duc et pair de France, et le nomme gouverneur du Poitou.
Quant à François VI, qui ne vécut pas ici mais au château de Verteuil, il est sans doute le plus connu des La Rochefoucauld de nos jours, à tel point qu'on oublie souvent son numéro (voir la rubrique « Personnages » dans le chapitre « Hommes, culture, environnement » en fin de guide). C'est en effet lui l'auteur des immortelles *Maximes*...

Adresse utile

Office de tourisme : *39 bis, rue des Halles, couvent des carmes. ☎ 05-45-63-07-45. • tourisme@rochefoucauld-perigord.fr • tourisme.rochefoucauld-perigord.fr • ♿ Juil-août, tlj sauf dim 9h-18h ; le reste de l'année, tlj sauf sam ap-m et dim 9h-17h.* Pour découvrir la ville, suivre les panneaux du patrimoine.

Où dormir ? Où manger ? Où boire un verre ?

Chez Steph : *48, rue des Halles. ☎ 05-45-62-09-11. • sarljumax@sfr.fr • En contrebas du château. Juil-août, tlj sauf lun-mar ; le reste de l'année, fermé lun et le soir mar-mer et dim. Formules 16,90-19,90 € ; carte 25-30 €. Café offert sur présentation de ce guide.* L'adresse conviviale à la carte bien fournie, qui s'adresse à tous les budgets et à toutes les envies : pizzas, salades, tartines, mais aussi de bonnes viandes limousines grillées, accompagnées de frites maison persillées. Bref, de 7 à 77 ans, tout le monde est content, d'autant que les portions sont généreuses, servies avec célérité, en terrasse face au château si le temps le permet. À l'heure de pointe, ça bourdonne de toutes parts.

Le Patio de la Roche : *38-40, rue des Halles. ☎ 05-45-61-34-06. • contact@lepatiodelaroche.com • lepatiodelaroche.com • Tlj sauf lun-mar. Resto ouv en été seulement, le midi plus le soir le w-e. Doubles 65-75 € ; familiale 110 €. Au resto, compter env 20 €.* Belle découverte pour ce lieu hybride installé dans une superbe maison du XVIIe s, dotée d'un grand patio à arcades et colonnes. On y trouve une belle librairie, un café-salon de thé cosy qui déborde allègrement dans la cour, ainsi qu'un petit restaurant (en saison). En prime, quelques concerts de jazz sont organisés durant l'été. Également 3 chambres d'hôtes joliment décorées pour ceux qui voudraient prendre racine par ici.

Où dormir ? Où manger dans les environs ?

Chambres d'hôtes Le Logis de l'Espoir : *Glange, 16560* ***Jauldes.*** *☎ 05-45-92-87-47. 📱 06-17-11-28-11. • baud85@wanadoo.fr •*

logisdelespoir.com • À 10 km au nord-ouest de La Rochefoucauld. Compter 75 € pour 2. Tipi (2-4 pers) 70 € (réduc de 10 % à partir de la 2e nuit). Presque impossible à deviner mais ces murs de pierre (ici ou là voûtés) sont ceux d'un ancien relais de chasse du XVIIe s (la profonde forêt de la Braconne est à 2 pas). 2 chambres (pour 2-3 personnes) tout confort (il y a même la clim), simplement plaisantes. Et des tipis pour les amateurs de dépaysement. Grand salon, terrasse couverte et kitchenette à disposition.

La Bellone : *1, route de La Rochefoucauld, 16310* ***Saint-Adjutory.*** *☎ 05-45-62-33-88. • alain.gemot@orange.fr • ♿ À env 8 km à l'est de La Rochefoucauld. Tlj sauf mer et le soir mar, dim et j. fériés. Congés : 1 sem de fév et dernière d'août-1re de sept. Formule déj en sem 15,50 € ; menu 32 €.* Le village est tout petit, mais les gourmands viennent de loin pour remplir la salle toute simple et pimpante de leurs conversations animées. Il faut reconnaître que la cuisine soignée mérite le détour : préparée uniquement avec des produits frais (dessert à la commande, pâtes maison, poisson en fonction des arrivages...) et présentée avec la manière. Une petite perle dans son genre, d'autant plus que l'accueil est souriant.

LA CHARENTE

Achats

Chocolaterie La Pichotte : *33, rue des Halles. ☎ 05-45-63-00-26. • chocolaterie-la-pichotte.fr • Tlj sauf dim-lun 9h30-12h30, 14h30-18h (en principe, horaires légèrement réduits en été, voir site ou Facebook).* Cette petite boutique est connue pour sa Pichotte, un bonbon au chocolat à base d'amandes et de sucre glace, au léger goût alcoolisé. Elle est fabriquée artisanalement selon une recette tenue secrète depuis 1940. Également toutes sortes de chocolats maison.

Maison Rondinaud : *43, rue des Halles. ☎ 05-45-63-01-09. Tlj sauf dim-lun 9h30-12h, 14h30-19h.* Cette boutique est installée à l'emplacement du 1er atelier ouvert en 1907 par Théophile Rondinaud : le début de l'histoire de cette entreprise familiale qui a inventé la charentaise contemporaine, avec imprimé écossais. Petite boutique mais jolie gamme (des modèles les plus classiques aux plus tendance en passant par les séries limitées).

À voir

Le château : *sur les hauteurs de la ville. ☎ 05-45-63-52-71 ou 05-45-62-07-42. • amis-du-château@wanadoo.fr • chateau-la-rochefoucauld.com • De mi-fév à déc, tlj sauf mar 10h-19h ; de janv à mi-fév, seulement dim 14h-19h. Visite libre sauf pour la bibliothèque. Entrée : 10 € ; gratuit moins de 4 ans et pour les personnes à mobilité réduite.*

UNE BIEN ANCIENNE « MAISON DE FAMILLE »

Bien que doté d'un châtelet médiéval du XIIIe s, le fief historique des La Rochefoucauld est un très bel exemple d'architecture Renaissance. C'est aussi le seul château de France habité par la même famille depuis... 1 000 ans !

On y accède par un joli pont de pierre (XVIIe s) qui franchit la Tardoire tout en offrant un beau point de vue sur les remparts et les imposantes tours. Propriétaires depuis plus de 1 000 ans et 43 générations, les La Rochefoucauld (dont un François, bien sûr, le 19e du nom !) poursuivent dignement la restauration des lieux, véritable gouffre financier, grâce à l'aide de l'État. De Gaulle montra l'exemple en consolidant les fondations. Depuis, les travaux continuent...

La visite permet d'accéder aux parties les plus intéressantes du château. La cour d'honneur réserve une 1re surprise, avec le spectacle rare (pour l'époque) des galeries à arcades des étages, à l'italienne. On visite d'abord la chapelle (au fond de la cour), bien jolie et très lumineuse. Ensuite, 3 salons en enfilade, tous meublés (et décorés de photos de famille), superbes avec leurs boiseries du XVIIIe s et leurs poutres du XVIe. Par les hautes fenêtres, vue sur la rivière et le vieux pont. Au fond, ravissant petit boudoir qui porte le nom de Marguerite d'Angoulême, en hommage à la sœur de François Ier. Décoration assez exceptionnelle : les murs sont recouverts de peintures sur bois du XVIIe s. Tous les châteaux que l'on aperçoit étaient ceux de la famille ! On repasse ensuite dans la cour pour visiter 2 autres salons dans l'aile voisine.
En montant vers le 1er étage, admirer le superbe escalier à vis, en grande partie sculpté, dont les plans auraient été imaginés par Léonard de Vinci *himself*. La plus longue des marches fait 4 m...
On découvre ensuite la chambre à coucher d'Anne de Polignac et de François II de La Rochefoucauld, devenu comte sur décision de François Ier. Dans l'autre aile, on tombe sous le charme des bibliothèques, où se répartissent quelque 21 000 volumes, les archives de la famille (du XIIIe s à nos jours) et des cartes (ces salles ne sont accessibles que durant la visite accompagnée, à heures fixes et comprise dans le prix).
On redescend ensuite vers l'entresol et les cuisines, avec une batterie en cuivre (nickel !) aux initiales de la famille. 2 immenses cheminées, adossées, laissent imaginer les festins qui s'y préparaient... À gauche de l'escalier, la grande salle des gardes. Tout au fond, un escalier et un souterrain mènent à une petite grotte, appelée « la roche à Foucauld ». Une magnifique visite !

Le couvent des carmes : *rue des Halles. ♿ (partiel). En principe, tlj ; se renseigner auprès de l'office de tourisme au ☎ 05-45-63-07-45 ou à la mairie au ☎ 05-45-62-02-61. Visite libre.* Fondé au début du XIVe s, ce carmel a conservé l'ensemble de son bâti d'origine, comprenant un très beau cloître, une salle capitulaire, une église et des bâtiments conventuels. Seuls les hommes étaient acceptés dans le giron de ce couvent, on parle alors des carmes (les femmes sont appelées carmélites). Le long du déambulatoire, typiquement gothique, un alignement de jolies arcades trilobées et de colonnettes galbées. Beaucoup d'élégance. L'église attenante accueille une salle de spectacle, un espace d'exposition et l'office de tourisme (sur son flanc).

L'église Saint-Cybard : *rue Liancourt. Tlj.* Cette collégiale construite au XIIIe s est l'un des rares exemples d'église gothique en Charente. Remarquez la sobriété de la façade et l'élégance du clocher. Ravagée pendant la guerre de Cent Ans, puis celles de Religion, l'église a été plusieurs fois restaurée. Ce qui explique la disparité de l'intérieur et la pauvreté (relative) du mobilier, surtout daté du XIXe s, à l'exception d'un christ en bois peint du XVIIe et d'un tableau de l'école française du XVIIIe s.

MONTBRON (16220) 2 140 hab. *Carte Charente, C3*

Perchée sur une colline qui domine la Tardoire, cette petite ville n'a conservé, hormis son château, que peu de traces de son passé. Ses environs sont superbes : une microrégion, baptisée par certains « petite Suisse charentaise », qui n'a rien à envier au Périgord (vert) voisin. D'ailleurs, l'homme s'y est installé depuis fort longtemps, comme en témoignent les nombreuses grottes ornées des environs. Intéressante église romane au portail décoré de voussures sculptées.

Adresse utile

Office de tourisme : *pl. de l'Hôtel-de-Ville. ☎ 05-45-63-07-45. • tourisme@rochefoucauld-perigord.fr • tourisme.rochefoucauld-perigord.fr • Juil-août, lun-ven 9h30-12h30, 14h30-17h30 ; sept, mar-ven 9h30-12h30. Fermé le reste de l'année.*

Où dormir ? Où manger dans le coin ?

Camping Koawa Les Gorges du Chambon : *81, rue de la Tardoire, 16220* ***Eymouthiers.*** *☎ 05-45-70-71-70. • gorges-chambon@koawa.com • camping-gorges-chambon.fr • À env 5 km au sud-est de Montbron ; fléché sur la gauche à l'entrée du hameau de La Tricherie. Ouv de mi-avr à mi-sept. Compter 19-47 € pour 2 ; mobile homes et chalets (2-6 pers). 132 empl.* Situé dans un environnement magnifique (une colline verdoyante baignée par une boucle de la Tardoire), ce camping soigné offre toutes les garanties d'un séjour sans fausse note : épaisse pelouse pour planter sa tente, accueil chaleureux et prestations à la hauteur (piscine, minigolf, tennis, aire de jeux pour enfants...). Restaurant dans les dépendances de la jolie ferme attenante (où se trouvent la réception et l'épicerie).

Jeux me régale : *352, rue de l'Église, 16380* ***Saint-Germain-de-Montbron.*** *06-37-06-00-96. • jeuxmeregale@orange.fr • À env 10 km au sud-ouest de Montbron. De mi-juil à fin août, ouv le soir mer-sam ; sinon, le soir ven-sam seulement. Résa conseillée. Pizzas 9-13 € ; repas env 20 €.* Installé dans l'ancienne école du village, un resto original, convivial et ludique comme tout. Le but est simple : manger sainement, tout en s'amusant avec l'un des 200 jeux de société ou jeux en bois proposés ! Cuisine faite maison à partir de produits locaux, tendance bio. Pizzas au feu de bois. Une adresse idéale pour se régaler en famille.

Le Moulin de la Tardoire : *lieu-dit La Forge, à Montbron. ☎ 05-45-66-41-46. • moulindelatardoire@gmail.com • À env 2 km au nord-est de Montbron ; accès fléché depuis le centre. Tlj sauf dim soir-lun et mar soir hors saison. Formule déj en sem 25,50 € ; menus 35-69 €.* Le coin, avec sa passerelle qui franchit la Tardoire surplombée d'un joli château, est très pittoresque. À 2 pas, la terrasse au bord de la rivière l'est tout autant. Comme les salles résolument contemporaines aménagées dans cet ancien moulin à farine du XVe s. Le chef, étoilé et passé par quelques grandes maisons, revivifie très joliment le terroir avec des produits soigneusement sélectionnés comme le bœuf du Limousin, la truite locale ou le canard gras. Le 1er menu est une véritable aubaine ! Tout pour plaire, donc.

À voir. À faire

L'Espace d'initiation à la préhistoire charentaise : *1, pl. des Halles. ☎ 05-45-63-07-45 (office de tourisme). En plein centre. Juil-août, tlj sauf dim 10h-12h, 15h-18h. GRATUIT.* Installé dans les anciennes halles du bourg, un espace didactique pour tout savoir ou presque sur les grottes et autres abris-sous-roche nombreux dans les environs (à Vilhonneur et Mouthiers-sur-Boëme, notamment ; lire plus loin) : leur formation, leur utilisation par l'homme il y a bien, bien longtemps, l'art rupestre... Jusqu'au travail des scientifiques d'aujourd'hui, qui s'emploient à les « faire parler ».

Le château : *se visite seulement dans le cadre des expos et concerts qui y sont organisés en juil-août. GRATUIT.* Imposante demeure construite à partir de 1472 à la demande de Marguerite de Rohan, grand-mère du roi François Ier, à l'emplacement d'une forteresse médiévale détruite pendant la guerre de Cent Ans.

DANS LES ENVIRONS DE MONTBRON

La grotte du Placard : *Rochebertier, 16220* ***Vilhonneur.*** *À env 9 km au nord-ouest de Montbron. Visite guidée (1h) en juil-août seulement, sur résa (☎ 05-45-63-07-45) ; départs à 10h30, 14h, 15h15, 16h30 et 17h30. GRATUIT.* Dans cette grotte qui s'ouvre dans une falaise en surplomb de la Tardoire, des passerelles permettent de découvrir la paroi ornée par les hommes préhistoriques. Longue de 5 m, elle présente une succession de fines gravures et de signes énigmatiques. On les appelle d'ailleurs « signes de type Placard » et on en a retrouvé dans d'autres cavités, dont la célèbre grotte Cosquer à Marseille. Au pied de la grotte, l'« espace immersif » propose une visite virtuelle de la grotte à 360°, une borne interactive et une vidéo de présentation.

LA FORÊT D'HORTE

Carte Charente, C3

Entre Montbron et Villebois-Lavalette, une vaste région boisée qui évoque déjà la Dordogne toute proche. Peu peuplée, c'est sans doute l'une des plus sauvages de Charente. La forêt d'Horte est prolongée à l'ouest par celle de Dirac et au sud par celle de la Mothe-Clédou. On passe de l'une à l'autre, au hasard des petites routes du coin, sans vraiment s'en rendre compte. Parfait pour les amoureux de nature et de tranquillité.

À voir. À faire

Petite balade dans la forêt d'Horte

Doumerac : petit crochet (par la D 109) jusqu'à ce hameau pour sa petite église et son monastère... aux bulbes argentés de pur style byzantin russe ! Le hameau est en effet habité depuis la fin des années 1980 par des moniales orthodoxes *(☎ 05-45-23-05-07 ; visite guidée de l'église – inévitables icônes peintes – vac scol et j. fériés, en principe tlj 14h-18h ; sinon, le w-e 14h-18h ou sur rdv, se renseigner avt ; GRATUIT mais participation bienvenue).* Une curiosité. Vente d'icônes, de tableaux et de produits (confitures...).

L'arboretum Jean-Aubouin : *forêt de la Mothe-Clédou, 16320* ***Combiers.*** *Au sud de Rougnac. Pour tte info, s'adresser à la Maison forestière de Charras : 📱 06-15-65-34-65.* Ce beau parc de 10 ha, géré par l'ONF, est sillonné d'un intéressant sentier de découverte. De loin en loin, des panneaux explicatifs présentent quelques dizaines d'essences très différentes : chêne rouge, pin noir d'Autriche, cèdre de l'Himalaya, cyprès chauve, frêne d'Amérique... Tables de pique-nique.

La Rochebeaucourt-et-Argentine : petit bourg sur la frontière entre Charente et Dordogne. Impressionnantes (et pour tout dire un peu inquiétantes) ruines d'un somptueux château néo-Renaissance, construit sous le Second Empire et détruit par un incendie en 1941.

LE SUD-CHARENTE

Un paysage de collines et de forêts, aux portes de la Gironde et du Périgord... On y trouve l'un des plus beaux villages de Charente (Aubeterre), d'étonnants châteaux et pas mal de curiosités, dont des églises troglodytiques ! Et pour les amoureux de vieilles pierres, encore un beau circuit d'églises romanes.

VILLEBOIS-LAVALETTE

(16320) 755 hab. *Carte Charente, C3*

Cette très ancienne cité a longtemps servi à défendre le pays d'Horte et l'ancienne voie romaine de Blanzac à La Rochebeaucourt, comme en témoigne son imposante forteresse, posée sur une colline telle une couronne sur une tête royale. Construite du Xe au XIIIe s par Élie de Villebois puis par les Lusignan, elle a conservé quasi intacts ses remparts et ses 7 tours étincelantes. Un vrai décor de cinéma ! L'endroit est surtout fameux pour avoir accueilli Louis XIII, qui aurait planté un acacia dans la cour ! On aperçoit aujourd'hui juste un morceau de souche. L'histoire récente du château n'a toutefois plus grand-chose de romanesque : propriété du cadet de Gascogne Nogaret de Lavalette, qui laissa son nom à la ville, il fut par la suite transformé en magasin à vivres par l'armée révolutionnaire, en prison, en gendarmerie et enfin en école. Racheté au début du XXe s, il est aujourd'hui privé et fait l'objet de fouilles archéologiques et de restaurations.
Sinon, impossible de passer par Villebois-Lavalette sans goûter aux cornuelles, triangles de pâte sablée parsemés de petits bonbons à l'anis et percés d'un trou central : on y glissait autrefois un brin de buis bénit puisque les cornuelles n'étaient fabriquées que pour les Rameaux. On les trouve aujourd'hui toute l'année dans la boulangerie du village.

Adresse et info utiles

Office de tourisme : *pl. du Champ-de-Foire. ☎ 05-45-64-71-58. • sud charentetourisme.fr • Tte l'année : juil-août, mar, mer, ven 9h30-13h, 14h-18h et sam mat (fermé lun, jeu et dim) ; sept-juin, mêmes jours d'ouverture mais ferme à 12h30 et 17h.*

– **Marché :** *sam mat, sous les halles.* Plus animé en été.

Où manger ?

Le Lavalette : *pl. des Halles. ☎ 05-45-61-71-37. Tlj sauf lun, et le soir mer et dim. Formule et menu déj en sem 14-17 € ; carte 35-45 €.* Une façade charmante, un intérieur chaleureux (murs en pierre, poutres, parquet et tomettes, sièges en cuir ou en rotin) et des tables installées sous les halles multicentenaires, voilà déjà de quoi se réjouir. Et l'assiette ne déçoit pas, bien au contraire. À base de produits de saison, traditionnelle ou plus innovante, la cuisine est savoureuse, parfumée d'épices et d'herbes, soigneusement présentée. Une raison de plus de faire une halte dans ce joli village !

À voir

Le château : *impossible à rater, il domine la ville. Mer-sam 11h-12h30, 14h30-18h30. Visite libre (avec livret historique et plan) : 3,50 € ; réduc. Visites guidées (contacter l'association ACPV, ☎ 05-45-62-28-44) : juil-août, en principe à 11h15, 14h30, 16h et 17h30 ; le reste de l'année, se renseigner. Tarif : 6 € ; billet combiné avec la visite du village 8 € ; réduc ; gratuit moins de 12 ans. Possibilité d'escape game.* À l'entrée se dresse une chapelle romane restaurée qui servit de refuge aux pèlerins de Saint-Jacques. Sur le mur extérieur, on distingue encore des marques de boulets de canon du XVIe s ! La cour du château est cernée d'une vaste enceinte, dont certaines tours, construites par les Lusignan au XIIIe s, ont été restaurées. La visite mène ensuite dans la superbe salle des Gardes du XVIIe s puis dans la salle Basse (XIIe s), découverte il y a quelques années par hasard.

Les halles : *pl. des Halles, pardi !* Les plus belles de la région, avec leur impressionnante charpente et leurs colonnes de pierre coiffant un large espace pavé. Construites au XIIe s, elles furent démolies et reconstruites au XVIIe.

Festival dans les environs

– ***Festival Respire Jazz :*** *un w-e fin juin-début juil, à* ***Aignes-et-Puypéroux****, à 15 km au sud-ouest de Villebois. • respirejazzfestival.com •* Sur le site de l'ancienne abbaye Saint-Gilles.

DANS LES ENVIRONS DE VILLEBOIS-LAVALETTE

La folie Réthoré – château de La Mercerie : *2, rue des Frères-Réthoré, 16320* ***Magnac-Lavalette.*** *☎ 05-45-60-26-80. • chateaudelamercerie16@gmail.com • chateaudelamercerie.fr • À 4 km à l'ouest de Villebois, le long de la D 43, aussitôt après la bifurcation pour Magnac-Lavalette (D 34). Avr-oct, visite tlj sauf sam à 14h et 17h. Tarif : 10 € jusqu'à 9 pers, puis dégressif ; gratuit moins de 12 ans. Entrée parc seul : 2 €.*
L'intérêt de cette étrange demeure réside dans sa formidable façade (et dans son histoire !), que l'on aperçoit de la route. Et quelle façade ! 220 m de long, 20 m de profondeur et 15 m de hauteur, le tout en pierre de Charente, de style néoclassique. Derrière : rien. Les frères Réthoré, qui entreprirent ces travaux à partir de 1947, n'eurent jamais assez d'argent pour les achever ! Alphonse (architecte) et Raymond (député et maire, ami du général de Gaulle) ont pourtant englouti leur fortune dans ce que l'on appelle désormais la « folie Réthoré »... Ne se contentant pas de leur petit château à tourelles (que l'on voit sur la gauche), les 2 frères ont carrément voulu construire un nouveau Versailles ! En plus de la façade, ils ont entrepris parallèlement l'aménagement de jardins en terrasses (30 000 m³ de terre déblayés !) et acheté des œuvres d'art dans toute l'Europe : il fallait bien meubler leur demeure Grand Siècle. Ruinés, Raymond et Alphonse sont morts sans voir l'aboutissement de leur rêve. Ils ont au moins obtenu l'autorisation de se faire enterrer dans un pilier de la façade inachevée. Alors que toutes les œuvres d'art accumulées par les 2 frères sont vendues, le château est laissé à l'abandon pendant une trentaine d'années.
Mais c'était sans compter sur l'opiniâtreté de la commune, et sur un bataillon de bénévoles fermement décidés à entreprendre la restauration du site. Aujourd'hui, les travaux continuent.
Au cours de la visite guidée, on peut voir une dizaine de salles admirablement réhabilitées : superbes boiseries en acajou sculpté, reproductions de peintures du XVIe au XVIIIe s, et surtout, une incroyable collection d'azulejos (la plus importante en France !), cette faïence murale portugaise, bleue ou polychrome. Dernière surprise, un petit cabinet érotique dissimulé derrière un panneau. Une visite à la frontière du rêve, de la folie, de la démesure et d'une aventure humaine hors du commun.

Ronsenac : *à 3 km au sud-ouest de Villebois.* Voir le ***prieuré,*** juste derrière l'église *(☎ 05-45-62-10-83 ; 06-73-43-97-12 ; ouv sur rdv ; entrée : 3 €).* Fondé

par l'ordre de Cluny au XIe s, remanié à la Renaissance, il a été transformé en remise agricole à la fin du XVIIIe s. Subsistent néanmoins des fresques et des peintures du XIIIe s aux coloris encore étonnamment vivaces (l'une représente Adam et Ève chassés du Paradis terrestre). On visite aussi un vaste cellier voûté du XIVe s, les ruines de la salle capitulaire avec ses pierres tombales et le cloître, où l'on remarque les rares caveaux à pourrissoir...
En quittant le prieuré, jetez un coup d'œil à la ***fontaine*** (plus ou moins légendaire...). Cachée au fond d'une impasse, cette charmante source débite quand même 300 m³ à l'heure.

Charmant : *à 8 km à l'ouest de Villebois.* Perché sur une colline, ce village bien nommé mérite un coup d'œil si on passe dans le coin : église adorable (XIIe-XIIIe s) flanquée d'un jardin de curé, château (XIIIe-XVIe s) implanté sur le site d'une ancienne commanderie des Templiers (ne se visite pas) et belles demeures traditionnelles bordées de roses trémières...

L'église monolithe Saint-Georges : *à* ***Gurat,*** *à 7 km au sud de Villebois ; à la sortie du village, au départ de la route en direction de Vendoire, petit sentier bucolique sur la gauche qui longe un ruisseau (env 300 m).* Une étonnante église creusée dans la falaise calcaire sur laquelle s'est construit le village. D'abord refuge d'ermites au début de l'ère chrétienne, le site a été transformé en église entre les IXe et XIe s, puis se serait développé au XIIe s, à la grande époque des pèlerinages. Abandonnée après le XIIIe s, l'église aurait servi de salpêtrière pendant la Révolution. Le chœur s'est effondré, ouvrant à tous les vents les 2 petites nefs séparées par de gros piliers taillés à même la roche. Moins spectaculaire que l'église monolithe d'Aubeterre-sur-Dronne mais surprenante quand même. Joli sentier verdoyant pour y accéder.

AUBETERRE-SUR-DRONNE

(16390) 390 hab. *Carte Charente, B4*

Peut-être le plus original des villages des Charentes et sûrement l'un des plus jolis, classé à juste titre parmi les « Plus Beaux Villages de France »... Ancienne place forte disputée entre Français et Anglais, puis entre catholiques et protestants, étape médiévale sur l'un des chemins de Compostelle, Aubeterre a été construit en amphithéâtre autour d'une boucle de la Dronne. À l'arrivée, le village se présente d'une bien curieuse manière, avec ses rues qui n'en finissent pas de monter et de redescendre, ses porches, ses impasses, ses escaliers et ses panoramas sur une symphonie de vieux toits. Au début, on ne comprend pas bien où peut se trouver le centre. Une fois qu'on l'a déniché (une charmante placette ornée de tilleuls, qui fleure bon le sud de la France), on respire. Et on peut s'attaquer à nouveau à ces venelles escarpées, bordées de maisons hautes et blanches envahies de balcons fleuris et de boutiques d'artisanat.
Au fait, saviez-vous que le fondateur de la Ligue française des Droits de l'homme et du citoyen est un natif d'Aubeterre ?

Adresse utile

Office de tourisme : *8, pl. du Champ-de-Foire. ☎ 05-45-98-57-18. • sudcharentetourisme.fr • Tte l'année, lun-sam (plus dim juil-août) 9h30-12h30, 14h-18h.* Visite guidée du village toute l'année sur demande (4 €).

LA CHARENTE

Où dormir ? Où manger ?

Camping

⛺ ***Camping municipal :*** *route de Ribérac. ☎ 05-45-98-75-43. 📱 06-23-01-03-47. • camping.aubeterresurdronne@gmail.com • ♿ À env 500 m du village. Ouv mai-sept. Compter env 12-24 € pour 2. Bungalows. 90 empl.* Idéalement situé au bord de la Dronne, avec accès direct à la plage de sable fin. Emplacements ombragés. Nombreuses activités sur place et à proximité : baignade, canoë, pêche, tennis, VTT, boules, aire de jeux pour enfants, etc. Sympathique bar-resto, les pieds dans le sable. Ambiance familiale.

Prix moyens

🍽 ⛱ ***Au Cochon Prieur :*** *11, quartier Plaisance. ☎ 05-45-78-87-43. ♿ Au pied du vieux village. Tlj sauf lun soir et mar-mer. Formule et menu déj (sauf dim) 16-18 € ; carte env 40 €.* Derrière cette drôle d'enseigne (qu'on vous expliquera ici sans se faire prier !), une grande terrasse-jardin et une salle simplement agréable. Accueil des plus chaleureux et cuisine bistrotière, pas mal amenée avec naturellement quelques plats à base de cet animal dans lequel tout est bon : pieds et oreilles de cochon, charcuteries maison... Réputé aussi pour les produits fumés sur place (magret, saumon).

🍽 ⛱ ***La Taverne Pierre Véry :*** *2, rue Barbichon. ☎ 05-45-98-15-53. • info@la-taverne-aubeterre.fr • Tlj sauf dim soir et lun midi (fermé dim soir-mar hors saison). Congés : janv-fév. Résa conseillée en saison. Menu déj 22 € ; carte env 35 €.* Cette adresse appréciée aussi bien des habitants que des touristes possède une magnifique terrasse panoramique, qui s'ouvre sur la vallée de la Dronne et la ville basse. À la carte, une cuisine de terroir adoptant volontiers l'accent du Sud-Ouest (foie gras, magret de canard, etc.) mais qui puise aussi son inspiration du côté du littoral charentais. Parfait pour reprendre des forces après la visite du village.

Chic

🏠 🍽 ***Hôtel-restaurant du Périgord :*** *quartier Plaisance. ☎ 05-45-98-50-46. • hotelduperigord16@gmail.com • hostellerie-perigord.com • ♿ Au pied du village, sur la route de Ribérac. Resto tlj sauf dim soir et lun. Congés : 2 sem début janv. Double 95 €. Formules déj en sem 22-26,50 € ; le soir, menu 36 €. Parking.* Également connue sous son ancien nom d'*Hostellerie du Périgord* c'est, derrière sa façade mangée par la vigne vierge, l'adresse un peu cossue du secteur. Chambres de bon confort, agréables, voire très mignonnes pour certaines d'entre elles. Salle à manger plaisante avec sa véranda qui s'ouvre sur le jardin (où se trouve une piscine). Cuisine de saison, préparée avec des produits du cru et rehaussée de quelques touches basques, qui plaît aussi bien aux locaux qu'aux gens de passage.

Où dormir ? Où manger dans les environs ?

⛺ ***Camping de la Petite Grange :*** *la Petite Grange, 16390* ***Bonnes.*** *📱 06-41-19-43-15. À env 8 km au sud-ouest d'Aubeterre. Ouv avr-sept. Env 12 € pour 2. Mobile homes. CB refusées.* Cette ancienne ferme s'est reconvertie en camping. On s'installe au bord de l'étang, dans lequel on peut titiller le gardon. Cadre agréable donc, arboré, et infrastructures simples mais suffisantes (douches chaudes, lave-linge...). Table de ping-pong. Saint-Aulaye et sa plage ne sont qu'à 500 m.

🏠 🍽 ***Casa Sana :*** *4, chemin de la Massonnerie, 16390* ***Pillac.*** *📱 06-75-22-57-72. • sandrine.audouin@hotmail.fr • hebergementcasasana.*

com • À 7 km au nord d'Aubeterre-sur-Dronne, en direction de Bors-de-Montmoreau. Doubles, tente, lodges et bulle 70-130 €. Table d'hôtes 20 €. À quelques kilomètres d'Aubeterre, voici une adresse que l'on a beaucoup aimé, installée autour d'une ancienne ferme et son jardin, offrant une vue magnifique sur la campagne. Pour loger ici, plusieurs options possibles : les 2 chambres d'hôtes dans la maison, confortables et bien aménagées ; les 2 lodges (4 personnes maxi) dotés de 2 chambres et d'une cuisine équipée ; la tente 2 personnes façon *glamping*, avec lit confortable ; et enfin, une insolite « bulle céleste » transparente de 20 m², pour dormir à la belle étoile avec tout le confort possible. Table d'hôtes avec des produits bio et locaux. Accueil chaleureux de Sandrine, qui vous donnera plein de bons conseils sur la région. Les enfants seront ravis de nourrir les animaux de la ferme (ânes, poules lapins). Prêt de vélos.

Le Manoir de Nabinaud : *Bonnaud, 16390* ***Nabinaud*** *• enquiries@manoirdenabinaud.com • manoirdenabinaud.com • À 3 km au nord d'Aubeterre-sur-Dronne. Double 95 € ; suite 120 €.* Posée sur une crête sur la route d'Aubeterre, cette belle maison de maître de 1820, avec tourelle et altière façade (côté jardin), appartient à Joan et Haydn, un adorable couple venu d'Angleterre. Ils proposent 3 chambres et 2 suites, agréables et joliment décorées, toutes équipées de belles salles de bains et de la clim. Réservé aux hôtes, le grand salon commun s'ouvre sur un vaste jardin en pente, avec vue sur la campagne. Belle piscine, veillée par des transats. Quant au généreux petit déj, il est servi dehors en été. Une belle adresse, où l'on a envie de prendre son temps.

La Guinguette de Poltrot : *à côté de la base de loisirs de Poltrot, à* ***Nabinaud.*** *06-87-98-92-08. Tlj midi et soir, de mai à mi-sept (mais peut fermer en fonction de la météo). Compter env 20 €.* Au bord de la rivière, autour d'un joli moulin, c'est une guinguette sympathique nichée dans la verdure. Idéal pour boire un verre, prendre l'apéro ou dîner. Au choix, burger, planche de charcuterie ou assiette de sardines grillées.

Où boire un verre ?

Au Vin d'Abord : *2, pl. Ludovic-Trarieux. ☎ 05-45-78-88-05. Tlj 17h-minuit en saison (plus midi mer-dim) ; hors saison, fermé lun-mer.* Un bar à vins animé et éminemment sympathique, qui accueille ses clients sur des tables hautes et tonneaux disposés sur la magnifique place Trarieux. Grand choix de vins, souvent bio et locaux, et quelques bonnes bières pour compléter. Belles planches de charcuterie ou fromage à partager, et plateaux d'huîtres le dimanche.

Hôtel de France : *pl. Ludovic-Trarieux. ☎ 05-45-98-50-43. • hoteldefranceaubeterre@orange.fr • Tlj sauf mer et le soir lun-mar. Happy hours ven soir.* Cette vieille adresse du village est gérée par une équipe qui semble venue de toute l'Europe ou presque. Idéalement située sur la place centrale, on peut profiter à toute heure (du café à l'apéro) de son adorable petite terrasse. Concerts pop-rock (en principe le jeudi soir en haute saison). En revanche, la cuisine n'est pas terrible.

Où acheter de bons produits gourmands ?

Miss Terre : *3, rue du Minage. ☎ 09-67-47-75-89. • missaubeterre@gmail.com • Tlj 10h-19h en été ; sinon, ferme à 18h et le lun. Congés : nov et janv-fév.* Cette épicerie de village propose une large sélection de produits locaux, en direct des agriculteurs de la région. Fruits ou légumes, canards gras, noix du pays, fromages fermiers, bières artisanales, pâtisseries et confiseries. Rien ne manque. Glaces à emporter en été.

À voir à Aubeterre et dans les environs

L'église souterraine dite « église monolithe » : *rue Saint-Jean. ☎ 05-45-98-65-06. Tlj sauf 1er janv et 25 déc 9h30-12h30, 14h-18h (en continu jusqu'à 19h en juil-août) ; dernière entrée 30 mn avt fermeture. Visite guidée possible en été en groupe. Entrée : 6 €, audioguide compris ; réduc ; gratuit moins de 7 ans.*
Longtemps connu sous le nom d'« église monolithe », ce sanctuaire formidable est aujourd'hui considéré comme une église souterraine... comprenant effectivement des éléments monolithes. Nuance. Mais la querelle d'experts a du bon : les fouilles ont permis de retracer l'histoire de ce site pas comme les autres. L'église date du XIIe s, et a été creusée par Pierre de Castillon dès son retour de croisade. Il s'est inspiré des églises souterraines de Cappadoce, notamment pour la technique de creusement du haut vers le bas (moins dangereuse que l'inverse). Par ailleurs, la cavité creusée au centre, que l'on a longtemps considérée comme une cuve baptismale du Ve ou VIe s, est en réalité une fosse à reliques pour la Vraie Croix (rapportée de croisade par Castillon). C'est d'ailleurs ce qui a motivé la construction de l'église.
C'est l'un des rares exemples d'église souterraine visible en France (avec celle de Saint-Émilion, commandée également par le prolifique Castillon, et celle de Gurat, toute proche) et la plus haute d'Europe. Les piliers du centre mesurent 20 m de haut. Si la nef a aujourd'hui disparu par suite d'un effondrement (elle s'étendait jusqu'à la rue actuelle), le transept impressionne par ses proportions : 27 m de long sur 16 m de large. Tout cela creusé à même la falaise ! Un escalier conduit à une galerie circulaire, d'où l'on a une étonnante vue d'ensemble de l'édifice.
L'église Saint-Jean d'Aubeterre est aussi unique par la richesse de ses éléments. Avec notamment ce superbe (et impressionnant avec ses 6 m de haut) ***reliquaire*** de pierre du XIe s. Autre surprise (sur la gauche de la grotte) : une vaste ***nécropole*** du IXe s, contenant 160 sarcophages. Enfin, le sous-sol abrite une ***crypte*** du XIIe s (découverte grâce à un camion qui la fit s'effondrer en passant sur la route !), qui n'a pas encore livré tous ses secrets.

L'église Saint-Jacques : *au-dessus de la pl. Ludovic-Trarieux.* Splendide façade romane, élégamment décorée d'arcades sculptées surmontées d'arcatures. Certainement l'une des plus belles de Charente ! Les colonnettes donnent toute sa finesse à l'ensemble, de style hispano-mauresque. Une frise sculptée décorant les chapiteaux et la façade reprend le thème des travaux des mois. Cette façade est hélas tout ce qu'il reste de l'église du XIIe s, détruite au XVIe pendant les guerres de Religion et reconstruite au siècle suivant. À l'intérieur, belle charpente. À gauche de l'église, la curieuse tour blanche dite « des Apôtres », du XVIe s.

La rue Barbecane : l'une des plus jolies du village, qui part en face de la place Trarieux et descend vers le Guicherot (ou place Merkès-Merval), placette mignonne comme tout. Vieux lavoir, fontaine et adorables maisons aux balcons dits « espagnols ».

Le passage Bardichon : magnifique venelle fleurie qui rejoint l'église souterraine.

Le château : *ne se visite pas.* On peut néanmoins jeter un coup d'œil au châtelet d'entrée, du XVIe s.

Le couvent des Minimes : *rue Pierre-Véry, en haut du village.* Fondé au XVIIe s, il abrite désormais une maison de retraite, mais la chapelle est en accès libre, avec vue sur le cloître.

Les Jardins du Coq : *Labreuille, 16390* ***Montignac-le-Coq.*** *☎ 05-45-78-58-17. • lesjardinsducoq@orange.fr • lesjardinsducoq.com • À 11 km au nord d'Aubeterre. Juil-août, tlj 10h-12h, 14h-18h ; avr-mai et sept-oct, tlj 14h-18h ; dernières entrées 1h avt fermeture. Fermé nov-mars. Entrée : 7 € ; réduc ; gratuit moins de 10 ans.* Un joli jardin très fleuri, lové dans un vallon autour d'une ferme et d'une maisonnette aux volets verts. Le charmant propriétaire a aménagé différentes « chambres de verdure », avec chacune leur propre univers, où s'épanouissent toutes sortes de fleurs. La poésie et l'onirisme ne sont jamais loin dans ces espaces émaillés de sculptures insolites, pour la plupart conçues avec des objets de récup'. Également un étang et un bois dans lequel les enfants s'amusent à chasser quelques monstres imaginaires. Une vraie parenthèse enchantée !

Dans la maisonnette de l'entrée, un petit ***salon de thé*** très british attend les visiteurs. Très bons thés et cafés. Également une boutique pleine de petits objets et un cabinet de curiosités (à l'étage).

LA CHARENTE

À faire

La plage : *à env 500 m du village, route de Ribérac (à proximité du camping). Baignade surveillée l'ap-m en juil-août.* Eh oui ! Une vraie plage, spacieuse et bordée d'arbres. Quant à l'eau... ce n'est pas la mer, mais la Dronne. En tout cas, il y a du vrai sable, importé chaque année au mois de juin... Et le barrage de 40 m de long amuse bien les enfants. Buvette et snack.

– ***Canoë-kayak :*** *à côté de la plage. ☎ 05-45-98-51-72.* De mai à septembre, le club *SNPA Aubeterre* organise des randonnées sur la Dronne de 2h à la journée. Mieux vaut réserver. Également des embarcations à pédales et des *paddles*. Descentes nocturnes en été.

– ***La base de pleine nature de Poltrot :*** *à* ***Nabinaud,*** *à 5 mn d'Aubeterre. ☎ 05-45-78-29-24. • poltrot.fr •* Dans un environnement très vert, où la Dronne serpente. Accrobranche, labyrinthe végétal, halte nautique et parcours d'orientation, complétés par des aires de pique-nique et de jeux. Guinguette pour boire un verre ou grignoter (voir plus haut). Visite du moulin possible (sur résa).

Manifestations

– ***Festival des Nuits musicales :*** *de juil à mi-août.* Concerts de musique classique et de musiques du monde dans l'église souterraine.
– ***Festival des Potiers :*** *1 w-e mi-sept.* Grosse foire réunissant de nombreux potiers.

DANS LES ENVIRONS D'AUBETERRE-SUR-DRONNE

MONTMOREAU-SAINT-CYBARD (16190)

À environ 17 km au nord d'Aubeterre. Un crochet par une belle région de campagne vallonnée pour rendre visite à cette petite ville surmontée d'un important château du XVe s, autrefois propriété des Rochechouart. Il ne se visite pas, mais les vieilles rues qui y grimpent ont un certain cachet. Au pied de la butte, église du XIIe s (remaniée au XIXe s) au porche joliment sculpté.

Où dormir ? Où manger ? Où boire un verre dans le coin ?

Chambres d'hôtes Les Mirandes : *les Mirandes, à Montmoreau-Saint-Cybard. ☎ 05-45-67-88-04. 06-89-52-48-63. • info@lesmirandes.com • lesmirandes.com • À la sortie de Montmoreau, direction Blanzac, sur la droite en contrebas de la route. Ouv mai-sept. Doubles 105-115 €. Dîner 3 fois/sem sur résa 35 € (de l'apéritif au café).* Élégante maison de maître du XIXe s qui domine joliment (comme la piscine posée à l'écart) la riante campagne environnante. Agréables chambres d'un rustique cossu, dans l'esprit de la maison. Toutes avec parquet et orientées face au soleil levant. Bel accueil des propriétaires, d'origine belge : elle, fabrique céramiques et porcelaines contemporaines (entre autres la vaisselle de la table d'hôtes !) ; lui, cuisine avec doigté de bons produits locaux.

Le Bistroquet : *14, av. de l'Angoumois, à Montmoreau-Saint-Cybard. ☎ 05-45-67-83-34. • le.bistroquet.16@gmail.com • Dans la rue principale. Tlj sauf lun, plus le soir mar, mer et dim hors saison. Résa conseillée. Formule déj en sem 15,90 € ; menus 26,50-32 €.* Une très jolie cuisine de marché, à découvrir dans ce bistrot repris en main par un couple qui fait du bon boulot. Les propositions du jour s'inscrivent sur le grand tableau noir au mur. Et lorsque vous aurez vu la super terrasse sous les mûriers platanes à l'arrière, avec un petit bassin... Pari gagné !

Le Bistrot des Halles : *1, rue d'Aquitaine, 16620* **Montboyer.** *☎ 05-45-79-02-85. À 10 km au sud de Montmoreau-Saint-Cybard. Tlj sauf mer-jeu. Menu déj en sem 14,50 €, vin compris ; pizzas 7-17 € ; carte env 35 €.* Ce bistrot de pays tenu par un jeune chef exigeant constitue une belle découverte dans ce bourg tranquille. Quel bonheur de s'installer sur sa terrasse, dressée sous la magnifique halle ancienne du village ! La cuisine, qui n'oublie pas d'être inventive, met en valeur les produits locaux : fruits et légumes de petits maraîchers, veau de Chalais à la tendreté incomparable, foie gras du Périgord de 1re qualité... Et le dimanche soir, c'est pizza maison pour tout le monde ! Concerts fréquents en été sous la halle.

La Cloche : *6, pl. du Monument, 16190* **Bors-de-Montmoreau.** *☎ 05-45-23-94-69. • arne@bar-lacloche.com • À 8 km au sud de Montmoreau. Mer-ven, le soir seulement, 18h-23h (minuit ven).* Face à l'église, une adresse conviviale à la déco façon pub britannique. Bonne sélection de bières brassées sur place. Quelques burgers maison pour éviter le delirium tremens.

CHALAIS

(16210) 1 780 hab. *Carte Charente, B4*

Dans le centre de cette petite bourgade, les rues étroites, bordées d'élégants édifices, témoignent d'un passé prestigieux (elle fut le fief des princes de Talleyrand-Périgord durant 6 siècles). L'imposant château, propriété de la famille jusqu'en 1883, domine toujours fièrement la vallée de la Tude et de la Viveronne.

Où dormir ? Où manger dans le coin ?

Maison Charles Maurice : *18, pl. de l'Hôtel-de-Ville, à Chalais. ☎ 05-45-78-37-35. • reception@maisoncharlesmaurice.com • maison* *charlesmaurice.com • Doubles 58-73 € ; suites 80-105 € ; petit déj (sur demande) 9 €. Service de ménage et changement des draps offert à partir de 4 nuits.* Cette sublime maison de ville du XIXe s abrite 4 chambres, 1 suite et 1 appartement magnifiques. La suite et l'appart, au 2e étage, disposent d'un salon-salle à manger et d'une kitchenette. Au 1er, les chambres, de taille tout à fait honorable, donnent sur la rue (très calme) ou sur la terrasse-jardin à l'arrière, veillée par l'imposante silhouette du château. Déco sobre, contemporaine, dans des teintes actuelles. Le tout desservi par un superbe escalier central. Excellent accueil.

Chez Poirier : *11, rue des Vieilles-Forges, 16210* ***Bardenac.*** *☎ 05-45-98-14-31. À 6 km au nord-ouest de Chalais ; à 2 pas de l'église. Tte l'année (sauf 1er janv et 1er mai), tlj, le midi seulement, sur résa de préférence. Menu 15 €, café et vin compris (25 € le dim, mais plus élaboré).* Inutile de chercher une enseigne grandiloquente : les gens du coin n'en ont pas besoin pour remplir tous les jours ce bistrot populaire au rapport qualité-prix imbattable. Quant aux quantités, elles sont pantagruéliques ! Rouge sur la toile cirée de rigueur et de solides plats de ménage, dont beaucoup de grands toqués ont oublié les recettes (vous nous direz des nouvelles du lapin aux pruneaux ou des ris de veau sauce madère...). Mme Thoubey est aux commandes, avec son équipe dévouée au service. Le genre d'adresse authentique qu'on adore. Ne changez rien !

LA CHARENTE

À voir

Le château : *06-12-33-32-76. • chateaudechalais.fr • Visites guidées seulement (1h env) ; juil-août, tlj 10h-12h, 14h30-18h30 ; 2de quinzaine de juin et sept, tlj sauf lun 14h30-18h30 ; de mai à mi-juin, ven, w-e et j. fériés 14h30-18h30 ; le reste de l'année, sur résa. Dernier départ 1h avt fermeture. Entrée : 8 € ; gratuit moins de 12 ans.*

Cette énorme bâtisse a appartenu pendant près de 6 siècles à la famille Talleyrand-Périgord. Mais, comme tout courtisan qui se respecte, les Talleyrand suivaient le roi dans tous ses déplacements et n'ont que rarement habité à Chalais. Charles Maurice, le fameux diplomate, n'y séjourna que de 1758 à 1760. Le château a souffert de la guerre de Cent Ans (Charles VII fit détruire l'ancienne forteresse du XIIe s), puis des guerres de Religion. Racheté par l'humoriste Yves Lecoq, ce bien national renaît de ses cendres, soutenu par la dynamique Association de sauvegarde du patrimoine du pays de Chalais. Peu à peu restauré, intégralement décoré avec d'authentiques meubles XVIIe s, habité aussi, le château n'a pas encore livré tous ses secrets !

On peut en visiter une grande partie, soit une grosse vingtaine de salles. La chambre du roi, au 1er étage, qui n'a jamais accueilli de souverain, ne manque pas d'allure. À ne pas manquer, le petit cabinet niché derrière, dans lequel on trouve de magnifiques peintures sur bois décorant murs et plafond. Le portrait de Louis XIV déguisé en femme est franchement insolite ! En repartant, attardez-vous sur le superbe pont-levis basculant, qui s'ouvre et se ferme quotidiennement. C'est l'un des derniers de France encore en fonctionnement.

L'église Saint-Martial : *rue du Château.* Façade au beau portail du XIIe s. Remarquer le christ sculpté. Intérieur intéressant pour sa voûte toute de boiseries peintes. Joli cloître à côté de l'église, dans lequel sont parfois organisés des événements.

Le musée Métreau-Van Wick : *41, rue du Château. ☎ 05-45-98-49-75. À 2 pas de l'église Saint-Martial. Ouv tte l'année ven-dim 15h-18h ; en dehors, sur rdv. GRATUIT.* Dans l'ancien presbytère, une collection de plus de 120 toiles de peintres charentais, réunie par Michel Métreau, écrivain et poète régional. Le tout présenté comme dans une maison bourgeoise d'autrefois, avec meubles anciens et tapis d'Orient.

BARBEZIEUX-SAINT-HILAIRE

(16300) 4 690 hab. *Carte Charente, B3*

Cette petite cité paisible du Sud-Charente s'organise autour d'un château du XVe s dont une grande partie a aujourd'hui disparu. Au départ de sa vaste esplanade, on prend plaisir à arpenter les ruelles pittoresques qui descendent doucement vers la massive église Saint-Mathias.
La ville est connue pour sa poule « race Barbezieux », une volaille au plumage noir et à la chair particulièrement savoureuse. Son élevage long et délicat l'a fait tomber dans l'oubli... jusqu'à ce que des éleveurs passionnés sauvent la belle poulette. On en trouve localement dans quelques boucheries et restaurants. Autre spécialité de Barbezieux, un gâteau façon chou à la crème appelé « pine » (ce qui vous donne une idée de sa forme... disons évocatrice).

L'ÉCOLE DE BARBEZIEUX

Barbezieux a aussi fait parler d'elle grâce à son école littéraire, créée par 2 natifs de la ville, très célèbres avant-guerre : le romancier Henri Fauconnier (auteur de *Malaisie,* prix Goncourt en 1930) et l'écrivain Jacques Chardonne, qui faillit remporter le prix Femina en 1921, chantre de la campagne charentaise. Bon, il fut dénoncé comme collabo après la guerre mais souvent cité parmi les auteurs préférés de François Mitterrand, charentais lui aussi.

Adresse et info utiles

Office de tourisme : *au château, pl. de Verdun. ☎ 05-45-78-91-04. • sudcharentetourisme.fr • Mai-sept, mar-mer et ven-sam 9h30-12h30, 14h-18h (17h oct-avr). Fermé dim-lun et jeu. Visite guidée du château de 15h à 16h.*
– **Foire :** *1er mar du mois.*

Où dormir ? Où manger ?

Hôtel-restaurant La Boule d'Or : *9, bd Gambetta. ☎ 05-45-78-64-13. • laboule.dor@wanadoo.fr • labouledor.net • Dans le centre (fléché). Resto tlj sauf dim soir. Congés : entre Noël et Jour de l'an. Double 69 €. Formule déj et menu en sem 17-21 € ; autre menu 35 €. Parking gratuit.* L'institution de Barbezieux, campée sur le boulevard arboré ceinturant la vieille ville. Plutôt modestes mais très agréables, ses chambres donnent sur le jardin, où l'on prend le petit déj en été. Quant au restaurant, il mérite le détour ! On y déguste une cuisine fraîche et savoureuse, qui fait honneur aux produits du cru – comme la poule de Barbezieux – et évolue au gré des saisons. Très bel accueil.

La Crêperie : *64, rue Sadi-Carnot. ☎ 05-45-78-54-50. • lacreperie16@gmail.com • Mer-dim, midi et soir. Galettes et crêpes 3-11 € ; salades 9-11 €.* Posée sur une belle place tout en longueur, voici une excellente crêperie. Ses craquantes galettes, classiques ou plus originales, sont préparées avec du sarrasin local et agrémentées d'ingrédients triés sur le volet... Et les crêpes sucrées ne sont pas en reste ! Belle terrasse, cour ou espaces intérieurs aux accents contemporains, à vous de choisir. Service efficace.

L'Alchimiste : *1, pl. du Haut-Faubourg. ☎ 05-45-79-41-04. • contact@alchimiste-coworking.fr • Tlj sauf dim (le soir, ven-sam seulement). Menu déj 13,90 € ; carte env 25 €.* Un lieu jeune et éclectique, logé dans une belle maison bourgeoise sise à la croisée de 2 rues. On y trouve un bar à vins ainsi qu'un restaurant servant des petits plats plutôt convaincants, mais aussi un concept store proposant une sélection d'objets et vêtements originaux. Terrasse côté rue ou dans la cour intérieure. Concerts en été.

À voir

L'église Saint-Mathias : *rue Victor-Hugo, en plein centre.* Bâtie au XIe s, puis reconstruite au XIIIe, elle a été largement remaniée par la suite, notamment au XVIIe s. Particulièrement composite donc avec un clocher gothique du XVe s et un portail du XIIIe s, aux voussures sculptées. À l'intérieur, d'une belle amplitude (c'est la 3e plus grande église de Charente), sous des voûtes du XIXe s (signées Abadie, l'architecte du Sacré-Cœur de Montmartre), tableaux et statues du XVIIIe s et vitraux contemporains. En revanche, on ne verra pas ce qui fit longtemps la réputation des lieux : la tête de saint Mathias, détruite au XVIe s ! Ce saint très respecté n'était autre que le remplaçant de Judas parmi les apôtres...

Le château : *au sommet de la ville. • cdc4b.com • Visite guidée seulement : juil-août, mer, ven et sam à 16h30 ; le reste de l'année, sam à 15h ; résa obligatoire au ☎ 05-45-78-91-04. Tarif : 5 € ; réduc.* Du fief seigneurial, autrefois propriété de la dynastie des Barbezieux puis de la famille La Rochefoucauld, il ne reste que l'entrée flanquée de belles tours à mâchicoulis du XVe s et l'ancien bâtiment des Granges, qui abrite le théâtre flambant neuf de la ville. L'immense esplanade qui s'étend devant donne une idée de la surface qu'occupait autrefois ce château, tout comme la maquette en bois que l'on découvre durant la visite. Les imposants bâtiments qui bordent aujourd'hui la place sont en fait d'anciennes dépendances. Accès au chemin de ronde, d'où l'on jouit d'une belle vue sur les vignobles. La visite se termine par une reconstitution d'un intérieur charentais typique, avec meubles et objets de la vie quotidienne.

DANS LES ENVIRONS DE BARBEZIEUX-SAINT-HILAIRE

Les étangs bleus de Touvérac : *à 14 km au sud-ouest de Barbezieux en direction de Bordeaux (par la N 10), puis de Baignes-Sainte-Radegonde ; parking (discrètement) fléché sur la droite. Accès libre et GRATUIT.* 2 sentiers d'interprétation (45 mn et 1h30) permettent de découvrir cet étonnant milieu naturel, qui doit beaucoup à la main de l'homme puisque ces étangs sont d'anciennes carrières de kaolin (argile blanche, principalement utilisée pour fabriquer la porcelaine). La présence de silices dans le sol explique le bleu outremer de l'eau qui contraste avec le vert d'une abondante végétation. On pourrait presque se croire au bord d'un lagon ! Mais, ATTENTION, baignade strictement interdite (sol argileux et mouvant !) et équilibre naturel très fragile. Ne sortez jamais des sentiers et respectez les consignes.

Conte et Filles : *Chez Grimaud, 16480* ***Chillac.*** *📱 06-62-38-37-06. • contefilles.com • À 13 km au sud-est de Barbezieux. Tlj sauf dim 10h-12h, 16h-19h. Visites (sur résa) à 10h et 17h. Également des ateliers pour enfants en été.* Ici, on distille du cognac (et du bon !) depuis 5 générations. Blandine et Anne-Laure, les 2 sœurs ayant repris les rênes du domaine familial, se feront un plaisir de vous initier à sa fabrication lors des visites guidées, qui se terminent par... une dégustation. À la boutique, on retrouve tous les cognacs de la maison, ainsi que ses pineaux des Charentes, vins de pays et jus de raisin. Très bon accueil.

BLANZAC-PORCHERESSE

(16250) 795 hab. *Carte Charente, B3*

À 15 km à l'est de Barbezieux, un gentil bourg serré autour de sa vieille église, au cœur d'une région riche en curiosités.

Adresse utile

Point info : *2, rue de Villebois-Lavalette. ☎ 05-45-64-03-77. • sudcharentetourisme.fr • Lun-ven 8h30-12h30, 13h30-18h ; fermé le w-e. Bureau à l'accueil de la mairie.*

À voir

L'église Saint-Arthémy : *au centre-bourg. Possibilité de visite commentée sur rdv ; s'adresser au Comité de découverte du patrimoine en Blanzaçais (06-07-69-88-31).* Remaniée plusieurs fois, elle a toutefois conservé un clocher roman et une haute et fine façade du XIIIe s. Admirer le portail polylobé de la même époque. L'intérieur, aux proportions impressionnantes, évoque presque une cathédrale. La nef est de style gothique, mais le chœur est roman (le carré du transept est la partie la plus ancienne de l'édifice). Des vestiges de peintures murales des XVe et XVIe s y voisinent avec de romantiques (et naïves) fresques du XIXe s. Noter également les quelques esquisses du XIIe s sur le pilier nord-est du clocher. Au sommet des colonnes, sur les chapiteaux sculptés, 4 atlantes supportent la voûte.

Manifestation dans les environs

– **Clôture de la Coupe d'Europe de montgolfières :** *pdt 4 j. en août, ts les 2 ans (les années impaires), à* ***Mainfonds,*** *près de Blanzac. • mainfonds.com •* Voir la rubrique « Manifestations » à Angoulême.

DANS LES ENVIRONS DE BLANZAC-PORCHERESSE

La chapelle des Templiers de Cressac : *à 2 km au sud de Blanzac, en direction de Brossac. Juil-août, lun-ven 15h-18h ; avr-juin et sept-oct, sur rdv (s'adresser au Comité de découverte du patrimoine en Blanzaçais au 07-66-84-38-80). Visite guidée : 5 € ; réduc.*
Cette petite église très dépouillée est une ancienne commanderie. Elle profite d'un cadre charmant, sur un coteau de la vallée du Né, bucolique à souhait, mais ce sont ses fresques remarquables qui justifient le détour.

Peint au XIIe s, ce chef-d'œuvre médiéval a été patiemment restauré pendant... 18 ans. Les petites histoires dessinées apportent un témoignage essentiel sur l'époque des croisades : ces scènes de combat en Palestine ne sont visibles nulle part ailleurs. On remarque, au-dessus de la porte, le roi terrassant l'infidèle. Pour le récompenser, sa femme lui offre une fleur de lys ! Il s'agit d'ailleurs d'un indice permettant d'identifier les protagonistes : sans doute Louis VII et Aliénor d'Aquitaine. Dans un coin de la fenêtre, un bateau symbolise le voyage. Au début du mur de gauche, la ville d'Antioche. À côté, des chevaliers sortant de leur forteresse, puis une bataille. Au milieu : une remise d'otage. À la fin, les croisés triomphent, bien sûr. On notera également un chrisme (une croix stylisée) sur le mur du fond. Sa signification probable se rapporte à une phrase du Christ : « Je suis l'alpha et l'oméga. »

Le manoir du Maine-Giraud : *à 3 km au nord de Blanzac, en direction de Champagne-Vigny (fléché à gauche). ☎ 05-45-64-04-49. • mainegiraud.com • ♿ (distillerie seulement). Tlj sauf dim 9h-12h, 14h-18h. GRATUIT. Visite guidée et commentaire audio.*
Ancien domaine d'Alfred de Vigny, qui y vécut de 1827 à 1863, se lançant avec ténacité dans la production de cognac entre 2 poèmes ! Une bien jolie demeure à tourelle, construite en 1464. Notez les initiales AV sur la flèche de la tour. Dans celle-ci, au dernier étage, le cabinet de travail d'Alfred, pièce entièrement boisée, grande comme un placard ! C'est dans cet ascétique refuge qu'il écrivit *La Mort du loup* en une nuit. Au moins, il pouvait surveiller son vignoble de la fenêtre. Déjà, Vigny vendait son eau-de-vie à... Hennessy.
On visite également la salle à manger (transformée en modeste musée consacré au poète), avant de rejoindre le chai et la distillerie. Car *Le Maine-Giraud,* c'est encore et toujours un domaine viticole ! Avant la dégustation de rigueur, vous aurez droit à une explication détaillée des secrets de fabrication du cognac et du pineau. Belle boutique dans les anciens chais avec toutes les productions du domaine : cognac, pineau, vin de pays, mais aussi un délicieux jus de raisin blanc, légèrement pétillant. Expos temporaires en saison.

L'église romane Saint-Cybard : *à* ***Plassac-Rouffiac,*** *à env 9 km au nord-est de Blanzac.* Ancienne étape sur l'un des chemins de Compostelle, cette église du XIIe s posée fièrement au bord de son petit village se distingue de loin. Très beau clocher octogonal surmonté d'une flèche conique aux écailles de pierre. Sa façade austère, aux arcatures aveugles, contraste avec l'intérieur de pierre blanche, étrangement lumineux pour une église romane. Dans le chœur, de beaux chapiteaux historiés soutiennent la corniche. Noter l'oculus curieusement désaxé percé dans l'abside : c'est pour que les rayons de soleil la traversent le jour de la Saint-Cybard ! L'autre curiosité des lieux est la crypte (accès sur les côtés), qui sert encore pour les messes !

MOUTHIERS-SUR-BOËME *(16440)*

Mignonne petite bourgade autrefois connue pour son monastère et ses papeteries, parmi les plus vieilles de France. De ces temps oubliés reste l'***église romane Saint-Hilaire,*** très intéressante bien que remaniée aux XVe et XVIIIe s. À l'intérieur, chapiteaux joliment travaillés. Du centre du bourg, un chemin mène au cœur de la verdoyante vallée de la Boëme, où se cache l'***abri de la Chaire-à-Calvin.*** A-t-il prêché ici ? Rien de moins sûr, mais cet abri-sous-roche conserve une authentique frise animalière (vieille de 17 000 ans) protégée par des grilles, que l'on peut découvrir à l'entrée.

Les jardins du Logis de Forge : *☎ 05-45-67-84-22. • jardinsdulogisdeforge.com • De juil à mi-août, tlj sauf sam 10h-12h, 14h-18h ; mai-juin et de mi-août à sept, sur rdv. Entrée : 7 € ; gratuit moins de 10 ans.* Ces superbes jardins, conçus

LA CHARENTE

par quelques paysagistes stars, prennent place dans un cadre d'exception. Baignés d'eau (on trouve ici une importante résurgence), ils se déploient autour d'un magnifique ensemble de bâtiments : un logis à tourelles du XVe s, un moulin à papier du XVIIIe s, ainsi que des bâtiments et communs de diverses époques, qui servaient à l'exploitation agricole. Le tout se reflète dans un vaste plan d'eau miroir de forme carrée. Les 5 ha de jardins se composent de différents espaces qui possèdent chacun leur atmosphère propre. De style français, japonais ou anglais, ils sont tous parfaitement entretenus. Des événements autour du papier sont régulièrement organisés dans l'ancien moulin.

LE COGNAÇAIS ET LA GRANDE CHAMPAGNE

• Carte *p. 109*

COGNAC

(16100) 18 655 hab. *Carte Charente, A2*

• Plan *p. 111*

Combien de petites villes françaises peuvent se vanter, comme Cognac, d'être célèbres dans le monde entier ? Riche, bourgeoise, chargée d'histoire, touristique, royale (François Ier y est né) et européenne (Jean Monnet est également un enfant du pays), Cognac est un cas à part en Charente. Aujourd'hui labellisée Ville d'art et d'histoire, elle affiche fièrement son patrimoine mais sait aussi se montrer dynamique et inventive.
Car Cognac demeure avant tout... la ville de la précieuse eau-de-vie ! Une grande partie de son activité est consacrée au fameux breuvage, véritable carburant de l'économie locale. D'ailleurs, partout où les murs sont noircis, c'est qu'il y a du cognac. Il s'agit de l'action d'un champignon microscopique se nourrissant des vapeurs d'alcool, et produisant une patine noirâtre.

UN PEU D'HISTOIRE

Recroquevillé autour d'un 1er château, Cognac n'est qu'un modeste village jusqu'au Xe s. Un prieuré bénédictin est alors fondé, et la ville se développe grâce à son port sur la Charente, par lequel transitent le sel et le vin. Au cours des 2 siècles suivants, le commerce du vin s'intensifie. Anglais, Hollandais et Scandinaves en raffolent tellement qu'ils viennent le chercher jusqu'ici !
À la même époque, l'héritière des seigneurs locaux, Amélie de Cognac, épouse le fils illégitime de Richard Cœur de Lion et revend Cognac à Jean sans Terre... roi d'Angleterre. Beau cadeau de noces. Puis ***la ville est intégrée au comté d'Angoulême.*** Occupée par les 2 camps pendant la guerre de Cent Ans, Cognac est enfin rattachée au royaume de France grâce à Du Guesclin. Mais elle restera sans seigneur pendant plus de 30 ans ! En effet, le « bon comte Jean » (de Valois) est prisonnier des Anglais. Après sa libération, le commerce du vin fleurit de nouveau.
Au XVe s, son fils Charles d'Angoulême entretient à Cognac une véritable petite cour, très prisée des artistes (dont, plus tard, un certain Clément Marot). Et, en 1494, l'épouse de Charles, Louise de Savoie, met au monde un beau bébé

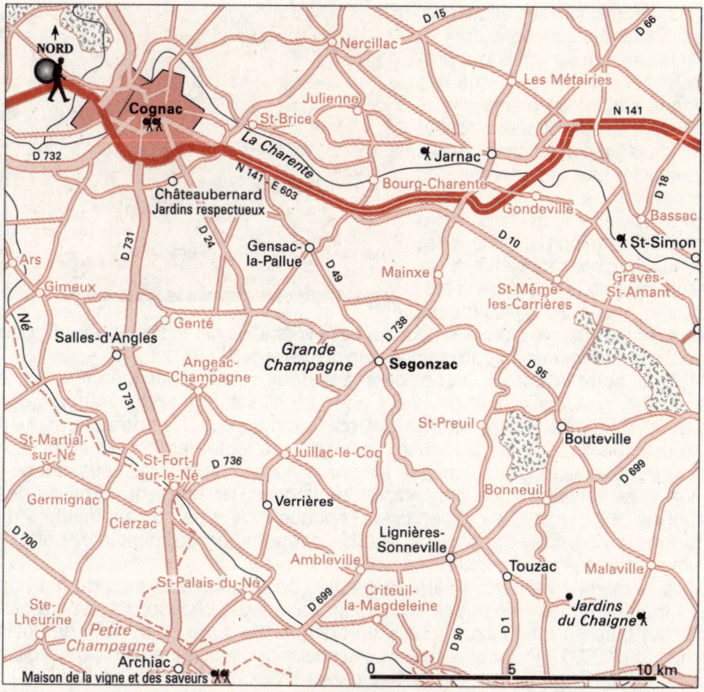

LE COGNAÇAIS

joufflu qui deviendra roi de France sous le nom de... ***François Ier.*** Grâce au petit François devenu grand, ***Cognac se transforme en ville royale.*** Le château est agrandi et héberge d'autres personnages fameux de l'histoire : Catherine de Médicis, Charles IX, la reine Margot.

La liqueur des dieux

Le commerce du vin, de son côté, connaît une vraie révolution au XVIIe s. Les vins charentais, très légers, ne vieillissent pas franchement bien et voyagent donc encore moins bien. Pour réduire son volume au transport, on a l'idée de distiller ce vin qui remporte, ainsi et de façon inattendue, un vrai succès, notamment dans les pays nordiques. Mais après une grave crise économique, des litres et des litres de ce vin distillé se retrouvent invendus. Un petit curieux goûte un jour à cette eau-de-vie vieillie en fûts de chêne et découvre à quel point elle s'est bonifiée. La méthode est reprise avec succès et perfectionnée : au fil des années, le commerce du cognac remplace celui du vin...

Des maisons de négoce s'installent à Cognac. Les plus importantes, grâce auxquelles le cognac va faire le tour du monde – Martell, Hennessy, Otard –, voient le jour au cours du XVIIIe s. Au siècle suivant, avec l'arrivée d'autres grandes marques dynamiques, Cognac atteint son apogée et sa population croît considérablement grâce à l'industrialisation de tous les produits dérivés dont a besoin le cognac : tonnellerie, verrerie, fabrication des bouchons et des emballages, mais aussi impression des étiquettes, etc. Toute une économie dont va bénéficier la ville, mais qui profitera aussi à ses environs, les vignes s'étant en même temps développées sur plusieurs centaines de milliers d'hectares jusqu'à devenir les plus importantes... du monde !

HIPS !

Savez-vous que l'évaporation du cognac représente chaque année l'équivalent de 180 millions de bouteilles ? C'est ce qu'on appelle joliment « la part des anges ». De quoi être quasi soûl rien qu'en respirant l'air du coin ! C'est d'ailleurs le cas des araignées vivant dans les chais, dont les toiles ne sont, paraît-il, jamais parfaitement géométriques...

Puisqu'on en est au chapitre des records, cette portion de la vallée de la Charente représente à elle seule près de la moitié de la production mondiale de spiritueux haut de gamme avec, outre le cognac, de la vodka, du gin et du whisky... Depuis peu, elle s'est même autoproclamée « Spirits Valley » !

Mais le cognac est un alcool cher à produire, très cher même si on le compare au whisky, son principal concurrent sur le marché français dès l'après-Seconde Guerre mondiale. Depuis longtemps, il est très largement exporté (98 % de la production actuelle), donc affecté par les aléas de l'économie mondiale. Ce qui explique les nombreuses crises traversées ces dernières décennies par les producteurs de cognac. Notamment au milieu des années 1990, quand les Japonais, à l'époque plus gros consommateurs de cognac du monde, frappés par la crise économique et financière, ont fortement diminué leurs achats.

Mais le marché est relancé aux États-Unis par quelques... stars du hip-hop qui multiplient les références au cognac dans leurs chansons ; jusqu'à carrément faire un tube avec un nom de marque (*Pass the Courvoisier* de Busta Rhymes en 2001) ! Plusieurs rappeurs américains ont depuis investi dans la région, comme Jay-Z ou 50 Cent. L'ouverture de nouveaux marchés (Chine, Russie...) a assuré ensuite quelques belles années au cognac français. Mais rien n'est jamais gagné, et les grandes maisons rivalisent d'inventivité avec lancement de nouvelles marques destinées à des marchés spécifiques ou de nouveaux modes de consommation (avec modération !). Désormais, le cognac se boit beaucoup sous forme de cocktails, à l'apéro comme en soirée. On est loin du cognac qu'on sirotait à l'ancienne, en digestif, accompagné d'un bon cigare...

Adresses et infos utiles à Cognac et dans les environs

Office de tourisme *(plan B1)* **:** *48, bd Denfert-Rochereau, à Cognac.* ☎ *05-45-82-10-71.* • *destination-cognac.com* • *Juin-sept, lun-sam et j. fériés 9h30-18h30, plus dim juil-août 9h30-13h ; avr-mai, tlj sauf dim 9h30-17h30 (13h j. fériés, sauf 1er mai) ; oct-mars, tlj sauf dim 9h30-17h (13h mar).* Propose un plan « Promenade à Cognac » indiquant 2 circuits dans le centre historique (le parcours du Roy et le parcours Belle Époque). Boutique de produits du terroir et de souvenirs.
– Se procurer à l'office la brochure gratuite « Destination Cognac-Distillateur d'ambiances » qui recense toutes les visites et animations (concerts, foires, marchés) sur le territoire (voir aussi la rubrique « Agenda » sur leur site).

Gare SNCF *(hors plan par A2)* **:** *12, pl. de la Gare, à Cognac.* ☎ *36-35.* Trains pour Angoulême et Royan.

✉ **Poste** *(plan A-B2)* **:** *2, rue Taransaud, à Cognac.*

■ **Centre aquatique X'eau** *(hors plan par B2)* **:** *1, pl. de l'Azuré, 16100* **Châteaubernard.** ☎ *05-45-82-98-81.* • *xeau.fr* • *À 3 km du centre-ville. Tlj (horaires sur le site internet). Entrée : 4,50 € (9,50 € avec l'espace*

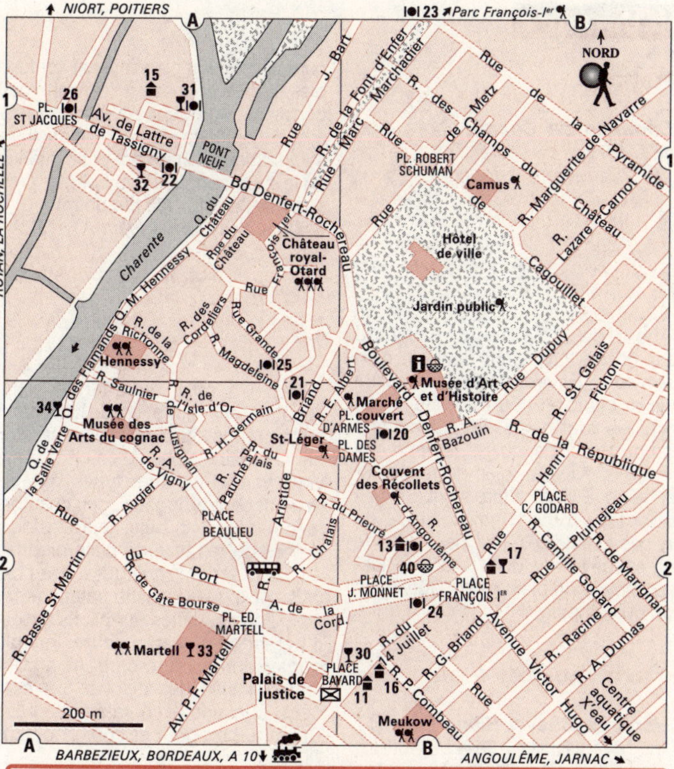

COGNAC

■ **Adresse utile**

- Office de tourisme (B1)

Où dormir ?

- **10** Camping de Cognac (hors plan par B1)
- **11** Hôtel Le Cheval Blanc (B2)
- **13** Hôtel Héritage (B2)
- **15** Quai des Pontis (A1)
- **16** Hôtel Le Valois (B2)
- **17** Hôtel François Premier (B2)

Où manger ?

- **13** La Belle Époque (B2)
- **20** L'Arty Show (B2)
- **21** Chez Aristide (A2)
- **22** L'Atelier des Quais (A1)
- **23** La Courtine (hors plan par B1)
- **24** Le Coq d'Or (B2)
- **25** Le Bistro de Claude (A1)
- **26** Poulpette (A1)

Où boire un verre ?

- **17** Bar Louise (B2)
- **30** Le Verre à Pied (B2)
- **31** Les Voiles des Pontis (A1)
- **32** La Luciole (A1)
- **33** Indigo by Martell (A2)
- **34** Sidecar (A2)

Où acheter du cognac ?

- **40** La Cognathèque (B2)

bien-être). Plusieurs bassins intérieurs pour petits et grands, une piscine ludique extérieure (ouverte en été) et un bel espace bien-être avec hammam, sauna, rivière massante et spa.

– ***Foire :*** *le 2e sam du mois dans les rues piétonnes de Cognac.*

Où dormir ?

Camping

⛺ ***Camping de Cognac*** *(hors plan par B1, **10**)* **:** *bd de Châtenay.* ☎ *05-45-32-13-32.* • *campingdecognac@outlook.fr* • *campingdecognac.com* • ♿ *À 2 km au nord du centre, sur la route de Sainte-Sévère ; indiqué depuis le centre-ville. Ouv fin avr-fin sept. Forfait tente 16,40-19,40 €. Habitats toilés et mobile homes 4-6 pers. 145 empl.* Au bord de la Charente, un grand camping de 2 ha situé dans un coin verdoyant. Environnement superbe donc et camping très bien tenu, avec sanitaires tout neufs. Emplacements champêtres et tranquilles, en partie le long de la rivière et bien délimités par des haies. Éviter toutefois ceux situés en bord de route. Une multitude de services et activités. Piscine. Chouette promenade le long de la Charente, jusqu'à la base de plein air de Cognac, à 1 km du camping.

De prix moyens à chic

🏠 ***Hôtel Le Cheval Blanc*** *(plan B2, **11**)* **:** *6, pl. Bayard.* ☎ *05-45-82-09-55.* • *info@hotel-chevalblanc.fr* • *hotel-chevalblanc.fr* • ♿ *Doubles 69-84 € ; familiales.* Petit hôtel de centre-ville, fonctionnel et pas encore trop cher. Les chambres (pas immenses dans l'ensemble...) sont simples mais bien tenues. Clim pour certaines. Celles en rez-de-chaussée donnent sur une cour intérieure où l'on peut prendre le petit déj quand il fait beau. Les autres se trouvent dans le bâtiment principal, côté rue (mais plutôt bien insonorisées).

🏠 ***Hôtel Héritage*** *(plan B2, **13**)* **:** *25, rue d'Angoulême.* ☎ *05-45-82-01-26.* • *reservations@hotelheritage.fr* • *hotelheritage.fr* • *Doubles 74-119 €.* Dans la rue (piétonne) la plus commerçante de Cognac, ce charmant hôtel particulier du XVIIIe s a toujours accueilli des voyageurs. Si l'escalier central en pierre est d'époque, le reste a entièrement été repensé et agrémenté de couleurs vives. La trentaine de chambres, presque entièrement rénovées, se révèlent particulièrement plaisantes et confortables. Belles douches à l'italienne dans certaines. Atmosphère décontractée et mention spéciale pour l'accueil, fort sympathique. Charmant patio intérieur, où le restaurant *La Belle Époque* prend ses aises en été (voir ci-contre).

🏠 ***Quai des Pontis*** *(plan A1, **15**)* **:** *16, rue des Pontis.* ☎ *05-45-32-47-40.* • *reception@quaidespontis.com* • *quaidespontis.com* • *Congés : 25 déc-1er janv. Doubles 79-88 € ; familiale 130 €. Parking privé gratuit. Apéritif maison offert sur présentation de ce guide.* Du côté du quartier Saint-Jacques, sur l'autre rive de la Charente mais proche du centre-ville, un étonnant domaine niché au cœur d'un parc verdoyant. Plusieurs types d'hébergement sont proposés : des chambres façon lodges en bois, tout confort et dotées de terrasse de plain-pied face au vaste jardin ; quelques chambres plus classiques dans le bâtiment principal ; des cabanes sur pilotis (jusqu'à 4 personnes), sans doute les plus dépaysantes, surplombant la Charente ; et enfin, des roulottes bien espacées, chacune avec salon de jardin... Déco de bon goût et confort optimal. Piscine.

🏠 ***Hôtel Le Valois*** *(plan B2, **16**)* **:** *35, rue du 14-Juillet.* ☎ *05-45-36-83-00.* • *hotel.le.valois@wanadoo.fr* • *hotel-levalois.fr* • *Doubles 75-105 €. Parking privé payant.* Près du centre-ville, un hôtel qui se modernise d'année en année, à l'image de son élégant lobby tout juste rénové. Même esprit dans les chambres, égayées de touches de couleur bienvenues et bien équipées. Bref, voici une adresse bien tenue et très pratique. Les propriétaires possèdent aussi *Le Cheval Blanc* (voir ci-contre).

De plus chic à beaucoup plus chic

🏠 ***Hôtel François Premier*** *(plan B2, **17**)* **:** *3, pl. François-Ier.* ☎ *05-45-80-80-80.* • *reservations@hfpc.fr* • *hotelfrancoispremier.fr* • *Doubles* *env 122-185 € ; suites plus chères ; petit déj simple 8 €, buffet 19 €. Parking privé payant (sur résa).* Sur l'une des plus belles places de la ville, on ne peut manquer sa majestueuse façade. Construit en 1870, il accueillit de Gaulle en 1914, à l'époque où il s'appelait *Hôtel de Londres*... Nouvelle jeunesse, nouveau look. Déco cossue et élégante des chambres (certaines petites mais astucieusement agencées) réparties de part et d'autre de l'escalier monumental. Insonorisation parfaite, y compris côté place (double vitrage), literies nickel, confort total... En prime, un service hyper pro. Spa et piscine(tte) en sous-sol, jardin sur le toit. Le *Bar Louise* et ses cocktails (voir plus loin) vous attendent juste à côté.

Où manger ?

De bon marché à prix moyens

|●| ***L'Arty Show*** *(plan B2,* ***20****) : 23, rue du Pont-Faumet. ☎ 09-87-04-81-77. En plein centre, derrière les halles. Lun-ven, le midi seulement. Résa vivement conseillée. Formule et menu 18-24 €.* Petites salles qui hésitent entre vintage et design, prolongées d'une petite terrasse. Cuisine fraîche et maligne, à base de produits locaux, de saison et privilégiant le bio, servie dans la bonne humeur. L'adresse a ses habitués, pensez donc à réserver.

|●| ☂ ***L'Atelier des Quais*** *(plan A1,* ***22****) : 2, quai Saint-Jacques. ☎ 05-45-36-31-03. • ateliesdesquais@gmail.com • ♿ Juste après le Pont-Neuf, sur la gauche. Tlj sauf dim et j. fériés hors saison. Formules déj en sem 14-17,50 € ; menus 24-45 €.* Une position stratégique avec sa grande terrasse et ses coursives plantées face à la Charente. Les mauvais jours, on investit la grande salle décorée façon loft, avec ses tables orientées côté baies vitrées. Pour le reste, une cuisine de brasserie très soignée, savoureuse et inventive, qui tient ses promesses. Service bien rodé et chaleureux. Bref, une super adresse !

|●| ☂ ***Chez Aristide*** *(plan A2,* ***21****) : 38, rue Aristide-Briand. ☎ 05-45-83-42-99. • chezaristide@gmail.com • ♿ Tlj sauf dim, midi et soir. Formules déj en sem 14,50-17 € ; menus 25-30 € ; carte env 35 €. Café offert sur présentation de ce guide.* Un resto situé au cœur de la vieille ville, qui a le vent en poupe. Pour son cadre dans l'air du temps, certes, mais pas que. On profite ici d'une cuisine pleine de fraîcheur, à l'humeur vagabonde, vraiment réjouissante. Une flopée de tables investissent la rue piétonne lorsqu'il fait beau.

|●| ☂ ***La Courtine*** *(hors plan par B1,* ***23****) : allée Fichon, parc François-Ier. ☎ 05-45-82-34-78. • lacourtinecognac@wanadoo.fr • ♿ Fléché et parking juste devant. Congés : de Noël à mi-janv. Formule 23,90 € ; menu 31 €. Apéritif maison offert sur présentation de ce guide.* Ce pavillon au décor champêtre boisé dispose d'une fabuleuse terrasse en pleine verdure, à 2 pas de la Charente. Difficile d'imaginer que le centre-ville n'est qu'à 2 mn ! Belles salades, viandes et poissons agrémentés de produits locaux (huîtres d'Oléron, cagouilles), avec çà et là quelques touches plus exotiques (curry et autres épices, liées aux origines du chef). Accueil pro et sympathique.

|●| ☂ ***La Belle Époque*** *(plan B2,* ***13****) : dans l'*Hôtel Héritage *(voir plus haut). ☎ 05-45-82-01-26. Tlj sauf dim-lun. Formules déj en sem 20-25 €, sam 26-32 € ; le soir, carte env 35 €.* Une adresse aussi discrète que convaincante, qui se déploie entre un patio ombragé d'une glycine, une écurie réhabilitée en salle à manger et un salon cossu. La cuisine de Maxence Jasica, jeune chef installé entre ces murs, fait l'unanimité pour son inventivité et sa légèreté. La carte suit le rythme des saisons et change chaque semaine, pour le plus grand bonheur des habitués.

|●| ☂ ***Le Coq d'Or*** *(plan B2,* ***24****) : 33, pl. François-Ier. ☎ 05-45-36-10-29.*

Tlj jusqu'à 23h. Menus 18 € (déj en sem)-29,90 € et carte. Dans un registre « brasserie traditionnelle » avec ses belles boiseries, ses miroirs piqués, ses vitraux remarquables au-dessus de l'escalier, *Le Coq d'Or* remplit parfaitement sa fonction depuis 1908. Côté cuisine, tous les grands classiques du genre sont présents. À l'heure de pointe, ça tourne à plein régime.

Chic

Le Bistro de Claude (plan A1, **25**) : *35, rue Grande. ☎ 05-45-82-60-32. • claude@bistrodeclaude.com • Tlj sauf w-e. Formule et menu 23-28 € le midi, 38 € le soir.* Un bistrot à tendance marine, version chic : mobilier à la fois ancien et moderne, jolis luminaires, tables élégamment dressées... C'est cosy, et on s'y sent tout de suite à l'aise, notamment grâce à la gouaille du maître des lieux. Très sympa, il prend le temps d'expliquer l'ardoise du jour, où l'on a bien du mal à choisir entre les plats alléchants, tous préparés avec les meilleurs produits. Pas donné le midi, certes, mais vraiment bon !

Poulpette (plan A1, **26**) : *46, av. de Lattre-de-Tassigny. ☎ 05-45-82-22-08. • contact@poulpette.com • ♿ Dans le quartier Saint-Jacques, de l'autre côté du pont. Ouv le midi lun-ven, plus le soir mer-sam. Menu déj en sem 29 € ; carte 40 €.* *Poulpette* peut rimer avec chouette. Chouette comme la petite salle épurée et brute, dans le genre postindustriel, avec cuisine ouverte au long du comptoir ; et chouette comme l'ambiance, très relax. À la carte, très jolis produits (pas mal de poissons), au gré du marché, travaillés avec juste ce qu'il faut d'inventivité par un jeune chef aussi passionné que passionnant. Enthousiasmante carte des vins (naturels).

Où boire un verre ?

Le Verre à Pied (plan B2, **30**) : *28, pl. Bayard. 📱 06-27-73-49-64. • sommeliercognac@gmail.com • ♿ Tlj sauf dim soir-mar midi 9h-13h, 18h-minuit. Verres 6-10 €.* Un bar à vins au pays du cognac ? Et pourquoi pas ! D'autant que celui-ci a tout autant soigné son décor (murs laqués de noir, rayonnages de bois qui ondulent jusqu'au plafond, confortables fauteuils) que son offre, au verre comme en bouteille, de vins naturels. Jeune patron (sommelier de profession) de très bon conseil. Quelques petites choses à grignoter.

Les Voiles des Pontis (plan A1, **31**) : *16, rue de Pontis. 📱 06-83-83-16-16. • lesvoiles@orange.fr • Ouv avr-sept, tlj jusqu'à minuit (dernière commande à 22h30). Carte env 25-30 €.* Avec sa terrasse au bord de la Charente et son côté guinguette des temps modernes, voici un endroit sympa pour prendre l'apéro tout en partageant une planche de charcuterie ou de fromage.

La ville compte quelques bars tendance qui feront le bonheur des amateurs de cocktails, en particulier à base de cognac (forcément !). Pour un cadre branché qui jongle entre modernité, vieilles pierres et touche industrielle, on se posera à la géniale ***Luciole*** (plan A1, **32**) : *14, pl. du Solençon. ☎ 05-45-81-70-11. • info@bar-luciole.com • Tlj (sauf dim-lun hors saison) 17h-1h.* Pour un cocktail élaboré selon votre humeur et votre personnalité, poussez la porte du **Bar Louise** (plan B2, **17**) : *1, pl. François-1er. ☎ 05-17-22-31-67. En principe, tlj sauf dim 17h-minuit (horaires disponibles sur Instagram).* Pour prendre de la hauteur et jouir d'une vue imprenable sur Cognac, grimpez sur le toit animé et coloré de l'***Indigo by Martell*** (plan A2, **33**) : *16, av. Paul-Firino-Martell. ☎ 05-45-36-34-65. Au 5e étage de la Fondation Martell. Mai-sept, tlj sauf lun-mar 16h30 (11h30 dim pour le brunch)-minuit (22h dim).* Enfin, durant l'été, installez-vous sur les quais à la terrasse du bar éphémère ***Sidecar*** (plan A2, **34**) pour un duo gagnant cocktail-*street food* *(sur le port, quai de la Salle-Verte ; ☎ 07-80-91-50-04 ; mar-sam 11h-23h, dim 14h-19h).*

Où acheter du cognac ?

La Cognathèque *(plan B2, **40**) : 10, pl. Jean-Monnet. ☎ 05-45-82-43-31. • cognatheque.com • Lun-sam 9h30-19h (plus dim 15 juin-15 sept).* Immanquable ! Cette boutique propose un des plus grands choix de cognacs et de pineaux de France (plus de 1 000 références !). Ce qui, dans le fond, est un peu normal à... Cognac. Plus de 100 marques sont représentées, dans tous les crus, du petit producteur à la grande maison de négoce, du VS au XXO. Également des pineaux et des bières aromatisées au cognac ou au pineau. Conseils plus qu'avisés.

À voir

Le musée des Arts du cognac (plan A2) : *les Remparts, pl. de la Salle-Verte. ☎ 05-45-36-03-65. • grand-cognac.fr • Juil-août, tlj 10h30-18h30 ; sept-juin, tlj sauf lun 14h-18h. Fermé certains j. fériés. Entrée : 6 € ; réduc ; gratuit moins de 12 ans.*

Dans un cadre qui allie vieilles pierres et architecture contemporaine (à l'emplacement de l'hôtel Perrin de Boussac, dont la façade est classée Monument historique, de la maison Augier, plus ancienne maison de négoce de la ville, de la tour Lusignan et d'un tronçon de rempart du XIVe s), ce beau musée est consacré au patrimoine du pays de Cognac, dont, évidemment, la grande aventure humaine, industrielle et commerciale du cognac.

On y évoque les ***richesses du territoire*** à travers des maquettes, notamment celle du château royal, qui est présenté tel qu'il se dressait au XVIe s, un intéressant film interactif *La Charente au fil de l'eau,* et une poignée de dioramas sur l'art roman, les porches charentais, le fleuve, ou encore la faune et la flore. Une bonne introduction à la visite de la région !

Un 2d espace d'exposition est dédié à l'univers technologique de la ***production du cognac.*** Après l'évocation de l'évolution des bouteilles à travers les âges, la 1re partie s'intéresse à l'univers de la vigne : les saisons, les cépages, les terroirs, les vendanges, le tout agrémenté d'outils anciens tel qu'un beau pressoir à vis du XVIIIe s. Changement de registre avec l'art délicat de la distillation, où la chimie prend le pas sur les considérations climatiques, avant de détailler les métiers qui gravitent ou ont gravité autour du cognac.

Pour finir, intéressante rétrospective sur le ***packaging des grandes marques*** et collection d'affiches anciennes. En somme, une excellente mise en bouche avant d'aller arpenter les chais et distilleries. Des casques de réalité virtuelle proposent aussi aux visiteurs de voyager dans le temps pour vivre une expérience immersive étonnante. Expos temporaires.

– Boutique de produits régionaux sur place.

Le musée d'Art et d'Histoire de Cognac (plan B1-2) : *48, bd Denfert-Rochereau. ☎ 05-45-32-07-25. • musees-cognac.fr • Juil-août, tlj 10h30-18h30 ; sept-juin, tlj sauf lun 14h-18h. Fermé certains j. fériés. Entrée : 6 € ; réduc ; gratuit moins de 12 ans.*

Situé dans l'ancien hôtel Dupuy-d'Angeac, famille de négociants, le musée propose un ensemble de collections autour de l'histoire du territoire cognaçais, ainsi qu'un parcours beaux-arts issu des collections des familles du coin.

– *Rez-de-chaussée :* une section archéologique révèle que la région était habitée dès l'époque préhistorique, comme en témoignent des outils lithiques et surtout une étonnante pirogue du Néolithique retrouvée dans la Charente. Preuve qu'on a toujours circulé sur le fleuve ! À l'époque gallo-romaine, le territoire se couvre de villas viticoles. Également une section arts et traditions populaires avec la reconstitution d'un intérieur d'une maison charentaise traditionnelle. Pour finir, expérience de réalité virtuelle (VR) sur les dinosaures et village néolithique.

– *1er étage :* les beaux-arts. Collection de verreries Art nouveau. Côté peinture, les galeries rassemblent principalement des œuvres italiennes, flamandes et françaises. Les peintres charentais sont aussi à l'honneur.

La Fondation Martell *(plan A2)* **:** *16, av. Paul-Firino-Martell. ☎ 05-45-36-33-51. • fondationdentreprisemartell.com • Dans les mêmes locaux que le chai Martell (voir aussi « Visite des chais » plus loin). Avr-début nov, jeu-sam 14h-20h, dim 11h-17h ; mer sur résa. Fermé lun-mar et le reste de l'année. GRATUIT.* Un espace dédié à l'art contemporain et au mobilier d'artistes (le luminaire monumental zoomorphe dans le hall d'accueil donne le ton !). Propose une expo temporaire immersive sur plus de 800 m² ! C'est aussi une résidence d'artistes avec des ateliers. Au dernier étage, en terrasse, le génial *Indigo by Martell* (voir « Où boire un verre ? »).

Le jardin public de l'hôtel de ville *(plan B1-2)* **:** *entrée par le bd Denfert-Rochereau.* Très joli parc à l'anglaise : pelouses d'un vert presque surnaturel, bosquets fleuris, ruisseaux « cascadant » et cygnes.

Le parc François-Ier et les rives de la Charente *(hors plan par B1)* **:** à 2 pas du centre, un superbe parc arboré de 50 ha entouré par une boucle du fleuve, qui offre quelques points de vue on ne peut plus romantiques. Également une base de plein air avec piscine et un resto bien agréable aux beaux jours (voir plus haut *La Courtine* dans la rubrique « Où manger ? »).

LA CHARENTE

La vieille ville

Le vieux Cognac s'étend entre le centre-ville développé autour de la longue rue (piétonne) d'Angoulême et les quais. Là où, comme dans bien d'autres villes, on s'attendrait à trouver artisans d'art, bistrots, restos... à Cognac, rien ou presque ! Ce quartier pourtant joliment conservé et bourré de charme est bizarrement peu fréquenté dans la journée (et carrément désert à la nuit tombée). Finalement, tant mieux !

Les rues anciennes *(plan A1-2)* **:** l'essentiel est regroupé autour du château des Valois (dont on parle à propos du cognac Otard dans « Visite des chais » plus loin). Il faut flâner au hasard de ces vieilles rues pleines de charme, jalonnées de maisons du XVe s et d'hôtels particuliers des XVIe et XVIIe s. Au no 5, rue Grande, par exemple, ne manquez pas la *maison de la Lieutenance* (du XVe s et à pans de bois), avec son diablotin sculpté qui urine sur les passants ! Elle abrite désormais la boutique des cognacs Prunier (entreprise familiale fondée en 1769). Descendre ensuite la rue Magdeleine : au no 14, l'*hôtel de Rabayne* (XVIe s), où une salamandre (emblème de François Ier) surplombe le portail ; au no 29, l'*hôtel de Javrezac,* toujours du XVIe s, avec gargouille et tourelle. La rue de l'Isle-d'Or est aussi jalonnée d'anciens hôtels particuliers. La longue et encore pavée rue Saulnier (dont le nom évoque évidemment le commerce du sel), qui descend vers les quais, a traversé les siècles sans broncher. Au no 15, jetez un coup d'œil à l'exceptionnelle façade de l'*hôtel Brunet-de-Bocage* (XVIIe s).

L'église Saint-Léger *(plan A-B2)* **:** *rue Aristide-Briand.* Bâtie au XIIe s, elle conserve de l'époque romane une très belle façade, ornée au XVe s d'une rose de style gothique flamboyant. On remarque aussi le portail sculpté, avec ses signes du zodiaque. À l'intérieur, un christ en ivoire sculpté, une jolie Assomption de la Vierge peinte au XVIIe s et, dans l'une des chapelles du chœur, un retable en bois doré de la même époque.

Le marché couvert *(plan B2)* **:** *bd Denfert-Rochereau, derrière la pl. d'Armes. Tlj sauf lun jusqu'à 13h.* Splendide marché classé, typique de l'architecture métallique.

Le couvent des Récollets (plan B2) : 53, rue d'Angoulême. Du XVIIe s, désaffecté à la Révolution, il a servi successivement de mairie, de sous-préfecture, d'école, de prison, puis d'hôtel des impôts, avant d'être transformé en centre culturel dans les années 1980 (ouf !). De l'ancien cloître ne subsiste qu'une belle travée *(entrée libre)*. Remarquez aussi l'élégante rampe en fer forgé de l'escalier. Aujourd'hui, des expositions y sont organisées.

Visite des chais

Une dizaine de maisons de négoce, parmi les plus prestigieuses, proposent des visites de leurs installations. Dans l'ensemble, les visites se ressemblent : tour commenté des chais et de la distillerie, puis dégustation. Mais en y regardant de plus près, certaines maisons se distinguent toutefois par leur originalité ou leurs efforts à l'intention des touristes. À chacun de choisir en fonction de ses préférences, historiques ou épicuriennes ! Notez qu'il est aussi possible de visiter des maisons de cognac à Jarnac (voir dans cette ville).
Mais avant tout, pour vous y retrouver dans les appellations commerciales, sachez différencier les 3 principales. Le **VS** *(Very Special)* indique que l'eau-de-vie la plus jeune entrant dans l'assemblage a au moins 2 ans, le **VSOP** *(Very Superior Old Pale)* qu'elle a au moins 4 ans, et le **XO** (pour *Extra Old*) au moins 10 ans (mais bien souvent plus pour les meilleurs). Pour plus d'infos, reportez-vous à la rubrique « Vins et alcools » dans le chapitre « Hommes, culture, environnement » en fin de guide. Vous voilà au courant !

LA CHARENTE

Château royal de Cognac – Maison Baron Otard (plan A1) : *127, bd Denfert-Rochereau. ☎ 05-45-36-88-86. • chateauroyaldecognac.com • ♿ (accueil et boutique seulement). Ouv tlj sauf dim, 1er janv, 1er mai et 25 déc. Horaires variables, se référer au site internet. Prévoir 1h15 de visite (guidée) ; téléphoner à l'avance pour connaître l'heure de la visite en français. Entrée : 14-56 € selon dégustation (122 € pour la visite royale) ; réduc ; gratuit moins de 12 ans. Réduc sur présentation de ce guide (non valable sur les achats en ligne).*
Cette prestigieuse marque de cognac fut créée en 1795 par le baron Otard, un Écossais né en Charente et devenu maire de la ville. Pour installer son négoce, il acheta carrément le château royal de Cognac en 1795, profitant à point nommé de la Révolution (la municipalité le vendait alors pièce par pièce, toutes raflées par le baron). Ironie de l'histoire, ce château n'était autre que la maison natale d'un roi de France : François Ier ! Tout l'intérêt de la visite est là puisque l'on peut profiter de cette très belle demeure des XIIe-XVIe s, pleine de souvenirs historiques, tout en s'instruisant sur les méthodes de fabrication et de vieillissement du cognac... Les chais du château sont d'ailleurs les plus vieux de Charente et, paraît-il, les meilleurs (grâce à leur humidité, puisqu'ils sont juste au niveau du fleuve). On ne verra hélas pas la chambre du roi, transformée en bureau. Mais on visite tout de même la plus vieille pièce des lieux, appelée salle au Casque (XIIe s), qui doit son nom à l'ornementation de sa cheminée. Richard Cœur de Lion y célébra le mariage de son fils avec Amélie de Cognac. Suivent une sellerie et le bel ensemble formé par la salle des États et la salle des gardes. Notez les voûtes en X et en Y, les médaillons tous différents, et les graffitis dessinés par les marins irlandais qui y furent faits prisonniers pendant la guerre de Sept Ans (XVIIIe s).
Mais l'endroit le plus étonnant, outre les sombres caves voûtées envahies de barriques de chêne, reste le « paradis », un ancien cachot où sont entreposées les eaux-de-vie les plus exceptionnelles dans des dames-jeannes d'un autre âge (certaines datent de 1820 !) Elles seront assemblées pour donner les cognacs de prestige... On passe ensuite à la salle de l'Alambic (très beau, du XIXe s), où l'on apprend tout sur le maître de chai, la distillation et la tonnellerie, avant de découvrir le chai à proprement parler, bâti sur le site de la chapelle où François Ier fut baptisé.

Un petit musée (pas toujours accessible) retrace enfin l'histoire du baron Otard et de la marque à travers les siècles (collection d'affiches publicitaires, de bouteilles, de documents originaux d'expédition...). Pour terminer, la dégustation est organisée dans l'espace moderne attenant à la boutique. Sachez que le château est également le siège de la marque D'Ussé, qui appartient à 50 % au rappeur américain Jay-Z.

– L'été, le bar ***Le Lys*** prend ses aises entre le parvis et la cour du château *(en principe, ouv mar-sam 17h-21h).*

🎬🎬 ***Hennessy*** *(plan A1) : quai Maurice-Hennessy. ☎ 05-45-35-06-44. • lesvisites.hennessy.com • ♿ D'avr à mi-nov, tlj 10h (10h30 avr-juin)-17h30 (départ de la dernière visite) ; hors saison, tlj sauf dim-lun, 3 visites/j., à 10h45, 14h et 16h. Entrée : 25 € pour la visite classique (avr-nov) avec dégustation de 2 cognacs ; réduc ; gratuit moins de 12 ans. Plusieurs autres visites thématiques : XO 50 € (durée 1h) et une visite « exception » 90 € (sur résa, durée 2h).*

À VOTRE SANTÉ !

Dans les années 1920, en pleine prohibition, le cognac Hennessy, entre autres, était importé aux États-Unis comme produit pharmaceutique. Même stratagème commercial pour la maison Otard qui, jusque dans les années 1940, au Maghreb et dans certains pays arabes (où l'islam interdit la consommation d'alcool), distribuait en pharmacie un « cognac de santé » aux étiquettes ornées d'une croix rouge !

En se lançant dans le négoce en 1765, le capitaine irlandais Richard Hennessy n'imaginait sans doute pas que sa maison deviendrait un jour la 1re marque internationale de cognac. Elle est aujourd'hui dirigée par le grand groupe de luxe LVMH, qui n'a pas lésiné sur les moyens pour proposer une visite qui convoque toutes (ou presque) les technologies modernes. Même si, vous le constaterez vite, ici, tradition n'est pas un vain mot : les maîtres de chais sont, par exemple, issus de la même famille depuis 8 générations !

La petite originalité d'Hennessy, c'est que la visite débute par une courte balade en bateau sur la Charente, avant de débarquer sur l'autre rive où sont situés les chais : une quarantaine au total, mais la visite n'en parcourt que 2. Le 1er (le chai des Pavillons) a été transformé en un vaste espace muséographique résolument contemporain qui présente tout l'univers de la marque à grand renfort de vidéos et projections numériques. Ensuite, rapides mais solides explications sur les différents crus, les méthodes de vinification (belle salle contenant des alambics, dont un du XIXe s) et la tonnellerie. Puis, on pénètre dans un immense chai traditionnel de vieillissement : superbes alignements de barriques (depuis des siècles, joliment calligraphiées, une par une, à la craie !) et de dames-jeannes cerclées d'osier où sont conservées les eaux-de-vie séculaires du « paradis ». On traverse à nouveau la Charente pour passer à la séance dégustation, dans un espace design avant l'inévitable boutique, assez tape-à-l'œil (c'est d'ailleurs la seule boutique de la marque au monde !).

🎬🎬 ***Martell*** *(plan A2) : 16, av. Paul-Firino-Martell. ☎ 05-45-36-34-98. • martell.com • Avr-oct, visite tlj 10h-19h ; le reste de l'année, sur rdv seulement. Durée de la visite « Découverte » : 1h. Tarif : 20-30 €. Autres visites 35-250 €.*

La plus ancienne des grandes maisons de cognac, qui occupe un vaste périmètre au cœur de la ville, propose jusqu'à 4 visites thématiques différentes. La visite *Découverte* retrace l'histoire de la maison Martell et de son site de production historique de Gâtebourse. Le circuit commence devant la demeure du fondateur Jean Martell, natif de l'île de Jersey et débarqué à Cognac en 1715. Mais le plus intéressant se trouve dans les chais. Rangs de vigne, alambics, tonnellerie et chai de vieillissement sont présentés à tour de rôle à travers une mise en scène très réussie. La salle des assemblages est particulièrement impressionnante avec son laboratoire high-tech où l'on aperçoit parfois le *master blender*

en pleine action. On termine la balade par la découverte d'une collection de photographies anciennes, prélude à la dégustation organisée au cœur de la boutique.
Plus longue (2h), la visite *Savoir-faire* permet de repartir avec, à la clé, une « montre » de cognac (bouteille miniature) que l'on aura embouteillée soi-même, puis de déguster un cocktail sur le toit de l'*Indigo by Martell*. Quant à la visite nocturne organisée en haute saison, celle-ci offre un moment d'intimité dans le silence des chais, avant, là aussi, de déguster un cocktail sur le *rooftop*.

Camus *(plan B1) : siège au 29, rue Marguerite-de-Navarre ; visites au 21, rue de Cagouillet. ☎ 05-45-32-70-14. • camus.fr • Mai-sept, circuit de visite et boutique ouv tlj sauf dim-lun 10h30-12h30, 14h-18h ; le reste de l'année, lun-ven 9h-12h, 14h-18h. Compter 1h30 de visite. Entrée : 22 € pour la visite « Intensity » avec dégustation de 3 cognacs ; autres visites 20-35 € selon nombre et qualité des cognacs dégustés ; gratuit moins de 18 ans (sans dégustation, évidemment). Possibilité également de dégustation commentée sans visite (mêmes tarifs).*
Camus est l'unique grande maison de cognac 100 % familiale et indépendante depuis sa fondation en 1863. C'est son principal atout. Forte de son indépendance, elle n'hésite pas à innover en proposant des cognacs issus d'un seul cru comme le délicieux Camus Borderies XO, ou élaborés avec des raisins récoltés, distillés et vieillis sur l'île de Ré. Sans pour autant tourner le dos à la tradition et aux cognacs qui ont fait sa réputation ! C'est cette prise de position atypique qui donne tout le sel à la visite.
Celle-ci privilégie la convivialité des petits groupes et commence par une présentation historique du site et des vignes (et des différents terroirs), avant de revenir sur l'histoire de la maison familiale. Elle aborde ensuite les différentes phases de distillation, puis de vieillissement du cognac, et se termine dans un chai avec la dégustation d'un « qualité supérieure » au choix... ou de plusieurs, selon le budget et l'envie de chacun. Pour les passionnés, Camus est la seule cave à proposer un atelier de Maître assembleur, le *Master Blender,* pour créer son propre assemblage et emporter son cognac unique et personnalisé *(tte l'année sur résa ; 190 € ; durée 2h).*

Meukow *(plan B2) : 26, rue Pascal-Combeau (parking au 7, rue François-Porché). ☎ 05-45-82-32-10. • visitemeukow.com • Tte l'année sur rdv : mai-sept, tlj sauf dim 10h-17h30 (départ de la dernière visite) ; oct-avr, lun-jeu 10h-12h, 13h30-16h et ven 10h-11h30. Durée : 1h. Entrée : 10 € avec dégustation ; 8 € sur présentation de ce guide ; réduc ; gratuit moins de 12 ans.*
Voici la maison de négoce Compagnie de Guyenne. L'ensemble architectural remarquable, typique du XIXe s, réunit en un seul site les bureaux commerciaux et les chais de vieillissement. Bien que l'unité de production ait été déplacée à Matha, à 20 km au nord de Cognac, le site a conservé son âme d'origine. Fondée en 1862 par les frères Meukow à l'initiative du tsar Alexandre II qui voulait approvisionner sa cour, la maison a profité de son 150e anniversaire pour ouvrir au public les portes de son site historique.
Visite des chais de vieillissement, de la section où sont entreposés les foudres (très gros fûts de cognacs rares et vieux), et les dames-jeannes, ces bouteilles dodues qui renferment les plus vieux millésimes ; puis découverte de l'espace de travail de la maîtresse de chai de la maison, Anne Sarteaux... De beaux effets sonores et visuels compensent une visite aux commentaires assez généraux. Très intéressante, en revanche, la dernière partie du parcours, consacrée au packaging, fer de lance de la maison. Pour l'anecdote, la panthère, symbole de force, de souplesse et de combativité tout à la fois, a été choisie à la fin des années 1990 comme emblème de la marque afin de conquérir le marché chinois qui lui attribue toutes les vertus ! Et enfin, ne pas manquer la dégustation des créations maison, notamment les originales liqueurs de cognac au café ou à la vanille.

Restaurant Le Chai Meukow : *ouv à tous, tlj sauf dim, le midi seulement, sur résa. Menu unique 29 €.* Dans une dépendance, le talentueux chef concocte, dans le cadre d'un atelier culinaire, des menus du marché *a la plancha* et autour du cognac (cela va de soi !). Terrasse exceptionnelle.

Rémy Martin : *au domaine (situé à* ***Merpins,*** *à 4 km au sud-ouest de Cognac en direction de Pons) ou à la Maison (au 20, rue de la Société-Vinicole, hors plan par A2). ☎ 05-45-35-76-66. • visitesremymartin.com • Au domaine, visite sur résa de mi-avr à fin sept, tlj sauf dim ; durée : 1h. Au siège, visite tte l'année sur résa ; durée : 1h30. Entrée : 20 € au domaine, 35 € à la Maison ; réduc de 10 % sur présentation de ce guide.*
La visite au domaine s'effectue à bord d'un petit train pour rallier les chais d'assemblage et de vieillissement. Tous les aspects techniques sont passés en revue (de la fabrication du cognac, bien sûr, à la tonnellerie), émaillés comme il se doit d'anecdotes historiques sur cette maison fondée en 1724. D'ailleurs, un petit tour dans le chai prestigieux où sont conservées les plus vieilles barriques permet de se faire une idée de l'ancienneté de la maison et de la pérennité de son style. En un siècle, il n'y eut que 4 maîtres de chais ! À l'issue de la visite, les amateurs pourront déguster un verre de l'Accord Royal 1738 (un cognac distillé sur lie dans de petits alambics et vieilli en fûts de chêne du Limousin), accompagné d'une bouchée gourmande. Intéressant, mais les connaisseurs exigeants préféreront peut-être les visites privées organisées à la Maison, à Cognac. Elles se terminent par une dégustation des emblèmes de la marque, à savoir le VSOP et le XO, accompagnés de 2 bouchées salées ou sucrées.

À faire

Les Canalous : *résa au ☎ 03-85-53-76-74. • canalous-plaisance.fr •* Cette agence familiale, basée en Bourgogne, loue des bateaux qui se pilotent sans permis. Plusieurs circuits sont proposés le long de la Charente au départ de Cognac, de la journée à la semaine. Après un rapide briefing, vous êtes prêt pour une aventure inédite, géniale en famille ou entre copains. Très joli parcours au fil des méandres de la Charente.

Fête et manifestations

– ***Mars Planète Danse :*** *en mars. ☎ 05-45-82-32-78.* Festival de danse et genres mêlés, au théâtre de l'Avant-Scène Cognac.
– ***Fête du Cognac :*** *en principe 3 j. en juil mais peut s'étendre à plusieurs w-e dans l'été. ☎ 05-45-81-21-05. • lafeteducognac.fr •* Au port de plaisance, guinguettes, concerts et cocktails.
– ***Blues Passions :*** *en principe 1 sem début juil, mais peut s'étendre à plusieurs w-e durant l'été. ☎ 05-45-36-11-81. • bluespassions.com •* Au programme, plus de 90 concerts de blues, soul ou jazz, ainsi que des expos, des conférences et des stages. Grosses pointures (on y a vu Dee-Dee Bridgewater, Jimmie Vaughan, Iggy Pop, Imany, Taj Mahal...) et découvertes.
– ***Festi Classique :*** *15 j. de fin août à mi-sept. • festi-classique.com •* Concerts de musique classique de haut niveau, suivis d'un cocktail.
– ***Coup de Chauffe :*** *un w-e début sept. ☎ 05-45-82-32-78. • avantscene.com •* Festival des arts de rue. Spectacles gratuits.
– ***Festival Polar de Cognac :*** *3e w-e d'oct. • festival-polar-cognac.fr •* Animations, expos, rencontres, projections, dédicaces, remise de prix...
– ***LEC Festival (Littératures européennes Cognac) :*** *3e w-e de nov. ☎ 05-45-82-88-01. • litteratures-europeennes.com •* Lectures, débats et rencontres avec des écrivains venus de toute l'Europe.

DANS LES ENVIRONS DE COGNAC

Les Jardins respectueux : *65, rue de Bellevue, 16100* ***Châteaubernard.*** *☎ 05-45-80-81-15. • lesjardinsrespectueux.fr • À env 4 km au sud-est de Cognac. Tlj 9h-18h. Entrée (tickets à la réception de l'hôtel-resto Château de l'Yeuse) : 3 €.* Un drôle de jardin associatif qui, dans l'ensemble, vit un peu sa vie (il est, comme son nom l'indique, respectueux des écosystèmes locaux). Au hasard des sentiers, un potager, des ruches, des œuvres de land art et un « hameau » de cabanes de bois et de caravanes peintes par des grapheurs. Plein d'animations au fil de l'année (consulter le site).

SEGONZAC (16130) 2 110 hab. *Carte Charente, A-B3*

Cette petite bourgade labellisée *Cittaslow* se situe au cœur de la Grande Champagne. Ce 1er cru du cognac est délimité au nord par le fleuve et s'étend au sud jusqu'à Barbezieux. On est donc ici au milieu des vignes, dans une douce campagne au profil vallonné. Des dizaines de producteurs accueillent les visiteurs : au bord des petites routes, les panneaux vous les indiqueront. N'hésitez pas à frapper à leur porte, ils vous feront goûter leur cognac, mais aussi leur pineau. On conseille aussi (à ceux qui le peuvent) de se balader dans le coin de décembre à février, époque de la « chauffe », quand les vieux alambics se mettent en marche.

Adresses utiles

Office de tourisme : *1, rue Pierre-Viala. ☎ 05-45-82-10-71. • destination-cognac.com • En face de l'église. Avr-sept, mar-ven 9h30-12h30, 13h30-17h30 ; le reste de l'année, le mat seulement.*

Maison de la Grande Champagne : *2, rue Gaston-Briand (à gauche de l'office de tourisme). ☎ 05-45-35-39-72. En saison, mar-sam 10h-12h15, 14h30-18h30 ; dim 9h30-12h30 ; fermé lun. Hors saison, mer-sam 10h-12h15, 14h30-18h30 ; fermé dim-mar.* Dépôt-vente des meilleurs cognacs et pineaux du cru, et autres produits locaux. Liste des viticulteurs ouverts au public.

Où dormir ? Où manger à Segonzac et dans les environs ?

De bon marché à prix moyens

Chambres d'hôtes Domaine des Collinauds : *les Collinauds, 16130* ***Lignières-Sonneville.*** *☎ 05-45-80-51-23. 📱 06-63-97-06-41. • matignon.les-collinauds@wanadoo.fr • lescollinauds.fr • À 8 km au sud de Segonzac. Compter 67-72 € pour 2. Également 2 gîtes (4-11 pers).* Très belle propriété du XIXe s, au milieu des vignes, avec piscine à flanc de colline. Pas mal de charme avec sa vaste cour intérieure pleine d'arbres, flanquée de dépendances encombrées de vieilles calèches et d'anciennes machines agricoles : un vrai musée ! Et il y a même une distillerie comme au XIXe s. Une poignée de chambres décorées de manière rustique ou bourgeoise, dont une pour les familles. Cuisine aménagée avec coin repas. Possibilité de louer le petit moulin (avec sa roue !) situé au pied de la colline. Et excellent accueil de la famille Matignon (anciens viticulteurs – dans le coin, on s'en serait douté !).

Chambres d'hôtes chez Monique et Henri Geffard : *lieu-dit La Chambre, 16130* ***Verrières.*** *☎ 05-45-83-02-74. • cognac.geffard@aliceadsl.fr • cognac-geffard.fr • À 7 km au sud-ouest de Segonzac. Congés : de mi-déc à début janv. Compter 54 € pour 2 ; familiales. Apéritif maison offert sur présentation de ce guide.* Un des viticulteurs-producteurs du coin, qui propose des chambres simples et bien tenues. Profitez-en, ça vous permettra de goûter sans risque aux produits maison, cognac et pineau des Charentes ! Excellent accueil de Monique. On dort dans l'annexe mitoyenne de la ferme, un ancien hangar à matériel impeccablement réaménagé. Vaste salon commun (avec baby-foot) fermé par une grande baie vitrée. Cuisine équipée à disposition. Les Geffard font aussi visiter leur exploitation et leur distillerie.

Chambres d'hôtes chez Micheline et Jacky Chainier : *8, chemin du Chiron, 16130* ***Salles-d'Angles.*** *☎ 05-45-83-72-79. 06-80-47-82-78. • jacky.chainier@orange.fr • À 15 km à l'ouest de Segonzac. Compter 55 € pour 2. Empl. camping 15 € pour 2 ; mobile homes. Dîner sur résa 22 €. Réduc de 10 % sur la double (à la maison d'hôtes) à partir de 3 nuits sur présentation de ce guide.* Belle maison de maître de 1850 dans une grande cour avec massifs fleuris. À l'étage, des chambres à l'ancienne mode, sans chichis, au joli parquet. Demandez à Jacky de vous montrer son alambic, il vaut le coup d'œil. Si vous voulez voir des chais professionnels, il saura vous indiquer des adresses intéressantes. Camping à la ferme avec des emplacements tout simples mais bien ombragés, bloc sanitaire impeccable et machine à laver à disposition. Excellent accueil.

La Cagouillarde : *18, rue Gaston-Briand, à Segonzac. ☎ 05-45-83-40-51. Tlj sauf sam midi, dim soir et lun, ainsi que le soir mar-jeu hors saison. Menus 21 € (le midi sauf dim)-28 € ; carte env 35 €.* Avec pareille enseigne (petit rappel : « cagouille » est le nom charentais de l'escargot) et derrière une bonne vieille devanture de bois, on ne s'étonne guère de trouver dans l'assiette une généreuse cuisine régionale à base de cagouilles (donc !), de mogettes ou de cognac. Pour le cadre : un bistrot des années 1930, avec frigos de bois, tables de marbre et poêle d'autrefois, puis une jolie salle d'auberge de campagne, et une terrasse, enfin, dans le jardin.

À voir. À faire

L'église Saint-Pierre : immanquable avec son curieux clocher-porche à flèche de pierre couverte d'écailles. La construction date des XIe et XIVe s mais cette église a été, en très grande partie, détruite au cours des guerres de Religion. L'intérieur, gothique, a été sérieusement rénové au XIXe s. À l'extérieur, sur le côté droit, émouvant monument aux morts de la Première Guerre mondiale, un des rares en France qui ne fasse pas dans le patriotisme triomphant : une femme éplorée, tout simplement...

Les Nuits blanches en Pays jaune d'or : *ts les ven soir début juil-fin août. Résa obligatoire au bureau d'information touristique. 25 €/voiture (jusqu'à 5 passagers).* L'association Animation Culture Grande Champagne organise un circuit guidé et nocturne assez original. Il s'agit d'un parcours à faire en voiture, avec un support audio diffusant des anecdotes sur l'histoire locale ! Au long du parcours, arrêt sur des sites animés par les gens du pays, qui racontent l'histoire des pierres, mais aussi la vie des hommes. Le circuit se termine par un verre de l'amitié.

DANS LES ENVIRONS DE SEGONZAC

Gensac-la-Pallue : *à 5 km au nord de Segonzac.* Intéressante église romane, à la façade richement décorée. Remarquez, sur la droite, un ange disposé... horizontalement. Intérieur très bien conservé mais peu décoré, à l'exception d'une tête sculptée amusante, qui tire la langue. Le chœur gothique est classé Monument historique. Après la visite, promenez-vous derrière l'église. Charmant bassin plein de nénuphars, d'où surgissent des fontaines bouillonnantes. Il s'agit en fait d'une source, qui alimente le Ri (sans « z » !), minuscule rivière qui se jette dans la Charente. En face du bassin, une ravissante maison du XVIIIe s : la pisciculture du Moulin, qui propose la vente directe de truites, d'esturgeons et de... caviar. En contournant le bâtiment par la droite, un pont de pierre invite à une promenade bucolique.

Bouteville : *à 9 km à l'est de Segonzac.* Au détour d'un virage, le spectacle de ce village blotti au pied d'un château abandonné sur son éperon rocheux surprend après les étendues de vignes. Entourée de douves, cette imposante bâtisse fut érigée au XVIIe s pour les seigneurs de Bouteville. Ses ruines romantiques peuvent se visiter *(sur résa au ☎ 05-45-97-51-49 ; 3 €, gratuit moins de 15 ans).*

– Profitez de votre passage dans ce village pour découvrir le baume de Bouteville *(1, rue Montmorency ; ☎ 05-45-64-92-76 ; en été mer-sam 9h-18h),* un condiment balsamique, longuement vieilli dans des fûts de cognac (donc pas franchement donné !).

Les jardins du Chaigne : *Le Chaigne, 16120* ***Touzac.*** *06-23-10-68-81. • jardinsduchaigne.com • À 12 km au sud de Segonzac. Mai-fin sept, lun-mar et jeu-ven 10h-17h30, fermé mer ; sinon, sur rdv. Entrée : 5 € ; réduc ; gratuit moins de 12 ans.* 4 ha de jardins enchanteurs (labellisés Jardin remarquable) dans un site initialement dédié à la culture de la vigne.

La Maison de la vigne et des saveurs : *La Pierre-Brune, 17520* ***Archiac.*** *☎ 05-46-49-57-11. • maisondelavigneetdessaveurs.com • À 15 km au sud-ouest de Segonzac. Tte l'année sauf 1er w-e de janv-1er w-e des vac de fév : avr-sept, tlj 10h-18h (19h juin-août) ; oct-mars, lun-ven 14h-18h, le w-e 10h-18h. GRATUIT.* Les sens en alerte pour une visite aromatique, gustative, éducative, didactique et ludique. Espaces découverte sur la vigne dans un village au cœur de la « petite Champagne », un des 6 crus de l'appellation. Scénographie moderne et interactive. Ateliers payants (sur résa) et animations gratuites toute l'année. Boutique de producteurs locaux.

LA VALLÉE DE LA CHARENTE, DE COGNAC À ANGOULÊME

• Carte *p. 125*

Terre d'histoire et pays de cocagne, cette portion de la vallée de la Charente relie entre elles les 2 villes les plus importantes du département. Très peu industrialisée, elle ne vit que par – et pour – les vignes... Vous voici donc au doux pays du pineau – et du cognac, bien sûr ! Des boissons qui doivent avoir une influence non négligeable sur les habitants, puisque nous y avons trouvé le plus chaleureux des accueils. Indubitablement, il fait bon vivre sur les rives de ce fleuve, pleines de verdure et de calme, aux paysages

LA CHARENTE

empreints de charme : courbes du fleuve, coteaux impeccablement propret brodés de rangs de vignes, ponts de pierre, îlots de verdure, fermes paisibles, le tout nimbé d'une lumière d'ambre. Pour ne rien gâcher, les curiosités abondent : on s'arrête presque à chaque kilomètre pour visiter quelque chose !

Tourisme fluvial

La Charente est un fleuve paisible, à la navigation facile, avec des écluses manuelles. La location de *house-boats* ne nécessite pas de permis. Alors, lancez-vous et offrez-vous, entre avril et octobre, une promenade d'Angoulême à l'océan ! Compter toutefois 2 bonnes semaines jusqu'à Rochefort.

Inter Croisières : *pont de Sireuil, 16440* ***Sireuil.*** *☎ 05-45-90-58-18. • intercroisieres.com •*

Le Boat : *quai François-Mitterrand, 16200* ***Jarnac.*** *☎ 05-45-36-59-98. • leboat.fr •*

– Voir aussi notre adresse à Cognac, rubrique « À faire ».

JARNAC (16200) 4 425 hab. *Carte Charente, B2*

La souriante petite ville de Jarnac s'étire langoureusement le long de la Charente. Chef-lieu de canton, elle a prospéré discrètement, grâce, comme sa célèbre voisine, à ses importants chais de cognac. C'est d'ailleurs à Jarnac que s'est implanté le 1er marchand d'eau-de-vie, en 1610.

Outre ses grandes marques de cognac (Courvoisier, Hine, Braastad-Tiffon, Delamain...) et son coup de Jarnac, la commune s'enorgueillit d'avoir vu naître un président de la République dont le nom vous dit sûrement quelque chose : François Mitterrand. Jarnac a ainsi hérité d'une collection de cadeaux offerts à « Tonton » par les grands de ce monde ! Et depuis que François Mitterrand repose au cimetière des Grand'Maisons, la petite ville autrefois tranquille est devenue un lieu de pèlerinage...

LE COUP DE JARNAC

Contrairement à ce que des plaisantins ont pu écrire dans les journaux satiriques, le coup de Jarnac n'a rien à voir avec la naissance de François Mitterrand. Ce n'est pas non plus une expression désignant le fait de boire cul sec un verre de cognac. Il s'agit tout simplement d'une botte secrète rendue célèbre lors d'un duel survenu en 1547... Seulement, cet événement devenu historique n'eut pas lieu à Jarnac, mais au château de Saint-Germain-en-Laye. L'affaire, un brin compliquée (on ne va pas entrer dans les détails), commença à la cour d'un autre François (François Ier). Le jeune Guy Chabot, baron de Jarnac et accessoirement beau-frère de la maîtresse du roi, lança une rumeur selon laquelle la belle-mère du Dauphin (futur Henri II) tentait de le séduire. Pour sauver l'honneur du Dauphin, un certain François de Vivonne, seigneur de La Châtaigneraie, fit croire au roi qu'il avait lui-même lancé la rumeur. Mais Jarnac le traita de menteur. Le duel était inévitable. La Châtaigneraie, excellent escrimeur, étant sûr de gagner, prépara un festin. Que nenni ! Guy Chabot de Jarnac s'entraîna avec un maître italien qui lui révéla sa botte secrète. Ainsi, le jour du duel, le jeune baron trancha-t-il par surprise le jarret de son adversaire. Celui-ci en mourut quelques jours plus tard...

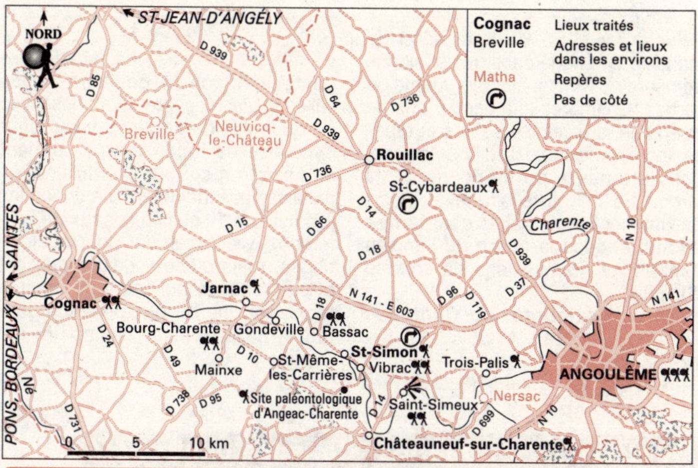

LA VALLÉE DE LA CHARENTE DE COGNAC À ANGOULÊME

Adresses et infos utiles dans le coin

Office de tourisme : *1, av. Carnot, 16200* ***Mainxe-Gondeville.*** *☎ 05-45-82-10-71. • destination-cognac.com • Sur l'autre rive de la Charente, juste de l'autre côté du pont. Juin-sept, tlj sauf dim 9h30-12h30, 13h30-17h30 ; avr-mai, mar-ven 9h30-12h30, 13h30-17h30 ; oct-mars, le mat seulement mar-ven.*

Location de VTT : *auprès de* ***VTT Concept,*** *à* ***Mainxe.*** *06-11-08-44-44. Tlj sur résa.* Location de vélos à la demi-journée ou à la semaine. Randos accompagnées.

– ***Marché couvert :*** *rue du Chêne-Vert, à Jarnac. Avr-sept, mar-dim 7h-13h ; oct-mars, fermé lun et mer.* Pratique pour les campeurs. *Également une foire le 1er sam du mois.*

– ***Marché aux truffes :*** *dans l'ancienne école Jules-Ferry, 16, rue des Fossés, à Jarnac. Déc-fév, dim 9h-12h.* Unique en Charente.

Où dormir ? Où manger ?

Camping

Camping Île Madame : *rue de l'Île-Madame, 16200* ***Gondeville.*** *☎ 05-45-81-18-54. 06-26-91-40-92. • campingjarnac@outlook.fr • entreprisefrery.fr/jarnac • C'est juste de l'autre côté du pont en fait ! Ouv de mi-avr à fin sept. Forfait env 15,60-19,40 € pour 2. Chalets et mobile homes. 86 empl.* Camping à taille humaine, rénové, qui n'est pas (comme son nom pourrait le suggérer) sur une île mais en bordure d'un bras de la Charente. Très bucolique. La piscine municipale n'est qu'à 50 m (entrée gratuite pour les campeurs).

De chic à beaucoup plus chic

Hôtel Ligaro : *74, Grand-Rue. ☎ 05-45-32-71-38. • contact@hotel-ligaro.com • hotel-ligaro.com •*

♿ *Doubles 139-185 € ; suites plus chères ; familiale.* Un petit hôtel de standing aménagé dans une ancienne demeure du XVIIe s, au cœur même de Jarnac. Chambres à la déco moderne et épurée, aux teintes sobres et reposantes. Mention spéciale pour la suite, dont la terrasse privée donne sur le jardin. La chambre située à l'écart du bâtiment principal et dont le mur arrondi épouse la forme de l'ancien rempart ne manque pas de charme non plus.

Le Restaurant du Château : *15, pl. du Château. ☎ 05-45-81-07-17. • contact@restaurant-du-chateau.com • ♿ Tlj sauf dim soir, lun et mer soir. Formule et menu déj en sem 23,50-25,50 € ; le soir, menus 48-59 € ; carte 65 €.* La façade élégante annonce la couleur : belles salles sobres et contemporaines (avec ce qu'il faut de couleurs vives pour dynamiser le tout), service souriant et discret, et surtout une cuisine qui ne laisse pas indifférent. Le choix des produits de 1re qualité (locaux de préférence) y est bien sûr pour quelque chose, mais c'est le doigté du chef et sa créativité qui font que chaque repas est une belle expérience gustative. Belle terrasse champêtre sur l'arrière.

Où dormir ? Où manger dans les environs ?

Camping

Camping du Port : *allée des Platanes, 16200 **Bourg-Charente.** ☎ 05-45-81-30-25 (mairie). 📱 06-15-16-67-82. • campingbourgcharente@gmail.com • campingbourgcharente.wixsite.com • Ouv Pâques-nov. Env 9 € pour 2. 40 empl.* Petit camping vraiment tout simple mais idéalement situé le long du chemin de halage et de la Flow Vélo, sur un terrain bucolique à souhait, face à la Charente... Emplacements assez bien ombragés et tranquilles. Aire de jeux pour les enfants et location de canoës et *paddles*. 2 mobile homes également.

Bon marché

Cave Chez Maman : *10, rue du Portillon. 📱 06-03-42-16-81. • vincentdidiere@yahoo.fr • Tlj sauf dim ap-m et lun 10h-12h30, 15h-19h30. Petits plats 6-8 € ; planches 6-18 €.* Cette fromagerie-caviste propose une petite carte pour manger sur le pouce : huîtres, planches de fromage ou de charcuterie, melon charentais au jambon, chèvre chaud, croque-monsieur au comté, cheesecakes... Bien aussi pour boire un jus, un café ou une bière artisanale dans la journée.

De prix moyens à plus chic

Le Verre Y Table : *42, av. Carnot, 16200 **Mainxe.** ☎ 05-45-35-07-28. • leverreytable16@gmail.com • À la sortie de Jarnac direction Cognac, vers la gare (pratiquement à Jarnac, en fait). Tlj sauf sam midi et dim-lun. Menu déj en sem 21 € ; carte 40-50 €.* Vu la taille de la maison, cette adresse tenue par une jeune équipe est presque impossible à louper, qu'on entre ou qu'on sorte de la ville. Soit une salle (et des terrasses) gentiment design, mais aussi et surtout une jolie cuisine avec de l'idée, à base de produits frais, proposée à l'ardoise en fonction des saisons. Une belle surprise !

Les Pilotis du Cognac : *20, route de la Petite-Champagne, 16200 **Bourg-Charente.** 📱 06-82-81-61-25. • lespilotisducognac@orange.fr • lespilotisducognac.com • À env 6 km à l'ouest de Jarnac. Congés : 15 déc-15 janv. Compter 80-95 € jusqu'à 4 pers ; juil-août, loc à la sem seulement. Apéro maison offert sur présentation de ce guide.* Dans un jardin parfaitement entretenu, 4 agréables bungalows avec cuisine équipée et terrasse. Tous disposent d'une chambre, d'un salon avec sofa convertible et de la clim. Piscine chauffée et espace détente, avec jacuzzi et sauna (que l'on peut privatiser). Idéal en famille !

Chambres d'hôtes La Cascade de Saintonge : *Saintonge, 16720 **Saint-Même-les-Carrières.** ☎ 05-45-32-40-28. • cascade.saintonge@outlook.fr • la-cascade-de-saintonge.com • À 6 km à l'est de Jarnac. Compter 75-105 € pour 2. Dîner sur résa 25-28 €. Digestif maison offert sur présentation de ce guide.* Emplacement de rêve pour cette vénérable ferme du XVIIe s, tranquille derrière son solide portail et juste séparée de la Charente par un superbe jardin. 2 chambres, de bonne taille et à la jolie déco entre hier et aujourd'hui. Également un gîte.

Domaine des Platanes : *1, allée des Platanes, 16200 **Bourg-Charente.** 06-72-82-99-97. • karin.oflynn@gmail.com • charentedomainedesplatanes.com • À 6 km à l'ouest de Jarnac. Compter env 100 € pour 2 ; familiales. Table d'hôtes 25 €.* Magnifique maison charentaise de 1850 qui, après avoir appartenu à la maison Hennessy, est désormais la propriété d'une sympathique famille britannique, accueillant chaleureusement ses hôtes. On y trouve 3 chambres du meilleur goût, cosy comme il faut et décorées de meubles anciens. Vaste salon commun avec billard et jolie piscine. Et bien sûr, un magnifique jardin, où l'on prend le petit déj à la belle saison. La Charente est juste en face, ainsi que la Flow Vélo.

Hôtel-restaurant Karina : *Les Métairies, à Jarnac. ☎ 05-45-36-26-26. • info@hotelkarina.net • hotelkarina.net • ♿ À 3 km au nord de Jarnac, direction Rouillac (fléché). Resto ouv le soir seulement (téléphoner avt). Congés : fin sept-avr. Doubles 90-130 € ; familiales. Menus 25-45 €.* Cet hôtel atypique a tout de la chambre d'hôtes de charme. Il occupe une maison charentaise de caractère, dont les bâtiments de plain-pied encadrent une charmante cour arborée, agrémentée d'une grande piscine. Les accueillants proprios anglais ont décoré l'intérieur avec beaucoup de goût. Chambres toutes différentes : murs de pierre et parquet de bois par ici, tissus fleuris par là... Un bar a été installé dans l'ancienne distillerie, avec son alambic en bonne place. Au resto, cuisine française traditionnelle.

La Ribaudière : *pl. du Port, 16200 **Bourg-Charente.** ☎ 05-45-81-30-54. • la.ribaudiere@wanadoo.fr • À 5 km au sud-ouest de Jarnac. Tlj sauf dim soir-mar midi. Congés : 3 sem mi-fév et 2 dernières sem d'oct. Formules déj en sem 27-33 € au bistrot ; menus 52-120 €.* L'étape incontournable du circuit gastronomique charentais. Cuisine de terroir revue et corrigée, dotée d'une vraie personnalité et jamais en panne d'imagination : saveurs délicates, mariage subtil des produits locaux et des senteurs méridionales, c'est du grand art. Comme la carte des vins, carrément hallucinante ! La déco très sophistiquée, avec ses meubles contemporains et son plafond design composé de restes de barriques de cognac, vous en mettra plein la vue. La partie bistrot, baptisée *La Table du Fleuve,* permet déjà d'avoir un bon aperçu de la cuisine de Thierry Verrat et de son fils Julien, pour un prix fort raisonnable. Magnifique terrasse face à la Charente.

À voir

Le musée François-Mitterrand : *10, quai de l'Orangerie. ☎ 05-45-81-38-88. • musee-francois-mitterrand.org • ♿ De début avr à mi-oct, mer-dim 14h-18h (plus 10h30-12h30 sam-dim). Entrée : 4 € ; réduc ; gratuit moins de 12 ans.*
Dans la grande salle lumineuse d'un centre culturel moderne, ancien chai de cognac, sont exposés une grande partie des cadeaux dits présidentiels, des objets d'art reçus par l'ancien président pendant ses 2 septennats. Plus que la valeur artistique de ces œuvres (même s'il y en a tout de même de bien jolies), on remarquera les manies et les goûts de ceux qui les ont offertes. Ainsi, à chaque sommet franco-allemand, Helmut Kohl apportait une gravure en couleur représentant des fruits. La reine Elizabeth II préférait les gravures du XIXe s. Et les dignitaires chinois, des vases... de Chine. Les pays arabes, eux, ont une passion pour les

sabres et les poignards (dorés, bien sûr). Hassan II, plus diplomate, fit exécuter un portrait du président français. Le pompon du mauvais goût revient au couple Clinton : un vase orangé en forme de saladier. En revanche, l'aquarelle offerte par le peintre Jean Ipoustéguy (une paire de fesses, il fallait oser !) est assez réussie.
La salle des « architectures capitales », juste en face, présente les maquettes des grands travaux de l'État de 1981 à 1995 (comme la Bibliothèque nationale de France, le ministère des Finances à Bercy, l'Opéra-Bastille ou la Grande Arche de la Défense, pour n'en citer que quelques-uns).

LE MONDE À SES PIEDS...

Le plus beau (et le plus subtil) des cadeaux présidentiels, à notre avis, est celui que Mitterrand lui-même apportait lors de chacune de ses visites officielles : une grande mappemonde à l'ancienne, spécialement conçue à son intention par des artisans. En regardant la carte de France, vous remarquerez que parmi les plus grandes villes figurent les sites chouchous de l'ex-président : Vézelay, Château-Chinon, Solutré... et Jarnac !

L'église Saint-Pierre : *Grand-Rue. Juin-sept, tlj sauf dim 14h30-18h ; oct-mai, mar 15h-17h.* De construction romane, mais ça ne se voit plus beaucoup. Rare vestige de l'époque, la magnifique crypte du XIIIe s, dédiée à l'archange saint Michel. Les élégantes voûtes partent d'un pilier central et sont soutenues aux angles par des cariatides. Aux murs, des colonnettes sculptées. Certaines clés de voûte sont également historiées : on reconnaît des feuilles et un visage. On est surtout saisi par les gracieuses nervures des ogives, qui donnent à cette petite pièce toute son harmonie. Également 3 fresques murales. La mieux conservée est celle évoquant saint Nicolas, ancêtre du père Noël et patron des bateliers. À part ça, l'église est surtout devenue célèbre le jour où fut enterré François Mitterrand : c'est ici qu'a été célébrée la messe d'adieu, en toute simplicité.

La maison natale de François Mitterrand : *22, rue Abel-Guy. ☎ 05-45-35-46-08. • maison-natale-francois-mitterrand.org • Dans le prolongement de la Grand-Rue. Avr-oct, tlj sauf lun-mar 10h30-12h30, 14h30-18h. Entrée : 5 € (4 € sur présentation de ce guide) ; réduc ; gratuit moins de 8 ans.*
La maison du 4e président de la Ve République appartient à l'Institut François-Mitterrand et offre une idée du quotidien de l'enfance et de la jeunesse de celui qui y est né. Car rien, ou presque, n'a bougé. Même le papier peint a été reconstitué avec les couleurs d'origine ! La visite permet de découvrir le salon, la salle à manger, la cuisine, la chambre natale et la chambre de François Mitterrand (« la chambre aux oiseaux » comme il l'appelait), mais également le jardin et les dépendances. Le tout, sur fond de photos de famille et de documents inédits. Dans la cour, l'ancienne vinaigrerie accueille des expos temporaires sur le parcours politique de l'ancien président.
Mitterrand est né le 26 octobre 1916 dans cette demeure toute simple, et y a passé une partie de son enfance. Élevé dans une famille catholique de républicains plutôt conservateurs, il fut ensuite pensionnaire au collège Saint-Paul, à Angoulême. On connaît la suite : étudiant parisien à 17 ans, prisonnier de guerre de 1940 à 1942, évadé à la 3e tentative, contractuel à Vichy au commissariat aux

ARE FUNÉRAIRE

C'est au sommet du mont Beuvray, dans le Morvan, que François Mitterrand aurait souhaité être enterré. En 1995, il avait acheté un petit terrain d'un are (100 m²) à 810 m d'altitude, au lieu-dit La Chaume, pour un franc symbolique. Une association locale (L'Are pour tous !) s'opposa fermement au projet dans ce site protégé, et Mitterrand renonça finalement à son idée. Il repose au cimetière de Jarnac.

prisonniers de guerre d'avril 1942 à janvier 1943, il fonde le mouvement de résistance MNPG, secrétaire général à la Libération, sous de Gaulle, du ministère des Anciens Combattants et Prisonniers de guerre, ministre sous la IVe République, leader de l'opposition à de Gaulle, rénovateur du parti socialiste. Drôle de parcours, typiquement mitterrandien.
François Mitterrand est mort le 8 janvier 1996 et est enterré dans le caveau familial, au ***cimetière des Grand'Maisons,*** à 800 m de l'église de Jarnac où il fut baptisé.
– Le festival *Prise de Paroles,* centré sur la langue française et l'éloquence, se déroule désormais chaque année en juillet dans le cadre de la maison.

Visite de chais

Courvoisier : *2, pl. du Château. ☎ 05-45-35-56-16. • visites.courvoisier@beamsuntory.com • courvoisier.com • Au bord de la Charente. Mai-sept, tlj sauf dim-lun 10h45-13h, 14h-18h30 ; visites à 11h, 14h15, 15h30 et 16h30. Le reste de l'année, se renseigner. Résa fortement conseillée (les 1ers choisissent la langue de la visite !). Visite guidée (compter 1h) : 18 € ; gratuit moins de 12 ans. Également des visites privées de 2h à 70 €/pers, sur résa (min 2 pers).*
La célèbre marque n'a pas pris n'importe qui pour assurer sa promotion : son cognac, depuis 1811, est « officiellement » celui de Napoléon ! Tout cela depuis que l'Empereur visita les entrepôts du négociant Emmanuel Courvoisier. Mais c'est véritablement en 1869 que Napoléon III décida formellement d'en faire son fournisseur exclusif (un titre officiel exposé ici en atteste). C'est pourquoi un *Musée napoléonien* a été installé dans le grand hall. On y voit le célèbre chapeau porté à la bataille de Friedland (authentifié), une mèche de cheveux de Napo, ainsi qu'un gilet auquel manquent des boutons (pour y glisser sa main !). Amusant : son ombre est encore là ! L'histoire de la marque est évoquée à travers quelques vitrines pleines d'objets publicitaires, de vieilles bouteilles, etc., exposées de manière originale dans de grands foudres (tonneaux de grande capacité). Le guide vous expliquera ensuite tout sur l'élaboration du cognac (bel alambic traditionnel en cuivre), la fabrication des barriques (sans clous ni produits chimiques, attention !), les différents crus, les arômes (avec d'intéressantes barriques à parfum qui permettent de comprendre comment l'eau-de-vie s'imprègne de l'odeur du bois), les millésimes, etc. La visite traverse ensuite le chai : impressionnant amoncellement de fûts (à la verticale !) dans une semi-pénombre. L'odeur omniprésente d'alcool est due à l'évaporation. On appelle ça « la part des anges ». Poétique, non ? Pour terminer le parcours de visite, on découvre un petit film très réussi qui met en scène tous les acteurs participant à l'élaboration du cognac. Place ensuite à la dégustation !

Cognac Thomas Hine & Co : *16, quai de l'Orangerie. ☎ 05-45-35-59-59. • hinecognac.com • Boutique ouv lun-sam 9h-12h, 13h30-18h. Visites mar-sam sur résa seulement : 20 €.* Fondée en 1763, la maison Hine est le fournisseur officiel la reine Elizabeth II, depuis 1962 s'il vous plaît ! La visite permet de découvrir les chais historiques, nichés sous un beau bâtiment du XVIIIe s, avant de finir par une dégustation. La spécialité de cette maison dont l'emblème est un cerf ? Les cognacs millésimés, en particulier les *Early landed,* produits en Charente, mais vieillis en Angleterre ou en Écosse, ce qui leur donne une petite touche très... british.

À faire

Le circuit du Chêne : *famille Moine, à **Villeneuve** (16200 **Chassors**). ☎ 05-45-80-98-91. • lesfreres.moine@wanadoo.fr • moinefreres.fr • Juil-août, mar-jeu, départ de l'office de tourisme de Jarnac à 14h ; le reste de l'année, visite sur résa. Durée : 2h30. Tarif : 15 € (dégustation comprise) ; réduc et forfait famille.* Passionnante balade pleine d'anecdotes, emmenée par les membres de la famille Moine,

LA CHARENTE

viticulteurs. Un circuit qui rappelle que le cognac est bien le fruit d'une savante alchimie entre le bois, l'air et l'alcool. C'est de la qualité des barriques (où l'eau-de-vie se chargera de tanins, gagnera sa profonde couleur ambrée) que dépend la qualité d'un cognac. Le circuit commence donc chez le fendeur de merrains. C'est lui qui choisit, sur pied, au cœur des forêts limousines, de superbes chênes centenaires. Du cœur du tronc, il va tirer de belles pièces (dans le droit fil du bois, sinon la barrique fuit !) qui sèchent pendant au moins 3 ans. Pourquoi du chêne et pas une autre essence ? Le petit morceau de bois qu'on vous donne à mâchonner pendant la visite devrait vous apporter la réponse ! La découverte se poursuit chez le tonnelier pour assister à la fabrication d'une barrique, technique qui a peu évolué au fil des siècles. Les douelles (pièces de bois qui, assemblées, formeront la barrique) sont toujours cintrées sur un brasero. Et le temps qu'elles passent sur la flamme a son importance : les tanins seront différents suivant le degré de brûlure du bois (ce que l'on appelle le « bousinage »). Le circuit se termine dans la distillerie, au coin de l'alambic, où l'on apprend tout sur la fameuse double distillation et sur la part des anges avant une dégustation de pineau !

– ***Canoë :*** *s'adresser au club, 19, quai de l'Île-Madame. ☎ 05-45-81-32-01. Ouv tlj en juil-août ; sinon se renseigner.* Location simple (de 2h à la journée) ou balades accompagnées, commentées par une spécialiste de la faune et de la flore locales. Descente de nuit le vendredi en été, avec en-cas. Très sympa !

– ***Excursions à vélo électrique, guidées par GPS :*** *avec **Ouest Charente Outdoor**, 11, route de Julienne. 📱 07-72-14-51-30. • ouestcharente.outdoor@gmail.com • Sur résa.* Joël Gazeau propose de découvrir les bucoliques environs de Jarnac à vélo électrique, en autonomie. Le GPS vous guidera entre vignes et paysages aquatiques. À louer, également de rutilants canoës canadiens (du haut de gamme, très maniables !). Bon accueil.

Manifestation

– ***Festival Les Trois Coups de Jarnac :*** *de fin juil à mi-août. Rens : ☎ 05-45-82-10-71. • les3coupsdejarnac.com • Entrée payante.* Ce festival de théâtre à la programmation aussi variée que qualitative investit divers lieux du territoire, entre jardins, chais, châteaux, abbayes et auditoriums.

DANS LES ENVIRONS DE JARNAC

Bourg-Charente : *à 5 km à l'ouest de Jarnac.* Ravissant village avec une jolie église romane de style saintongeais dont la façade à 3 étages est ornée d'arcatures. À l'intérieur, remarquez les 2 coupoles sur pendentifs et la fresque du XIIIe s figurant une Adoration des mages. Plus loin, on aperçoit le château de Bourg, des XVIe et XVIIIe s (ne se visite pas, on y distille le fameux Grand Marnier).

– Avant de partir, ne pas manquer la balade le long de la Charente, sur l'ancien chemin de halage, où passe aujourd'hui la Flow Vélo.

ROUILLAC (16170) 2 320 hab. *Carte Charente, B2*

À l'écart de la vallée de la Charente, ville-carrefour depuis l'Antiquité romaine, cette bourgade est au cœur d'une vaste région de vignes appelée « cru des Fins Bois ». D'ailleurs, on n'est pas loin de Cognac et de Jarnac.

Sans patrimoine d'exception, Rouillac est surtout connue dans la région pour sa pittoresque foire du 27 (qui se tient donc chaque 27 du mois depuis 1882), avec produits du terroir...

Adresse utile

Office de tourisme du Rouillacais : *pl. Gambetta. ☎ 05-45-21-80-05. • rouillac-tourisme.fr • Tte l'année ; juil-août, tlj sauf sam ap-m et dim-lun ; le reste de l'année, le mat seulement mar-sam, mer ap-m et ven ap-m.*

Où manger ?

Auberge des Fins Bois : *222, av. Jean-Monnet. ☎ 05-45-70-86-79. • auberge.finsbois.rouillac@wanadoo.fr • Ouv le midi mar-dim, plus le soir mer-sam. Fermé ts les 27 du mois le soir. Formule et menu déj en sem 14,20-16,20 € ; autres menus 23-34 €.* L'auberge de campagne pur jus avec ses 2-3 tables au pied du comptoir et sa grande salle rustico-coquette, prolongée d'une grande terrasse. Bonne cuisine, à base de produits frais, qui reste dans un registre traditionnel. Quelques spécialités portugaises qui rappellent les origines du chef. Vente à emporter possible.

Achats dans les environs

Dhiersat : **Le Breuil** *(à 1 km au sud de Rouillac, fléché). ☎ 05-45-21-75-75. Tlj sauf dim 9h30-12h30, 14h-19h.* Un petit producteur du cru de derrière les fagots. Rouge, blanc ou vieux : le choix est large en matière de pineaux maison. Également du cognac, évidemment ! Dégustation gratuite et accueil charmant.

Domaine de la Chevalerie : *route de La Vigerie, 16170* **Saint-Amant-de-Nouère.** *06-70-55-77-26. • contact@cognac-pineau-pelletant.com • cognac-pineau-pelletant.com • À env 7 km au sud-ouest de Rouillac. Boutique lun-sam 9h30-12h30, 14h30-19h ; dim mat sur rdv.* Loïc Pelletant poursuit l'aventure familiale commencée il y a 4 générations. Il produit cognac, pineau, vin et jus de raisin. Un brin artiste, un poil poète, il déborde d'idées pour faire découvrir son vignoble avec passion et originalité : concerts dînatoires, pique-nique dans les vignes, balades en 2 CV ou en tracteur, petits déjeuners au pied de l'alambic (en hiver), et l'on en passe. Demandez le programme !

DANS LES ENVIRONS DE ROUILLAC

L'espace d'interprétation du gallo-romain : *ferme des Bouchauds, 200 m avt le théâtre, à* **Saint-Cybardeaux** *(16170). ☎ 05-45-65-26-19. • eigr-bouchauds.fr • Juil-août, tlj 10h-13h, 14h-18h (seulement l'ap-m le w-e) ; vac scol de Pâques et de la Toussaint, tlj sauf lun-mar et j. fériés 13h-18h. Entrée : 3 € ; réduc ; gratuit moins de 16 ans.* Niché dans une ferme charentaise du XIXe s habilement rénovée, l'espace d'interprétation s'impose comme le complément indispensable à la visite du site des Bouchauds (lire ci-dessous), dont la splendeur passée est difficile à imaginer. Maquettes, expositions, documents, film : l'histoire du site et sa découverte y sont expliquées de façon claire et pédagogique. L'exposition permet aussi de comprendre la position stratégique des Bouchauds, situés non loin de la *via Agrippa* (l'une des 5 routes principales qui traversaient la Gaule, et qui reliait Lyon à Saintes).

– En été, des visites guidées du site archéologique ainsi que de l'espace d'interprétation sont organisées (sur résa). Également des ateliers pour enfants.

Le théâtre gallo-romain des Bouchauds : *à* **Saint-Cybardeaux,** *à 5 km à l'est de Rouillac ; suivre la direction d'Angoulême puis fléché. Accès libre et GRATUIT. Prêt d'audioguide (commentaire lu par Lorànt Deutsch), à retirer à l'espace d'interprétation (voir ci-dessus). Appli Legendr avec casque de réalité virtuelle (4 €).* Vaste théâtre en ruine, dans un site paisible et sauvage, en bord de forêt. Construit au Ier s, il fut probablement abandonné 2 siècles plus tard quand la religion chrétienne s'imposa. On y accède par un chemin qui traverse d'abord les vestiges d'un sanctuaire, avec les fondations de ses temples, avant de déboucher en haut des gradins, histoire d'appréhender de façon saisissante l'immensité du théâtre. C'était un des plus grands de Gaule ! Avec ses 105 m de diamètre, il bat celui d'Arles de 3 m et pouvait accueillir de 5 000 à 7 000 spectateurs... Au loin, on peut apercevoir la Charente à travers la frondaison des arbres.

SAINT-SIMON (16120) 200 hab. *Carte Charente, B3*

À mi-distance d'Angoulême et de Cognac, ce village ne paie pas de mine. On pourrait le traverser comme ça, la tête dans les nuages, sans se douter un seul instant de son importance historique... Et quand vous en aurez fait le tour, vous vous rendrez compte que Saint-Simon se classe sans peine parmi les villages les plus attachants de Charente.

UN PEU D'HISTOIRE GABARIÈRE

Saint-Simon, qui possède peu de terres, a de tout temps été une commune de marins. Mais pas n'importe quels marins ! Ici, ce sont d'authentiques gabarriers, ces hommes qui manœuvraient des gabares, grands bateaux à fond plat qui ont longtemps sillonné la Charente, chargés de sel, de bois, de vin... puis de cognac. Outre les gabarriers, le village a également fourni d'éminents charpentiers et « calfats », chargés de la construction et de la réparation des gabares. Ainsi, du Moyen Âge jusqu'aux années 1930, tout le village a vécu des gabares, puisque les femmes et les enfants s'occupaient du halage... Vu l'importance de la Charente, autrefois centre de communication privilégié entre l'océan et l'intérieur des terres, Saint-Simon est ainsi devenu l'un des centres vitaux de cette étonnante civilisation fluviale. Mais l'avènement du chemin de fer a mis un terme à cette activité lucrative. Peu à peu, la cité prospère s'est métamorphosée en un petit village assoupi, ancré dans la nostalgie d'un âge d'or révolu...

Où dormir ? Où manger dans les environs ?

Prix moyens

Hôtel-restaurant Les Ombrages : *3, route des Ponts, 16120* **Vibrac.** *☎ 05-45-97-32-33. • lesombrages@orange.fr • lesombragesvibrac.com • (resto seulement). À env 2 km au sud-est de Saint-Simon. Resto tlj sauf lun, ven midi et dim soir. Double 65 €. Menu 16 € (déj en sem) ; carte 30-35 €.* Dans un joli coin, pratiquement en pleine nature, sous les frondaisons (normal, vu l'enseigne)... La petite hôtellerie classique aux chambres rénovées, mais dont l'isolation phonique n'est pas optimale... Cuisine traditionnelle à base de produits frais. Piscine.

Chic

L'Essille : *43, route de Condé, 16120* ***Bassac.*** *☎ 05-45-81-94-13. • l.essille@wanadoo.fr • hotel-restaurant-essillle.com • À 3 km à l'ouest de Saint-Simon. Resto tlj sauf sam midi et dim soir. Doubles 85-115 €. Menus 20 € (déj en sem), puis 39-48 €.* Bon pied bon œil, cet hôtel-restaurant maintient le cap et confirme son statut de petite institution locale. C'est dans sa salle contemporaine aux grandes baies vitrées donnant sur le jardin que les habitués goûtent une belle cuisine classique aux envolées gastronomiques, tandis que les cols blancs de passage font le détour pour ses 1ers menus d'un bon rapport qualité-prix. Le tout est servi avec la manière par une équipe attentive et efficace. Également des chambres spacieuses, toutes personnalisées, confortables et climatisées. Une bonne adresse.

À voir. À faire

Un itinéraire fléché permet de faire le tour des curiosités du village, et notamment des nombreux graffitis. Ces vieilles inscriptions dans la pierre servaient d'enseigne (ou de fléchage publicitaire) aux différents corps de métier. Ouvrez bien les yeux en longeant les murs !

L'église Saint-Sigismond : *place centrale.* L'une des plus petites du département. On y trouve aussi le seul ex-voto de Charente : une charmante maquette de bateau (un sloop) du XIXe s, pendue au plafond.

La Maison des gabarriers : *rue principale, face à l'église. ☎ 05-45-97-33-40. • village-gabarrier.fr • De mi-avr à mi-oct, tlj 10h-12h, 14h-18h ; fermé le reste de l'année. Entrée : 4,50 € (8 € avec la balade en gabare, voir plus loin) ; réduc ; gratuit moins de 4 ans.* Dans un ancien bistrot, une petite expo est consacrée à l'histoire commune du fleuve et du village, ainsi qu'à la fabrication des gabares, illustrée par quelques belles maquettes et une rare collection d'outils de charpentier. Pour terminer, une vidéo retraçant le voyage d'une gabare donne une petite idée du quotidien des bateliers. Juste en face, l'espace Caragraffi expose des moulages de graffitis que l'on peut observer dans le village.

L'impasse du Calfat : *dos à l'église, c'est la 1re ruelle à droite par rapport à la Maison des gabarriers.* On y trouve le beau portail sculpté (et restauré) de l'ancienne maison d'un charpentier (ou calfat), datée de 1602. Sur le fronton de pierre, les outils traditionnels : marteau et burin. Les gabares étaient fabriquées ici même, devant la maison, puis remorquées jusqu'au fleuve.

Le cimetière : *en retrait du village, à l'opposé du fleuve.* L'un des plus originaux de la région, grâce aux décorations très particulières des quelques tombes de gabarriers qu'il abrite sur la gauche après l'entrée. La symbolique est évidemment en rapport avec le milieu marin : ancres, cordages, silhouettes de bateaux, etc. On se croirait en Bretagne ! D'ailleurs, certaines images (enfants tenant un agneau et un panier) sont héritées de la tradition celte, sans doute rapportées par des gabarriers ayant rencontré des Bretons dans les ports...

UNE GLOIRE LOCALE

À l'entrée du cimetière de Saint-Simon se trouve la tombe d'un certain Philippe Mitterrand, mort en 1992. Il s'agit du frère de François, ancien maire de Saint-Simon, qui fut directeur de la vinaigrerie familiale de Jarnac, puis responsable des chasses présidentielles. Eh oui, Saint-Simon est aussi l'un des fiefs des Mitterrand !

Le mur des Gabarriers : *au bord du fleuve, à Juac ; à 800 m du village en direction de Bassac, fléché sur la gauche.* Au bout de la grande allée (on profite en même temps d'une agréable promenade le long du fleuve), à l'angle de la rue des Abreuvoirs, des centaines de graffitis anciens représentent des bateaux, la plupart émouvants de naïveté. Sur la rive opposée, le chemin de halage d'où l'on tirait les gabares.

Balade en gabare : *de mi-avr à mi-oct, tlj sauf mar (tlj juin-18 sept) ; départs à 10h30, 15h et 16h30. Tarif : 8 € (visite de la Maison des gabarriers incluse) ; 4 € pour les 4-12 ans ; réduc ; gratuit moins de 4 ans. Rens et résas à la Maison des gabarriers.* Belle balade de 1h30 environ jusqu'à l'écluse de Saintonge à bord de *La Renaissance* (réplique fidèle d'une gabare du XIXe s). Pour découvrir autrement chemins de halage et petites îles du fleuve, et pour vivre l'expérience réjouissante des passages d'écluse.

LA CHARENTE

DANS LES ENVIRONS DE SAINT-SIMON

L'abbaye de Bassac : *à 3 km à l'ouest de Saint-Simon. ☎ 05-45-83-08-32. 06-70-98-38-74. Mer-dim 14h30-18h (horaires plus restreints hors saison). Fermé janv-fév. GRATUIT ; audioguide 6 €. Possibilité de visite guidée en juil-août, ven à 15h : 6 €/pers ; sur résa hors saison.*
Fondée en 1003 sur un bras d'eau de la Charente par Wardrade et Rixendis (ça ne s'invente pas !), seigneurs de Jarnac, cette superbe abbaye subit les débordements brutaux des guerres de Cent Ans et de Religion, avant d'être désaffectée à la Révolution. Réoccupée à partir de 1947 par les frères missionnaires de Sainte-Thérèse, elle est aujourd'hui animée par l'Association des amis de l'abbaye de Bassac.
Un étrange porche-galerie, voûté au XVIIe s, donne accès à l'ancien cloître, aujourd'hui jolie cour ornée d'un puits, puis à la remarquable église abbatiale, essentiellement du XIIIe s. Haute façade saintongeaise décorée d'un portail roman et important clocher à étages dont la base est du XIe s. À l'intérieur, on remarque surtout un lutrin énorme, en bois, du début du XVIIIe s, ainsi qu'un intéressant jubé de pierre et des stalles délicatement sculptées de la même époque. Jardins sur l'arrière, qui courent jusqu'à la Charente. Le reste des bâtiments abbatiaux (cuisines, chauffoir, réfectoire, chapelle, salle aux boiseries...) ne se visite qu'en été, et avec un guide.
Boutique de produits monastiques : *avr-sept, mer-dim 14h30-18h ; le reste de l'année, jeu-dim. Fermé janv-fév.*

Vibrac : *à 1,5 km au sud-est de Saint-Simon.* Ce village charentais est situé au cœur d'un des plus bucoliques paysages de la vallée, où la Charente s'éparpille en de multiples bras. Joli pont de pierre du Bouet, qui surplombe une toute petite plage de galets au bord d'eaux translucides. On peut même s'y baigner en été, au milieu des poissons ! Autour, une petite cascade en arc, des vaches et les ruines d'un château médiéval (sur l'île d'en face). Jolie vue depuis le pont sur le canal des Moulins, bordé d'alignements de saules. D'autres ponts de pierre à l'ancienne à découvrir en suivant la D 404 en direction d'Angeac-Charente.

Le site paléontologique d'Angeac-Charente : *les Rentes de Rivière, dans les carrières Audoin. À 4 km au sud de Saint-Simon (fléché). GRATUIT.*

DINOMANIA

Plus fort que Jurassic Park ! Depuis la découverte de squelettes de dinosaures à Angeac, la Charente s'est prise d'une véritable passion pour ces bestioles d'un autre temps, mises à toutes les sauces : c'est le cas de le dire puisqu'on peut goûter à du pâté de... dinosaure. Ben voyons ! Ou chausser une paire de charentaises en forme de dinosaure. À défaut de devenir membre de la Confrérie du Grand Sauropode.

Découverte fracassante entre 2008 et 2010 : des squelettes de dinosaures du crétacé inférieur, vieux de 130 millions d'années, retrouvés dans une carrière ! 2 200 ossements ont été mis au jour, ce qui fait de ce site l'un des plus importants gisements de dinosaures d'Europe ! Les 1ers repérages ont révélé la présence de spécimens impressionnants, notamment grâce à un fémur de sauropode de 2,20 m retrouvé sur place, qui permet d'estimer le gabarit de ce dinosaure herbivore à... 40 m de long ! On y a même retrouvé des bois fossilisés et des graines qui devraient permettre aux chercheurs de recréer l'écosystème dans lequel vivaient ces bestiaux. À l'entrée de la carrière, quelques panneaux explicatifs (et des jeux pour les enfants) permettent de se faire une légère idée de l'importance du site.

CHÂTEAUNEUF-SUR-CHARENTE

(16120) 3 510 hab. *Carte Charente, B3*

La plus grosse bourgade entre Jarnac et Angoulême. Le château (neuf !) est tombé en ruine au XVIIIe s. Le vieux pont qu'il défendait a, lui aussi, disparu. Mais cette toute petite ville tranquille, qui faisait son beurre à l'époque du commerce du sel en taxant les gabares, a conservé quelques vestiges de son passé qui méritent qu'on s'y dégourdisse les jambes.

Adresse utile

Office de tourisme : *2, rue du Général-Leclerc. ☎ 05-45-82-10-71. • destination-cognac.com • Avr-sept, mar-ven 9h30-12h30, 13h30-17h30 ; oct-mars, mar-ven, le mat seulement.*

Où manger ? Où boire un verre dans le coin ?

Graines et Garenne : *17, route de Roullet, à Châteauneuf. ☎ 05-45-62-06-48. • grainesetgarenne@hotmail.fr • À 1 km au sud-est du centre (discrètement fléché). Tlj sauf mer et le soir dim-mar. Congés : 2de quinzaine d'août. Formule et menu déj en sem 20-22 € ; menu 40 €.* Le chef a travaillé dans pas mal de belles adresses, de Strasbourg à Singapour (et l'on en oublie), avant de se poser dans ce faubourg de Châteauneuf. Un parcours qui se retrouve dans ses assiettes, entre produits d'ici et saveurs d'ailleurs. Jolie cuisine donc, au gré du marché, inventive mais sans en faire des tonnes et à prix d'ami au déjeuner. Accueil aussi impeccable que le service. Charmantes salles au goût d'aujourd'hui, entre de bons vieux murs de pierre, et agréable terrasse-jardin.

Le Mas Charentais : *route de Hiersac, 16120* ***Saint-Simeux.*** *☎ 05-45-64-08-48. • sylvieperea@orange.fr • À 4,5 km au nord-est de Châteauneuf. Ouv le midi mer-ven et le soir ven-sam, plus dim midi et soir. Formule et menu déj en sem 13-20 € ; le soir, menus 26-35 €.* Cadre idyllique, aux parfums méditerranéens (noter l'olivier dans le jardin), pour cette maison charentaise, exposée plein sud, sur un versant qui regarde la vallée de la Charente. Depuis la terrasse, on en prend plein la vue ! La salle en pierre n'est pas mal non plus. Des viandes et des grillades principalement, auxquelles s'ajoutent pizzas et salades en été. Simple et efficace. Belle carte des vins, avec de nombreux crus bio.

Gabariers Pub : *les Corbeaux, 16120* ***Saint-Simeux.*** *☎ 05-45-66-23-11. • pubgabariers.com • À 4,5 km* *au nord-est de Châteauneuf ; à Saint-Simeux, suivre le panneau « Halte nautique ». Tte l'année, tlj 11h-1h (2h les soirs de concert). Concerts ven et sam soir, plus dim ap-m en été ; seulement sam et certains dim ap-m le reste de l'année. Entrée libre (les consos sont un peu majorées).* Au bord de la Charente, un bar très sympa, avec une terrasse fantastique au bord de l'eau. Atmosphère populaire. Un excellent point de chute pour boire un verre à toute heure ou croquer un petit quelque chose. Concerts avec une programmation à dominante blues et rock (le week-end en été).

À voir. À faire

L'église Saint-Pierre-aux-Liens : *un peu excentrée (fléché).* Construite au XIIe s et restaurée au XIXe s, c'est l'une des plus élégantes de la région. Elle a conservé sa très belle façade aux influences saintongeaises et poitevines, largement inspirée par celle de la cathédrale d'Angoulême. Intéressantes sculptures, notamment sur le portail à voussures ornées de feuillages et d'animaux, la frise et les arcades de l'étage. La statue équestre (un peu fatiguée par les années...) dans la partie médiane représenterait l'empereur chrétien Constantin. À l'intérieur, chœur gothique (du XVe s) et chapiteaux très bien travaillés.

Entre l'église et l'hôtel de ville (sur lequel est inscrit « Tribunal de Paix » !), quelques ***vieilles rues*** jalonnées d'anciens hôtels particuliers et d'antiques devantures de bois... Place des Minimes, élégante tour, seul vestige d'un ancien couvent. Parcours disponible à l'office de tourisme.

Le bain des Dames : *à 2 km du centre ; accès à pied en longeant la berge (du centre, direction Saint-Simeux puis, juste après la voie ferrée, prendre le chemin sur la droite) ; en voiture, direction Nersac, puis fléché sur la gauche.* Agréable plage de sable en bord de Charente, face à l'île Mattard. Baignade surveillée en juillet-août, location de canoës-kayaks, tir à l'arc, jeux pour petits et grands. Location de trottinettes avec *Trottine Charente.* La Flow Vélo passe ici...

DANS LES ENVIRONS DE CHÂTEAUNEUF-SUR-CHARENTE

Saint-Simeux : à la sortie de Saint-Simeux, du pont, très beau panorama sur la boucle du fleuve et ses anciennes pêcheries, appelées également « anguillards ». C'est l'une des cartes postales de la Charente ! Revenir ensuite sur ses pas pour rester rive droite. Un autre panorama, tout aussi beau, 2 ou 3 km plus loin. Enfin, un 3e du pont sur la route qui mène à Châteauneuf. En partant vers Trois-Palis, route ravissante le long de la Charente (via Sireuil).

Trois-Palis : *à 14 km au nord-est de Châteauneuf ; sur la rive droite du fleuve, en face de Nersac.* Village bien tranquille, connu pour son adorable église romane de Notre-Dame... et sa chocolaterie ! On remarque d'abord l'étonnant clocher à 2 étages, recouvert d'écailles de pierre. Puis le portail, usé mais richement orné de végétaux et de monstres d'inspiration orientale. À la place d'honneur, le Christ en majesté (un peu fatigué, lui aussi) cerné par les symboles des évangélistes. La nef unique, dépourvue de transept, se distingue par sa coupole sur pendentifs dont les chapiteaux sculptés reprennent les thèmes du péché originel et de la lutte entre le Bien et le Mal.

La chocolaterie Letuffe : *22, rue du Bourg, 16730* ***Trois-Palis.*** *☎ 05-45-91-05-21. • chocolaterie-letuffe.com • Boutique tlj sauf dim mat 9h (9h30 sam)-12h, 14h-18h30. Visite lun-ven 9h-11h, 14h-16h ; sam 14h-16h. Visite guidée avec dégustation et film vidéo : env 1h. GRATUIT. Ateliers chocolat* *(sur résa).* Fondée en 1873, cette petite fabrique artisanale reprise en 1950 par la famille Letuffe est aujourd'hui la plus réputée de Charente. On y prépare mille et une gourmandises : truffandines charentaises (truffes à tous les parfums), guinettes (cerises au cognac), duchesses (nougatines pralinées), marguerites d'Angoulême (chocolats aromatisés à l'orange) et toutes sortes de pâtes de fruits, nougats charentais, fruits enrobés, pâte de praline, confitures... Visite du laboratoire, des ateliers et de la cuisine avec ses vieux chaudrons, ses cylindres, ses nappes en cuir et ses petits moules aux formes les plus amusantes : crevettes, abeilles, etc.

LA CHARENTE-MARITIME

• Carte *p. 140-141*

ABC de la Charente-Maritime

- ***Population :*** 646 900 hab.
- ***Superficie :*** 6 864 km².
- ***Densité :*** 92 hab./km².
- ***Préfecture :*** La Rochelle.
- ***Sous-préfectures :*** Jonzac, Rochefort, Saintes, Saint-Jean-d'Angély.
- ***Ressources naturelles :*** céréales, vignes, fourrages, oléagineux, ostréiculture et mytiliculture.
- ***Signes particuliers :*** la Charente-Maritime se classe régulièrement dans le top 3 des départements préférés des touristes français. 1er département français en offres labellisées Tourisme & Handicap. La Rochelle, 2e plus grand port de plaisance de France derrière Le Grau-du-Roi.
- ***Produits d'excellence protégés*** : cognac, pineau des Charentes, beurre Charentes-Poitou, pommes de terre primeurs de Ré, vins de pays charentais et huîtres Marennes-Oléron.

S'étendant sur les 2 anciennes provinces de l'Aunis et de la Saintonge, la Charente-Maritime est avant tout la façade océanique de la région. Comme son nom l'indique, la mer tient ici le 1er rôle : plus de 420 km de côtes, où alternent vastes plages bordées de pins maritimes, falaises de calcaire ou marais, et un superbe archipel comprenant les îles d'Oléron, de Ré, d'Aix et Madame. La Charente-Maritime est dotée de milieux naturels d'une grande richesse écologique. On s'en doute, cette manne naturelle a dopé toute l'économie du département : activité portuaire intense à La Rochelle, Rochefort et Tonnay-Charente, pêche et construction navale. Sans oublier le plus grand bassin ostréicole d'Europe, à Marennes-Oléron ! La côte jouit également du meilleur ensoleillement du littoral français hors Méditerranée. Ce qui lui vaut depuis longtemps un vif succès estival, l'un des plus importants de l'Hexagone.
Avec ça, n'oublions pas un patrimoine culturel et historique des plus intéressant : Saintes, capitale romaine et romane de l'Aquitaine, avec ses arènes et son arc de Germanicus ; Rochefort, sa Corderie royale, son arsenal, et la reconstitution de la frégate *L'Hermione,* du XVIIIe s, qui après avoir navigué vers l'histoire puis d'autres cieux est revenue dans son port d'attache ; le vieux port de La Rochelle ; les forts et bastions côtiers souvent signés Vauban ; et la plus forte densité d'églises romanes de France – d'ailleurs caractéristiques puisqu'on parle d'art roman « saintongeais » ! Une mosaïque patrimoniale composée de villages labellisés « de pierres et d'eau ».
Le visiteur averti ne négligera pas l'intérieur du département : le relief s'accentue, devient vallonné et se couvre de bois aux alentours de Saintes et dans la haute Saintonge traversée de cours d'eau poissonneux. La viticulture

à l'est (les coteaux de Saintonge produisant une bonne part du cognac), l'élevage au nord et une polyculture active en haute Saintonge alimentent de longue date la Charente-Maritime, tant en denrées qu'en devises.
Ces aspects agricoles viennent compléter une palette gastronomique déjà riche en produits de la mer (ce n'est pas le moindre attrait du département !). Ici, on se régale d'escargots (qu'on appelle « lumas » au nord et « cagouilles » plus au sud), de volailles coureuses, de gibier, d'anguilles, de « royans » (sardines), d'huîtres, de chaudrée, d'éclade ou églade (moules cuites aux aiguilles de pin). À accompagner, comme il se doit, d'un petit blanc du pays, qui ne cesse de se bonifier d'année en année, porté par des coopératives dynamiques ou par des petits producteurs passionnés. On peut ainsi dénicher quelques bonnes bouteilles à prix défiant toute concurrence. Sinon, pensez à rapporter de la fleur de sel des îles de Ré et d'Oléron, ou des salicornes (une délicieuse plante qui pousse dans l'eau salée et qui remplace avantageusement les cornichons).
En somme, la Charente-Maritime a plusieurs cordes à son arc, toutes bien tendues. Mais pour nos lecteurs poètes, sa magie est ailleurs : dans sa lumière, pâle et douce, grâce à cette merveilleuse symbiose entre mer, ciel et terre.

Adresses et info utiles

i *Charentes Tourisme – Comité départemental du tourisme des Charentes :* *pas d'accueil pour le public.* • *infiniment-charentes.com* • Site officiel de l'agence de développement économique et touristique des Charente et Charente-Maritime.

■ *Gîtes de France* *(plan II de La Rochelle, F4)* **:** *18, rue Émile-Picard, immeuble L'Amirauté, 17000* ***La Rochelle*** *Cedex 01.* ☎ *05-46-50-63-63.* • *gites-de-france-atlantique.com* • *Lun-ven 9h-17h30.* Renseignements et réservations pour les gîtes ruraux et chambres d'hôtes. Demandez leur brochure.

– ***Villages de pierres et d'eau :*** • *la.charente-maritime.fr* • *(onglet « Tourisme », puis « Incontournable ! »).* Un réseau de 14 villages emblématiques rassemblés autour d'un dénominateur commun : le patrimoine qui unit les pierres des bâtisses remarquables et l'eau sous ses aspects divers, de l'océan au marais, de l'estuaire aux rivières.

LA ROCHELLE ET SES ENVIRONS

LA ROCHELLE (17000) 76 190 hab. *Carte Charente-Maritime, B1*

• Plan I *p. 146-147* • Plan II *p. 149*

La Rochelle, capitale de l'ancienne province de l'Aunis, résolument tournée vers l'océan et ses ressources, a toujours su tirer avantageusement parti de sa situation géographique. Rebelle et insoumise, s'appuyant sur une vieille tradition maritime, elle a traversé dignement les hauts et les bas d'une histoire mouvementée, dont elle est sortie plutôt grandie. Les tours de son célèbre port en témoignent !
Aujourd'hui, La Rochelle est entrée dans le IIIe millénaire avec fierté : ville universitaire dynamique, cité écolo pionnière, choisie pour lancer le vélo en

NORD
VENDÉE (85)
Phare des Baleines
Les Portes-en-Ré
Loix
St-Clément-des-Baleines
St-Martin-de-Ré
Ars-en-Ré
La Couarde-sur-Mer
La Flotte
Le Bois-Plage-en-Ré
Île de Ré
Ste-Marie-de-Ré
Rivedoux-Plage
Pointe St-Clément
Charron
Marans
La Ronde
Esnandes
St-Ouen-d'Aunis
Port du Plomb
Marsilly
L'AUNIS
N 11
D 114
D 137
LA ROCHELLE
Vouhé
La Jarne
D 108
Puyravault
Aytré
Buzay
D 939
Châtelaillon-Plage
D 111
Landrais
St-Denis-d'Oléron
Phare de Chassiron
Les Boucholeurs
Réserve naturelle du marais d'Yves
Île d'Aix
La Brée-les-B.
Fort Boyard
D 5
D 911
St-Georges-d'O.
Boyardville
Fouras-les-Bains
Tonnay-Charente
A 837
D 73
St-Pierre-d'O.
Île Madame
Port-des-Barques
E 602
Île d'Oléron
Rochefort
Dolus
D 3
D 733
La Cotinière
Réserve naturelle de Moëze-Oléron
Échillais
Le Château-d'O.
Brouage
Trizay
Bourcefranc-le-Chapus
La Gataudière
St-Agnant
St-Trojan-les-Bains
St-Jean-d'Angle
Marennes
La Roche Courbon
Ronce-les-Bains
St-Just-Luzac
La Gripperie-St-Symphorien
Corme Roya
ESTUAIRE DE LA SEUDRE
La Tremblade
Chaillevette
D 25
D 14
Abb. de Sablonceaux
Phare de la Coubre
Mornac-sur-S.
L'Éguille
D 117
OCÉAN ATLANTIQUE
La Palmyre
Breuillet
Vaux-sur-Mer
D 733
N 150
Saujon
Meursac
St-Palais-sur-Mer
Royan
D 730
St-Georges-de-Didonne
CÔTE DE BEAUTÉ
Coze
Phare de Cordouan
Le Verdon-sur-Mer
Meschers-sur-Gironde
Barza
D 114
Site du Fâ
D 25
Talmont-sur-Gironde
Port de Monard
Mortagne-sur-Gironde
Gironde
Estuaire
Lesparre-Médoc
D 1215
GIRONDE (33)
10 km
A
B
1
2
3
4

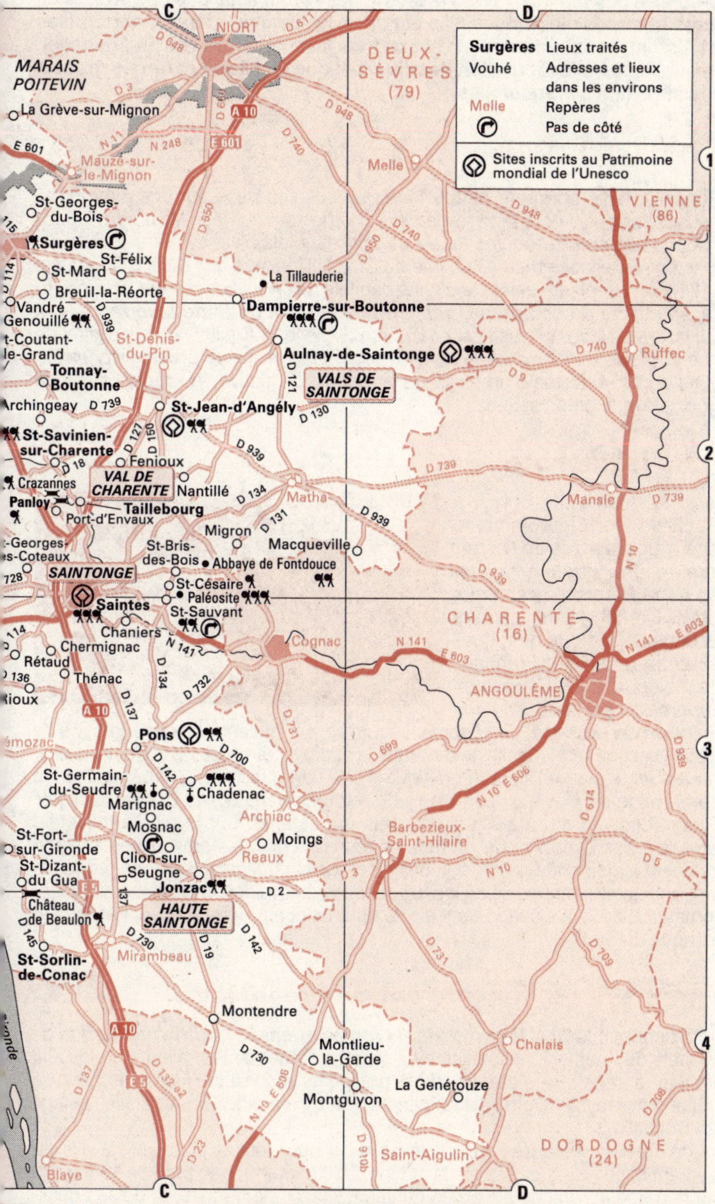

LA CHARENTE-MARITIME

LA CHARENTE-MARITIME

libre-service (les fameux « vélos jaunes », dès 1977 !) ainsi que des projets de voitures et motos électriques, elle est aussi le siège de grandes entreprises (dont Alstom, constructeur de TGV exportés jusqu'en Corée ou en Australie). Sans oublier la belle réputation de ville artistique qu'elle s'est forgée grâce à ses célébrissimes Francofolies.

UN PEU D'HISTOIRE

La Rochelle, jadis tranquille petit village de pêcheurs posé sur une plateforme rocheuse, se signale pour la 1re fois au Xe s sous le nom de *Rochella* ou de *Rupella* (qui donna son nom à l'équipe locale de basket). Mais c'est au XIIe s que la ville connaît un réel essor, grâce à la chute de Châtelaillon face aux ducs d'Aquitaine, en 1131. Elle supplante alors l'ancienne capitale de l'Aunis et ***obtient, à la fin du XIIe s, sa charte de commune, qui l'affranchit ainsi de toute taxe féodale*** et en fait la 1re ville libre d'Aquitaine. Le divorce d'Aliénor d'Aquitaine d'avec le roi de France et son remariage avec le roi d'Angleterre fait passer ***la province chez les Anglais en 1154.*** Dotée d'un maire qui a pouvoir de justice, la « république » de La Rochelle était presque née.

La cité huguenote

Très tôt, on observe à La Rochelle, port de commerce prospère, une ***montée de l'esprit laïque*** et une ***ouverture aux idées de la Réforme grâce aux Anglais.*** De fait, ayant toujours adroitement exploité les querelles entre Anglais et Français, elle a rapidement développé son ***commerce du sel et du vin dans toute l'Europe du Nord.*** Logiquement soumise aux influences extérieures, il s'en fallait de peu que La Rochelle ne devienne la capitale française de la doctrine protestante. Sur le plan militaire et politique d'une part, puisqu'elle héberge Jeanne d'Albret, reine de Navarre, son fils Henri, le futur Henri IV, les Condé, Coligny, La Rochefoucauld et autres grands chefs protestants. Sur le plan intellectuel d'autre part, car l'***imprimerie rochelaise*** réunit de grands noms protestants qui contribuent largement à la diffusion des idées. Les huguenots, forts des privilèges obtenus, y établissent peu à peu leur place forte en développant considérablement le commerce avec le Canada français (le futur Québec), Terre-Neuve, l'Afrique et l'Amérique du Sud.

> **PARPAILLOT**
>
> *Ce mot signifie « papillon ». Les protestants portaient autrefois de grandes aubes blanches pour aller au temple. De loin, ils ressemblaient à des nuées de papillons blancs qui se déplaçaient ensemble. Le surnom est resté.*

Le grand siège, funeste épisode rochelais...

Au tout début du ***XVIIe s, les protestants représentent 90 % de la population*** de la capitale de l'Aunis. L'absolutisme naissant, incarné par Richelieu et Louis XIII, s'inquiète, à juste titre d'ailleurs, de la prospérité rochelaise, jugée dangereuse pour l'autorité royale. Qu'à cela ne tienne ! Pour y remédier, on organise le siège de La Rochelle...

Point de bataille, quelques coups de feu symboliques tout au plus. Pire, la ville est finalement soumise, anéantie par la famine (20 000 morts !), au bout de 13 mois et 20 jours d'une résistance acharnée de Jean Guiton, alors maire, et de ses ouailles protestantes... Il faut dire que les habitants n'avaient pas vraiment le choix, puisque ceux qui voulaient se rendre étaient systématiquement tués ! ***Jean Guiton,*** fidèle à la tradition rochelaise, ***appelle à l'aide les « Anglais »,*** qui viennent d'entrer sur l'île de Ré. C'était sans compter sur plus malin que soi : Richelieu coupe l'accès maritime de La Rochelle en bloquant le port et fait construire une digue dont les Rochelais pensaient qu'elle ne résisterait pas aux tempêtes. Erreur : non seulement l'ouvrage résiste, mais il s'avère, de plus, d'une redoutable efficacité. Les accès par voie terrestre étant eux aussi bloqués, La Rochelle est encerclée. L'attente est longue, l'étau se resserre, le courage des assiégés s'amenuise, la quantité de vivres aussi. Au final, c'est l'hécatombe, et la ville se rend en octobre 1628 après avoir perdu les 4/5e de sa population ! Clémence royale il y aura. Si les Rochelais ***perdent leurs remparts et grand nombre de leurs privilèges, ils conservent néanmoins leur liberté de culte.*** Quant à Jean Guiton, on le retrouve plus tard... au service du roi !

LA DIGUE DE RICHELIEU

En 1627, Richelieu organisa le blocus total de La Rochelle, alors peuplée de protestants. Pour empêcher le ravitaillement par la mer, le cardinal construisit une digue de 1,5 km (!), barrant l'entrée du port. Par 2 fois, les vaisseaux anglais durent rebrousser chemin. La Rochelle, affamée et décimée (les trois quarts de ses habitants moururent de faim !), dut capituler. 10 jours plus tard, la digue fut entièrement détruite par une tempête...

Les Rochelais à la conquête du Nouveau Monde

La Rochelle ne sort pas indemne du grand siège. Son commerce, prospère jusqu'alors, s'est effondré. Viennent les heures difficiles des ***dragonnades*** qui voient se convertir en masse, contraints, des protestants au catholicisme. Des familles entières s'exilent, fondant par exemple New Rochelle (États-Unis). Puis la foi huguenote connaît un véritable renouveau tout au long du XVIIIe s. Sur le plan commercial, les effectifs et le tonnage des bateaux ne cessent d'augmenter, si bien qu'on pense déjà à agrandir le port. ***C'est l'âge d'or du commerce triangulaire et de la traite négrière.*** Les navires français partent chercher des esclaves sur les côtes d'Afrique (Cap-Vert et Guinée), les emmènent aux Antilles (à Saint-Domingue, où de nombreuses plantations sont gérées par des familles d'armateurs, tels les Fleuriau), d'où ils rapportent du sucre, mais aussi du café et de l'indigo (une plante tinctoriale). Cette activité place La Rochelle au 2e rang des ports négriers français, après Nantes...

CHAMPLAIN, L'INFATIGABLE

Né à Brouage vers 1570, Samuel de Champlain, lecteur assidu de Jacques Cartier, devient navigateur, commerçant, explorateur, diplomate, géographe, ethnologue, écrivain, etc. ! Mais l'œuvre de sa vie, c'est la fondation de la ville de Québec, en 1608. Il traverse 19 fois l'Atlantique. Il est administrateur en chef de Québec jusqu'à sa mort en 1635 ; la colonie comporte alors... 200 personnes.

Un autre négoce prospère : celui des pelleteries avec le Canada, la ville devenant la plaque tournante des importations de peaux en Europe.

Sur le plan intellectuel et architectural, La Rochelle connaît un véritable développement lié aux fabuleuses fortunes constituées : on construit, à la mode de Paris, de prestigieux hôtels particuliers de style classique. Cette ***prospérité économique*** ne résistera cependant pas aux révoltes d'esclaves à Saint-Domingue, à l'interdiction de la traite des Noirs et à la Révolution. En même temps qu'elle entre dans le XIXe s, La Rochelle entame sa traversée du désert...

Le(s) port(s) de La Rochelle aujourd'hui

Il faut attendre la fin du XIXe s et la construction d'un port capable d'accueillir des chalutiers de gros tonnage pour que la ville connaisse un regain de dynamisme.

LA BASE SOUS-MARINE DE LA PALLICE

Ce gigantesque bunker de 192 m de long fut construit pour protéger les sous-marins allemands. Son toit de 3,50 m d'épaisseur fut bombardé plusieurs fois, sans succès. Spielberg le filma dans une scène d'Indiana Jones et l'Arche perdue. On ne peut pas le visiter, mais on l'aperçoit à 300 m.

Le ***port de commerce de La Pallice,*** inauguré en 1890, marque le point de départ d'une ***nouvelle ère.***
Pendant la Seconde Guerre mondiale, La Pallice a été la base du dernier siège de La Rochelle : les Allemands, à qui on ne la fait pas, ont repéré cet endroit hautement stratégique de la façade atlantique. Ils y construisent 2 bunkers monumentaux destinés à accueillir leurs U-Boots jusqu'en 1945, époque à laquelle La Rochelle retrouve enfin sa liberté.
Aujourd'hui, La Pallice possède une facette moins connue, celle de port de transit de bois tropicaux (au 1er rang européen) mais aussi d'importation d'hydrocarbures. Le blocage du dépôt par les marins pêcheurs en 2008, à la suite de l'inflation du prix des carburants, a d'ailleurs été l'un des plus longs... ***Propriété de l'armée française il y a peu encore, le port est devenu port autonome*** (et donc privé), et du même coup inaccessible au public, pour des raisons de sécurité. C'est dommage, car le site est vraiment impressionnant.
En 1994, c'est le très actif ***port de pêche de Chef de Baie*** qui est entièrement réaménagé, avec la création d'une criée informatisée ultramoderne. Enfin, au sud de la ville d'adoption de la navigatrice Isabelle Autissier s'étend le ***port de plaisance, les Minimes,*** l'un des plus importants d'Europe (avec plus de 4 800 anneaux), tandis que le vieux port n'accueille plus que les navettes maritimes et quelques bateaux de plaisance.

LES FRANCOFOLIES DE LA ROCHELLE

Impossible d'évoquer La Rochelle sans ses Francofolies, qui fêtent leurs 37 ans en 2022... Les 1res Francofolies de 1985, qui accueillirent 25 000 personnes, étaient conçues comme une fête de la Chanson franco-canadienne. Depuis, ce festival est devenu, avec le Printemps de Bourges, ***LA référence, LE pouls de la chanson francophone.*** Une référence qui s'exporte, puisque des Francofolies sont également organisées à Montréal, Spa (en Belgique), à La Réunion, en Nouvelle-Calédonie ou en Bulgarie.
Aujourd'hui, les Francofolies sont gérées comme une grosse entreprise avec un budget de plusieurs millions d'euros (dont seulement 30 % de subventions). Les chiffres sont à l'avenant : pendant 5 jours, une centaine d'artistes pour une centaine de concerts sur une dizaine de scènes. Tout cela pour attirer plus de 100 000 festivaliers, gentiment surnommés « francofous ». Pour La Rochelle, c'est la poule aux œufs d'or. Les francofous injectent chaque année une quinzaine de millions d'euros dans le commerce local...
L'ambiance des Francofolies a tenu pour beaucoup à la personnalité de Jean-Louis Foulquier (décédé en 2013), Rochelais d'origine et découvreur de talents comme Bruel, Patricia Kaas ou Nilda Fernandez, entre autres. Pour les fauchés, il y a les concerts gratuits du festival off et le simple plaisir de se balader dans La Rochelle effervescente et en fête.
– Renseignements et réservations : ☎ *05-46-28-28-28.* ● *francofolies.fr* ●

Comment y aller ?

➢ ***En train :*** *rens SNCF au ☎ 36-35.* ● *oui.sncf* ● Départ tlj de Paris-Montparnasse en TGV. 6-7 liaisons directes/j. Durée : env 3h jusqu'à la splendide gare de La Rochelle (classée Monument historique), généralement via Niort et Surgères. Sinon, Intercités ou TER pour Bordeaux et Nantes, et TER pour Rochefort, Saintes, Pons, Jonzac, Niort, Surgères...

Adresses et infos utiles

Office de tourisme *(plan I, B3)* **:** *2, quai Georges-Simenon, Le Gabut, 17000 La Rochelle Cedex 01. ☎ 05-46-41-14-68. • ot.accueil@larochelle-tourisme-evenements.com • larochelle-tourisme.com • Juil-août et vac scol tlj 9h30-18h30 ; le reste de l'année mar-sam 10h-17h ou 18h ; permanence tél et mail dim-lun.* Idéalement situé, en plein cœur du quartier du Gabut, entre la gare et le Vieux-Port. Personnel dynamique et compétent. Plans de la ville et brochure touristique complète et fort bien faite. Leur épaisse brochure « Bons plans 100 % rochelais » est aussi une mine d'infos ! Service de billetterie, visites guidées à pied, dont une nocturne avec mise en scène de la ville, « Ronde de nuit » *(jeu à 20h, 20h30 et 21h, de mi-juin à mi-sept, sur résa).* Autres visites guidées telles que « Sur les pas d'un mousquetaire », visite de la ville contée par un mousquetaire du cardinal *(ts les mer),* qui passionnera les plus jeunes. Également une visite historique de la ville « La Rochelle se dévoile ».

Charentes Tourisme : voir en introduction du chapitre « La Charente-Maritime ».

Transports

– ***Bon à savoir :*** chaque ***1er samedi du mois,*** les transports sont gratuits dans toute l'agglomération de La Rochelle.

Gare routière – RTCR *(Réseau des transports de la communauté rochelaise ; plan I, A-B1)* **:** *5-7, pl. de Verdun. ☎ 0810-17-18-17 (0,06 €/mn). • https://yelo.agglo-larochelle.fr •* Assure diverses liaisons entre le centre-ville et les environs, notamment avec l'aéroport de La Rochelle-Île de Ré (fréquence en fonction des vols).

Réseau interurbain en Charente-Maritime : *☎ 0800-73-01-46. • transports.nouvelle-aquitaine.fr •* Lignes régulières vers Marans, Courçon, Fouras, Rochefort et Surgères.

Vélos en libre-service Yélo *(plan I, B3,* ***2****)* **:** *pl. de la Motte-Rouge (face à l'office de tourisme). • yelo.agglo-larochelle.fr • Vac scol de Pâques-fin sept, tlj ; en moyenne saison, le w-e seulement. Compter 0,50 € les 30 premières mn puis 1 €/30 mn ; vélos électriques : 1,30 € les 30 premières mn puis 1,80 €/30 mn. Caution 150 €.* Yélo (100 stations et plus de 700 vélos à dispo), c'est un système de vélos en libre-service qui couvre une bonne partie de l'agglomération rochelaise. Noter que les vélos sont autorisés à bord du passeur électrique. En revanche, il n'est pas permis de se rendre avec sur l'île de Ré. Pour accéder au service, il faut d'abord se créer un identifiant en téléchargeant l'application « Freebike » (disponible pour Android et iPhone). Ensuite, on peut retirer son vélo en utilisant l'application, ou bien en renseignant identifiant et code sur l'écran d'une borne. Limite de 24h de location au maximum.

Locations de vélos et scooters : dans différents quartiers de la ville. Les tarifs sont assez semblables et l'accueil en général sympa. *Compter 25 €/j. pour un vélo électrique et 15 €/j. pour un VTT/VTC.*

– ***Greenbike*** *(plan I, B3,* ***3****)* **:** *41, quai du Gabut. ☎ 05-46-29-31-03. Tlj en saison.* Location de vélos, VTT et VTC.

– ***Cyclo-Parc*** *(hors plan I par A3,* ***9****)* **:** *av. de la Monnaie (parc de loisirs, plage de la Concurrence). ☎ 05-46-07-25-06. Tlj en saison.* Tandems et vélos électriques. Accessoires. Location long terme.

– ***CycloMania*** *(plan I, C3,* ***4****)* **:** *23, quai de Marans (quartier du Vieux-Port). ☎ 05-46-37-53-42. Tlj en saison ; mar-sam hors saison.* VTC, vélos fitness et vélos électriques.

Taxis : ***Abeilles Taxis,*** *☎ 05-46-41-22-22 ou 55-55.*

Passeur électrique et bus de mer *(plan I, A3,* ***8****, et plan II, F4,* ***8****)* **:** moyen de transport original et « rapide » qui permet de traverser le port pour se rendre au quai de la Médiathèque (Musée maritime,

Adresses utiles

- i Office de tourisme (B3)
- 2 Vélos en libre-service Yélo (B3)
- 3 Greenbike (B3)
- Croisières Inter-Îles (B3)
- 4 CycloMania (C3)
- 5 Comédie La Rochelle (B1)
- 6 La Coursive (A3)
- 7 Carré Amelot (C2)
- 8 Passeur électrique et bus de mer (A3)
- 9 Cyclo-Parc (hors plan I par A3)
- 11 L'Azile (hors plan I par C2)

Où dormir ?

- 13 Hôtel François Ier (B2)
- 14 Hôtel Le Bord'O (C3)
- 17 La Fabrique (C3)
- 18 Hôtel La Marine (B2)
- 19 Hôtel de l'Océan (B3)
- 20 Hôtel de la Paix (B1)
- 21 Hôtel Henri IV (B2)
- 22 Hôtel Saint-Nicolas (C2-3)
- 23 Entre Hôtes (A2)
- 24 Chambres d'hôtes Vue sur Cour (B2)
- 25 Hôtel Le Champlain – Les Collectionneurs (B1)
- 26 Best Western Premier Masqhotel (C3)
- 27 Chambres d'hôtes La Maison du Palmier (A3)
- 28 Hôtel de la Monnaie Art & Spa (A3)
- 29 Un Hôtel en Ville (A3)

Où manger ?

- 31 Les Flots (A3)
- 33 L'Entracte – La Brasserie de Grégory (A3)
- 34 L'Ardoise des Cloutiers (C1)
- 35 Les Pérot-Quais (A3)
- 36 Tonton Louis (hors plan par A2)
- 37 Ginger (A3)
- 38 La Fleur de Sel (A3)
- 39 Lerouge aux Lèvres (C1)
- 40 Le Comptoir Saoufé (B2)
- 41 Les 4 Sergents (A3)
- 43 Le Soleil brille pour tout le Monde (C1)
- 44 Le P'tit Bleu (B3)
- 46 Ze' Bar (A3)
- 47 Le Pompon (B3)
- 48 La Solette (C3)
- 50 Baron Moleskine (B2)
- 52 Restaurant Prao (B3)
- 53 Le Comptoir de Walter (C3)
- 54 Le Jardin du Marché (B1)
- 57 Restaurant Le Thiers Temps (C2)

Où prendre le petit déjeuner ?

- 54 Le Jardin du Marché (B1)

Où déguster une glace ?

- 56 Ernest Le Glacier (A3 et B2)

Où prendre un café ?

- 65 La Brûlerie du Marché (C1)

Où boire un verre ? Où sortir ? Où écouter de la musique ?

- 60 La Cav'A'So (B3)
- 61 Le Café de la Paix (B1)
- 62 L'Académie de la Bière, La Terrasse, Piano Pub, Le White Rabbit et Les Mauvais Garçons (B2)
- 63 La Terrasse de la Chaîne – Prao Terrasse (A3)
- 64 Corrigans Irish Pub (C1)
- 66 La Cave de la Guignette (B2-3)
- 67 The General Humbert's (B3)
- 68 L'Imprévu (B-C2-3)

Où trouver de bons produits ?

- 81 L'Épicurium (B1)

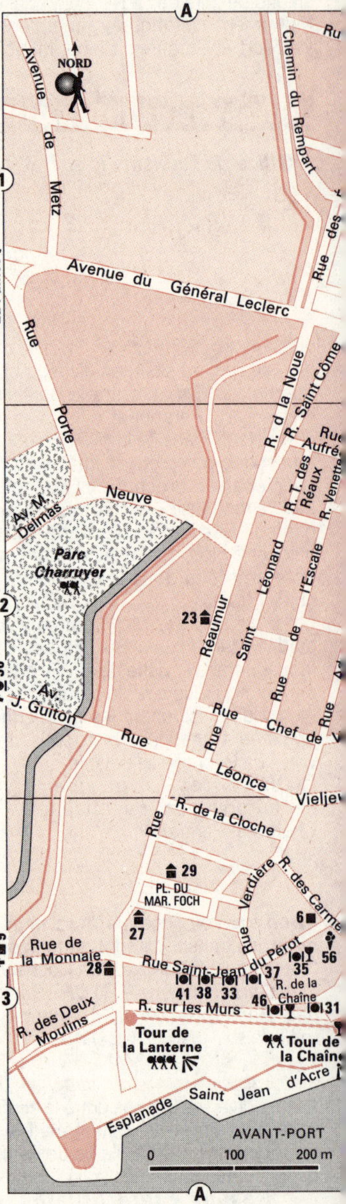

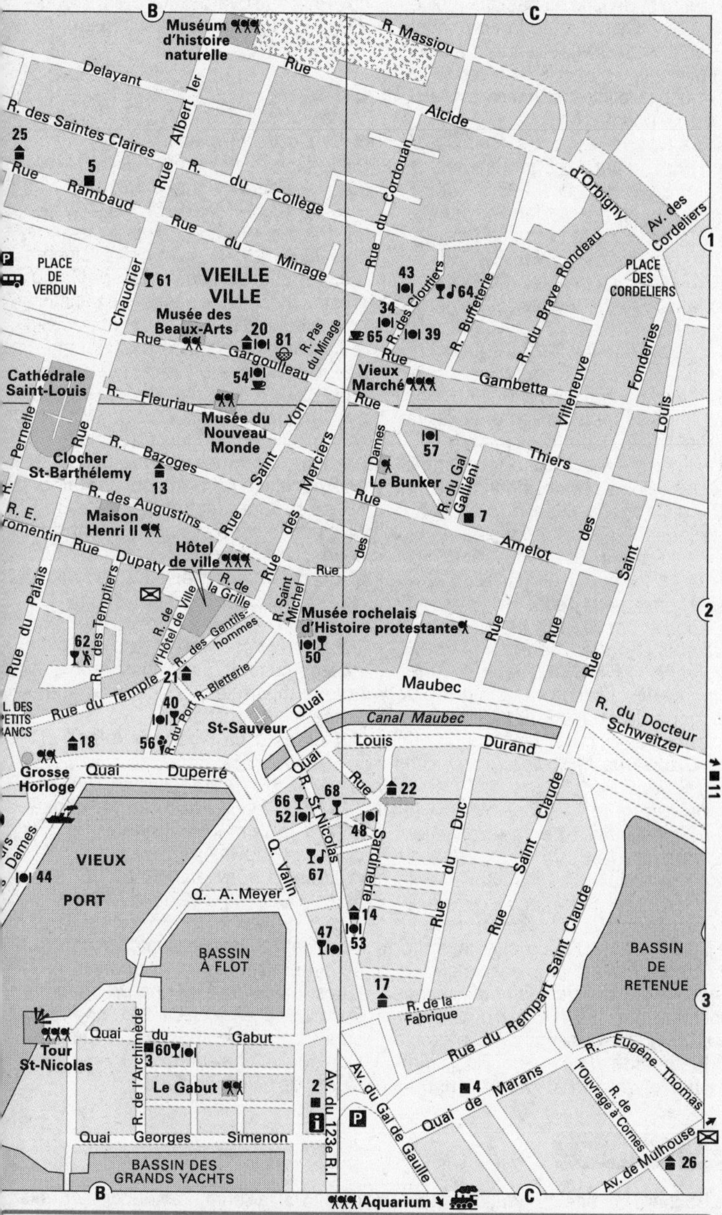

LA ROCHELLE – Plan I

Aquarium et départs en bateaux rapides pour l'île d'Oléron avec la compagnie *La Rochelle-Oléron*), et surtout au port des Minimes. Environ 1-3 € selon le trajet. Pour plus d'infos, se référer à « À voir. À faire. Le port des Minimes ».

La Rochelle-Île de Ré : *sur le Vieux-Port, cours des Dames (embarcadère et billetterie). ☎ 05-46-09-88-56. • inter-iles.com • iledere-larochelle.fr • Également des embarcadères sur le parking de l'esplanade Saint-Jean-d'Acre et en face de la médiathèque (av. Michel-Crépeau). Avr-sept, 1 à 4 A/R par jour. Compter env 1h10. Résa le plus tôt possible ! Adulte : 11,50 €/traversée, 23 € A/R ; réduc. Supplément vélo : 3,25 €/traversée.* Une nouvelle navette maritime assure la liaison avec Saint-Martin-en-Ré. Horaires contraignants du fait des marées. Possibilité d'embarquer les vélos à certains horaires.

La Rochelle-Oléron (plan II, F4, **8**) **:** *médiathèque, av. Michel-Crépeau (embarcadère et billetterie). ☎ 05-46-47-05-10. • oleron-larochelle.com • Départ presque tlj début avr-fin sept (tlj juil-août) et pdt vac scol de la Toussaint (oct-nov). Adulte : compter 17,50 €/traversée, 26 € A/R (dans la journée) ; réduc.* Liaison maritime rapide (50 mn) à destination de l'île d'Oléron (Boyardville).

Croisières Inter-îles (plan I, B3) **:** *sur le Vieux-Port, cours des Dames (embarcadère et billetterie). ☎ 05-46-50-55-54. • inter-iles.com • Également un embarcadère sur le parking de l'esplanade Saint-Jean-d'Acre. Départ tlj pdt vac scol de fév, début avr-nov et pdt vac scol de la Toussaint.* Promenades en mer avec l'approche commentée du fort Boyard (2h), escale sur l'île d'Aix à la journée ou à la demi-journée (passage par le fort Boyard à l'aller). Liaison régulière de mars à septembre à destination de l'île de Ré (Saint-Martin) et de l'île d'Oléron, jusqu'à novembre (Boyardville). Saint-Denis-d'Oléron en juillet-août seulement.

Culture

■ **La Coursive** (plan I, A3, **6**) **:** *4, rue Saint-Jean-du-Pérot. ☎ 05-46-51-54-00. • la-coursive.com • Résa tlj 13h (14h sam-lun)-18h30 ; tlj 14h-18h par tél. Résa souhaitée 2 sem à l'avance pour les principaux spectacles.* Cinéma d'art et d'essai, salle de spectacle, théâtre, musique et danse ! Le bâtiment vaut le coup d'œil...

■ **La Sirène** (hors plan I par A2) **:** *111, bd Émile-Delmas, sur le port de* ***La Pallice.*** *☎ 05-46-56-46-62. • la-sirene.fr • Bus : ligne Yélo Illico 1. Résa en ligne ou en points de vente habituels.* La salle de musiques actuelles de La Rochelle, qui propose une ambitieuse programmation où rock, reggae, pop, électro et jazz voisinent sans heurts. Une référence !

■ **Carré Amelot** (plan I, C2, **7**) **:** *10 bis, rue Amelot. ☎ 05-46-51-14-70. • carre-amelot.net • Rens tlj sauf dim-lun 13h (10h mer)-19h ; sam 14h-18h.* Espace culturel, mais aussi représentations théâtrales, concerts et autres événements artistiques.

■ **Comédie La Rochelle** (plan I, B1, **5**) **:** *18, rue Rambaud. ☎ 05-46-28-78-70. • 16-19.fr • Rens tlj 10h-12h, 14h-20h.* Salle de théâtre consacrée à la comédie, l'humour et aux one-man-shows.

■ **L'Azile** (hors plan I par C2, **11**) **:** *29, rue Debussy. ☎ 05-46-00-19-19. • lazile.org • À 20 mn à pied du Vieux-Port.* Café-théâtre associatif et géré par 40 bénévoles proposant concerts de blues le jeudi soir et une programmation plus variée le week-end : one-man-show, concerts, spectacles, théâtre... Convivial et chaleureux. Sur résa, possibilité de dîner sur place.

Où dormir ?

La Rochelle est une destination courue, tout le monde le sait... En haute saison, certains hôtels considérés comme bon marché en temps normal basculent en prix moyens, voire carrément chic ! Par ailleurs, l'affluence est telle (notamment lors des Francofolies) qu'il faut redoubler de précautions lors des réservations : ne pas hésiter à demander une trace écrite de votre

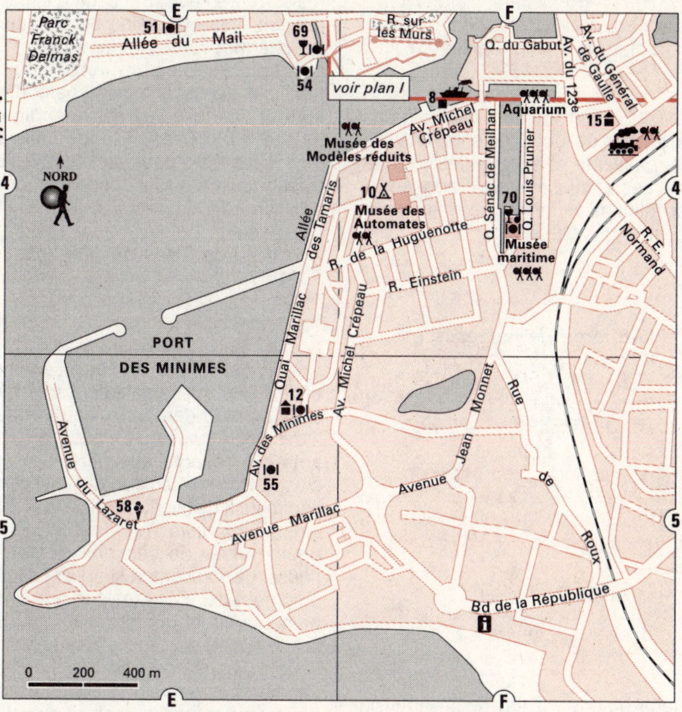

LA ROCHELLE – Plan II

Adresse utile

8 Passeur électrique, bus de mer et liaison maritime La Rochelle-Oléron (F4)

Où dormir ?

10 Camping municipal Le Soleil (F4)
12 Auberge de jeunesse (E5)
15 Hôtel Les Gens de Mer (F4)
17 Hôtel Le Rochelois (hors plan par E4)

Où manger ?

51 Le Mail (E4)
54 La Yole de Chris (E4)
55 La Marie-Galante (E5)

Où déguster une glace ?

58 Tonton Maboule (E5)

Où boire un verre ? Où écouter de la musique ?

69 La Trinquette (E4)
70 Le France 1 et La Fabuleuse Cantine (F4)

réservation, certains hôteliers n'ayant pas la patience d'attendre et louant leurs chambres aux 1ers arrivés. Sachez également que d'avril à fin octobre, l'office de tourisme tient un listing à jour des disponibilités et qu'il se charge même de la réservation (2 € de frais de réservation).

Camping

Camping municipal Le Soleil *(plan II, F4,* ***10****)* **:** *av. Michel-Crépeau. ☎ 05-46-44-42-53. • camping.soleil@ville-larochelle.fr • À 10 mn à pied du centre, entre le Vieux-Port et le port des Minimes. Ouv de mi-mai à début* *oct. Résa conseillée longtemps à l'avance par voie postale (hors saison, contacter l'aire automatisée de Port-Neuf : ☎ 05-46-43-81-20). Compter 16,30 € pour 2 en tente. Accueil cycliste.. 103 empl.* Petit camping citadin proche de tout, logé entre une avenue passante et de grandes résidences. Les emplacements manquent un peu d'intimité. Terrain pour les tentes un peu plus vert.

Bon marché

Auberge de jeunesse (plan II, E5, **12**) : *av. des Minimes, BP 63045. ☎ 05-46-44-43-11. • larochelle@hifrance.org • aj-larochelle.fr • ♿ Au port des Minimes, à env 25 mn à pied du centre historique de La Rochelle. Accès avec le bus de mer depuis le Vieux-Port. De la gare, prendre les bus Illico 3 ou 4 du réseau Yélo ; arrêt La Sole. Borne vélo Yélo juste en face. Congés : vac scol de Noël. Nuitée 16,50-27 € en dortoir de 4-6 lits, couverture et draps fournis, avec petit déj ; doubles lits superposés avec sanitaires privatifs 49-53 €. Repas (dîner seulement) 11 €. Adhésion obligatoire.* Mieux qu'une AJ, un centre international de séjour, plutôt frais et clair... Avec notamment des salles de bains pimpantes. Le petit plus, c'est le bar à l'étage, avec un vaste zinc pour les brèves de comptoir, prolongé par une terrasse qui domine le port des Minimes. Coin TV. Consigne à bagages. En plus, la plage des Minimes n'est qu'à 10 mn !

De prix moyens à chic

Hôtel de la Paix (plan I, B1, **20**) : *14, rue Gargoulleau. ☎ 05-46-41-33-44. • hpaix17@wanadoo.fr • hotelalarochelle.com • Tte l'année. Doubles 59-92 € ; familiales. Promos régulières sur Internet. Table d'hôtes 27 € le soir (sauf dim et j. fériés), boisson comprise. Apéritif maison offert sur présentation de ce guide.* Dans le centre de la vieille ville sans y être vraiment, une ancienne maison d'armateur du XVIIe s devenue plus tard hôtel de famille, dont l'actuelle propriétaire a su garder l'esprit. On s'y sent vite comme à la maison ! Très élégante cage d'escalier menant à une vingtaine de chambres de charme, toutes différentes et de bon confort. On a un faible pour la familiale avec cheminée, balcon, et surtout une jolie vue sur le jardin du musée du Nouveau Monde juste en face. Ou encore pour la n° 16, avec un évier en pierre qui lui donne beaucoup de cachet. Petit déj-buffet. Accueil très chaleureux.

Hôtel Les Gens de Mer (plan II, F4, **15**) : *20, av. du Général-de-Gaulle. ☎ 05-46-41-26-24. • gdmlarochelle@popinns.com • gdmlarochelle.popinns.com • ♿ Doubles 90-120 € ; familiales. Parking 12 €.* Un peu à l'écart du centre-ville mais finalement très bien situé entre la gare et le Vieux-Port, à 2 pas de l'Aquarium. Ce bâtiment était autrefois réservé aux gens de mer, c'est-à-dire aux familles des marins de commerce, de la pêche ou de la Marine nationale. Aujourd'hui, tout le monde peut profiter de ses prix démocratiques, de son confort simple et de son charme rétro. Côté résidence, chambres calmes et confortables donnant sur l'agréable parc (ou le parking), avec double vitrage ; côté bâtiment ancien, chambres avec balcon donnant côté rue, moins chères mais plus bruyantes. Chambres pas bien grandes mais joliment décorées, façon marine bien sûr. Bar et terrasse. Petit déj-buffet. En bref, un bon rapport qualité-prix.

Hôtel de l'Océan (plan I, B3, **19**) : *36, cours des Dames. ☎ 05-46-41-31-97. • ocean.hotel@wanadoo.fr • hotel-ocean-larochelle.com • Accueil au 1er étage. Doubles 60-110 € ; familiales.* Idéalement situé sur le Vieux-Port. Les 15 chambres à la déco tendance marine sont plutôt simples, s'organisant autour d'un escalier vertigineux. Prix en fonction de l'étage (les moins chères sont au 4e sans ascenseur), de la vue et de la taille. Clim, salles de bains nickel et bonne isolation phonique pour les chambres côté port (pas négligeable en saison, lorsqu'un vent de fête souffle sur la vieille ville). Bon accueil.

Hôtel Henri IV (plan I, B2, **21**) : *31, rue des Gentilshommes. ☎ 05-46-41-25-79. • contact@henri-iv.fr • hotel-henri-iv.com • Doubles avec lavabo* *(w-c sur le palier) 49-84 €, avec douche et w-c 75-132 € ; familiales.* Une maison du XVIe s située sur une petite place du centre historique et piéton, à 2 pas de l'hôtel de ville comme du port. Le quartier est évidemment très vivant pendant la journée, plus calme le soir, hors fêtes... En haut de l'escalier de bois, un dédale de couloirs mène à une vingtaine de chambres simples mais bien entretenues. Celles situées sous les toits profitent même, à l'occasion, d'une petite vue sur l'océan.

Hôtel Le Bord'O *(plan I, C3, **14**) : 43, rue Saint-Nicolas. ☎ 05-46-41-31-22. • contact@hotel-lebordo.com • hotel-lebordo.com • À 500 m de la gare. Congés : 3 sem début janv. Doubles 69-109 € ; familiales.* Au cœur de Saint-Nicolas, ancien quartier de pêcheurs qui, la journée, ressemble à un village tranquille, mais fait souvent la fête le soir... Petit hôtel à la façade accueillante et aux chambres simples mais correctes. Celles sous les toits sont les plus ensoleillées, mais les supérieures ont notre préférence avec leur double vitrage et leurs agréables salles de bains, le tout pour une différence de prix minime. Certaines disposent même d'un petit balcon ! Toutes avec clim, TV et coffre.

Hôtel Le Rochelois *(hors plan II par E4, **17**) : 66, bd Winston-Churchill, Port-Neuf. ☎ 05-46-43-34-34. • contact@le-rochelois.fr • le-rochelois.fr • ♿ En venant du Vieux-Port, par l'allée du Mail, puis par la rue Philippe-Vincent, à env 2 km du centre-ville. Doubles 58-150 € ; familiales. Parking souterrain 10 €. Moment de détente au sauna/hammam offert sur présentation de ce guide, ainsi qu'un petit déj/chambre et par nuit.* Hôtel à l'architecture moderne, dans un secteur tranquille, face à l'océan. Chambres fonctionnelles, de bon confort, parfois dotées de larges bow-windows avec vue sur la mer. Celles du rez-de-chaussée ont une terrasse, d'autres un balcon ; sinon, douche à l'italienne ou bains, au choix. Le plus : salles de musculation et de culture physique sur 3 étages, bain californien, hammam, sauna, piscine couverte et extérieure, ainsi qu'un tennis. Très sportif, tout ça !

De chic à plus chic

Un Hôtel en Ville *(plan I, A3, **29**) : 20, pl. du Maréchal-Foch. ☎ 05-46-41-15-75. • contact@unhotelenville.com • unhotelenville.com • Doubles 90-380 € ; familiales.* Ce charmant petit hôtel aux allures de maison d'hôtes, situé dans le quartier historique du Vieux-Port, propose une dizaine de chambres séduisantes et contemporaines, entièrement rénovées. Elles se révèlent toutes douillettes (literie haut de gamme), lumineuses et parfaitement équipées (clim partout, et baignoire pour les supérieures). L'ensemble est décoré de jolies photos et d'œuvres graphiques. Jolie terrasse en *rooftop*, pour buller avec vue sur la tour de la Lanterne. Petit déj de qualité, préparé avec des produits frais et locaux. Accueil très pro. Bref, notre coup de cœur dans cette catégorie !

La Fabrique *(plan I, C3, **17**) : 7-11, rue de la Fabrique. ☎ 05-46-41-45-00. • reception@hotellafabrique.com • hotellafabrique.com • ♿ Doubles 120-220 € ; familiales.* Dans un site industriel réhabilité, un hôtel à l'architecture originale en plein cœur de ville, idéalement situé entre la gare et le Vieux-Port. 58 chambres, sobres et fonctionnelles, voire minimalistes. Le prix le plus bas correspond aux promos régulièrement proposées sur leur site internet. Bar à tapas et espace fitness.

Hôtel François Ier *(plan I, B2, **13**) : 13-15, rue Bazoges. ☎ 05-46-41-28-46. • information@hotelfrancois1er.fr • hotelfrancois1er.fr • ♿ Doubles 79-138 € ; familiales. Parking payant 15-20 €.* En plein cœur de la ville, un hôtel remis au goût du jour, offrant un bon rapport qualité-prix. Bâtiment de charme du XVIe s mais déco résolument urbaine et contemporaine, tout à la fois pop et glamour, sur les thèmes du rock, du ciné, de la photo... Remarquez les guitares dédicacées par des stars s'étant produites aux Franco ! Chambres tout confort, certaines pouvant accueillir jusqu'à 5 personnes. Jolie cour à l'arrière, où l'on peut boire un café ou un rafraîchissement.

Hôtel Saint-Nicolas *(plan I, C2-3, **22**) : 13, rue Sardinerie (et pl. de la Solette). ☎ 05-46-41-71-55. • info@*

hotel-saint-nicolas.com • hotel-saint-nicolas.com • ♿ Doubles 68-173 € ; familiales ; petit déj env 15 €. Parking payant (13 €/nuit), sur résa. Café offert sur présentation de ce guide. Cet hôtel occupe une bien jolie bâtisse (et une annexe) dans un quartier charmant et, qui plus est, central, proche du Vieux-Port. En outre, il renferme un étonnant salon aux allures de jardin d'hiver éclairé par une immense verrière, où l'on prend le petit déj. Poêle qui crépite en hiver. Les chambres, d'un style contemporain raffiné, bénéficient de tout le confort (clim, machine à café, etc.).

Hôtel La Marine (plan I, B2, **18**) : *30, quai Duperré. ☎ 05-46-50-51-63. • contact@hotel-marine.com • hotel-marine.com • Face au Vieux-Port. Réception au 1er étage. Congés : déc-janv. Doubles 80-109 € ; petit déj 10 €. Parking 12 €. Un petit déj/chambre offert sur présentation de ce guide.* On aurait pu passer sans remarquer l'entrée de cet hôtel de charme, coincé entre 2 terrasses du Vieux-Port. Pourtant, en haut du double escalier, ce petit établissement à l'atmosphère intime et feutrée renferme des chambres agréables, insonorisées, rénovées et climatisées. Certaines d'entre elles offrent une jolie vue sur le Vieux-Port (mais ça se paie, la vue !). Accueil sympa.

Hôtel Le Champlain – Les Collectionneurs (plan I, B1, **25**) : *30, rue Rambaud. ☎ 05-46-41-34-6623-99. • larochelle@hotelchamplain.com • hotelchamplain.com • Juste derrière la pl. de Verdun (parking souterrain payant). Doubles 77-240 € ; familiales. Garage 15 € (sur résa).* Un brin de romantisme suranné pour cet ancien hôtel particulier du XVIIIe s, relayé par le raffinement du hall et des salons : escalier d'apparat, sols en marbre ou parquet en chêne, meubles de style, grands miroirs, cheminées, etc. Dans le style, c'est plutôt réussi ! Les vastes chambres, meublées à l'ancienne pour la plupart, sont à l'avenant, confortables et cossues. Préférez celles donnant sur le jardin à la française, plus agréables. On est beaucoup moins convaincus par la nouvelle aile moderne, qui dépare quelque peu l'ensemble. Bar, terrasse et parc végétal arboré de 1 000 m². Accueil pro.

De plus chic à beaucoup plus chic

Best Western Premier Masqhotel (plan I, C3, **26**) : *17, rue de l'Ouvrage-à-Cornes. ☎ 05-46-41-83-83. • info@masqhotel.com • masqhotel.com • ♿ Doubles 120-195 € ; familiales ; petits déj 14,95-16,95 €. Parking privé 10 €.* Situé dans un quartier moderne en retrait du port mais à 2 pas de la gare SNCF. Plutôt anonyme de l'extérieur, cet hôtel se coule bien dans son quartier tout en réservant la surprise d'une déco très soignée, avec fauteuils design colorés, objets d'art, ascenseur argenté et arbres en pot. Partout, le choix des matériaux, de l'éclairage et de la musique privilégie une atmosphère apaisante et sereine. 76 chambres et 4 suites personnalisées, toutes équipées de mobilier et de literie haut de gamme. Bar *lounge* avec coins salons et grandes verrières, où l'on peut grignoter quelques bocaux artisanaux. Salle de fitness. Location de vélos.

Entre Hôtes (plan I, A2, **23**) : *chez M. et Mme Durand-Robaux, 8, rue Réaumur. ☎ 05-16-85-93-33. 📱 06-12-56-62-68. • contact@entre-hotes.com • entre-hotes.com • Congés : 2 sem en fév. Doubles 108-180 €.* 5 chambres d'hôtes dans une élégante demeure particulière du XVIIIe s, centrale et pleine de charme, toutes différentes, avec vue sur le jardin et au calme. Décor contemporain style design dans des tons doux gris et beiges ou bleutés pour d'autres... Confort total (clim) et superbes salles de bains. Ascenseur. Possibilité de prendre le petit déj dans un très agréable jardin. Également une chambre insolite, installée dans le caveau, au fond du jardin, avec baignoire lumineuse intégrée et prestations de luxe. Un coup de cœur.

Chambres d'hôtes La Maison du Palmier (plan I, A3, **27**) : *23, pl. du Maréchal-Foch. ☎ 05-46-50-31-96. • daure.angelique@gmail.com •*

lamaisondupalmier.com • Congés : nov-avr. Doubles 110-130 € ; petit déj 13 €. Cette belle maison d'armateurs située en plein cœur de la ville et datant du XVIIIe s offre 3 chambres sur le thème du voyage. Tout est d'un grand raffinement, les matières soigneusement choisies, mariant harmonieusement le contemporain aux objets chinés et à l'âme ancestrale de la maison, autour de sa cour.

Chambres d'hôtes Vue sur Cour *(plan I, B2,* ***24****) : 10, rue Léonce-Vieljeux. ☎ 05-46-27-70-59. 📱 06-88-27-34-71. • vuesurcour.lr@gmail.com • vuesurcour.fr • Doubles 110-150 €. Parking payant.* Situé en plein centre, proche du port et de la Grosse Horloge, cet ancien corps de garde bordant autrefois un canal (devenu une rue très fréquentée !) a conservé ses murs épais et sa courette de poche, peuplée d'oiseaux aux beaux jours, avec fontaine et vigne vierge. Devenue la résidence d'un chanoine puis une maison bourgeoise au XIXe s, elle abrite désormais 3 chambres d'hôtes. La proprio a eu la bonne idée de garder les vieux parquets (issus du fameux commerce triangulaire) tout en remettant la déco au goût du jour. Un vrai cocon ! Bon accueil.

Beaucoup plus chic

Hôtel de la Monnaie Art & Spa *(plan I, A3,* ***28****) : 3, rue de la Monnaie. ☎ 05-46-50-65-65. • contact@hotelmonnaie.com • hotelmonnaie.com • ♿ Doubles 99-379 € ; familiales (consulter les offres sur Internet) ; petit déj 19 €. Parking payant (20 €).* À 2 pas du Vieux-Port et de la tour de la Lanterne. Un hôtel particulier du XVIIe s sauvé de la ruine, avant d'être transformé en hôtel de luxe exposant des œuvres d'art. Confort optimal (minibar, clim, insonorisation...) et tranquillité garantie. Une bonne trentaine de chambres et 4 suites, aux teintes sobres et aux meubles contemporains, s'ordonnant autour d'une belle cour pavée et d'un petit jardin. Vue sur la cour ou sur les remparts de la vieille ville. Le tout très calme. Salle de sport et espace détente (réservé aux hôtes). Accueil professionnel et sympathique.

Où manger ?

Avec la présence massive d'étudiants, la mode des tapas et du grignotage a déferlé sur la ville. La plupart des bars et bistrots proposent ce genre de restauration rapide, conviviale et pas chère. Un petit mot sur les restos du cours des Dames, de piètre qualité, que l'on évitera poliment. En revanche, ceux de la rue Saint-Jean-du-Pérot sont pour la plupart très bons, nous vous indiquons nos adresses préférées...

Dans la vieille ville et sur le port

De bon marché à prix moyens

Le P'tit Bleu *(plan I, B3,* ***44****) : sur le port, quai des Sardiniers (cours des Dames). ☎ 05-46-28-32-65. Ouverture aléatoire, midi et/ou soir, et parfois non-stop, en saison, quand il fait beau ! Pas de résa. Assiettes 6,70-12,50 €. Commande au comptoir.* Certes, le cours des Dames ne brille pas par la qualité de ses restos, mais cette barque de pêcheur échouée sur le quai est une bonne affaire. On règle d'abord sa commande au comptoir de cet ostréiculteur-proprio, puis on se pose en terrasse, face aux bateaux et les pieds dans l'eau... Moules, huîtres, crevettes, gambas, couteaux, sardines grillées *a la plancha* à prix abordable. Le tout est à accompagner d'un bon sauvignon bio de l'île d'Oléron.

Restaurant Prao *(plan I, B3,* ***52****) : 10, rue Saint-Nicolas. ☎ 05-46-37-85-46. • contact@prao.biz • Tlj midi et soir, sauf dim. Formule déj 18 € ; menu-carte 29 €. Café offert sur présentation de ce guide.* Prao, c'est avant tout une philosophie, déclinée au café, à la boutique, à la terrasse de la tour de la Chaîne (voir plus loin) ainsi qu'au restaurant. Un concept surfant sur le fait maison et misant sur le bon, le frais. Les producteurs ont tous leur nom inscrit sur le menu et ça, c'est toujours bon signe ! Cadre brut et design, industriel et convivial, bien dans l'air du temps. Bon rapport qualité-prix.

Le Comptoir de Walter (plan I, C3, **53**) : 45, rue Saint-Nicolas (angle rue Sardinerie). ☎ 05-46-50-67-71. • contact@lecomptoirdewalter.fr • Tlj sauf dim, plus le soir lun-jeu hors saison. Congés : 1 sem fin déc, 3 sem en janv et 1 sem en oct. Carte env 20 €. « Que l'aliment soit ton 1er remède. » Walter le Belge a quitté la Bretagne pour faire sienne la devise d'Hippocrate. Le principe : on entre, on commande au comptoir de Walter (et de sa charmante épouse), on paie et on mange dans cette petite salle d'angle, lumineuse et chaleureuse, voire en terrasse. Ou comment réduire son addition en assurant son propre service et en mangeant de bons produits frais, cuisinés maison.

Le Comptoir Saoufé (plan I, B2, **40**) : 12, rue du Port. ☎ 05-46-29-58-69. • lecomptoirsaoufe@gmail.com • Tlj midi et soir sauf mar hors saison. Congés : janv. Formule déj 14,90 €. Café offert sur présentation de ce guide. Une terrasse de chaque côté, posée dans 2 rues piétonnes qui dégringolent vers le port ; quelques tables à l'intérieur, qui se pressent autour d'un long comptoir. Ni vraiment bar, ni vraiment resto, ce comptoir gourmand nous a séduits par l'excellente qualité des produits locaux sélectionnés et par la gentillesse de l'accueil. On a envie de tout goûter, de tout partager ! Parfait pour les petites et grandes fringales, ou à l'heure de l'apéro. Huîtres et fruits de mer, rillettes de sardines maison, soupes de poissons, de crustacés ou de salicornes, terrines d'escargot, fromages locaux, le tout à arroser d'un bon petit chardonnay nature de l'île d'Oléron...

Baron Moleskine (plan I, B2, **50**) : 9, rue de la Ferté. ☎ 05-46-41-15-04. • coopbistrotiere@gmail.com • Tlj sauf dim ; service en continu 12h-2h. Menus déj 19-24 € ; tapas et plats à partager le soir 5-22 €. À la fois bar et resto, mais aussi lieu d'expo et de concert, c'est ici que l'on vient boire un verre ou déguster des produits frais. Dans l'assiette, une cuisine aux jolies couleurs et à prix doux servie sur la belle terrasse piétonne aux beaux jours. Une vraie pépite !

De prix moyens à chic

La Fleur de Sel (plan I, A3, **38**) : 45, rue Saint-Jean-du-Pérot. ☎ 05-46-41-17-06. • lafleurdesel.larochelle@hotmail.fr • ♿ Tlj midi et soir. Formule déj 18 € (sauf dim) ; menus 23-34 €. Dans l'une des rues les plus animées de La Rochelle, ce resto propose une cuisine fraîche et savoureuse, qui fait la part belle aux produits de l'océan. Huîtres de l'île de Ré, tartare de couteaux, médaillons de lotte confits à la fève tonka ou magret de canard au saté, on se régale ! Et sans attentat au porte-monnaie. Belle terrasse, très convoitée. Service efficace. Une valeur sûre.

L'Entracte – La Brasserie de Grégory (plan I, A3, **33**) : 35, rue Saint-Jean-du-Pérot. ☎ 05-46-52-26-69. • contact@lentracte.net • ♿ Tlj 12h-14h, 19h30-22h. Menus 25-34 € ; carte 40 €. Un verre de vin offert sur présentation de ce guide. Annexe bistrotière des *Flots,* ce petit resto appartient également à la famille Coutanceau. *L'Entracte* transcende les produits de la terre et de la mer à des prix plus abordables. Dans la cuisine grande ouverte sur la salle, les produits locaux sont « snackés », « planchés » dans un esprit très Sud-Ouest... Terrasse très agréable dans la rue semi-piétonne. Un excellent rapport qualité-prix.

Le Pompon (plan I, B3, **47**) : 41, quai Valin. ☎ 05-46-50-13-17. ♿ Tlj 10h30-2h (cuisine jusqu'à 22h). Formule déj en sem 19 € ; carte 35 €. La famille Chatry, à l'origine d'une fameuse table à l'Houmeau, régale son monde avec cette brasserie tendance installée sur le Vieux-Port. Le rez-de-chaussée au look vintage est animé tout au long de la journée pendant que l'étage, décoré d'une magnifique fresque inspirée par Fernand Léger, se révèle plus intime. À la carte, une cuisine de brasserie qui aime réciter ses classiques (œuf parfait, tartare de bœuf, pavé de merlu, etc.) tout en réservant de belles surprises, comme la cocotte lutée aux fruits de mer ou la blanquette de seiche. Carte des vins accessible. Excellents cocktails à déguster au comptoir ou en terrasse, en prenant le pouls de la nuit rochelaise. Une adresse aussi pratique que savoureuse !

Les Pérot-Quais (plan I, A3, **35**) : *15, rue Saint-Jean-du-Pérot. ☎ 05-46-41-43-68. • lesperotquais@gmail.com • Tlj sauf dim-lun 19h30-23h (minuit sam) ; plus sam 12h-14h juil-août. Résa conseillée. Plats 22,50-30 €. Punch « Pérot-Quais » ou « Kif » offert sur présentation de ce guide, dès la prise de commande.* Dans cette rue truffée de restos, *Les Pérot-Quais* assument pleinement leur « branchitude » avec un décor qui n'est pas sans rappeler un bar de nuit. Dominante blanc et noir, lumière tamisée, terrasse sous les arcades... À la carte, des assiettes uniques autour d'un thème, comme la « Tropicale », avec des mélanges créatifs, par exemple noix de Saint-Jacques ou risotto et fromage. Excellents cocktails. Ambiance agréable.

Ginger (plan I, A3, **37**) : *33, rue Saint-Jean-du-Pérot. ☎ 05-46-28-25-14. • jonathan.dumele@gmail.com • Tlj 12h-14h30, 19h-22h30. Résa conseillée. Formule-menu Healthy (déj uniquement, sauf dim et j. fériés) 18,80-22,80 € ; autres menus 32-60 € ; carte env 40 €.* Encore une adresse qui donne envie de s'attabler dans cette rue piétonne, en terrasse ou dans la salle agréablement végétalisée et tendance. Après avoir voyagé et travaillé dans de grandes maisons, le chef propose ici une cuisine fusion subtile, régalant les yeux autant que les papilles. Du goût, de la couleur, de la précision, côté terre ou côté mer, et une orientation *healthy* affichée. Belle sélection de vins bio et naturels. Le tout orchestré par une équipe jeune et énergique.

De chic à plus chic

La Yole de Chris (plan II, E4, **54**) : *5, allée du Mail (plage de la Concurrence). ☎ 05-46-41-41-88. • contact@layoledechris.com • Tlj midi et soir. Formule déj (sauf juil-août) 29 € ; plats 18-27 € si l'on oublie la sole ou le homard ; carte env 70 €.* Christopher Coutanceau, le cuisinier-pêcheur, a repris avec brio le mythique resto de son père, obtenant même une 3e étoile ! Ici, on s'installe dans son bistrot, à prix bien plus démocratiques. Le tour de main reste le même, et la fraîcheur du poisson toujours de mise (la criée n'est qu'à 5 mn !). Les plats préparés au feu de bois ou *a la plancha* savent flatter les papilles, mais n'oubliez pas pour autant l'excellente mouclade du chef *(16 €)*. Service pro. Réserver absolument pour profiter de la superbe terrasse avec vue sur la mer. Une adresse assez exceptionnelle.

Le Mail (plan II, E4, **51**) : *16, allée du Mail. ☎ 05-46-34-12-52. • contact@restaurant-le-mail.com • ♿ Tlj sauf lun hors saison. Formules 23-27,50 € (tlj sauf dim et j. fériés) ; menu du marché 32,30 € ; carte 40-50 €.* S'ouvrant sur un joli mail arboré qui longe la mer, voici un vrai repaire de fines gueules. Aussi, ne vous jetez pas sur la motte de beurre AOP Charente-Poitou que l'on vous sert en guise de bienvenue, car ici, on se régale du début à la fin ! Les fruits de mer sortent tout juste de l'eau, la pêche locale est cuite à la perfection, les canards fermiers et autres foies de veau sont préparés de belle manière et les desserts, terriblement gourmands. Un sans-faute, et ce, dès les 1res formules. La déco très actuelle n'oublie pas d'être chaleureuse, à l'image d'Hervé et Patricia, les propriétaires. Carte des vins très riche. Une belle expérience.

Les 4 Sergents (plan I, A3, **41**) : *49, rue Saint-Jean-du-Pérot. ☎ 05-46-41-35-80. • contact@les4sergents.com • ♿ Tlj sauf dim soir et lun. Résa indispensable en saison. Formule et menu 29-44 € ; carte env 50 €. Apéritif offert sur présentation de ce guide.* Installé dans un hôtel particulier du XIXe s et aménagé dans un ancien (et superbe) jardin d'hiver, surmonté d'une verrière. Une jolie galerie court à l'étage (nos tables préférées), survolant plantes vertes et arbres en pots. Le service, très vieille école, est au diapason. Bonne cuisine traditionnelle d'humeur marine, avec quelques échappées plus exotiques. Bon rapport qualité-prix dès la 1re formule. Exceptionnelle carte des vins (avec quelques trouvailles à prix raisonnables), dont certains servis au verre. Une valeur sûre.

Les Flots (plan I, A3, **31**) : *1, rue de la Chaîne. ☎ 05-46-41-32-51. • contact@les-flots.com • Tte l'année, tlj. Formule déj 35 € ; menus 65-90 € ; carte 80 €. Un verre de vin offert sur présentation de ce guide.* Les Coutanceau règnent depuis quelques décennies sur la gastronomie rochelaise. L'un des fils de la famille, Grégory, perpétue cette tradition ici, dans son bistrot, ou à *L'Entracte* (voir plus haut). Spécialités de poisson bien maîtrisées et originales (turbot sauvage crousti-moelleux...). Cadre marin agréable, au pied de la célèbre tour de la Chaîne. Terrasse avec vue imprenable sur le port : le soir, c'est tout simplement magique ! Le chef propose, en outre, des cours de cuisine : avis aux amateurs...

LA CHARENTE-MARITIME

Autour du Vieux-Port

Paradoxalement, pour un port plutôt animé, très peu de restos servent après 22h. Voici cependant quelques exceptions.

Restos ouverts tard

Ze' Bar (plan I, A3, **46**) : *13 bis, rue de la Chaîne. ☎ 05-46-07-05-15. • contact@zebar-larochelle.fr • En hte saison, tlj midi et soir ; sinon, tlj sauf dim-lun 18h-2h. Formule 24 € ; menu 29 € ; carte env 35 €.* Un bar à vins offrant un bon choix (200 références en moyenne) de nectars (vins naturels) et un menu, avec la possibilité de choisir ce qu'on veut dedans. De grosses tartines aussi (foie gras, tomate-chèvre-basilic...), des planches de charcuterie ou de fromage, mais aussi des huîtres d'une belle fraîcheur ou des tartares. On mange au comptoir, à table ou sur des tonneaux, à la bonne franquette, entre les cartons de vins. Atmosphère bruyante et animée mais conviviale. Quelques tables à l'étage. Fort prisé le soir et le week-end.

La Solette (plan I, C3, **48**) : *11, pl. de la Fourche. ☎ 05-46-41-06-33. • favressegil@gmail.com • En saison, tlj 12h-14h, 19h-22h ; sinon, tlj sauf dim-lun. Carte env 35 €. Café offert sur présentation de ce guide.* Attablé sous l'« arbre magique » en terrasse d'une charmante placette ou dans l'une des 2 minisalles, on apprécie la cuisine bistronomique plutôt métissée, genre salade thaïe et « poisson du chef bam bam ». Clientèle très hétéroclite et ambiance vraiment sympa. Service souriant, mêlant humour et petites attentions. La bonne adresse !

Autour de la place du Vieux-Marché

Un peu en retrait de l'agitation touristique du port, la place du marché couvert offre une vision nettement plus paisible et plus provinciale de La Rochelle, à 2 pas du quartier historique. Les ruelles adjacentes voient naître, depuis quelque temps, moult restos de qualité, la plupart bon marché, où se retrouvent étudiants, flâneurs et hommes d'affaires. Notre coin préféré !

Bon marché

L'Ardoise des Cloutiers (plan I, C1, **34**) : *7, rue des Cloutiers. ☎ 05-46-45-37-98. • lardoisedescloutiers@gmail.com • Tlj sauf dim. Résa fortement conseillée. Congés : 1 sem en oct et 1 sem en déc. Carte env 19,50 €.* Non loin du marché, un petit bistrot qui fait le plein chaque midi. Salle lumineuse, fraîche et agréable, doublée d'une miniterrasse dans la rue piétonne. Les formules s'affichent à l'ardoise et changent tous les jours. Peu de choix, pour plus de fraîcheur, mais avec toujours au moins une viande et un poisson.

Le Soleil brille pour tout le Monde (plan I, C1, **43**) : *13, rue des Cloutiers. ☎ 05-46-41-11-42. • jylachiver@yahoo.fr • Tlj sauf lun soir et dim. Congés : 2 sem début mai et à Noël. Formules 15,50-16,50 € ; carte* *env 16 €. Café offert sur présentation de ce guide. Juste* 3 ou 4 tables en terrasse quand le soleil brille (pour tous !). Sinon, les initiés se serrent dans la mignonne petite salle aux murs décorés de mosaïques, autour d'une cuisine ouverte. Tout ici, bien sûr, est fait maison, à base de produits d'une irréprochable fraîcheur et à dominante bio. Les plats inscrits au tableau noir, généreusement servis, changent suivant les saisons et l'humeur du patron ; ils sont toujours pleins de saveurs et parfois relevés d'épices. En prime, délicieux desserts ! Très fréquenté le soir... donc mieux vaut réserver.

IOI Voir aussi ***Le Jardin du Marché*** *(plan I, B1, **54**)* dans « Où prendre le petit déjeuner ? », pour ses formidables salades et ses tartines le midi.

Prix moyens

IOI ***Lerouge aux Lèvres*** *(plan I, C1, **39**) : 4, rue des Cloutiers. ☎ 05-46-50-08-17. • contact@lerouge-auxlevres.fr • Tlj sauf dim soir et lun-mar. Carte env 30 €.* Une cave à manger comme on les aime. Les vins naturels, biologiques ou biodynamiques sont aussi judicieusement sélectionnés que gentiment conseillés, puisque le patron est caviste. L'occasion de belles et gouleyantes découvertes ! Au verre ou à la bouteille, les vins se dégustent accompagnés de charcuterie, de fromage, voire d'un bon petit plat maison pour les plus affamés. Un lieu convivial et douillet, où l'on a vite envie de jouer les prolongations.

IOI ***Restaurant Le Thiers Temps*** *(plan I, C2, **57**) : 26, rue Thiers. ☎ 05-46-34-31-81. • thierstemps@orange.fr • À 2 pas du marché central. Tlj sauf dim-lun. Formules « Midi créatif » 16-18,50 € ; menu-carte 18,50-31,50 €.* Ne pas prendre le temps serait triste. Faut un temps plein pour déguster, dans une petite salle à la déco minimaliste et sobre, dans l'air du... *Thiers Temps,* d'incroyables formules, notamment à midi, et avoir ainsi accès à l'art de la « vraie » cuisine du chef, raffinée, imaginative, voire audacieuse. Produits régionaux au fil du marché, mis en valeur par de goûteuses préparations. Beau choix de vins au verre *(4-8 €).* Accueil charmant, attentionné et prévenant.

Au port des Minimes

Prix moyens

IOI ***La Marie-Galante*** *(plan II, E5, **55**) : 35, av. des Minimes. ☎ 05-46-44-05-54. • pmariegalante35@outlook.fr • Fermé lun, plus le soir mar-jeu et dim hors saison. Congés : vac scol de Noël. Formule déj en sem 14,50 € ; menu 23 € ; carte 30 €. Apéritif maison offert sur présentation de ce guide.* À part pour les voileux, les visiteurs du Salon nautique ou ceux qui aiment flâner dans les ports de plaisance, le coin n'a pas beaucoup d'intérêt. Une bonne table cependant, pour une cuisine essentiellement marine, qui n'oublie aucun de ses classiques : huîtres, soupe de poisson, moules marinière, assiette de bulots mayonnaise et poisson du jour. Bons desserts en prime, concoctés par un chef pâtissier. Terrasse avec vue sur le port.

Au port de pêche

Prix moyens

IOI ***Tonton Louis*** *(hors plan I par A2, **36**) : rue Samuel-Champlain, **La Pallice.** ☎ 05-46-68-25-97. • tonton-louis@orange.fr • Très simple : suivre l'av. Jean-Guiton, prolongée par le bd Vladimir-Morch jusqu'au port. Tlj sauf dim soir et lun. Congés : vac scol de Noël. Formule déj express en sem 18,90 € ; le soir, menus 27,90-36,90 € ; buffet de fruits de mer à volonté 36,90 €/pers. Kir offert sur présentation de ce guide.* Un bistrot marin isolé dans un endroit improbable, loin des lumières de la ville. Des chalutiers somnolent avant d'affronter l'océan, des pêcheurs en guise de promeneurs et des mouettes pour chanter la sérénade. Vaste salle, mais aussi une terrasse pour respirer l'air iodé du grand large. Une bonne mise en condition pour goûter aux spécialités de poisson travaillées sans excès, qui laissent les saveurs des produits frais s'exprimer en toute simplicité. Cela dit, le lieu est surtout célèbre pour sa formule fruits de mer à volonté, qui ravira les affamés !

Où dormir ? Où manger dans les environs ?

Camping

Les Sables : *route du Pontreau, 17440* ***Aytré.*** *☎ 05-46-45-40-30. • camping_les_sables@yahoo.fr • camping-les-sables.com • ♿ À 7 km au sud de La Rochelle. Ouv d'avr à mi-oct. Forfaits 22-32 € pour 2. Mobile homes (certains avec clim) 4-6 pers. 250 empl.* Un grand 4-étoiles, à 200 m de la plage d'Aytré. Bâtiments vieillissants mais emplacements bien herbus, séparés par des haies et assez ombragés. Aucun charme mais on y trouve pour les familles tout le confort espéré : laverie, sèche-linge, salle de repassage, resto, bar, tennis, aires de jeux, miniclub (en juillet-août) et le must : 2 piscines en plein air (avec toboggans) et une autre couverte, grande et chauffée. Sauna. Location de frigos. Animations et soirées à thème. Petite gêne peut-être : le train (2 wagons), mais qui ne passe que 8 fois par jour (le dernier vers 23h) et se révèle relativement silencieux.

De bon marché à prix moyens

La Cabane de Lauzières : *131, rue du Port, le port du Plomb, au lieu-dit Lauzières, 17137* ***Nieul-sur-Mer.*** *☎ 09-81-87-67-01. ♿ Ouv avr-sept, tlj sauf dim soir et lun. Formule déj 16,90 € ; carte env 37 €. Digestif offert sur présentation de ce guide.* Cette vaste cabane à l'ambiance chaleureuse, posée au ras des claires et des marais, est une excellente option pour les amateurs d'huîtres, de fruits de mer et de poisson. Tout est frais, servi généreusement et vendu à prix raisonnable. Excellent accueil, volontiers gouailleur. Un très bon moment en perspective.

Restaurant Port Lauzières : *le port du Plomb, au lieu-dit Lauzières, 17137* ***Nieul-sur-Mer.*** *☎ 05-46-37-45-44. • contact@portlauziere.com • ♿ Tlj sauf dim en saison ; tlj sauf dim soir-mar midi hors saison. Congés : nov-mars. Carte 25 €. Apéritif maison offert sur présentation de ce guide.* Cet ancien cabanon de pêcheur transformé en bar-dégustation et en resto de produits régionaux plaira aux amateurs d'authenticité. D'un côté, le bar à l'ancienne avec son zinc où l'on sert des verres aux ostréiculteurs du coin ; de l'autre, une agréable salle lambrissée avec vue sur la mer (et cheminée pour les soirs d'hiver) pour goûter une cuisine plus élaborée. En prime, une terrasse où sont servies, par beau temps, moules, langoustines, sardines, huîtres, etc.

Le Café de la Mer : *le port du Plomb, au lieu-dit Lauzières, 17137* ***Nieul-sur-Mer.*** *☎ 05-46-37-39-37. • lecafedelamer@wanadoo.fr • ♿ Tlj sauf lun plus le midi mar-jeu ; fermé seulement mer midi juil-août. Congés : sept-mars. Carte 25-30 €. Apéritif offert sur présentation de ce guide.* Dans une maison neuve, coquette et colorée, idéalement située face à la mer et au pont de l'île de Ré. Une clientèle fidèle s'y retrouve pour déguster des moules à toutes les sauces (10 préparations) ainsi que des assiettes de fruits de mer, servies en toute simplicité. La provenance et la taille des moules dépendent de la saison : le chaleureux patron vous expliquera volontiers tout cela. Petite adresse sympathique.

De prix moyens à chic

Chambres d'hôtes Un Banc au Soleil : *26 quater, rue du Porte, 17137* ***Marsilly.*** *📱 06-24-96-82-70. • contact@unbancausoleil.com • unbancausoleil.net • À 10 km au nord de La Rochelle par la D 105. Doubles 120-130 € ; familiales. Réduc de 10 % sur le prix de la chambre hors vac scol sur présentation de ce guide.* Au cœur du village mais bien à l'abri derrière ses murs clos, une très belle maison d'hôtes offrant des prestations haut de gamme. Sauna, jacuzzi et massages (payants), piscine chauffée en été et, surtout, 5 chambres magnifiquement décorées. Une vraie belle adresse de charme avec un accueil à l'avenant.

Chambres d'hôtes Le Clos des Palmiers : *chez Évelyne et Rémy Cariou, 2, rue du Beurre, 17230* ***Saint-Ouen-d'Aunis.*** *☎ 05-46-68-99-52. 06-25-03-15-10. • contact@leclosdespalmiers.com • leclosdespalmiers.com • À env 15 km au nord-est de La Rochelle par la N 11 et la D 137. Dans le bourg, tourner à gauche juste avt la mairie, au niveau de la boulangerie Galissa. Double 89 € ; familiales. Parking gratuit. CB refusées. Apéritif ou café offert sur présentation de ce guide.* La grande cour abrite une jolie maison charentaise restaurée, où l'on trouve la chambre pour 4 et, de l'autre côté, 3 chambres de plain-pied. Toutes sur un thème (« Bambou », « Orientale » à la séduisante ambiance, « Évasion »). Elles sont vastes et modernes, un poil kitschounettes mais confortables, avec une terrasse individuelle (sans séparation). Petite cuisine à dispo, pour les repas froids uniquement. Accueil énergique et enthousiaste d'Évelyne. Piscine.

Coquillages et Crustacés : *32, rue du Port, le port du Plomb (côté* ***L'Houmeau****). ☎ 05-46-45-32-52. • coquillagesetcrustaces@orange.fr • Tlj sauf dim soir et lun. Résa vivement conseillée. Congés : de mi-nov à fév. Formule déj en sem 22 € ; carte 18-31 €.* Face à ce petit port de pêche, le plus ancien de l'Aunis, une imposante « cabane » moderne entourée d'une terrasse-deck. Grand volume intérieur de style contemporain, tonalité orange-noir-rouge, cuisine ouverte, longues tables pour les familles. Clientèle assez tendance, mêlant habitués, touristes égarés et citadins branchés. Plus de monde en terrasse en été bien sûr, pour de beaux fruits de mer et des plats assez élaborés avec une touche de modernité. Atmosphère d'anthologie si le coucher de soleil tient ses promesses.

Où prendre le petit déjeuner ?

Le Jardin du Marché *(plan I, B1,* ***54****) : 5, rue Gargoulleau. ☎ 05-46-41-06-42. Mar-sam, service 12h-17h en continu. Carte max 20 €.* Cadre fort agréable pour ce *Jardin* doté d'une petite cour très verdoyante et fleurie, nichée sous les bambous, et d'une terrasse très calme sur rue. Au petit déj, viennoiseries ou pâtisseries maison, oranges pressées, très bons thés, etc. Pour le déjeuner, copieuses tartines garnies et très belles salades au dressage travaillé, à base de produits ultrafrais. Sans oublier les desserts maison, concoctés chaque jour pour mieux varier les plaisirs... Cafés et sodas en provenance de l'île de Ré.

Où déguster une glace ?

Ernest Le Glacier *(plan I, B2,* ***56****) : 16, rue du Port. ☎ 05-46-30-80-22. Autre adresse : 48, cours des Dames (plan I, A3,* ***56****). ☎ 05-46-43-48-65. • contact@ernest-le-glacier.com • De mi-mars à fin oct et 3 dernières sem de déc, tlj 12h-19h (23h en hte saison).* Le rendez-vous glacé incontournable à La Rochelle. En hommage à Ernest, leur grand-père paysan, les sympathiques frérots préparent eux-mêmes les cornets, les crèmes et les bâtonnets glacés, les glaces italiennes et les sorbets... Plus de 80 sortes de parfums selon les saisons, dont une douzaine de chocolats différents dont vous nous direz des nouvelles ! Le « Chocolat 85-poivre de Sichuan-nougatine » : une tuerie ! Comme la « Méditerranéenne » en gamme fruitée. Pour ses 20 ans, la maison s'est vu attribuer le label national d'Entreprise du patrimoine vivant. Une sacrée distinction.

Tonton Maboule *(plan II, E5,* ***58****) : 48, av. du Lazaret. 06-63-56-11-22. • tontonmaboule.contact@gmail.*

com • Tlj 11h-23h (19h hors saison). Glaces 3-5 €. Le glacier rochelais qui monte, qui monte ! Frédéric propose un superbe choix de parfums, aussi savoureux qu'étonnants. Depuis ses débuts, il aurait ainsi créé plus de 200 saveurs différentes, toujours préparées avec 60 % de matière brute minimum. On a adoré la crème glacée aux pipas caramélisées, on a succombé au *mabultella* (jouissif !), on a fondu pour le chocolat fumé ou la reine-claude... Bref, un truc de maboules ! Également présent sur la plage d'Aytré en été, dans une petite cabane.

Où prendre un café ?

La Brûlerie du Marché *(plan I, C1,* ***65****) : 5, rue Gambetta (pl. du Marché). 07-81-66-83-55. • labrulerie dumarche.lr@gmail.com • Tlj sauf dim-lun 8h45-18h30. Réduc de 10 % sur tt achat en boutique sur présentation de ce guide.* Un p'tit café (ou un thé, voire un chocolat) en terrasse, face à l'agitation du marché et des halles. Le café du jour, selon la bonne humeur du chef... qui peut changer pendant la journée (le café, pas l'humeur !). Découvrir Cuba ou la Thaïlande, Yirgacheffe d'Éthiopie ou Saint-Domingue... Le plaisir des arômes chez un bon artisan torréfacteur.

Où boire un verre ? Où écouter de la musique ? Où sortir ?

Ville étudiante et port de surcroît, cité à taille humaine à l'ambiance chaleureuse et conviviale, La Rochelle se devait de posséder quelques bars, d'autant qu'elle vit aussi la nuit (et pas seulement pendant les Francofolies...). Pour tout savoir des concerts, spectacles et autres manifestations, procurez-vous (à l'office de tourisme par exemple) les mensuels spécialisés gratuits.

Dans la vieille ville et autour de la place du Vieux-Marché

Corrigans Irish Pub *(plan I, C1,* ***64****) : 20, rue des Cloutiers. ☎ 05-46-28-91-39. • barry@corrigans.fr • Calendrier et programme sur • corrigans.fr • Ts les soirs sauf lun. Apéritif offert sur présentation de ce guide.* Un pub sympa à l'irlandaise, déco cosy et bon choix de bières, comme on s'en doute. Chaque dimanche soir, le vent du nord balaie le comptoir et réveille les origines celtes des proprios (de vrais Irlandais associés à des Français). Le groupe Courant d'Eire et ses copains se rassemblent à l'occasion pour un bœuf endiablé. Sinon, concerts fréquents le mercredi, à tendance rock-folk.

Le Café de la Paix *(plan I, B1,* ***61****) : 58, rue Chaudrier. ☎ 05-46-41-39-79. Sous les arcades, à côté du cinéma. Tlj sauf dim 7h-22h (en continu). Plats 17-20 €.* Brasserie datant de 1850 au flamboyant décor Belle Époque, classée Monument historique. Elle accueille dans la journée une clientèle plutôt bigarrée : vieilles dames très dignes aux 1res loges, lycéens bruyants en terrasse, cols bleus au bar... Bon petit déj. Côté cuisine, carte de brasserie classique à prix raisonnables.

Autour du Vieux-Port et dans le quartier Saint-Nicolas

La Cav'A'So *(plan I, B3,* ***60****) : 29, quai du Gabut. ☎ 05-46-44-54-98. • lacavaso17@gmail.com • Ouv 12h-2h, tlj sauf lun hors saison. Congés : de mi-déc à fin fév. Planches et tapas 6-19,50 €.* Un p'tit bar à vins installé sur le port du Gabut, tenu avec beaucoup de cœur par Sophie, une Rochelaise d'adoption. Agréable terrasse où So' vous proposera une sympathique sélection de verres de vin, à accompagner d'une planchette de tapas, de charcuterie ou de fromage, toutes servies généreusement. Chouette ambiance de « bar à copains » et accueil adorable. Petites expos, soirées jazz, café-théâtre, café-philo... So' a plus d'un tour dans sa cave !

La Terrasse de la Chaîne *(plan I, A3,* **63***) : sur la tour de la Chaîne. ☎ 05-46-37-85-46. • restaurant@prao.biz • Congés : 25 déc-1er janv. Tlj ; service 12h-14h, 19h30-22h. Formule 18 € ; menu 29 €. Café offert sur présentation de ce guide.* Le plus beau *rooftop* de la ville, perché sur un contrefort de la tour de la Chaîne (lire plus loin « À voir. À faire »). Vue extra sur le chenal d'entrée du port, mais aussi sur les tours de la Lanterne ou de Saint-Nicolas, illuminées en soirée. On sirote une bière bio, un pastis de l'île de Ré ou un cocktail parfumé en grignotant quelques tapas ou planches, de la terre comme de la mer. Un spot de rêve !

Le France 1 *(plan II, F4,* **70***) : pl. Bernard-Moitessier. ☎ 05-46-41-66-87. • contact@lefrance1.com • Tlj 10h-minuit. Congés : oct-avr. Carte env 20 €. Bière 3,50 € ; cocktail 9 €.* Embarquez sur le *France 1*, un ancien navire météorologique de 76 m de long appartenant au Musée maritime ! Un vrai bonheur que d'y boire un verre ou grignoter quelques tapas, le tout avec vue sur l'encan et les vieux gréements du musée. Sur le quai juste en face, **La Fabuleuse Cantine** *(jeu-sam 17h30-2h)* est l'endroit idéal pour poursuivre la soirée. Vaste espace au mobilier dépareillé et décor exotique, qui accueille une microscène où se déroulent concerts et DJ sets... Belle sélection de bières et de cocktails, que l'on peut accompagner de tapas. Immense terrasse.

La Cave de la Guignette *(plan I, B2-3,* **66***) : 8, rue Saint-Nicolas. ☎ 05-46-41-05-75. • contact@laguignette.fr • Tlj sauf dim 11h-13h, 16h-21h.* Un incontournable de La Rochelle et le bar préféré des étudiants ! Il n'y a qu'à voir la queue sur le trottoir en saison ! À l'heure de l'apéro (attention, ça ferme tôt), on se serre les coudes dans la grande salle qui n'a guère changé depuis 1933 avec sa charrette à bras, ses barriques et son comptoir patiné par les décennies. Ambiance pour le moins festive (sans musique, c'est un choix). Faut dire que vu les prix, il y a du débit ! Heureusement que la spécialité de la maison, la guignette (genre de kir léger, à base de vin, d'arômes naturels et de fruits), ne titre que 9-11°, si l'on ose dire. On peut d'ailleurs en acheter à emporter.

La Trinquette *(plan II, E4,* **69***) : 22, rue de la Monnaie. 06-29-91-09-88. Ouv avr-sept, tlj sauf dim et j. fériés, à partir de 18h. Tapas 7-11 €.* Ce chalet animé déploie de longues tablées en bord de canal, non loin de la tour de la Lanterne. Grappes de fêtards bruyants, attirés par l'excellente sélection de bières pression à prix doux et les généreuses tapas à grignoter, recommandées pour éviter le delirium tremens. Beaucoup d'ambiance en été.

L'Imprévu *(plan I, B-C2-3,* **68***) : 1 bis, rue de la Fourche. ☎ 05-46-29-76-79. Tlj sauf lun 12h-2h.* Ce bar à l'esprit très vintage se partage entre la magnifique place de la Fourche, une charmante cour surmontée d'une marquise en fer forgé et une salle chaleureuse, décorée de vieilles réclames. Le lieu est idéal pour profiter du soleil en terrasse ou pour s'offrir un cocktail en début de soirée. Planches à grignoter si la faim se fait sentir.

The General Humbert's *(plan I, B3,* **67***) : 14, rue Saint-Nicolas. ☎ 05-46-37-01-08. Tlj dès 18h (14h sam si match).* Un pub irlandais qui fait du ramdam dans le quartier. Il faut jouer des coudes pour atteindre le bar où trônent une collection de képis, un maillot de l'équipe d'Irlande de rugby, des albums dédicacés par U2 ou les Pogues. Mais la vraie curiosité, ce sont les écrits historiques sur le général Humbert et le canon (présent à Waterloo !) situé dans la cour arrière ! Des concerts y sont fréquemment organisés. Fumoir aux lumières rouges à l'entrée pour les frileux.

L'Académie de la Bière, La Terrasse, Piano Pub, Le White Rabbit et Les Mauvais Garçons *(plan I, B2,* **62***) : autour de la cour du Temple.* Des bars qui se ressemblent et s'assemblent pour attirer la jeunesse étudiante rochelaise. La bière coule à flots et les décibels ne sont pas en reste... Chacun possède sa terrasse, mais aussi son *dance floor,* histoire de se dégourdir les gambettes jusqu'à pas d'heure.

Penser aussi au bar de l'***Aquarium*** (en fait un restaurant-brasserie), pour la magie du décor et la vue privilégiée sur les différents ports (voir plus loin).

Où trouver de bons produits ? Où faire des emplettes ?

La place du Marché (marché tous les matins, dimanche compris, et grand marché les mercredi et samedi) et l'ancien marché sous les halles (tous les jours le matin seulement) sont un passage obligé à La Rochelle. Partout, au fil des saisons, s'y étalent aux yeux des gourmets les plus beaux produits locaux et régionaux : gariguettes, pommes de terre primeurs de Ré, asperges, poissons, huîtres (Cousin, Roumegous, Gillardeau... pour ne citer que les plus prestigieuses ; l'occasion de faire des tests comparatifs !), coquillages (essayez les vannets, sortes de pétoncles orangés disponibles pratiquement toute l'année), crustacés de pêche locale... Produits maraîchers et produits fermiers pour un casse-croûte du tonnerre. L'office de tourisme propose de temps à autre des visites guidées (avec dégustations et rencontres avec les producteurs) de ce marché considéré, à juste titre, comme l'un des plus beaux de France.

L'Épicurium *(plan I, B1,* ***81****) : 6, rue Gargoulleau.* ☎ *05-46-42-48-57.* • *lepicurium@orange.fr* • *fromagerie-lepicurium.fr* • *Mar-sam 9h30-13h30, 15h30-19h.* Une fromagerie de référence, véritable lieu de perdition : on entre pour jeter un œil et on succombe à chaque fois ! Une incroyable palette à compléter avec de divins vins... Se laisser conseiller par le patron pour un pique-nique d'anthologie. Manque plus qu'une baguette craquante, à acheter en sortant...

À voir. À faire

– Il existe un ***Pass intermusées*** valable toute l'année à 15 € dans les musées municipaux : musée du Nouveau Monde, Musée maritime et Muséum d'histoire naturelle.

Autour du Vieux-Port

La tour de la Lanterne, dite « des Quatre Sergents » *(plan I, A3) :* ☎ *05-46-41-33-14.* • *tours-la-rochelle.fr* • *Horaires (sous réserve) communs aux 3 tours. Tlj 10h-13h, 14h15-18h30 (17h30 oct-mars). Fermé 1er janv, 1er mai et 25 déc. Entrée (valable pour les 3 tours) : 9,50 € ; gratuit pour les 18-25 ans et pour tous le 1er dim du mois nov-mars.* Une des célèbres tours de La Rochelle. Datant des XIIe et XVe s, elle est surmontée – contrairement à ses sœurs – d'une élégante flèche de style gothique flamboyant. Elle tient son nom de sa 1re fonction

LA TOUR « DES QUATRE SERGENTS »

Sous la Restauration, le 45e régiment d'infanterie du Quartier latin, refusant de crier « Vive le roi ! », fut transféré à La Rochelle. 4 sergents, membres des Carbonari, société secrète italienne implantée en France, conspiraient la nuit contre Louis XVIII. Dénoncés, ils furent enfermés dans cette tour avant d'être guillotinés à Paris en 1822. Ils devinrent de véritables « saints républicains »... Certains cabarets se baptisèrent même « Aux Quatre Sergents de La Rochelle ».

LA CHARENTE-MARITIME

puisque, en son sein, brillait une bougie dans un lanterneau qui permettait aux bateaux de regagner le port. Mais elle eut très tôt une vocation geôlière, et ce jusqu'en 1879. Pour preuve ces nombreux graffitis (610 répertoriés) de corsaires et autres prisonniers de guerre anglais, français, hollandais et espagnols, recensés à partir du XVIe s. Gravés dans la pierre et aujourd'hui protégés, ces graffitis sont de qualité variable, mais certains se révèlent de toute beauté : dessins qui reproduisent navires et scènes de guerre, écritures calligraphiées, petits poèmes ou messages de détresse... Étonnant. Remarquez, au 2e étage, le damier ciselé au sol par des prisonniers. De la galerie du haut, panorama exceptionnel sur le port et la ville.

La tour de la Chaîne *(plan I, A3)* **:** *☎ 05-46-41-33-14. Mêmes infos que la tour de la Lanterne.* L'une des 2 tours qui, pendant 10 siècles, gardèrent l'entrée du port la nuit. Son appellation est due à la grosse chaîne, tirée pour empêcher les bateaux d'entrer dans le chenal, tendue à l'aide d'un cabestan, visible sur demande. La chaîne est toujours là, exposée sur la petite place de la Chaîne, juste à côté de la tour. Expositions temporaires.

La Grosse Horloge *(plan I, B2)* **:** *ne se visite pas.* Marquant la limite entre le port et la cité, c'est l'un des points de repère favoris des Rochelais. L'ancienne porte de ville fortifiée de l'enceinte médiévale, flanquée de 2 tourelles, possédait un double passage séparé pour les piétons et les attelages jusqu'en 1672. Elle fut surmontée d'un campanile et d'une horloge à la fin du XIe s avant d'être transformée en cartel Louis XV en 1746, telle qu'on la voit aujourd'hui.

La tour Saint-Nicolas *(plan I, B3)* **:** *☎ 05-46-41-33-14. Mêmes infos que la tour de la Lanterne.* Un véritable donjon urbain, qui s'inscrit dans un ensemble de fortifications conçues à la fin du XIVe s pour défendre le front de mer rochelais. Haute de près de 42 m, la tour offre elle aussi une très belle vue sur la ville depuis le chemin de ronde et l'ancienne plateforme de guet. En grimpant, on traverse de jolies salles aux épais murs de pierre, parfois surmontés de voûtes sur croisée d'ogives. La chapelle, la salle du Troubadour ou celles du Capitaine et des Coussièges sont toutes reliées par d'étroits escaliers et des couloirs labyrinthiques aménagés dans les murs. Pas besoin de beaucoup d'imagination pour replonger à l'époque du siège de la ville !

Notez, à proximité de la tour Saint-Nicolas, le phare rouge et blanc qui, avec le phare du quai Valin (blanc et vert), est l'un des ***phares d'alignement de la fin du XIXe s*** destinés à guider les bateaux sans trop de risque dans le port. Celui du quai Valin *(plan I, B3)* est littéralement encastré dans une maison.

Le Gabut *(plan I, B3)* **:** ancien quartier de pêcheurs rénové à partir de 1989 (une autre révolution !). L'esprit des 1ers baraquements a été conservé : à l'origine peints avec des fonds de pots de peinture, ils étaient de toutes les couleurs. Tout en bois, ce quartier ressemble un peu à un village scandinave. Une ville dans la ville, avec de nombreux cafés, des terrasses et... l'office de tourisme.

La gare ferroviaire *(plan II, F4)* **:** *à l'est du port.* Dernière gare monumentale édifiée par l'État français, elle fut commencée en 1909 puis interrompue par la Première Guerre mondiale et inaugurée seulement en 1922. Élégant campanile de 45 m (donc plus haut que les tours du port !) dominant l'ensemble, majestueux comme un phare... La façade est recouverte de poissons, crabes et coquilles.

L'Aquarium *(plan II, F4, et hors plan I par C3)* **:** *quai Louis-Prunier. ☎ 05-46-34-00-00. • info@aquarium-larochelle.com • aquarium-larochelle.com • À 2 mn à pied de l'office de tourisme. Tte l'année, tlj : juil-août 9h-23h ; avr-juin et sept 9h-20h ; oct-mars 10h-20h ; dernière entrée 1h30 avt fermeture. Compter min 1h30 de visite. Entrée : 17,50 € ; réduc ; - 2 € sur présentation de ce guide. Audioguide : 2,50 € ; réduc. Partout des panneaux à lire, très explicites (dont certains spécialement adaptés aux enfants et posés à hauteur des yeux), mais l'audioguide est un excellent complément (là encore, un commentaire spécial est proposé aux plus petits). Resto au dernier étage avec vue sur la vieille ville.*

Les chiffres parlent d'eux-mêmes : avec 800 000 entrées par an, cet aquarium est le plus visité de France. Une belle récompense pour une famille hors norme, dévorée par la même passion depuis 3 générations. Ce véritable titan des mers résume leur histoire, ou plutôt leur saga, entamée dans les années 1960 par René Coutant, ingénieur horticole devenu constructeur d'aquariums. Les descendants ont repris le flambeau avec panache, jusqu'à réaliser ses rêves les plus fous : le nouvel aquarium occupe une superficie 6 fois plus importante que le précédent, et présente au public plus de 82 aquariums alimentés par 3 millions de litres d'eau de mer, pour 12 000 animaux marins.
On approche les ***mondes marins les plus variés,*** depuis ceux qui nous sont proches jusqu'aux plus lointains, dans des milieux reconstitués fidèlement. De nombreux aménagements sont réservés aux enfants, dont la « cabane sous la mer », mais aussi des hublots à leur hauteur et un parcours ludique, avec notamment le tapis magique... pour marcher sur les poissons.

Au 1er niveau
On commence logiquement avec la côte atlantique, et en premier lieu l'estran, cette portion du littoral comprise entre la haute et la basse mer, avec ses flaques animées de 1 000 organismes vivants à observer au microscope. Puis les espèces présentes au large, avec des terriers de langoustines dans un aquarium tapissé d'une multitude d'anémones-bijoux, mais aussi de minuscules civelles, des maigres (un gros poisson, contrairement à ce que son nom suggère), des hippocampes, ou encore des soles bien camouflées. Pour rester dans des milieux qui nous sont familiers, c'est la ***Méditerranée*** qui est ensuite présentée, avec la reproduction, vraiment étonnante, des trous de rocher des calanques, qui abritent murènes, poulpes, cigales de mer et plein d'autres animaux étranges. Évitez donc l'aquarium à vagues si vous avez le mal de mer... Et puis l'espace océanique, avec les méduses, qui n'ont pas toujours bonne presse mais que l'on soigne ici pour leur joli ballet et pour leur appartenance au plancton nourricier.

Au 2e niveau
On débouche directement sur la ***salle des Caraïbes,*** frappante pour son chatoiement de couleurs et ses invertébrés (gorgones), sa murène verte gueule ouverte, ses carangues-lunes... On enchaîne sur le lagon, sa barrière de corail et toute sa diversité multicolore déployée sur 16 m de long. Dans la ***salle Indo-Pacifique*** et ses abords plus obscurs, le poisson-rasoir, les poissons-clowns et leur complicité avec les anémones, les rascasses tropicales, infiniment venimeuses, et les raies à points bleus, nées à l'Aquarium. Assez fascinants, quelques enregistrements sous-marins prouvent que le « monde du silence » porte décidément bien mal son nom ! Puis c'est l'immense ***aquarium des requins*** qui fait toute la hauteur du bâtiment ! Impressionnant. Vous pourrez y contempler longuement les requins-taureaux, pointe blanche, gris ou nourrice, le tout en musique, une excellente idée qui décuple la majesté de ces rois des mers... Un passage par l'amphithéâtre pour le film consacré au travail méconnu des soigneurs, plongeurs et techniciens. Quant à la « ***Galerie des Lumières*** », elle offre, de la surface aux mystérieux abysses, une expérience féerique à la découverte des secrets de la lumière... Une dernière immersion avec les requins et enfin l'entrée dans la très belle ***serre tropicale,*** avec ses orchidées, son humidité, ses fougères, ses palmiers, une cascade, un bassin de piranhas (observer les dents), et des tortues qui se baladent un peu partout (attention où vous marchez !).
À savoir, l'Aquarium est également un lieu d'études et de soin pour les tortues marines (mais vous ne verrez pas cette clinique) et propose des activités pédagogiques pour sensibiliser les scolaires et le grand public à la diversité marine et à sa sauvegarde.

À votre disposition enfin, une boutique, accessible à toutes les bourses, et un ***café-brasserie*** *(☎ 05-46-50-17-17 ; tlj 10h-19h – 23h en été, 15h hors saison en sem ; formules 19-25 €),* qui domine la serre tropicale et le Vieux-Port. Accessible indépendamment de la visite en elle-même, son ouverture tardive en été fait de sa terrasse un lieu vraiment sympa.

Le Musée maritime *(plan II, F4) : pl. Bernard-Moitessier. ☎ 05-46-28-03-00. • musee.maritime@ville-larochelle.fr • museemaritimelarochelle.fr • 15 juin-15 sept, lun-ven, dim et j. fériés 10h-18h ; sam 14h-18h. 16 sept-14 juin, lun-ven, dim et j. fériés 10h-12h30, 13h30-17h30 ; sam 13h30-17h30. Entrée : 11 € ; réduc ; gratuit étudiants ; forfait famille. Billet groupé (Muséum d'histoire naturelle et musée du Nouveau Monde) : 15 €. Un jeu de visite est disponible à l'accueil pour les enfants. Animations pour enfants (juil-août, sur résa ; se renseigner). Compter min 1h30.*

Embarquez dans le *France 1,* ancien navire de la Météorologie nationale, arrivé en fin de carrière au moment de la généralisation de la satellisation (au milieu des années 1980). Il a été racheté par la municipalité, puis transformé en musée. À la bonne heure ! On peut désormais en visiter la passerelle de commandement, la salle des machines, et même les cuisines ! Idéal pour se faire une idée de la vie quotidienne à bord d'un navire.

Selon la disponibilité des guides, vous pourrez également vous promener sur le pont de l'ancien remorqueur de haute mer, le *Saint-Gilles.* Sinon, *L'Angoumois* est un ancien chalutier miraculé de la casse (pêche arrière). Il partait en mer pour une douzaine de jours vers l'ouest de l'Espagne, du Portugal et vers le sud de l'Irlande. Différentes vidéos montrent d'ailleurs les activités des marins en haute mer. Au bout du quai, le *slipway* (classé Monument historique mais qui ne se visite pas), cale de carénage construite au cours de la dernière guerre pour la réparation et la mise au sec des navires, est aujourd'hui au service du patrimoine maritime.

Et depuis peu, on peut découvrir une nouvelle exposition permanente à terre, sous la galerie des pavillons. Cette exposition aborde l'histoire passionnante des ports de La Rochelle autour de 4 thèmes principaux : pêche, commerce, industrie et plaisance. Intéressantes expos temporaires dans l'encan, juste en face de l'entrée. Ne pas manquer de boire un verre au bar du *France 1* (voir plus haut la rubrique « Où boire un verre ?... »).

Le musée des Automates et le musée des Modèles réduits *(plan II, F4) : La Ville-en-Bois, 12-14, rue de la Désirée. ☎ 05-46-41-68-08. • museeslarochelle.com • ♿ Accès par le bus de mer au départ du Vieux-Port (voir plus loin « Le port des Minimes »). Juil-août, tlj 10h-12h, 14h-19h ; le reste de l'année, tlj 14h-19h. Dernière entrée 1h avt. Entrée : 12 € (10 € si achat à l'office de tourisme) ; 3-17 ans 8 €. Parking gratuit.*

Le musée des Automates

L'origine des automates remonterait à l'époque pharaonique, où les princes de Thèbes mettaient en scène des personnages animés pour leurs cérémonies religieuses... Depuis, les mécanismes se sont perfectionnés et ont donné naissance à des personnages presque réels. Les plus anciens qui nous soient parvenus en parfait état datent du tout début du XXe s.

Le musée propose un bel échantillon de 300 personnages (nouvel arrivage chaque année !), parmi lesquels nous avons apprécié : les « Clowns mains à mains », le plus vieux puisqu'il date de 1890, le « Café noir » (1922), ou encore le « Joueur de vielle » (1900). L'ingéniosité force l'admiration, mais c'est la poésie ou la malice des situations qui les rendent si attachants. La production contemporaine n'est pas moins riche : le « Chinois joueur de bonneteau » ou la série de personnages historiques (Jeanne d'Albret, Henri IV, Coligny...) sont des modèles admirables, à la gestuelle fluide. Sans oublier cet hommage à Vaucanson, fabriquant son célébrissime canard. Cet automate a nécessité pas moins de 13 mécanismes !

Mais la reconstitution d'un quartier de Montmartre au début du XXe s règne sans partage sur ce petit monde... Tout y est, des rues pavées aux boutiques en passant par ses automates publicitaires... pour l'émerveillement des petits et des grands ! Et le tout en musique.

Le musée des Modèles réduits

Tout aussi réussi que son voisin, sur 800 m², le musée des Modèles réduits présente maquettes de voitures, de camions et, évidemment (qui dit modélisme dit trains électriques), quelques immenses scènes ferroviaires animées, où l'on retrouve évidemment la splendide gare de La Rochelle. Pour mieux les admirer, un ancien wagon suspendu offre une belle vue sur ce monde miniature. Belle collection de maquettes de bateaux qui évoquent quelques pages historiques marquantes, comme l'arrivée du *Mayflower* en Amérique. Le tout installé dans des décors assez somptueux dans leur genre : intérieur de galion ou de sous-marin... Petit son et lumière sur le thème de la conquête du Nouveau Monde. Expos temporaires thématiques.

Le port des Minimes

➢ *Pour se rendre du Vieux-Port (plan I, A-B3) au port de plaisance des Minimes (plan II, E4-5), on vous conseille le* ***bus de mer,*** *un peu plus long que la route mais nettement plus agréable. Juil-août, tlj 8h30-23h30 ; juin, tlj 9h-19h (sauf 13h) ; avr-mai et sept, tlj 10h-19h (sauf 13h) ; oct-mars, seulement w-e, j. fériés et vac scol 10h-18h (sauf 13h). Liaisons ttes les heures et même ttes les 30 mn en été. Traversée 3 € tte l'année ; gratuit moins de 5 ans ; ticket famille (4 pers et +) 2 €/pers. Env 20 mn de trajet. Encore plus pratique, le* ***passeur électrique,*** *qui part du pied de la tour de la Chaîne (plan I, A3) et arrive à la Médiathèque (plan II, F4). Il se déplace à la demande (en appuyant sur le bouton) et arrive en 2 mn (et les vélos Yélo sont autorisés à bord !). Fonctionne également tte l'année, tlj à partir de 7h30 ; avr-mai jusqu'à 22h, juin-sept jusqu'à minuit, oct-mars jusqu'à 20h. Ticket : 1 € ; gratuit moins de 5 ans. Rens pour l'un comme pour l'autre au réseau Yélo : ☎ 0810-17-18-17 (0,06 €/mn). • yelo.agglo-larochelle.fr •*

Ce port constitue la nouvelle facette de la ville portuaire. Résolument tournée vers l'avenir, celle-ci n'oublie pas sa vocation maritime première ; avec plus de 4 800 emplacements, le port des Minimes apparaît comme le plus grand complexe plaisancier d'Europe. Par ailleurs, conception et installations sont à la pointe du progrès. Le Grand Pavois, 1er Salon nautique à flot, organisé depuis 1973, en est une très belle illustration. En quelques années, La Rochelle, fortement atteinte par la crise de la pêche des années 1980 et les difficultés économiques des constructions navales, a su se tailler une nouvelle réputation...

La vieille ville

🚶🚶🚶 La ***place du Vieux Marché*** *(plan I, B-C1),* entourée de maisons anciennes, est dominée par ses ***halles,*** construites au XIXe s, en pierre, surmontées d'une horloge et coiffées d'un clocheton ouvragé. Les verrières, laissant pénétrer la lumière à l'intérieur de la bâtisse, sont encadrées d'un délicat feston de métal qui confère à l'ensemble une élégance certaine. Dédiées aux commerces alimentaires, elles sont considérées à juste titre comme l'un des plus beaux marchés de France. Voir plus haut la rubrique « Où trouver de bons produits ?... ».

🚶🚶🚶 ***L'hôtel de ville*** *(plan I, B2)* **:** *accès libre à la cour aux heures d'ouverture de l'hôtel de ville. Visites guidées : 5 € pour 45 mn. Résa et infos à l'office de tourisme.* L'un des joyaux du patrimoine architectural de La Rochelle, ravagé par un dramatique incendie en juin 2013 mais aujourd'hui entièrement rénové. Bâti à l'emplacement de la toute 1re maison de ville du XIIIe s, l'hôtel de ville a été édifié entre le XVe s (mur d'enceinte) et le XIXe s (aile droite), en passant par la 2de moitié du XVIe s (logis de l'échevinage) et le début du XVIIe s (corps de logis). Le tout est dominé par une élégante tour-beffroi sculptée de blasons. Entrez donc dans la cour pour détailler son architecture lumineuse. Splendide galerie à arcades de style Renaissance, surmontée de statues allégoriques et de larges fenêtres. L'escalier monumental à gauche a été ajouté au XIXe s : il est surmonté d'un baldaquin accueillant une statue polychrome d'Henri IV.

Le musée rochelais d'Histoire protestante *(plan I, B2)* **:** *2, rue Saint-Michel. ☎ 05-46-50-88-03. • protestantisme-museelarochelle.fr • Accessible par le temple. Juil-août, mar, jeu et ven 14h30-18h ; le reste de l'année, sur rdv seulement. Entrée : 5 € ; réduc ; gratuit moins de 19 ans. Visite commentée par des bénévoles.* Musée retraçant, dans 3 salles adjacentes au temple, l'histoire des protestants de La Rochelle et de la Saintonge, du XVIe s à nos jours. Quelques pièces, documents et livres rares : La Confession de foi des réformés français imprimée à La Rochelle en 1572, des médailles et portraits des grands chefs protestants, des céramiques de l'école de Bernard Palissy, etc. La 2e salle est consacrée à « l'Église du Désert », période qui s'étend de la révocation de l'édit de Nantes (1685) à la mise en place de l'édit de Tolérance, pendant laquelle le culte était célébré dans la clandestinité : pour témoins, une chaire et une table de communion du « Désert », entièrement démontables ! Expositions régulières.

Le Bunker de La Rochelle *(plan I, C2)* **:** *8, rue des Dames. ☎ 05-46-42-52-89. • bunkerlarochelle@orange.fr • Avr-sept, tlj 10h-19h ; oct-mars, tlj 10h-18h ; dernière admission 1h avt. Fermé janv-4 fév. Entrée : 8 € ; réduc. Audioguide : 2 €. Jeu de piste pour les enfants, enquête pour les plus grands. Souvenir offert sur présentation de ce guide.* Construit en 1941 en plein centre-ville et dans le plus grand secret, cet incroyable bunker de 300 m², dont les murs de protection font 2 m d'épaisseur, est resté miraculeusement intact depuis 80 ans. Il servait de quartier général à l'amiral et aux commandants de U-Boot durant la Seconde Guerre mondiale. Boiseries d'époque et fresques marines ont été conservées. Le musée retrace toute la période de la Seconde Guerre mondiale à La Rochelle, le long d'un parcours chronologique à l'approche historique très accessible, avec panneaux explicatifs et vidéos.

La maison Henri II *(plan I, B2)* **:** *11 bis, rue des Augustins.* Décor monumental, construit en 1555 par Hugues Pontard, maître anonyme, dans un style « antique » mêlant colonnes, frontons et plafonds à caissons. Cette réalisation est assez unique au XVIe s, car la façade sans profondeur n'est en fait qu'un décor monumental, dont l'architecture extérieure simule un logis extraordinaire, dominant le jardin. Les galeries superposées ne sont en fait que d'étroits couloirs qui prolongent la tourelle d'escalier du logis de droite et desservent le cabinet de travail aménagé dans l'aile gauche du pavillon. Après la Révolution, les 2 maisons ont été séparées et vendues à des particuliers, tandis que la maison Henri II et le jardin étaient rachetés par la municipalité… L'ensemble mériterait une bonne rénovation !

Les musées d'Art et d'Histoire* :** le « ***MAH » regroupe sous le même sigle les musées du ***Nouveau Monde*** et des ***Beaux-Arts*** *(ce dernier actuellement fermé pour travaux)*, évoquant tous 2 le riche passé culturel de La Rochelle, ville ouverte sur le monde qui a attiré de nombreux artistes, de riches négociants et des personnages historiques.

– ***Le musée du Nouveau Monde*** *(plan I, B1-2)* **:** *10, rue Fleuriau. ☎ 05-46-41-46-50. 15 juin-15 sept, lun-ven, dim et j. fériés 10h-18h ; sam 14h-18h. 16 sept-14 juin, lun-ven, dim et j. fériés 10h-12h30, 13h30-17h30 ; sam 13h30-17h30. Fermé mar, 1er janv, 1er mai, 14 juil, 1er et 11 nov, 25 déc. Entrée : 6 € ; gratuit moins de 18 ans, étudiants, chômeurs et pour tous le 1er dim du mois (sauf juil-août). Billet groupé valable 1 mois (Muséum d'histoire naturelle et Musée maritime) : 15 €. Audioguide gratuit et captivant (car fourmillant d'anecdotes). Compter 1h30 pour une visite complète du musée.* Le musée est passionnant. Dans un magnifique hôtel particulier datant de la 2de moitié du XVIIIe s et ayant appartenu aux Fleuriau, une riche famille de planteurs rochelais, retrace principalement l'histoire des relations entre la France et le Nouveau Monde. Le musée s'organise autour de 4 grands thèmes : La Rochelle et les Antilles, la Nouvelle-France, les États-Unis et les peuples autochtones, l'Amérique vue par les Européens.

Au rez-de-chaussée

La visite commence par la cour, dans laquelle trône désormais une superbe statue de Toussaint Louverture signée par l'artiste sénégalais Ousmane Sow, donnant le ton d'un musée qui entend vivre avec son époque. En face de l'accueil, la ***salle 1*** présente une brève évocation de la découverte des Amériques. On découvre ensuite le magnifique escalier de pierre de l'hôtel particulier, doté d'une rampe en fer forgé finement travaillé. On se croirait dans le Marais parisien ! À ses pieds, très jolie petite table en bois de gaïac. Originaire d'Amérique centrale et devenu très rare, ce bois servait de lest aux bateaux qui revenaient du Nouveau Monde chargés de peaux, en particulier pour éviter le contact de ces peaux avec l'eau. Lourd et dense, il possédait des caractéristiques multiples : imputrescible, il résistait à l'eau durant les longs voyages ; sa sève, dont les vertus curatives ont été très tôt reconnues, servait à faire du baume, tandis qu'on utilisait ses graines pour soigner certaines maladies vénériennes ; enfin, il avait la particularité d'être autolustrant... pratique pour l'entretien des meubles ! Dans la ***salle 2,*** on plonge dans l'âge d'or de La Rochelle, notamment grâce à une copie de la célèbre *Vue du port de La Rochelle*, peinte par Édouard Pinel (1866). Remarquer aussi les 2 étonnants portraits des sœurs Grellier, peintes avec leur « nourrice négrillonne » en 1718. Salle à manger aux belles boiseries et intéressant mobilier Louis XV.

À l'entresol, sur le jardin

Les 4 salons de ce niveau sont décorés de délicates boiseries, de mobilier Louis XV-Louis XVI, de portraits et d'objets décoratifs. Dans la ***salle 3,*** on revient sur ***le commerce triangulaire, la traite négrière et l'esclavage,*** qui ont fait la fortune de nombreuses familles rochelaises. Belle arme d'apparat en argent. La ***salle 4,*** qui prolonge la précédente, présente une maquette de la plantation Fleuriau à Saint-Domingue et une toile peinte au XVIIIe s, représentant un couple d'Indiens.

> **« LA BAMBOULA »**
>
> *Dans l'un des salons en enfilade, tout en boiserie du XVIIIe s, une peinture met en scène des esclaves qui se retrouvent le soir après le travail et s'expriment, au travers de la danse des bambous, autour d'un feu... De là serait née l'expression « faire la bamboula » !*

La ***salle 5*** est sans doute l'une des plus belles pièces du musée. Elle expose objets, gravures et tableaux relatifs aux productions coloniales de Saint-Domingue (Haïti), comme l'indigo, le sucre, le cacao, le café ou le coton. Elles firent la richesse des Fleuriau, la canne à sucre en particulier. Portrait de Toussaint Louverture et évocation de son destin hors du commun (il fut le 1er à proclamer l'indépendance d'une colonie : Haïti).

Le bureau ***(salle 6),*** dans le prolongement des 3 précédents salons, se veut une reconstitution de celui d'Aimé-Benjamin Fleuriau ; il présente la particularité d'être tapissé d'une toile peinte d'époque, merveilleusement bien conservée. Les motifs d'oiseaux sont d'une délicatesse...

Au 1er étage

Succession de salles et dégagements où sont exposés meubles, peintures et objets ayant trait à l'histoire de l'exploration du Canada et de l'Amérique du Nord, de la traite des fourrures et des relations avec les tribus indiennes, en particulier dans le petit salon (on y accède par un petit couloir), qui rassemble cartes et objets ethnographiques. ***Salle 8,*** le Canada, Samuel de Champlain, Le Grand Dérangement ; ***salle 9,*** le commerce et le troc avec les tribus, la traite des fourrures. ***Salle 13,*** on retrace l'épopée de Français ayant participé à la Ruée vers l'or. ***Salles 14, 15 et 16,*** collection consacrée aux Indiens d'Amérique du Nord, avec des portraits de grands chefs sioux du XIXe s. Voir les étonnantes photos d'Indiens d'Edward Curtis, qui a réalisé plusieurs milliers de clichés pour conserver une trace de cette société moribonde au début du XXe s.

Au 2e étage

Dans la galerie centrale qui donne sur le jardin ***(salle 17),*** immense tapisserie de Bruxelles, *America* (1700), ainsi qu'une rare collection de pendules dites « au

nègre » (il y en a aussi dans d'autres pièces), qui rappellent une nouvelle fois que La Rochelle était le 2e port négrier français. Commandées à l'origine par de riches marchands amateurs de produits rares, elles dépeignent les Amériques au sens allégorique. Et fait curieux, l'Amérique est représentée sur bon nombre d'entre elles par un Noir affublé des attributs des Indiens ! L'une d'elles, en porcelaine, représente à travers des motifs allégoriques les 4 continents (à l'époque, on ne connaissait pas encore le 5e...) : l'Afrique est figurée par un homme habillé d'une peau de lion, les Amériques par un Noir couvert de plumes, l'Asie par un personnage enturbanné et l'Europe par une Minerve (déesse de la Sagesse), casquée et dotée des attributs pontificaux. Ça va les chevilles ?
Autre pendule remarquable, *Le Matelot*, en bronze ciselé. La grande toile du Portugais José Conrado Rosa (1788), principale curiosité du musée, dépeint un mariage de nains brésiliens, envoyés comme cadeau à la reine Marie Ire du Portugal par les gouverneurs !
Salle 19, fantastique papier peint panoramique de 1826 en provenance des manufactures Zuber, représentant une vue (très fantasmée) du Brésil. ***Salle 20,*** un autre évoquant cette fois le monde inca.
Enfin, les ***salles 21 à 24*** sont consacrées à l'art contemporain et aux expositions temporaires.

⁂ ⁂ ***Le Muséum d'histoire naturelle*** *(plan I, B1) : 28, rue Albert-Ier. ☎ 05-46-41-18-25. • museum-larochelle.fr • ♿ 15 juin-15 sept, lun-ven, dim et j. fériés 10h-18h ; sam 14h-18h. 16 sept-14 juin, lun-ven, dim et j. fériés 10h-12h30, 13h30-17h30 ; sam 13h30-17h30. Entrée : 6 € ; gratuit moins de 18 ans, étudiants, chômeurs et pour tous le 1er dim du mois (sauf juil-août). Billet groupé (Musée maritime et musée du Nouveau Monde) : 15 €.*
Cet hôtel particulier du XVIIIe s, devenu l'hôtel des Gouverneurs puis l'évêché, a été converti en musée dès 1832 ! Agrandi en 1910, il fut entièrement rénové et réaménagé en 2007. Ce lieu plein d'histoire – et pas seulement naturelle car ces trésors sont aussi le résultat de nombreuses expéditions coloniales – se marie très bien avec la nouvelle muséographie moderne. Comme quoi, on peut parfaitement dépoussiérer nos vieux musées... Outre des collections exceptionnelles (comme celle des cônes et autres coquillages tropicaux), il recèle nombre de vieux livres d'histoire marine.

Au sous-sol
Dans une cave voûtée, intéressante section consacrée aux fossiles marins, aux cristaux et aux minéraux.

Au rez-de-chaussée
Consacré au territoire littoral et au marais, avec un mélange de cartes et d'images projetées, de sons d'animaux et, bien sûr, d'animaux naturalisés issus de ce milieu si particulier. Dans de belles vitrines et du mobilier ancien restauré, nombre d'oiseaux, échassiers, rapaces migrateurs, poissons...
On se dirige ensuite vers le 1er étage, non sans admirer la taille de la girafe Zarafa exposée dans l'escalier, en provenance du Darfour, « donnée par le vice-roi d'Égypte et ayant vécu 17 ans et demi à la ménagerie » ! C'est la 1re girafe ayant vécu en France et elle est montée à Paris... à pied ! Elle est l'héroïne du film d'animation de Rémi Bezançon, sorti en 2012.

PLUS QUESTION DE « PEIGNER LA GIRAFE »

Une girafe fut offerte par le vice-roi d'Égypte à Charles X en vue d'apaiser les relations entre les 2 pays. Débarquée à Marseille en 1826, elle traversa la France à pied pour rejoindre le souverain. Atir, un palefrenier égyptien chargé du précieux animal, passait son temps à la nourrir, la brosser, la nourrir, la brosser... histoire de s'occuper. D'où l'expression « peigner la girafe », qui signifie avoir une activité qui ne sert pas à grand-chose.

Au 1er étage

C'est la salle des « Sciences et Collections », créée dès 1832. Très impressionnante. Quantité d'animaux exotiques, parmi lesquels nous ne résistons pas au plaisir de vous citer : le gnou bleu, l'oryx gazelle, les lémuriens malgaches capturés à la fin du XVIIIe s, le petit tamarin pinché de Colombie, l'énorme gorille, un bison de Pologne et les tatou et pangolin géants, entre autres ! Et puis des oiseaux exotiques par dizaines (notez la coracine casquée !), des serpents, des papillons, des iguanes dans le formol... On passe à la section « Faune de la côte aux abysses » avec tortue géante, phoque, poissons en tout genre, araignées de mer géantes, coquillages classés par continents, et enfin le squelette d'un rorqual bleu de l'île de Ré, datant de 1924.

Au 2e étage

« D'un monde aux autres » : section ethnologique créée, à l'origine, par Étienne Lopé, le conservateur du musée de 1919 à 1954, à qui une salle est consacrée. D'entrée, le musée annonce la couleur avec un petit texte prévenant que les objectifs des colons et des explorateurs étaient le plus souvent intéressés... Lire aussi les étonnantes tribulations au Congo d'Alexandre Petit-Renaud. Salle 19, voir la tête réduite jivaro, puis les superbes pièces africaines : urnes funéraires, figurines, armes et lances, sceptres, boucliers, ornements, coiffes... Quelques-unes en provenance des Indiens d'Amérique du Sud, et pas des moindres. Enfin, section consacrée aux instruments de musique et égayée de quelques vidéos ethno.

Au 3e étage

Vous trouverez dans cette salle de magnifiques masques et totems en provenance du Vanuatu et d'Océanie. Également une partie dédiée entièrement au chamanisme. Superbe !

Les jardins

Après cette belle visite, reposez-vous au Jardin des plantes *(7h30-20h15 avr-sept, jusqu'à 19h hors saison),* situé derrière le musée. Reposant, rafraîchissant et odorant aux beaux jours...

♞♞ ***Le parc Charruyer*** *(plan I, A2)* **:** au moment où le vieux port ne suffisait plus au commerce de La Rochelle et où l'on construisit le port de La Pallice, on décida de relier les 2 ports par de grandes avenues. Ce sont d'anciens terrains militaires qui ont été acquis et aménagés en parc grâce aux dons de la famille Charruyer (d'où le nom !) sur près de 2 km. Achevé en 1890, le parc fut classé en 1931. Superbe balade.

Petite découverte de la ville à pied

♞♞♞ Un circuit qui part du Vieux-Port et traverse la vieille ville. Compter 2h, sans la visite des principaux musées et édifices signalés plus haut...

➢ Empruntez le quai du Carénage pour remonter vers le Vieux-Port, traversez les quais Louis-Durand et Maubec, et prenez la rue Saint-Sauveur. Vous y verrez l'***église Saint-Sauveur*** *(plan I, B2 ; mar-sam 10h-12h30, 14h30-18h et dim 16h-19h15).* Construite au XIIe s, elle subit à 2 reprises les assauts du feu. Seule la façade de la 2de reconstruction (1650-1669) subsiste. L'édifice possède des maquettes de navires ex-voto.

➢ Continuez jusqu'à la rue de l'Hôtel-de-Ville, où se trouve le superbe édifice gothique de la *mairie* (voir plus haut), puis ***rue des Merciers*** *(plan I, B2),* la plus ancienne rue commerçante de la ville, célèbre pour ses arcades : de très belles *façades à colombages,* et remarquez, aux nos 17 et 17 bis, les gargouilles qui vous font de l'œil. Si vous faites un détour par la ***rue Saint-Yon*** *(plan I, B2),* elle aussi très commerçante, levez le nez sur les façades des nos 16 et 22 (entre autres), ornées de très beaux masques et, là encore, de nombreuses gargouilles.

➢ Continuez ensuite ***rue Pas-du-Minage*** *(plan I, B-C1)*, qui longe un des côtés de la ***place du Marché*** *(plan I, B-C1)*, avec sa belle *halle* restaurée. Prenez, à gauche, la splendide ***rue du Minage*** *(plan I, B-C1)*, vraiment remarquable pour ses arcades, jusqu'à la rue Albert-Ier, pour arriver sur la ***place de Verdun*** *(plan I, B1)*, bordée d'un côté par des... arcades (encore). Jetez un coup d'œil à l'intérieur du ***Café de la Paix***, où Simenon prenait des notes pour ses polars (voir aussi « Où boire un verre ?... »). Regardez ensuite du côté de la ***cathédrale Saint-Louis*** *(plan I, B1-2)*, curieux ensemble architectural bâti sur des plans de Jacques Gabriel mais jamais achevé (à l'intérieur, belles peintures de William Bouguereau).

➢ Reprenez au bout de la rue, à gauche, la rue Chef-de-Ville, puis, à nouveau à gauche, la rue du Palais *(plan I, B2)* pour admirer les façades avec balcon, la ***maison du Chien*** (angle de la rue Fromentin), le superbe ***hôtel de la chambre de commerce***, les restes du ***palais de justice*** (construit sous Henri IV) et le ***nouveau palais***, du XVIIIe s. Prolongez derrière la cour du Tribunal *(fermée en dehors des heures de bureau)* par le square Rasteau vers la ***rue Admyrault***, et surtout la ***rue de l'Escale***, peut-être la plus belle rue de La Rochelle. Joliment pavée, elle est bordée d'arcades et d'hôtels particuliers. En revenant dans la rue du Palais, ne ratez pas le ***passage de la Commanderie*** derrière sa grille *(fermée le soir)*. Revenez sur vos pas, dans la rue du Palais, pour retomber sur le ***quai Duperré***, qui offre une très belle vue sur les tours Saint-Nicolas et de la Chaîne. Le bureau des douanes est l'endroit où l'État percevait les taxes sur les marchandises transitant par La Rochelle. Retour, enfin, à la case départ...

SOUS LES PAVÉS... LE PELAGE !

La rue de l'Escale est fameuse à La Rochelle : pas seulement pour son magnifique hôtel du XVIIIe s, mais aussi et surtout pour le pavage de la rue. En effet, les grosses pierres proviennent... du golfe du Saint-Laurent, au Canada ! Ces cailloux servaient à lester les bateaux remplis de fourrures, trop légères pour assurer la stabilité des navires. Vous arpentez donc une rue du Nouveau Monde !

Manifestations

– ***Festival international du Film de La Rochelle :*** *dans les cinémas et lieux culturels de la ville, fin juin-début juil. Rens : ☎ 05-46-52-28-96, ou à la Coursive. • festival-larochelle.org •* Loin du strass et des stars de Cannes, un festival monté par et pour les amoureux du cinéma, de tous les cinémas. Ambiance particulièrement conviviale, rétrospectives en présence des réalisateurs, hommages, et une sélection toujours pertinente de films du monde entier. Parallèlement se tient sur 4 jours ***Sunny Side of the Doc***, festival international du film documentaire, avec toujours des pépites en projection ouverte pour le grand public *(rens sur • sunnysideofthedoc.com •)*.
– ***Francofolies :*** *autour du 14 juil, feu d'artifice sur le port compris ! Voir le paragraphe en introduction à la ville (rens et résas sur • francofolies.fr •).*
– ***Le Grand Pavois :*** *fin sept-début oct. Rens : ☎ 05-46-44-46-39. • grand-pavois.com •* Depuis 1973, le port des Minimes accueille le 1er Salon nautique européen à flot.
– ***Festival Jazz entre les deux tours :*** *oct. • jazzentrelesdeuxtours.fr •*
– ***Marathon :*** *fin nov. ☎ 05-46-44-42-19. • marathondelarochelle.com •*

DANS LES ENVIRONS DE LA ROCHELLE

Balade autour du marais de Tasdon : *à 2 km du centre-ville de la Rochelle.* Abandonné dans les années 1930, cet ancien marais salant reprend enfin vie et abrite aujourd'hui plus de 100 espèces d'oiseaux et plus de 300 espèces végétales. Une faune et une flore qu'on a le plaisir d'admirer sans la perturber grâce aux quelques îlots reconstitués (où viennent se poser les oiseaux) et à l'aménagement d'une promenade de 10 km à faire à pied ou à vélo.

➢ ***Le chemin de la Repentie :*** *promenade côtière qui va du nord de La Rochelle jusqu'à Charron en passant par le port du Plomb et la pointe Saint-Clément (env 12 km). Le sentier est entièrement balisé, mais on peut le suivre en voiture ou à vélo, en suivant la côte d'un peu plus loin.* Il permet de traverser tantôt un paysage légèrement vallonné et crayeux, tantôt d'anciens marais salants réaménagés en claires pour l'ostréiculture. Un chemin très caractéristique de la côte d'Aunis et pittoresque avec ses nombreuses petites concessions familiales ostréicoles, ses petites maisons de pêcheurs et ses carrelets (cabane de pêche permettant de taquiner l'anguille ou la sole). Selon la légende, le chemin de la Repentie tient son nom de l'histoire funeste d'une mère qui fit échouer le bateau sur lequel se trouvait son fils. Elle le retrouva mort sur la grève et s'en repentit tout le reste de son existence...

Écartelé entre les communes de Nieul (Lauzières) et de L'Houmeau, le ravissant ***port du Plomb,*** avec ses maisons blanchies à la chaux et ses cabanes ostréicoles, n'attend que vous pour une jolie balade et pourquoi pas une petite dégustation (voir plus haut nos adresses dans la rubrique « Où dormir ? Où manger dans les environs ? »). Sur place, des panneaux relatent l'histoire incroyable de ce port grand comme un mouchoir de poche et qui, autrefois, accueillait de grands gréements. Il s'agit du plus ancien port d'Aunis puisqu'on trouve déjà des traces de son existence en... 972.

Marsilly : *après Nieul-sur-Mer, par la D 106.*
– Petite ***église*** romane et gothique accolée à un imposant clocher du XIVe s, offrant un superbe panorama sur la baie de l'Aiguillon, l'île de Ré et La Rochelle *(en principe, ouv l'ap-m ; accès en haut 3 €).* Ne pas rater les signes énigmatiques (environ 50) gravés dans la pierre (c'est l'une des plus grandes concentrations de la région). Notez que le grand Georges (Simenon, bien sûr) habita également par ici en 1932. Il louait La Richardière, une gentilhommière du XVIe s *(ne se visite pas).*
– ***Le four à sel gaulois :*** dans un petit local en face de l'église, la reconstitution d'un four à sel du Ier s av. J.-C.

SUR LA PISTE DE MAIGRET...

On retrouve la trace de Georges Simenon à La Rochelle, ville présente dans nombre de ses romans et où il organisa l'accueil de 18 000 réfugiés belges pendant l'Occupation. Mais aussi sur l'île d'Aix, où il se réfugia (avec sa femme) pour... se consoler de sa rupture avec la meneuse de revue Joséphine Baker, durant l'été 1927 ! Enfin, il occupa en 1938 une maison à Nieul-sur-Mer, au nord de La Rochelle, où naquit son fils Marc et où il écrivit 9 romans, dont la suite des enquêtes de Maigret, Les Inconnus dans la maison et La Veuve Couderc.

Esnandes : *à 10 km au nord de La Rochelle par la D 105. Visites guidées des remparts ou de l'église Saint-Martin, aux horaires d'ouverture de la Maison de la baie du Marais poitevin.* Petit village de pêcheurs, le site serait occupé de façon continue depuis le Ier s av. J.-C. Église romane du XIIe s, de style roman saintongeais, avec voussures et corniche décorées de sculptures, fortifiée au XIVe s. À l'intérieur, mobilier du XVIIIe s. Remarquez les bancs fermés qui étaient loués par les riches familles. Belle promenade à faire sur le chemin de ronde.

– ***La Maison de la baie du Marais poitevin et le musée de la Mytiliculture :*** *parvis de l'Église. ☎ 05-46-01-34-64. • maison-baiemaraispoitevin.fr • Juin-sept, tlj 10h-13h, 14h-19h (18h juin et sept) ; le reste de l'année, tlj 14h-18h. Entrée musée : 5 € ; 3,50 € enfants. Possibilité de visite musée + église : 10 € ; 6 € enfants. Remparts : 3 €.* Accueil charmant et souriant. Petite boutique. Possibilité de visites accompagnées de l'église (45 mn) et des remparts (20 mn). Pour vivre une expérience unique, le ***Carrelet pédagogique*** *(rens et résas à la Maison du Marais).* Accès au ***musée de la Mytiliculture*** : pour tout connaître sur la vie des moules et sur leur culture dans la baie de l'Aiguillon *(visite libre, env 1h).* Muséographie ludique et adaptée aux enfants, avec projection d'un documentaire sur grand écran.

– ***La pointe Saint-Clément :*** *à env 2 km du village.* Petit promontoire avec table d'orientation qui domine la baie de l'Aiguillon.

Charron : *à 13 km au nord de La Rochelle par la D 105.* Un des 1ers villages de la région, avec Marsilly et Esnandes, à avoir développé la culture de la moule sur bouchots. Principal centre de mytiliculture, avec 90 % de la production du département. Un label récompense le respect d'une charte de qualité très contraignante, garante d'un produit d'exception qui a le goût de son terroir. Les eaux de l'estran, entre Marais poitevin et baie de l'Aiguillon, donnent un goût particulier à la moule de Charron. Cette culture aurait été introduite dans la région par un certain Patrick Walton, navigateur irlandais qui aurait fait naufrage en 1235. L'activité consiste à élever les moules en les fixant, jeunes, sur des piquets bien espacés, hauts de 5 à 6 m. Une fois les bouchots plantés en mer, le boucholeur doit veiller à ce que les moules ne soient pas en contact avec le sol ou la vase. Tout le secret est là ! Après, il n'y a plus qu'à « cueillir » la moule... Le petit port du Pavé offre une vision très étonnante de la vie des mytiliculteurs, ainsi qu'un panorama superbe sur la pointe de l'Aiguillon et, à marée basse, les pieux enfoncés dans la vase. Le 1er ou 2e samedi de juin, un festival est organisé autour du thème de la moule avec animations et concerts, le ***Festival Moulstock*** *(• moulstock.fr •).*

Sans oublier le célèbre ***Marais poitevin,*** traité plus loin et qui s'étend jusqu'aux portes de La Rochelle, puisque Esnandes et Marans marquent le début de la Venise verte... Détour obligatoire, donc !

Le château de Buzay : *17220* ***La Jarne.*** *06-07-54-31-50. • chateaudebuzay.fr • À 7 km au sud de La Rochelle par la D 939. Juil-sept, tlj (sauf mar en sept-oct) 14h30-17h30 ; mai-juin et oct, w-e et j. fériés seulement. Entrée (visites guidées seulement et visite libre du parc) : 9,50 € ; réduc sur présentation de ce guide ; gratuit moins de 12 ans.* Château familial typique de l'époque Louis XVI, d'architecture néoclassique, aux volumes maîtrisés, avec une pièce principale (le grand salon), entre cour et jardin, autour de laquelle s'articule tout le reste du château. Marqué de l'empreinte omniprésente de son constructeur, Pierre-Étienne d'Harouard, le lieu est resté tel qu'il a été construit et décoré en 1771 (il n'y a que 5 exemples dans ce cas en France), et une grande partie du mobilier est classée (certains meubles occupant toujours la place que leur attribua le constructeur). Magnifique vaisselier dans la grande salle à manger, présentant une très belle collection de faïences de Rouen, et petite exposition de porcelaines de Chine du XVIIIe s.

« SAUVEZ LES MEUBLES ! »

Pendant l'Occupation, les Allemands avaient laissé 3 jours aux propriétaires du château de Buzay pour déménager leurs meubles avant leur arrivée. Ceux-ci ont donc tous été éparpillés chez les habitants du village. Avec la paix retrouvée, tout le mobilier leur a été restitué.

L'ÎLE DE RÉ

• Carte *p. 176-177*

« Sur une carte, elle ressemble un peu à une patte de poulet maigrichonne terminée à l'extrémité ouest par un long ergot recourbé. »

Stephen Clarke, God Save les Françaises (Nil Éditeur).

Voilà la perle des îles de la façade atlantique, entre pertuis Breton et pertuis d'Antioche. Elle est tout effilée : 30 km de long, 5 km de large au plus, 8 500 ha de superficie, et un point culminant à 19 m, au Peu-des-Aumonts ! Mais elle en impose ! Baignée par les eaux chaudes du Gulf Stream et ensoleillée 2 100 h par an, elle exhibe (discrètement, toutefois) ses contrastes. Surnommée « Ré la Blanche », elle n'en rayonne pas moins de ses mille couleurs : plages de sable doré, fleurs aux teintes éclatantes, surfaces bleu-gris des marais salants, ciel azur... Ses bienfaits naturels sont d'ailleurs réputés, au point qu'on y trouve 3 centres de thalassothérapie (à Sainte-Marie, Ars et La Flotte). Ré, celle qui aurait pu être la déesse de l'Abondance (Rhéa), exerce un magique pouvoir d'attraction et de séduction. Pas étonnant qu'il y ait autant de monde en été ! Même si ces lignes donnent quelques clés, rares sont ceux qui parviennent à deviner la vraie identité rhétaise...
Finalement, le plus simple consiste à faire comme les Rhétais, en s'imprégnant de leur quotidien. Et pour cela, il n'y a qu'une seule solution : se procurer *Le Phare de Ré.* Cette géniale feuille de chou locale est devenue le principal organe de communication de l'île. On y parle de tout, plutôt bien, et ses 18 000 exemplaires alimentent... 8 000 familles. Faites le compte !
Ré, déesse de l'Atlantique, reste pourtant tributaire des colères de la nature et de son océan. Dans la nuit du 27 au 28 février 2010, avec des vents de 160 km/h, la tempête Xynthia provoque une surcote de 1,50 m. Les vagues submergent digues et dunes pour provoquer des cicatrices sur le trait de côte, encore visibles aujourd'hui. Mais Ré a « Ré-sisté »... et s'est relevée, plus séduisante que jamais.

UN PEU D'HISTOIRE

Il y a fort longtemps, l'île de Ré n'était pas une île... Logique, puisqu'elle était rattachée au continent ! La fonte des glaces entraîna la formation de 4 îlots, ensuite reliés entre eux par des dépôts d'alluvions. Habitée probablement depuis le Paléolithique, l'île de Ré est connue sous son nom actuel depuis le VIIe s. L'origine vient de *ratis* (qui signifie « fougère » en celte).
Désertée après les incursions dévastatrices des Normands, l'île se repeuple petit à petit de gens venus du continent, attirés par les privilèges concédés aux îliens par les ducs d'Aquitaine puis par les comtes de Poitou. C'est réellement ***au XIIe s, avec l'arrivée de moines cisterciens à l'abbaye des Châteliers,*** que l'île commence à exploiter ***le sel et la vigne.*** Le développement de l'île aurait pu continuer sur sa lancée si elle n'avait été l'enjeu de ***luttes incessantes entre Français et Anglais.*** En 1372, le roi de France sort vainqueur de sa lutte contre le roi d'Angleterre : les seigneurs de l'île se soumettent à Charles V, mais ce dernier doit négocier avec les habitants (en échange de certains privilèges... évidemment !). Ré sort marquée de ces temps médiévaux, mais son commerce va connaître une renaissance grâce aux dynamiques seigneurs de La Trémoille.

Pendant les guerres de Religion, elle traverse encore des moments difficiles : le culte des protestants rhétais (habitants de l'île) est sans cesse remis en cause et, durant le siège de Saint-Martin, Toiras, alors gouverneur de l'île, taille l'armée anglaise en pièces. Le XVIIIe s marque un temps d'accalmie pendant lequel l'île s'épanouit. Ses vignes s'étendent à perte de vue, ses eaux-de-vie sont exportées en Europe du Nord, et son cheptel est tel qu'elle peut assurer son autarcie... ou presque, puisque l'insurrection vendéenne pendant la Révolution prive les Rhétais de leurs céréales (plus de corn-flakes au petit déj !), les enlisant à nouveau dans une situation économique incertaine... À ce moment, un vent de changement souffle sur la dénomination des villages : Ars s'appellera La Concorde, Loix La Loi, La Couarde La Fraternité, etc.

Le XIXe s, malgré la crise salicole et les ravages du phylloxéra, annonce plutôt un nouvel essor pour l'île. La population augmente régulièrement. Une route principale est construite d'est en ouest pour faciliter les échanges et le transport des récoltes. Un 1er bateau à vapeur relie l'île à La Rochelle en 1835. Ses eaux-de-vie s'exportent désormais sur le continent nord-américain. Enfin, le folklorique petit train de Ré est mis en service. Depuis la Seconde Guerre mondiale, l'île de Ré est en pleine mutation.

La vigne a quasiment supplanté le sel, même si, aujourd'hui, l'or blanc connaît un indéniable regain avec pas moins de 90 sauniers. L'île produit également des légumes de primeur, dont la fameuse pomme de terre de l'île de Ré, la 1re à avoir bénéficié d'une appellation d'origine et qu'on ne trouve sur les marchés qu'entre mai et juin... Objet rare, précieux et éphémère, dont le prix atteint forcément des sommets. Elle est pourtant produite à 98 % par la coopérative maraîchère. L'ostréiculture, la mytiliculture et la récolte de la salicorne (encouragée par l'INRA) sont en plein essor, tandis qu'on observe une remontée sensible de la population. Enfin, le tourisme, depuis l'engouement des 1ers congés payés puis la construction (controversée) du pont, constitue une nouvelle manne dont elle aurait tort de se priver.

LE PONT DE RÉ

Les Rhétais ont toujours parfaitement assumé leur insularité, se contentant de bateaux à vapeur, puis de bacs (dès 1940) pour rallier le continent. Cependant, si les îliens s'en satisfont, les grandes migrations estivales imposent très vite la mise en place d'un autre moyen de passage que le bac, celui-ci entraînant des files d'attente interminables ! Décidée d'utilité publique après moult débats, la construction du pont commence en 1986. Moins de 2 années plus tard, il s'offre majestueusement à la circulation. ***Long de 2,9 km,*** il est soutenu par 28 piliers, s'élève à plus de 40 m au-dessus de la mer et relie en arc de cercle La Rochelle à la pointe de Sablanceaux (sur la commune de Rivedoux-Plage). Ce n'est pas le pont de Normandie, mais l'ouvrage est d'une légèreté aérienne. En surplomb, il offre un panorama sublime !

On ne peut cependant parler du pont sans évoquer les modifications qu'il entraîne sur le plan socio-économique. S'il facilite indéniablement la vie du vacancier avide de grand air et de plages, il contribue par ailleurs à un accroissement considérable de la fréquentation durant les mois d'été. Un phénomène qui ne pouvait aller qu'en augmentant, d'où les mesures qui ont rapidement suivi la construction du pont, visant à limiter le bétonnage sur l'île. Aujourd'hui, on accorde les permis de construire de manière restreinte, et l'île est de toute manière inconstructible à 80 %. Évidemment, ***cette volonté de maîtrise et de protection du paysage*** a eu pour effet pervers de faire flamber les prix de l'immobilier. Mais la vente hier de terrains à prix d'or par toute une génération de Rhétais s'est faite au détriment de leurs descendants, la jeune génération, qui est aujourd'hui obligée de s'exiler sur le continent. Face à ce cruel dilemme, certains maires se sont lancés dans une importante politique de logements sociaux, comme à La Flotte ou à Saint-Martin-de-Ré.

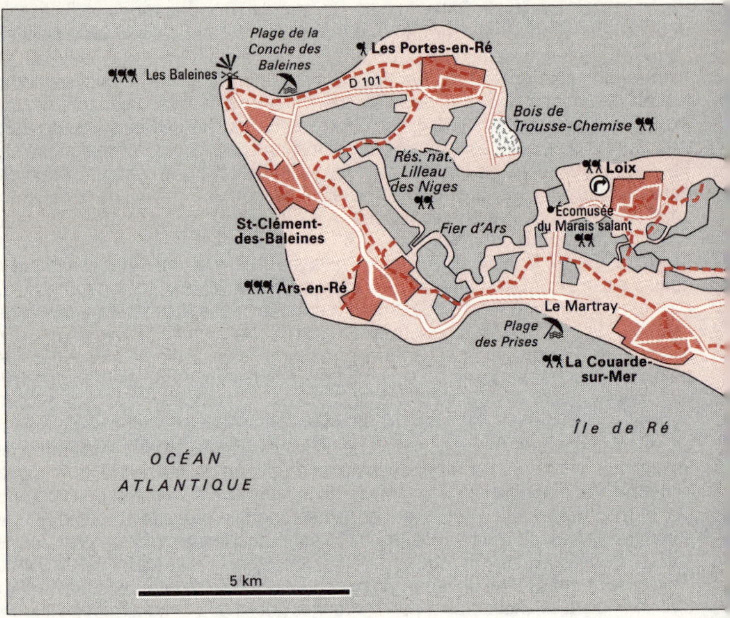

LA PETITE REINE

N'en déplaise aux fous du volant, l'île de Ré est vraiment le royaume des vélos... Il y en a partout (50 000 en circulation en été !) et il n'y en a que pour eux (on ne va pas s'en plaindre) ! Et puis les loueurs ont la bonne idée de proposer des petites carrioles à accrocher derrière, idéales pour transporter nos chers bambins avec les courses pour la semaine.

7 itinéraires cyclables sont donc proposés (en tout, ce sont près de 138 km qui s'offrent sympathiquement à vos mollets !) :

➢ le ***circuit C'est nous qui l'avons fait !*** (26 km), créé par des élèves de cycle 3, itinéraire qui invite à découvrir le patrimoine de leurs communes, Les Portes-en-Ré et Saint-Clément-des-Baleines ;

➢ le ***circuit gourmand sud*** (22 km), une balade gourmande au fil des saveurs rhétaises, de La Flotte à La Couarde, pour se terminer (les papilles enchantées) à Sainte-Marie-de-Ré ;

➢ le ***chemin en campagne*** (6,7 km), de Saint-Martin à La Couarde en passant par Le Bois-Plage ;

➢ le ***chemin des marais*** (18,5 km), qui contourne le Fier d'Ars de La Couarde aux Portes-en-Ré ;

➢ le ***chemin de la forêt*** (9 km), de Saint-Clément aux Portes par la forêt domaniale du Lizay ;

➢ la ***découverte de La Couarde-sur-Mer*** (11,4 km) : au départ de l'office de tourisme de La Couarde, un itinéraire du centre-ville jusqu'à la plage des Prises en passant par les marais salants ;

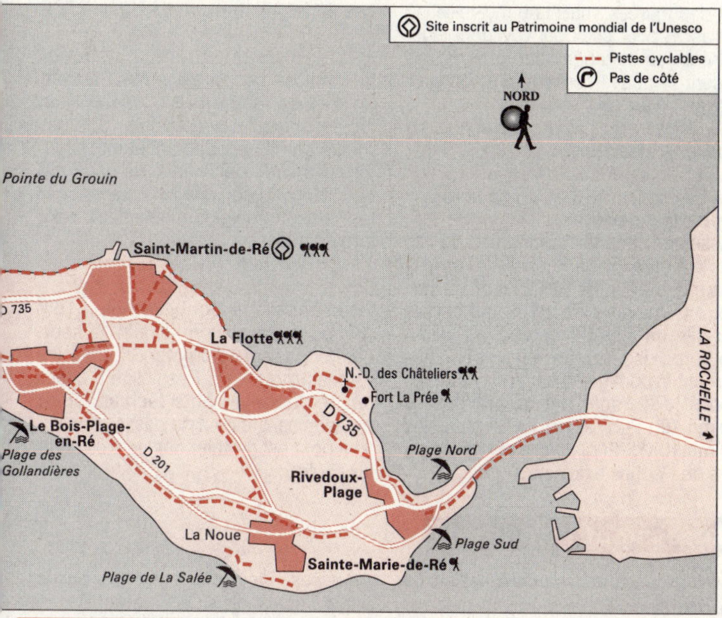

L'ÎLE DE RÉ

➢ le ***circuit Vauban,*** le plus long (37 km) ! Cet itinéraire propose de traverser l'île dans sa longueur de La Redoute au phare des Baleines en appréciant le patrimoine historique de la région et les fortifications, signées Vauban bien sûr !
Très bien conçus, ils permettent de bien saisir la variété des paysages de l'île. Les plans précis, avec kilométrage et commentaires, sont disponibles dans les 10 bureaux d'accueil « Destination île de Ré ». Pour les accros, on conseille la lecture complémentaire des *Promenades à bicyclette et à pied* de Jean-Pierre Rault, aux éditions CMD, en vente dans de nombreuses librairies de l'île.
Alors, définitivement, oubliez votre bolide et partez à bicyclette (ce ne sont pas les loueurs de vélos qui manquent !) à la recherche des secrets de Ré... c'est tellement moins stressant ! Un petit conseil (mine de rien, on tient à nos lecteurs et on déplore quand même quelques accidents chaque année) : même à vélo, il y a un code de la route à respecter. Roulez à droite car les pistes sont à double sens, et tenez compte des priorités lorsque vous traversez un axe routier... Bonne route !

Comment y aller ?

➢ ***En train :*** *rens SNCF au ☎ 36-35.* • *sncf.fr* • Liaisons quotidiennes entre La Rochelle et Nantes, Bordeaux et Paris-Montparnasse.

En bateau depuis La Rochelle : *☎ 05-46-09-88-56.* • *inter-iles.com* • *iledere-larochelle.fr* • *Avr-sept, 1 à 4 A/R par j. Compter 1h05. Résa le plus tôt possible ! Adulte : 11,50 €/traversée, 23 € A/R ; réduc.* Une navette maritime assure la liaison entre La Rochelle et Saint-Martin-en-Ré. Horaires contraignants du fait des marées, mais une merveilleuse occasion pour ceux qui voyagent léger d'éviter les bouchons sur le pont. Tellement sympa ! Possibilité d'embarquer les vélos à certains horaires.

Réseau interurbain en Charente-Maritime : *☎ 0800-73-01-46. • transports.nouvelle-aquitaine.fr •* Les lignes n°s 3 et 3E de la région Nouvelle-Aquitaine *(• iledere.com •)* desservent ttes les communes de l'île de Ré à partir de La Rochelle (à l'arrivée des trains à la gare SNCF et pl. de Verdun). La navette *RespiRé,* qui circule sur l'île en juil-août, prend les vélos. En outre, des navettes électriques traversent le pont gratuitement, tlj pdt vac scol (7 juil-29 août, une navette ttes les 10 mn 10h-20h ; sinon, navette ttes les 30 mn 10h15-20h) et w-e et j. fériés du w-e de Pâques à fin sept.

Les lignes n° 50 ou n° 51 de la *RTCR (☎ 0810-17-18-17 – 0,06 €/mn ; • yelo.agglo-larochelle.fr •)* fonctionnent en saison seulement. Départ de la pl. de Verdun à La Rochelle, tlj en juil-août, mer et w-e en juin. Son terminus se situe à Sablanceaux-Plage, juste après le pont. La ligne n° 51 est spécialement équipée pour transporter les vélos (hors vélos municipaux Yélo, interdits).

➢ ***En voiture :*** *• la.charente-maritime.fr •, onglet « Routes/transports ».* Pour passer le pont, compter 16 € A/R pour une voiture 20 juin-11 sept, 8 € hors saison. Compter 3 € pour les 2-roues motorisés. Possibilité d'acheter des abonnements rechargeables qui réduisent le coût du passage.

– Le pont est gratuit pour les piétons et les cyclistes.

Adresse et info utiles

Office de tourisme Destination île de Ré : *siège social rue des Embruns, 17580* ***Le Bois-Plage.*** *☎ 05-46-09-00-55. • iledere.com • Permanence téléphonique seulement, tlj 9h-18h.* À la suite de la mutualisation des 10 offices de tourisme de l'île, il n'y a plus qu'une seule et unique structure. Le siège n'assurant pas l'accueil du public, vous pourrez vous adresser aux différents bureaux d'accueil de l'office de tourisme Destination Île de Ré, présents dans chacune des 10 communes rhétaises. Plein d'autres infos sur la page Facebook « Destination île de Ré » ou sur leur site internet : *• iledere.com •* qui informe en temps réel de la disponibilité des hébergements.

– L'application gratuite ***« Île de Ré Tour »*** est également un outil précieux qui propose des adresses, des circuits, des idées de balades, de visites... mais aussi des cartes, des plans, le réseau des pistes cyclables, les horaires des marées, etc.

RIVEDOUX-PLAGE

(17940) 2 335 hab. *Carte Charente-Maritime, B1*

Porte d'accès de Ré, puisque de Rivedoux partent les 2 routes principales de l'île : l'itinéraire nord (par la D 735) et l'itinéraire sud (par la D 201). Une agréable entrée en matière pour aborder cette île célèbre. Appréciée des kitesurfeurs pour ses immenses plages de sable (au nord et au sud), Rivedoux mérite surtout une halte pour son petit port pittoresque, entièrement rénové, et pour son impressionnant panorama sur le pont et le continent. Ambiance chaleureuse d'un village qui vit toute l'année, notamment grâce à son petit marché de produits du terroir et à sa proximité avec La Rochelle. Voir également la Redoute, un monument construit au XVIIe s sous Vauban pour la défense de l'arsenal de Rochefort (visible uniquement de l'extérieur). Important centre ostréicole, l'huître y est fêtée (avec tout le folklore attendu) début août.

Adresses et infos utiles

Bureau d'accueil : *104, rue du Comte-d'Hastrel. ☎ 05-46-09-00-55. • iledere.com • ♿ Avr-oct, lun-sam 9h-13h, 14h-16h30 (17h juil-août) ; dim et j. fériés 9h30-12h30. Horaires variables le reste de l'année.* Billetteries diverses (croisières inter-îles, aquarium...), espace boutique. Découverte du village et de l'île de Ré (circuits pédestres de rando, poussettes...), n'hésitez pas à demander la brochure du village.

Location de vélos : ***Fun Cycles,*** *203, rue Jules-Ferry. ☎ 05-46-09-69-39.* ***Tout à Vélo,*** *40, rue du Comte-d'Hastrel. ☎ 05-46-66-56-94.*

– **Marché :** *pl. de la République. Juil-août, tlj ; 2de quinzaine de juin et 1re quinzaine de sept, tlj sauf lun ; de mi-avr à mi-juin, mer et ven-dim ; de mi-sept à mi-avr, mer et w-e.*

– **Plage sud labellisée Tourisme et Handicap** avec Tiralo, Handiquatro et Escal'à dunes pour un accès facilité à la mer. Surveillée en juillet-août.

Où dormir ? Où manger ? Où boire un verre ?

De prix moyens à plus chic

Chambres d'hôtes La Grande Marée : *560, rue Charles-de-Gaulle. 06-78-73-40-59. • lagrandemaree@gmail.com • la-grande-maree.com • Longer le port et tourner à gauche direction Fougères. Doubles 80-130 €.* À l'arrière du village, au calme, une maison avec jardin où l'on trouve 4 chambres, pas très grandes mais assez confortables et surtout pas bien chères pour l'île de Ré. Salon commun.

Hôtel La Marée : *321, av. Albert-Sarrault. ☎ 05-46-09-80-02. • contact@hoteldelamaree.com • hoteldelamaree.com • ♿ Sur le port. Doubles 79-219 € ; familiales.* Très bel hôtel des années 1950 entièrement rénové dans un style très actuel. Beaucoup de bois et planches dans les tons blancs et gris. Les chambres ne sont pas bien grandes mais sont décorées avec un goût très sûr. Terrasses privées pour certaines. Double fenêtre et double vitrage pour effacer le passage des voitures sur le port, son principal défaut en saison. Piscine couverte et chauffée toute l'année, et jacuzzi. Belles vues sur le port et le pont de l'île de Ré depuis les chambres côté mer.

Au Comptoir de Malika : *230 bis, rue Jules-Ferry. ☎ 05-46-68-24-67. • aucomptoirdemalika@gmail.com • Tlj sauf lun et mar hors saison. Planches pour 2 à partir de 25 €. Café offert sur présentation de ce guide.* Accueil chaleureux de Malika, qui s'y connaît fort bien en fromages et sait aussi les affiner. Également des salaisons et charcuteries. On peut déjeuner sur place et même en terrasse lorsqu'il fait beau.

Chez Ré Monde : *91, av. de la Plage. ☎ 05-46-01-32-76. • chezremonde@yahoo.fr • Tlj sauf lun soir en hte saison.* Tout à la fois resto (proche du marché) et épicerie où l'on a envie de tout acheter. Ici, tout est fait maison et avec amour. Rillettes, salade *bo bun* et ris de veau font partie des musts. En fait, l'inspiration suit les saisons. Le congélateur ? On ne connaît pas ! Sans oublier le côté bistrot à vins, où les habitués se retrouvent pour écluser un bon gorgeon. Excellente cave, avec un grand choix de rhums (plus de 40 !).

Restaurant La Plage : *plage de Sablanceaux. ☎ 05-46-09-58-12. • laplageiledere@gmail.com • ♿ Quand on arrive sur l'île par le grand pont, le resto est juste sur la gauche. Tlj en été ; en hiver, fermé dim soir et lun. Carte env 30 €. Apéritif offert sur présentation de ce guide.* On adore cet endroit face à la mer, où les tables ont les pieds dans le sable. L'endroit rêvé pour les familles. Les meilleures moules-frites du coin, notamment celles au curry. Orchestre certains soirs (ambiance garantie).

Les Viviers : *573, av. de la Corniche. ☎ 05-46-09-86-22. • prouxchantal.towin@sfr.fr • En hte saison, tlj sauf mar ; sinon, tlj sauf mar soir et mer. Résa impérative ! Congés : début janv-début fév. Menu 32 € ; assiettes et gros plateaux de fruits de mer env 26-100 €. Café offert sur présentation de ce guide.* L'une des meilleures adresses de l'île pour entamer un copieux PFM (comprenez « plateau de fruits de mer ») ! Peu de doute sur la qualité et la fraîcheur des produits, nous sommes dans le resto d'une poissonnerie. La salle, un brin chic, et sa véranda ouvrent d'un côté sur les viviers et de l'autre sur le pont de Ré (mais aussi la route !). Poissons en belles recettes. Sympathique formule *happy oysters* le matin et l'après-midi. Accueil super sympa.

Fêtes et manifestations

- ***Rivedoux Folies :*** *mi-juil et mi-août.* Fête en plein air avec marché nocturne, dégustations et concert gratuit.
- ***Festival Rivedemômes :*** *fin juil.* Festival de manèges à pédales, ludique et insolite, pour les petits et les grands.
- ***Rivedoux en fête :*** *1er w-e d'août.* Fête traditionnelle avec dégustation, concert et feu d'artifice.
- ***Festival de Salsa :*** *dernière sem d'août.* Festival de salsa et West Coast Swing.

SAINTE-MARIE-DE-RÉ

(17740) 3 475 hab. *Carte Charente-Maritime, B1*

Voici l'un des plus vieux villages de l'île, comme en témoignent les ruelles très étroites, les maisons basses et blanches, et le clocher gothique du XIVe s de l'église entièrement restaurée au XIXe s. Le village, labellisé Station verte, a vraiment du charme et semble encore préservé des foules. Plage assez sauvage. Quelques grands éditeurs de presse y résident discrètement, à l'abri des... magazines people.

CONFUSION SEXUELLE

Pour protéger leurs vignes, certains viticulteurs les traitent désormais sans pesticides. Ils misent sur la niaiserie des papillons mâles. Ils répandent une hormone qui rappelle les effluves (phéromones) des papillons femelles. Les mâles sont tout excités, batifolent dans tous les sens, s'épuisent et meurent. Pas de fécondation, pas de chenilles.

Adresses et info utiles

Bureau d'accueil : *pl. d'Antioche. ☎ 05-46-09-00-55. • iledere.com • Au centre de Sainte-Marie. Avr-oct, lun-sam 9h30-13h, 14h-17h (17h30 juil-août), plus dim mat en juil-août, pdt vac scol et j. fériés ; horaires variables le reste de l'année.* Compétent et accueillant. Visites guidées du village le mercredi matin en juillet-août *(sur résa obligatoire)* et un jeu de piste *Randojeu* pour toute la famille. Découverte de la Noue avec smartphone.

Location de vélos : **Cyclo-surf**, *26, rue du 14-Juillet. ☎ 05-46-30-19-51. Également au 9 bis, cours des Jarrières (La Noue). ☎ 05-46-30-27-40.* **Cycland,**

pl. des Tilleuls (La Noue). ☎ 05-46-43-04-02. ***La Route à Vélo,*** *60, rue du 14-Juillet. ☎ 05-46-27-63-38.*

– ***Marchés :*** *pl. d'Antioche et pl. des Tilleuls, ts les mat sauf lun en basse saison.*

Où dormir ?

Camping

⛺ ***Huttopia Côte Sauvage :*** *plage de la Basse Benaie. ☎ 05-46-30-21-74. • cotesauvage@huttopia.com • huttopia.com • ♿ Ouv de mi-avr à fin sept. Sur résa. Compter 18,80-30 € pour 2. Loc de tentes lodges. 151 empl. Apéritif maison offert sur présentation de ce guide.* L'un de nos préférés car parfaitement situé, le long de la Côte Sauvage. Dans un secteur calme à 2 pas du village, ce camping familial déploie ses emplacements le long de l'océan, avec accès presque direct à la plage. Un vrai camping, sans mobile homes mais avec de grandes tentes *lodges.* Ceux qui n'aiment pas la promiscuité préféreront le camping des *Chardons Bleus* (tenu par les mêmes propriétaires), en forêt et aux emplacements plus espacés. Petit snack-bar, laverie et quelques jeux pour enfants. Piste cyclable à proximité pour découvrir l'île en toute sécurité. Accueil adorable.

De prix moyens à plus chic

🏠 ***Hôtel L'Île sous le Vent :*** *chez Katia et Xavier Manifet, 17 bis, rue du Petit-Labat. ☎ 05-46-09-60-53. • contact@ilesouslevent.com • ilesouslevent.com • ♿ Congés : 11 nov-20 fév. Doubles 65-160 € ; familiales. Parking gratuit.* Katia et Xavier vous accueilleront avec beaucoup de gentillesse dans leur petit hôtel de 10 chambres réparties dans un clos typiquement rhétais entouré de murs de pierre, au cœur du petit village et à 10 mn à pied de la mer. Les chambres sont adorables, chacune avec une déco contemporaine particulièrement étudiée, salle d'eau, TV, coffre et une petite terrasse. Piscine chauffée *(avr-sept),* jardin et parc (500 m²) très agréable à disposition. Location de vélos et terrain de pétanque. Cerise sur le gâteau, Xavier, ancien pâtissier du *Richelieu,* concocte de délicieux petits déj.

🏠 ***Hôtel de Ré :*** *12, rue de la Terre-Rouge. ☎ 05-46-30-33-20. • hotel@hoteldere.com • hoteldere.com • ♿ Congés : janv et de mi-nov à mi-déc. Doubles 59-280 € ; familiales. Surveiller les promos sur le site. Parking 6 €. Apéritif maison offert sur présentation de ce guide.* Un hôtel neuf, confortable, familial, écologique... et plutôt économique (en basse saison du moins...) ! Chambres et appartements de style contemporain, aux couleurs du temps, avec terrasse privative donnant sur une belle piscine chauffée, bordée de parasols en paille. Aire de jeux pour enfants, salle de petit déj aux baies vitrées, location de vélos... rien ne manque !

Où dormir ? Où manger dans les environs ?

🏠 🍴 🍸 ***L'Escale :*** *2, pl. des Tilleuls,* ***La Noue.*** *☎ 05-46-37-44-87. • contact@lescale-hotel-restaurant-re.com • lescale-hotel-restaurant-re.com • ♿ Resto fermé lun et dim soir hors saison. Congés : nov-fév. Doubles 65-127 € ; familiale. Formule déj 25 € ; carte env 35 €. Pineau de l'île offert sur présentation de ce guide.* Le vieil hôtel-restaurant du village a été rénové de fond en comble. Et la métamorphose est exemplaire ! Tout en gardant la convivialité des petites structures, *L'Escale* a misé sur la lumière et opté pour un design cosy. 11 chambres douillettes et fonctionnelles, à la déco fraîche et sobre. Petit déj copieux et varié. Excellent accueil. Fait aussi resto (avec une belle terrasse sur la place). Une adresse parfaite pour ceux qui apprécient de dormir au calme et ne recherchent pas absolument la vue mer (qui se trouve à 5 mn à pied !).

Les Tilleuls : *9, cours des Jarrières, **La Noue.** ☎ 05-46-30-02-76. • lestilleuls.restaurant@gmail.com • Tte l'année, tlj sauf mer. Formule déj en sem 14,90 € ; carte 37 €.* Petit resto de village, sur une place agréable, principalement connu des habitués de l'île. On aime bien son tranquille patio et son adorable déco hétéroclite, cultivant un esprit brocante. La carte, simple et fraîche, est tout aussi variée : salades, planches, pizzas et un plat du jour plus élaboré. Ambiance sympa.

À voir. À faire

Visite guidée du village, organisée par le bureau d'accueil en juillet-août *(mer à 10h30, sur résa ; 5 €).*

➢ ***Le sentier des 5 Paysages :*** *7 km ; env 2h.* On flâne au gré des paysages et des milieux naturels qui forment le kaléidoscope du village. Des venelles à la forêt, au littoral (superbes envolées vers les plages et le large) ou au marais salant. 5 pupitres pour expliquer la flore et la faune. À faire absolument pour la richesse et la diversité des milieux naturels, et pour la biodiversité. N'oubliez pas les jumelles et l'appareil photo ! Livret disponible au bureau d'accueil.

UNE ARCHITECTURE ADAPTÉE AUX HUMEURS D'ÉOLE !

Si la maison du pêcheur se révèle basse, avec peu d'ouvertures et accolée aux demeures voisines au long de ruelles étroites, c'est uniquement pour laisser le moins de prise possible au vent. En outre, le reste de peinture pour la coque était souvent utilisé pour les portes et fenêtres.

Et puis pourquoi ne pas aller déguster la Blanche de Ré à la microbrasserie **Bières de Ré** *(station Total, RD 201, les Hauts des Peux Bertaud ; ☎ 05-46-43-82-63 ; • contact@bieresdere.fr • bieresdere.fr • ; ouv lun-sam ; fermé en janv).* Des bières artisanales (sans conservateur ni colorant ni additif) aux noms évocateurs : la Blanche de Ré, la toute 1re de la collection, blanche et rafraîchissante, à laquelle sont venues s'ajouter la Déferlante, riche en céréales, la Blanche Amb'Ré, l'Extra au cognac, la Triple Houblon, la Ré Agrume (blanche et... aux agrumes), l'Abeille de Ré (au miel), une IPA, ou encore une blonde, une blanche et une ambrée bio... Aussi des sodas bio (limonade, cola, tonic). Et même des alcools de fabrication artisanale (vodka, gin, pastis et whiskys).

Fête et manifestation

– ***Brocantes et vide-greniers :*** *1 fois/mois avr-août.*
– ***Fête de La Noue :*** *6 août.* Messe à la chapelle Saint-Sauveur et repas champêtre avec animations à partir de 19h, place des Tilleuls.

LA FLOTTE (17630) 2 800 hab. *Carte Charente-Maritime, B1*

Ancien village de pêcheurs plein de charme – comptant d'ailleurs parmi les Plus Beaux Villages de France – qui a su, jusqu'ici, conserver son authenticité. Il est également labellisé Village de pierres et d'eau parmi 14 communes emblématiques du département. Original, son joli petit port, à l'étonnante jetée en arrondi, devient sec à marée basse ! Très prisé des

bateaux de plaisance, il est bordé de terrasses de cafés qui vivent au rythme des saisons. Ses belles demeures du front de mer dissimulent un labyrinthe de ruelles paisibles, où les maisonnettes typiques disparaissent parfois derrière un rideau de roses trémières. Il abrite également une association dynamique, Flottille en pertuis, qui s'efforce de rassembler chaque année en août le maximum de bateaux des pertuis charentais. Une belle manière de faire découvrir le patrimoine naval régional méconnu du grand public.

LA ROSE TRÉMIÈRE

Son nom est une déformation de « rose d'outremer ». Oui, la reine des jardins rhétais n'est pas d'ici. Elle fut rapportée d'Orient lors des croisades. Très rustique, elle supporte d'ailleurs la sécheresse.

Adresses utiles

Bureau d'accueil : *quai de Sénac. ☎ 05-46-09-00-55. • iledere.com • Sur le port. Avr-sept, lun-sam 9h30-13h, 14h-18h (18h30 juil-août) ; dim et j. fériés 9h-13h. Horaires variables le reste de l'année.* Accueil pro et très sympa. Labellisé Tourisme et Handicap. Propose des sorties en mer, des visites, un espace boutique et billetterie. Livret d'énigmes *Randojeu* à destination des familles *(4,90 €).*

Location de vélos : Cycland, *17, rue du Marché. ☎ 05-46-09-65-27.* Vélos classiques, hollandais et VTT (ou vélos électriques pour les moins sportifs). **Tout à Vélo,** *7, rue Gustave-Déchézeaux. ☎ 05-16-85-24-24.* **Cyclo-surf,** *14 bis, rue Jean-Henri-Lainé. ☎ 05-46-09-51-60.* Vélos classiques ou électriques, tandems, avec remorques...

Révasion : *4 bis, rue Gustave-Déchézeaux. ☎ 05-46-09-16-20. • revasion.com • Tte l'année, lun-ven 9h30-12h30, 14h30-18h30 ; sam 10h-12h30.* Seule agence de voyages de l'île habilitée à vendre des billets SNCF (moyennant une commission, bien sûr).

Où dormir ?

Campings

Camping La Grainetière : *route de Saint-Martin (D 735). ☎ 05-46-09-68-86. • la-grainetiere@orange.fr • la-grainetiere.com • ♿ Ouv avr-sept. Forfaits 27-51 € pour 2-3 pers. Mobile homes 2-3 chambres pour 2-6 pers. 140 empl.* Situé entre La Flotte et Saint-Martin, ce beau camping propose des emplacements bien ombragés dans un agréable parc de 2,6 ha. Pas mal de mobile homes, comme partout. Belle piscine couverte et chauffée, sauna et hammam, boulodrome, salle de jeux pour petits et grands, location de vélos, salle TV, snack-bar et épicerie, laverie, espace bébé, location de barbecues ou frigos, etc. Un excellent camping !

Flower Camping Bel Air : *route de La Noue. ☎ 05-46-09-63-10. • camping.bel-air@flowercampings.com • bel-air-camping.com • ♿ Ouv avr-sept. Forfaits tente 20-45 € pour 2. Tentes toilées et cabanes-lodges. 205 empl. Parking gratuit.* Un camping sympathique, qui a su conserver des dimensions raisonnables, et a le gros avantage de se trouver à 10 mn à pied seulement du port de La Flotte. Emplacements bien tenus et délimités, ombragés par des pins, chênes ou platanes selon les zones. Les tentes et cabanes-*lodges* sont à la fois dépaysantes et confortables. Essayez de vous installer vers le fond du camping, en bordure de pinède. Piscine chauffée, location de vélos, snack, animations, cours de sport, terrain de foot, etc.

De prix moyens à plus chic

Hôtel Hippocampe : *16, rue du Château-des-Mauléons. ☎ 05-46-09-60-68. • contact@hotel-hippocampe.com • hotel-hippocampe.com • À proximité de l'église. Ouv avr-Toussaint. Doubles 67-89 € ; familiales ; petit déj 8 €. Garage à vélos offert sur présentation de ce guide.* Un joli petit hôtel en retrait de l'agitation du port, au cœur du bourg. Chambres simples mais charmantes, décorées à la rhétaise avec leur jonc de mer au sol et leurs vieux meubles chinés. Délicieuse petite cour intérieure ou salon cosy pour prendre le petit déj. Accueil très prévenant. Un vrai coup de cœur !

Le Môle : *2, cours Félix-Faure. ☎ 05-46-09-60-43. • lemole17@hotmail.com • le-mole.com • Congés : oct-mars. Doubles 74-114 € ; familiales et apparts. Resto ouv avr-sept, tlj sauf mar et dim soir. Repas env 30 €.* Sur le front de mer (accès direct), à un pas du port, on ne peut plus central. Dans une grande et noble demeure du XVIIIe s abritant au rez-de-chaussée une boutique de cadeaux et d'antiquités. Location de chambres, studios et appartements pour 2-6 personnes. Déco de charme, dans les douces tonalités rhétaises, bon confort et remarquable rapport qualité-prix pour l'île ! En saison, petite restauration fraîche et familiale dans le café. Plusieurs autres appartements à La Flotte.

Hôtel Le Français : *1, cours Félix-Faure. ☎ 05-46-09-60-06. • lefrancais17630@gmail.com • hotellefrancais.com • Congés : nov-avr. Doubles 72-160 € ; familiales ; petit déj 8,50 €. Carte env 30 €. Café offert sur présentation de ce guide.* Le Français dispose de chambres réparties dans 3 bâtiments distincts. Du coup, il y en a pour tous les goûts : plus calmes côté rue, animées côté port, moins chères dans la ruelle... L'ensemble est agréable et confortable. Seule la déco, fonctionnelle avant tout, mériterait un brin de fantaisie ! Grande et belle terrasse sur le port. Accueil chaleureux. Resto à prix correct à l'étage, avec vue panoramique.

Hôtel La Galiote : *7, av. du 8-Mai. ☎ 05-46-09-50-95. • hotellagaliote2@wanadoo.fr • hotellagaliote.com • Doubles 79-199 € ; familiales. Parking 10 €, mais offert pour 1 véhicule sur présentation de ce guide.* Un peu à l'écart du port et du bourg, ce petit hôtel fraîchement rénové dans un style bien rhétais offre un excellent point de chute pour ceux qui ne recherchent pas inconditionnellement la vue mer. Celle-ci, tout comme le centre de La Flotte, n'est jamais qu'à 5 mn à pied... Accueil attentionné et de bon conseil.

Où manger ?

Les Copains Babord : *4, route du Praud. ☎ 05-46-01-35-51. • lescopainsbabord@famillelecorre.com • À 10 mn à vélo du port de La Flotte (en longeant le littoral vers le nord-ouest). Ouv avr-oct. Carte 20-25 €.* Notre préféré. **La Cabane Océane :** *9, route du Praud. ☎ 05-46-66-54-08. Tlj juin-fin sept ; avr-mai tlj sauf mar.* Non loin l'une de l'autre, 2 superbes cabanes ostréicoles pour déguster huîtres et fruits de mer, tout en profitant d'une vue magnifique sur le pertuis breton. Service assez vite débordé.

Les Pieds dans l'Eau : *8, cours Félix-Faure. ☎ 05-46-09-45-68. • sarah.ticot54@gmail.com • Tlj sauf lun soir et mar, 12h-14h, 19h-21h. Congés : nov-avr. Résa indispensable en saison. Formule déj en sem 25,90 € ; carte 35 €.* Situation idéale pour ce restaurant installé face à la mer, qui se démarque par sa cuisine soignée et de saison, réalisée uniquement avec des produits frais. Le poisson du jour est une bonne option à midi pendant que, le soir, on prend plaisir à explorer une carte qui se fait volontiers gourmande. Même le menu enfants est bien travaillé ! Mignonne petite salle avec cheminée en cas de mauvais temps. Service agréable.

Chai Nous comme Chai Vous : *1, rue de la Garde. ☎ 05-46-09-49-85.*

• laurentfavier17@me.com • ♿ En saison et vac scol, ouv ts les soirs ; hors saison, seulement ven-dim. Résa vivement conseillée. Congés : janv et de nov à mi-déc. Menu 55 €. Dans une ruelle qui se faufile au milieu du port, un petit décor à la fois discret et chic, avec quelques touches design pour la note contemporaine. Cette adresse de bon ton propose une élégante cuisine d'aujourd'hui, plutôt classique mais tempérée d'une pointe de modernité, à base de produits rhétais ou rochelais ultra-frais. Atmosphère intime et seulement quelques tables pour un accueil de caractère. Pas donné tout de même !

À voir. À faire

L'église Sainte-Catherine : l'église a conservé de beaux vestiges du XVe s, révélant de magnifiques décors gothiques. Les décorations intérieures, les vitraux, la façade et l'horloge datent du XIXe s. Le monumental retable du maître-autel pourrait dater du XVIIIe s. Il est orné d'une peinture du XIXe s représentant sainte Catherine portée par des anges au-dessus du mont Sinaï, dont l'original se trouve au Musée national de Berlin. Remarquez également la cloche baptisée « Armand-Jean » en l'honneur du cardinal de Richelieu, qui en finança la fonte après les destructions des guerres de Religion. En place depuis le XVIIe s, elle a dû être décrochée en 1955 à cause de l'usure de ses anneaux ! Nombreuses maquettes ou peintures maritimes. À côté de l'église, voir la façade du presbytère construit à la fin du XIXe s dans un style néogothique.

Le vieux marché : *tlj en principe.* Pittoresques halles d'inspiration médiévale avec une jolie place pavée à l'ancienne. Un marché s'y tient tous les matins, toute l'année ! Du port, on peut gagner le marché en empruntant le cours Félix-Faure, long de 200 m, bordé de quelques beaux hôtels particuliers du XVIIIe s, ou les rues piétonnes du Général-de-Gaulle, puis du Marché. Belle ambiance mais tarifs un peu élevés.

LA PHOLADE

Sur les plages, on trouve des pierres trouées. Le responsable est un mollusque qui fore lentement pour se protéger des prédateurs. Il élargit l'orifice en fonction de sa croissance, ne sort jamais de sa cachette et se nourrit uniquement en filtrant l'eau de mer.

Le musée du Platin : *4, cours Félix-Faure. ☎ 05-46-09-61-39. • museeduplatin.fr • Avr-sept, lun-ven 10h-12h30, 14h30-18h30 ; plus dim pdt vac scol et j. fériés 14h-18h. Entrée : 4,50 € (3 € sur présentation de ce guide) ; 2,50 € 6-12 ans. Activités enfants : 5 €.*

Un joli petit musée. 4 niveaux sont consacrés à la vie traditionnelle, maritime et populaire sur l'île de Ré, dans la 1re moitié du XXe s principalement, à travers maquettes, vestiges de l'abbaye des Châteliers, sans oublier coiffes, costumes, mobilier (reconstitution d'un intérieur rhétais) et une formidable collection de photos prises au début du XXe s. On aborde la pêche, l'ostréiculture et l'agriculture avec une évidente nostalgie.

Réaménagé récemment, le musée développe de nouveaux thèmes comme l'histoire des liaisons Ré-continent avec ses vapeurs, ses bacs, jusqu'à la construction du pont, et propose des expositions temporaires. À voir absolument : un vélo, resté dans les fonds marins pendant 21 mois et 22 jours, illustre de manière éloquente la capacité de colonisation des huîtres ! Pour occuper les plus petits, des jeux de piste et un espace enfants qui met différents ouvrages à leur disposition.

– Plusieurs ***visites guidées*** (payantes) à thème sont organisées par le musée du Platin : balade à la découverte du village et d'un établissement ostréicole, de l'abbaye des Châteliers, du port et de ses voiliers traditionnels. D'autres animations et activités manuelles (payantes) sont exclusivement réservées aux enfants, comme la chasse au trésor dans le village de La Flotte.

– ***Ophidie Circus :*** *14, route de La Noue. 06-76-80-17-98. • ophidie.com •* Pendant les vacances scolaires, cette école de cirque pour les enfants de 5 à 17 ans propose des stages qui s'étalent sur 1 semaine. Assez extraordinaire, car les enfants apprennent dans la joie la jonglerie, les équilibres, les arts aériens et la mise en scène, tout en améliorant leur confiance en eux. Marie la bohème gère son petit monde avec beaucoup de tendresse et de bienveillance. Pas d'animaux bien sûr. Les parents sont conviés à un spectacle en fin de semaine, où leurs enfants montent sur scène. C'est, pour tout le monde, le plus beau spectacle du monde !

DANS LES ENVIRONS DE LA FLOTTE

L'abbaye Notre-Dame-des-Châteliers : *sur la route de Rivedoux-Plage, sur la gauche. Accès libre et gratuit. Pour une visite guidée, contacter le musée du Platin à La Flotte.* Fondée au XIIe s, elle est construite initialement en style roman, puis restaurée en style gothique tardif après les incursions anglaises du XVe s. Une nouvelle mise à sac par les protestants pendant les guerres de Religion décourage les moines, qui abandonnent l'abbaye en 1575. De l'abbatiale subsistent les murs et la façade. Des fouilles ont permis de mettre au jour le pavage et divers autres éléments exposés au musée du Platin. L'ensemble est d'une beauté à la fois grandiose et magique. Il laisse par ailleurs imaginer ce que devait être cette abbaye au temps de sa magnificence ! Peinte en noir et blanc, elle a surtout servi d'amer aux navires (c'est-à-dire de repère de jour). Sise sur un promontoire exposé aux intempéries, l'abbaye a fait l'objet d'une attention et d'une politique de revalorisation toute particulière de la commune de La Flotte, dont un éclairage de nuit... Atmosphère extraordinaire au lever du soleil.

Le fort La Prée : *à 800 m de l'abbaye des Châteliers, sur la route de Rivedoux-Plage. ☎ 05-46-09-73-33. 06-87-21-90-29. • fort-la-pree.com • Début avr-fin sept, lun 14h30-18h30 et mar-jeu 10h-18h30 (10h-19h juil-août) ; avr et vac de la Toussaint, tlj sauf sam 10h-18h30. Entrée : 5,50 € ; réduc. Visite guidée (7 €), sur résa, à 10h30 et 16h. Attention, fermeture fréquente le w-e pour mariage ; se renseigner.* Bâti en 1626 avec les restes de pierres des bâtiments conventuels de l'ancienne abbaye, il résiste dignement aux attaques anglaises en 1627. Plusieurs restaurations ont eu lieu au cours des XVIIe et XVIIIe s, puis il fut transformé par l'armée allemande en batterie de côte. Après un déménagement à l'été 2018, le fort vit s'installer le ***musée des Graffiti anciens*** *(mêmes horaires que le fort ; visite comprise dans le tarif d'entrée).* Y sont exposés plus de 150 moulages de graffiti (bateaux, personnages, inscriptions, etc.) découverts sur différents bâtiments de la région. Certains remontent à l'occupation romaine. Mais c'est aussi l'exposition du travail de M. Martin, un glyptologue passionné, et surtout artiste, qui traque depuis des années la moindre trace laissée par nos ancêtres. Le musée des Graffiti anciens présente 2 ensembles de pierres originales couvertes de graffiti : ceux du moulin des Sables à Charron, datant des XVIIe et XVIIIe s, et ceux de l'ancienne maison d'arrêt de La Rochelle.

SAINT-MARTIN-DE-RÉ

(17410) 2 230 hab. *Carte Charente-Maritime, A-B1*

• Plan *p. 188-189*

Saint-Martin est le bourg le plus important de l'île, pour ne pas dire la capitale. Les noms de ses rues rappellent un passé évocateur, tel le nom de Sully, baron de Rosny, qui fut le père de Mme de Sévigné, mais aussi le fils de

Jeanne de Chantal (une sainte qui, une fois veuve et ses enfants « établis », s'est consacrée aux œuvres de charité !). Tout indique à quel point le Grand Siècle a marqué la ville sur le plan architectural, économique et militaire. Aujourd'hui, le port et ses vieilles rues n'ont rien perdu de leur charme, même si, en été, il vaut mieux se passer de voiture et flâner tranquillement à pied dans ce « Saint-Tropez de l'Atlantique » (l'expression va en fâcher quelques-uns... mais les boutiques de marques envahissent peu à peu les quais) pour admirer le patrimoine martinais.

EMBARQUEMENT POUR L'ENFER

Papillon, Seznec, Dreyfus... Voilà des noms qui vous disent sûrement quelque chose mais qui ne font pas forcément honneur au passé de l'île. Construite par Vauban en 1681 pour parer aux incursions anglaises, la citadelle trouve très vite une vocation de pénitencier. En 1748, Louis XV supprime les galères et utilise la main-d'œuvre pour des travaux d'aménagement des arsenaux. Le bagne était né ! Un siècle plus tard, un décret annonce la fin des bagnes en métropole au profit de terres plus lointaines (comme la Guyane) : les prisonniers sont des indésirables. La citadelle de Saint-Martin est désormais un lieu d'incarcération de transit, où se retrouvent au fil des siècles prêtres réfractaires, communards et prisonniers de guerre allemands dans des conditions très dures, souvent inhumaines. Le voyage est long, et le départ n'annonce pas toujours le retour. Rares sont les Henri Charrière (alias Papillon) qui pourront s'offrir le luxe d'une évasion ! Ce n'est qu'en 1938 qu'est supprimé le bagne, après avoir vu défiler au total plus de 50 000 personnes. Il fut momentanément investi par les Allemands pendant la Seconde Guerre mondiale.

UN PURGATOIRE AU PARADIS

La citadelle de Saint-Martin accueille des prisonniers de droit commun, travaillant pour des entreprises du continent. Aujourd'hui, avec près de 500 détenus (gardés par 230 surveillants), la prison représente 1/5e de la population de Saint-Martin, ce qui en fait le plus gros employeur de l'île.

Adresses et infos utiles

***Bureau d'accueil** (plan B1) : 2, av. Victor-Bouthillier (face au musée). ☎ 05-46-09-00-55. • iledere.com • Avr-sept, lun-sam 9h30-12h, 14h-18h30 (19h juil-août) ; dim et j. fériés 9h-13h. Horaires variables le reste de l'année.* Propose, en saison, différentes visites guidées de la ville et des fortifications, en nocturne ou contées, ou encore sous forme de chasse au trésor. Billetterie, boutique et services aux familles (table à langer, espace enfants avec jeux...). Accueil sympa.

***Location de vélos :** **Cycland,** impasse Sully. ☎ 05-46-09-08-66. **Cyclo-surf,** clos Vauban, 7, av. Bouthillier. ☎ 05-46-09-08-28. **La Maison des Vélocipèdes,** 14, quai de Bernonville. ☎ 05-16-19-14-94. 📱 06-84-32-18-92.* Particularité : la location de vélos insolites, électriques, tandems et cycles pour personnes handicapées. ***Yoo Too,** 9, av. Bouthillier. ☎ 05-46-68-08-09.*

***Croisières Inter-Îles :** ☎ 05-46-50-55-54. • inter-iles.com • Résa conseillée.* D'avril à mi-septembre, différentes croisières au choix : escale île d'Aix avec approche du fort Boyard, promenade en mer vers le fort Boyard et escale à La Rochelle, combiné Aix + La Rochelle, etc.

***Taxis :** **Anthony Taxi,** 📱 06-71-49-30-98. **Radio Taxis,** 📱 06-45-92-00-14.*

Stationnement : 125 places payantes au parking Vauban. Pour ceux qui ne craignent pas la marche, il est possible de se garer gratuitement à la plage de la Cible.

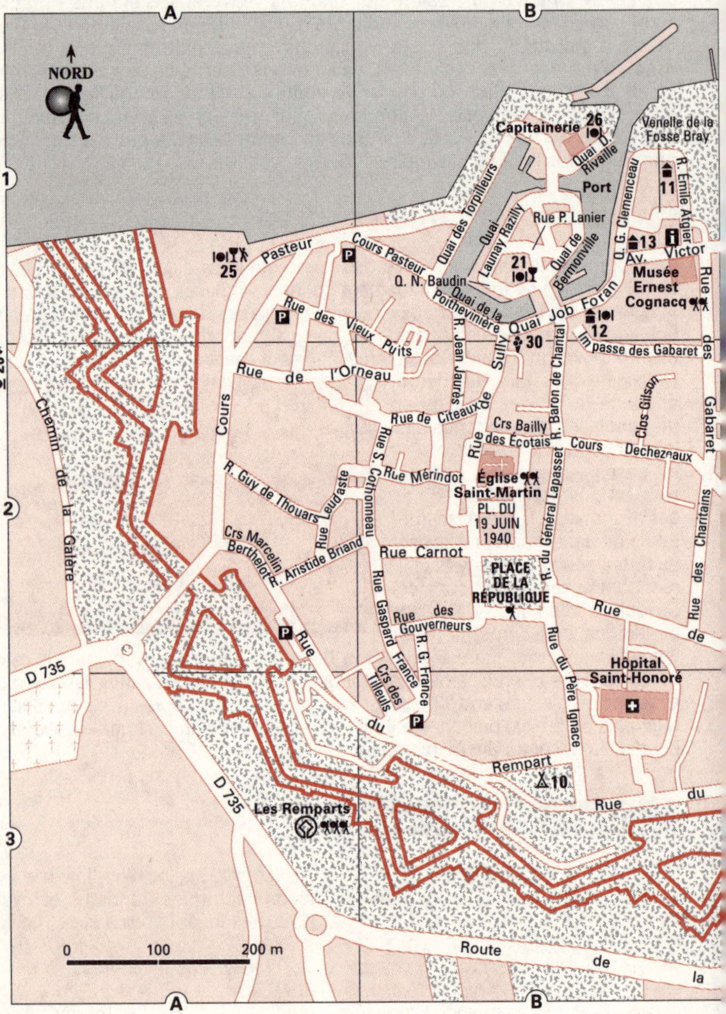

■ **Adresse utile**

- Bureau d'accueil (B1)

Où dormir ?

- **10** Camping municipal (B3)
- **11** Hôtel Le Galion (B1)
- **12** Les Colonnes (B1)
- **13** Hôtel La Jetée (B1)

Où manger ?

- **20** Auberge paysanne de la Mer et Ré Ostréa (hors plan par A2)

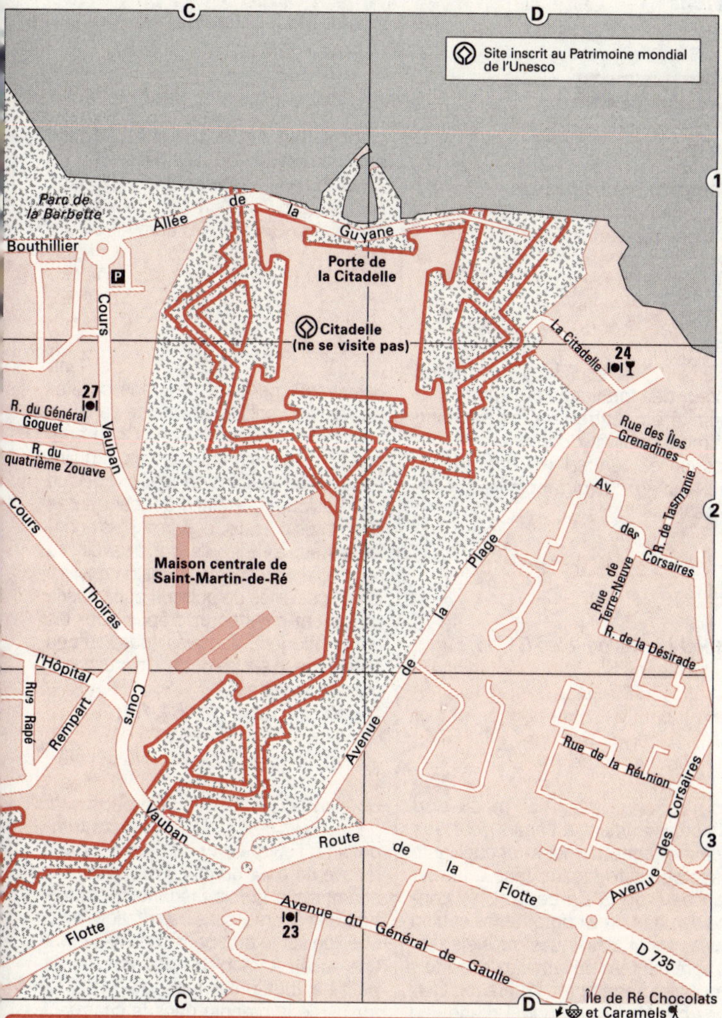

SAINT-MARTIN-DE-RÉ

21 Le Bistrot du Marin (B1)
23 La Coccinelle (C3)
24 La Cible (D2)
25 Le Bastion (A1)
26 L'Avant-Port (B1)
27 O' Parloir (C2)

Où déguster une glace ?

30 La Martinière (B1-2)

Où boire un verre ? Où sortir ?

24 La Cible (D2)
25 Le Bastion (A1)

– **Marché :** *rue Jean-Jaurès, ts les mat (sauf lun et mer hors saison), plus 17h-20h en hte saison.* On y trouve tous les produits frais de l'île.

Où dormir ?

Camping

Camping municipal *(plan B3,* ***10****) : rue du Rempart. ☎ 05-46-09-21-96. • contact@camping-saintmartindere.com • saint-martin-de-re.fr • ♿ À l'entrée de Saint-Martin, très bien fléché. Ouv de mi-fév à mi-nov. Tentes 18,50-30,50 € pour 2. Mobile homes (min 2 nuits hors saison et 1 sem en hte saison). 115 empl.* Idéalement situé au cœur des fortifications Vauban et à proximité du centre-ville, ce camping est simple, familial et convivial avec pot d'accueil et concert hebdomadaire. Snack ouvert d'avril à octobre. Location de vélos.

De chic à beaucoup plus chic

Hôtel Le Galion *(plan B1,* ***11****) : allée de la Guyane (ou rue Émile-Atgier). ☎ 05-46-09-03-19. • contact@hotel-legalion.com • hotel-legalion.com • ♿ Tte l'année. Doubles 90-260 € ; familiales ; petits déj 10,50-18 €. Parking 10-18 €. Café offert sur présentation de ce guide.* À 50 m du port mais suffisamment à l'écart pour être au calme, cette demeure accueillante dresse sa vaste façade face à la mer et au parc de la Barbette. Une trentaine de chambres confortables et bien tenues, plutôt classiques mais élégantes, agrémentées de tableaux et parfois de poutres apparentes (2e étage). Certaines bénéficient en prime d'une vue imprenable sur le port, les remparts et la mer. Salon zen très agréable. Belle piscine tout en longueur et élégant patio, où est servi le petit déj.

Les Colonnes *(plan B1,* ***12****) : 19, quai Job-Foran. ☎ 05-46-09-21-58. • info@hotellescolonnes.com • hotellescolonnes.com • ♿ Resto fermé mer et sam midi. Également un bistrot-crêperie tlj 12h-21h. Congés : de mi-déc à fin fév. Doubles 99-175 € ; familiales. Carte env 38 € au resto, 10-15 € côté crêperie. Café offert sur présentation de ce guide.* Tenu depuis 1905 par la même famille, cet établissement traditionnel est une véritable institution à Saint-Martin. Chambres agréables et bien entretenues, régulièrement rénovées, mais à la déco quelque peu basique. Certaines donnent sur le port et ses bateaux, d'autres, plus ensoleillées, sur la vieille ville (bon à savoir : ce sont les moins chères !). Resto convivial avec spécialités de poisson et brasserie proposant galettes et crêpes pour les petits budgets, flanqués tous 2 d'une belle terrasse sur les quais. Un must pour prendre un verre.

Hôtel La Jetée *(plan B1,* ***13****) : 23, quai Georges-Clemenceau. ☎ 05-46-09-36-36. • info@hotel-lajetee.com • hotel-lajetee.com • ♿ Congés : 3 sem en janv. Doubles 85-220 € ; familiales ; bon petit déj-buffet 18,50 €.* Bel hôtel contemporain à l'entrée du port, superbement rénové au goût du jour, proposant des chambres à la fois élégantes, confortables et sobres, sans ostentation, avec une vue sur le port pour certaines (dont une suite). Agréables salon et salle de petit déj (buffet servi jusqu'à 11h...), à moins de le prendre dans le charmant patio aux beaux jours. Bon accueil. Prix un peu surévalués en haute saison.

Où manger ?

De bon marché à prix moyens

Le Bistrot du Marin *(plan B1,* ***21****) : 10, quai Nicolas-Baudin. ☎ 05-46-68-74-66. • info@bistrotmarin.com • Tlj sauf jeu, plus mer en dehors de l'été. Pas de résa. Congés : 3 sem en fév, 1re sem de juil et 1re sem d'oct. Carte env 30 €.* Sur l'îlot, un petit bistrot assez irrésistible avec sa terrasse donnant sur le port. Cuisine honnête et servie avec le sourire : assiette de charcuterie ou de fromages, viandes, poisson, huîtres ou encore choix du jour sur l'ardoise. Il y en a pour toutes les bourses et toutes les faims. Ambiance détendue et conviviale. Sympa aussi à l'heure de l'apéro !

Auberge paysanne de la Mer *(hors plan par A2,* ***20****) : chez Sophie et Jacky Sury, chemin de la Galère, Le Vert-Clos. 06-83-08-20-38. • surysj@gmail.com • Le long de la piste cyclable vers La Couarde. Ouv mars-fin oct, seulement le midi (jusqu'à 16h en saison). Carte env 25 €.* Ces producteurs d'huîtres « naturelles nées en mer » ont aménagé une jolie cabane au milieu des parcs ostréicoles, face à la mer, la seule à bénéficier du label « Accueil paysan ». Idéal donc pour satisfaire une envie d'huîtres, de fruits de mer et de grand air ! On adore, évidemment ! Juste à côté, une 2de cabane, ***Ré Ostréa*** *(06-63-91-80-19 ; • reostrea@orange.fr • ; ouv avr-oct ; assiettes 8-19 € ; CB refusées),* à la terrasse tout aussi accueillante, qui sert huîtres, tourteaux, crevettes et langoustines...

La Coccinelle *(plan C3,* ***23****) : 16 bis, av. du Général-de-Gaulle. ☎ 05-46-66-41-82. • lacoccinelle@lilo.org • Hors de la vieille ville, à proximité du carrefour pour La Flotte. En saison, ouv le midi mar-sam et j. fériés ; le reste de l'année, fermé dim-lun plus le soir mar-jeu. Le midi, formules 15-30 € et menu avec un verre de vin 35 € ; carte env 35 €.* Une jolie trouvaille que ce resto-traiteur bio dont les recettes sont étudiées et validées par une nutritionniste. Assiettes maison (viande ou poisson selon arrivage), tartes, grandes salades, céréales et légumes (qui viennent du jardin)... sans oublier des douceurs maison délicieuses. Choix végétariens et végétaliens à chaque service. Bien agréable, le petit patio à l'arrière d'une discrète maison de ville, à l'écart de la foule.

De prix moyens à chic

La Cible *(plan D2,* ***24****) : av. de la Plage. ☎ 05-46-67-38-82. • la.cible@orange.fr • Cette avenue part du rond-point au sud de la ville. Tlj, service au resto 12h-14h30, 19h30-22h30. Congés : 30 sept-1er avr. Carte 35 €.* Merveilleusement situé au bord d'une plage tranquille. Le succès confirme la réussite de ce joli cabanon magnifiquement aménagé (le patron construisait de belles maisons). Par beau temps, on déjeune dehors. En hiver, on choisit une table près de la cheminée. La carte tourne autour des poissons et des produits de la mer. Pour finir, millefeuille au caramel ou fondant au chocolat. À se damner !

Plus chic

L'Avant-Port *(plan B1,* ***26****) : 8, quai Daniel-Rivaille. 06-11-19-14-13. • lavantport@gmail.com • À côté du bureau du port. Ouv début mars-début nov, le soir seulement plus dim midi. Menu 49 €.* Une grande maison de pêcheur du XVIIIe s, dans un environnement superbe et calme. Salle agréable et lumineuse, mêlant éléments modernes (poutres métalliques) et mobilier de récup' (chaises de bistrot). Sublime terrasse au bord de l'eau, avec vue imprenable sur le port de Saint-Martin. Dans l'assiette, quasiment que du poisson (du local ou en provenance de La Cotinière). Et on joue la fraîcheur, avec des fragrances subtiles et des produits triés sur le volet (fabuleux risotto de langoustes notamment). Poisson du jour à l'ardoise. Très bon mais pas donné...

O' Parloir *(plan C2,* ***27****) : 20, cours Vauban. ☎ 05-46-69-50-42. • oparloir.restaurant@gmail.com • Tte l'année, tlj midi et soir sauf lun et 24-25 déc. Résa conseillée en saison et le w-e. Carte env 45 €.* Déco et ambiance très sympa pour ce resto situé face au pénitencier... Mais rien de glauque ni de lugubre ici, bien au contraire ! Protégé par son mur, ce parloir révèle assez vite une cour verdoyante bien agréable aux beaux jours et une grande salle largement ouverte sur l'extérieur. Le mobilier vintage et hétéroclite contribue à l'atmosphère *arty,* cosy et décontractée. Cuisine de saison, un peu surfaite mais bien dans l'air du temps, servie sur de grandes planches pour plus de convivialité.

Le Bastion *(plan A1,* ***25****) : 50, cours Pasteur. ☎ 05-46-00-10-94. • lebastionclub@gmail.com • Ouv mai-oct, tlj sauf lun-mar hors saison. Résa conseillée en été. Carte env 50 €.* Cadre de rêve pour cette adresse hyper branchée qui s'est installée au cœur d'un bastion commandant les puissants remparts de Saint-Martin. Protégée par une pergola, une immense terrasse au look contemporain. Côté cuisine, des propositions raffinées où le poisson et les fruits de mer sont rois, complétés par de belles pièces de viande. Carte des vins chère. Après dîner, on prolonge la soirée au club attenant en sirotant un cocktail ou en dansant en compagnie d'une clientèle très « paillettes ».

Où déguster une glace ?

La Martinière *(plan B1-2,* ***30****) : 17-19, quai de la Poithevinière. ☎ 05-46-09-20-99. Sur le port. Pâques-sept et Toussaint, tlj 10h30-23h (21h30h en mi-saison).* Le glacier artisanal le plus célèbre de l'île, qui existe depuis plus de 50 ans. Des cornets faits maison, des parfums de glaces et sorbets à ne plus savoir quoi choisir (on vous recommande la noisette du Piémont !). L'escale rêvée pour les accros des petites boules glacées. Un peu plus haut dans le village *(12, rue de Sully ; ☎ 05-46-01-84-45)*, une annexe propose d'appétissantes pâtisseries glacées et de délicieux bâtonnets. Vive le péché de gourmandise !

Où boire un verre ? Où sortir ?

La Cible *(plan D2,* ***24****)* et **Le Bastion** *(plan A1,* ***25****)*. Voir « Où manger ? », ci-avant.

À voir

Le musée Ernest-Cognacq et l'hôtel de Clerjotte *(plan B1) : 13, av. Victor-Bouthillier. ☎ 05-46-09-21-22. • musee-ernest-cognacq.fr • Juil-août, tlj sauf mar 10h-19h ; avr-juin et sept-oct, lun et mer-ven 10h-12h30, 14h-18h, sam-dim et j. fériés 14h-18h ; nov-mars, lun et mer-ven 10h-12h30, 14h-17h (nov-déc, ouv seulement pdt vac scol sauf sam mat et dim). Accès libre à la cour de l'hôtel de Clerjotte. Entrée au musée : 4 € ; réduc ; gratuit jusqu'à 18 ans et pour tous le 1er dim du mois.*

Cette demeure Renaissance des XVe et XVIe s est l'un des plus beaux Monuments historiques de l'île, classée depuis 1929. Le corps de logis principal, de forme rectangulaire, se dresse au fond d'une cour pavée. Il est flanqué d'une très belle tour d'angle (porte de style gothique flamboyant), renfermant un escalier à vis en pierre. Sur quelque 250 m², le musée présente l'art et l'histoire de l'île de Ré, son patrimoine, ainsi que des expositions temporaires à thèmes locaux ou maritimes. En préambule, une salle est consacrée à Vauban avec une intéressante maquette des fortifications de Saint-Martin. Ne pas manquer, dans les salles historiques attenantes, les superbes maquettes de bateaux et les collections de textiles ou de céramiques, en particulier les faïences de La Rochelle.

LES RELÉGUÉS

Après 4 condamnations mineures de plus de 3 mois (chapardage, mendicité, vagabondage...), on pouvait être condamné au bagne à vie. Victor Hugo fustigera la relégation dans Les Misérables : Jean Valjean y est envoyé au bagne pour vol de pain et braconnage ! La relégation existe encore dans de nombreux États des États-Unis.

Mais la section sur le bagne, installée dans l'aile moderne, demeure la plus intéressante. On y apprend que Napoléon III en était un grand adepte : il envoya au bagne sans hésiter plus de 3 000 prisonniers politiques ! En 1925, un reportage d'Albert Londres fit grand bruit, dévoilant les conditions de vie inhumaines des bagnards. L'espérance de vie n'y était que de 3 à 5 ans : on mourrait souvent de la malaria ou, plus simplement, à cause des mauvais traitements. Très peu en revenaient. Et n'oublions pas que les femmes avaient leur propre bagne ! Les derniers bagnards partirent pour la Guyane en 1938.
Bref, voici un musée qui vaut le détour, sans oublier la qualité de l'accueil, qui est formidable, le demi-sourire de Washington dans les jardins à la française, inoubliable, et bien d'autres choses encore...

L'église Saint-Martin (plan B2) : *tte l'année, tlj 10h-17h. Visite libre.* Anciennement fortifiée (à la mode d'Aunis et de Saintonge), elle est vivement disputée entre Anglais et Français pendant la guerre de Cent Ans. Fi des hostilités avec les Anglais, ce sont les guerres de Religion au XVIe s, puis le bombardement des voûtes et du clocher par Toiras, alors gouverneur de l'île et désireux d'empêcher les Anglais de venir y déposer leur artillerie pour bombarder la citadelle, qui ont finalement raison d'elle. Reconstruite en 1629 sous l'impulsion de Toiras (on se rattrape comme on peut !), elle subit, un demi-siècle plus tard, le bombardement de la flotte anglo-hollandaise. La Révolution et les tempêtes successives (si même les éléments s'en mêlent...) contribuent encore à l'effondrement de certaines parties, tandis qu'un énorme incendie détruit entièrement le chœur et la charpente en 1964 !
Aujourd'hui, son histoire mouvementée lui confère tout son intérêt, qui lui valut d'être classée Monument historique en 1903. Le transept et les parties fortifiées, indemnes, sont réellement majestueux. À l'intérieur, quelques éléments notables : en entrant, à droite, un impressionnant mémorial en hommage aux prêtres réfractaires ; une chaire du XVIIe s, probablement remaniée au XIXe s, avec incrustations de sculptures représentant les Vertus ; une sculpture de marbre blanc qui proviendrait de Gênes et serait arrivée à Ré au XVIIe s, à la suite du naufrage d'un bateau (l'Enfant Jésus, assis sur un agneau, se fait baiser le pied par saint Jean-Baptiste) ; et 2 ex-voto marins.
Possibilité de monter au clocher *(env 2,20 €)*, qui offre un magnifique panorama à 360° sur l'île, et beaucoup plus loin par très beau temps. Au cours de l'ascension (117 marches), ne pas manquer de saluer Charles-Catherine et Marie-Joséphine-Élisabeth, cloches pesant 900 et 1 140 kg !

Les remparts de Vauban : les fortifications urbaines de Saint-Martin-de-Ré font partie du réseau des 12 sites majeurs Vauban et ont été classées, à ce titre, au Patrimoine mondial de l'humanité par l'Unesco en 2008. Qui dit remparts dit citadelle. Celle-ci fait partie intégrante du vaste ensemble défensif entrepris en 1681 par Vauban, commissaire général des fortifications sous Louis XIV. Grande enceinte urbaine, entourant la ville et le port, elle avait surtout pour but de défendre le port de toute menace ennemie, extérieure (anglaise surtout) comme intérieure (protestants).

LES SECRETS DE VAUBAN

En suivant la départementale qui longe la forteresse, 2 particularités apparaissent : un vaste terrain très plat (le glacis) borde les fortifications. On les aperçoit ainsi à peine, et l'assaillant est totalement à découvert. Par ailleurs, les remparts ne sont pas beaucoup plus hauts que le sol, donc guère à la portée des canons ennemis.

Entourée de ses 5 courtines, Saint-Martin était à l'époque considérée comme une des plus belles citadelles du royaume. Au final, un travail pas si bien récompensé puisque la citadelle a été suffisamment menaçante pour n'avoir jamais à subir d'attaque par la suite ! Prison dès l'Ancien Régime, pénitencier ensuite, puis batterie de côte des Allemands sur l'île pendant la dernière guerre, et enfin, à nouveau prison. Donc, la citadelle ne se visite évidemment pas ! On peut toutefois traverser le parc de la Barbette (où les enfants partent en balade sur le dos des derniers ânes en culotte, typiques de l'île) et longer le chemin de ronde en front de mer. Face à la monumentale porte d'entrée, autrefois rattachée à un pont-levis, les bagnards partaient du port principal 2 fois par an pour rejoindre le bateau *La Martinière* qui mouillait dans la rade. Le long de la citadelle, voir les graffiti gravés dans la pierre par les soldats. Plus loin, une plage que les familles en attente ou en retour de parloir partagent avec les touristes... Drôle de mélange.

Les portes de la ville : à l'est, la *porte Toiras* (ou porte de La Flotte), et à l'ouest, la *porte des Campani* (ou porte de La Couarde). Construites à la fin du XVIIe s, elles traversent le rempart au moyen d'un tunnel (sous lequel passait le fameux petit train de Ré !) et sont précédées par un pont à arcades en pierre, autrefois en bois. Enfin, elles sont surmontées de frontons à l'emblème de Louis XIV : un soleil, bien visible sur la porte des Campani.

Les maisons anciennes : dans sa partie haute, où il fait bon flâner, Saint-Martin compte encore de belles maisons urbaines de la fin du XVIIe s. Parmi les plus anciennes, la *maison de la Vinatrie,* au n° 13 de la rue Mérindot, est la mieux conservée. Normal, elle a été restaurée au début du XXe s ! Très belle avec ses pans de bois et ses volets rouge vermillon. La partie haute du rez-de-chaussée est surmontée d'une frise représentant des grappes de raisin et des feuilles de vigne. Tout cela rappelle l'importance du commerce du vin sur l'île ! Un coq indiquant les points cardinaux domine le toit de la maison. Et, on ne le voit pas toujours, mais on trouve à l'arrière un beau cadran solaire. Encore de jolies maisons place Anatole-France (au n° 3), rues Carnot, de Citeaux, de Sully, impasse Sainte-Claire... Au XVIIIe s, l'enrichissement de certains armateurs et négociants rhétais entraîne la construction de magnifiques demeures, un peu comme à La Rochelle. On les retrouve concentrées dans la partie est de la ville, vers la citadelle. La rue du Baron-de-Chantal, notamment, est bordée de belles bâtisses, dont celle du n° 23.

La place de la République *(plan B2)* **:** autrefois appelée place Royale ou place d'Armes. On y trouve l'hôtel des Cadets-Gentilshommes, acquis par le roi en 1776 pour y loger les cadets de la noblesse formés à Saint-Martin pour l'armée coloniale. À la Révolution, l'hôtel deviendra le siège des services municipaux, puis de la marine et, enfin, à la fin du XIXe s, de la mairie. En face, au sud de la place, 2 très beaux portails. L'un était celui de l'hôtel du gouverneur, l'autre donnait accès au couvent des capucins. Vendu comme bien national pendant la Révolution, il a abrité la mairie et le tribunal de commerce avant d'être totalement détruit par 2 incendies successifs, le 1er en 1891, le dernier en 1940.

Île de Ré Chocolats et Caramels *(hors plan par D3)* **:** *15, av. de Philippsburg. ☎ 05-46-09-22-09. • iledere-chocolats.com • Visites (espace vidéo et présentation de la fabrication du Fort Boyard) mar-ven (plus lun juil-août) à 10h30 et 15h30 (sans résa) ; GRATUIT. Visite pour les groupes (15 pers) sur résa ; tarif : 4 €.* M. Vallégeas, chocolatier-confiseur installé à Saint-Martin depuis 1995, fait saliver avec ses créations : le Fort Boyard, la Patate, la Charentaise, l'irrésistible caramel au beurre AOP Poitou-Charentes et fleur de sel de Ré... Boutique de vente sur place.

Fête et manifestation

– ***Fête de la Mer :*** *15 août.* Départ en bateau puis feu d'artifice à 23h.
– ***Soirées Jazz en Ré :*** *4 j. fin août. Rens : • jazzenre.fr •* Concerts gratuits de jazz et de blues dans les rues ou sur le port.

LA CHARENTE-MARITIME

LE BOIS-PLAGE-EN-RÉ

(17580) 2 275 hab. *Carte Charente-Maritime, A1*

On aborde ici la côte sud de l'île. Un village qui porte évidemment bien son nom avec ses forêts de pins et sa très longue plage bordée de dunes. Au centre, quelques ruelles typiques éparpillées autour de l'église et un marché animé, fréquenté chaque matin d'avril à octobre. On y découvrira aussi, au hameau du Morinand, le dernier moulin à vent ayant conservé ses ailes et des vignes à perte de vue...

Adresses et info utiles

Bureau d'accueil : *87, rue des Barjottes. ☎ 05-46-09-00-55. • iledere.com • Avr-oct, lun-sam 9h-13h, 14h-16h30 (17h juil-août), plus dim pdt vac scol et j. fériés 9h30-13h. Horaires variables le reste de l'année.* Plein d'infos et de cartes (pistes cyclables...) sur l'île.

Location de vélos : ***Cycles 1 +,*** *rue des Iris. ☎ 05-46-35-96-20.* ***Cycland,*** *8, impasse des Rosiers. ☎ 05-46-35-08-73.*

Ré Taxis Bus : *06-47-16-55-44.*

– ***Marché :*** *tlj avr-oct et pdt vac scol ; mar, jeu et w-e hors saison.* Ce marché est le plus grand de l'île de Ré, accueillant jusqu'à 140 commerçants en été.

Où dormir ? Où manger ?

Campings

Les Varennes : *route Raise-Maritaise. ☎ 05-46-09-15-43. • info@les-varennes.com • les-varennes.com • Direction itinéraire sud, puis Le Bois-Plage. Ouv avr-fin sept. Compter 22-40 € pour 2. 85 mobile homes. 141 empl.* Dans un petit bois planté de pins, à 300 m de la plage, un 4-étoiles bien ombragé et équipé : espace aquatique (piscine couverte avec pataugeoire et piscine découverte, toutes 2 chauffées), épicerie, laverie, jeux pour enfants, fitness, terrain de pétanque... Espace un peu restreint en raison de la densité de mobile homes. Ambiance paisible et familiale. Bon accueil. Location de vélos.

Au Val de Loire en Ré : *chemin du Château-d'Eau. ☎ 05-46-09-17-26. • contacts@camping-apv.com • camping-apv.com • Sur la route de Sainte-Marie, à 4 km du Bois-Plage. Ouv avr-oct. Compter env 50 € pour 2. Mobile homes 4-6 pers. 200 empl.* Excentré, à 900 m de la plage, 4 ha au milieu du bois des Évières. Pas mal de haies qui coupent l'espace, et ce n'est pas plus mal, car il y a beaucoup d'emplacements. Piscine chauffée, toboggans, château gonflable, terrain multisports, jeux pour enfants... mais aussi snacks, animations et soirées à thème en été. Location de vélos. À proximité : pistes cyclables, randos, équitation, pêche à pied, voile, surf et kitesurf.

Prix moyens

L'Aile de Ré : *moulin du Morinand, route Raise-Flottaise. ☎ 05-46-09-29-87. • rest.ailedere@hotmail.fr • À env 2 km en allant vers Saint-Martin, juste à côté du moulin. Fermé le midi lun, mar, sam et dim juil-août, lun-mar plus dim soir hors saison. Congés : 10 janv-22 fév, 2-9 juil et de mi-nov à mi-déc. Formules déj (sauf dim) 15-20 € ; carte env 42 €.* Isolée en lisière du bourg, bordant une étendue de vignes, une salle à la déco très rhétaise avec vieux vélo, phare et charpente apparente. Bonne cuisine faite principalement à la cheminée ou au gril en terrasse : en vedette, l'éclade de moules et les gambas.

De chic à beaucoup plus chic

Hôtel-restaurant L'Océan : *172, rue Saint-Martin. ☎ 05-46-09-23-07. • info@re-hotel-ocean.com • re-hotel-ocean.com • ♿ En saison, resto fermé mer midi ; hors saison, fermé mer plus dim soir. Congés : janv et de mi-nov à fin fév. Doubles 89-200 € ; familiales. Au resto, carte env 45 €. Parking 14 €.* Une enfilade d'exquis petits salons conduit à un vaste patio fleuri. Autour, une trentaine de chambres, superbement décorées : boiseries à l'ancienne, jonc de mer au sol, couvre-lits en piqué de coton, cabines de bains en guise de placards, etc. On préfère les chambres autour de la piscine (certes plus onéreuses). Salle de resto aux tons harmonieux, avec quelques toiles marines accrochées au mur, qui propose une cuisine de marché et de saison. Produits frais et saveurs justes, poissons et crustacés de 1er choix. Sans oublier un bel espace dans le jardin, où les plats sont cuisinés au barbecue *(avr-sept).* Pour couronner le tout, agréable piscine extérieure *(chauffée avr-sept)* et terrasse, ainsi qu'un espace bien-être avec soins et massages... Excellent accueil.

La Villa Hôtel Bien-Être : *25, av. du Pas-des-Bœufs. ☎ 05-46-00-26-70. • contact.lavilla@orange.fr • hotel-lavillapassagere.fr • ♿ Congés : janv-fév. Doubles 95-220 € ; familiales. Parking gratuit sur présentation de ce guide.* Dans une construction neuve mais agréable, 13 jolies chambres sobres et fraîches, plutôt spacieuses et offrant un excellent confort. Toutes de plain-pied, avec une terrasse privative donnant sur le jardin ou la piscine chauffée à bulles. Espace bien-être.

Où boire un verre ?

Les Q Salés : *av. de la Plage, face au marché. ☎ 05-46-66-59-13. • sarl-les-boisilles@orange.fr • ♿ Tlj midi et soir en saison ; seulement le midi hors saison, sauf lun. Carte env 40 €. Apéritif maison, café ou digestif offert sur présentation de ce guide.* Drôle de nom ! Les culs salés désignent en fait les pêcheurs à pied dont la culotte est pleine de sel. Sympathique café en terrasse pour boire un jus le matin après le marché, et qui se transforme en repaire festif pour la jeunesse le soir. En saison, concert tous les week-ends. On peut également y manger du poisson et des fruits de mer bien frais (le patron tient une poissonnerie sur le marché !). Pour finir la soirée, l'idée est de filer ensuite au ***Beach Bar,*** sur la plage des Golandières.

Achats

Coopérative des vignerons de l'île de Ré : *juste à l'entrée du Bois-Plage, sur la route de Sainte-Marie. ☎ 05-46-09-23-09. • vigneronsiledere.com • ♿ Dégustation et vente sur place. Juil-août, lun-sam 9h-19h, dim 10h-13h30, 16h-19h ; avr-juin et sept-oct 9h-12h30, 14h-18h30 ; nov-mars 10h-12h30, 14h-18h. Visites guidées avec dégustation sur résa (tarifs et horaires selon formule choisie).* Cette coopérative réunit les producteurs de l'île, soit environ 70. On compte 600 ha de vigne sur l'île de Ré et, à la différence d'Oléron, un seul vigneron indépendant ! Plusieurs visites des chais sont proposées : avec dégustation de pineau en tout cas, à laquelle on peut ajouter du cognac, des produits locaux, des huîtres et un verre de blanc face à la mer, le tout dans un bel espace de plus de 340 m² entièrement repensé. Également des forfaits comprenant une balade à vélo ou à cheval dans les vignes *(rens auprès des Écuries du Moulin Moreau ; ☎ 05-46-09-32-34).* Ici sont produits notamment les vins de l'île, avec 50 % de cépages blancs et 50 % de rouges. On aime bien le blanc, le *royal,* sec, franc et pas cher du tout, parfait avec les fruits de mer. Plus anecdotique, le *gouverneur* (c'est-à-dire le rouge), et franchement incongru, le chardonnay vieilli en fût... N'oublions pas non plus le *rosé des dunes* (reconnu par les guides spécialisés), le pineau des Charentes et le cognac. Le *trousse-chemise,* effervescent (rosé et blanc de blanc), peut surprendre agréablement. La gamme s'est élargie à de petits vins de soif en monocépages, tout à fait plaisants et au bon goût de vacances. Les bouteilles ne sont ici vendues que par 3 ou 6 ; pour de la vente au détail, rendez-vous au supermarché du coin ! Excellent accueil. En 2020, le cellier des vignerons de l'île de Ré a d'ailleurs bénéficié du label Qualité Tourisme. À signaler que la coop accueille aussi d'avril à juin l'UniRé et que l'on peut y acheter des pommes de terre à bon prix (1,5 ou 5 kg).

La Ferme des Producteurs Ré Unis : *chemin des Guignardes. ☎ 05-46-69-30-45. • lafermedesproducteursreunis.com • Derrière la coopérative vinicole. Juil-août, mar-sam 9h-13h, plus ven 15h-19h ; le reste de l'année, ven-sam 9h-13h, plus jeu 15h-19h.* Voilà un super lieu où l'on vient faire le plein de produits fermiers vendus en circuit court, produits dans un périmètre de 100 km. Le meilleur au meilleur prix ! Un concept qui a le vent en poupe et l'on ne peut que s'en réjouir. On y trouve de tout ou presque : viande, fruits, légumes, fromages, laitages, œufs, fleurs, pâtisseries, vins, sel, bières, charcuterie, volailles... Le tout en direct du producteur. De quoi améliorer pique-nique et barbecues.

Le Jardin de Lydie – Confiture de Ré : *23, rue de l'Église. ☎ 05-46-09-40-41. • lejardindelydie.com • Ouv tte l'année : avr-vac scol de la Toussaint, tlj 10h-12h30, 15h-19h ; le reste de l'année, lun-mar et ven-sam 10h-12h30, 15h30-18h30 plus jeu mat.* Confitures bio et au fructose ? Eh bien oui ! Élaborées de façon artisanale avec 90 % de fruits après cuisson, ces confitures sont gourmandes avant d'être diététiques. Toutes plus délicieuses les unes que les autres. Nos préférées : la Rhétaise (tomate verte, melon d'eau, orange et citron), la confiture de Noël (citron, orange et épices), les confitures de potiron au marasquin, orange-whisky... Et les vôtres ? Chutneys et sirops naturels pour compléter la palette gourmande.

À faire

Sports de glisse

■ ***Île de Ré Voile :*** *plage de Gros-Jonc. 06-60-45-13-02. • iledere voile.com • Avr-sept.* Cours en catamaran ou planche à voile. Location de catamarans, planches à voile, kayaks.

■ ***La Cabane Verte :*** *3, rue des Cailées. 06-09-27-77-26. • lacabaneverte.com • Mars-nov.* École de voile (FFV). Stages et location de catamarans, planches à voile, kayaks, *stand up paddle* et surfs. Moniteurs diplômés d'État.

■ ***Papaï Paddle :*** *plage des Gollandières. 06-87-10-35-43. • papaipaddle.com • Avr-oct, tlj, sur résa.* Allez dénicher Maxime dans son cabanon sur la plage. Il vous initiera au *stand up paddle,* ce sport de glisse bien plus accessible que le surf et pour tous les niveaux. On peut surfer dans les vagues, découvrir les marais ou renforcer sa ceinture abdominale...

■ ***Swim and Surf :*** *route de La Flotte. 06-62-56-54-46. • swim-and-surf.fr • Pâques-Toussaint.* École de surf itinérante et cours de natation. Choix du site en fonction du niveau et de la météo. Moniteur breveté d'État.

■ ***Ré Surf :*** *plage de Gros-Jonc. 06-30-08-12-81. Avr-nov.* École de surf labellisée par la FFS. Stage, cours, location.

Manifestations

– ***Jeux d'hier à aujourd'hui :*** *1 fois en juil, 1 fois en août. Gratuit.* Une multitude de jeux sportifs ou divertissants à pratiquer en famille : jeux d'estaminet, jeux insolites, géants ou oubliés...
– ***Concours de châteaux de sable :*** *juil, plage des Gollandières.* ☎ *05-46-09-23-26.* Concours pour les enfants.
– ***Salon du livre :*** *1er w-e d'août.* • *ileauxlivres@gmail.com* • *pour les infos et dates.* Un salon du livre formidable, qui se déroule dans la salle des fêtes du Bois-Plage. Grand succès dès la 1re édition, en 2007. Nombreuses personnalités au rendez-vous, éditeurs comme écrivains. Signatures et rencontres conviviales, débats passionnants. Le tout organisé par l'association L'Encre et la Pierre.

LA COUARDE-SUR-MER

(17670) 1 190 hab. *Carte Charente-Maritime, A1*

Petite bourgade située pile au centre de l'île. D'ailleurs, les 2 routes principales s'y rejoignent. Pratique ! Son nom provient du mot *coe,* qui signifie « extrémité », car jusqu'au XIVe s le village était situé au bout de l'île. La Couarde est l'une des toutes 1res stations balnéaires de l'île, à l'époque où les bains de mer avaient encore une valeur curative. Bordée d'une immense plage de sable blond (qui a fait la joie des gambettes de Mistinguett au début du XXe s), elle continue d'attirer beaucoup de monde en été. Le maire interdit, avec bonheur, l'accès aux voitures dans le centre-ville en été. Vive le vélo !

Adresses et info utiles

ℹ ***Bureau d'accueil :*** *rue Pasteur, à côté de l'église.* ☎ *05-46-09-00-55.* • *iledere.com* • ♿ *Avr-oct, lun-sam 9h30-13h, 14h-17h (17h30 juil-août), plus dim pdt vac scol et j. fériés 9h30-12h30. Horaires variables le reste de l'année.* Organise des visites guidées. Expos temporaires gratuites dans une galerie mitoyenne.

■ ***Location de vélos :*** ***Cycland,*** *1, rue Aristide-Briand.* ☎ *05-46-29-06-09. Au bout de la rue face à l'église.* Très serviable. ***Cyclo Surf,*** *23 bis, av. du Mail.* ☎ *05-46-29-57-11.* ***Holland Bikes,*** *21, av. du Peu-Ragot.* ☎ *05-46-29-83-30.*

■ ***Ré Tuk Tuk :*** 📱 *06-65-22-99-80.* Excellente idée que ces *tuk-tuks* électriques pour des navettes (18h-minuit) : 20 € le trajet pour 6 personnes maxi ou pour des balades (65 €/h pour 6). Idéal pour découvrir l'île le nez au vent mais abrité.

– ***Marché :*** *pl. du Marché, le Mail, ts les mat en été et tte l'année dans le village.*

Où dormir ?

Campings

⛺ ***Camping Le Remondeau :*** *12, route du Petit-Noue.* ☎ *05-46-29-84-27.* 📱 *06-25-36-35-89.* • *campingleremondeau@orange.fr* • *leremondeau.fr* • ♿ *Ouv de mi-mars à début nov. Compter 23,40-31,50 € pour 2. Mobile homes 2-6 pers ; tentes-cabanons 4-5 pers ; tonneau 3 pers. 175 empl. Réduc de 5 % sur le prix de l'emplacement sur présentation de ce guide.* Un camping municipal très bien placé avec sa jolie plage en accès direct. Les meilleurs emplacements, tous très spacieux, sont ceux situés en terrasses contre la dune, à l'ombre des pins. Très peu d'ombre autrement. Location de tentes-cabanons avec cuisine équipée, lit, salon mais sans sanitaires. Également des hébergements en tonneaux en bois pour 3 personnes, placés sur la dune. À louer en simple couchage ou avec cuisine en supplément.

Camping Le Bois Henri IV : *34, route d'Ars. ☎ 05-46-29-87-01. • campingduboishenri4@gmail.com • campingduboishenri4.com • ♿ Entre La Couarde et Ars-en-Ré. Ouv avr-sept. Compter 12-26 € pour 2. Mobile homes. 117 empl.* À 200 m de la plage par un chemin forestier. Ce camping familial à l'ancienne nous a plu par sa simplicité et son cadre verdoyant. Emplacements assez bien ombragés. Jeux, épicerie. Piste cyclable juste derrière.

Camping Le Puma : *32, route d'Ars. ☎ 05-46-29-85-68. • campinglepuma@orange.fr • lepuma.com • ♿ Ouv avr-sept. Compter 17-34 € pour 2. Mobile homes 2-6 pers. 70 empl. Réduc de 10 % hors saison sur 1 sem et une entrée à l'espace bien-être offerte sur présentation de ce guide.* À 400 m de la plage et à 2 km de La Couarde, ce camping tire son curieux nom d'un puma échappé d'un cirque en tournée sur l'île il y a plusieurs années et retrouvé ici ! Rassurez-vous, il est parti depuis belle lurette... Vaste camping bien aménagé, verdoyant et familial, avec des emplacements plus ou moins ombragés. À vrai dire, la partie mobile homes est curieusement la plus ombragée. Côté services : laverie, salle de bains bébés, snack, bar, dépôt de pain. Côté loisirs : plage à proximité, boulodrome, aire de jeux, billard, ping-pong, animations, espace bien-être (privatisable), location de vélos, etc.

De prix moyens à plus chic

Les Minutias Village : *1, route de Saint-Martin. ☎ 05-46-29-91-73. • courrier@les-minutias-village.com • les-minutias-village.com • ♿ Attention, pour la hte saison, résa 6 mois à l'avance. Compter 810-1 920 €/sem pour 2-6 pers. Hors vac scol, 2 nuits min. Parking gratuit.* Dans le village, une résidence de charme au calme, composée de 14 maisons typiquement rhétaises. Petites cours privées pour toutes, avec salons de jardin et barbecue. L'intérieur, confortable et bien conçu, dégage une plaisante atmosphère marine. Chaque appartement ou maison est équipé d'une salle de bains, d'une vraie cuisine (avec lave-vaisselle), d'un séjour (avec TV) et de la clim. En commun, salle de jeux, laverie, abri vélos... Service de baby-sitting. Locations de vélos. À côté, une boutique pleine de trouvailles. Excellent accueil.

Hôtel Le Vieux Gréement : *13, pl. Carnot. ☎ 05-46-29-82-18. • contact@levieuxgreement.com • levieuxgreement.com • ♿ Congés : nov-mars. Doubles 100-150 € ; familiales ; petit déj 11 €.* Séduisant hôtel aux volets gris, sur une placette tout aussi ravissante, ombragée de tilleuls. Les chambres, toutes différentes, sont pleines de charme et reposantes, avec de beaux parquets, des teintes douces. Nos préférées sont organisées autour du patio planté d'un palmier et envahi de vigne vierge. Quelques petites choses à grignoter en été, à déguster en terrasse. Accueil parfois expéditif.

Où manger ?

Très bon marché

Crêperie Billig : *58, Grande-Rue. ☎ 05-46-55-67-66. Tlj en été (en continu) ; hors saison, tlj sauf dim soir et lun. Congés : de mi-nov à mi-mars (sauf vac de Noël). Crêpes et galettes 3,50-15 €. Cidre bio 15 €.* Magnifiquement placée sur la rue piétonne, avec des tables en terrasse. On peut donc en profiter sans la proximité des voitures. Galettes de sarrasin bio ; on a un petit faible pour la complète ou celle à l'andouille de Guémené. Sinon, salades et d'excellentes moules-frites, avec sauces au choix : marinière, curry, coco (ouh là là !). Le tout est hautement sympathique et convivial. Espace enfants pour la tranquillité des parents. Cidre brut artisanal. Équipe jeune et souriante.

Salon de thé Z'Adore : *16, Grande-Rue. ☎ 05-46-34-80-09. ♿ Tlj* *sauf lun-mar 10h-18h. Congés : fév. Env 15-20 €.* Bien plus qu'un salon de thé puisqu'on y sert, à toute heure, des tartes salées ou sucrées, des cookies et les excellentes assiettes de Zaza, qui changent selon l'humeur et les arrivages. Le chocolat chaud est un bonheur. Terrasse agréable.

À la Carabistouille : *32, Grande-Rue. ☎ 05-46-41-15-31. Attention, uniquement à emporter. Tlj sauf lun. Compter 10-16 € la pizza, seulement le soir et commande par tél.* Au fond de ce magasin de vin se cache un four à pizzas. La pâte est fine et la pizza cuite au feu de bois. On a un faible pour la Mexicaine. Une belle découverte.

O'25 : *25, Grande-Rue. ☎ 09-53-88-62-59. Dans la rue piétonne. Tlj midi et soir sauf lun, plus mar hors saison. Congés : janv. Carte 7,50-15 €.* De généreux paninis et burgers, préparés avec du pain artisanal, et quelques salades du jour, qui changent au gré des saisons. Quelques tables en terrasse pour prendre un café ou déguster un verre de vin. Idéal pour une étape à vélo, à la croisée des pistes cyclables venant du nord ou du sud.

La Cabane de l'Huître du Saunier : *07-71-12-75-01. • hdusaunier@gmail.com • Près de Loix ; suivre « Tour des Prises » juste avt le Camping Le Puma (en venant de La Couarde), suivre le fléchage puis se garer et continuer 100 m à pied. Évidemment accessible à vélo par la piste cyclable. Tlj 12h-15h, 18h-21h (seulement le midi en basse saison, fermé le mer). Formule déj 18 €. Café offert sur présentation de ce guide.* Au cœur des marais salants, une cabane ostréicole où se régaler de fines de claire (et de spéciales en hiver), mais aussi de bulots, de palourdes... Avec un verre de Royal Ré, cela va sans dire !

De prix moyens à chic

Le Balaou : *av. de Nouralène, en face de la plage du Peu-Ragot. ☎ 05-46-29-86-07. Tlj sauf lun, plus mar hors saison. Congés : de mi-nov à fin mars. Plat du jour 14 € ; carte 40-45 €.* Des plats traditionnels, notamment d'excellents poissons (fabuleux couteaux farcis) avec parfois des touches antillaises (acras succulents). Un des restos les plus réputés de l'île, avec quelques convaincantes spécialités, parfaitement maîtrisées. Plats à l'ardoise, signe de renouvellement constant. Large terrasse avec parasols, à 100 m de la plage. Service souriant.

La Cabine de Bain : *31, Grande-Rue. ☎ 05-46-29-84-26. • lacabinedebain@gmail.com • Ouv mars-oct, tlj sauf mar-mer. Plats du jour 11-13 € ; le soir, carte 40-55 €.* Déco pétillante et cuisine originale. Les poissons du coin sont cuits *a la plancha* et préparés avec une touche d'exotisme et d'inventivité. Carte variant au fil des saisons, garantissant de bons produits d'une grande fraîcheur. Terrasse bien agréable donnant sur la rue piétonne (couverte en hiver).

Nora : *25, av. du Mail. ☎ 05-46-29-86-53. • norarestaurantbar@yahoo.com • Ouv mars-oct, tlj sauf mar (plus lun hors saison). Carte env 35 €.* Sur la grande terrasse ou dans la salle cosy, on profite ici d'une cuisine dans l'air du temps, avec des produits frais et de saison, qui joue avec les saveurs et les influences. Poisson en vedette bien sûr (sous forme de ceviche, tataki, ou simplement grillé), mais on peut aussi s'offrir une entrecôte d'exception ou un morceau de *pluma* ibérique. Service efficace et agréable. Bien aussi pour boire un cocktail en remontant de la plage.

La Cale : *23 b, av. du Mail. ☎ 05-46-29-91-11. • lacale.resto@gmail.com • Face au marché. En été, tlj sauf mer ; en hiver, tlj sauf mer-jeu. Congés : janv-fév. Carte env 30 €. Menu enfants. Apéritif offert sur présentation de ce guide.* Ici, tout est cuit *a la plancha* (poisson, langoustines ou viande). Terrasse ombragée par une jolie vigne.

Où boire un verre ?

Le Comptoir des Vins, La Part des Anges : *42, Grande-Rue. ☎ 05-46-29-83-62. Ouv avr-sept, vac scol de la Toussaint et de Noël, tlj sauf mer.* Un petit bar à vins sympathique où l'on profite d'une ambiance de copains. Possibilité de grignoter une assiette de charcuterie, de fromage ou de la mer, pour ne pas tanguer après le 3e verre... Yann et Audrey sont adorés par toutes les générations du village. Le meilleur choix pour acheter des vins à un prix fort correct (et il s'y connaît, le bougre !). Un secret : ceux qui arrivent trop tard pour une table donnant sur la rue piétonne s'installeront dans la cour verdoyante du fond !

Bar du Marché : *à l'extérieur du nouveau marché, sur le mail. De Pâques à la Toussaint, 8h-14h.* Les habitués du marché s'y retrouvent volontiers pour déguster un bon café ou un verre de vin. Excellents jus pressés. Quelques coupe-faim aussi. On adore la convivialité de Damien et Jérôme, estimés de tous.

Method : *21 bis, av. du Mail, à côté du cinéma* La Maline. *Tlj 11h-2h.* Le bar des jeunes, tenu par de vrais jeunes. Animé surtout le soir quand la terrasse est prise d'assaut. Cocktails déments et originaux. Carte des vins surprenante. Assiettes très correctes (choix limité mais suffisant).

Où sortir ?

La Pergola : *32, route de Joachim. ☎ 05-46-29-86-21. • dcourpron@gmail.com • Près de la plage de la Pergola. Bar à tapas 19h-22h ; bar dansant 22h-2h. Entrée payante.* Né dans les années 1930 mais toujours dans le coup. C'est même sans conteste le meilleur endroit de l'île pour sortir ; tous les Rhétais le savent ! Idéal pour boire un verre et danser en plein air une bonne partie de la nuit, au rythme d'une musique assez éclectique. Propose également une formule restaurant le soir, dès 19h.

Achats

Domaine Pelletier : *13, chemin des Artisans, zone artisanale de La Couarde. 06-88-06-35-06. • ledomainepelletier@gmail.com • Tlj 10h-13h, 15h-19h.* Il s'agit du tout 1er vigneron indépendant de l'île de Ré. En conversion biologique, sa vendange 2019 a obtenu le logo AB ! Récoltés, vinifiés et élevés au domaine : sauvignon et chardonnay pour les blancs, mais aussi des rosés et un rouge. Ils ont déjà trouvé leur place sur les meilleures tables rhétaises.

À voir. À faire

Le vieux bourg : *visite guidée juil-août, jeu à 11h.* Dans ses rues étroites (les venelles) bordées de basses maisons blanches aux volets colorés, le tout fleuri de roses trémières et de glycines, balade très pittoresque. Rue Pasteur, rue du Ventoux ou encore Grande-Rue, quelques cadrans solaires originaux à découvrir.
– L'église *Notre-Dame-de-l'Annonciation* possède un autel et des fonts baptismaux du XVIIe s, mais elle n'a été édifiée qu'au XIXe s. À noter : l'étonnante inscription laïque (« République française ») sur la façade, qui rappelle les bagarres anciennes entre le curé et le maire. Don Camillo n'est pas loin.
– Derrière, le dernier *kiosque à musique* de l'île : datant de la fin du XIXe s, il a été restauré en 1989 et en 2017, en partie grâce à la générosité des habitants. Concerts réguliers le soir en été.

➢ ***Le chenal du Goisil :*** *à côté de l'école de voile.* Très belle balade, surtout à marée basse.

➢ ***En quittant le bourg vers Ars,*** traverser le bois Henri-IV et prendre la petite route de la Passe (à 2 km), qui offre une vue saisissante sur les étendues marécageuses et débouche sur les marais salants de Loix.

Sports de glisse

■ ***Sup Évasion :*** *plage des Prises. 📱 06-63-87-67-09. ● supevasion.com ● Avr-nov, tlj.* Propose des séances découverte, des cours et des randos de *stand up paddle.* Moniteurs sérieux et brevetés. Sûrement l'un des grands moments de vos vacances !

■ ***Philovent :*** *plage du Boutillon et plage du Grouin (selon le vent). 📱 06-50-78-83-08. ● philovent.com ● Tte l'année.* Et pourquoi ne pas tenter le kitesurf sur ce spot aux vents réguliers et aux eaux peu profondes ? Séances découverte et cours évolutifs de qualité.

■ ***Île de Ré Voile :*** *plage des Prises. 📱 06-50-89-62-89. ● iledererevoile.com ●*

■ ***Jet Revasion :*** *plage du Boutillon. 📱 06-87-07-23-72. ● jetrevasion.com ● De mi-avr à fin sept.*

■ ***Centre nautique de Goisil :*** *route du Goisil. ☎ 05-46-29-82-40. ● cncg.fr ●*

■ ***École de voile de La Couarde :*** *grande plage du Peu-Ragot. ☎ 05-46-29-80-29. 📱 06-63-69-01-92. ● ecoledevoiledelacouarde.com ●* Marie et ses frères gèrent les cours de natation pour enfants, ainsi que le club de jeux avec 2 trampolines sur la plage.

LOIX

(17111) 750 hab. *Carte Charente-Maritime, A1*

Petit bout de terre rescapé de l'ère quaternaire, petite presqu'île dans l'île, Loix a toujours la configuration d'un îlot entouré par le Fier d'Ars et la fosse de Loix, isolé du reste par les marais salants. Le bourg, typiquement rhétais et paisible à souhait, a su préserver charme et authenticité. Église de village du XIXe s coiffée d'un clocher carré du XVe, au pied de laquelle s'improvisent des parties de pétanque effrénées. Tout autour, rues étroites, maisons basses aux volets verts, fleurs à gogo et port croquignolet, où se niche le dernier moulin à marée de l'île. Sa situation isolée et très particulière en fait certainement l'un des endroits les plus préservés de l'île de Ré.

Adresse utile

ℹ ***Bureau d'accueil :*** *pl. du Marché. ☎ 05-46-09-00-55. ● iledere.com ● Avr-oct, lun-sam 9h-13h, 14h-16h30 (17h juil-août), plus dim pdt vac scol et j. fériés 9h30-13h. Horaires variables le reste de l'année.* Billetterie pour activités nautiques, visites culturelles, loisirs et découvertes patrimoniales. Accueil charmant.

Où dormir ?

Camping

⛺ ***Flower Camping Les Ilates :*** *le Petit-Boucheau, route du Grouin. ☎ 05-46-29-05-43. ● camping.les.ilates@flowercampings.com ● camping-loix.com ● ♿ Ouv avr-sept. Compter 20-48 € pour 2. Mobile homes et maisonnettes pour 4-8 pers. 228 empl.* À l'écart, sur la route du Grouin, ce camping familial est classé 4-étoiles pour le nombre de ses services et infrastructures. Sur 4,5 ha, les emplacements sont moyennement ombragés mais délimités par des haies. Coup de cœur pour les *lodges* sur pilotis. Côté loisirs, piscine découverte chauffée avec toboggan, jacuzzi, ping-pong, location de vélos ; animations et club enfants en juillet-août. Et la plage n'est qu'à 750 m (surveillée en été). Resto et épicerie.

Où manger ? Où boire un verre ?

Place des Délices : *pl. du Marché. ☎ 05-46-29-06-67. ● place-des-delices@orange.fr ● Tte l'année, tlj 7h30-19h. Carte env 14 €.* Cette bonne boulangerie-pâtisserie propose un grand choix de salades composées et de sandwichs faits minute, que l'on peut engloutir sur une vaste terrasse, au calme. Idéal aussi pour se préparer un pique-nique avant de partir à vélo !

La Presqu'île : *pl. du Marché. ☎ 05-46-29-66-79. ● loixpresquile@gmail.com ● Tlj 8h30-2h en saison ; plus restreint sinon.* Un bar très animé en saison, qui déploie sa belle terrasse sur la place du marché. À l'intérieur, la déco se révèle aussi hétéroclite qu'attachante, entre éléments style brocante et récup'. Idéal pour s'accorder un apéro festif ou assister à un concert (fréquents en été). Quelques planches, huîtres et petits plats à grignoter. Carte de vins locaux.

La Cabane du Feneau : *sur l'unique route qui mène à Loix, 1 km avt d'arriver au village. ☎ 05-46-30-43-68. ● lacabanedufeneau@orange.fr ● Tlj sauf mar, midi et soir en juil-août, sinon, fermé le soir. Congés : oct-mars. Carte env 30 €.* Il faut être Rhétais pour connaître cette adresse tenue par 2 frères ostréiculteurs. Directement du producteur au consommateur, huîtres (naturelles) et crevettes impériales, poisson cru ou mariné, chaudrée de palourdes, le tout à déguster – selon la météo – sous abri ou dehors, au milieu des marais. Simple et merveilleux ! Le genre de petit paradis dont Ré a encore le secret...

La Route du Sel : *9, pl. de la Mairie. ☎ 05-46-29-06-83. ● jllaroutedusel@gmail.com ● Tlj 12h-22h, service en continu. Congés : début nov-début avr. Carte env 20 €. Apéritif offert sur présentation de ce guide.* Avec ses crêpières fonctionnant en continu, *La Route du Sel* constitue une étape idéale entre 2 pistes cyclables ou en sortant de la plage. Galettes ou crêpes, classiques ou plus originales, à accompagner de cidre bio. Également des grillades, des seiches *a la plancha,* des moules (en saison) et des salades. Cuisine simple à déguster dans une jolie petite salle climatisée ou sur une placette très appréciée des boulistes.

Où acheter des huîtres biologiques ?

La Cabane du Grouin : *Le Grouin. 06-07-15-09-78. ● huitres-bio.com ● Lun-ven 10h-17h. Menu dégustation juin-sept. Café offert sur présentation de ce guide.* Des nombreux ostréiculteurs de l'île et de la côte, celui-ci est le seul à pouvoir prétendre au label « biologique », ses huîtres étant nées sur l'île avant de grossir en pleine mer, à leur rythme. Garanties non triploïdes. Leur élevage, en osmose avec leur écosystème, leur confère une texture charnue et un goût de noisette très recherché des amateurs. À déguster sur place ou à emporter.

À voir. À faire

L'écomusée du Marais salant : *route de la Passe, env 1 km avt le village, sur la gauche en bordure de route. ☎ 05-46-29-06-77. ● marais-salant.com ● De mi-juin à mi-sept, tlj 10h-12h30, 14h-19h ; de mi-avr à mi-juin, tlj sauf lun 14h30-18h ; le reste de l'année, mar-sam 14h30-17h ; dernière visite 1h10 avt fermeture. Entrée : 5,50 € ; réduc ; gratuit moins de 8 ans. Compter 45 mn de visite.*

À la fin du XIXe s, avec l'évolution technique des moyens de transport, les marais salants de l'île de Ré ont connu, comme tous ceux de la côte atlantique, la rude concurrence des sels de Méditerranée et des sels de mines (sel gemme). Les sauniers sont passés de 330 au tout début du XXe s à 50 dans les années 1970. Depuis 10 ans, on assiste à une reprise de l'activité salicole (ils sont aujourd'hui une centaine). L'écomusée est un des acteurs de cette reprise. Excellentes explications des techniques de fabrication du sel et de la fleur de sel autour d'une maquette, suivies d'une visite guidée d'un marais salant en activité. En été, et en fonction des conditions météo, possibilité sur réservation (5 personnes maximum !) de s'initier au maniement des outils avec le saunier sur le marais. Sorties découverte sur l'estran sur réservation.

UNE HISTOIRE QUI NE MANQUE PAS DE SEL !

Bon, on vous racontera certainement cette anecdote au cours de vos visites des salines car elle est assez connue : à Rome, le sel était une monnaie d'échange pratique. La ration de sel attribuée au légionnaire en guise de solde s'appelait le salarius.

Boutique où sont vendus les produits du marais : gros sel marin extrêmement riche en minéraux, fleur de sel (celui qui est récolté en surface, plus fin et légèrement rosé), sel aux herbes (vraiment spécial !), caramels et chocolats à la fleur de sel, délicieuses salicornes, etc.

L'église : au fronton, comme à La Couarde, « Liberté, Égalité, Fraternité », une inscription bien laïque et républicaine pour un lieu de culte ! Dans le petit cimetière attenant, étonnant caveau de la famille Fournier (2de moitié du XIXe s) sur lequel un tailleur de pierre, compagnon du devoir, a représenté les 6 membres de sa famille (loidaise, en costume local) ; chacun des défunts est, comme dans la Rome antique, représenté avec les outils de sa fonction.

Le village artisanal de Loix : à 2 km du bourg, une zone artisanale en plein développement où l'on peut visiter la savonnerie *Loix et Savons,* les ruches de *L'Abeille de Ré* ainsi que *L'Atelier Quillet,* très réputé pour son travail de reliure et de restauration de livres anciens (dont des manuscrits des Xe et XIe s pour la Bibliothèque nationale !).

– **Planète Sports & Loisirs :** *village artisanal de Loix.* ☎ *05-46-29-66-71.* • *planete-sports-loisirs.com* • *Tlj 10h-19h.* Michaël, l'un des 1ers kitesurfeurs en France, est aussi sauveteur en mer, pilote d'hélico et d'ULM, éducateur sportif, moniteur d'aéromodélisme et sapeur-pompier volontaire ! Un gars dynamique qui a ouvert un espace de 1 000 m² et un site-école de 4 ha à la hauteur de ses ambitions : partager ses passions et faire découvrir son île, vue du ciel ou des flots. Il propose des balades en ULM, des cours de pilotage de modèles réduits, du *stand up paddle,* du char à cerf-volant... Quelle santé ! L'espace dispose d'un simulateur dynamique de réalité virtuelle biplace (à partir de 6 ans) et loue également des vélos neufs (classiques ou électriques), du matériel de plongée et une foule d'équipements pour tous sports et loisirs. Piscine pour les cours de natation.

➢ ***Du moulin à marée à la pointe du Grouin :*** une balade sublime entre mer et marais, formant une boucle d'une dizaine de kilomètres, qui vous conduira du moulin au fort du Grouin. Le moulin, dernier survivant des 8 ou 9 ayant existé sur l'île de Ré, offre une vue imprenable sur la fosse de Loix. Déjà signalé au XVIIe s (donc probablement antérieur), ce moulin nettoyait le sel avant de moudre le grain. Il ne se visite pas (il y a une résidence secondaire dessus !).

➢ ***Visites guidées de la côte en canoë :*** *rens et inscriptions auprès du bureau d'accueil de Loix. Horaires selon marées. Compter 24 €/pers ; réduc.*

Fête et manifestations

– ***Course d'escargots :*** *w-e de l'Ascension.* Grande course (!) à l'occasion du marché rhétais et du marché aux plantes.
– ***Pique-nique sur la place :*** *mi-juil.* Pique-nique avec concert et barbecue.
– ***Fête du port :*** *début août.* Villageois et promeneurs sont invités à descendre dans le port, équipés de pelles et de chaussures à lacets, pour le dévasage annuel. Puis traditionnelle course dans la vase et apéritif sur la place du Port.

ARS-EN-RÉ (17590) 1 325 hab. *Carte Charente-Maritime, A1*

Ars, la ville qui se repère de loin avec son curieux clocher blanc et noir, tient son nom de *arx* (« citadelle ») et serait la plus ancienne paroisse de l'île. Elle tira très tôt ses revenus du commerce du sel et fut, de ce fait, gravement touchée par la crise salicole. Depuis, entre vins, céréales et huîtres, elle a diversifié ses recettes en se tournant aussi vers le tourisme. Bonne idée ! La situation du port est telle qu'il peut accueillir de nombreux voiliers et se transformer en un port de plaisance de 1er ordre. Mais Ars, classée Village de pierres et d'eau, parmi les Plus Beaux Villages de France, est surtout devenue un lieu chic de résidences secondaires discrètes dans lesquelles se cachent personnalités et Parisiens de la mode, de la télévision et de la politique.

Adresses et info utiles

Bureau d'accueil : *25, pl. Carnot. ☎ 05-46-09-00-55. • iledere.com • Avr-sept, lun-sam 10h-13h, 14h-17h30 (18h juil-août), plus dim pdt vac scol et j. fériés 9h30-13h. Horaires variables le reste de l'année.* Se procurer le dépliant de visite de la ville et de randonnées dans le coin (durée : 1 à 2h). Expo temporaire *(résa à la mairie).* Billetterie.

■ ***Location de vélos :*** ***Balade & Vous,*** *9, route de Saint-Clément. 06-75-20-35-52. • baladeetvous.com • Tlj 9h-19h30.* Merveilleux accueil et conseils de la part de Carole et David ! Surtout, un parking gratuit vous permet d'abandonner la voiture et de partir pédaler dans la partie ouest de l'île... la plus belle, en tout cas, la plus sauvage ! ***Cycles N,*** *2, pl. de la Chapelle. ☎ 05-46-29-20-88. Tte l'année.* ***Cycland,*** *8, rue de La Prée, sur le port. ☎ 05-46-29-47-17.* ***Beach Bikes,*** *33, rue du Havre. ☎ 05-46-68-13-67.*

– ***Marché :*** *avr-nov sur le port et juil-août dans la halle couverte, ts les mat. Hors saison, pl. Carnot ou sur le port, mar, ven et sam mat (seulement mar et ven en hiver).* L'un des plus beaux et des plus réputés de l'île.

Où dormir ?

Camping

Le Camp du Soleil : *57, route de la Grange. ☎ 05-46-29-40-62. • contact@campdusoleil.com • campdusoleil.com • ♿ Ouv avr-sept. Forfaits 12,40-28,40 € pour 2. Mobile homes et chalets 4-6 pers. 111 empl.* On aime ce petit camping pour ses emplacements sacrément bien ombragés, avec de beaux arbres, et même des bambous ! Bon accueil et bons services. Grande piscine chauffée avec pataugeoire. Jeux. Location de vélos. Snack. Tennis et minigolf en face du camping.

De prix moyens à beaucoup plus chic

Hôtel Le Sénéchal : *6, rue Gambetta. ☎ 05-46-29-40-42. • reception@hotellesenechal.com • hotel-le-senechal.com • ♿ À côté de l'église. Congés : début janv-début fév. Résa vivement conseillée. Doubles 89-355 € ; familiales. Propose aussi des hébergements pour 4-14 pers en apparts, maisons, villas, et même dans un moulin aux environs. Réduc de 10 % en basse saison sur présentation de ce guide.* Christophe n'est pas architecte pour rien ! Aidé de Marina, il a balayé les vieilles habitudes et insufflé un esprit contemporain à son ancienne demeure rhétaise des années 1930. Plancher brut, jonc de mer, murs en pierre et plafond en bois caractérisent la vingtaine de chambres, le tout agrémenté de luminaires design, ou même de cheminée pour certaines. L'ensemble est chaleureux, avec de nombreuses touches de couleurs pastel ou plus soutenues. Un patio fleuri et charmant, avec piscine, invite à la détente. On y prend même le petit déj. Agréable salon avec cheminée. Bref, une atmosphère sereine et délicate pour l'un de nos hôtels préférés, voire notre coup de cœur sur l'île.

Le Clocher : *14, pl. Carnot. ☎ 05-46-29-41-20. • hotel.leclocher@gmail.com • hotel-le-clocher.com • Doubles 77-160 € ; familiales. Formules déj 24-30 € ; carte env 30 €. Garage à vélos. Café maison offert sur présentation de ce guide.* Tenu et rénové par Charline et Xavier, *Le Clocher* vous accueille dans un décor contemporain (où furent tournées quelques scènes d'*Alceste à bicyclette,* avec Lambert Wilson et Fabrice Luchini). Chambres coquettes et lumineuses où le métal et le bois brut s'accordent avec goût. Également des chambres toutes neuves autour d'un patio, dans une annexe. Bon resto de poisson (hmm, le croustillant de lieu !) et bar à cocktails tout aussi sympa que la belle terrasse, au cœur du village. Une adresse d'un bon rapport qualité-prix-accueil.

Où manger ?

De bon marché à prix moyens

Épicerie de la Tour du Sénéchal : *7, pl. Carnot. ☎ 05-46-29-41-12. En face de l'église. Tlj sauf mar ; fermé le soir hors saison. Résa conseillée. Congés : fin janv et nov. Carte env 15 €.* Superbe lieu, chaleureux et design, aménagé dans l'une des maisons historiques du vieil Ars. Tout à la fois épicerie, salon de thé et resto : on y vient à toute heure, le temps d'un café et d'une pâtisserie maison, pour une salade ou le plat du jour, et l'on y revient pour quelques huîtres à l'apéro... Bref, le genre de jolie adresse où on laisserait bien le temps filer. Quelques tables en terrasse. Une belle initiative, qui contribue à maintenir le village bien vivant. Excellent accueil.

Le « V » : *3, quai de la Criée. • vbistrot@orange.fr • Tlj sauf mer soir et jeu. Congés : 5 janv-15 fév et 12 nov-20 déc. Carte 20-30 €. Café offert sur présentation de ce guide.* Sur le port, un bistrot à huîtres à l'ambiance conviviale pour s'en taper une bonne douzaine, accompagnées d'un verre de blanc charentais. Et comme tout ça met en appétit, on se laissera tenter par une bonne assiette de charcutaille avant de conclure par un riz au lait caramel et fleur de sel. Simple et bon... La vie est belle !

Aux Frères de la Côte : *route de la Grange, face à la plage. ☎ 05-46-29-04-54. ♿ Tlj 7h (8h dim)-2h (plus tôt hors saison). Congés : de mi-nov à mi-déc. Compter 10 € pour 6 huîtres et 21,50 € pour une assiette de fruits de mer.* À l'extérieur d'Ars, une minuscule guinguette en bord de mer où l'on déguste salades, huîtres rhétaises, crevettes, moules-frites, viandes ou poissons grillés, il y a le choix ! Génial, surtout pour prendre l'apéro face au coucher du soleil avec quelques habitués accoudés au comptoir.

Café du Commerce : *6, quai de La Prée. ☎ 05-46-29-41-57. • cafcom-ars@orange.fr • Tlj. Congés : 3-24 janv. Menu déj 22,80 € ; carte 30 €. Café offert sur présentation de ce guide.* Ce bistrot qui porte bien son siècle (il existait déjà du temps où passait le petit train de Ré) reste un des incontournables de l'île. Depuis 30 ans, les proprios ont rapporté quelques souvenirs de leurs séjours aux États-Unis et une carte qui aligne fajitas, *barbecue ribs* et burgers... Si vous n'êtes pas très porté sur la *tex mex food,* vous trouverez également crêpes, salades et *bruschette.* Pas de la grande cuisine, quelque peu irrégulière en saison, mais les prix restent décents pour l'île. Vaste terrasse face au port, où il est bon d'être vu. Une adresse tout de même un peu crâneuse !

De prix moyens à chic

Chez Rémi : *1, quai de la Criée. ☎ 05-46-29-40-26. • bistrotmasse@orange.fr • Tlj sauf lun en saison, plus mar hors saison. Congés : de nov à mi-mars. Carte env 40 €.* Voici le dernier bistrot de Rémi Massé, chef que l'on prend plaisir à suivre au gré de ses pérégrinations entre Ré et La Rochelle. Retour au pays pour cet authentique Rhétais, amoureux de son terroir mais qui n'hésite pas à piocher produits et recettes dans le Sud-Ouest, venant agrémenter une cuisine qui ne manque déjà pas de créativité. De la belle bistronomie comme on l'aime !

Où dormir ? Où manger dans les environs ?

Hôtel Le Martray : *8, route d'Ars, lieu-dit **Le Martray.** ☎ 05-46-29-40-04. • contact@hotel-le-matray.com • hotel-le-martray.com • D'Ars, prendre la route de La Couarde, c'est sur la gauche. Resto fermé lun, plus dim soir hors saison. Congés : janv-fév. Doubles 83-138 €. Menu 35,90 €. Parking gratuit. Café offert sur présentation de ce guide.* Cet hôtel classique des années 1950 a misé sur la déco lors de sa dernière rénovation et propose désormais une quinzaine de chambres tout confort et climatisées. Certaines à thème (« Marocaine », « Italienne », etc.), pour les amateurs de voyage et d'exotisme ; d'autres, plus sobres et moins chères, avec balcon côté mer pour certaines. Cela dit, méfiance si vous dormez fenêtre ouverte avec la route fort fréquentée en saison (et pas seulement). Fait aussi resto. Location de vélos.

La Cabane du Boutillon : *3, chemin du Jardin-du-Boutillon, lieu-dit **Le Martray.** 06-61-55-81-42. • contact@cabaneduboutillon.fr • Tlj sf mer. Juil-août 11h30-20h30 ; avr-juin et sept le midi seulement. Carte env 25 €.* Une belle cabane ostréicole, dévolue à la dégustation d'huîtres, bien sûr, mais aussi à celle des gambas (produites sur place de mi-juillet à septembre) ou des bulots. Terrasse séduisante, avec vue sur les marais du Fier d'Ars. En cas de mauvais temps, on se replie sous l'auvent à la déco bohème avec chaises vintage, tables de ferme et bouquets de fleurs séchées. Terrine à l'ancienne pour l'apéro. L'un des rendez-vous préférés des cyclistes, car situé le long d'une piste.

La Cabane du Fier : *lieu-dit **Le Martray.** ☎ 05-46-29-64-84. • lacabanedufier@orange.fr • À 3 km au sud d'Ars sur la D 735. Midi et soir, tlj sauf lun juil-août ; sinon, tlj sauf mar soir et mer. Résa conseillée. Congés : de mi-nov à mi-mars. Carte 40 €.* Une baraque de planches évoquant une cabane d'ostréiculteur, mais en nettement plus chic toutefois ! Le lieu s'est mué en resto fort fréquenté. Chouette déco de bistrot d'antan et vastes fenêtres offrant une vue imprenable sur le marais salant, somptueuse au coucher du soleil. Avenante cuisine marine qui change souvent, à l'aise dans le décor : salade de fruits de mer, chaudrée charentaise, mouclade, bar grillé... Tout cela est conduit par une équipe décontractée et accueillante. Et pour les insatiables, vente d'huîtres au détail. Une adresse qui jouit d'une réputation plus que méritée.

Où acheter de bons produits ?

Coopérative des sauniers de l'île de Ré : *route de La Prée (en direction de La Couarde). ☎ 05-46-41-25-72. • sauniers-iledere.com • ♿ Point de vente de la coopérative à la Cabane des Sauniers, juste devant ; tte l'année : tlj sauf dim en été, fermé w-e hors saison.* On peut y acheter son gros sel par paquets de 5 kg ! On y trouve aussi (en petit format, rassurez-vous !) du sel gris, du sel fin, des sels aux aromates, et bien évidemment de la fleur de sel... Également une sélection de produits locaux.

Les Confitures du Clocher : *1, chemin des Palissiats. ☎ 05-46-29-41-35. • bertrand.heraudeau@lesconfituresduclocher.com • lesconfituresduclocher.com •* On ne sait pas trop ce qui bouillonne le plus, du cerveau de Françoise et de ses enfants ou de leur marmite. Parce que des idées, ils en ont à revendre ! Parfois surprenantes, souvent délicieuses, toujours originales, leurs confitures font le bonheur des gourmands.

LA CHARENTE-MARITIME

À voir

L'église Saint-Étienne : *tlj.* Une des célébrités de l'île ! Vous ne pouvez pas la manquer, on la voit de partout grâce à son clocher peint en noir et blanc, qui sert d'amer, c'est-à-dire de repère diurne pour les bateaux. Elle constitue un ensemble assez hétéroclite ; sa construction aurait débuté dès le VIIe s, et les derniers remaniements dateraient du XVIe s. L'imposant édifice est doté d'un très beau portail roman du XIe s. À l'intérieur, la chaire en noyer date du début du XIIIe s, comme le crucifix qui lui fait face. Visite guidée du **clocher** possible en saison *(lun-ven, sur résa au 📱 07-67-50-88-16 ; entrée 6 € ; à partir de 6 ans).* À la clé, une vue magnifique sur le village et les marais.

UN PHARE RÉVOLUTIONNAIRE !

Le clocher gothique noir et blanc de l'église Saint-Étienne, qui date du XVe s, est légèrement penché à cause de la foudre qui lui tomba dessus au XIXe s. Sachez que s'il est peint ainsi, c'était afin de servir de repère... aux bateaux. Bref, c'est quasiment un phare. Plutôt innovant ! Autre originalité : pendant la Révolution, il fut coiffé du bonnet phrygien !

La maison du Sénéchal : *à l'angle de la rue des Tourelles et de la rue Gambetta. Ne se visite pas.* Beau logis Renaissance à échauguettes, décoré de sculptures. Rare exemple architectural de ce type sur l'île, orné de 2 belles tourelles d'angle.

Animation estivale

– ***Le Manège de Donin :*** en été, M. Donin monte un manège « en chanteur » pour enfants sur la place du marché (et diverses animations sur l'île, à La Flotte ou à La Couarde). Il est adoré des enfants rhétais... et de leurs parents. Pour plus d'infos : *• doninspectacle.com •*

SAINT-CLÉMENT-DES-BALEINES

(17590) 675 hab. *Carte Charente-Maritime, A1*

Commune à part entière depuis 1874 seulement, elle tient son nom de la pointe des Baleines, extrémité ouest de l'île où passaient naguère de nombreux cétacés (c'était le bon temps !). Le village est né de la réunion de 5 hameaux, ce qui explique son aspect étiré, un tantinet décousu.

Adresses et info utiles

Bureau d'accueil : *8, pl. de l'Église. ☎ 05-46-09-00-55. • iledere.com • Juil-août, tlj 9h30-13h (centre-bourg) ou tlj 14h30-18h (point info phare des Baleines) ; avr-juin et sept-oct, mar-sam 9h-13h ; horaires variables le reste de l'année.*

Location de vélos : Cycland, *154, rue du Centre. ☎ 05-46-29-29-08.*

– Marché : *ts les mat en juil-août et pdt vac scol ; mar, jeu et sam-dim en basse saison (seulement jeu et sam en très basse saison).*

Où dormir ?

Campings

Camping Les Baleines : *chemin de la Devaude, au lieu-dit le Gillieux. ☎ 05-46-29-40-76. • contact.lesbaleines@gmail.com • camping-lesbaleines.com • ♿ À 300 m du phare des Baleines. Ouv fin avr-fin sept. Forfaits 25-45 € pour 2 pers. Mobile homes et tentes lodges tt confort 2-7 pers. 185 empl.* Vaste camping bien situé, au calme sur la Côte Sauvage, et où les tentes trouvent leur place sans souci. Emplacements agréables en partie ombragés, à 2 pas de la plage de la Conche (accès direct). Laverie, épicerie, location de vélos, pétanque, aire de jeux et TV. Activités sportives à proximité. Peut-être notre camping préféré sur l'île !

Camping Tohapi La Côte Sauvage : *336, rue de la Forêt. ☎ 05-46-29-46-63. • acccotesauvage@vacanceselect.com • tohapi.fr • ♿ Ouv début avr-fin sept. Compter 18-31 € pour 2 (juil-août, 7 nuits min). Yourtes 4 pers. 351 empl.* Ce joli « camping forestier » est aménagé sur un site appartenant à l'ONF. Avec des emplacements de 80 à 100 m², très bien ombragés sous les arbres et les vieux pins, le moins que l'on puisse dire, c'est qu'on n'est pas entassés les uns sur les autres. La protection de l'environnement étant ici un souci constant, on a privilégié le camping nature, au détriment des mobile homes. Et puis il existe toujours un compromis : pour la touche exotique, mais aussi pour un confort incomparable, la yourte mongole ! Les puristes dormiront dans des bungalows toilés. Pas de piscine, mais la mer est à 2 pas. Snack et location de vélos. À proximité (2 km) : équitation, planche à voile, canoë et voile.

Où manger ? Où boire un verre ?
Où assister à un concert ?

De prix moyens à plus chic

La Villa : *20, route de la Mairie. ☎ 05-46-09-56-04. • lavilla17@orange.fr • Tte l'année, tlj sauf jeu hors juil-août. Moules 14-15,50 € ; assiette de fruits de mer 26,50 € ; carte env 20 €.* Coup de cœur pour cette adresse généreuse et conviviale, ouverte par Olivier, Xavier et Charline,

LA CHARENTE-MARITIME

des Rhétais ayant à cœur de faire vivre leur île toute l'année. La carte se révèle assez variée, avec poissons et fruits de mer en vedette, mais aussi de bonnes viandes grillées ou des galettes. Tous les produits sont frais et proviennent pour la plupart de producteurs locaux. Vaste salle très animée, terrasse envahie par une vigne vierge ou grand jardin fleuri à l'arrière. Et pour s'amuser, un boulodrome, un flipper et quelques jeux.

Juste : *61, allée du Phare. ☎ 05-46-55-69-22. • justin@juste-producteur.com • Au pied du phare des Baleines, sur la gauche de l'allée. Ouv mars-nov ; tlj en saison. Pas de résa. Compter env 20 €.* Une guinguette sympathique, qui déploie sa terrasse colorée au pied de l'ancien musée de la Mer. Les fruits de mer sont à l'honneur : moules-frites, bulots mayonnaise, huîtres, langoustines, crabes ou couteaux, le tout à des prix imbattables ! Et pour cause, puisque les patrons (bretons) sont producteurs du côté de Riec-sur-Bélon. Charcuterie basque de chez Pierre Oteiza pour l'apéro.

Café du Phare : *99, chemin du Pas-du-Nord, lieu-dit Le Gillieux. ☎ 05-46-29-46-66. • cafeduphare@orange.fr • Au pied du phare des Baleines, un peu éloigné du tumulte commercial. Tlj. Congés : 6 janv-5 fév et 11 nov-20 déc. Moules 15 € ; plats 14-24 €.* Un agréable resto-bistrot qui distille un doux parfum rétro avec tables et chaises en bois, luminaires des années 1930 et belle collection de photos de phares de bouts du monde. Cuisine sérieuse. Suggestions du jour au tableau noir, plateaux de fruits de mer, bien sûr... mais aussi crêpes pour les petits creux l'été. Très grande terrasse protégée. On peut aussi grignoter quelques plats de *street food,* genre *fish & chips.*

À l'Ouest : *6, mail du Clocher, Le Chabot. ☎ 05-46-29-96-03. À 2 pas de l'église, derrière la place. Tlj sauf lun-mar hors saison. Carte env 27 €.* L'avant-dernier bistrot avant New York ! Un bar plein de couleurs et de fraîcheur, où l'on converge volontiers à l'heure de l'apéro pour boire un verre sur des tonneaux bariolés. Bien aussi pour le café du matin. Accueil sympa.

La Java des Baleines : *route de la Mairie. • lajavadesbaleines.fr • Juin-sept, tlj 18h-minuit ; seulement le w-e hors saison.* Grand chapiteau planté dans un champ pour ce lieu festif et unique en son genre, qui fait le bonheur des locaux comme des visiteurs. Concerts, spectacles pour enfants, cirque ou théâtre d'ombres, il se passe toujours quelque chose ! Expos de peintres locaux également. Pour trinquer et danser, grand bar et piste aux étoiles surmontée d'une boule à facettes ; et sinon, immense terrasse les pieds dans l'herbe, avec guinguette et *food trucks* (en soirée). Ambiance bohème, conviviale et solidaire. On aime !

À voir

Le phare des Baleines : *à la pointe nord de l'île, sur la route de Saint-Clément-des-Baleines. ☎ 05-46-29-18-23. • lepharedesbaleines.fr • (musée seulement). Ouv tlj : juil-août 9h30-21h ; avr-juin et sept 10h-18h30 ; oct-mars 10h30-17h30. Accès à l'extérieur fermé en cas de très mauvais temps. Montée du phare : 3,90 € ; vieille tour + musée : 9,80 € ; vieille tour + phare + musée : 12 € ; réduc 7-12 ans ; gratuit moins de 7 ans ; intéressant pass famille 25-35 €.*

Le phare doit son nom aux nombreuses baleines qui passaient par là depuis l'Antiquité. Plusieurs d'entre elles se seraient d'ailleurs échouées à cause d'un banc de sable. Le dernier échouage de baleine date de 1922.

Le phare et ses petits...

Un des « monuments » les plus visités de l'île ! Et pour cause : octogonal et haut de 57 m, c'est l'un des plus puissants de la façade atlantique. Mis en service en 1854, il porte à 27 miles, soit 50 km. On grimpe 257 marches très exactement, par un superbe escalier en pierre qui régalera les photographes... mais donnera des frissons à ceux qui ont le vertige. Là-haut, c'est le ravissement avec le panorama exceptionnel sur l'île, l'étendue d'eau à perte de vue, la plage de la Conche (où fut tourné en partie le célèbre film *Le Jour le plus long*) et, par temps dégagé, les côtes vendéennes... Sachez que sa lentille sur bain de mercure fonctionne encore, en cas de panne du GPS !

LE JOUR LE PLUS LONG

Quand Darryl Zanuck décida de tourner le plus célèbre film sur le Débarquement, il choisit la plage de la Conche, sur l'île de Ré. Pour 2 raisons : il craignait la pluie en Normandie et il pouvait filmer des blockhaus intacts. Outre les difficultés incroyables de tournage, comment ont-ils fait pour loger John Wayne, Henry Fonda, Richard Burton et Sean Connery sur une île qui n'avait aucun hôtel correct dans les années 1960 ?

Ce phare remplace la tour des Baleines (le 2e plus vieux phare de France encore debout), construite en 1682 sur ordre de Colbert, puis jugée trop faible, mais encore visible juste derrière, au bord du parapet, face à la mer et l'horizon. La tour des Baleines était quand même le 2e phare construit en France à cette époque, après celui de Cordouan (à l'entrée de la Gironde). Récemment restaurée, on peut grimper jusqu'à son sommet pour jouir d'une superbe vue sur... le phare des Baleines et sur celui des Baleineaux, ainsi que sur une étonnante écluse marine close de murs, où l'on piégeait les poissons. La tour des Baleines, construite en pierre de taille de Saint-Savinien, diffusait une faible lueur grâce à une petite lucarne de pierre dans laquelle on entretenait une combustion avec de l'huile de poisson. Bonjour les émanations ! Aujourd'hui, le système est bien trop sophistiqué pour qu'on se lance dans les explications (et le petit musée sert à ça) !

Le musée

Aménagé dans l'ancienne école des gardiens de phare, sous la tour des Baleines, ce musée a été conçu avec le concours de Jamy, l'animateur télé de *C'est pas sorcier* ! Et c'est vrai que c'est pas sorcier les phares et les balises, grâce à l'itinéraire pédago-ludique et audiovisuel animé par le présentateur chouchou des enfants. Ou d'apprivoiser la lumière au GPS ! On ne fera pas la visite à votre place, mais disons que ça parle du « phare d'atterrissage », de Beautemps-Beaupré, père de l'hydrographie française et coloniale, des poétiques alvéoles des lentilles de Fresnel (les électriciens de cinéma s'en servent encore !) et de toutes sortes de balises. La vidéo décoiffe, autant que l'épaisseur des murs ! Mesurez !

Pour finir, très belle ***boutique-librairie maritime*** pleine d'objets, d'affiches et de très nombreux livres sur les phares et sur la mer.

La Ferme des Baleines : *après Ars-en-Ré, sur la route des Portes ; juste avt le village de La Rivière, un panneau indique une route sur la droite. ☎ 05-46-29-54-43. • la-ferme-des-balaines.com • Visite et explications sur l'ostréiculture, avr-oct, lun-jeu à 10h30. Tarif : 7 € ; 3,50 € moins de 12 ans. Avec dégustation de 3 huîtres et 1 verre de vin : 11 €.* On y apprend les techniques d'élevage des huîtres en claire, des palourdes et de la succulente salicorne. Boutique sur place, avec des huîtres et quelques merveilleux bocaux.

Manifestation

– ***Festival Jazz au phare :*** *4 j. début août.*

LES PORTES-EN-RÉ

(17880) 610 hab. *Carte Charente-Maritime, A1*

Dernier bout de terre de la partie nord-ouest de l'île, la pointe est bordée de magnifiques plages. Situé tout au bout de l'île et de la route, le village peut aussi s'enorgueillir de son calme et de ses ruelles préservées. C'est probablement ce qui lui vaut de recevoir de nombreuses vedettes du show-biz et de l'édition. Et c'est ce qui explique ce petit côté branché et mondain parfois agaçant ! Sachez toutefois que le village vit très peu hors saison.

COURANT MAOÏSTE

Dériver sur l'île de Ré, plus précisément depuis la plage de Trousse-Chemise, dans le sens du courant, c'est « faire son Mao », du nom du Grand Timonier. D'où vient cette expression ? De Chine, à l'époque où Mao Tsé-toung, pour donner l'exemple de sa révolution culturelle, se laissa filer sur le Yang Tsé, le fleuve Jaune mythique, sur plus de 15 km, à l'âge de 75 ans.

LA CHARENTE-MARITIME

Adresses et info utiles

Bureau d'accueil : *6, pl. des Marais-de-La-Prée. ☎ 05-46-09-00-55. • iledere.com • Juil-août, mar-sam 9h30-13h, 14h-17h30 ; dim et j. fériés 9h30-13h. Avr-juin et sept-oct, lun-sam 9h30-13h, 14h-17h30 ; j. fériés 9h30-13h. Nov-mars, mar-sam 9h30-12h30.* Billetteries diverses (croisières, sachant que la résa est conseillée...).

■ ***Location de vélos :* Neaud-Morin,** *12, av. du Haut-des-Treilles. ☎ 05-46-29-60-01. • neaud-morin.com •* **Cycland,** *2, route de la Pointe-à-Chabot (en face du bureau d'info touristique). ☎ 05-46-29-08-36.*

ABC Taxi Olivier : *☎ 05-46-29-08-42.* Toutes distances, véhicule climatisé 6 places.

– **Marché :** *de juil à mi-sept et vac de Pâques et de la Toussaint, tlj ; hors saison, seulement mar-mer et w-e.*

Où dormir ? Où manger ? Où boire un verre ?

Camping

Le Phare : *route du Fier. ☎ 05-46-29-56-82. • contact@lephare-iledere.com • lephare-iledere.com • Accès fléché à l'entrée des Portes. Ouv début avr-fin sept. Mobile homes 100-300 €/nuit ; cabanes 150-400 €/nuit.* À 50 m de la plage (route à traverser), sur 6 ha, un camping confortable mais qui ne possède qu'une grosse dizaine d'emplacements pour les campeurs, toutefois bien ombragés et délimités. Riche en équipements : 2 piscines chauffées, dont une couverte avec balnéo et rivière à courant, jacuzzi, salle de fitness, sanitaires chauffés, snack, restaurant... Location de vélos et animations en été. Surtout, les logements locatifs sont pour une fois plutôt jolis, voire élégants à l'image des « cabanes de Ré » qui cultivent une ambiance « bord de mer ». Bar-resto organisant parfois des concerts.

De prix moyens à plus chic

Hôte des Portes : *1, pl. Victor-Dron. ☎ 05-46-28-02-20. • info@hotedesportes.com • hotedesportes.com • Résa conseillée. Doubles et suites 119-299 €. Surveiller les promos sur* *le site.* En plein centre du village mais à l'écart de la foule, un ex-hôtel de grand confort, transformé en chambres d'hôtes de charme. Mur végétal à l'entrée, musique zen, et des chambres confortables, vastes et très contemporaines, aux noms évocateurs : « Charme », « Élégance », « It room », « Privilège »... Elles sont 5 au total, toutes avec parquet, murs lambrissés blanc ou crème dans un style rhétais, avec une superbe salle de bains (baignoire balnéo-chromothérapie pour la suite). Un lieu impeccablement tenu.

Le Chasse-Marée : *1, rue Jules-David. ☎ 05-46-29-52-03. Fermé lun en saison (ouv tlj en août), mar-mer hors saison. Plat du jour le midi 18 € ; formules 29-33 € ; menu 42 €.* Tenu par une enfant du pays, ce resto offre une alternative gourmande et élégante avec des tables joliment dressées et une carte courte, à base de produits frais et de saison.

La Cabane de la Patache : *route de la Patache. ☎ 05-46-31-38-22. Avr-sept, tlj sauf mar soir et mer 12h-18h30 (22h de mi-juin à mi-sept).* Sympathique bar de plage à l'extrémité du bois de Trousse-Chemise. Un cadre dépaysant pour avaler huîtres, moules et quelques plats simples...

Les Huîtres de Trousse-Chemise : *route de la Levée-Verte. 06-30-31-91-38. • contact@huitres-trousses-chemise.fr • Ouv mai-sept, midi et soir. Huîtres 8-22 € ; assiette Trousse-Chemise 18 €.* L'atout principal de cette cabane ostréicole ? Sa terrasse panoramique, offrant une vue exceptionnelle sur le Fier d'Ars. Dans ces conditions, on s'offre avec bonheur une douzaine d'huîtres et quelques fruits de mer, à accompagner de grillons charentais. Vin local ou bière pour la soif. Elle n'est pas belle, la vie ?

À voir. À faire

La réserve naturelle Lilleau des Niges et la Maison du Fier (Ligue pour la protection des oiseaux) **:** *au sud du vieux bourg, par la route du Vieux-Port. ☎ 05-46-29-50-74. • ile-de-re.lpo.fr • Vac scol de Pâques-fin sept et vac scol de la Toussaint, tlj sauf sam 10h-12h30, 14h30-18h (10h30-13h, 14h30-18h30 juil-août). Fermé le reste de l'année. Entrée : 3-4 € ; réduc. Loc de jumelles. Balade guidée (1h) 3-4 €, s'adressant particulièrement aux familles ; sorties nocturnes (2h30) 6-10 €. Pour les visites libres, possibilité de télécharger le plan sur le site internet.*
Ce centre d'information sur la nature a été aménagé dans le dernier hangar à sel de l'île. Grâce à une nouvelle muséographie ludique et sensorielle, il permet de mieux comprendre la faune, la flore et les paysages rhétais. Organise des sorties découverte avec un animateur nature *(inscription obligatoire ; 20 pers max, et c'est toujours complet !).* Sinon, la piste cyclable qui relie Les Portes à Ars-en-Ré passe derrière ces zones de protection. Le circuit est ponctué de panneaux explicatifs. Mieux : en été, des bénévoles de la LPO installent un point d'observation et invitent les cyclistes à observer les oiseaux. Mais préférez plutôt les visites accompagnées, qui permettent de bénéficier du regard affûté des animateurs ! Sachez que dans tous les cas, vous ne ferez que longer, frôler la réserve, puisque celle-ci est une zone protégée dont l'accès est rigoureusement interdit. On vous prêtera donc des jumelles, indispensables pour observer les oiseaux éloignés.
Créée en 1980, cette réserve naturelle accueille, sur d'anciens marais salants, des oiseaux sédentaires ou migrateurs (nidification, hivernage, ou de passage). Le climat particulièrement doux, allié à la richesse en ressources des vasières, en fait une étape de prédilection pour nos copains à plumes. Des centaines d'espèces viennent y trouver refuge. On compte jusqu'à 40 000 têtes et becs en hiver ! En

MOUETTE OU GOÉLAND ?

Le goéland est bien plus grand, son bec est jaune et son cri plutôt grave. La mouette a un rire plus aigu et son bec rouge est plus petit, sans oublier une élégance secrète : une petite tache noire derrière l'œil.

tout, c'est près de 350 espèces qui ont été observées sur l'île de Ré, soit 50 % des espèces européennes. Pas mal ! On y trouve notamment des aigrettes garzettes (orteils jaunes) de la famille du héron. Cette espèce est arrivée sur l'île de Ré il y a plus de 40 ans, de Camargue et d'Espagne. Elle était fortement menacée au début du XXe s, car très convoitée pour ses plumes. Aujourd'hui, plus de problème pour elle. En hiver, les bernaches cravants, ces oiseaux noir et blanc de la famille des oies, viennent chaque année de Sibérie pour passer l'hiver (10 000 km parcourus !). Courlis cendrés, huîtriers-pies... sont nombreux aussi. Au printemps et en été, avocettes, échasses blanches, sternes, tadornes de Belon et le rare gorge-bleue à miroir blanc sont des hôtes réguliers.

➢ ***Circuits pédestres :*** l'application « Île de Ré Tour » (rubrique « Itinéraires ») propose différents circuits.

Le bois de Trousse-Chemise : *à la pointe du Fier d'Ars.* Il porterait le nom qu'on donnait à ceux et celles qui traversaient le Fier d'Ars à marée basse pour se rendre à Loix en retroussant leur chemise. Charles Aznavour l'a très bien chanté !

Manifestations

– ***Salon du vin et de la gastronomie « Fleur de vigne en Ré » :*** *w-e de l'Ascension.* Un tour des vins de France... et de Ré !
– ***Journée du livre ancien et d'occasion :*** *dim de Pentecôte.*
– ***Exposition des peintres et sculpteurs amateurs des Portes-en-Ré :*** *dernière sem de juil-1re sem d'août. Gratuit.*

LA CÔTE DE LA ROCHELLE À ROCHEFORT

Au nord, le Marais poitevin ; à l'est, la Saintonge et sa frontière, la Boutonne ; au sud, encore la Saintonge et son autre frontière, la Charente ; enfin, à l'ouest, l'océan, tout simplement. Au milieu, l'Aunis, petite plaine sédimentaire de calcaire et de marne apparue au cours de l'ère secondaire. Voici un pays au doux climat : sa capitale, La Rochelle, traitée plus haut, est l'une des villes les plus ensoleillées de France ! En effet, les nuages du nord-ouest, après avoir généreusement arrosé les Bretons (tiens, tiens...), s'étiolent au-dessus de l'Aunis pour y laisser passer le soleil.

Peu peuplée au temps des Romains, la région se développe réellement au Moyen Âge. Défrichées, les campagnes se peuplent. En témoignent les multiples églises romanes édifiées autour du XIIe s. L'Aunis passa très vite sous la coupe des ducs d'Aquitaine (c'est-à-dire des Anglais !), par le jeu des alliances et le remariage stratégique d'Aliénor d'Aquitaine avec Henri II Plantagenêt. L'Aunis, protestante pendant les guerres de Religion du XVIe s, entre à nouveau dans la mouvance anglaise. Il faudra le grand siège de La Rochelle, mené par Richelieu en 1628, pour en finir avec les velléités anglophiles des Rochelais et du pays d'Aunis. Avec le XVIIe s arrivent l'essor économique du port de La Rochelle et la création d'un important arsenal militaire : Rochefort. On a tous appris l'histoire de ce grandiose port maritime (Rochefort-sur-Mer !) qui connut un inéluctable déclin du fait de l'envasement de la Charente, devenu aujourd'hui l'une des destinations incontournables de Charente-Maritime ; la Corderie royale et *L'Hermione* valent à elles seules le détour.

Sur la côte, entre La Rochelle et Rochefort, quelques jolies stations balnéaires comme Châtelaillon ou Fouras profitent elles aussi de ce microclimat. Depuis Fouras, on embarque pour l'île d'Aix et le célèbre fort Boyard. Tandis qu'au sud de la Charente on gagnera l'île Madame à pied, à marée basse !

CHÂTELAILLON-PLAGE

(17340) 5 800 hab. *Carte Charente-Maritime, B1*

Ancienne capitale de l'Aunis, la forteresse de Châtelaillon a connu des heures glorieuses jusqu'au long siège fomenté par Guillaume X, duc d'Aquitaine, à la demande des habitants, excédés par l'arrogance et l'insolence de leurs seigneurs. Le fort fut donc en partie détruit, puis un raz-de-marée emporta le reste au XVIIIe s. De cette histoire est née une légende : la fée Mélusine serait allée juger du comportement des seigneurs de la ville en leur demandant l'hospitalité déguisée en mendiante. Vilainement éconduite, elle se serait alors vengée en enlevant chaque jour une pierre du fort jusqu'à son effondrement total...

Il faudra ensuite attendre les années 1870 pour que Châtelaillon, sortant de son long sommeil, voie affluer les adeptes des 1ers bains de mer. Des villas caractéristiques de l'architecture balnéaire (cottages ou maisons basses décorés de bois, murs de brique et de pierre, incrustations de céramiques et bow-windows) façonnent un paysage désormais tourné vers le tourisme. Cabines de bain, casino, promenade de bord de mer, parcs et espaces verts constituent autant d'éléments propres à attirer et à séduire les 1ers estivants.

La commune, en fêtant son centenaire, en a profité pour s'offrir une cure de rajeunissement et fidéliser sa clientèle. Ses atouts : 3 km de plage et 2 600 h d'ensoleillement annuel revendiquées par toutes les brochures touristiques ! En tout cas, cette station très familiale, située sur La Vélodyssée, a su conserver une bonne part de son cachet Belle Époque.

LA CHARENTE-MARITIME

Adresses et info utiles

Office de tourisme : *5, av. de Strasbourg. ☎ 05-46-56-26-97. • chatelaillon.tourisme@agglo-larochelle.fr • chatelaillon-plage-tourisme.fr • Avr-sept, lun-sam, plus dim en juil-août ; oct-mars, lun-ven.* Brochure sur la station et plan de la ville (bien utile car Châtelaillon est assez étendue). Visites. Animations en été.

Gare SNCF : *av. Félix-Faure. ☎ 36-35. • oui.sncf •* Trains pour Rochefort et La Rochelle.

Réseau interurbain en Charente-Maritime : *☎ 0800-73-01-46. • transports.nouvelle-aquitaine.fr •* Liaisons Châtelaillon-Plage et villes des alentours. Excursions à la journée.

Bus Yélo : *☎ 0810-17-18-17. • yelo.agglo-larochelle.fr •* Pour La Rochelle (ligne n° 20 lun-sam).

Location de vélos : ***Cyclo Boucho,*** *39b, av. A.-Dulin. 📱 06-23-48-01-23.* ***Good Bikes,*** *sur le parvis du casino. 📱 06-03-07-21-84.*

– ***Marchés :*** *sous la halle, tlj le mat mai-sept, fermé lun oct-avr ; sur le boulevard mar et ven mat tte l'année, ainsi qu'en nocturne pour l'artisanat dim en saison. Enfin, marché du terroir au village des* ***Boucholeurs*** *dim mat en saison.*

Où dormir ?

Camping

Camping Au Port Punay : *allée Bernard-Moreau,* ***Les Boucholeurs.*** *☎ 05-17-81-00-00. • contact@camping-port-punay.com • camping-port-punay.com • Par la N 17, sortie Châtelaillon-Plage ; sur la D 109, suivre « Les Boucholeurs », puis « Camping Port Punay ». ♿ Ouv mai-sept.*

Compter 27-41 € pour 2. Cottages, bungalows toilés et mobile homes 4-6 pers. Attention, des frais de résa (parfois importants) peuvent s'ajouter au tarif. 151 empl. Café offert sur présentation de ce guide. Situé au sud de Châtelaillon, un camping calme et familial, dans un très joli secteur. Exploité depuis près de 60 ans par la même famille, il a été entièrement rénové. Emplacements « confort » et « grand confort » nickel et ombragés. Mobile homes dernière génération, parfaitement équipés et aménagés. Labellisé Qualité Tourisme, Écolabel et Clé verte, il offre d'excellentes prestations : épicerie, laverie, location de vélos, snack, jeux... sans oublier les 2 belles piscines chauffées et l'espace bien-être avec sauna, hammam et douche sensorielle. Animations enfants et adultes en haute saison. Accueil vélo.

De prix moyens à chic

Hôtel Victoria : *13, av. du Général-Leclerc. ☎ 05-46-30-08-08. • contact@hotel-victoria-chatellaillon.com • hotel-victoria-chatelaillon.com • Ouv de mi-fév à fin nov. Doubles 65-105 €. Parking gratuit. Café offert sur présentation de ce guide.* Sur une belle allée perpendiculaire à la mer, un hôtel érigé en 1896 qui a su conserver son look Belle Époque tout en se refaisant une jeunesse. Une bonne vingtaine de chambres très cosy, réparties en 4 catégories (cosy, chic, élégance, triple) et décorées de touches contemporaines, avec moquettes *arty*, photos vintage et papiers peints Art déco. Belles salles de bains, dotées de douches à l'italienne. On prend le petit déj en terrasse à la belle saison ou dans l'élégant salon. La gare est juste en face. Accueil très pro.

Hôtel Le Rivage : *36, bd de la Mer. ☎ 05-46-56-25-79. • contact@hotel-lerivage.com • hotel-lerivage.com • Ouv avr-nov. Doubles 57-112 € ; familiales. Local vélos fermé gratuit. Café offert sur présentation de ce guide.* Un hôtel balnéaire de style familial aux chambres confortables et fonctionnelles. Côté mer, elles disposent d'une petite loggia (où vous pouvez prendre votre petit déj) fermée par une baie vitrée ; les autres s'organisent autour d'un agréable patio. Les studios possèdent une kitchenette à disposition pour un séjour de 3 jours minimum. Enfin, quelques petites chambres économiques au rez-de-chaussée. Hammam, sauna et solarium en prime. Bon accueil.

Hôtel Majestic : *pl. Saint-Marsault. ☎ 05-46-56-20-53. • c.chatelaillon@wanadoo.fr • majestic-chatelaillon.com • Congés : vac scol Noël. Doubles 60-110 € ; familiales. Réduc de 10 % sur le prix de la chambre sur présentation de ce guide.* À l'écart du front de mer mais en plein centre sur un élégant boulevard, un petit hôtel familial récemment repris, à la jolie architecture Belle Époque et Art déco. Beaucoup de cachet pour la façade, l'escalier monumental et le grand salon pavé de mosaïques, où le petit déj est servi. Chambres moins grandioses, certes, mais plutôt confortables et rénovées dans un style sobre. Excellent accueil. Une adresse attachante.

De chic à beaucoup plus chic

Hôtel-restaurant Les Flots : *52, bd de la Mer. ☎ 05-46-56-23-42. • contact@les-flots.fr • les-flots.fr • Doubles 89-220 € ; petit déj 15 €.* Cet hôtel Belle Époque propose des chambres rénovées de couleurs vives. 7 d'entre elles jouissent d'une terrasse face aux flots. Des autres, on aperçoit un bout de mer en se penchant un peu. Une nouvelle annexe avec une vingtaine de chambres modernes (18 avec vue sur la mer), un resto (voir « Où manger à Châtelaillon-Plage et dans les environs ? ») et un bar. Le tout idéalement situé face à la mer... et à la plage.

Où dormir dans les environs ?

Aire naturelle La Cabane des Frênes : *chez M. et Mme Charbonnier, Le Marouillet, 17340* ***Yves.*** *☎ 05-46-56-41-31. • contact@la-cabane-*

des-frenes.fr • la-cabane-des-frenes.fr • À 8 km de Châtelaillon ; suivre direction « Le Marouillet », puis c'est indiqué. Ouv juin-fin sept. Camping 16-21 €. Située au cœur des marais côtiers, en « zone remarquable » et à 6 km de la réserve naturelle d'Yves (fermé pour travaux), cette petite adresse familiale ravira les amoureux de la vraie nature. Dans ce secteur, en effet, tout n'est que ravissement : marais à gauche, marais à droite, oh, un bel échassier, oh, un drôle d'oiseau sauvage ! Côté infrastructures, l'aire de camping est très simple et manque un peu d'ombre mais on a accès à un point d'eau, à l'électricité et à des sanitaires communs. Vente de produits de la ferme (légumes et œufs). Piscinette hors-sol pour se rafraîchir.

Où manger à Châtelaillon-Plage et dans les environs ?

De bon marché à prix moyens

Bains des Fleurs : *76, bd de la Mer, à Châtelaillon. ☎ 05-46-56-00-58. • contact@bainsdesfleurs.fr • Tlj sauf lun ; service continu w-e et vac scol. Congés : 1 sem en juin et 3 sem fin nov-mi déc. Résa indispensable en saison. Carte 15-20 €.* Cette ravissante maison au charme désuet, à la façade toute bleue sur le front de mer, abrite une honorable crêperie. Pas mal de choix à la carte : crêpes et galettes classiques ou plus audacieuses, toujours copieuses et à base de produits frais. Il y en a vraiment pour tous les goûts ! Un très bon plan.

Saveurs Nacrées : *34, rue du Port, **Les Boucholeurs,** 17340 **Yves.** 06-74-59-15-47. • fabrice.marie17@hotmail.fr • En principe, tlj en saison ; plus restreint hors saison, appeler avt ; en hiver, vente à emporter seulement. Congés : oct-mars. Carte env 20 €. Café offert sur présentation de ce guide.* Une cabane à huîtres des Boucholeurs qu'on a beaucoup aimée. D'abord pour sa terrasse perchée comme une vigie, offrant une vue sur la baie d'Yves, la presqu'île de Fouras et l'île d'Aix... Mais aussi pour ses formules huîtres et fruits de mer à prix d'ami, servies avec le sourire. N'hésitez pas à poser vos questions à Fanny Marié, l'ostréicultrice propriétaire des lieux, qui vous expliquera tout sur ses huîtres nées sur place et 100 % naturelles.

L'Ambiance Cabane : *8, rue de l'Océan, **Les Boucholeurs,** 17340 **Yves.** 06-84-62-07-97. • lambiancecabane@gmail.com • Tlj sauf dim soir et lun en hte saison ; en moyenne saison, ouv seulement le midi ; en hiver, vente seulement à emporter. Carte env 20 €. Un verre de vin blanc offert sur présentation de ce guide.* Sur le chemin du littoral, une autre cabane ostréicole jouissant d'une vue magnifique sur la baie d'Yves. C'est un vrai plaisir d'y déguster huîtres, crevettes, moules, sardines et autres fruits de mer, les yeux perdus vers le large...

De prix moyens à chic

Les Flots : *52, bd de la Mer, à Châtelaillon. ☎ 05-46-56-23-42. • contact@les-flots.fr • Tlj sauf mer. Menus 32-52 € ; carte env 38 €.* Un resto au charme discret avec beau parquet, tables et chaises en bois. Il y règne un parfum de bistrot marin tourné vers le large. Quelques tables ombragées face à la mer. Cuisine qui s'inspire de recettes traditionnelles, dont la fraîcheur est assurée par une sélection rigoureuse de produits régionaux. Pâtisseries maison et bon choix de vins servis au verre. Service un peu débordé quand le resto affiche complet, ce qui arrive souvent car sa réputation a largement dépassé les limites de Châtelaillon.

Gaya, Cuisine de bords de mer et Le Bistrot de la Grande Terrasse : av. de La Falaise, à Châtelaillon.

LA CHARENTE-MARITIME

☎ *05-46-56-54-30.* • *gaya.larochelle@la-grande-terrasse.com* • ♿ *Tlj midi et soir. Résa conseillée. Au resto gastronomique, menu 105 € ; carte env 75 €.* Ce complexe thermal et hôtelier accueille, pour la 1re fois en province, le chef triplement étoilé Pierre Gagnaire, dans une réplique de son restaurant parisien *Gaya.* Dans un cadre marin, on se régale d'une cuisine de la mer raffinée, aux cuissons millimétrées. Côté *Bistrot de la Grande Terrasse,* l'ambiance est plus informelle et les prix plus accessibles. Superbe terrasse, largement ouverte sur la mer, avec l'île d'Aix en ligne de mire. Sur place, l'hôtel *MGallery by Sofitel* (chic et cher !) est doté d'un spa Nuxe délicieusement reposant ; de l'autre côté de la route, l'hôtel *Ibis Styles* (aux prix plus raisonnables) offre lui aussi piscine et spa.

Où boire un verre ?

Le Comptoir de l'Océan : *65, bd de la Mer.* ☎ *05-46-56-22-46.* ♿ *Tlj sauf mar et dim soir en hte saison ; sinon, fermé dim soir, lun soir et mar-mer. Congés : de fin oct à mi-fév. Bière 3 € ; cocktail env 8,50 €. Apéritif offert sur présentation de ce guide.* Bar de plage franchement sympa avec sa belle terrasse sur le sable... On y vient pour boire une bière ou un cocktail dans une ambiance gentiment branchée... Quelques planches pour grignoter. Des DJs sont souvent invités à mixer. Magique au soleil couchant !

À voir. À faire

Station balnéaire au charme certain, Châtelaillon compte quelques ***jolies villas,*** à découvrir le temps d'une balade nostalgique le long du front de mer ou dans les rues situées à l'arrière. Ensemble remarquablement préservé ! Sinon, un sentier de 11 km avec bornes historiques et patrimoniales a été aménagé pour découvrir la station.

La plage des Boucholeurs et les parcs ostréicoles : en été, une visite à la découverte des oiseaux du rivage sur l'estran et d'une cabane ostréicole est organisée par l'office de tourisme *(compter 9 € ; réduc).*

– Également des sorties de ***pêche à pied,*** en partenariat avec *Nature Environnement 17,* où un animateur vous enseignera les précautions à prendre pour découvrir et pêcher à marée basse moules, palourdes, bigorneaux, berniques, anémones, etc. *(infos et inscriptions à l'office de tourisme ; tarif : 7 €, réduc enfant).*

Diverses possibilités de ***balades à vélo*** (libres) sur *La Vélodyssée* dans les environs de Châtelaillon.

– Également une ***visite théâtralisée*** en compagnie d'un comédien à la découverte de la station balnéaire *(ts les lun mat en été ; 9 €/pers, réduc).*

Manifestations

– ***Festival de Cerfs-volants :*** *w-e de Pâques, sur la plage.*
– ***Châtel en fête :*** *1er w-e de juil.* Grande manifestation pour ouvrir la saison estivale.
– ***Sorties de plage :*** *juil-août. Programme disponible à l'office de tourisme.* Nombreuses animations gratuites, concerts, bals et spectacles jeune public.
– ***Les Boucholeurs en fête :*** *1er août.* Grande fête traditionnelle des huîtres, des moules, avec éclade géante, concerts et chants de marins.

DANS LES ENVIRONS DE CHÂTELAILLON-PLAGE

La réserve naturelle du marais d'Yves : *à env 6 km de Châtelaillon-Plage, en bordure de la D 137. ☎ 05-46-56-41-76. • marais.yves.reserves-naturelles.org • Centre nature du marais d'Yves : ouv 15 mn avt le départ des visites (voir programme sur le site). Visite découverte à thème : 8 € ; réduc ; gratuit moins de 8 ans et à partir du 2e enfant. Nombreuses activités spécialement conçues pour les enfants (6-10 ans) : « Safari Junior », « Busard prête-moi ta plume », « Les oiseaux de la baie », « Les petites bêtes de l'eau », etc. ; tarif : 5,50 € enfant, 4,50 € accompagnateur.* ***Des travaux sont prévus en 2022, les visites seront perturbées. Un programme d'animation sur les mêmes thématiques est prévu, se renseigner sur le site.*** Différentes sorties suivant une grande variété de thèmes : observation ornithologique, à pied ou à vélo, à cheval, en kayak... Située sur l'une des principales voies de migration, la réserve est un des sites du littoral atlantique où l'observation de la faune est la plus facile. Vaste espace naturel d'environ 200 ha de marais, de dunes et de lagunes, très riche en biodiversité (nombreux oiseaux sauvages, fleurs, papillons...).

FOURAS-LES-BAINS

(17450) 4 045 hab. *Carte Charente-Maritime, B2*

À l'entrée de la presqu'île, point d'embarquement pour l'île d'Aix, Fouras (le *s* ne se prononce pas !) n'était jusqu'au XIXe s qu'un modeste village de pêcheurs, fier de son fort Vauban... Ce n'est qu'avec le Second Empire et la vogue des bains de mer que Fouras trouvera sa vocation de station balnéaire familiale et tranquille, avec quelques belles plages, une esplanade, un casino... Moins connue que Royan, Ré ou Oléron, la localité est aussi plus calme en été, tout en restant proche de l'archipel charentais et des villes de Rochefort ou La Rochelle. On apprécie son cachet, relativement préservé, ses vieilles villas, ses cabanes de pêche (les fameux « carrelets »), ses parcs ostréicoles et son panorama sur le fort Boyard depuis la pointe de la Fumée.

Adresses et infos utiles

Office de tourisme Rochefort-Océan : *av. d'Aix. ☎ 05-46-84-60-69. • rochefort-ocean.com • Avr-sept, tlj 10h-12h30, 14h-18h (10h-13h, 14h-18h30 juil-août) ; le reste de l'année, lun-ven, plus sam pdt vac scol (voir les horaires sur le site).* Propose la carte *Privilège Rochefort Océan* (tarifs préférentiels sur différents sites et boutiques). Sorties ornithologiques à vélo encadrées par un accompagnateur de la Ligue pour la protection des oiseaux *(9 €),* visites des parcs ostréicoles *(7 €),* visites théâtralisées « Les fantômes du passé » et « Belles toilettes et tricots de peau » *(9,60 €),* sorties botaniques *(8 €),* visite du fort Énet à pied et à marée basse *(8 €, voir plus loin),* etc. Accueil très pro et souriant.

Embarquement pour l'île d'Aix : *par le bac, à la pointe de la Fumée. ☎ 0820-16-00-17 (0,15 €/mn). • service-maritime-iledaix.com • Départ tlj et tte l'année, ttes les heures selon marées. Prévoir 30 mn de traversée. Tarifs A/R : 15,50 €/pers avr-sept, 10,20 € oct-mars ; réduc enfants. Vente au guichet sur le quai et à l'office de tourisme.* On vous rappelle que les voitures sont interdites sur l'île d'Aix et que le parking du port d'embarquement est hors de prix : prévoir environ 0,30 € pour 15 mn (1re demi-heure gratuite), puis 16 €/j. Pour info, les aires de stationnement alentour sont hérissées d'horodateurs ou réservées aux ostréiculteurs. Le mieux est encore de se garer au parking (gratuit) de la prairie du Casino (à 1 km de l'embarcadère, soit 15 mn à pied). Sinon, il faut s'éloigner du port... Un bus assure régulièrement la liaison centre-ville (mairie)-pointe de la Fumée.

■ **Location de vélos :** *Le Kiosque, pl. Carnot (face à l'église). 06-66-90-88-14.* Carte des liaisons cyclables de Rochefort-Océan disponible à l'office de tourisme.

– **Marché couvert et halle aux poissons :** *tlj, tte l'année, rue de la Halle.*

– **Marché de nuit :** *sam soir en été.*

Où dormir ?

Campings

Camping municipal Le Cadoret : *bd de Chaterny. ☎ 05-46-82-19-19. • campinglecadoret@fouras-les-bains.fr • campings-fouras.com • Ouv tte l'année (avr-oct pour le locatif). Compter 20-32 € pour 2. 330 empl.* Un vaste camping super équipé, qui n'a pas volé ses 3 étoiles : piscine chauffée, terrain multisports, ainsi que des emplacements bien délimités et pour certains face à la mer. Snack indépendant en face. Dépôt de pain. Animations pour petits et grands en saison. À proximité, *fun golf*, voile, kayak de mer. Et excellent accueil, ce qui ne gâche rien !

Camping municipal de l'Espérance : *route de l'Espérance. ☎ 05-46-84-24-18. • camping-de-lesperance@orange.fr • camping-fouras.com • Ouv de mi-juin à début sept. Compter 15-16 € pour 2.* Dans un secteur tranquille et les pieds dans l'eau, un camping 1-étoile simple et bien tenu, qui s'étend le long d'une plage sauvage (accès direct). Ambiance très nature, pas de mobile homes ni d'équipements. Idéal pour les amateurs de pêche à pied (la baie est à sec à marée basse). Très prisé des Allemands et autres touristes venus du froid.

De prix moyens à plus chic

Grand Hôtel des Bains : *15, rue du Général-Brüncher. ☎ 05-46-84-03-44. • hoteldesbains@wanadoo.fr • grandhotel-desbains.fr • Doubles 75-146 € avec ou sans accès au spa ; familiales ; petit déj 12,90 €. Parking payant (15 €). Apéritif maison offert sur présentation de ce guide.* Au cœur de la ville et à 50 m de la plage, cet ancien relais de poste modernisé a conservé une belle façade. Organisées autour d'un joli patio (où on peut prendre son petit déj en été), des chambres de styles très différents, pour tous budgets. De la petite économique dans une aile ancienne aux plus luxueuses décorées avec un sens du détail enthousiasmant, on trouvera à prix moyens des chambres refaites, spacieuses, avec parquet, literie neuve, et beaucoup de luminosité. Piscine intérieure, hammam et sauna. En prime, un accueil excellent.

Hôtel La Roseraie : *2, rue Éric-Tabarly. ☎ 05-46-84-64-89. • hotellaroseraie@orange.fr • hotel-fouras.com • Tte l'année. Doubles 50-106 € ; familiales.* Un petit hôtel sympathique, au cadre intime, qui dispose d'une vingtaine de chambres colorées et toutes différentes. Les plus chères jouissent d'une agréable terrasse côté océan, avec vue sur la plage et le port Nord. Petit déj servi en salle ou dans le jardin fleuri. Parking public juste en face.

Hôtel Le Galet Bleu : *20, rue du Général-Brüncher. ☎ 05-46-84-22-62. • contact@hotel-galet-bleu-fouras.com • hotel-galet-bleu-fouras.com • Resto tlj en saison. Doubles 88-132 € ; familiales. Carte env 30 €. Café ou limoncello offert sur présentation de ce guide.* Un tout petit hôtel familial du centre, situé à 2 pas de la grande plage. Une douzaine de chambres simples, d'un blanc lumineux, insonorisées et fort bien tenues. Nos préférées se trouvent au 2e étage. Belle familiale en duplex également. Resto sympathique, qui se transforme en salon de thé l'après-midi. Une adresse chaleureuse en toute saison, à l'accueil sincère.

Où manger ?

Bon marché

La Cabane à Jules : bd de la Fumée. ☎ 05-46-84-67-02. • romain-thebault@orange.fr • Tlj midi et soir en saison. Assiettes de fruits de mer 7-12 €. Vente d'huîtres tte l'année. Cette cabane ostréicole reprise par une bande de jeunes propose de réjouissantes dégustations d'huîtres de Fouras et de fruits de mer de la région. On s'installe face à la mer en profitant d'une superbe vue sur le sémaphore et les îles. Accueil vraiment sympa et tarifs modérés.

De prix moyens à plus chic

La Fumée : pointe de la Fumée. ☎ 05-46-84-60-38. • restaurant.lafumee@wanadoo.fr • Tte l'année, tlj. Le midi en sem, formule 22 € et menus 29,50-35 € ; carte 35 €. Cadre bien agréable, tout en bois lasuré, avec une véranda offrant une vue imprenable sur le large et le fort Boyard. Remarquez les belles maquettes du *Belem* et du *Victory* à l'entrée. Une table réputée pour ses copieux plateaux de fruits de mer, d'une fraîcheur incomparable et parmi les meilleurs de la région, mais aussi pour ses brochettes de lotte et de Saint-Jacques persillées (selon saison). Bon vin au pichet à tarif très abordable. Une adresse touristique mais au service impeccable et dévoué. Mieux vaut toutefois privilégier les menus pour réduire l'addition. Grande terrasse au soleil.

Chez Laurent : sq. des Franches. ☎ 05-46-83-38-89. • chezlaurent.traiteur@gmail.com • Tlj sauf lun, plus mar hors saison. Congés : 1er janv, Toussaint et 25 déc. Menus 26-29 € ; carte env 30 €. On vient d'abord pour la vue, qui s'ouvre sur la plage sud et les îles au loin. Et l'on revient pour la mouclade, cuisinée ici de belle manière (traditionnelle, vous dira-t-on !), avec pineau et curry doux, le tout légèrement gratiné au four. Également des huîtres qui sortent tout juste de l'eau, une fondante seiche à l'américaine (un régal !), ainsi que du poisson grillé... Service un peu débordé en saison.

À voir. À faire

– La carte *Privilège Rochefort Océan* propose transports et sites à prix réduit. Se renseigner à l'office de tourisme.

Le fort Vauban : *esplanade de la Légion-d'Honneur. Parking gratuit.* Construit sur les fondations d'un ancien château fort et autour du donjon du XVe s, le fort Vauban de Fouras fait partie de cet ensemble défensif de bastions gardant l'estuaire de la Charente et l'arsenal de Rochefort, construits au XVIIe s par les Vauban, Montalembert et Ferry, et complétés au XIXe s sous l'impulsion de nos 2 empereurs. Il servit de sémaphore jusqu'en 1939. De la plateforme du sommet du donjon *(127 marches ; accès 2 €)*, superbe point de vue sur les îles d'Oléron, de Ré, d'Aix, et sur toutes les fortifications plantées çà et là : redoute de l'île Madame, fort Énet, fort Lupin et, par temps clair, fort Boyard et citadelle du Château-d'Oléron...

Dans ce fort se trouve le ***musée de Fouras*** : *☎ 05-46-84-15-23. • musee-fouras.fr • Juin-3e w-e de sept, tlj sauf lun 10h-12h, 15h-18h30 ; vac scol, tlj sauf lun 14h30-17h30 ; le reste de l'année, seulement w-e et j. fériés 14h30-17h30. Entrée : 4,50 € ; réduc ; terrasse panoramique incluse. Visite guidée en saison, tlj sauf lun à 14h : 7,50 €. Visite théâtralisée dim soir en été, « Le Dernier Vol de l'aigle » : 9,60 € ; réduc.* Musée éclectique qui retrace l'histoire de Fouras au travers de l'histoire militaire, de l'histoire balnéaire, du monde maritime et de ses artistes locaux. En tout, on visite 10 salles au cœur de l'ancien donjon avant de terminer par la terrasse panoramique. Expos temporaires aussi.

Le fort Énet : *2h d'excursion à pied, à marée basse. Rens à l'office de tourisme pour les horaires de traversée (les horaires d'ouverture en dépendent) ou au ☎ 05-46-99-08-60. Compter 8 € ; réduc.* Fort construit en 1812. C'est surtout l'occasion de faire une excursion sympa, façon boy-scout, puisqu'on y va à pied lorsque la mer s'est retirée (bottes vivement conseillées !).

➢ D'avril à septembre, l'office de tourisme propose plusieurs ***balades et visites,*** à pied ou à vélo *(compter 7-9 € avec ou sans vélo),* pour découvrir les oiseaux des marais, la botanique, l'ostréiculture...

Cap sur le fort Boyard, pardi ! : avec **Croisières Fourasines** ou **Croisières Alizé,** au départ de la pointe de la Fumée *(avr-sept ; résa, obligatoire en saison, à l'office de tourisme, au 📱 06-17-92-81-65 – Croisières Fourasines – ou au 📱 06-62-68-81-69 – Croisières Alizé).* Accueil très sympa, en famille. ***Boyard Croisière*** propose par ailleurs en été des sorties en catamaran vers le fort Boyard et des balades pour admirer le coucher du soleil *(à 19h30 ; 2h30 ; accessible ♿).* Renseignements à l'office de tourisme.

– ***Loisirs nautiques : École de voile*** *(au port Nord, ☎ 05-46-84-61-66 ; ouv tlj).* Optimist, catamarans, planches à voile... ***Antioche Kayak*** *(📱 06-63-20-51-44),* kayaks, canoës, pirogues de mer et de rivières, *stand up paddles.*

Manifestations

– ***Festival des Rencontres des arts fous :*** *événements en juin et juil.* ● *rencontresdesartsfous.org* ●
– ***Symphonie d'été :*** *3 j. en août.* Festival de musique classique.
– ***Nuit des carrelets :*** *fin août.* Dans l'estuaire de la Charente, comédiens, musiciens et pêcheurs invitent à l'exploration des rives du fleuve et des carrelets des presqu'îles de Fouras et Port-des-Barques.
– ***Fort Boyard Challenge :*** *oct.* ● *fortboyardchallenge.fr* ● Windsurfs, *stand up paddles* et pirogues polynésiennes ; le festival multiglisse nautique français !

L'ÎLE D'AIX

(17123) 215 hab. *Carte Charente-Maritime, B2*

Si mignonne île d'Aix, toute verte et maritime, toute petite et si loin de tout... Pépite d'à peine un demi-kilomètre sur 3, que la négligente Charente-Maritime aurait laissé tomber de sa poche. Un fort à chaque extrémité et, au sud, derrière de bas remparts, 3 ou 4 larges rues aux maisonnettes bordées de roses trémières... Le reste à la nature. L'île offre un superbe camaïeu de paysages : espaces ostréicoles et marais, plages, vignes, prairies, bois et forêts, côtes sauvages, criques secrètes... Son histoire a produit quelques jolis bébés baptisés...

LA BARONNE EST BIEN BONNE

C'est en épousant l'arrière-petit-fils du général Gourgaud (oui, le fidèle aide de camp de Napoléon) qu'une riche Américaine tomba follement amoureuse de l'île d'Aix dans les années 1920. Aussitôt, la généreuse et excentrique baronne Gourgaud consacra sa fortune à transformer l'île en un joyau balnéaire. Elle fit restaurer la maison du Gouverneur, fonda le Musée africain et alla jusqu'à badigeonner de rose (sa couleur préférée) les façades et même... les routes ! À sa mort, elle eut encore l'élégance de laisser ses dollars sur un compte bloqué pour perpétuer son œuvre. Thanks, Lady !

Napoléon (il y en a encore !). Ici, pratiquement pas de voitures, mais beaucoup de monde en été. Avec une telle affluence, l'île d'Aix se mérite... ou plutôt se paie. Prévoir un sérieux budget pour les parkings, la traversée, les vélos... Autre avertissement, vital : hors saison, il n'y a pratiquement plus d'infrastructures et un seul resto ouvert (à l'entrée du village). Certains jours (généralement le lundi), vous trouverez porte close quasiment partout, et sachez que l'épicerie est ouverte seulement le matin en hiver (mais pas le mercredi !). Pensez au pique-nique ou contactez l'office de tourisme pour connaître la liste des établissements ouverts. Allez-y depuis Fouras (liaisons toute l'année) ou Rochefort (d'avril à octobre), ou passez en saison par l'île d'Oléron, La Rochelle, l'île de Ré, Bourcefranc-le-Chapus ou La Tranche-sur-Mer, ce qui permet de faire le tour du célèbre fort Boyard.

UN PEU D'HISTOIRE

Comme ses voisines Ré et Oléron, l'île d'Aix connut bien des péripéties. Invasions romaines, barbares, normandes puis anglaises et guerres de Religion se succédèrent jusqu'à ce que Louis XIV mette un peu d'ordre dans tout ça. Il fait alors d'Aix une petite île bien de chez nous, notamment en la dotant de ***fortifications, remparts, douves et pont-levis...*** qui furent pris d'assaut en 1757 en un temps record (53 mn), puis détruits par nos ennemis héréditaires, ces diables d'Anglais ! Anecdote amusante : une partie de la construction des fortifs fut supervisée par le sieur Choderlos de Laclos, auteur des peu morales *Liaisons dangereuses* – comme quoi les militaires peuvent aussi être fins psychologues. Mais c'est en réalité aux ingénieurs du Premier Empire qu'on doit les fortifications actuelles, même si l'architecture reste globalement « vaubanesque ». Au début du XIXe s, Napoléon flanqua toute la façade ouest de batteries côtières, notamment le fort Liédot, qui garde le nord de l'île.

Un hôte illustrissime

C'est encore à l'Empereur que l'île d'Aix doit son intérêt historique particulier. Il y débarque une 1re fois en flambard le 5 août 1808, histoire de vérifier l'état des défenses antianglaises. Par la même occasion, il ordonne la construction d'une maison du Gouverneur. Le bougre ne se doutait pas qu'il y emménagerait bien malgré lui 7 ans plus tard, au terme des Cent-Jours et après le fiasco de Waterloo.

> **L'HÉSITATION DE NAPOLÉON**
>
> *Après la catastrophe de Waterloo, Napoléon s'enfuit sur l'île d'Aix. Là, 2 frégates l'attendent pour le convoyer vers les États-Unis. L'Empereur hésitera 5 jours, sans raison. Les bateaux anglais auront alors le temps de l'intercepter. Les Britanniques l'exileront à Sainte-Hélène. Pour toujours.*

Coincé à Rochefort et ne pouvant prendre le large, il embarque à Fouras le 8 juillet 1815 pour gagner l'île d'Aix. Ce fut l'un des plus émouvants épisodes de l'épopée napoléonienne : à marée basse, il fallut porter l'Empereur jusqu'à la chaloupe. Et c'est à dos de matelot (et pas n'importe lequel : le matelot Beau, oui, M. Beau, il s'agit bien d'un patronyme, non d'un sobriquet) que celui-ci s'éloigna de la grève sous les vivats de la foule. Il sera à nouveau acclamé sur l'île d'Aix, où il pose la botte le temps d'une ovation, à l'aube du 9 juillet. Enfin, le 12, il décide de s'installer sur l'île avec quelques proches et fidèles, dont son aide de camp, le général Gourgaud, à qui, plus tard, il dictera ses fameux *Mémoires* à Sainte-Hélène. Et c'est ici, dans la maison du Gouverneur de l'île d'Aix, qu'il rédige le 13 juillet 1815 sa lettre de reddition au prince régent. Écoutez ça : « J'ai terminé ma carrière politique, et je viens, comme Thémistocle, m'asseoir au foyer du peuple britannique. Je me mets sous la protection de ses lois, que je réclame de Votre Altesse Royale, comme du plus puissant, du plus constant, du plus généreux de mes ennemis. » Son frère Joseph, lui, n'hésita pas à prendre un bateau pour Philadelphie. Là, grâce au trésor volé à la couronne d'Espagne, il vécut dans l'opulence pendant 18 ans.

Comment y aller ?

Embarquement pour l'île d'Aix : *à la pointe de la Fumée, à **Fouras-les-Bains.** ☎ 0820-16-00-17 (0,15 €/mn). ● service-maritime-iledaix.com ● Voir « Adresses et infos utiles » à Fouras.* En saison, on peut prendre le bateau à La Rochelle avec ***Navipromer*** *(☎ 05-46-34-40-20 ; 📱 06-08-31-04-62 ; ● navipromer.com ●)*, une bonne petite agence ; sinon également avec ***Inter-Îles*** *(☎ 05-46-50-55-54 ; ● inter-iles.com ●)* au départ de La Rochelle, Saint-Martin-de-Ré, La Tranche-sur-Mer ou de l'île d'Oléron (Boyardville ou Saint-Denis). Autre possibilité avec ***Croisières Alizé*** (départs de Bourcefranc-le-Chapus ou La Tremblade) ou encore ***Croisières Fourasines*** : avr-sept, de Port-des-Barques tlj, tour du fort Boyard avec escale sur l'île d'Aix. De Rochefort, avr-oct tlj, croisière au départ du ponton de la Corderie royale vers l'île d'Aix, avec approche du fort Boyard. Escale de 4-5h sur l'île. Retour le soir vers 18h à Rochefort. D'autres compagnies privées assurent également ces liaisons.

Adresses utiles

Office de tourisme Rochefort-Océan : *6, rue Gourgaud. ☎ 05-46-83-01-82. ● rochefort-ocean.com ● Dans la rue principale, en arrivant. Avr-sept, tlj ; oct-mars, le mat mar-sam (horaires sur le site).* Infos sur la trentaine de meublés à louer (consultable sur Internet). Visites guidées et rallye patrimonial.

Location de vélos : très conseillé si l'on n'a pas le temps ni le courage de faire le tour de l'île à pied. La petite agence ***CyclAix*** *(rue Marengo ; ☎ 09-66-85-58-23 ; avr-début nov ; compter env 8 €/h ou 13 €/j. en hte saison)* propose un excellent matos et l'accueil est adorable. Également ***C'est Aixquis*** *(pl. d'Austerlitz ; ☎ 05-46-84-68-27).*

Où dormir ?

Très peu d'offres d'hébergement. Et pourtant, passer la nuit à Aix pour profiter de son calme retrouvé est vraiment extraordinaire ! En plus des adresses citées ci-dessous, ***une chambre d'hôtes et des meublés à louer dans le village.*** S'adresser à l'office de tourisme ou consulter son site internet.

Camping

Résidence Pierre et Vacances : *fort de la Rade. ☎ 05-46-84-28-28. ● reception.iledaix@groupepvcp.com ● pierreetvacances.com ● À 200 m du débarcadère. Ouv mai-sept. Forfait emplacements 20-25 € ; 4 €/j. pour tte pers supplémentaire. Apparts 2-6 pers.* Dans l'enceinte même du site classé du fort de la Rade, un terrain bien ombragé mais assez sommaire. À proximité : tennis, voile, pétanque. Piscine chauffée *(juin-sept).*

Chic

Hôtel Napoléon – Restaurant L'Insulaire : *1, rue Gourgaud. ☎ 05-46-84-00-77. ● contact@*

hotel-ile-aix.com • hotel-ile-aix.com • Ouv fin mars-début nov. Doubles 90-140 € ; familiales. Carte env 30 €. Ambiance cool et dépaysement garanti dans cet hôtel plein de charme ! C'est ici que Simenon vint cacher son chagrin d'amour pour Joséphine Baker. La déco mêle esprit classique et design contemporain, et les 18 chambres se révèlent aussi élégantes que confortables. Au resto, cuisine de marché à tendance bistronomique, servie sur une vaste terrasse ou dans la salle contemporaine. Pas mal de produits locaux, avec fruits de mer ou poisson en vedette. Excellent accueil.

Où manger ? Où boire un verre ?

Si vous comptez visiter l'île d'Aix dans la journée, la meilleure solution (et la plus économique) pour se sustenter est d'emporter un pique-nique, à déguster dans les nombreux recoins de nature ou sur la plage. Si vous voulez manger rapidement et pas cher, il y a toujours le ***Snack Aix'Press*** tenu par Lionel Largeault, le vigneron de l'île, rue Marengo – l'occasion en prime de goûter son vin –, ou la cabane à huîtres ***Chez Franck,*** à la sortie du village. Sinon, on aime bien le snack-resto ***Bar Beau Teint*** *(tlj 8h-minuit en saison),* où l'on peut avaler burgers, tartares et salades au comptoir, ou encore acheter un sandwich à emporter. Bières artisanales d'Aix pour les assoiffés.

Isola Nostra : *à l'entrée du hameau de Bois-Joly. 06-44-02-78-13. • isolanostra17@gmail.com • En sortant du bourg par la porte de l'Église, c'est à 300 m des remparts. Ouv avr-Toussaint. Tlj midi et soir en été ; ts les midis hors saison, plus le soir jeu-sam. Carte env 25 €. Café offert sur présentation de ce guide.* Une vraie bonne adresse, tenue par Pierre-Alexandre Roussel, un jeune chef aixois ayant à cœur de faire vivre son île. Produits frais de rigueur et locaux autant que possible : poisson de la criée de La Rochelle, huîtres et fruits de mer des pertuis, viande de Charente-Maritime (maturée sur place)... Mais aussi moules marinière, poulpe grillé, calamars en persillade, et même des pizzas (le soir). Tout est cuisiné dans un grand four dernière génération. Belle terrasse, qui prend ses aises dans le jardin. Notre coup de cœur à l'île d'Aix !

Les Paillotes : *à l'entrée du hameau de Bois-Joly. ☎ 05-46-84-66-24. 06-09-70-44-37. • lespail lotes@wanadoo.fr • En sortant du bourg par la porte de l'Église, c'est à 300 ou 400 m des remparts. Tte l'année, tlj 9h30-15h30, 19h-22h30. Carte 20-25 €.* Une adresse au cadre agréable, qui profite d'une jolie terrasse ombragée depuis laquelle on peut admirer la mer. Étape idéale pour boire un verre ou manger une crêpe après avoir fait le tour de l'île. Beaucoup de monde les soirs d'été, qui s'agite jusque fort tard. Chouette ambiance.

Brasserie de l'île d'Aix – L'Amer Insulaire : *rue Quai-aux-Vivres. 06-65-15-59-38. • la.bras serie.de.lile.daix@gmail.com • Tlj 11h-19h en saison. Congés : oct-mars.* Cette excellente brasserie artisanale propose quelques tables en terrasse pour goûter à ses différentes bières maison. Pas moins de 7 cuvées en tout, comme la Sable d'Or ou la Boie Jolie, nos préférées. Vente à emporter également (packs de 3 bouteilles).

À voir

– Noter qu'il existe la carte *Privilège Rochefort Océan,* valable dans les musées de l'île et pour les visites guidées organisées par l'office de tourisme Rochefort-Océan.

Le musée Napoléon : *maison du Gouverneur, 30, rue Napoléon. ☎ 05-46-84-66-40. • regie.ile-aix@rmn.fr • Avr-sept, tlj 9h30-12h30, 14h-18h (dernière* *entrée à 17h15) ; oct-mars, tlj 9h30-12h, 14h-17h (dernière entrée à 16h15). Entrée : 3 € ; réduc ; gratuit moins de 26 ans et pour tous le 1er dim du mois.* Il fallait bien sûr qu'un musée fût consacré à Napoléon. Dans cette grande maison bourgeoise que Napoléon fit bâtir pour le gouverneur en 1808, et dans laquelle il séjourna (voir « Un peu d'histoire »), d'intéressants portraits, bustes et objets divers ayant trait au grand homme et à ses maréchaux.

À l'entrée, belle collection de 40 pendules Premier Empire ou Louis-Philippe, inspirées de la vie de Napoléon, toutes arrêtées à l'heure de la mort de l'Empereur, soit 17h49 ! On peut aussi voir la chambre qu'il occupa, avec le fac-similé de la fameuse lettre de reddition du 13 juillet 1815. Sans oublier un billet d'entrée à Notre-Dame pour le baptême du roi de Rome (1810) ou le lit du général Gourgaud pendant l'exil de l'Empereur. Quelques gravures ou toiles sur les derniers instants : *Les Cent Pas* à Sainte-Hélène et scènes funèbres autour du lit mortuaire. Dans la série « reliques de l'Empereur », signalons le voile de crêpe du retour des Cendres de l'Empereur de 1840 et le fragment du cercueil de Napoléon ! Celui-ci fut purement et simplement partagé à bord de *La Belle Poule,* chargée en 1840 de rapatrier les cendres du défunt en France. Enfin, série de fourneaux à pipe en porcelaine décorés de scènes de la vie militaire et collection de cartes postales anciennes.

Le Musée africain : *rue Napoléon toujours, quasiment face au musée Napoléon. Mêmes tél, horaires et tarifs que le musée Napoléon.* ***Attention, fermé pour travaux, réouverture au printemps 2022 (sous réserves).*** Explorateur dans les années 1920 et 1930 d'une Afrique noire encore vierge (Zaïre et Kenya principalement), l'arrière-petit-fils du général Gourgaud en rapporta trophées et pièces d'ethnologie. Son musée n'avait pratiquement pas bougé depuis ! Naturalisés à Londres, les gorilles, le rhino, la hyène et le pangolin (étrange animal griffu à carapace d'écailles, tristement célèbre depuis l'épidémie de Covid-19), entre autres, témoignent de ces voyages aventureux. Annotations d'époque souvent rigolotes (en ce qui concerne les koudous, par exemple), même si les grands massacreurs, présentés alors comme explorateurs ou aventuriers, ne feraient plus rire personne aujourd'hui. Clou du musée, le dromadaire que Bonaparte montait pendant sa campagne d'Égypte. Et un dodo, cet oiseau si gentiment dodu de l'île Maurice dont la race s'est éteinte à jamais au XVIIe s, victime... de l'appétit des marins hollandais et de ses ailes trop courtes pour lui permettre de s'envoler. Enfin, d'affreux pieds et oreilles d'éléphant, exposés en vitrine comme des pots de fleurs, pathétiques trophées... Au moins produisent-ils peut-être l'effet inverse de celui recherché : nous dégoûter (à jamais ?) de perpétrer pareil massacre. En tout cas, on attend impatiemment la réouverture de ce musée émouvant.

La Maison de la nacre : *boutique Gallet Nacres, pl. de l'Église. ☎ 05-46-84-66-17. Juil-août, tlj 10h-17h30 ; avr-juin et sept, tlj 10h-12h, 13h30-16h30 ; dernière entrée 30 mn avt. Entrée : 4 € ; réduc ; gratuit jusqu'à 15 ans. Audioguide 4 €.* C'est sans doute le dernier, en tout cas l'un des derniers ateliers de travail de la nacre en France (depuis 1954). La nacre, après avoir été écroûtée, satinée et polie, révèle son irisation. Elle est ensuite utilisée pour la création d'objets ou de bijoux. On peut observer le travail d'Hervé Gallet de l'extérieur, puis enchaîner sur la visite du petit musée. Des vitrines et des vidéos y retracent la vie des mollusques marins, la constitution chimique et physique de leur coquille, ainsi que le travail de la nacre en France depuis plus de 2 siècles.

Le fort de la Rade : ne pas rater le petit *sentier du fort de la Rade* pour une bien belle balade sur le rempart en demi-lune, en attendant l'arrivée du bateau de retour par exemple. Vues sur les 2 tours du phare et le fort Boyard.

Le fort Liédot : *à l'est de l'île, dans la forêt. Juil-août, tlj 10h30-18h (visites guidées tlj 11h-14h + balades nature et ateliers créatifs 2 fois/sem selon*

LA CHARENTE-MARITIME

programmation) ; avr-début juil et fin août-sept, tlj sauf ven 12h-17h30 (3 visites guidées/sem à 14h + balades nature d'avr à début juil). Visite libre : 5 € ; guidée : 7 € ; réduc. Balades nature : 7,50 €. Livret parcours-jeu enfants. Surnommé le « fort de la Sommité » en raison de sa situation stratégique sur le point culminant de l'île, le fort Liédot est né du désir de Napoléon Ier de protéger la rade de l'île d'Aix. Mais il n'a jamais eu à tirer un seul boulet de canon ! À l'inverse, il en a reçu un bon paquet sur la tête, les militaires français l'ayant utilisé pour tester de nouveaux modèles de canons rayés. Ses casemates résistaient si bien au déluge qu'on lui accorda une 2de chance : il servira à nouveau de prison (il avait accueilli des prisonniers russes pendant la guerre de Crimée). Un emploi à temps plein cette fois-ci, si l'on en juge par le grand nombre de ses locataires... Les communards ont ouvert le bal en 1870, rejoints par les soldats allemands de la Grande Guerre, suivis par le 1er président de la République algérienne, Ben Bella, détenu avec ses compagnons de 1959 à 1961. Rien que ça ! Expo permanente « Les mystères du fort Boyard », qui retrace l'histoire de cette célèbre fortification. Expositions temporaires.

LA CHARENTE-MARITIME

À faire

– À noter, un livret-jeu à la découverte de l'île pour toute la famille. Disponible dans tous les points d'accueil Rochefort-Océan (Fouras, Aix, Rochefort). Également un parcours « Aixtemporelle » : un circuit original pour découvrir l'île.

➢ 🚶 ***Le tour de l'île :*** *env 7 km à parcourir à pied (2-3h selon votre rythme), à vélo, ou encore en calèche avec* ***Calèches de l'île d'Aix*** *(📱 06-87-23-11-49 ; tarif : 10 €, réduc ; compter 1h de balade).* Parcours très agréable le long de ce sentier entre plages, criques et sous-bois. On rencontrera d'abord les parcs à huîtres (et l'on peut s'arrêter manger quelques huîtres chez Franck, le dernier ostréiculteur de l'île) et le charmant hameau de Bois-Joly, face à la plage de l'anse du Saillant, puis des vignes et, au nord, une côte découpée de rochers et de recoins de sable. Le chemin serpente ensuite entre pins, chênes, genêts et ajoncs... On passe la minuscule anse de Baby-Plage... ou alors, on s'y glisse comme dans un secret, le temps d'une baignade. On peut ensuite redescendre par la côte ouest, le long de la Grande Plage, et regagner ainsi le fort de la Rade et le phare : la boucle est bouclée. Ou, si l'on préfère, on coupe par l'intérieur : au nord, perdu dans la forêt, se trouve le fort Liédot (voir plus haut), puis on verra des lopins maraîchers, des haies, des ormes, tout un chatoiement floral au printemps... Durant la promenade, peut-être surprendrez-vous l'échasse ou l'avocette, à moins que ce ne soit le vol de quelques aigrettes... Promenade idéale pour ceux que les longs et gros efforts rebutent (boucle de 7 km, point culminant à 9 m), à faire en toute saison. La balade en calèche, commentée par Marie, une figure de l'île, est bien fichue et on y apprend une foule d'anecdotes.

➢ 🚶 ***Napoléon, à la veille de l'exil :*** *juil-août, mar à 15h, à l'office de tourisme de l'île d'Aix. Adulte : 5 € ; réduc.* Visite théâtralisée retraçant les dernières heures de Napoléon sur l'île.

Manifestations

– ***Aix-Libris :*** *4 j. fin mai-début juin. Rens auprès de Ateliers Canopé 17, ☎ 05-46-00-34-60.* ● *aixlibris.fr* ● 4 jours consacrés au livre jeunesse, avec chaises longues sur la plage, ateliers littéraires, promenades découverte en compagnie d'auteurs...
– ***Les Vendredis d'Aix :*** *juil-août.* Musique, danse, théâtre, cirque...

ROCHEFORT (17300) 24 270 hab. *Carte Charente-Maritime, B2*

• Plan *p. 231*

Malgré son nom trompeur, Rochefort (officiellement « -sur-Mer ») se trouve à quelques kilomètres des côtes, dans une boucle de la Charente. Voici pourtant une ville éminemment maritime, encore hantée par le souvenir des fringants voiliers qui virent le jour dans son célèbre arsenal. N'oublions pas que Rochefort fut aussi le port d'embarquement de grands découvreurs, d'explorateurs et autres généraux (La Fayette). En revanche, un officier de marine à l'esprit contradictoire (on aura reconnu Pierre Loti) a préféré en faire son port d'attache : pas bête, il y était né !

Fière de son passé, Rochefort a su conserver la cohérence de son élégante architecture du XVIIe s, merveilleusement intacte. Récompense : l'attribution en 1993 du grand prix national du Patrimoine et l'obtention du label tant convoité de Ville d'art et d'histoire. On y séjourne donc avec plaisir et intérêt, d'autant plus que sa population demeure accueillante, tradition portuaire oblige. Et même si les derniers marins d'active (militaires) ont abandonné Rochefort en 2002, ses rêves ne l'ont pas quittée : une poignée de passionnés ayant fondé l'association *Hermione-La Fayette,* notamment en partenariat avec la municipalité, ont été immergés jusqu'au cou pendant 18 ans dans le chantier de reconstruction de *L'Hermione,* une frégate du XVIIIe s, avant d'avoir le bonheur de la voir traverser l'Atlantique en juin 2015.

Ville nouvelle, ville royale, ville-musée, ville thermale (on y soigne, depuis 1956, problèmes phlébologiques, rhumatismes et maladies de peau), Rochefort est également une ville nature (on n'en attendait pas moins de la patrie du bégonia !), grâce à ses marais, lagunes, jardins et conservatoires. L'ensemble a d'ailleurs été classé Grand Site de France en 2020. Sa prédominance historique et géographique est telle, dans la région, que l'on parle désormais de « Rochefort-Océan » incluant tout l'estuaire de la Charente, avec villages et marais, et s'étendant jusqu'aux « protections » de l'arsenal, telles les îles d'Aix et Madame. Avec tout cela, on comprend que Rochefort ait servi de décor de cinéma !

« NOUS SOMMES DEUX SŒURS JUMELLES... »

C'est en 1966 que Jacques Demy tourna à Rochefort, en décors réels, un hommage inoubliable à la comédie musicale américaine. Il faut dire que tout était réuni pour faire de ce film chanté, Les Demoiselles de Rochefort, une pure merveille : la présence pleine de grâce et de fantaisie de Françoise Dorléac et de Catherine Deneuve, sœurs dans la vie, et une musique géniale de Michel Legrand. Pour le film, on avait repeint de couleurs vives tous les volets de la place Colbert.

– À propos de Rochefort-Océan, signalons la mise en circulation de la carte *Privilège Rochefort Océan* (1, 2, 3 ou 7 jours), qui offre des réductions sur le réseau *R'Bus* et jusqu'à 20 % dans les musées et les sites touristiques de la région, ainsi que pour beaucoup d'activités (croisières, kayak, etc.). Disponible dans les offices de tourisme et autres points de vente. Sont concernés : les musées et visites guidées de Rochefort, la réserve naturelle d'Yves et les sites de Fouras, de Port-des-Barques, d'Échillais, de l'île d'Aix...

UN PEU D'HISTOIRE

Voici comment Érik Orsenna imagine l'origine de Rochefort : « Un auguste index posé un beau jour de 1666 sur une carte de France. » L'index est celui de Louis XIV. Et sous ce doigt, sur la carte, ne figure alors qu'un petit village tranquille. Mais sous l'impulsion de la dextre royale va y naître un ***formidable arsenal,*** le plus beau de son temps, conçu pour permettre à la Marine française de rivaliser avec celle des Anglais. Il faut dire qu'avant cela notre flotte était plutôt modeste...

Les 12 travaux de Colbert

Chargé des travaux par le roi, l'incontournable Colbert ne va pas lésiner sur les moyens. On construit d'abord la pièce maîtresse de l'arsenal : la corderie, qui sera le plus long bâtiment d'Europe (374 m !). On se rend compte que le sol est marécageux ? Qu'à cela ne tienne ! Pour l'affermir, on décide alors de construire... un radeau, sur lequel reposera le bâtiment ! (Ils sont fous ces Gaulois !) À lui seul, ce « radier » engloutit le montant total du devis.
Autour de la corderie (où l'on fabriquait les cordages, comme son nom l'indique), un chantier naval (interdit aux civils !) qui s'étend sur 2,5 km. On y trouve tous les bâtiments nécessaires à la construction et à l'équipement d'une flotte : voilerie, tonnellerie, menuiserie, fonderie, forge, rampes de lancement, mais aussi magasins, hôpital, etc. À l'écart : les poudrières, construites sans métal pour éviter que les semelles à clous des soldats ne produisent des étincelles (clin d'œil du sort : l'une d'elles est restée « explosive » puisqu'elle sert aujourd'hui de... salle de concerts de rock !). Mais tout cela ne suffit pas. ***L'arsenal de Rochefort met à contribution la France entière*** pour satisfaire les exigences royales. On fait venir les mâts des Pyrénées, les voiles d'Anjou, le goudron du Jura, le chanvre de Bretagne ou d'Auvergne... En à peine 20 ans, 120 vaisseaux, frégates et galères sortent du chantier. Le roi peut être fier de son arsenal. Pourtant, il ne viendra jamais juger des résultats sur place (les habitants lui en gardent rancune).
Plus tard, l'arsenal sera également utilisé pour la construction du 1er bateau à vapeur, *Le Sphynx,* puis du 1er sous-marin français, *Le Plongeur.*

La fleur au bout du fusil

En 1688, le ***grand intendant Michel Bégon*** débarque à Rochefort. Ce copain de Colbert aura une influence capitale sur la ville. Devant l'ampleur du taux de mortalité, il décide d'assainir les rues en les pavant et en construisant des maisons en dur. Il faut dire que les lieux étaient plutôt insalubres (à cause des marais) !
Mais c'est grâce à la botanique que son nom restera dans l'histoire : il finance l'expédition du père Plumier, chargé de rapporter de nouveaux végétaux des Amériques. Parmi ceux-ci, une plante sera tout naturellement baptisée... bégonia.
En 1780, toujours à Rochefort, un certain ***La Fayette*** s'embarque sur ***L'Hermione.*** Direction Boston, où l'attend George Washington, à qui il annonce que le royaume de France a décidé de soutenir les insurgés américains contre l'oppresseur anglais. Aussitôt après, 6 000 soldats français embarquent à Brest pour gagner à leur tour l'Amérique. On connaît la suite : menés par La Fayette (qui ne faisait pas qu'épater la galerie), ils apporteront une contribution décisive à l'indépendance du pays... Celui-ci aurait-il imaginé qu'un énorme chantier de reconstruction de sa frégate verrait le jour plus de 2 siècles plus tard ?
En 1815, un autre personnage historique embarque à Rochefort, mais dans des conditions moins glorieuses... Il s'agit de Napoléon Ier, qui y passe ses derniers jours sur le continent (puisqu'il n'y remettra plus les pieds). Mais, comme le pensait Napo à ce moment-là, les meilleures choses ont une fin : l'arsenal est fermé en 1927. 2e coup dur : les Allemands incendient la Corderie royale en 1944. Elle est reconstruite en 1976, déclenchant la renaissance d'une ville économiquement sinistrée. Depuis 1997, c'est le ***chantier de L'Hermione*** qui a fait battre le cœur

de la ville. La frégate de La Fayette, reconstruite à l'identique par des passionnés, a traversé l'Atlantique en juin 2015... Rochefort renoue ainsi avec son passé, tout en jouant à fond la carte du tourisme.

Adresses et infos utiles

Office de tourisme Rochefort-Océan (plan A2) **:** *av. Sadi-Carnot. ☎ 05-46-99-08-60. • rochefort-ocean.com • En été, tlj 10h-18h30 ; le reste de l'année, tlj (sauf dim oct-mars) 10h-12h30, 14h-18h.* Doc complète sur la ville et les environs : liste des hébergements avec disponibilités en temps réel, agenda, obtention de la carte *Privilège Rochefort Océan* (détails dans l'introduction à la ville ; lire plus haut), vente de *passes* thématiques et de séjours à thème, livret rallye « famille » (pour visiter Rochefort en famille), etc. La petite brochure qui présente les lieux de tournage des *Demoiselles* est superbe... Propose aussi d'intéressantes visites guidées à thème, notamment théâtralisées et costumées, au pont transbordeur, à Fouras et même sur l'île d'Aix. Enfin, billetterie pour les croisières au départ de Rochefort et Port-des-Barques vers l'île d'Aix et le fort Boyard, le « Rivéo », les franchissements de la Charente. Mais aussi location de vélos, billetterie pour la calèche, le petit train touristique et les balades nautiques.

Service du patrimoine : *hôtel Hèbre, 63-65, av. Charles-de-Gaulle. ☎ 05-46-82-91-60. • ville-rochefort.fr • Mar-sam 10h-12h30, 14h-18h.* Organise des visites guidées sur le patrimoine de Rochefort. Nombreuses visites à thème, animées par des guides spécialisés en histoire et en patrimoine, Ville d'art et d'histoire oblige.

Espace Nature (plan A2, **1**) **:** *35, pl. Colbert. ☎ 05-46-82-12-44. Tte l'année, lun-sam 10h-12h, 14h30-18h.* Centre d'information et de sensibilisation sur l'environnement (expos, ouvrages, etc.) et sur l'ensemble des Pôles-Nature des réserves naturelles de la Charente-Maritime. Point de réservation pour les visites « nature » guidées par les animateurs de la LPO, dont celles de la station de lagunage (la plus importante d'Europe !).

Gare SNCF (plan A-B1) **:** *pl. Françoise-Dorléac. ☎ 36-35. • oui.sncf •* Notez qu'en venant de Paris par le TGV on n'est pas obligé de descendre à La Rochelle : on peut descendre avant, à Surgères, et prendre la navette pour Rochefort *(rens et résas : ☎ 0800-73-01-46 ; • transports.nouvelle-aquitaine.fr •).* Dans les 2 cas, la ville est à 4h environ de Paris.

Bus (plan B1) **:** ***R'Bus,*** *à côté de la gare SNCF. ☎ 05-46-99-22-66.*

Stationnement : *cours Roy-Bry (face à l'office de tourisme).* Parking gratuit de 800 places.

Adresses utiles

- Office de tourisme Rochefort-Océan (A2)
- **1** Espace Nature (A2)

Où dormir ?

- **10** Camping municipal Le Rayonnement (hors plan par A3)
- **11** Camping Le Bateau (hors plan par A3)
- **12** Auberge de jeunesse (hors plan par A3)
- **13** Chambres d'hôtes L'Esprit du 8 (B2)
- **14** Hôtel Roca Fortis (B2)
- **16** Chambres d'hôtes La Parenthèse (A2)
- **17** Hôtel Lafayette (A-B3)
- **18** Hôtel Mercure – La Corderie Royale (B2)
- **19** Hôtel de France (A2)

Où manger ?

- **20** Oliver's Cook (B1)
- **21** La Villette (B3)
- **22** O Gabier (B1)
- **23** Les Béatilles (A2)
- **24** Les Longitudes (B2)
- **25** Le Cap Nell (B2)
- **26** Les Quatre Saisons (A3)
- **28** Vivre(s) (B2)

Où boire un verre ? Où écouter de la musique ?

- **28** Bar à vins et rooftop de Vivre(s) (B2)
- **30** Le Rade de la Méduse (B3)

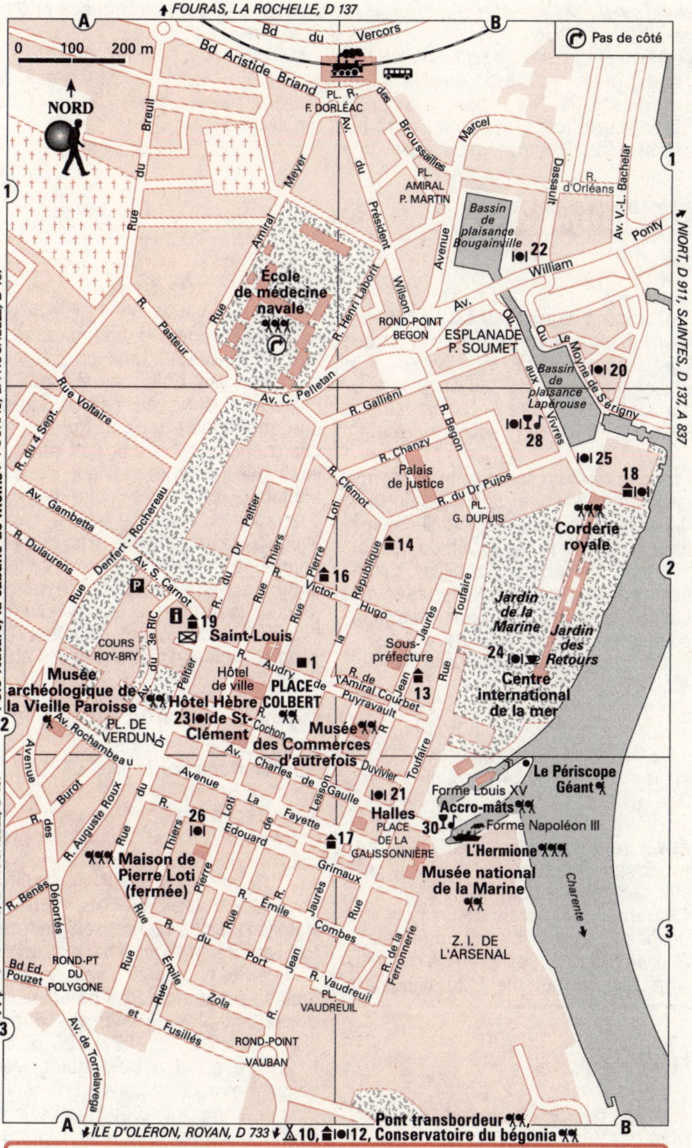

FOURAS, LA ROCHELLE, D 137
Pas de côté
NORD
0 100 200 m
Bd du Vercors
Bd Aristide Briand
PL. F. DORLÉAC
Av. du Président Wilson
R. des Broussailles
PL. AMIRAL P. MARTIN
Marcel Dassault
R. d'Orléans
Av. V.-L. Bachelar
Ponty
Bassin de plaisance Bougainville
22
Avenue William Av.
Rue du Breuil
Rue Amiral Meyer
École de médecine navale
R. Henri Laborit
ROND-POINT BEGON
ESPLANADE P. SOUMET
Qu. aux Vivres
Qu. Le Moyne de Sérigny
Bassin de plaisance Lapérouse
20
R. Pasteur
Rue Voltaire
Av. C. Pelletan
R. Galliéni
R. Begon
28
R. du 4 Sept.
R. Chanzy
Palais de justice
R. Clémot
R. du Dr Pujos
PL. G. DUPUIS
25
18
Av. Gambetta
R. Dulaurens
Rue Denfert-Rochereau
R. du Dr Peltier
Rue Thiers
Rue Pierre Loti
République
14
16
Corderie royale
Av. S. Carnot
R. Victor Hugo
Toufaire
Jardin de la Marine
Jardin des Retours
19
Saint-Louis
COURS ROY-BRY
3e RIC
R. Audry
1
Sous-préfecture
Rue Jean Jaurès
24
Centre international de la mer
Musée archéologique de la Vieille Paroisse
Hôtel de ville
PLACE COLBERT
R. de l'Amiral Courbet
Puyravault
13
Hôtel Hèbre de St-Clément
23
PL. DE VERDUN
Av. Rochambeau
R. Cochon
Musée des Commerces d'autrefois
Av. Charles de Gaulle
Lesson
Duvivier
Toufaire
Le Périscope Géant
Forme Louis XV
Accro-mâts
21
Halles
PLACE DE LA GALISSONNIÈRE
30
Forme Napoléon III
L'Hermione
Avenue
Burot
R. Auguste Roux
Avenue La Fayette
R. Thiers
R. Edouard
26
17
Maison de Pierre Loti (fermée)
Grimaux
Musée national de la Marine
R. des Déportés
R. Benès
R. Émile Combes
Rue Jean Jaurès
Charente
R. du Port
R. de la Ferronnerie
Z. I. DE L'ARSENAL
Bd Ed. Pouzet
ROND-PT DU POLYGONE
R. Vaudreuil
PL. VAUDREUIL
Rue Émile Zola
R. et Fusillés
Av. de Torrelavega
ROND-POINT VAUBAN
Pôle-Nature, la cabane de Moins ➚ FOURAS, LA ROCHELLE, D 137
11 FOURAS, LA ROCHELLE, D 137
NIORT, D 911, SAINTES, D 137, A 837
ÎLE D'OLÉRON, ROYAN, D 733 10, 12, Conservatoire du bégonia
Pont transbordeur
A B 1 2 3

ROCHEFORT

Taxis : ☎ *05-46-99-07-64 ou 05-46-99-03-74.*
■ **Aéro-club :** *infos à l'office de tourisme. Vol en petit avion ou en hélico à partir de 96-144 € pour 2-3 pers.* Survol de la route des forts, dont le célèbre fort Boyard, mais aussi de Fouras, d'Oléron, de Brouage et de la Charente.
– **Marché :** *tte l'année, mar, jeu et sam mat, le long de l'av. Charles-de-Gaulle et sous les halles 7h-12h30.* Très réputé.

Où dormir ?

Campings

Camping municipal Le Rayonnement *(hors plan par A3,* ***10****) : 3, av. de la Fosse-aux-Mâts.* ☎ *05-46-82-67-70.* • *camping.municipal@ville-rochefort.fr* • *ville-rochefort.fr* • *Ouv mars-nov. Forfait 6,30-10,50 € pour 2 en tente. Mobile homes 2-6 pers. 116 empl.* Propose des emplacements bien nets dans un cadre ombragé mais surtout dans un secteur assez tranquille (le soir notamment), à 10 mn à pied du centre-ville (arrêt de bus). Belles allées, dominées par une petite colline réservée. Laverie, aires de jeux pour enfants et soirées animées durant l'été.

Camping Le Bateau *(hors plan par A3,* ***11****) : 106, rue des Pêcheurs-d'Islande.* ☎ *05-46-99-41-00.* • *lebateau@orange.fr* • *campinglebateau.net* • *À env 2,5 km du centre ; ligne de bus C, arrêt Hendaye, à 300 m. Ouv avr-nov. Compter 18,90-24,10 €. Mobile homes. 86 empl.* Un 3-étoiles avec tennis, resto, bar, piscine, toboggans aquatiques et tout le tralala. Joli cadre champêtre : entre la Charente, les marais et un petit lac de pêche accessible aux campeurs. Peu ombragé et peu protégé du vent. Attention, le règlement du séjour est demandé à l'arrivée !

Bon marché

Auberge de jeunesse *(hors plan par A3,* ***12****) : 7, av. Maurice-Chupin, parc des Fourriers.* ☎ *05-46-99-74-62.* • *rochefort@hifrance.org* • *aj-rochefort.fr* • *À 1,5 km du centre, en direction du pont transbordeur, au rond-point à gauche, fléchage « Parc des Fourriers ». De la gare, bus ligne B, arrêt Parc-des-Fourriers. Nuitée en dortoir 4-6 lits env 18 €/pers ; doubles 22-24,50 € ; petit déj et draps inclus ; familiales. Formule 11,50 €.* Un brin excentrée, une AJ chaleureuse et moderne abritée dans un bâtiment recouvert de bois, cernée par les marais et donc au calme. Malgré une atmosphère un peu froide – que cherchent toutefois à égayer des couleurs vives et de la musique dans les couloirs –, chambres nickel pour 2 à 6 personnes (lits superposés), toutes avec sanitaires privatifs. Pas de pièce commune ni de salle TV, mais possibilité de restauration sur demande (circuits courts et produits issus de l'agriculture raisonnée). Guinguette les vendredi soir et dimanche midi d'été.

De prix moyens à chic

Hôtel Roca Fortis (plan B2, **14**) : *14, rue de la République.* ☎ *05-46-99-26-32.* • *reception@hotelrocafortis.fr* • *hotelrocafortis.fr* • *Congés : fin déc. Doubles 75-107 € ; familiales ; petit déj 11 €. Réduc de 5 % sur présentation de ce guide.* Dans un hôtel particulier vieux de plus de 300 ans, en plein centre : l'adresse tranquille par excellence ! Préférez les chambres côté rue, situées dans la partie noble du bâtiment, qui possèdent plus de charme (coup de cœur pour les nos 102 à 105 puis la no 209, avec lit à baldaquin). Déco soignée et agréable, avec une touche plus contemporaine dans le bâtiment du fond. Jardin tranquille à l'arrière. Bon petit déj composé de pâtisseries gourmandes, à déguster dans une petite salle coquette ou un joli patio. Un très bon rapport qualité-charme-prix, d'autant que l'accueil est adorable.

Hôtel de France *(plan A2,* ***19****) : 55, rue du Docteur-Peltier.*

☎ 05-46-99-34-00. ● contact@hoteldefrancerochefort.com ● hoteldefrancerochefort.com ● ♿ Congés : 1 sem à Noël. Doubles 68-92 € ; familiales. Apéritif ou boisson offerte sur présentation de ce guide. Situation centrale stratégique pour découvrir la ville à pied. Ancien relais de poste (elle est toujours en face...) du XVIIIe s, dans lequel Victor Hugo aurait résidé. Hôtel familial aux chambres pimpantes et claires, toutes bien insonorisées. Une bonne adresse pour un accueil charmant.

Hôtel Lafayette *(plan A-B3,* ***17****) : 10, av. La Fayette. ☎ 05-46-99-03-31. ● hotel-lafayette@wanadoo.fr ● hotel-lafayette.fr ● Doubles 65-86 € ; familiales. Café offert sur présentation de ce guide.* Tenu par un couple accueillant et serviable, le *Lafayette* s'avère une excellente étape en cœur de ville. Les chambres, dotées de tout le confort, ont été remises au goût du jour tout en gardant le charme de l'ancien. Très chouette expo sur *Les Demoiselles de Rochefort* dans la salle du petit déj, pour lequel on vous servira quelques crêpes maison si vous le souhaitez.

Chambres d'hôtes La Parenthèse *(plan A2,* ***16****) : 11 bis, rue Victor-Hugo. ☎ 05-46-99-51-28. 📱 06-89-56-52-39. ● alain.gresy-aveline0972@orange.fr ● laparenthesederochefort.com ● Chambres 72-90 €.* Cette maison bourgeoise de 1890 recèle à l'étage 2 chambres (une double et une triple) douillettes, mêlant parquet marin, meubles anciens et confort moderne. Boudoir pour l'une, petit bureau attenant pour l'autre, des teintes harmonieuses au goût du jour et un bon volume sous plafond pour une atmosphère apaisante. Accueil dévoué.

De chic à plus chic

Chambres d'hôtes L'Esprit du 8 *(plan B2,* ***13****) : 8, rue Jean-Jaurès. 📱 06-79-43-92-77. ● contact@lespritdu8.com ● lespritdu8.com ● Doubles 120-170 €. Parking gratuit. Loc de vélos possible.* L'ancienne sous-préfecture de Charente-Inférieure, rachetée par un couple de chineurs, accueille désormais 5 magnifiques chambres d'hôtes au design très pointu. Dès l'entrée, la superbe mosaïque et le majestueux escalier en bois donnent le ton. À l'étage, chaque chambre est dédiée à une femme designer, avec une sélection de meubles signés : Charlotte Perriand, Eileen Gray, Gae Aulenti, Ray Eames ou Florence Knoll, à vous de choisir votre style ! Magnifique véranda et grande salle à manger décorée d'œuvres d'art, qui s'ouvrent toutes 2 sur le jardin et la grande piscine. Accueil vraiment chaleureux. Une très belle adresse !

Hôtel Mercure – La Corderie Royale *(plan B2,* ***18****) : 10, quai Joseph-Bellot. ☎ 05-46-99-35-35. ● hb2q7@accor.com ● accorhotels.com ● Doubles 110-170 € ; familiales ; petit déj 15,50 €. Au resto, formule déj 31 € ; menu 49 € ; carte env 40 €.* Un hôtel de chaîne, certes, mais au look non standardisé et surtout le seul à se situer au cœur de l'ancien arsenal, juste en face de la Corderie royale, les pieds dans la Charente. Chambres contemporaines agréables, même si les standard ne sont pas très grandes. Belle piscine. L'élégant resto séduit grâce à sa verrière ouverte sur la Charente. Belle terrasse avec vue sur la Corderie.

Où manger ?

De bon marché à prix moyens

La Villette *(plan B3,* ***21****) : 15, av. Charles-de-Gaulle. ☎ 05-46-99-05-72. ● brimoun@wanadoo.fr ● Tlj sauf dim, le midi seulement. Congés : Pâques, 1 sem début oct et Noël. Pas de menu ; plats du jour 10-14 € ; carte env 20 €.* À 2 pas de la Corderie, l'adresse prisée du midi. Un poisson et un plat du jour traditionnel, simple mais bon, du style hachis parmentier, et des desserts maison. Les habitués sont nombreux à apprécier ce bistrot dont la devise, *Une ville sans bistrots est une ville sans rencontres,* fait que vous trouverez toujours une petite place (même au bar). Le service est rapide et la rotation assurée.

Oliver's Cook (plan B1, **20**) : *bassin Lapérouse, quai Lemoyne-de-Sérigny. 06-61-99-49-55. Ouv midi et soir, tlj sauf mar. Résa conseillée en été. Congés : oct-avr. Moules env 12 €. Café offert sur présentation de ce guide.* Située sur le port face à l'ancien Magasin aux Vivres, voici une cabane à moules généreuse et populaire, où l'on se sustente à peu de frais. Les recettes maison, plutôt convaincantes, se dégustent en terrasse en profitant de la vue spectaculaire. Beaucoup de monde en été.

Les Béatilles (plan A2, **23**) : *121, rue Thiers. ☎ 05-46-88-23-74. • restaurantlesbeatilles@gmail.com • Ouv midi et soir, tlj sauf dim-lun et mar midi. Résa indispensable ! Formules déj en sem 15-18 € ; carte env 35 €.* L'une des bonnes surprises du centre-ville ! L'adresse a été ouverte par Charlotte (en salle) et Cédric (aux fourneaux), un jeune couple proposant une cuisine fraîche, ultra-locale et de saison. L'ardoise, renouvelée tous les mois, se révèle toujours séduisante : mouclade au pineau, lieu jaune de ligne sauce vierge, anguille en persillade, ris de veau ultra-fondants... quel régal ! On s'installe dans la petite salle sans histoires ou en terrasse. Plein comme un œuf le midi grâce à une intéressante formule. Excellent accueil en prime.

O' Gabier (plan B1, **22**) : *25, av. Marcel-Dassault, face au bassin nº 2 du port de plaisance. ☎ 05-46-87-56-24. • levivaldi@wanadoo.fr • Tlj sauf lun et le soir jeu, dim. Congés : vac scol de fév et de Noël. Formule déj en sem 17,80 € ; menu 24 € ; carte 30 €. Café offert sur présentation de ce guide.* Une belle salle à la déco forcément marine et une terrasse face aux bateaux de plaisance. Au menu, poissons, crustacés et fruits de mer. On apprécie également les produits fumés maison et la générosité des assiettes. Chef affable qui aime faire un brin de causette avec ses nombreux et fidèles clients.

Les Longitudes (plan B2, **24**) : *à l'entrée de la Corderie royale. ☎ 05-46-87-56-15. • leslongitudes@corderie-royale.com • Tlj 10h-19h ; fermé le w-e hors saison. Congés : janv. Formule déj 13,50 € ; menu 24 € ; carte 30 €. Café offert sur présentation de ce guide.* Dans l'élégant bâtiment à arcades de 1779 qui accueillait les soldats surveillant l'arsenal. Bien restauré, il abrite une petite salle décorée en harmonie avec l'expo temporaire présentée à la Corderie. Pour un petit déj tardif, un plat du jour, une salade, du poisson, des grillades, ou tout simplement pour boire un verre après la visite. Très touristique, bien sûr, et service souvent débordé, mais ambiance sympa et belle terrasse sous les arcades.

Le Cap Nell (plan B2, **25**) : *1, quai Joseph-Bellot. ☎ 05-46-87-31-77. • cap.nell@wanadoo.fr • Face au port de plaisance, au bout de la Corderie royale. Fermé mar soir et mer sauf juil-août. Congés : 10 j. début janv. Formule déj 16,50 € ; menu en sem 23 €. Café offert sur présentation de ce guide.* Bien situé face aux bateaux du port, voici un petit resto créé par une bande de copains. Le nom de l'endroit fait référence à une mystérieuse légende dont vous aurez un petit aperçu en feuilletant la carte des plats, rédigée comme un carnet de voyage... Au bistrot traditionnel est venue s'adjoindre une salle résolument contemporaine, où l'on déguste une cuisine honnête, avec par exemple les classiques moules en cocotte et du poisson *a la plancha*. Et aux beaux jours, on opte obligatoirement pour la superbe terrasse. Accueil agréable et bonne ambiance.

Chic

Vivre(s) (plan B2, **28**) : *14, quai aux Vivres. ☎ 05-54-70-02-90. • contact@vivres.net • Tlj midi et soir. Résa indispensable en saison. Menus 25 € (le midi), puis 38-55 € ; carte env 45 €. Un verre de vin offert sur présentation de ce guide.* Le nouveau restaurant de Grégory Coutanceau, célèbre chef établi à La Rochelle, a de quoi ravir gourmands et esthètes ! C'est qu'il a investi le magnifique bâtiment de l'ancien Magasin aux

Vivres de l'arsenal, conçu par François Le Vau, frère du fameux architecte de Versailles. Ici étaient entreposés les ravitaillements des navires. Aujourd'hui il accueille une cave à vins branchée (voir la rubrique « Où boire un verre ?... ») et un restaurant bistronomique à l'étage qui séduit par sa grande terrasse vitrée et la vue imprenable sur le port. Magique ! Prévoir une petite laine : bien que fermée, il peut y faire frisquet en soirée à cause des courants d'air. Dans l'assiette, séduisante cuisine d'ici et de la mer, moderne et inspirée, dont l'originalité est la cuisson au feu de bois. Et belle carte des vins, qui permet de patienter quand le service est débordé !

Les Quatre Saisons *(plan A3, **26**) : 76, rue Grimaux. ☎ 05-46-83-95-12. • les4saisonsrochefort@orange.fr • Derrière la maison de Pierre Loti. Tlj sauf dim-lun. Menus 22-46 € ; carte env 35 €. Café offert sur présentation de ce guide.* Typiquement le petit gastro de ville, avec un décor intime et chaleureux, un accueil et un service fort gentils, et une cuisine fraîche et étudiée. Avec un nom pareil, les menus suivent évidemment les saisons (gratin de pied de cochon au foie gras poêlé, raviolis de langoustines...). Le 1er menu n'est pas mal du tout, mais on vous conseille plutôt de venir ici pour vous faire plaisir avec les menus suivants, plus élaborés.

Où dormir ? Où manger dans les environs ?

Les Jardins du Lac : *3, chemin de Fontchaude, 17250 **Trizay.** ☎ 05-46-82-03-56. • hotel@jardins-du-lac.com • jardins-du-lac.com • À 13 km de Rochefort par le viaduc direction Royan-Oléron, 1re sortie pour Échillais, puis fléchage « Trizay ». Resto tlj sauf dim soir et lun. Congés : 1 sem en mars et fin oct. Doubles 88-178 € ; familiales. Au resto, carte 28-55 €.* Situé au cœur d'un écrin végétal, en bordure d'un romantique lac, un hôtel de grand confort classé Relais du Silence. L'architecture, peu gracieuse, est heureusement camouflée par la végétation. Surtout, les chambres, spacieuses et lumineuses, toutes avec balcon privatif, offrent une belle vue panoramique sur le lac. Table de haut vol pour une cuisine gastro de saison où « on laisse aux choses le goût de ce qu'elles sont ». De la mise en bouche au dessert, des plats subtils aux saveurs délicates des produits nobles. Pour parfaire le séjour détente, piscine chauffée l'été, spa, et un accueil d'exception. Une belle adresse pour ceux qui en ont les moyens.

Où boire un verre ? Où écouter de la musique ?

Bar à vins et rooftop de Vivre(s) *(plan B2, **28**) : voir plus haut dans « Où manger ? Chic ». Bar à vins tlj 17h-1h ; rooftop ouv le w-e à la belle saison. Verres de vin à partir de 4 € ; cocktail env 10 €. Tapas 6-13 € ; planche env 20 €.* Le restaurant de Grégory Coutanceau dispose également d'un magnifique bar à vins, qui prend place au cœur des caves voûtées en pierre de l'ancien Magasin aux Vivres. Belle terrasse en saison également, qui s'étale sur les quais du port. Large sélection de vins au verre, avec de belles références. Pour grignoter, une carte astucieuse de tapas chics (mais pas toujours très copieuses). Concerts réguliers dans la cave. En été, on peut grimper sur le spectaculaire *rooftop,* aménagé au sommet de l'immeuble avec chaises longues et mobilier design. On adore y siroter un cocktail en admirant le port, l'arsenal et la Charente. Service attentif et pro.

Le Rade de la Méduse *(plan B3, **30**) : • contact@les-meduses.com • Juin-sept seulement, tlj 11h-23h en continu.* L'été, un bar-guinguette festif s'installe au pied de l'Accro-mâts. Au programme, des apéros joyeux, ponctués de concerts et d'animations diverses.

À voir

– Si vous comptez explorer tout ou partie de Rochefort-Océan, on vous rappelle qu'il existe la carte *Privilège Rochefort Océan,* offrant des réductions dans les musées et les sites de la région (tous les détails en fin d'introduction, plus haut) et pour les activités de loisirs (croisières, train touristique, kayak...). ***Attention, beaucoup de musées et de sites sont fermés en janvier.***
– La ville de Rochefort a mis en place le billet unique ***Arsenal des Mers*** donnant accès à *L'Hermione,* à la Corderie royale et au musée de la Marine (plus l'Accro-mâts, mais avec supplément). *Ttes les infos sur ● arsenaldesmers.fr ● Tarifs :* ***pass journée*** *22 €, 16 € 6-15 ans ;* ***pass multi-jours*** *27 €, 21 € 6-15 ans ;* ***pass saison*** *42 €, 32 € 6-15 ans ; gratuit moins de 6 ans.*

La Corderie royale *(plan B2) : au bord de la Charente. ☎ 05-46-87-01-90. ● corderie-royale.com ● arsenaldesmers.fr ● ♿ Accès par la rue du Docteur-Pujos. Horaires variables, mieux vaut consulter le site. Fermé janv-début fév. Entrée : 10 € ou avec le pass journée Arsenal des Mers (accès au musée national de la Marine, à L'Hermione, à la Corderie royale et au Périscope Géant) 22 € ; réduc. Audioguide gratuit.*
Magnifique bâtiment du XVIIe s, véritable symbole de la ville (voir plus haut « Un peu d'histoire »). Célèbre pour sa longueur (374 m !), la Corderie était unique en son genre pour l'époque. Une dimension qui s'explique par la fonction même du bâtiment : pour fabriquer des cordages de 195 m (une encablure, soit 120 brassées, soit 600 fois le « pied du Roy »), il fallait une longueur de « fil » de 300 m, et à chaque extrémité, un pavillon de stockage. À l'époque, tout cela était d'un seul tenant.

UN NAVIRE DE PIERRE

La Corderie doit sa longueur au fait qu'on y fabriquait les cordages des navires. Son nom surprend car le terme « corde » porte malheur chez les marins (ils disent « bout »). En longeant la façade ouest, vous noterez certainement les imposantes clés de sol. Ne cherchez pas de partition à déchiffrer, ces élégants contreforts servaient à stabiliser les murs, qui gondolaient à cause du poids de la charpente !

Aujourd'hui, l'ensemble abrite la *chambre de commerce et d'industrie,* la *médiathèque* (expos temporaires), le *Conservatoire du littoral* et le *Centre international de la mer,* où ont lieu les expos (lire ci-après).
– ***Le Centre international de la mer :*** *entrée à l'extrémité sud du bâtiment.* Une projection spectacle, aussi élégante qu'intelligente et ludique, vous plonge dans l'histoire de ce bâtiment historique. Ensuite, entrez dans les ateliers pour comprendre la transformation du chanvre, de la fibre au gréement. Devenez fileur, cordier et apprenez les nœuds marins avec les spécialistes du matelotage. En complément, de grandes expositions temporaires d'art contemporain, généralement très bien faites (avec parcours enfants), toujours en lien avec l'aventure maritime.
Ne pas manquer la ***librairie,*** consacrée à la mer et à son univers (îles, aventures, voyages, etc.), et le ***magasin,*** qui propose une gamme de produits à base de cordages, fabriqués par l'atelier matelotage, ainsi que des produits locaux.
– ***Le jardin des Retours :*** *accès libre. Balades sonores géolocalisées 5 €.* Ce nom mystérieux désignait autrefois les quais où étaient soigneusement stockées les plantes rapportées des expéditions scientifiques. Dans le jardin de la Marine, le ***potager du Roy*** accueille les plantes en lien avec les expéditions : le chanvre pour le cordage, les plantes alimentaires et médicinales... En été, des lectures musicales y sont programmées. Les jardins et espaces verts, remaniés en 1991, ornent les abords de la Corderie de toutes sortes de plantes exotiques : tulipiers de Virginie, magnolias, palmiers, etc. Bien agréable balade à effectuer

sur le chemin de Charente jusqu'aux rives du fleuve, que l'on peut longer jusqu'à l'aire des gréements (reconstitution de mâts à l'ancienne) d'un côté ou jusqu'au labyrinthe des Batailles navales (massif d'ifs où jouer à cache-cache) de l'autre. Un moyen sympa et original pour découvrir les grandes expéditions botaniques et des senteurs épicées.

– ***Les formes de radoub :*** cette appellation désigne en fait les cales où l'on « radoubait » (réparait) les bateaux. On les y amenait à marée haute, puis on fermait la porte avant de pomper l'eau pour l'évacuer. Il y a plusieurs « formes » sur le site. La « vieille forme », au nord de la Corderie, est la plus ancienne maçonnée au monde (elle date de 1669). La « double forme de radoub » (une double cale pouvant accueillir 2 bateaux) date du XVIIIe s. Fierté de la ville, ce vaste « monument » de pierre aux airs d'hippodrome (ou de théâtre romain, au choix) a été désenvasé et restauré. Elle a servi de berceau pour la reconstruction de *L'Hermione* et accueille aujourd'hui un parc d'aventure inédit, l'Accro-mâts (voir plus loin). Enfin, la forme Napoléon III date bien évidemment du XIXe s : c'est elle qui accueille *L'Hermione* lorsqu'elle accoste à Rochefort.

Oceana Lumina : *seulement de mi-avr à début nov, ts les soirs sauf dim-lun. Horaires variables, résa sur • arsenaldesmers • Entrée : 18 €. Possibilité de coupler avec le pass journée Arsenal des Mers. Compter env 1h.* Dès la nuit tombée, l'arsenal prend vie autour d'un spectacle son et lumière en plein air, évoquant l'épopée maritime d'un certain botaniste au XIXe s. Un parcours déambulatoire et poétique qui donne une nouvelle dimension à ce lieu chargé d'histoire.

« L'Hermione », la frégate de la Liberté *(plan B3) : pl. Amiral-Dupont. ☎ 05-46-82-07-07. • hermione.com • arsenaldesmers.fr • En hte saison (de mi-juin à début sept) et en présence de* L'Hermione*, tlj 10h-19h ; dans le cas contraire, tlj 10h-12h30, 14h-18h (sauf de début nov à mi-déc 14h-18h seulement). Entrée : 12,50 € ; réduc. Pass journée Arsenal des Mers (accès à* L'Hermione*, à la Corderie royale, au musée national de la Marine et au Périscope Géant) 22 € ; réduc. Sur résa, visites guidées et animations pour petits et grands. Attention,* L'Hermione *part souvent en mer ; pour s'assurer de sa présence, se renseigner à l'avance sur le site internet.*

La Fayette avait quitté Rochefort en 1780 afin de prêter main-forte aux insurgés d'Amérique en lutte pour leur indépendance. Le gigantesque chantier de reconstruction à l'identique de sa frégate et la folle aventure avait débuté en 1997. Au printemps 2015, *L'Hermione* a rejoint la côte est des États-Unis avec quelque 70 hommes à son bord, après avoir accueilli plus de 3,7 millions de visiteurs à Rochefort.

UN DÉPART EN CATIMINI

Le marquis de La Fayette fit construire la frégate Hermione à Rochefort. Ce bateau avait pour mission d'aider les insurgés américains contre les colons anglais. Le tout était financé par Louis XVI. Pour ne pas créer d'incident diplomatique, le roi de France exigea, en 1777, que La Fayette partît discrètement d'un port espagnol, Pasaia en l'occurrence.

Depuis, un espace de 1 500 m² retrace l'aventure de la reconstruction et la navigation de la frégate (à grand renfort de vidéos, panneaux et photos...). Surtout, on visite les ateliers de maintenance de *L'Hermione,* qui revient régulièrement ici se refaire une beauté : corderie, atelier de poulies, forge, costumerie et divers espaces de stockage du gréement. Tout cela est évidemment très intéressant car on voit tout ce monde s'activer et l'on découvre des métiers souvent disparus ou méconnus, mais cette visite ne prend vraiment son sens que quand *L'Hermione* nous fait l'honneur de sa présence. Cette réplique fut construite en 17 ans alors que l'originale fut achevée en 6 mois... Amarrée dans la forme Napoléon III, on peut alors monter à son bord et accéder aux 2 ponts principaux. De quoi impressionner les plus blasés !

L'Accro-mâts (plan B3) : *Week'n go, 13, pl. Amiral-Dupont. 06-73-37-08-70. • weekngo.com • arsenaldesmers.fr • Horaires variables, se référer au site. Entrée : 15 €. Possibilité de coupler avec le pass journée Arsenal des Mers.* Dans la forme de radoub avoisinant celle de *L'Hermione* a été inauguré un parc d'aventure original ! Sur le principe bien connu de l'accrobranche, on se retrouve à 30 m de haut (!), sur une structure identique à celle d'un vieux gréement, à virevolter de mât en mât, à glisser sur des tyroliennes, à escalader les cordages. Pour jouer au gabier, prévoir une tenue de sport adaptée !

Le musée national de la Marine (plan B3) : *hôtel de Cheusses, 1, pl. de la Gallissonnière. ☎ 05-46-99-86-57. • musee-marine.fr/rochefort • arsenal desmers.fr • Au bout de l'av. Charles-de-Gaulle. Horaires variables, se référer au site. Entrée : 8 € ; réduc. Pass journée Arsenal des Mers (accès au musée national de la Marine, à* L'Hermione, *à la Corderie royale et au Périscope Géant) 22 € ; réduc. Billet jumelé avec l'école de médecine navale : 21 € ; réduc. Audioguide inclus.*
Édifié entre 1600 et 1670, l'hôtel de Cheusses est le plus vieil édifice civil de la ville. Il s'agissait à l'origine de la demeure du dernier seigneur de Rochefort. Au XVIIe s, elle devint la résidence du commandant de la Marine. Le bâtiment abrite aujourd'hui un beau musée pétri de nostalgie, complément naturel de la visite de la Corderie, introduction indispensable à la visite de l'arsenal. Y sont exposés, dans une dizaine de salles, une cinquantaine de maquettes du XVIIIe au XXe s et toutes sortes de souvenirs maritimes qui feront rêver les amoureux du grand large...
Parmi les pièces les plus intéressantes, notons en vrac : une cloche du bagne de Rochefort, la pendule du bagnard Dubois (entourée d'un mystère...), les cariatides d'une poupe du XIXe s, des maquettes expliquant la construction des navires, celles de moulins à draguer la vase, laminer le plomb ou encore broyer les couleurs, le cabestan du vaisseau amiral *Duguay-Trouin,* la figure de proue de *L'Australie...* Sans oublier le modèle d'instruction du *Royal* (5 m de long) et le *Dauphin royal,* maquette d'un vaisseau... n'ayant jamais existé.
À l'étage, voir le grand modèle d'arsenal de la frégate *La Dédaigneuse,* très proche cousine de *L'Hermione.* Également de nombreux souvenirs de guerre : tromblon russe, espingole en bronze, caronade, obusier, compas, hache d'abordage et sabre de bord (dit « cuillère à pot »)... Et d'autres superbes maquettes de tous formats (trois-mâts, cuirassé, *Le Formidable,* équipé d'un pare-torpilles, etc.). Sous les combles, émouvante salle consacrée aux sculpteurs qui travaillaient les figures de proue. Fréquentes animations pour faire « vivre » le musée. Dans la cour du musée, une reproduction aux dimensions réelles de l'original (20 m x 12 m) du *Radeau de la Méduse* est intégrée dans la visite. Une manière concrète d'aborder une page méconnue de l'histoire maritime et de celle de Rochefort.

L'école de médecine navale (plan A1) : *25, rue de l'Amiral-Meyer. ☎ 05-46-99-59-57. Avr-sept, tlj ; oct-mars, fermé mar (sauf vac scol).* ***Visite guidée seulement,*** *à 14h et 15h (compter 45 mn), et 16h (compter 1h30) tte l'année ; également à 10h30 avr-sept (durée : 1h30). Tarifs : 8 € pour 45 mn ou 16 € pour 1h30. Billet jumelé avec le musée national de la Marine : 15-20 € (visite 45 mn ou 1h30 incluse) ; réduc. Fermé janv, 1er mai et 25 déc.*
La création d'une école d'anatomie et de chirurgie à Rochefort remonte à 1722. On doit cette première au monde à Jean Cochon-Dupuy, alors médecin-chef du port de Rochefort. Elle sera plus tard intégrée à l'hôpital de la Marine, qui deviendra alors le 1er hôpital pavillonnaire de type CHU. Très vite, son succès fit des émules, d'abord à Toulon, puis à Brest. En 1766, un bagne fut installé à Rochefort, qui fournissait une partie des corps sur lesquels étaient pratiquées les dissections. Sans compter que les marais alentour, vecteurs de maladies et d'insalubrité, faisaient grimper le taux de mortalité de la région. Les conflits du XVIIIe s rendirent nécessaire la construction d'un nouvel hôpital (inauguré en 1788). Il accueillit alors l'école dans l'un de ses pavillons, transformé aujourd'hui en musée.

Le rez-de-chaussée abrite les salles officielles : la salle du Conseil de santé a été conservée en l'état. Et la salle des Actes accueillit les cours d'anatomie.
Au 1er étage, la ***bibliothèque*** rassemble près de 25 000 ouvrages (médicaux, mais aussi scientifiques, philosophiques, récits de voyage, etc.) qui permettent de suivre l'évolution de l'histoire de la médecine (consultation possible sur résa).
Au 2e niveau, le ***cabinet*** est le cœur du musée, déconseillé aux personnes sensibles. On y voit des écorchés (ou des morceaux !) trempés dans de la résine ou de la cire et parfaitement conservés ! Les panneaux d'artériologie et de névrologie humaines (pièces rarissimes) sont impressionnants ! Belle petite collection de crânes de bagnards pour lesquels on a tenté de mettre en évidence le rapport entre la forme du crâne et le délit commis (et donc le caractère). Même tentative avec les différentes races (eh oui, des idées darwinistes très tendance... au XIXe s !). Impressionnante vitrine d'êtres monstrueux comme un mouton à 2 têtes, un chat à 2 corps (8 pattes !) et des squelettes d'enfants hydrocéphales (au crâne disproportionné, genre Alien !). Étrange collection de prothèses, jambes de bois et casques à pointe entrant dans la boîte crânienne... Les bricolos se passionneront pour les 600 instruments de chirurgie (scies, marteaux, vis, clous...) datant des XVIIIe et XIXe s, avec des planches pour les travaux pratiques. Et puis plein d'autres curiosités que l'on vous laisse découvrir.
Une visite captivante, menée avec humour pour dédramatiser et mieux comprendre l'évolution de la médecine.

Le Périscope Géant *(plan B3)* ***:*** *sur le môle central. Se renseigner pour les horaires sur le site ● arsenaldesmers.fr ● Entrée : 6 €. Pass journée Arsenal des Mers (accès au musée national de la Marine, à* L'Hermione, *à la Corderie royale et au Périscope Géant) 22 €.* Une visite ou plutôt une expérience à la fois ludique et pédagogique qui permet de découvrir les différentes techniques de communication utilisées en mer comme le morse ou le camouflage.

Le musée Hèbre – musée d'Art et d'Histoire *(plan A2)* ***:*** *63, av. Charles-de-Gaulle. ☎ 05-46-82-91-60. ♿ Mar-sam 10h-12h30, 14h-18h. Fermé dim-lun et janv, 1er mai et 25 déc. Visite gratuite du rdc. Visite des espaces permanents dans les étages : 4 € ; visite « Loti, la maison rêvée » en 3D (ce billet donne accès au reste du musée) : 8,50 € ; réduc. Visites thématiques (payantes) avr-sept. Le musée Hèbre regroupe le musée d'Art et d'Histoire et le service Patrimoine, chargé de mettre en œuvre le label d'art et d'histoire.*
Ce musée occupe tout un pan de l'ancien *hôtel particulier Hèbre de Saint-Clément,* entièrement rénové entre 2003 et 2006. Créé dans la 2de moitié du XIXe s, il accueille les collections du musée d'Art et d'Histoire et le Centre d'interprétation de l'architecture et du patrimoine. Parcours à la scénographie moderne, mêlant histoire de la ville, objets ethnographiques et collections de beaux-arts. Dans l'attente de la réouverture de la maison de Pierre Loti, une partie de la collection est exposée de façon thématique et temporaire, et une visite en 3D permet de découvrir l'extraordinaire maison de l'écrivain rochefortais.

Rez-de-chaussée

On découvre un magnifique ***plan-relief de la ville*** et de l'arsenal vers 1830 ; très beau car tout rond et composé de 9 tables en chêne. Une parfaite introduction à la visite de la ville, d'autant qu'une loupe projetée sur le mur le détaille consciencieusement.

1er étage

Depuis juillet 2015, un espace est dédié à Pierre Loti. Dans cet « Univers Loti », un cabinet de curiosités a été reconstitué, celui d'un enfant devenu célèbre – son « musée d'enfance » avec des vitrines qui illustrent ses nombreux voyages et son goût immodéré pour les déguisements. Également proposée *(résa conseillée),* une projection en 3D avec visite conduite par un guide conférencier. Le challenge de cette projection en 3D est de faire oublier au visiteur frustré que la maison Loti est fermée au public et le restera encore longtemps. Évidemment, le virtuel est bien loin de la réalité. Mais c'est mieux que rien ! Surtout, le guide dirige la visite, « appelle » un objet, le présente, peut le zoomer, le retourner, etc. Hier, il était interdit de toucher l'objet, aujourd'hui, on peut extraire un objet du décor, ouvrir un tiroir... Ceci compense cela... Compter 50 mn.

2e étage

L'étage présente des collections d'art contemporain aborigène et papou. Parmi les œuvres consacrées à cet « ailleurs », voir la collection de peintures sur écorces, la 2e collection la plus importante de France après celle du Quai Branly. Celles de la terre d'Arnhem ont joué un rôle dans la reconnaissance de cet art aborigène.

Rien à voir, mais au même étage se situe la galerie de peintures du XIXe s, fruit de la collection parisienne d'Alphonse-Alexandre Fiocchi. Celui-ci légua environ 40 tableaux et une centaine de dessins au musée en échange... du poste de conservateur, d'un logement et d'une rente ! Ensemble hétéroclite de scènes religieuses et mythologiques, paysages et portraits.

3e étage

Il est entièrement consacré aux collections extraeuropéennes, rappelant le passé militaire et colonial de la ville. Jolie section consacrée à la culture kanake (sculptures et masques XIXe-XXe s), mais aussi aux cultures africaines, pacifique et asiatique.

Le musée des Commerces d'autrefois *(plan B2)* **:** *12, rue Lesson. ☎ 05-46-83-91-50. • museedescommerces.com • (sauf sous-sol). Juil-août, tlj 10h-20h ; avr-oct sauf dim mat 10h-12h, 14h-19h (18h nov-mars). Fermé janv. Entrée : 6,90 € ; 5,90 € réduit ; 4,50 € 8-12 ans et étudiants ; gratuit moins de 8 ans. Audioguide : 2 €. Jeu de visite pour les enfants (6-12 ans) offert ou à télécharger. En été, dictées à l'encre violette et à la plume sur les bancs de l'école d'autrefois ! En été toujours, visite théâtralisée ven à 20h30 (résa obligatoire).*

Un bien joli musée privé, installé dans un bel entrepôt 1900 de style Eiffel. Des passionnés ont ici minutieusement reconstitué ateliers et boutiques des années 1900 à 1945, à partir d'une foule d'objets provenant de la région. On passe du *Bar du Théâtre* à une teinturerie, d'une pharmacie à une boucherie, d'un coiffeur à une épicerie (impossible de tous les citer), sans oublier les modèles d'une modiste, d'innombrables réclames désopilantes et les boîtes de *Café Freddy,* une marque de Rochefort. On déniche parfois des objets vraiment inattendus, comme ces toilettes publiques avec l'indication « Contravention pour occupation intempestive : 250 Fr ». La visite se fait sur fond musical très Arletty et sur diffusion d'effluves d'autrefois.

Au sous-sol, reconstitution d'une distillerie charentaise consacrée évidemment au cognac, mais aussi à la fabrication du pineau. Expo permanente : l'école d'autrefois.

Une visite drôle et attachante, qui mêle le charme des objets d'autrefois à la nostalgie d'une époque révolue. Pour l'anecdote, il paraît que le musée provoque souvent un « désir d'achat » de résidence secondaire ou principale chez les touristes étrangers !

La maison de Pierre Loti *(plan A3)* **:** *141, rue Pierre-Loti. ☎ 05-46-82-91-60. • maisondepierreloti.fr •* ***Fermé pour restauration au moins jusqu'en juin 2023.*** Le loto du Patrimoine, lancé par Stéphane Bern, a permis de restaurer le plafond de la « mosquée ». Mais cette dotation représente une infime partie de la somme nécessaire pour rénover l'ensemble de la maison, estimée à plus de 12 millions d'euros ! En tout cas, bravo et merci Stéphane ! En attendant la réouverture de cette incroyable demeure, un espace est dédié à Pierre Loti au musée Hèbre (voir plus haut) ; une simulation 3D permet même de se promener virtuellement dans la maison de Loti. Un fascicule Pierre Loti est également disponible à l'office de tourisme et permet de suivre un parcours sur les traces de l'écrivain.

DES DÎNERS DE DINGUES

C'est dans la salle gothique située à l'étage de sa maison que Loti donna sa fête la plus extravagante : un dîner Louis XI, préparé 1 an à l'avance. Les convives étaient soumis à 2 obligations : se déguiser selon les circonstances et ne parler qu'en « vieux françois ». Au menu : 13 services, 2 lavages de mains et 11 plats, avec notamment du paon farci servi toutes ailes déployées, du hérisson et de l'écureuil... Autre soirée mémorable : une fête chinoise organisée en présence d'un jeune éphèbe déguisé en impératrice de Chine... et de 2 réels membres de l'ambassade chinoise ! On frôla l'incident diplomatique...

Le Musée archéologique de la Vieille Paroisse *(plan A2)* **:** *av. Rochambeau. Seulement mer 14h30-18h. GRATUIT. Expo temporaire chaque année.* L'ancienne église Notre-Dame (« vieille paroisse » pour les intimes) est le plus vieux bâtiment de la ville. Édifiée au XIIe s, elle fut reconstruite en partie au XVIIe s. Restaurée il y a une quinzaine d'années, elle permet désormais la présentation d'une collection archéologique réunie après des fouilles dans les environs. Pièce maîtresse de l'exposition : *Le Vieillard de l'Apocalypse*, belle sculpture d'époque romane.

BÉGON VERT

Grand navigateur, le petit-fils de l'intendant de Rochefort Michel Bégon (celui qui donna son nom au bégonia) rapporta le magnolia et le tulipier de Virginie. Ainsi, avec le XVIIIe s, Rochefort changea subrepticement de fonction : après les guerres, les fleurs ! Les conséquences furent énormes : l'arrivée de nouvelles espèces modifia les jardins, mais aussi l'agriculture, et bientôt influença même la médecine...

Le Conservatoire du bégonia *(hors plan par A3)* **:** *La Prée horticole, 1, rue Charles-Plumier. ☎ 05-46-82-40-30. • begonia.rochefort.fr • Au sud-est du centre-ville, suivre la direction de la Z.I. de l'Arsenal ; accès par l'av. du 11-Novembre, puis l'av. de Charente. Visites guidées uniquement, limitées à 9 pers : mai-sept, mar-ven à 14h30, 15h30 et 16h30 ; fév-avr et oct-nov, mar-ven à 15h30 et 16h30. Fermé sam-lun, j. fériés et déc-janv. Entrée : 5 € ; 4 € 12-18 ans ; gratuit moins de 12 ans.* Dans une serre de 1 000 m² sont conservées et étudiées ici des milliers de plantes rares rapportées du Mexique, de Malaisie, d'Afrique ou d'ailleurs. Formidable collection de bégonias ; et pour cause, il s'agit quand même de la plus grande collection au monde (précisons que les bégonias composent l'une des familles les plus riches du règne végétal). Les bégonias doivent leur nom à Michel Bégon, grand intendant proche de Colbert et assainisseur de Rochefort au XVIIe s. Il finança l'expédition du père Plumier, qui rapporta d'Amérique une nouvelle plante baptisée... bégonia.

La vieille ville

Ville « nouvelle » du XVIIe s, Rochefort est un modèle en soi. Certains esprits chagrins pourront déplorer sa construction militaire au carré, mais force est de constater qu'aucune faute de goût n'est visible.

La place Colbert *(plan A2)* **:** centre géographique de Rochefort, c'est le lieu de promenade idéal grâce à ses allées piétonnes et ses jets d'eau. Très agréable à la belle saison. Immortalisée par Jacques Demy dans *Les Demoiselles de*

Rochefort ; le café en préfabriqué est toujours là, il a même un concurrent à l'autre bout de la place ! En saison, des playbacks « en-chantés » sont organisés... « Nous sommes 2 sœurs jumelles, nées sous le signe des gémeaux... »

Nombreux ***hôtels particuliers*** dans le centre, principalement dans la partie piétonne de la rue de la République. Notons, entre autres, le petit théâtre à l'italienne de la Coupe d'Or avec une intéressante façade XVIIIe s *(possibilité de visite avec l'office de tourisme)* et, un peu plus haut, le palais de justice, de style Régence.

Les bâtiments de l'ancien arsenal : la Corderie royale, reconstruite, est évidemment le bâtiment le plus remarquable, mais l'ensemble constitue un site patrimonial d'exception, la plupart de ces bâtiments ayant été construits à partir de 1666. Le magnifique Magasin aux Vivres (sur des plans de François Le Vau) a été entièrement rénové, les fonderies, du XVIIe s toujours, abritent le siège de la Ligue pour la protection des oiseaux, la poudrière, datant du XVIIIe s, est aujourd'hui devenue une salle de concerts et les anciennes casernes accueillent des hébergements locatifs. Dans la caserne *Charente,* 1er hôpital de la Marine, est installé le Forum des marais atlantiques. Quant à l'artillerie, c'est un hôtel 4-étoiles (voir plus haut) ! On peut tout de même voir la porte dite « du Soleil » ou « de l'Arsenal », sorte d'arc de triomphe daté de 1830 qui marquait l'entrée principale de l'arsenal (à côté du musée de la Marine).

Les ports de plaisance : composés de 2 bassins distincts. L'ancien chenal aux vivres, devenu « port Marchand », est aujourd'hui nommé bassin La Pérouse (le plus proche de la Corderie royale). Entièrement rénové, il présente désormais un visage séduisant avec ses immenses bâtiments historiques patiemment nettoyés. L'autre, nommé Bougainville, était un port de commerce (port des Charbonniers). Les amoureux de la mer ne manqueront pas d'y flâner pour saliver devant les petits voiliers. Derrière les bassins et au milieu des chantiers, une « vieille forme », moins insolite que la double forme de radoub (dont on parle plus haut) mais considérée comme la plus vieille forme maçonnée au monde... Le coin est en cours de réaménagement.

À voir pas loin du centre

Le pont transbordeur de Rochefort et son musée (hors plan par A3) **:** *au sud de la ville, av. Jacques-Demy côté Rochefort ; rue de Martrou côté Échillais (17620). ☎ 05-46-83-30-86. • pont-transbordeur.fr • Maison du transbordeur : avr-1er nov, tlj 9h30-12h30, 14h-19h (18h avr, 18h30 mai et sept, 17h30 oct-1er nov). Pont transbordeur : ouv de mi-avr à début nov, tlj (10h lun) : avr 9h30-12h30, 14h-18h ; mai et sept 9h30-12h30, 14h-18h30 ; juin 7h30-19h, juil-août 9h30-19h, oct-nov 9h30-12h30, 14h-17h30. Fermeture annuelle : nov-mars. Traversée A/R : 3 € (2,50 € sur présentation de ce guide) ; réduc ; gratuit moins de 6 ans. Visite guidée : 6 € ; théâtralisée : 12 € ; réduc sur présentation de ce guide.*
Après 4 années de travaux de restauration, la nacelle a repris ses traversées en 2020. Ce célèbre pont à l'ahurissante structure métallique (176 m de long) est le dernier pont transbordeur encore debout en France, tous les autres ayant été démantelés. Immortalisé par *Les Demoiselles de Rochefort,* il fut classé Monument historique avant de reprendre du service pour les touristes en 1994. Une demande de classement au Patrimoine mondial de l'Unesco est en cours, jumelée avec les 7 autres ponts transbordeurs dans le monde (Bilbao, Buenos Aires, 2 en Allemagne et 3 en Angleterre).
Comme en 1900, il permet aux piétons de franchir les 150 m de largeur de la Charente... sur une nacelle qui avance à la vitesse record de 1,8 km/h ! Mais il avait besoin de se refaire une beauté. L'ouvrage a quand même soufflé ses 120 bougies en 2020 !

Après avoir traversé la Charente à bord de la nacelle suspendue, allez jeter un coup d'œil à la Maison du transbordeur, côté Échillais. On y trouve un petit musée ludique dédié au pont et aux travaux de restauration dont il a bénéficié. On pourra aussi découvrir ce chef-d'œuvre au gré d'une intéressante visite guidée, voire théâtralisée certains jours.
– On peut également suivre le ***sentier des Guetteurs*** qui débute au pied du pont, un parcours de découverte artistique qui longe les rives de la Charente, côté Rochefort, mais aussi côté Échillais. Si on le suit jusqu'au bout, ce chemin mène à La Limoise, ancienne résidence d'été de Pierre Loti.

La station de lagunage : *route de Soubise, au sud-ouest du centre. Sorties découverte commentées tte l'année (durée : 1h30). En hiver et au printemps, sorties « Oiseaux migrateurs ». Programme complet des visites sur • station-de-lagunage.fr • Compter 6 € ; réduc ; gratuit moins de 10 ans. Rens : Espace Nature, pl. Colbert ; ☎ 05-46-82-12-44.*
Cette station d'épuration naturelle de 70 ha est la plus grande d'Europe. Elle a fêté ses 30 ans en 2019. Dans ce petit paradis écologique, on fabrique de l'électricité avec de la boue (c'est possible !) et l'on observe joyeusement canards et petits échassiers. En fait, le principe est tout bête (encore fallait-il y penser) : en passant d'un étang à l'autre, les eaux usées se purifient progressivement par l'action conjuguée du soleil, du vent et du plancton (genre daphnies).
La qualité de certains de ces étangs et leur site tranquille (zone de marais au bord du fleuve) en font un lieu d'accueil privilégié des oiseaux migrateurs... ainsi que des poissons attirés par les vers (gros recycleurs, c'est connu). Un observatoire des lagunes a été aménagé *(accès libre ; des observations sont aussi organisées par Espace Nature).*

Échillais : *à 4 km au sud de Rochefort.* Ce village offre sa charmante *église* romane aux gambadeurs qui voudraient tester le transbordeur. Belle façade saintongeaise avec son portail richement orné et sculpté.

À faire

➢ ***Balades sur la Charente et vers l'île d'Aix :*** *rens et résas à l'office de tourisme ou sur • croisieresfourasines17.com • 📱 06-17-92-81-65. Mai-sept, départ tlj à 9h. Tarif : 26 € ; réduc.* À Rochefort, on ne peut oublier la Charente, ce fleuve qui relie la ville à l'Atlantique. D'avril à septembre, l'office de tourisme propose de belles croisières entre Rochefort et l'île d'Aix, permettant de découvrir de manière originale le fleuve et son estuaire. Au programme, descente de la Charente, approche du fort Boyard, escale libre (de 11h à 16h30) sur l'île d'Aix et retour en fin d'après-midi.

Manifestations

– ***Festival Rochefort Pacifique, cinéma et littérature :*** *début oct. • rochefortpacifique.org •* Festival de cinéma et de littérature océaniens.
– ***Ferdinand Arnodin ou l'aventure des ponts :*** *juin-sept, jeu à 18h. Infos à la Maison du transbordeur : ☎ 05-46-83-30-86. • pont-transbordeur.fr • Compter 12 € ; réduc.* Visite théâtralisée au départ de la Maison du transbordeur, sur la rive d'Échillais.
– ***Les Lundis de l'Arsenal :*** *lun en juil-août.* Visites et animations de la Corderie, de *L'Hermione* et du musée de la Marine.
– ***Les Noctambulations :*** *juil-août. Infos et résa (obligatoire) auprès de l'office de tourisme. Payant.* Visites nocturnes et insolites du centre-ville, en compagnie d'un musicien et d'un guide conférencier.
– ***Stéréoparc :*** *2 j. en juil.* À la Corderie royale, grand rassemblement électro avec des DJs internationaux.

DANS LES ENVIRONS DE ROCHEFORT

L'abbaye de Trizay : *17250 **Trizay.** ☎ 05-46-82-34-25. • abbayedetrizay17.fr • À 14 km de Rochefort via Échillais. Mai-sept, tlj 10h-13h, 14h-19h (en continu juil-août) ; avr et d'oct à mi-nov, tlj 10h-13h, 14h-18h (ap-m seulement w-e oct-nov) ; fév-début avr, tlj 14h-18h. Fermé de mi-nov à fin janv. Entrée : 5 € ; visite guidée l'été ou sur résa (1h15) 8 € ; gratuit moins de 12 ans. Entrée couplée avec les jardins : 7,50 €, 10 € avec la visite guidée.* Les vestiges de ce prieuré bénédictin, fondé au XIe s, se dressent, admirables et majestueux, en pleine campagne saintongeaise. Les bâtiments conventuels ont été restaurés et accueillent un centre d'art contemporain (expos toute l'année). On peut également admirer, entre autres, les belles voûtes de la salle capitulaire et sa façade présentant des arcatures polylobées, l'abside et les 2 absidioles de l'église, bâtie sur un plan octogonal (voir les vitraux dessinés par Richard Texier), les dortoirs avec leurs fresques, ou encore le réfectoire avec de belles peintures murales du XVIe s. Dans le cellier, espace découverte et expo sur les monastères au Moyen Âge. Jeux pour enfants *(payant)*, rallye photo, chasse au trésor et ateliers. Le jardin médiéval présente des essences végétales cultivées en France entre les IXe et XIVe s.
– À 900 m, les ***jardins de Compostelle*** *(rens : ☎ 05-46-82-24-25 ; mai-oct selon floraison, tlj 10h-20h, jeton à prendre à l'abbaye pour passer le tourniquet ; entrée 4 €, gratuit moins de 12 ans).* En surplomb du lac du Bois-Fleuri, un jardin paysager et contemporain de 2 ha sur une inspiration hispano-mauresque : roseraie, oliveraie, grand canal, jardin de cloître, plantes aromatiques en provenance des 4 continents... agrémentés de bassins et jets d'eau. Petite expo de sculptures d'oiseaux de la vallée de la Charente.

Le pigeonnier Renaissance de Montierneuf : *à **Saint-Agnant,** à 11 km au sud de Rochefort. ☎ 05-46-83-30-01 (mairie). Visite guidée seulement, juil-août, sur rdv. Entrée : 2 €.* Vous êtes sur des terres données par Geoffroy Martel, comte d'Anjou, aux moines de Vendôme, qui y édifièrent un prieuré en 1075. Au début du XVIe s, on décide de la construction de l'un des plus vastes pigeonniers du royaume, avec 7 ouvertures et 2 959 boulins, soit autant de « nids de pierre » destinés à recevoir chacun un couple de pigeons ! Évidemment, il faut venir pour la visite guidée en saison afin de voir le mécanisme intérieur avec échelles tournantes et potences. Également un circuit pédestre de 14 km le long des anciennes fontaines du secteur.

Le château de Saint-Jean-d'Angle : *route de Marennes, 17620 **Saint-Jean-d'Angle.** ☎ 05-46-82-76-03. 06-62-62-54-55. • chateausaintjeandangle.fr • À env 15 km au sud de Rochefort par la D 733. Début avr-fin oct, tlj 10h30-19h (dernier billet à 18h) ; hors vac scol, fermé mer. Visite libre : 12 € ; réduc. En famille, animation pour les enfants (qui pourront même visiter le château costumés !), jeu d'énigmes, quiz pour les adultes, tir au trébuchet...* Tout beau, tout rond, ce petit château fort du XIIe s, propriété privée classée Monument historique, est l'un des rares à subsister dans cet état, d'autant qu'il a été courageusement restauré par le père de l'actuel propriétaire (voir les photos de la restauration). Édifié par la famille Lusignan, qui bénéficiait tout de même des titres de rois de Jérusalem et de Chypre ainsi que de la protection de la fameuse fée Mélusine (on vous racontera comment...), ce château défensif a été construit sur un plan en *Shell Keep* (en coquillage, pour faire simple), typique des Plantagenêts. D'où cette rondeur voluptueuse dans l'architecture. Le château était destiné, comme la tour de Broue voisine, par exemple, à protéger les marais salants et la richesse issue de leur exploitation. Parcours de visite à travers le parc, le jardin et le château particulièrement ludique ; on repart incollable sur la vie quotidienne au Moyen Âge.

L'église Saint-Symphorien : *à env 20 km au sud de Rochefort par la D 733 ; à **La Gripperie-Saint-Symphorien,** descendre vers le vieux village. Demander* *les clés à la mairie et voir avec les bénévoles pour les horaires. ☎ 05-46-83-31-49. En principe, messe à 9h45 les 2e et 4e dim du mois.* Pourquoi donc l'église se trouve-t-elle en bas du village et les habitants actuels en haut ? Parce que, à l'origine, elle était au bord du golfe, puis celui-ci s'est envasé, et les habitants ont dû monter vivre plus haut ! Quoi qu'il en soit, cette église romane du XIIe s est très émouvante avec son portail de toute beauté. Dommage qu'elle ne soit pas plus souvent ouverte !

UN SACRÉ ROUTARD

Orphelin à 12 ans, René Caillié, passionné par Robinson Crusoé, quitte la France à 16 ans. Il répond au concours lancé par la Société de géographie : devenir le 1er Occidental à se rendre dans la ville mythique de Tombouctou, au Mali ! Jules Verne le qualifiera de « plus intrépide voyageur des temps modernes ». Gravement malade, il meurt à La Gripperie-Saint-Symphorien en 1838.

VERS L'ESTUAIRE DE LA CHARENTE

En 2020, l'estuaire de la Charente a été classé Grand Site de France. Ce classement concerne un périmètre de 7 000 ha terrestres et 10 000 ha du domaine public maritime. Il associe les 14 communes riveraines de l'estuaire, avec quelques fleurons du patrimoine bâti du territoire, comme l'arsenal maritime de Rochefort et tout le complexe militaro-industriel qui s'étend de la Corderie royale aux pertuis (à savoir les forts Énet et Boyard). Plus d'infos sur : *• grandsitedefrance.com •*

PORT-DES-BARQUES

(17730) 1 790 hab. *Carte Charente-Maritime, B2*

À l'embouchure de la Charente, face à Fouras, ce petit port ostréicole vit au rythme des marées. Il a gardé ses maisons basses, serrées les unes contre les autres ; modestes habitations de pêcheurs, elles lui confèrent aujourd'hui tout son charme. Port-des-Barques est également réputé pour sa superbe enfilade de carrelets. Pour la « petite » histoire, c'est d'ici que La Fayette embarqua avec ses soldats en direction des Amériques ; une petite stèle commémore l'événement. C'est également un haut lieu de reproduction des huîtres, favorisée par les eaux douces de la Charente. Un petit écomusée vous en révélera tous les secrets. Enfin, c'est d'ici que l'on peut emprunter la passe aux Bœufs pour rejoindre l'île Madame.

Adresse et info utiles

ℹ *Office de tourisme :* *pl. des Blagueurs (non, ce n'est pas une blague !). ☎ 05-46-99-08-60. • rochefort-ocean.com • Juil-août, tlj ; avr-juin et sept, tlj sauf lun ; fév-mars et d'oct à mi-nov, lun-ven, seulement le mat. Fermé de mi-nov à janv.* Visites guidées organisées par les animateurs de l'écomusée *(☎ 05-46-84-19-19)*, notamment en calèche. Location de vélos traditionnels pour de belles balades sur l'île et la presqu'île.

Croisières pour l'île d'Aix : *06-17-92-81-65. • croisieresfourasines17.com • Avr-sept, départ tlj à 10h pour un retour vers 18h. Tarif : 20 €/pers ; réduc.* Liaison maritime avec l'île d'Aix sur la vedette en bois *Fée des îles* avec approche du fort Boyard.

Où dormir ?

Camping La Garenne : *av. de l'Île-Madame. ☎ 05-46-84-80-66. • camping@ville-portdesbarques.fr • camping-municipal-portdesbarques.com • Face à la passe pour l'île Madame. Ouv avr-fin oct. Forfait tente 19,60-24,60 € pour 2. 250 empl.* Camping de bord de mer avec de bons emplacements de 100 m² bien délimités et ombragés. Piscine et 2 snacks. Plein de balades à faire dans les environs, en particulier sur l'île Madame, juste en face. Grande retenue d'eau sur la plage pour se baigner quand la marée est basse.

À voir

L'écomusée de Port-des-Barques – Les Cabanes de l'Estuaire : *☎ 05-46-84-19-19. • ecomuseeportdesbarques.net • Juin-sept et vac scol, tlj sauf dim 14h30-18h. Entrée : 5 € ; réduc avec la carte Privilège Rochefort Océan ; enfants 4 € ; gratuit moins de 6 ans.* Au cœur d'un site ostréicole en activité, en bordure de Charente, un lieu consacré à la découverte de l'huître et de son environnement. Une cabane ostréicole retrace l'histoire, la vie et la culture de l'huître. Possibilité de pêche à la crevette pour les enfants et d'une initiation à la pêche au carrelet pour les plus grands. Organise également des visites du fort de l'île Madame *(juin-sept, tlj sauf dim ; 5 €, réduc avec la carte Privilège Rochefort Océan ou sur présentation de ce guide)* et des sorties pêche à pied.

L'ÎLE MADAME

Carte Charente-Maritime, B2

On gagne l'île (à pied s'il vous plaît ou à vélo !) par la passe aux Bœufs, découverte à marée basse. ***Attention,*** *ne mettez pas la carriole avt les bœufs dans la passe sans vous être renseigné sur l'horaire des marées : tte l'année à l'office de tourisme à Port-des-Barques ou affichage au point infos situé juste avt le départ de la route submersible. Sinon, consultez le site internet • rochefort-ocean.com •*

UN NOM CHASSE L'AUTRE

L'île doit son nom à l'une de ses propriétaires, Mme de Rohan Soubise, que tout le monde appelait « Madame ». Mais elle devint aussi « île Garenne » pour un seigneur qui y trouvait gibier à son goût, et la Révolution la baptisa « Citoyenne » !

On ne va pas vous faire le coup de l'île déserte, Madame ne l'est pas. Il y a 3 maisons et 4 habitants ! Mais la plus minuscule (80 ha, environ 1 km de long sur 600 m de large, 4 km de circonférence) des îles charentaises a quand même un sacré charme. Signalons l'existence d'une *ferme aquacole (visite guidée avr-oct sur résa, tlj vers 15h selon marées)*, d'un marais salant et d'un fort du XVIIIe s. Proches du fort, des casemates qui se visitent en saison *(juin-sept, tlj sauf dim, avec l'écomusée de Port-des-Barques).*

À la sortie de la passe, une croix de galets marque l'emplacement où, entre la Révolution française et le Concordat, des prêtres réfractaires furent ensevelis après avoir péri des suites de mauvais traitements sur les navires qui auraient dû les emmener en déportation à Cayenne.
Ne pas hésiter, quand la marée le permet, à jouer aux Robinson Crusoé et à se faire « enfermer » sur l'île le temps d'une marée. Passer une partie de la journée sur l'île est une petite aventure en soi ! Dans un autre registre, les couchers de soleil y sont somptueux...

Adresse utile

Office de tourisme : *voir plus haut celui de Port-des-Barques.* ☎ *05-46-84-87-47.* ● *rochefort-ocean.com* ●

Où dormir ? Où manger ?

Camping de l'île Madame : ☎ *05-46-84-56-20.* ● *martin.mouriere@wanadoo.fr* ● *Ouv en hte saison. Forfait tente 16,40 € pour 2.* D'avril à fin octobre, possibilité de planter sa tente sur un petit terrain jouxtant la ferme aquacole et appartenant à la même famille. Seulement quelques emplacements plutôt bien ombragés, avec des sanitaires simples. Parfait pour une robinsonnade si l'on occulte les quelques caravanes présentes à l'année et les camping-cars de passage.

Ferme aquacole de l'île Madame : ☎ *05-46-84-12-67.* ● *minocean@ilemadame.com* ● *Au milieu de l'île. Ouv tlj le midi. Résa indispensable. Carte env 20 €. Café offert sur présentation de ce guide.* Une adresse qui nous a séduits. Le cadre est certes sympathique, mais on vient surtout pour la fraîcheur des produits et pour l'accueil chaleureux. Un petit kir à la liqueur de violette accompagné de salicorne bio donne le ton, puis on se régale de fruits de mer et d'huîtres. Pour terminer le repas, rien de mieux qu'une caillebotte au cognac : divin ! Organise des visites guidées des marais salants et de leur ferme aquacole *(avr-oct, tlj en fonction des marées, sur résa ; 5 €, ou 3,50 € pour les clients de l'auberge).*

L'ÎLE D'OLÉRON

● Plan *p. 251*

Nature et authentique, la plus grande de nos îles françaises (après la Corse... 30 km de long sur 8 km de large) défend ses richesses avec fierté, à commencer par son puissant caractère ostréicole, mais aussi ses vignes. Et puis cet ensoleillement digne de la Côte d'Azur (qui lui vaut à juste titre le surnom de « lumineuse »), ces paysages variés entre terre et mer, marais salants (une quinzaine) et parcs à huîtres, forêts de pins, vignes et plages sauvages. Point trop de béton hormis quelques lotissements par-ci, par-là... mais de mignonnes maisons basses peintes à la chaux dans des ruelles bordées de roses trémières. Rien d'apprêté en tout cas, car Oléron se la joue simple et décontractée, l'antithèse de sa célèbre voisine l'île de Ré. Grâce à son pont (ou viaduc) long de plus de 3 km, inauguré en 1966 et gratuit, on s'y rend facilement. Presque un peu trop puisque l'été plus de 200 000 « baignassouts » (baigneurs du mois d'août en charentais) multiplient la population de l'île par 10 ! Avril, mai, juin, septembre et octobre sont les mois rêvés pour la découvrir au calme, mais les puristes l'aiment aussi en plein hiver.

Oléron est également un spot prisé des amateurs de sports nautiques : surf et kitesurf à Vertbois et Saint-Denis (en particulier Les Huttes), char à voile vers Saint-Trojan et Le Grand-Village, *stand up paddle* dans les marais, kayak de mer et canoë à travers les anciennes écluses à poissons... Sans oublier la pêche à pied sur l'estran rocheux qui embaume l'air de son parfum iodé. Oléron est une île de senteurs et de saveurs. Huîtres, moules de bouchot, poissons locaux (hmm... le maigre et le céteau), fruits et légumes bio, pineau, vin blanc, bières microbrassées, et même cognac car l'île est située dans la zone d'appellation... Les locavores ne sauront plus où donner de la tête ! Ces dernières années, de gros efforts ont été faits pour encourager la production locale, préserver le caractère oléronais et développer le réseau de pistes cyclables (160 km !). On s'en réjouit !

L'ÉCOLOGIE A LA PATATE

Après le recyclage de l'huile de friture des restos, campings et cantines scolaires de l'île pour la transformer en biocarburant (l'opération Roule Ma Frite !), le programme « Oléron zéro déchet » met à la disposition des promeneurs des bacs en planches de récup' pour y déposer les détritus retrouvés sur les plages.

UN PEU D'HISTOIRE

L'homme occupe Oléron dès le début de l'ère quaternaire (longue période allant de 3 millions d'années à 10 000 ans av. J.-C.). Mais à l'époque, ce n'est pas une île, la côte se trouvant beaucoup plus loin ! Ce n'est que quelques décennies avant notre ère que les Romains conquièrent le pays, Auguste instaurant en l'an 31 av. J.-C. la durable *pax romana* dans le pays des Santons (la Saintonge).

Au Moyen Âge, l'île passe de mains de seigneurs en mains seigneuriales, selon le principe féodal... La région est alors relativement calme.

S'ensuit, à partir du XVIe s, cette guerre civile appelée ***guerre de Religion*** qui, comme on sait, ravagea particulièrement le sud-ouest de la France, huguenots et armée royale ne cessant de se harceler, de se prendre et se reprendre du terrain.

BRITISH ISLAND

En 1152, le mariage d'Aliénor d'Aquitaine avec le roi d'Angleterre fut à l'origine de la guerre de Cent Ans... et Oléron devint britannique. En souvenir, le prénom James est toujours usité dans l'île (prononcez le « a » comme dans Jeanne ; quant au « s », il reste muet).

1598 : édit de Nantes, on oublie tout... en principe, car des combats surviendront sporadiquement sur l'île, les huguenots subissant les pertes les plus lourdes. Toutefois, ces gens-là sont tenaces et, en 1750, l'île d'Oléron compte encore un millier de protestants.

1789... Après les cahiers de doléances, la nomination des maires : 6 pour l'île, rattachée administrativement à Marennes. Désormais, Le Château s'appellera « L'Égalité », Dolus « Sans-Culotte » et Saint-Pierre « La Fraternité »... Voir le ciel de Brumaire sur La Fraternité, ça devait être quelque chose. Puis la Terreur abolira le rêve... Il était temps de tourner la page, et Bonaparte s'en chargera. Sous son règne, Oléron reste avant tout un ***poste défensif avancé et fortifié,*** qui ne sera d'ailleurs pas trop inquiété militairement, sauf lors du Trafalgar de la rade toute proche de l'île d'Aix, où un certain nombre de nos vaisseaux seront détruits (pour plus d'informations à propos de Napoléon dans les parages, se reporter à « L'île d'Aix » plus haut).

Dernier épisode de l'histoire oléronaise : la Seconde Guerre mondiale. ***Le 23 juin 1940, les Allemands investissent Oléron.*** À la Libération, le bombardement du Château-d'Oléron par l'aviation alliée détruit la citadelle. Enfin, ***l'île est libérée le 30 avril 1945*** (le jour même du suicide d'Hitler).

Comment y aller ?

En voiture

Autoroute ***A 10, sortie n° 35*** (Saintes) et direction île d'Oléron. Ou ***sortie n° 34*** (Saint-Jean-d'Angély) : itinéraire moins direct mais plus bucolique, via de charmants villages : Saint-Savinien surtout, puis Pont-l'Abbé-d'Arnoult, Saint-Jean-d'Angle, Saint-Just-Luzac. ***Pont d'Oléron gratuit*** (3 km de long). Mais attention, son accès est ***souvent embouteillé les w-e d'été et lors des « gros ponts » (Pâques, mois de mai...)*** ; compliqué alors de sortir de l'île...

En bateau

De La Rochelle vers Boyardville : ☎ *05-46-47-05-10.* • *oleron-larochelle.com* • *Avr-oct.* Liaison rapide tlj en saison (horaires selon marées, voir sur le site). Au départ de la médiathèque (15 mn à pied de la gare SNCF de La Rochelle). Durée traversée : 50 mn. Tarifs : 17,50 € aller simple, 26 € A/R ; réduc enfants ; supplément vélo. Résa à l'avance conseillée, surtout en été.

De La Rochelle vers Saint-Denis-d'Oléron : ☎ *05-46-50-55-54.* • *inter-iles.com* • Liaison quotidienne en juil-août au départ du Vieux-Port (cours des Dames). Durée : 1h. Tarifs : 17,50 € aller simple, 26 € A/R ; réduc enfants.

Spécial piétons et cyclistes : depuis le continent, ***bateau-passeur de Bourcefranc-le-Chapus au Château*** ou ***de La Tremblade à Saint-Trojan.*** En service juil-août seulement. Très peu cher (3-6 €), ludique et bien plus sympa que d'emprunter le pont, trop souvent embouteillé. Durée traversée : 20 et 45 mn. ***Résa obligatoire*** (places limitées à bord) au *06-03-28-98-33.* • *bateaupasseur17.fr* •

En train + autocar

SNCF : ☎ *36-35.* • *oui.sncf* • Arrêts les plus proches de l'île : Surgères, La Rochelle, Rochefort et Saintes.

Liaisons en car *(depuis les gares SNCF)* ***:*** ☎ *05-46-85-65-23 et 0970-870-870.* • *transports.nouvelle-aquitaine.fr* • Au départ de Surgères, Rochefort ou La Rochelle, les ***lignes nos 6 Express, 6 et 7*** desservent plusieurs arrêts sur l'île via Marennes, ce qui met Oléron à 4h30 de Paris. Depuis Saintes, emprunter la ***ligne n° 8.***

Comment en faire le tour ?

On peut commencer par longer la ***côte ouest*** : longue plage dite « de la Côte sauvage », avec, ici et là, quelques anses (Domino, La Rémigeasse), dont la température de l'eau, en raison du Gulf Stream, est de quelque 2 ou 3 °C supérieure à celle de la côte opposée. Ou alors par la ***côte est,*** vouée en partie à l'ostréiculture (dans sa partie sud, entre Le Château et Boyardville). L'axe central sud-nord de l'île étant le plus direct mais le moins intéressant (la D 734).

À vélo

C'est à vélo qu'on explore le mieux Oléron. D'autant que, comme chez sa copine l'île de Ré, de gros efforts ont été mis en œuvre pour développer les pistes cyclables : plus de 160 km sillonnent aujourd'hui les paysages de l'île, avec des loueurs de vélos dans chaque commune.

– ***Plan des pistes cyclables*** disponible dans les offices de tourisme *(0,50 €),* téléchargeable aussi sur • *ile-oleron-marennes.com* •

Bateau-passeur de Saint-Trojan à La Tremblade : en service juil-août seulement. Traversée : 6 €. ***Résa obligatoire*** (places limitées à bord) au *06-03-28-98-33.* • *bateau passeur17.fr* • En 45 mn de navigation, on rejoint le parcours de *La Vélodyssée.* Ou bien l'historique *Train des Mouettes* qui longe l'estuaire de la Seudre de La Tremblade jusqu'à Saujon (voir plus loin les environs de Mornac-sur-Seudre).

Navettes estivales

En juillet-août, des ***navettes des plages*** confortables et gratuites quadrillent toute l'île via 5 parcours (avec interconnexion). Vélos et planches de surf refusés à bord. Renseignements à l'office de tourisme : ☎ *05-46-85-65-23.*

Adresses et infos utiles

Office de tourisme de l'île d'Oléron et du bassin de Marennes : siège fermé au public mais ***12 points d'accueil*** répartis sur toute l'île et le bassin de Marennes : ☎ *05-46-85-65-23.* • *accueil@marennes-oleron.com* • *ile-oleron-marennes.com* • *Lun-sam 10h-13h, 14h30-17h30 (19h en hte*

Où dormir ?

10 Camping La Brande (B2)
13 Camping Huttopia Oléron Les Chênes Verts (B2)
14 Hôtel Le Vert Bois (B2)
15 St-Tro'Park et Camping Huttopia Oléron Les Pins (B3)
16 Le Nautile (B3)
17 Hôtel Île de Lumière (A2)
18 Le Coureau et Hôtel Les Cleunes (B3)
19 Camping Le Sous-Bois et Hôtel de la Plage (A2)
20 Hôtel L'Océane (A2)
21 Hôtel Face aux Flots (A2)
22 Maison d'hôtes Les Tranquilles d'Oléron (A2)
23 Maison d'hôtes La Ferme de Sidonie et Atlantic Hotel (A2)
24 Camping Le Suroit et Camping Les Gros Joncs (A2)
25 Hôtel de la Petite Plage – Restaurant Le Grain de Sable (A1)
26 Hôtel Le Square (A2)
27 Chambres d'hôtes Les Sarments (A2)
29 Motel Saint-Georges (A1)
30 Camping Le Domaine d'Oléron (A1)
31 Camping Antioche d'Oléron (A1)
32 Hôtel La Chaudrée (A1)
33 Camping Le Chassiron (A1)
34 Camping Le Sabia (A1)
35 Les Hameaux des Marines (A1)
58 Hôtel-restaurant des Bains (B1-2)

Où manger ?

11 Au Gré du Vin (B2)
18 La Bienheureuse et L'Écume (B3)
21 Le Merluchon (A2)
25 Hôtel de la Petite Plage – Restaurant Le Grain de Sable (A1)
26 La Camaraderie et De l'Île aux Papilles (A2)
50 Les Frits de Mer, Les Vagabonds, La Courtine et L'Atelier (B2)
51 K-Bane La Dégustation (B3)
52 Chez Mamelou et La Moule à Facettes (B2)
53 Les Poissons Rouges (B3)
54 Le Relais des Salines (B3)
56 17 Fort Royer (B2)
58 Hôtel-restaurant des Bains (B1-2)
59 Le Café de la Plage (B1)
60 Le Bord à Bord (B2)
61 Les Viviers de la Saurine – La Roue tourne (B2)
62 La Buvette de la Plage et Quai 17 (A1)
63 Le Jour du Poisson (A1)
64 La Biouve (A1)
65 L'Atypique (A1)
66 À la Pêche aux Moules (B2)
70 Les Écluses (A1)

Où boire un verre ? Où sortir ?

18 Cuba Noche (B3)
23 Café La Menou (A2)
26 Le Bus Stop (A2)
62 La Buvette de la Plage (A1)
64 La Biouve (A1)
70 Les Écluses (A1)

Achats

21 Conserverie La Lumineuse (A2)
26 Pâtisserie Au Puits d'Amour, La Fine Goule et Conserverie La Lumineuse (A2)
29 Au Fumoir d'Annie (A1)

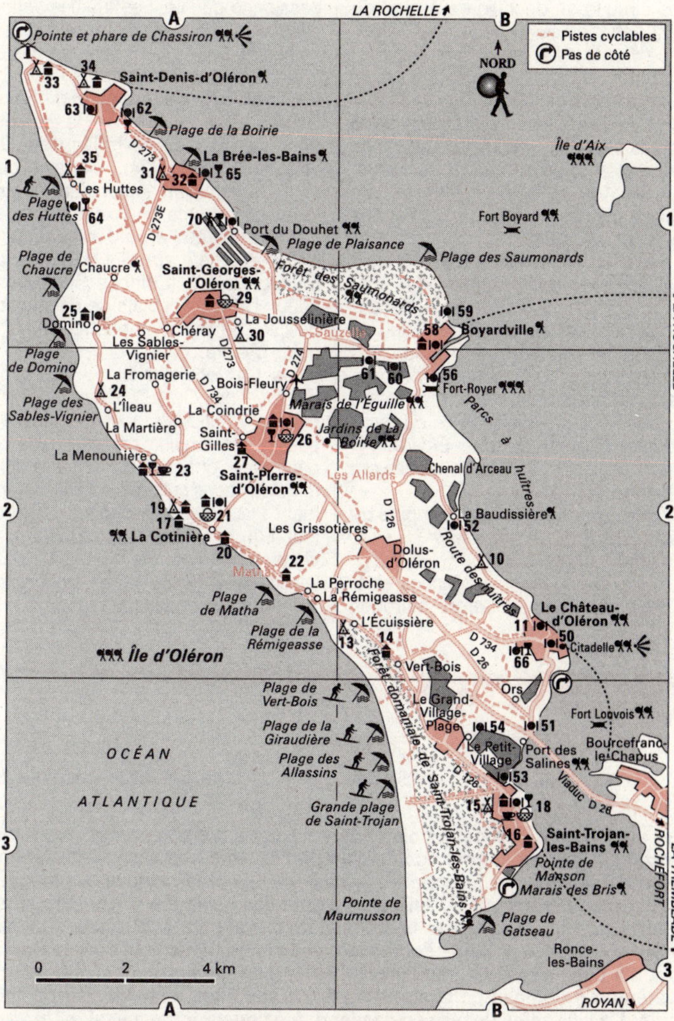

L'ÎLE D'OLÉRON

saison pour certains bureaux). Dans tous, une foule d'infos (hébergement, restauration, visites, activités, horaires de marée, météo...) et un service de billetterie (nombreuses visites guidées, sorties nature et sportives, croisières, liaisons maritimes...). Également un coin gourmand avec une sélection de produits locaux (fleur de sel, pineau...). De nombreux sites sont équipés pour accueillir les personnes à mobilité réduite.

– ***« Sur les chemins de Marennes-Oléron » :*** disponible dans tous les offices de tourisme de l'île d'Oléron et du bassin de Marennes, ce guide propose des circuits de découverte à pied du petit patrimoine *(0,50 € ; sinon, visionnage gratuit sur ● ile-oleron-marennes.com ●).*

– *Le Littoral :* ● *le-littoral.com* ● L'hebdo de la Charente-Maritime, édité depuis plus d'un siècle et couvrant les événements, brocantes, faits divers, nouveautés et divertissements. La lecture de tous les gens du coin et des visiteurs avertis !

– *Sorties nature (association IODDE) :* *rens et **résa obligatoire** au ☎ 05-46-47-61-85. GRATUIT.* Découverte de l'estran de Chassiron, de la forêt de Saint-Trojan ou bien des algues, crépuscule au marais du Douhet... autant d'animations gratuites à l'initiative de l'association *Île d'Oléron Développement durable Environnement.* Seules les sorties en canoë sont payantes *(35 €/pers).*

– *Visites guidées sur le patrimoine de l'île :* *rens au ☎ 05-46-47-32-31. ● ph.lafon@free.fr ● Tarifs : 0-18 € selon formule ; réduc enfants.* Menées entre autres par Philippe Lafon, historien passionné de l'île. Les thèmes varient chaque année : l'architecture rurale et balnéaire, Saint-Pierre dans les pas de Pierre Loti, les forts napoléoniens de Boyardville, l'église romane de Saint-Georges *(mar en juil-août),* le train des découvertes à Saint-Trojan (tous les vendredis en saison)... Certains parcours se terminent autour d'une dégustation de produits locaux : très sympa !

– *L'île d'Oléron à vélo et à pied* et ***Balades à vélo sur l'île d'Oléron,*** de Philippe Lafon (Éditions Sud-Ouest, 2020). De vrais circuits de découverte de l'île, un bon complément à votre guide préféré.

– *Les Cahiers d'Oléron :* *édités par l'association LOCAL, implantée à Saint-Pierre. ● local-oleron-marennes.fr ●* Ces passionnés, fervents défenseurs de leur patrimoine, ont édité par le passé différents ouvrages culturels sur l'île, notamment les excellents *Cahiers d'Oléron* (sur l'architecture, l'ostréiculture, la vigne, Pierre Loti, etc.). En vente dans les bonnes librairies de l'île ; sinon, catalogue sur demande ou en ligne.

LE CHÂTEAU-D'OLÉRON

(17480) 4 250 hab. *Carte Charente-Maritime, B2*

Cet ancien petit port ostréicole et de voyageurs tire son nom d'un château féodal qui gardait la côte occidentale de l'île. Une importance stratégique qui n'a pas échappé à Richelieu (soucieux, disent les mauvaises langues, de garantir le transport du sel – dont il tirait des revenus – depuis Brouage) : à partir de 1630, il fait raser le château médiéval pour édifier une citadelle. Louis XIV, voulant protéger l'embouchure de la Charente et le port de Rochefort, s'y colla ensuite. C'est l'inévitable Vauban qui entreprit d'optimiser le système de défense de la citadelle. Dans son élan, il réorganisa complètement la ville selon un plan en damier d'une rigueur toute militaire. Un vaste projet qui ne sera pas mené à terme...

De toute façon, cette place forte ne fut jamais inquiétée et, comme le fort Boyard, servit surtout à l'incarcération de prisonniers allemands (guerre de 1870), de communards et de disciplinaires de l'armée. Enfin, pas inquiétée... jusqu'en 1945, date à laquelle l'aviation alliée la bombarda copieusement.

Ses enceintes fortifiées percées encore de vieilles portes et son centre qui a conservé son aspect de « ville neuve » du XVIIe s sont pour beaucoup dans le charme indiscutable du Château-d'Oléron. Ici, ni plage ni forêt, mais la ville compense avec une politique culturelle et artistique digne de ce nom. Les anciennes cabanes ostréicoles du port ont été reconverties en ateliers de créateurs et la citadelle accueille expos, manifestations et représentations théâtrales.

Adresses et info utiles

ℹ ***Office de tourisme :*** *1, pl. de la République.* ☎ *05-46-85-65-23.* • *accueil@marennes-oleron.com* • *ile-oleron-marennes.com* • *Avr-sept, tlj sauf dim ap-m ; le reste de l'année, lun-ven.* Possibilité de visites commentées par un historien casteloléronais passionné *(gratuites ; sur résa).*

■ ***Location de vélos :*** ***Cycles J. Demion,*** *26, av. d'Antioche.* ☎ *05-46-76-72-67.* • *cyclesdemion.fr* • *Avr-début nov. Succursales à Grand-Village et à Saint-Trojan.* ***Bik'Elect,*** *16, av. d'Antioche.* 📱 *06-59-88-88-50.* • *bikelect.fr* • *De mi-janv à oct.* ***Beach Bikes,*** *24 bis, av. d'Antioche.* ☎ *05-46-68-13-67.* • *beachbikes.fr* • *Avr-oct.*

– ***Marchés :*** *grand marché dim mat sur la pl. de la République (ts les mat juil-août). Également un petit marché tlj (sauf lun hors juil-août) au même endroit. Nocturnes en juil-août : mar sur le port et ven en ville.*

Où dormir ? Où manger ?

Camping

⛺ ***Camping La Brande*** *(plan B2,* ***10****) :* *route des Huîtres.* ☎ *05-46-47-62-37.* • *contact@camping-labrande.com* • *camping-labrande.com* • ♿ *À 2,5 km au nord de la ville, sur la côte. Ouv fin avr-fin oct. Compter 24-49 € pour 2. Chalets ou mobile homes 2-6 pers 320-1 500 €/sem. 199 empl.* Géré par la même famille depuis 1963, labellisé Famille Plus et Écolabel européen, ce 5-étoiles vaste et verdoyant figure parmi les mieux équipés de l'île, et c'est là son principal attrait : piscine couverte, avec, en été, cours d'aquagym et toboggan aquatique de 42 m ; tennis, minigolf, tir à l'arc, terrain multisports, sauna, hammam, jacuzzi, bar, snack, club enfants (5-18 ans), location de vélos et une foule d'animations en saison : entre autres, sorties en canoë dans les parcs à huîtres. Environ 200 emplacements spacieux (minimum 125 m²), bien délimités et ombragés. Petit plus pour les campeurs exigeants : la possibilité de réserver une salle de bains privée *(8 €/j.).*

Bon marché

🍴 ⛱ ***Les Frits de Mer*** *(plan B2,* ***50****) :* *av. du Port (cabane rouge en face du rond-point et de la Cave du Port).* ☎ *05-46-38-28-68.* • *lesfritsdemer@gmail.com* • ♿ *Tlj sauf dim soir et lun. Congés : nov-janv. Formule déj 13,50 €.* Un petit *fish & chips* dans l'air du temps, monté par un jeune tandem soucieux de proposer de la qualité à petits prix. Le poisson est donc pêché localement, sauces et panures sont maison, avec des herbes et des associations originales, et les frites sont cuites en 2 temps, le secret des Belges ! Pour peu qu'il fasse beau, visez les places en terrasse à l'arrière, avec vue sur le vieux port et la citadelle de Vauban.

🍴 ⛱ ***Les Vagabonds*** *(plan B2,* ***50****) :* *5, av. du Port (cabane bleue en face du rond-point et de la Cave du Port).* ☎ *05-46-08-64-54.* • *lesvagabonds17@gmail.com* • *Ouv avr-sept ; horaires variables selon saison ; juil-août, tlj sauf dim soir et lun, dès 11h. Env 15 €.* Une façade bleu azur qui claque sur le rouge du *fish & chips* attenant. Ici, ni fruits de mer ni spécialités charentaises mais une petite cuisine maison bien d'aujourd'hui, colorée, fraîche et tendance, à prix raisonnables. Brunch comme aux US, burgers, salades, smoothies, cafés et desserts gourmands, grosses planches apéro le soir... À déguster en terrasse ou dans la petite salle toute de bois blond vêtue.

🍴 ⛱ ***À la Pêche aux Moules*** *(plan B2,* ***66****) :* *Le Port.* 📱 *07-66-68-60-50. Tlj sauf mer soir et jeu. Env 13 €.* Avec vue sur les cabanes multicolores qui ornent le chenal ostréicole, ce petit resto-self propose une dizaine de recettes de moules savoureuses et originales (gingembre, curry, thym..., ou même avec du chorizo !). On passe commande au comptoir, on s'installe sur les longues tablées de la terrasse ouverte et on plonge les doigts dans les généreuses barquettes. Rien à redire. Même le rapport qualité-prix est top.

Prix moyens

La Courtine (plan B2, **50**) : *5, av. du Port. ☎ 05-46-36-00-74. • lacourtine.oleron@gmail.com • De mi-fév jusqu'à la Toussaint, tlj sauf dim soir et lun. Résa conseillée. Carte env 30 €.* Ce gentil bistrot de la mer, installé dans une cabane modernisée avec véranda puis terrasse ouverte sur l'adorable petit port, propose de bons plats de poisson bien frais, au dressage soigné. Choix à l'ardoise variant en fonction des marées (ne pas manquer les couteaux *a la plancha* ou le wok de coquillages au curry), copieux plat du jour et coquillages à petit prix en saison. Le tout servi avec le sourire dans une ambiance familiale mais un peu bruyante. Alternative en dehors des heures de service, ***L'Atelier*** *(☎ 05-46-36-25-30 ; de fév à mi-nov et vac de Noël, tlj sauf lun),* un bar à huîtres qui jouxte *La Courtine.* C'est le même proprio, le même ostréiculteur. Vente de produits exclusifs de l'île.

Chic

Au Gré du Vin (plan B2, **11**) : *pl. de la République. ☎ 05-46-85-02-73. • augreduvin17@gmail.com • Tlj sauf mar-mer, plus jeu hors saison. Congés : 10 j. en oct et de mi-déc à mi-fév. Résa conseillée. Carte 35-40 €.* Gourmets et épicuriens, ce petit resto bistronomique est pour vous. Aux manettes, une cheffe passionnée de cuisine (et très douée !) dont l'idée séduisante est de proposer une carte axée autour du vin, plus particulièrement des petits producteurs. Chaque plat est assorti d'une suggestion d'étiquette en accord, l'occasion de découvertes originales. Les assiettes sont superbement présentées et les papilles à la fête de bout en bout.

À voir. À faire

La citadelle (plan B2) : *au nord-ouest de la ville. Accès libre. Visites guidées costumées de mi-juil à août, mer à 20h45 (ainsi que ven en août, même horaire) : 7,50 € ; réduc. Infos et billetterie auprès de l'office de tourisme : ☎ 05-46-47-60-51.* Une grande étoile de pierre qui, vue du ciel, donne l'impression d'avoir été jetée dans l'océan par quelque géant en colère. Ses remparts offrent une vue superbe, tôt le matin quand partent les bateaux des ostréiculteurs, ou tard le soir pour de sublimes couchers de soleil. Pilonnée par les forces alliées, la citadelle fut détruite à 50 % avant d'être laissée à l'abandon pendant plusieurs décennies. Réhabilitée, elle se visite librement aujourd'hui. On pénètre au cœur du système de fortifications, entre autres, par l'opulente porte Royale. Vaste cour herbue bordée par de nombreux bâtiments, dont l'arsenal et la poudrière, qui abritent des expos temporaires en été. Ne pas manquer, dans la poudrière, le plan-relief du Château-d'Oléron conçu d'après des études et des plans de 1705, une copie de celui exposé au musée de l'Armée à Paris. Splendide salle de spectacle (300 places) dans la salle de l'Arsenal.

Le circuit du patrimoine : *tte l'année. Livret gratuit à l'office de tourisme. Parcours en accès libre ; durée : 2h.* On peut découvrir la vieille ville, et notamment l'ancienne place d'Armes (place de la République) avec sa jolie fontaine Renaissance aux colonnes torsadées. Ou encore la citadelle, le port ostréicole et ses cabanes d'artistes.

Les cabanes d'artistes et le pont des Rêves : *rens au 📱 06-89-71-25-69. • couleurs-cabanes.fr • Juil-août, tlj ; avr-juin et sept-nov, tlj sauf lun.* Un vent de création souffle sur le port grâce aux artistes qui ont investi une trentaine d'anciennes cabanes ostréicoles pour leur offrir une 2de vie. Ne pas hésiter à pousser la porte de leurs ateliers colorés pour retrouver ces gestes du passé : enluminure, peinture, broderie, sculptures en laine... Mais aussi des savoir-faire bien dans l'air du temps, inspirés par l'art de la récup' (dans le domaine, coup de cœur pour *V.O Création,* cabane 27). En plus du sentier de découverte qui chemine à travers les cabanes, le long des chenaux, il faut aussi monter sur le toit du ***fort Pâté*** (un pan de fortification dépendant de la citadelle), aménagé en jardin de sculptures sur métal. L'artiste SestyLand travaille juste au-dessous. De là-haut, jolies échappées sur les cabanes de guingois et l'alignement des toits en tuiles moussues. Voir enfin le poétique ***pont des Rêves*** enjambant le chenal. Un pont des Arts version ostréicole ! Point de cadenas donc, mais des coquilles d'huîtres remplies de messages et de mots doux, accrochées à des ficelles biodégradables. Les vœux sont censés se réaliser une fois que la cordelette lâche et que la coquille retourne à l'eau...

Le sentier du littoral : du port du Château jusqu'au viaduc. Sentier pédestre balisé de 2,5 km entre littoral et claires ostréicoles.

DANS LES ENVIRONS DU CHÂTEAU-D'OLÉRON

ORS *(à l'entrée de l'île)*

Après le pont, à droite, vestiges du ***dolmen d'Ors*** (semi-enterré, seule la table est visible), sous lequel ont été dégagées plusieurs sépultures datées approximativement du IIIe millénaire av. J.-C. Comme quoi, les Oléronnais ne sont pas tombés de la dernière pluie...

Où manger ?

K-Bane La Dégustation *(plan B3,* ***51****) : route de la Pointe-Blanche (D 734). ☎ 05-46-38-02-17. À l'entrée sur l'île, juste après le pont, prendre la 1re à droite direction Ors. Juil-août, tlj midi et soir ; avr-juin et sept, tlj sauf lun-mar. Congés : oct-mars. Plats 10-20 € ; plateaux de fruits de mer 20-40 €.* Le plus de ce resto d'ostréiculteurs décoré façon cabane modernisée, c'est sa vue imprenable sur le viaduc d'Oléron, le fort Louvois, la mer et les marais. On profite de ce panorama depuis la grande terrasse couverte en bois, et aux beaux jours on s'installe même dehors, à côté du bassin ostréicole. Au menu, coquillages et crustacés exclusivement : huîtres, palourdes farcies, poêlée de couteaux ou de langoustines, moules à la charentaise, jonchée... Le tout bien cuisiné et servi avec une extrême gentillesse. Une idée de balade digestive : le sentier des douaniers passe juste à côté et rejoint le port du Château.

SUR LA ROUTE DES HUÎTRES

En quittant Le Château-d'Oléron par la porte de Dolus, prendre à droite. Là commence la ***route des Huîtres,*** qui longe la côte est jusqu'à Boyardville en passant par ***La Baudissière*** et le ***chenal d'Arceau.*** Elle sinue entre claires et chenaux bordés de cabanes multicolores.

Où manger ?

Chez Mamelou *(plan B2,* ***52****) : chenal de la Baudissière, 17550 Dolus-d'Oléron. ☎ 05-46-75-44-41. • saschezmamelou@gmail.com • Sur la route des Huîtres, entre Le Château et Les Allards. Juin-sept, tlj sauf lun,* *le midi seulement. Résa fortement conseillée. Églade de moules 14 € ; assiettes de fruits de mer ou plats 15-20 €.* Une petite cahute jaune mimosa coiffée d'un drapeau français s'agitant aux quatre vents et, dans son genre, une véritable institution locale que ce petit resto tout simple avec sa terrasse suspendue au-dessus du chenal. La vue sur l'enfilade de cabanes ostréicoles est pittoresque en diable, et lors des grandes marées, l'eau s'infiltre sous les pieds des clients ! Huîtres, palourdes, langoustines, bulots... sont ici d'une fraîcheur absolue, et pour cause : le patron est ostréiculteur. Mais, à partir de mi-juin, la grande spécialité, c'est la fameuse églade, des moules disposées sur une planche de bois et cuites sous une épaisse couche d'aiguilles de pin enflammées. Un régal oléronais préparé sous vos yeux.

La Moule à Facettes *(plan B2,* **52)** **: port de la Baudissière,** *17550 Dolus-d'Oléron. 06-65-14-88-14. Ouv avr-sept, tlj sauf dim 12h-14h30, 19h-21h30. Pas de résa. Compter env 25 €. Digestif maison offert sur présentation de ce guide.* Coqueluche de l'émission de téléréalité *L'Amour est dans le Pré* édition 2018, l'ostréiculteur Thomas Archambeau a ouvert sa cabane de dégustation au milieu des marais. 2 terrasses (côté mer ou chenal) pour se régaler de moules bien cuisinées, d'un excellent rapport qualité-prix. Et bien sûr d'huîtres tout juste sorties des bassins, de palourdes gratinées, de gambas *a la plancha* et de beaux plateaux de fruits de mer. En revanche, pas de desserts, comme c'est la règle chez les ostréiculteurs... Boissons un peu chères.

À voir. À faire

Les cabanes-ateliers de La Baudissière *(plan B2)* **: port de la Baudissière** *(entre Le Château et Les Allards), 17550 Dolus-d'Oléron.* Ensemble coloré et pittoresque d'anciennes cabanes à huîtres posées le long du chenal et réhabilitées en ateliers d'artistes (dans l'esprit de celles du Château, mais moins nombreuses). Parmi nos préférées, la verte de Blandine Mornon, qui revisite le *street art* avec humour sur bois flotté, galets et autres rebuts de plage (visite sur rendez-vous a priori). Et les ingénieuses créations lumineuses de Stéphane Kempf, réalisées à partir de pièces d'électroménager de récup'.

Le Théâtre d'Ardoise : *au* **chenal d'Arceau,** *17550 Dolus-d'Oléron. Prendre la direction Bellevue à droite et suivre le fléchage ; 500 m plus loin, ne pas passer sur le pont au-dessus du chenal à angle droit mais suivre tt droit et sur 200 m le petit chemin de marais qui contourne la cabane de M. Massé. Vous y êtes ! Spectacles en juil-août seulement ; programmation éclectique, détaillée avec humour sur • letheatredardoise.com • Prix des places : de gratuit à env 25 € ; réduc. Prévoir sa petite laine. Ciné en plein air le soir lun, mar et mer.* Un pari un peu fou que ce petit « théâtre antique bio » (!) fondé par un ostréiculteur au milieu des marais, en plein air et quasiment les pieds dans l'eau. Chaque été, il revit au rythme des ***Estivases,*** un festival éclectique réunissant comédiens, conteurs, musiciens et DJs, dans une ambiance unique et décalée. Sur place, on grignote des produits locaux (huîtres bien sûr, tartines, salades, p'tit vin blanc...), mais on peut aussi apporter son pique-nique. Quand culture rime avec ostréiculture !

VERS DOLUS-D'OLÉRON

Le petit bourg de Dolus (3 300 habitants) avec son église au clocher saintongeais datant du XVIIIe s (le seul de l'île), s'est illustré durant plusieurs années dans un bras de fer médiatique contre le géant du fast-food, *McDo,* désireux de s'implanter sur l'île. Fervent défenseur du circuit court, l'ancien maire a fini par s'incliner...

Adresses utiles

Office de tourisme : *Grand-Rue (à côté de l'église), à* ***Dolus-d'Oléron.*** *☎ 05-46-85-65-23. • accueil@marennes-oleron.com • ile-oleron-marennes.com • Juil-août, tlj sauf dim ap-m ; oct-juin, tlj sauf w-e.*

Location de vélos : ***Vélos 17,*** *sur le parking d'Intermarché (rond-point D 734). ☎ 05-46-36-57-81. • velos17loisirs.com • Ouv juil-août seulement.*

Où dormir ?

Camping Huttopia Oléron Les Chênes Verts (plan B2, **13**) **:** *9, passe de l'Écuissière, 17550* ***Dolus-d'Oléron.*** *☎ 05-46-75-32-88. • europe.huttopia.com • À 2 km de Dolus, entre La Rémigeasse et Vert-Bois. En principe, ouv de fin mai à mi-sept. Compter 20-37 €. Tentes équipées 4 pers 50-115 €. 105 empl.* Dans un environnement boisé bien préservé, avec accès direct à la plage de l'Écuissière (50 m), idéale pour la pêche à pied ou le cerf-volant. Emplacements classiques et une cinquantaine de tentes toile et bois tout équipées pour 4-5 personnes (avec lits et couvertures mais prévoir draps, taie d'oreiller et linge de toilette). 2 blocs sanitaires et laverie. Café-resto en juillet-août. Location de vélos.

Hôtel Le Vert Bois (plan B2, **14**) **:** *104, chemin Saint-James, 17550* ***Dolus-d'Oléron.*** *☎ 05-46-36-87-66. • info@hotel-vert-bois-oleron.com • hotel-vert-bois-oleron.com • Entre La Cotinière et Le Grand-Village. Ouv Pâques-Toussaint. Doubles 80-170 € ; familiales. Parking gratuit. Apéritif maison offert sur présentation de ce guide.* Dans la forêt, un hôtel tenu par un jeune couple dynamique. Parquet partout, déco marine fraîche et sobre, salles de bains nickel... Le tout est bien pensé, au goût et au confort du jour (literie de compétition), avec quelques petits plus fort appréciables comme la terrasse privative au rez-de-chaussée donnant sur une superbe piscine bordée de palmiers. Aussi sauna et hammam. L'une des plus belles plages de l'île n'est qu'à 900 m (*stand up paddle,* surf, kitesurf, char à voile et châteaux de sable). Location de vélos sur place.

À voir. À faire

Le Marais aux Oiseaux : *Les Grissotières, 17550* ***Dolus-d'Oléron.*** *☎ 05-46-75-37-54. • marais-aux-oiseaux.fr • Juil-août, tlj 10h-19h ; avr-juin et sept, tlj 10h-13h, 14h-18h (seulement l'ap-m le w-e) ; le reste de l'année, mer et dim 14h-18h, ainsi que ts les ap-m sauf sam pdt vac scol. Fermé de mi-nov à mi-fév. Entrée : 4,50 € ; 2,80 € enfants ; réduc sur présentation de ce guide. Organise également des sorties à thème en saison (tél à l'accueil).*

Ce parc de près de 10 ha permet d'observer à la fois des animaux domestiques et des espèces sauvages. Mais certains oiseaux, attirés par leurs semblables, ont niché et se sont carrément installés ! Un petit sentier ombragé mène tout d'abord à l'enclos de monsieur bouc qui nous regarde de son œil malicieux, alors que maman canard et sa progéniture barbotent allègrement. Plus loin, c'est le domaine des oiseaux aquatiques comme s'il en pleuvait : bernaches, colverts, hérons, aigrettes... Petit observatoire offrant une vue panoramique du site (prévoir des jumelles ; sinon, longue-vue à disposition). À la tombée de la nuit, le hibou paraît. Une belle balade à faire avec les enfants.

À noter que le Marais aux Oiseaux, l'une des 14 maisons du réseau des Échappées Nature du département, abrite en outre un centre de sauvegarde et de soins pour les oiseaux mazoutés, blessés ou malades.

Les plages *(plan A-B2-3)* **:** ***La Rémigeasse*** (familiale), la ***Perroche*** (adorable chapelle romane du XIe s adossée à la baie) et ***Vert-Bois,*** idéale pour le surf et le kitesurf.

Le parc aquatique ILEO : *route du Stade, 17550* ***Dolus-d'Oléron.*** *☎ 05-46-76-18-19. • ileo@vert-marine.com • vert-marine.com • Parc aquatique complet ouv juin-sept : juil-août, tlj 10h-19h (20h mar et jeu) ; juin et sept, tlj 10h-18h. Le reste de l'année, piscine et espace balnéo seulement. Entrée du parc : 25 € ; 18 € 6-12 ans ; 10 € 3-5 ans ; forfait famille 79 €.* Parc aquatique en été, avec toboggans extérieurs, rivière à bouées, vague de surf... Et toute l'année, grande piscine intérieure, espace à jets, pataugeoire pour les petits, balnéo, bien-être et fitness. Le tout entièrement rénové.

SAINT-TROJAN-LES-BAINS

(17370) 1 260 hab. *Carte Charente-Maritime, B2*

À la pointe sud de l'île, cette station balnéaire déroulée tel un long ruban face à l'océan fut lancée à la fin du XIXe s comme sa grande sœur continentale, Royan. De la Belle Époque subsiste en front de mer une série de villas cossues aux noms évocateurs : Semiramis, La Brise, Maris Stella... Mais les années 1960 et 1970 ont fait dans un urbanisme un peu moins pertinent... Beaucoup de charme tout de même grâce à sa superbe forêt de pins maritimes (la plus grande de l'île, avec environ 2 000 ha, dont 160 classés réserve biologique intégrale), un mignon petit port ostréicole investi par des boutiques et restos, une spécialité locale qui ne se mange pas mais se voit et se sent (le mimosa), et 2 belles plages : à l'ouest, la bien nommée Grande Plage (15 km), sauvage et ventée, qui ravira les amateurs d'espace et de sports nautiques ; et au sud, l'anse de Gatseau, une des plus belles de l'île, familiale et bordée de hauts pins maritimes, où est installé le centre de thalasso. C'est sur cette plage qu'eut lieu le débarquement des soldats alliés pour libérer Oléron. Cependant, on ne peut s'y baigner qu'en fonction des marées, car la mer se retire très loin à marée basse. La plage de Maumusson, accessible uniquement à pied (par la plage ou la forêt) ou, plus pittoresque, par un petit train en service depuis les années 1960 qui chemine à travers les pins, est un vrai bout du monde balayé par les vents, mais la baignade y est déconseillée à cause des courants.

Adresses et info utiles

Office de tourisme : *carrefour du Port. ☎ 05-46-85-65-23. • accueil@marennes-oleron.com • ile-oleron-marennes.com • Avr-sept, tlj sauf dim ap-m (tlj juil-août) ; le reste de l'année, tlj sauf w-e.* Renseignements à propos de toutes les visites, balades, sorties nature organisées par l'office de tourisme de l'île d'Oléron et du bassin de Marennes : marais, forêt, histoire du village... Excellent accueil.

Location de vélos : ***Cycles J. Demion,*** *sur le port. ☎ 05-46-76-02-63. • cyclesdemion.fr • Juin-sept, tlj ; le reste de l'année, mar-sam.* Une affaire familiale depuis 1948 ! Succursales à Grand-Village et au Château. ***Vélos 17 Loisirs,*** *av. des Bris, à proximité des campings. ☎ 05-46-76-07-94. • velos17loisirs.com • Ouv vac de printemps, w-e fériés et fin juin-début sept.*

– **Marché :** *en saison, ts les mat, pl. des Filles-de-la-Sagesse. Le reste de l'année, le mat mar, jeu et sam-dim.*

Où dormir ?

Campings

⛺ **St-Tro'Park** *(plan B3,* ***15****) : 36, av. des Bris. ☎ 05-46-76-00-47. • info@st-tro-park.com • st-tro-park.com • ♿ À 1,5 km de la ville en direction de la plage de Gatseau, en forêt. Ouv d'avr à mi-oct (mai-sept pour les empl.). Compter 18-34 €. Studios et chalets 2-6 pers 199-1 215 €/sem. 208 empl.* Un 4-étoiles labellisé Qualité. Emplacements sablonneux plus ou moins ombragés mais bien séparés des chalets. Excellentes prestations : bar, snack, dépôt de pain, dépannage épicerie, laverie, aires de jeux, pétanque, ping-pong, organisation de randos et animations en juillet-août... Piscine chauffée, salle de sport, hammam, sauna et spa.

⛺ ***Camping Huttopia Oléron Les Pins*** *(plan B3,* ***15****) : 11, av. des Bris. ☎ 05-46-76-02-39. • oleron-pins@huttopia.com • huttopia.com • ♿ Ouv de mi-mai à fin sept. Compter 20-35 € pour 2. Loc de tentes tt équipées 4-5 pers sans ou avec sdb 50-155 €/nuit (min 2 nuits hors saison, et 5 en hte saison), 350-1 015 €/sem. 110 empl.* Une chaîne de « campings nature » qui a à cœur de respecter l'esprit campeur et les valeurs originelles du camping, dans des sites préservés. Ici, au cœur de la superbe forêt de Saint-Trojan, pas de dictature des mobile homes : des tentes toile et bois. Seulement la nature, pas trop d'entassement, des espaces ombragés et d'excellentes prestations. Aire de jeux pour enfants, piscine, boutique, snack, dépôt de pain, machine à laver. Sanitaires impeccables.

De prix moyens à chic

🏠 **Le Nautile** *(plan B3,* ***16****) : 21, allée des Mimosas. ☎ 05-46-76-09-15. • hotel.le.nautile@wanadoo.fr • hotel-lenautile.fr • ♿ Au centre héliomarin du front de mer, tourner à droite et suivre les panneaux. Congés : de nov à mi-fév. Doubles 69-130 €. 1 boisson/pers offerte sur présentation de ce guide.* Au calme et en lisière de forêt, à 500 m de la plage, un petit hôtel 3 étoiles impeccable et relativement bon marché. 13 chambres soignées avec douche, w-c et écran plat. Jardin et terrasse pour pique-niquer, piscine. Bon accueil. Sans esbroufe mais nickel dans son genre.

🏠 **Le Coureau** *(plan B3,* ***18****) : 88, rue de la République. ☎ 09-84-53-95-32. 📱 06-41-12-79-77. • hotellecoureau@hotmail.com • hotellecoureau.com • Doubles 62-89 €. Réduc de 5 % sur le prix de la chambre sur présentation de ce guide.* Tout simple mais à prix vraiment raisonnables, bien tenu et accueillant, ce petit hôtel tranquille des années 1950 (rénové récemment) a tout pour lui dans cette catégorie. Les chambres sont correctement équipées et sa situation dans la rue principale, tout près du front de mer, est bien commode. Petit déj servi à la réception.

De chic à beaucoup plus chic

🏠 **Hôtel Les Cleunes** *(plan B3,* ***18****) : 25, bd de la Plage. ☎ 05-46-76-03-08. • contact@hotel-les-cleunes.com • hotel-les-cleunes.com • ♿ Tte l'année. Doubles 109-219 € ; familiales ; petit déj 14 €. Café offert sur présentation de ce guide.* Face à la mer, hôtel horizontal de standing, offrant des chambres de configurations différentes, toutes de grand confort, bien au calme malgré la proximité de la route (peu de passage de nuit). Grand hall moderne avec billard et piano-bar. Piscine extérieure très agréable, chauffée de mai à septembre, tennis et espace bien-être (spa, sauna, hammam, massage...). Tous ces petits plus compensent l'absence de vraie plage où se baigner et accessible à pied. Accueil ultra-pro et dynamique.

Où manger ?

Bon marché

La Bienheureuse (*plan B3, 18*) : *7, pl. des Filles-de-la-Sagesse. 06-98-90-01-09. • fanny85100@yahoo.fr • En saison, ouv ts les midis sauf ven, plus jeu soir ; hors saison, ouv le midi mer-sam, plus le soir jeu. Congés : déc-janv. Compter env 22 €. Apéritif maison offert sur présentation de ce guide.* Tout près du marché, une petite adresse originale et conviviale où l'on se pose volontiers après avoir rempli son panier. Tout est bon, du café torréfié par Marignan à Cognac aux petits plats du jour locavores, en passant par les desserts et les jus. Quant au décor, un bric-à-brac ethnico-50's coloré et bourré de charme, on est fan ! Fait aussi boutique d'artisanat et dépôt-vente d'artistes locaux, des copains le plus souvent. Une *Bienheureuse* qui porte si bien son nom...

De prix moyens à chic

Les Poissons Rouges (*plan B3, 53*) : *1, quai Raoul-Coulon, sur le port ostréicole, côté gauche. ☎ 05-46-76-00-04. Avr-sept, tlj sauf lun. Carte env 40 €.* Clin d'œil à une toile de Matisse, cette vieille cabane n'a pas oublié sa prime vocation. On y déguste comme de juste des assiettes de la mer (mais pas que), variant au gré des arrivages et volontiers relevées de saveurs d'ailleurs. Parmi les spécialités, les *pierogis* (ravioles traditionnelles polonaises, déclinées aux langoustines et queue de bœuf), la seiche à l'ail grillée *a la plancha* et le tartare de thon. Une terrasse couverte côté port, mais la plus sympa est posée à l'arrière, au bord du bassin, où se reflètent d'autres cabanes colorées typiques du coin. Pas mal de monde en été, pensez à réserver.

L'Écume (*plan B3, 18*) : *2, rue de la République. ☎ 05-46-75-34-66. • restaurant.lecume@gmail.com • Juil-août, tlj sauf lun ; le reste de l'année, fermé sam midi, dim soir et lun. Résa conseillée. Formules déj en sem 16,50-23 € ; carte env 30-40 €.* Convaincante cuisine moderne inventive pour ce resto offrant une vue panoramique sur la mer et le viaduc à l'arrière-plan (petite terrasse suspendue aux beaux jours). Des plats terre-mer bien maîtrisés et goûteux (la très belle mise en place constitue un plus) qui varient au fil des saisons et des arrivages, la carte change toutes les 3 semaines. Excellent accueil d'une équipe jeune et dynamique.

Où boire un verre ?

Cuba Noche (*plan B3, 18*) : *2 bis, bd Pierre-Wiehn. ☎ 05-46-76-44-03. • contact@cubanoche-oleron.fr • En face du casino. En principe, tlj sauf mer, jusqu'à 2h.* Une adresse qui apporte une petite touche d'exotisme à Oléron ! Venez donc fumer le cigare (dehors !) et jouer le Che sous son nez, devant son portrait planté dans le beau salon cosy. Mais le plus, c'est la terrasse *lounge* à l'arrière. À l'ardoise, rhums arrangés maison, mojito, caïpirinha, *piña colada*, etc. Tous les mardis et vendredis en août (le mardi seulement en juillet), initiation à la salsa et à la *bachata*.

À voir. À faire

Le sentier côtier de la pointe de Manson et la digue Pacaud : *env 6 km A/R (1h15).* Départ de la jolie promenade piétonne en surplomb de la Petite Plage (plus au moins au niveau du *Homard Bleu*). Un coup d'œil d'abord sur les charmantes villas typiques de l'architecture balnéaire de la fin du XIXe-début du XXe s, avant de longer le club nautique à l'enseigne vintage, le clocher de Marennes et les 2 ponts en ligne de mire (celui d'Oléron, mais aussi de la Seudre). Sans jamais quitter le littoral, le sentier chemine ensuite jusqu'au **marais des Bris,** trait d'union entre mer et forêt (aire de jeux enfants et parcours de découverte à pied), puis rejoint le centre de thalasso et la pittoresque plage de Gatseau. Si vous êtes en jambes, possibilité de poursuivre plus loin vers la pointe de Maumusson et de rentrer éventuellement en petit train (lire ci-après).

Balades en forêt de Saint-Trojan : au sud et à l'ouest de la commune s'étend la plus grande forêt d'Oléron, essentiellement plantée de pins et de chênes verts. Elle remonte sur environ 8 km jusqu'à la plage de La Rémigeasse. Un circuit pédestre la parcourt dans sa partie sud : départ de ce « circuit bleu » au parking de la plage de Gatseau. Promenade agréable, où les senteurs des pins se mêlent au parfum des immortelles (environ 2h30 aller en prenant son temps). Pour le retour, suivre toujours le balisage bleu ou prendre le ***P'tit Train de Saint-Trojan,*** une ligne historique datant des années 1960, qui traverse la forêt et dessert la pointe de Maumusson (un vrai petit bout du monde) d'avril à début octobre et pendant les vacances de la Toussaint *(☎ 05-46-76-01-26 ; 📱 06-79-79-45-23 ; ● le-ptit-train.com ● ; billet A/R 12,50 €, 9,50 € 4-12 ans ; « train du soleil couchant » en juil-août 18 et 13 €).*

CONTRE VENTS ET MARÉES

L'île d'Oléron subit un des reculs de côte les plus forts du monde ! Grignoté par les vagues et la montée du niveau de la mer, son littoral perd entre 10 et 30 m chaque année... Résultat, le P'tit Train touristique de Saint-Trojan est régulièrement obligé de démonter ses rails pour déplacer son terminus, ses installations se retrouvant même parfois suspendues dans le vide ! En 10 ans, la fin du parcours a reculé de 300 m...

Plages : la spectaculaire ***Grande Plage,*** la plus longue de l'île, est le rendez-vous des surfeurs (cours et location de planches sur place). Calme et abritée, bordée par la forêt de Saint-Trojan et face au continent, celle de ***Gatseau*** est plus adaptée avec de jeunes enfants ; c'est ici que se trouve le centre de thalasso *(Novotel).* Une plaque commémore le débarquement qui libéra l'île d'Oléron les 30 avril et 1er mai 1945. À marée basse, le site est connu des amateurs pour la pêche aux coques.

– ***La parade des vieux gréements :*** *ts les ans début août.* Une tradition estivale qui remonte à 1896 ! Chaque année, des milliers de spectateurs accourent pour admirer la régate des bateaux de travail du coureau d'Oléron (certains classés Monuments historiques), dans une atmosphère balnéaire typique de la Belle Époque : baigneurs et promeneurs en costumes 1900, tentes de plage, fanfare et autres animations pittoresques.

DANS LES ENVIRONS DE SAINT-TROJAN-LES-BAINS

LE PORT DES SALINES *(lieu-dit Petit-Village)*

À 3 km au nord de Saint-Trojan (prendre à droite à Grand-Village), c'est l'un des rares marais salants en activité sur l'île d'Oléron. Mais celui-ci a été créé de toutes pièces alors qu'il n'y avait plus aucun saunier sur l'île pour, justement, remettre à l'honneur ce métier disparu depuis les années 1980 et réhabiliter le marais, dans un esprit

« KISS ME » OR « KISS ME NOT » ?

L'origine du nom des célèbres « quichenottes », ces coiffes qui cachaient les joues des femmes, viendrait (mais l'étymologie est contestée) de « kiss me not », histoire de dire aux soudards anglais d'aller voir ailleurs !

LA CHARENTE-MARITIME

écomusée. 4 ha exploités par un seul saunier. On peut s'y balader librement à pied (2 sentiers pédestres de 800 m et 1,2 km ; accès gratuit) ou le découvrir en barque ou en visite guidée au départ de l'écomusée. L'adorable petit port, avec ses cabanes colorées posées sur le ponton de bois et se reflétant dans le chenal, accueille un resto typique, *Le Relais des Salines* (voir ci-après).

Où manger ?

Le Relais des Salines *(plan B3, **54**)* **:** *rue des Anciennes-Salines. ☎ 05-46-75-82-42. • lerelaisdessalines@gmail.com • ♿ Tlj sauf mar. Résa indispensable. Congés : de la fin des vac de la Toussaint à début fév. Carte env 34 €. Apéritif maison offert sur présentation de ce guide.* Au cœur du marais salant, ce sympathique resto planté au bord d'un canal, dans une pittoresque baraque de planches colorées sur pilotis, est un incontournable de l'île. Pour son décor de carte postale et sa cuisine marine d'inspiration charentaise, aux associations originales (pas donnée cela dit). Si le temps le permet, réservez une table dehors, sur le ponton de bois, et terminez par une promenade digestive : le coin est superbe.

À voir. À faire

L'écomusée du port des Salines (plan B3) **:** *installé dans les cabanes du port des Salines. ☎ 05-46-75-82-28. • port-des-salines.fr • ♿ (musée et visite guidée seulement, sentier aussi mais pas encore labellisé). Juil-août, tlj sauf dim mat 10h-19h ; avr-juin et sept-oct, tlj sauf dim mat 10h-12h30, 14h-18h (sans interruption mer). Fermé nov-mars. Entrée : 4,50 € ; 3 € 6-18 ans. Possibilité de visite guidée (de 1h) à 10h30, 11h30, 14h, 15h30 et 17h juil-août (se renseigner hors saison) : 4,50 € ; 3 € enfants. Musée + visite du marais : 7 € ; 3,50 € enfants. Visite du musée ou du marais : 3,70 € sur présentation de ce guide.* Présentation exhaustive du marais, des techniques d'extraction, des outils traditionnels, comme la lousse avec laquelle on racle la surface de l'eau pour en retirer la délicate fleur de sel. Une vidéo de 20 mn permet de mieux comprendre le quotidien du saunier. Intéressante expo « Sel à vie » sur la biodiversité. Possibilité de louer une barque pour une balade de 1h *(16 €/h, pour 4 pers max).* En été, « Rendez-vous avec le saunier » pour la récolte du sel *(se renseigner pour dates et horaires ; 9,50 €, 5,50 € enfants).*

Vente de sel à **La Salorge,** à 100 m de l'entrée de l'écomusée, dans le marais. Intéressants mélanges de sel avec des épices ou des saveurs originales (au vin rouge bio !), créés par le fondateur du *Relais des Salines.*

– ***Marché de producteurs*** chaque mercredi (toute la journée).

– Si vous êtes dans le coin fin juin, ne ratez pas la journée des ***Salines en fête*** ; visite guidée et accès à l'écomusée gratuits, tombola et possibilité de prendre l'apéro sur une barque *(sur résa)* !

GRAND-VILLAGE

La Maison écopaysanne : *7, bd de la Plage. ☎ 05-46-85-56-45. • maison-eco-paysanne.fr • ♿ Avr-début nov, tlj sauf dim mat 10h-12h, 14h-18h (10h-19h juil-août). Entrée : 4,50 € ; réduc (3,70 € sur présentation de ce guide) ; gratuit moins de 6 ans.* Un centre d'interprétation sur l'architecture oléronaise et l'écoconstruction, bâti à côté d'une authentique ferme traditionnelle. En apparence tout au moins car celle-ci date seulement des années... 1970 ! Elle fut construite par les bénévoles du groupe folklorique « Les Déjhouqués », à partir de matériaux récupérés chez les habitants, dans l'esprit écolo de l'époque.

L'idée était de présenter le quotidien des insulaires à la fin du XIXe s. Le bâtiment moderne s'attache, lui, à faire découvrir de façon interactive les différentes manières de construire et d'habiter à Oléron, hier, aujourd'hui et demain, avec les préoccupations environnementales de rigueur : matériaux biosourcés, conception bioclimatique, sens du partage et de l'effort commun. On peut aussi déambuler autour des anciens bâtiments de la ferme (maison d'habitation, granges et chais) qui sont restaurés au fil du temps par des chantiers participatifs, lors de stages ouverts à tous. Parcours pédagogique, livret-jeu, ateliers et animations pour les enfants et familles *(5,50 €/atelier).*

Plages *(plan B3)* **:** celle de ***la Giraudière*** est bien connue pour son imposante ***épave*** d'un navire échoué en 1916. Les grandes marées la découvrent en entier. Autre plage à rouleaux et repaire de surfeurs, celle des ***Allassins*** n'est accessible qu'à pied ou à vélo, par un chemin d'environ 1 km interdit aux véhicules à moteur.

– ***Festival Un Piano dans la pinède :*** *3 soirs de l'avt-dernière sem d'août, dans les jardins de la Maison paysanne.* Un festival de jazz de haut vol et entièrement gratuit en prime ! Concerts en plein air.

LA CHARENTE-MARITIME

LA COTINIÈRE

(17310) 900 hab. *Carte Charente-Maritime, B2*

En cours d'extension, le petit port de La Cotinière est le... plus grand du département et le 7e sur le plan national, avec une flottille d'une centaine de navires pour pêcher langoustines, soles, maigres et de fameuses crevettes. Charme tout pittoresque des ports de pêche avec chalutiers aux coloris vifs qui manœuvrent pour accoster, fileyeurs sur les quais et marchés aux poissons et aux huîtres animés (tous les après-midi). Mais aussi, inévitablement, très touristique, surtout en juillet-août.

Adresses et info utiles

Office de tourisme : *pl. du Marché. ☎ 05-46-47-09-08. ● la-cotiniere-tourisme@marennes-oleron.com ● ile-oleron-marennes.com ● Pâques-sept, tlj ; hors saison, s'adresser à l'office de tourisme de l'île d'Oléron et du bassin de Marennes.*

■ ***Location de vélos :*** ***Passion Loisir Océan,*** *68, bd du Capitaine-Leclerc. ☎ 05-46-47-10-91. Pâques-Toussaint.* ***Hélo Bike,*** *1, route touristique de Matha. ☎ 05-16-59-00-48. ● helobike.fr ● Avr-sept.*

■ ***Le Comptoir de la Mer :*** *à l'entrée du port, à gauche en entrant (sur le parking). ☎ 05-46-75-55-54.* Coopérative maritime offrant un large choix de vêtements marins.

– ***Marchés :*** *ts les mat avr-Toussaint (ven-dim hors saison), rue du Port. Et ts les ap-m sur le port à partir de 15h30, tte l'année.*

Où dormir ?

Camping

Camping Le Sous-Bois *(plan A2,* ***19)*** **:** *av. des Pins. ☎ 05-46-47-22-46. ● campinglesousbois17@gmail.com ● camping-lesousbois-oleron.com ● Ouv avr-oct. Compter 29-37 € pour 2. Bungalows toilés, mobile homes, chalets et villas 2-6 pers 400-1 200 €/sem. 90 empl.* Agréable camping familial, joliment arboré et bien entretenu. Pas de piscine (jacuzzi et sauna sur réservation) et peu d'animations pour préserver le côté nature et la tranquillité des vacanciers. Même au plus fort de la saison, on y entend les oiseaux ! Plusieurs types d'hébergements de différentes générations, du bungalow toilé *Kiwi* à la luxueuse villa *Taos,* en passant par les mobile homes avec jacuzzi privatif. Dans le pré, au fond, les enfants pourront aller saluer les chèvres de Sylvie, la patronne. Plage à 200 m accessible par un chemin forestier. Comme dit la brochure, le camping des gens heureux !

De prix moyens à plus chic

Hôtel de la Plage *(plan A2,* ***19****) : 51, bd du Capitaine-Leclerc. ☎ 05-46-47-28-79. • laplage.hotel@orange.fr • hoteldelaplage-oleron.fr • Tte l'année. Doubles 65-100 € ; familiales. Parking privé gratuit. Apéritif maison offert sur présentation de ce guide.* Petit établissement tranquille et familial, organisé autour d'un vaste jardin joliment fleuri. La plage est au bout du chemin. Confort et fonctionnalité priment dans les chambres (literie haut de gamme), impeccablement tenues et prolongées à l'occasion par une petite terrasse ou un balcon. Détail astucieux : la kitchenette dissimulée sous un rideau coulissant, moyennant un petit supplément. Piscine chauffée, baby-foot et ping-pong. Accueil souriant et décontracté.

Hôtel L'Océane *(plan A2,* ***20****) : 47, route touristique de Matha. ☎ 05-46-75-09-85. • hotel.oceane@orange.fr • hotel-oceane-oleron.fr • ♿ Ouv avr-oct. Doubles avec douche ou bains (et kitchenette avec supplément) 96-180 € ; familiales.* Un hôtel accueillant situé à 50 m de la mer ; il suffit de traverser la route et de franchir les dunes (pour la baignade, c'est plutôt à 300 m, sur la jolie petite plage de Matha). Modernes, spacieuses, fraîches et lumineuses, les chambres sont modulables en formule studio, c'est-à-dire avec kitchenette en option. Bien pensé ! Toutes ont un balcon ou une terrasse ouverte sur le jardin ou la piscine. À propos de piscine, il y en a même une 2de, couverte, avec jacuzzi et hammam.

Hôtel Face aux Flots *(plan A2,* ***21****) : 24, rue du Four. ☎ 05-46-47-10-05. • face.aux.flots@wanadoo.fr • hotel-faceauxflots-oleron.com • ♿ À 500 m du port et proche de la plage (fléché). Congés : nov-début fév. Doubles 69-161 € ; familiales. Parking 15 €. Apéritif maison offert sur présentation de ce guide.* À l'écart de l'agitation du port et tout près de la mer (c'est là son principal avantage avec la qualité de l'accueil et du service), ce bâtiment à la blancheur immaculée abrite 22 chambres confortables dont 2 familiales. La plupart affichent une déco marine standardisée, certaines ont en prime une belle vue mer. Notre préférée, la n° 321, donne à la fois sur la ville et l'océan. Grande piscine chauffée et jardinet coquet, entre minéral et végétal.

Où dormir dans les environs ?

Maison d'hôtes Les Tranquilles d'Oléron *(plan A2,* ***22****) : chez Gaëlle et Julien Dubois, 85 bis, route de la Perroche, 17310* ***Saint-Pierre-d'Oléron.*** *☎ 05-46-85-18-26. • lestranquillesdoleron@gmail.com • lestranquillesdoleron.com • ♿ À env 3 km au sud, en direction du Grand-Village par la côte, à gauche. Doubles 90-110 € avec petit déj ; doubles supérieures 88-120 € sans petit déj. CB refusées. Parking gratuit. Apéritif maison offert sur présentation de ce guide.* Une belle adresse où vous serez extrêmement bien accueilli par Gaëlle, fille d'ostréiculteur (un bon plan pour les huîtres !). Elle propose 3 très belles chambres contemporaines sur des thèmes que ne renierait pas un routard (« Océan » avec terrasse, « Zen » et « Inventive »), avec accès indépendant. Toutes coquettes et confortables, avec d'agréables salles de bains. Profitez donc de la cuisine à disposition pour vous faire la popote, et du beau jardin et de la terrasse pour vous relaxer un peu. La mer est à 500 m...

Où manger ?

Sur le pouce et bon marché

Le Merluchon *(plan A2, **21**) : 2, bd du Capitaine-Leclerc, sur le port. 06-19-79-75-30. Ouv avr-Toussaint, tlj sauf lun-mar hors saison. Env 9 €.* Petit *fish & chips* à emporter, installé parmi les étals des poissonniers du port. Le poisson (du merlu, donc) est de qualité, la panure est légère et les frites tiennent leurs promesses. On commande au comptoir et on embarque son cornet pour se poser sur un des bancs publics, à l'ombre des tamaris et face aux chalutiers colorés. Tout simple mais sympathique, surtout avec cette vue devant soi.

Où acheter de bons produits ?

Conserverie La Lumineuse *(plan A2, **21**) : 12, rue du Port. ☎ 05-46-36-89-37. Avr-nov, tlj sauf lun 10h-13h, 15h-19h.* C'est la 1re conserverie artisanale de l'île, à base de poissons frais et le plus possible de pêche locale (les patrons sont mareyeurs). Soupes de poissons et langoustines, tartinades variées, mais pas de produits entiers. Boutique aussi à Saint-Pierre (rue principale).

LA CHARENTE-MARITIME

À voir. À faire

Le port et sa criée : *visite guidée de la criée pdt vac scol, lun-ven à 15h. Pas de visite les j. fériés car pas de criée, tt simplement. Infos et résa indispensable : ☎ 05-46-85-65-23. Tarif : 3 € ; réduc.* Visite organisée par l'office de tourisme très dynamique. La criée (le bâtiment) n'en est plus vraiment une : les acheteurs, assis dans un hémicycle, ne crient plus mais pressent un bouton pour dire « j'achète », les cours apparaissant sur grand écran... Pour acheter son poisson, on trouvera des stands de poissonniers juste en face.

La chapelle Notre-Dame : *sur la droite du port (face à la mer).* Architecture originale (1965), avec un plan triangulaire et une impressionnante charpente sous une toiture en forme d'étoile. En entrant à gauche, voir l'émouvant autel dédié aux marins disparus en mer et à leurs sauveteurs, éclairé de jolis vitraux faisant office d'ex-voto. Parmi les séries de croix rendant hommage aux naufragés, une plaque unique commémore le drame du 11 août 1996, jour de la traditionnelle fête de la Mer, à moins de 1 km du port de La Cotinière... Dans une petite salle au fond, mini-exposition sur la construction de l'église.

DANS LES ENVIRONS DE LA COTINIÈRE, SUR LA CÔTE

LA MENOUNIÈRE

À 3 km au nord de La Cotinière (par la route côtière), charmant petit village tranquille et typique, à proximité directe de ***belles plages*** : ***Les Sables-Vigniers*** et ***Domino.*** Un bon camp de base pour séjourner dans l'île.
Si vous aimez le ***vieux pineau,*** *Le Chai de la Grand'Côte (21, rue de la Place, au centre du village)* en produit un excellent ; voir aussi plus loin le circuit des producteurs de l'île, à Saint-Pierre-d'Oléron.

Où dormir ?

De prix moyens à chic

Maison d'hôtes La Ferme de Sidonie (plan A2, **23**) : *4 bis, pl. des Tilleuls. ☎ 05-46-75-94-53. 📱 06-79-83-99-21. • sidoniebnb@io17.fr • sidoniebnb.io17.fr • Tte l'année. Doubles 78-89 € ; familiale.* Belle maison typique du style balnéaire 1900, appartenant à la même famille depuis 9 générations. C'est dans le respect des traditions oléronaises et le goût d'aujourd'hui que Margareth et son frère Philippe ont entrepris de rénover eux-mêmes les lieux, tout en matériaux écologiques. Lumineuses, douillettes (literie 160) et pleines de charme, les 4 chambres s'ornent discrètement des créations artistiques de la fratrie : photos de l'île, cadres et lampes en bois flotté. Si le temps le permet, le petit déjeuner est servi dans ce qui était jadis la cour de la ferme. Un coup de cœur.

Atlantic Hotel (plan A2, **23**) : *11, rue de la Sablière. ☎ 05-46-47-07-09. • hotelatlantic@free.fr • oleron-hotel.fr • ♿ Ouv avr-sept. Doubles 79-135 € ; familiales et apparts. Parking gratuit. Apéritif maison offert sur présentation de ce guide.* Une petite structure à l'esprit pension de famille, très appréciée pour son cadre, son calme, l'accueil tout sourire... et les prix plus que corrects pour l'île en saison. Toutes les chambres, avec terrasse, sont décorées différemment, plutôt colorées. Piscine chauffée avec agréable solarium et accès direct à la plage (tranquille, même en plein été) par un sentier de 150 m.

Où boire un verre ?

Café La Menou (plan A2, **23**) : *6, rue de la Sablière. ☎ 05-46-85-11-38. • cafelamenou@gmail.com • ♿ Ouv tte l'année, tlj sauf mer ; hors saison, seulement le soir jeu-sam ; horaires variables selon période.* Pour boire un bon café, un thé glacé l'été ou un cocktail d'inspiration locale (le Pinojito !), dans une maison basse typiquement oléronaise. À l'intérieur, vieilles pierres et esprit brocante, piano avec fond musical *punchy* et *live music* certains soirs. Petite terrasse dans le jardinet. Ouvert toute l'année, un bon point !

VERS DOMINO

En remontant la **Grande Côte depuis La Cotinière jusqu'à la pointe de Chassiron,** on traverse les plus authentiques villages de l'île : notamment **Domino,** cerné par sa grande forêt de pins, un des points culminants de l'île, dont il tire d'ailleurs son nom « domine de haut » ! Mais aussi **Chaucre,** avec ses maisons traditionnelles desservies par un escalier extérieur en pierre, ses puits et son four banal, ses rues anciennes comme celle des Naufrageurs, souvenir de l'époque où ces pirates attiraient les navires sur les récifs de la côte pour les piller... Belle plage et coin vraiment sympa pour résider et se restaurer.

Où dormir ? Où manger dans le coin ?

Campings

Camping Le Suroit (plan A2, **24**) : *1705, rue de Ponthezière, au lieu-dit **L'Îleau.** ☎ 05-46-47-07-25. 📱 06-33-79-34-18. • info@camping-lesuroit.com • camping-lesuroit.com • ♿ Ouv début avr-fin sept. Compter 18-35 € en hte saison. Mobile homes (certains avec clim) 2-6 pers 280-1 500 €/sem. 220 empl.* Un ravissant 4-étoiles parfaitement équipé (laverie, épicerie, barbecue collectif...), sur un terrain verdoyant joliment arboré et bien entretenu. La plage est à 70 m, baignade possible à marée haute. Sinon piscine (couverte et chauffée au besoin) avec toboggans aquatiques. Petite bibliothèque, quelques animations et spectacles en été. Location de vélos. Fait également resto-bar : *Le Coq*. Cuisine de qualité axée sur les produits de la mer.

Camping Les Gros Joncs *(plan A2,* ***24****) : 850, rue de Ponthezière,* ***Les Sables-Vignier.*** *☎ 05-46-76-52-29. • info@campinglesgrosjoncs.com • camping-les-gros-joncs.com • Congés : janv. Compter 18-48 € en plein été ; mobile homes et chalets 4-6 pers 470-1 615 €/sem. 253 empl.* Estampillé 5-étoiles et Hôtel de plein air, ce camping se veut la Rolls des campings oléronais, mais les tarifs sont un peu excessifs ! Tout proche d'une belle plage (avec pêche à pied, pour la baignade c'est 500 m plus loin), protégé par dunes et forêt, c'est une vraie miniville arborée sans les tensions urbaines (en plein mois d'août, peut-être pas totalement garanti !). Supérette *(avr-sept),* resto, snack et pizzas *(juil-août),* distributeur de billets, miniclub, animations, très agréable piscine couverte avec balnéo et spa, piscine extérieure chauffée (toboggans). Location de vélos.

De prix moyens à chic

Hôtel de la Petite Plage – Restaurant Le Grain de Sable *(plan A1,* ***25****) : 839, route de l'Océan, 17190* ***Domino.*** *☎ 05-46-76-52-28. • lapetiteplage@orange.fr • lapetiteplage.com • Ouv vac de fév-vac de la Toussaint. Resto tlj sauf mar et mer midi ; hors saison, fermé aussi lun midi. Doubles 50-97 €. Menus 26-33 € ; carte env 38 €.* Très sympathique petit hôtel de charme dans un environnement préservé, au pied d'une des plages les plus sauvages de l'île. 9 chambres impeccables et fonctionnelles, dotées chacune d'une petite terrasse privative, toutes au 1er étage. Mais la fierté de l'établissement, c'est aussi son restaurant de cuisine créative, concoctée exclusivement avec des produits frais locaux. À savourer dans une salle à la déco bord de mer revue au goût du jour, où un petit coin est réservé aux enfants.

SAINT-PIERRE-D'OLÉRON

(17310) 6 825 hab. *Carte Charente-Maritime, B2*

« Capitale » de l'île, Saint-Pierre est pour ainsi dire la petite ville oléronaise par excellence, vivante et animée, aux beaux jours tout au moins. Rues commerçantes et piétonnes, venelles pittoresques, bons petits restos et boutiques stylées en font un bourg très agréable. Aux portes de la ville s'étend le marais de l'Éguille, labyrinthe d'anciens marais salants à découvrir en *stand up paddle* pour être au plus près de la nature.

LE COQ DE LA PAROISSE

Le coq Maurice ne réveillera plus les voisins par son chant matinal tonitruant. Devenu un symbole de l'intolérance entre la ville et la campagne, le volatile est mort pendant le confinement de 2020. Accusé d'être une « nuisance sonore » mais soutenu par les élus locaux, Maurice avait finalement été autorisé à chanter tranquille dans le jardin de sa propriétaire saint-pierraise. L'affaire avait fait grand bruit, jusque dans les colonnes du New York Times !

Adresses et info utiles

Office de tourisme : *pl. Gambetta. ☎ 05-46-85-65-23. • st-pierre-oleron-tourisme@marennes-oleron.com • ile-oleron-marennes.com • Avr-sept, tlj sauf dim ap-m ; hors saison, lun-sam.*

■ ***Location de vélos :*** ***Veloland Fun Cycles,*** *13, av. de Bel-Air (D 734), zone de La Claircière. ☎ 05-46-36-91-97. • veloland-funcycles.fr • Tte l'année (sauf de mi-janv à mi-fév).* ***Vélos 17 Loisirs,*** *111, av. de Bel-Air (D 734). ☎ 05-46-47-14-05. • velos17loisirs.com • Tte l'année. 5 autres points de loc, ouv en saison seulement (Dolus, Saint-Trojan, Saint-Denis, Domino et La Brée).*

■ ***Cinéma L'Eldorado :*** *5, rue de la République. ☎ 05-46-47-22-04.* L'unique cinéma de l'île, classé art et essai, géré par une poignée de cinéphiles passionnés. Rencontres, débats, festivals... Le lieu accueille aussi l'***association LOCAL,*** qui édite d'intéressants ouvrages sur Oléron.

■ ***Survol en hélicoptère :*** ***Mont Blanc Hélicoptères,*** *aérodrome de Bois-Fleury. 📱 07-76-11-81-33. • mbhh.fr • Baptême de l'air dès 80 €/pers.* Un survol de l'île en hélico de 10 à 30 mn, au-dessus des marais salants : tentant, non ? Possibilité de pousser jusqu'au fort Boyard et à l'île d'Aix.

– ***Marché :*** *pl. du Marché (rue Franck-Massé, derrière la lanterne des morts), le mat. Juil-août, tlj ; avr-juin, sept et vac de la Toussaint, tlj sauf lun ; oct-mars, mar, jeu et w-e seulement. Foire mensuelle le 4e mar du mois, sur la place principale (pl. Gambetta).*

Où dormir ?

🏠 ***Hôtel Le Square*** *(plan A2,* ***26****) : 2, pl. des Anciens-Combattants. ☎ 05-46-47-00-35. • contact@le-square-hotel.fr • le-square-hotel.fr • Ouv mai-déc. Doubles 59-125 € ; familiales.* Idéalement située en centre-bourg mais à l'écart de l'agitation, cette maison bourgeoise du XVIIIe s, non dénuée de charme, a été rénovée dans un style bord de mer sobre et clair. Bien confortables, les 25 chambres (doubles, triples, familiales) sont réparties dans la maison de maître, celle des domestiques et le relais de poste. Piscine avec une terrasse-solarium en bois, salle de jeux avec billard et ping-pong. Accueil particulièrement pro et sympathique. Aussi une villa indépendante à louer pour 8 personnes.

🏠 ***Hôtel Île de Lumière*** *(plan A2,* ***17****) : 67, av. des Pins. ☎ 05-46-47-10-80. • bonjour@hotel-iledelumiere.com • hotel-iledelumiere.com • ♿ Doubles 89-159 € ; familiales ; petit déj 12 €. Parking gratuit. Réduc de 10 % sur le prix de la chambre, hors juil-août, sur présentation de ce guide.* Constitué de plusieurs corps de bâtiments abritant des chambres avec terrasse de plain-pied et vue mer, cet hôtel offre un confort et un cadre idyllique pour un prix encore sage même en haute saison. Quelques chambres, les moins chères, donnent à l'arrière sur la piscine et ses transats. On a vu pire ! Avec son accès direct à la mer, une adresse idéale pour se ressourcer entre balade au pied des dunes et contemplation du coucher de soleil. Un vrai havre de paix !

Où dormir dans les environs ?

🏠 ***Chambres d'hôtes Les Sarments*** *(plan A2,* ***27****) : chez Rosa et Frédéric Coulon, 30, route des Sables-Vigniers, hameau de* ***Saint-Gilles.*** *📱 06-88-19-69-31. • lessarments.oleron@gmail.com • ♿ Congés : oct-mars. Doubles 90-95 € ; familiales. Pas de wifi. Apéritif maison offert sur présentation de ce guide.* Les amateurs de calme et de farniente seront aux anges dans cette belle maison oléronaise au cœur des vignes. En duplex ou bordant la piscine chauffée semi-ouverte, 4 chambres spacieuses et soignées avec entrée indépendante, douche à l'italienne et lit à baldaquin pour certaines. « La Voile Bleue » (pour 4) est la plus demandée, avec sa terrasse plein sud donnant sur les vignes. Pièce à vivre commune avec cuisine à disposition, terrasse avec barbecue et grand jardin idéal pour les enfants (piscine et trampoline). Et comme les proprios sont viticulteurs, il y aura sûrement de bons coups à boire, accompagnés par les chants de marins de Rosa, la sémillante patronne. Le mercredi matin, visite gratuite de l'exploitation viticole Coulon.

Où manger ?

Bon marché

La Camaraderie *(plan A2, **26**) : pl. du Marché, 4, rue Franck-Massé. ☎ 05-46-76-50-66. • lacamaraderie.io@gmail.com • Juil-août, tlj de tôt le matin jusqu'à 15h env. Résa conseillée. Plat du jour env 12 € ; plats 11-20 € ; carte env 25 €.* C'est la cabane moderne sur la place du marché, avec sa terrasse face aux étals et aux camelots. Quelques places aussi à l'intérieur, esprit récup'. On y sert une cuisine de bistrot moderne et d'un excellent rapport qualité-prix, avec une poignée de suggestions sur l'ardoise, selon arrivages : rillettes de poisson, tartare de thon, sardines grillées, pièce du boucher... Aux manettes, un jeune tandem dynamique et plein d'idées (lui en cuisine, elle au service). Très sympa aussi pour un petit noir en fin de marché ou pour une assiette d'huîtres ouvertes par un des poissonniers du marché (voir directement sous la halle).

Prix moyens

De l'Île aux Papilles *(plan A2, **26**) : pl. Camille-Mémain (dans la ruelle reliant la rue de la République à la pl. de la lanterne des morts). ☎ 05-46-36-87-45. • restaurant@ile-aux-papilles.fr • ♿ Tlj sauf lun-mar. Congés : de mi-déc à fin janv. Résa conseillée. Carte env 35 €. Café offert sur présentation de ce guide.* Juste en retrait de la rue principale, cette petite affaire rondement menée par un jeune couple plein d'idées a conquis en un rien de temps insulaires et touristes. Il faut dire que tout ici est séduisant. Le cadre, une charmante maisonnette en pierre à la déco épurée esprit scandinave, et sa terrasse de poche dans la ruelle piétonne. Le concept : une cuisine locavore de haute volée mettant en valeur les beaux produits oléronais ou du proche continent (75 % de bio), avec une belle inventivité. Notre table préférée sur l'île.

Où boire un verre ? Où sortir ?

Le Bus Stop *(plan A2, **26**) : 1 bis, rue Aliénor-d'Aquitaine. ☎ 05-46-38-32-11. • lebusstop.17310@orange.fr • Planqué dans une ruelle perpendiculaire à la rue principale. Mer-sam 17h30-2h.* Repaire culte de l'île, *Le Bus* ne serait plus ce qu'il était pour ses vrais aficionados. Mais le lieu, inchangé, mérite à lui seul le détour : bric-à-brac brindezingue, vintage bien avant l'heure. Dedans, un côté zinc pour partager une mousse à la pression, un coin salon pour s'affaler dans des canapés défoncés, et dehors, 2 terrasses en joyeux bordel elles aussi. En journée, l'ambiance est calme et plutôt jazzy. Le soir tard, ça peut chauffer en revanche.

Achats

Pâtisserie Au Puits d'Amour *(plan A2, **26**) : 54, rue de la République. ☎ 05-46-75-71-35.* Depuis 1979, les gourmands fondent pour la spécialité maison, le puits d'amour : une fine coque de pâte à choux surmontée d'une couche de crème pâtissière vanillée, aérienne et caramélisée. Pour rester dans le régional, galette charentaise et croustade aux pommes font aussi partie des réjouissances.

La Fine Goule *(plan A2, **26**) : 61, rue de la République. ☎ 05-46-75-64-75.* Sélection affutée de fromages de caractère, dont une vitrine spéciale Charentes et Vendée. L'occasion aussi de goûter à la jonchée, fromage frais enveloppé de joncs des marais,

et de faire le plein de bons produits locaux : miel, poivre bio d'Oléron (baie de macéron), saumon fumé à Saint-Georges, tartinades de Marennes...
Conserverie La Lumineuse *(plan A2,* ***26****) : 37, rue de la République. ☎ 05-46-47-10-07.* Conserverie artisanale de tartinades de poissons et autres soupes (voir descriptif plus haut, à La Cotinière).

À voir. À faire

LES RÔLES D'OLÉRON

C'est à l'époque d'Aliénor d'Aquitaine que sont rédigés, au XIIe s, les Rôles d'Oléron, recueil de droit maritime qui sera en vigueur sur toutes les mers d'Europe. Les articles de ce code réglementent les devoirs du capitaine, des marins, la façon de naviguer et les consignes de sécurité. La pratique barbare du pillage d'épaves après un naufrage est déjà sévèrement punie.

Le musée de l'Île d'Oléron : *9, pl. Gambetta. ☎ 05-46-75-05-16. • musee-ile-oleron.fr • Juil-août, tlj 10h-19h ; avr-juin et sept-oct, tlj 10h-12h, 14h-18h ; nov-mars, tlj sauf lun 14h-18h. Fermé de mi-déc à fin janv. Entrée : 4,50 € ; réduc ; gratuit moins de 6 ans. Pass annuel 3 sites (musée, Maison écopaysanne, port des Salines) : 12 € ; réduc. Pass « Explore-Oléron » : 3,70 €. Livret-jeu enfants. Ateliers jeune public pdt vac scol (5,50 €).* Par le biais d'une muséographie ludique et moderne, voici l'histoire d'Oléron, du Néolithique à nos jours, en insistant sur le XIXe s. La vie rurale insulaire est présentée de façon thématique : viticulture, ostréiculture, pêche en mer et à pied, écluses à poissons, saliculture, vie domestique... Intéressante collection de coiffes oléronaises, du quich'not, qui se conjugue au masculin sur Oléron (le modèle le plus ancien, celui de la faneuse), à l'impressionnant grand ballet aux airs de mitre. Autrefois, il était bien plus choquant de se balader nue-tête que sans culotte aujourd'hui ! Expo temporaire à l'étage.

La maison de Pierre Loti *(maison des Aïeules) : 19, rue Pierre-Loti. Ne se visite pas, selon les volontés de Loti.* Seule une plaque indique que l'écrivain natif de Rochefort et auteur de *Aziyadé* repose « sous le lierre et les lauriers », dans le jardin de la maison familiale où il venait en vacances et qui renferme encore tous ses souvenirs d'enfance.

La lanterne des morts : édifiée au XIIe s sur l'emplacement d'un ancien cimetière, place Mémain, une colonne de 25 m (ce qui en fait une des plus impressionnantes de tout l'ouest de la France) avec flèche à 8 pans, colonnettes et chapiteaux décorés. Au faîte, un lanternon surmonté d'une pyramide où s'élève une croix. On y plaçait autrefois une lanterne, censée rappeler le souvenir des défunts.

DANS LES ENVIRONS DE SAINT-PIERRE-D'OLÉRON

Balade en stand up paddle dans les marais : *départ du port de la Gabare, au bout de la rue de L'Éguille, à 1 km du centre de Saint-Pierre-d'Oléron. Rens : La Salicorne, 06-69-56-42-47. • salicorne-sup.fr • Résa impérative. Tarif : 32 € ; 27 € moins de 16 ans. Dès 7-8 ans (3 ans si assis sur la planche de plus grands).* Une expérience qui allie observation, quiétude et culture, mais aussi aventure invitant à la rêverie dans un site classé Natura 2000. Après quelques explications pour trouver son équilibre sur la planche, Julien Capmas, ex-moniteur de voile, nous raconte avec passion, dans une nature sauvage et discrète, l'origine de ces marais salants au tracé drôlement sinueux. Même au cœur de l'agitation touristique, le calme y est olympien. C'est parti pour 2h de balade et d'explications captivantes sur la flore (dégustation sauvage comprise !), la faune (il n'est pas rare de croiser un bar car les chenaux leur servent de nurserie) et la vie de ces anciens marais salants. Les enfants apprécieront le côté aventure, avec passages de petits ponts et baignade en été.

PAYSANS DE LA MER

On pense à tort que les Oléronais ne sont que des marins. Autrefois, ils étaient surtout des paysans, menant de front plusieurs activités : pêche à pied, écluses à poissons, saliculture, viticulture. Jusqu'à la fin de la Première Guerre mondiale, les chenaux dans les marais ont servi au transport du sel et de la vigne. La pêche côtière n'est venue qu'à la fin du XIXe s.

Les Jardins de La Boirie (plan A-B2) **:** *à 2 km de Saint-Pierre, au cœur du village de* ***La Boirie.*** *☎ 05-16-65-44-36. • lesjardinsdelaboirie.com • Avr-sept seulement, mar-sam 10h-12h, 15h-19h. Fermé dim mat et lun. Entrée : 5 € (gratuit si on achète à la pépinière) ; réduc.* Dans un vieux village typique de l'île, aux portes du marais, Thierry Lecêtre a transformé le potager de ses aïeux en un écrin foisonnant et coloré, façonné au gré de ses voyages. Dans ce petit jardin anglais teinté d'exotisme cohabitent une centaine de variétés de sauges, des hostas, quelques raretés et des variétés subtropicales adaptées à la douceur du climat oléronais. Classé Jardin remarquable, il séduira les amateurs du genre.

Circuit des producteurs de vins, pineau et cognac de l'île : engagés dans une viticulture raisonnée, ils sont concentrés autour de Saint-Pierre et Saint-Gilles. Tous produisent différentes gammes de pineau blanc et rouge, le meilleur étant le plus vieux (non commercialisé en grande surface), du cognac et du vin de pays charentais. Les blancs (colombard, sauvignon et un peu de chardonnay) se défendent vraiment bien *(env 4-7 € la bouteille).* La production étant limitée, il arrive que les chais soient en rupture de stock dès l'été, mais les restos de l'île, eux, continuent en général de les servir. Le vignoble est labellisé Vignobles et Découvertes. *• vignoble-ile-oleron.fr •* Voici notre best of :

LA VIGNE EN OLÉRON, UNE TRADITION ANTIQUE

L'origine du vin oléronais remonte au Moyen Âge. Grâce à un ensoleillement exceptionnel, la vigne devient au XIXe s la principale production de l'île. Ces 30 dernières années, les vignerons ont fait de remarquables efforts pour améliorer la qualité de leur production. Et depuis 2014, le vin oléronais est même labellisé.

- ***Favre & Fils :*** *La Fromagerie, 17310* ***Saint-Pierre.*** *☎ 05-46-47-05-43. De Saint-Pierre, direction Saint-Gilles (D 734), puis fléchage « La Fromagerie ». Vente-dégustation tlj (sauf dim hors saison) 9h30-12h30, 14h30-18h30 ; visite jeu à 10h30 juil-août.* Le seul vigneron indépendant entièrement bio de l'île. Excellent *Grain Marin* (sauvignon vieilli en fût de chêne, en vente seulement de mai à septembre) et très vieux pineau *Réserve Oubliée.*
- ***Mage & Fils :*** *33, route de Bois-Fleuri, La Coindrie, 17310* ***Saint-Pierre.*** *☎ 05-46-47-16-72. 📱 06-68-37-80-02. En venant de Saint-Pierre, à Saint-Gilles, prendre à droite (D 273). Vente-dégustation lun-sam 10h-12h30, 15h-18h.* On recommande leurs blancs *Méditation nº 8* et *Nepenthes.* Et en rouge l'*Opus 7*, les yeux fermés !
- ***Vignoble Pradère :*** *53, route des Châteliers, 17310* ***Saint-Pierre.*** *☎ 05-46-47-03-12. • tardet-pradere-vigneron.com • Vente-dégustation tlj de l'année 9h30-12h30, 15h-18h30, et Pâques-vendanges dim 10h-12h30.* Très bons colombard et sauvignon, et

une subtile liqueur d'orange et cognac *(Olérange)* pour twister un vin blanc pétillant.

■ **Coulon & Fils :** *à Saint-Gilles, 17310* ***Saint-Pierre.*** *☎ 05-46-47-02-71. 📱 06-83-34-03-34. Même direction que Favre mais un peu avt, côté droit de la route. Vente-dégustation tlj sauf dim 9h-12h, 15h-19h (ouv dim mat Pâques-sept).* Une autre exploitation familiale qui poursuit la tradition des aïeux.

■ **Le Chai de la Grand'Côte :** *21, rue de la Place, La Menounière, 17310* ***Saint-Pierre.*** *📱 06-83-99-70-14. Vente-dégustation tlj sauf dim 15h-19h (le mat aussi juil-août).* Excellent vieux pineau.

SAINT-GEORGES-D'OLÉRON

(17190) 3 720 hab. *Carte Charente-Maritime, B2*

Légèrement à l'écart de l'axe principal qui traverse l'île du nord au sud, Saint-Georges-d'Oléron paraît un peu engourdi. Peut-être parce que les visiteurs sont pressés de gravir les marches du phare de Chassiron. Et pourtant, ce bourg, qui est l'un des plus anciens de l'île, vaut bien une halte. Avec son église commencée au XIe s, sa halle centenaire, ses rangées de tilleuls, la place centrale distille un charme assez unique et bien différent de celui des bourgs aux venelles étroites.

Adresses et info utiles dans le coin

Office de tourisme : *28, rue des Dames, face à l'église. ☎ 05-46-85-65-23. • accueil@marennes-oleron.com • ile-oleron-marennes.com • Avr-sept, lun-sam, plus dim mat vac scol et juil-août ; le reste de l'année, lun-ven. Autre bureau à* ***Boyardville,*** *avr-sept, le mat tlj sauf jeu (tlj juil-août) ; et petite annexe à* ***Domino,*** *sur la pl. du Marché, ts les mat juil-août.*

■ **Location de vélos :** ***Chéray Cycles,*** *212, route de Domino, à* ***Chéray.*** *☎ 05-46-76-64-70. • cheray-cycles.fr • Avr-sept.* ***Vélos 17 Loisirs,*** *157, rue Pierre-Sémard, à* ***Domino.*** *☎ 05-46-76-62-70. • velos17loisirs.com • Vac de Pâques, w-e fériés et fin juin-début sept.* ***Les Cabanes du Douhet,*** *sur le port. 📱 06-30-21-56-20. Avr-sept.* ***Localoisirs,*** *1103, av. des Bouriennes, aux* ***Sables-Vignier.*** *☎ 05-46-47-52-98. Vac de Pâques et 1er juil-15 sept.*

– **Marché :** *avr-sept, tlj sous les anciennes halles.*

Où dormir ?

Motel Saint-Georges *(plan A1,* ***29****) : 186, rue de Saint-Pierre. ☎ 05-46-76-61-18. • contact@moteloleron.com • moteloleron.com • ♿ Tte l'année. Doubles 41-92 € ; familiales. Parking gratuit.* En fait de motel, il s'agit d'une maison oléronaise typique à 2 ailes, à mi-chemin entre le petit hôtel et la chambre d'hôtes. Le parking s'est mué en jardin fleuri avec fauteuils colorés pour se prélasser et en son centre une cuisine d'été commune sous une chaleureuse gloriette. Chambres pas bien grandes mais guillerettes, style vintage bohème coloré, pour 2 à 6 personnes. Un peu partout, des clins d'œil aux artistes locaux. Une très bonne petite adresse dans un esprit bien *Routard* !

Où camper dans les environs ?

Camping Le Domaine d'Oléron *(plan A1,* ***30****) :* ***La Jousselinière.*** *☎ 02-51-33-05-05 ou 05-46-76-54-97. • info@chadotel.com • chadotel.com • ♿ Ouv mai-sept. Compter 20-41 € pour 2. 172 empl. Frais de dossier offerts sur présentation de ce guide.* Situé à 1,5 km de

Saint-Georges-d'Oléron et à 3 km des plages, ce camping offre des emplacements spacieux et dans l'ensemble bien ombragés sur 3,5 ha. La plupart sont délimités par de petites haies, recréant des minijardins. Nombreux services et activités (piscine, toboggans aquatiques, terrain multisports, aire de jeux, boulodrome, location de vélos, resto, pizzeria, etc.). Accueil souriant.

Achats

Brasserie des Naufrageurs : *Les Landes, D 734, à Saint-Georges-d'Oléron. ☎ 05-46-76-67-50. Sur la D 734 entre Chéray et Saint-Gilles ; fléché. Tlj sauf mar mat, dim et j. fériés 9h30-12h30, 14h-19h. Vente sur place.* Microbrasserie créée en 1995 par un passionné et précurseur car, à l'époque, il n'y avait que 5 brasseurs en France, contre largement plus d'un millier aujourd'hui ! Une vingtaine de cuvées traditionnelles sans colorant ni conservateur et non pasteurisées, en conversion vers le bio : blanche fleur de sel, poivre noir, Ma Reine Oléron (spéciale huîtres), et même une série limitée à l'oignon de Saint-Turjan (un oignon doux du cru), fallait oser !

Au Fumoir d'Annie *(plan A1, **29**) :* *46, rue de la République (à l'entrée de Saint-Georges). ☎ 05-46-76-57-14. Tlj sauf dim, plus lun hors saison. Congés : juin.* Petite entreprise artisanale travaillant des saumons de provenances diverses mais toujours de qualité, garantis sans pesticides, métaux lourds ni antibiotiques, dans un fumoir à l'ancienne.

À voir. À faire à Saint-Georges-d'Oléron et dans les environs

L'église de Saint-Georges : l'un des plus anciens et des plus beaux édifices (Monument historique) de l'île (Agnès de Poitiers en a fait don en 1040). Seules la nef et la façade sont d'origine ; on pense que l'église était alors fortifiée pour servir de retraite aux habitants lors des incursions des pirates. Aliénor d'Aquitaine fit construire au XIIe s le chœur et le transept, pur style Plantagenêt. Notez les piliers massifs couverts d'ogives à 8 branches, en bois. Malgré les pillages des guerres de Religion, l'église a donc conservé une bonne part de son authenticité. L'édifice fut à nouveau agrandi au XVIIe s, dans un style Renaissance cette fois (chœur). Beau mobilier également, dont un retable style Régence ainsi qu'une statue de la Vierge de Notre-Dame en l'île.

Ti'Bato : *aire de loisirs, **étang des Près-Valet,** rue du Cellier, à Saint-Georges-d'Oléron. 📱 06-78-61-61-75. • tibato.fr • Pâques-juin et à la Toussaint, mer, w-e, ainsi que tlj pdt vac scol 14h-18h (ou 19h) ; juil-août, tlj 11h-19h. Entrée : 3,50-5,50 € ; réduc.* Dès 9 ans, seul ou accompagné, l'enfant peut conduire paisiblement une réplique de bateau (chalutier, remorqueur, ferry, etc.) et découvrir les plaisirs de la navigation. Aire de pique-nique et de jeux, glaces et boissons.

BOYARDVILLE

(17190) *Carte Charente-Maritime, B2*

Boyardville est à la plaisance ce que La Cotinière est à la pêche. Site très fréquenté en été, plutôt factice, avec moult terrasses clinquantes donnant sur le port et ses jolis voiliers... Heureusement, il reste quelques coins cachés comme le splendide site ostréicole centenaire de Fort-Royer. Avec cela, la belle plage des Saumonards (dont une petite partie est naturiste), d'où

l'on peut voir le fameux, l'unique, l'elliptique et napoléonesque fort Boyard, monument sorti des eaux comme par miracle... mais qui (drame pour les touristes tout désappointés au bout de la jetée !) ne se visite pas – sauf évidemment pour les équipes de candidats qui pourront y faire joujou et divertir les téléspectateurs...

Adresses et info utiles

Office de tourisme : *pl. du Marché. ☎ 05-46-85-65-23. ● accueil@marennes-oleron.com ● ile-oleron-marennes.com ● Juil-août, tlj sauf jeu ap-m 10h-13h, 15h30-19h ; avr-juin et sept, tlj sauf jeu et dim mat 10h-13h, 15h-19h.*

Croisières Inter-Îles : *billetterie sur le parking du port de plaisance et en ligne. ☎ 05-46-50-55-54. ● inter-iles.com ●* Escale à l'île d'Aix avec approche commentée du fort Boyard, promenade en mer, tour de l'île d'Aix, liaison avec La Rochelle de début avril à fin septembre et pendant les vacances scolaires de la Toussaint.

Liaison maritime : *billetterie sur le port et en ligne. ☎ 05-46-47-05-10. ● oleron-larochelle.net ● Avr-nov, liaison rapide (50 mn) avec La Rochelle (médiathèque). 26 € A/R. Env 3-4 liaisons/j. en été.*

Croisières sur La Marcelle : *billetterie sur le port. 06-51-24-15-22. Mai-sept. Compter 25 € (15 € enfants) pour le tour du fort Boyard et 40 € (25 € enfants) pour une journée à l'île d'Aix ; réduc.* René, ancien skippeur professionnel, propose des sorties sur *La Marcelle,* vieux gréement de belle allure. Les moussaillons pourront participer aux manœuvres et écouter les récits pleins d'humour du capitaine qui a traversé l'Atlantique plusieurs fois. Chants de marins au retour ! Sympa.

– ***Marché :*** *pl. du Marché. Juil-août tlj ; avr-mai, mer-dim.*

Où dormir ? Où manger à Boyardville et dans les environs ?

Hôtel-restaurant des Bains *(plan B1-2,* ***58****) : 1, rue du 158ᵉ-RI, à Boyardville. ☎ 05-46-47-01-02. ● hoteldesbainsboyard@gmail.com ● hoteldesbains-oleron.com ● Ouv fin mars-Toussaint. Doubles 78-115 € ; familiales. Carte env 35 €. Digestif offert sur présentation de ce guide.* Posé au bord du chenal de la Perrotine, ce petit hôtel familial au nom d'antan a été fraîchement rénové. On y est reçu comme à la maison. Une dizaine de chambres confortables et sobres, avec vue jardin, chenal ou village. Et un resto attenant servant une cuisine simple mais de qualité, privilégiant les produits locaux, notamment les fruits de mer : choucroute de la mer, huîtres de Fort-Royer, poissons de la criée de La Cotinière...

17 Fort Royer *(plan B2,* ***56****) : à la sortie sud de Boyardville, au bout du site ostréicole de Fort-Royer (fléché depuis l'entrée). 07-71-93-21-62. ● laura@17-fort-royer.fr ● Avr-sept seulement, tlj midi et soir sauf lun hors saison. Crevettes ou assiette d'huîtres 13-18 € ; carte env 20 €. Apéritif maison offert sur présentation de ce guide.* Cabane de dégustation d'huîtres dans tous leurs états (crues au naturel, chaudes, en tartare, beignets, et même en dessert !) et de gambas impériales *a la plancha,* élevées dans les mêmes bassins (la pleine saison est en août, le reste du temps elles viennent de Madagascar). Une douzaine de tablées posées entre ciel, claires et mer, dans un site naturel protégé de toute beauté : la réserve de Moëze-Oléron. Venez avant le soleil couchant, moment magique, mais après, les moustiques attaquent !

Le Café de la Plage *(plan B1,* ***59****) : plage de Boyardville, à 1,3 km du port. ☎ 05-46-47-24-45. ● cafedelaplage.boyardville@orange.fr ● Ouv avr-oct (fermé 1ʳᵉ quinzaine d'oct) ; en été, tlj midi et soir jusqu'au dernier client. Églade (sur résa) 15 € ; carte*

25-30 €. Le café de la plage tel qu'on le rêvait... entouré par la forêt, seul face à la mer, les tables pieds dans le sable. On vient essentiellement pour sa situation, imprenable, dont on profite sur l'immense terrasse bien protégée avec vue sur le fort Boyard (l'intérieur, genre grande cabane de pêcheur, est un peu foutoir). Pour ne pas être déçu côté papilles, optez pour l'églade charentaise, la fumée a aussi des vertus antimoustiques !

Le Bord à Bord *(plan B2,* ***60****) :* *route de Boyardville, 17190* ***Sauzelle.*** *☎ 05-46-75-10-65. • joubert.jean-jacques@neuf.fr • À env 1 km de Boyardville direction Sauzelle, côté gauche de la route, le long du chenal de la Perrotine. Tlj sauf le soir hors saison. Congés : déc-fév. Moules env 10 € ; assiette d'huîtres et fruits de mer env 15 € ; formule déj 20 €. Café offert sur présentation de ce guide.* Directement du producteur au consommateur (les proprios sont ostréiculteurs), voici un lieu comme on les aime, simple, authentique et bon marché. Une grosse cabane jaune posée au bord du chenal, pittoresque comme tout, où l'on déguste sans chichis des moules de bouchot en églade ou marinière, à moins d'opter pour une assiette de fruits de mer. Desserts sans plus, en revanche. Pas mal d'attente en été, mais dépaysement garanti, surtout le soir au coucher du soleil.

Les Viviers de la Saurine – La Roue tourne *(plan B2,* ***61****) : route de Boyardville (D 126), lieu-dit* ***La Saurine*** *(17190). ☎ 05-46-47-21-47. 📱 06-07-13-42-30. • lesviviersdelasaurine@wanadoo.fr • Entre Boyardville et Sauzelle, sur le côté gauche de la route en venant de Boyardville, en face des viviers de la Saurine, le long du chenal. Tlj sauf mar hors saison. Congés : janv-fév. Formule déj 31 € ; le soir, très copieux menus fruits de mer 39-42 € ; carte env 30 €. Café offert sur présentation de ce guide.* Depuis plus de 50 ans, c'est le bouche-à-oreille qui fait vivre cette aventure familiale commencée sur la plage de Boyardville. Le midi, on déguste, dans un cadre rustique, des églades de moules et autres poissons et crustacés en provenance du vivier de l'autre côté de la route. C'est le soir que ça chauffe et qu'il faut venir, pour l'ambiance surtout ! Alors qu'on n'est pas encore venu à bout du formidable plateau de fruits de mer et que les conversations vont déjà bon train, voilà qu'un ami du patron sort sa guitare et pousse la chansonnette. Et là, en moins d'une demi-heure, à grand renfort de succès standard, tout le monde chante et danse sur les bancs avec ses voisins de table ! Étonnant.

À voir. À faire dans le coin

Le site ostréicole et naturel de Fort-Royer *(plan B2) : à la sortie sud de Boyardville, juste après le pont en direction de Dolus. ☎ 05-46-47-06-48. • fort-royer-oleron.fr • Ouv début fév-début nov. Visites du domaine ostréicole (sur résa) : juil-août, tlj sauf dim à 10h, 15h et 17h (sauf sam) ; avr-juin, tlj sauf dim à 17h ; sept, tlj sauf dim à 15h ; fév-mars et d'oct à mi-nov, mar, ven et sam à 15h. Tarif : 6 €. Avr-août, flore des dunes et des marais (sur résa). Tarif : 8 € ; réduc sur présentation de ce guide. Sur résa, visite des parcs à huîtres et de la côte rocheuse, jeu de piste, ateliers pour les enfants ; se renseigner pour les horaires et les tarifs.* Un site protégé où découvrir un milieu naturel très riche, avec un village centenaire de cabanes ostréicoles ourlé de parcs, toujours utilisés. Les balades rondement menées donnent l'occasion d'en apprendre plus sur l'histoire de l'ostréiculture (pendant l'Antiquité, les Grecs se servaient des coquilles vides comme bulletin de vote !), sur l'élevage, pratiqué encore de manière traditionnelle, et sur l'affinage en claires, qui fait la renommée du bassin de Marennes-Oléron. À la fin de la visite, juste avant la dégustation d'huîtres *(5,50 €)*, projection d'un extraordinaire petit film de 1907, retrouvé au Canada mais tourné à Oléron, qui montre combien le métier d'ostréiculteur a finalement peu évolué. Nombreuses autres animations, notamment sur la faune et la flore des dunes et des marais, assurées par une équipe fortement motivée et passionnée. Aussi des ateliers pour les enfants, sympa et ludiques.

Le fort Boyard *(plan B1)* **:** ***ne se visite malheureusement pas.*** *On peut juste en faire le tour en bateau (voir « Adresses utiles » plus haut).* Édifié sur un banc de sable à partir de 1804, sous Napoléon, et achevé seulement sous le Second Empire, l'édifice Boyard impressionne par ses dimensions : 68 m de long, 31 m de large et 28 m de haut. Initialement prévu pour être armé sur 3 niveaux de 74 canons et loger une garnison de 260 hommes, le fort fut caduc avant même son achèvement, les progrès de l'artillerie étaient tels que l'on pouvait désormais bombarder les navires ennemis avec des canons installés sur les côtes d'Aix et Oléron. Mis aux enchères en 1962, il fut racheté par un dentiste belge pour 33 000 francs et, depuis 1966, le fort s'est donc recyclé : son cadre, des plus original, a été utilisé pour différents tournages de cinéma (*Les Aventuriers*, avec Delon et Ventura) et bien sûr de télévision. Grâce au jeu du même nom, le fort Boyard est désormais célèbre dans le monde entier ! Chaque année, dès la fin du tournage des programmes pour France 2, les productions étrangères débarquent à leur tour sur le fort pour y enregistrer leurs propres émissions. Le Père Fouras devient donc le vicomte Godefroid de Tribouriau en Belgique, et Felindra Monique en Russie !

Balade en forêt des Saumonards *(plan B1)* **:** décidément, l'île d'Oléron regorge de surprises ! Forêt préservée, en bordure du littoral, cette propriété domaniale est gérée par l'ONF dont la mission est d'assurer son équilibre. Vaste espace de 645 ha, elle couvre, avec Domino et Saint-Trojan-les-Bains, 12 % de la surface oléronaise et protège l'île des possibles tempêtes. Sentiers balisés sur sol sableux permettent de déambuler entre les pins maritimes et les chênes verts à pied ou à vélo. Une vraie immersion dans un écosystème précieux, à admirer et à protéger !

– Après une longue balade dans la forêt, ultime récompense : une immense ***plage*** sablonneuse, que l'on perçoit derrière les dunes. Nous voici plongés dans un paysage sauvage, paradisiaque et très préservé ! Peu adapté à la baignade en raison de la présence de parcs à huîtres.

UNE COLO 2.0

Le fort des Saumonards, érigé par Napoléon Ier pour renforcer les défenses de l'arsenal de Rochefort, a été racheté par Xavier Niel, le patron de Free. La 10e fortune française projette de le reconvertir en centre de vacances pour les 5 000 étudiants développeurs de ses écoles 42. Un lieu de déconnexion 100 % iodé, entre mer et forêt. Bravo !

LA BRÉE-LES-BAINS

(17840) 700 hab. *Carte Charente-Maritime, B2*

Village typique avec ses « maisonnettes basses aussi blanches de chaux que les casbahs d'Algérie », évoquées par Loti (il y a vécu son 1er amour, à 8 ans...), où l'on peut aussi apprécier le dernier survivant des moulins à vent de l'île et une station balnéaire très calme, d'un autre temps, avec une longue et superbe plage bordée de cyprès qui soulignent un front de mer quasi intact. On a bien aimé La Brée, son parfum de nostalgie très années 1950 et son atmosphère aujourd'hui encore très familiale. C'est tout près d'ici, au port du Douhet, que fut tourné le film *Liberté-Oléron*, des frères Podalydès.

Adresses et info utiles

Office de tourisme : *20, rue des Ardillières. ☎ 05-46-85-65-23. • accueil@marennes-oleron.com • ile-oleron-marennes.com • Juil-août, tlj sauf dim ap-m ; hors saison, lun-ven.*

Location de vélos : Cycl'Oléron, *31, rue des Ardillières. ☎ 05-46-75-97-61. 06-82-56-89-10. À 50 m de l'office de tourisme. Tte l'année.* **Vélos 17,** *30, rue Saint-Denis. ☎ 05-46-85-67-91. • velos17loisirs.com • Vac de Pâques, w-e fériés et fin juin-début sept.*

Oléron Fun Trott : *point de rdv au 4, rue du Ver-Luisant. 06-86-64-64-67. Tte l'année, sur résa. À partir de 14 ans. 1h : 30 €, 1h30 : 40 €.* Accompagné de Valentin, on vadrouille sur l'île en trottinette électrique tout terrain. Voilà de quoi allier balade, observation et sensations !

– **Marché :** *mai-sept, ts les mat sauf lun (tlj de mi-juin à mi-août) ; janv-avr, mer et ven-dim. Sur la pl. du Marché (logique !).*

Où dormir ?

Camping Antioche d'Oléron *(plan A1, **31**) : route des Proires. ☎ 05-46-47-92-00. • contact@camping-antiochedoleron.com • camping-antiochedoleron.com • Ouv mars-nov. Compter 18-43 € pour 2. Mobile homes 2-8 pers 285-1 205€/sem. 129 empl.* Un camping calme et familial, verdoyant mais avec ombrage limité, à 150 m de la plage de La Brée (2 km de long). Tous services ou presque : laverie, jeux, salle TV, etc. 2 piscines chauffées avec un spa et pataugeoire en saison. Restauration et snack-glaces. Marché à 500 m du camping *(tlj juin-sept).*

Hôtel La Chaudrée *(plan A1, **32**) : 7, pl. Pasteur. ☎ 05-46-47-81-85. • la.chaudree@wanadoo.fr • hotel-la-chaudree.com • Doubles 71-104 € ; familiales ; petit déj 10 €.* Traditionnel petit hôtel de village à la façade toute blanche et aux volets bleus, appartenant à un vigneron, le bien nommé Maxime Pinard (bouteilles de vin, pineau et cognac en vente à la réception) ! Chambres fonctionnelles et lumineuses, entièrement rénovées, de bon confort (clim dans toutes, certaines avec vue sur la piscine). Agréable piscine extérieure chauffée avec terrasse. Un bon plan car bien situé, sur une place calme et pas loin de la plage.

Où manger ? Où sortir ?

Les Écluses *(plan A1, **70**) : sur le port du Douhet (près de l'écluse), dans le prolongement de La Brée en direction du sud. ☎ 05-46-76-56-37. 06-63-14-19-99. • lionel-giret@orange.fr • Avr-nov, tlj. Congés : Toussaint-Pâques. Crêpes et galettes 4-10 € ; carte 17 €. Café offert sur présentation de ce guide.* À la fois crêperie, bar et THE night-club de l'île, *Les Écluses* font partie du patrimoine oléronais depuis les années 1970. Il faut dire, une boîte de nuit branchée dans un chai chaulé typique, ça a de la gueule ! Surtout qu'à l'arrière se cache une terrasse verdoyante presque tropicale. Côté crêperie, la qualité est en dents de scie, mais l'ambiance est conviviale, surtout les soirs de concert. Bref, un incontournable, immortalisé par les frères Podalydès dans leur *Liberté-Oléron*.

L'Atypique *(plan A1, **65**) : allée de la Digue. 06-95-12-38-97. • latypique.oleron@gmail.com • Tlj 11h-22h en hte saison. Congés : oct-mars. Carte env 18 €.* Vraiment atypique cette paillote plantée dans le sable avec vue imprenable sur le grand large (mais pas de coucher de soleil). Pas de réservation possible, alors on se pose où l'on peut pour savourer planches généreuses (charcuterie ou fromage), burgers au déjeuner, et de bons cocktails dans une chaude ambiance de vacances. Des adresses comme celle-ci, il y en a peu sur l'île. On comprend le succès !

À voir. À faire

👁👁 ***Le port du Douhet*** *(plan A1)* **:** *dans le prolongement de La Brée, au sud.* Ce mignon petit port de plaisance servit de cadre au film *Liberté-Oléron* (encore lui !), de Bruno et avec Denis Podalydès (2001). Pèlerinage obligatoire pour les fans qui reconnaîtront le hangar à bateaux juste derrière la crêperie-boîte de nuit *Les Écluses* (également dans le film, voir plus haut), ainsi que le site de la burlesque mise à flot du voilier. La plage de Plaisance et sa curieuse « maison-blockhaus » de la Durandière sont à l'entrée du village du Douhet. Quant au *Zigomar* (le fameux rafiot rebaptisé *Liberté-Oléron*), il repose dans un jardin privé de la Croix-Matelot, à Foulerot, en compagnie d'autres bateaux.

– ***Le Cristal du Saunier :*** *à la sortie de la commune de La Brée ; prendre la D 273 en direction de Saint-Georges, puis suivre le panneau « Marais salant » à 800 m. 📱 07-81-98-29-61. Ouv juin-oct : visites guidées du marais salant mar-sam à 10h30, 11h30, 16h, 17h et 18h, plus lun en juil-août. Tarif : 2 € ; gratuit moins de 15 ans.* L'occasion de découvrir la production de sel locale chez un saunier indépendant. Visite vivante bourrée d'anecdotes, et possibilité d'acheter quelques sachets d'or blanc...

SAINT-DENIS-D'OLÉRON

(17650) 1 340 hab. *Carte Charente-Maritime, A2*

Station balnéaire extrêmement fréquentée (quantité de campings dans le secteur, comme dans toute la partie nord de l'île), avec un port de plaisance dont les abords ont été entièrement réaménagés ces dernières années, Saint-Denis-d'Oléron se trouve à la pointe septentrionale de l'île – enfin, pas tout à fait, puisque le phare de Chassiron, non loin, occupe cette position. Les petites cabines de plage colorées sur la plage de la Boirie évoquent l'histoire de cette station. Belle église romane, pour ne rien gâcher...

LA GRANDE VOGUE DES CABINES DE BAIN

Quand, dans la 2de moitié du XIXe s, on découvrit les vertus des bains de mer, la mode se développa. Cependant, les gens étant à l'époque fort pudiques, on installa des cabines en bois pour se changer. À Oléron, la plage de La Boirie fut une des dernières à conserver une poignée de ces cabines, rejointes ces dernières années par des petites nouvelles, effet de mode oblige.

Adresses et info utiles

ℹ ***Office de tourisme :*** *bd d'Antioche (près du port). ☎ 05-46-85-65-23. • accueil@marennes-oleron.com • ile-oleron-marennes.com • Avr-sept, tlj sauf dim (juil-août, lun-ven jusqu'à 21h45) ; hors saison lun-ven.*

■ ***Location de vélos :*** ***Loca Loisirs,*** *au port de plaisance. ☎ 05-46-47-95-32. Tte l'année. Location également de rosalies.* ***Vélos 17 Loisirs,*** *8 bis, rue de la Sicarde. ☎ 05-46-36-01-58. • velos17loisirs.com • Ouv vac scol de Pâques, w-e fériés de mai et tlj fin juin-début sept.*

⛴ ***Croisières Inter-Îles :*** *billetterie sur le port de plaisance. ☎ 05-46-50-55-54. • inter-iles.com •* En juillet-août, liaisons entre Saint-Denis et La Rochelle, escale à l'île d'Aix avec approche du fort Boyard, promenade en mer. Environ 2-3 liaisons/j. en été.

■ ***École de surf et paddle :*** *Diabolo Fun, sur la plage des Huttes. ☎ 05-46-47-98-97. • diabolofun.com •* Les pionniers des sports de glisse sur l'île d'Oléron (depuis 1988). Bar de plage attenant (voir « Où manger ? Où boire un verre ? »).

– ***Marché :*** *ts les mat en saison (sinon, seulement mar, jeu et sam), pl. Charles-de-Gaulle.*

Où dormir dans le coin ?

De bon marché à prix moyens

Camping Le Chassiron *(plan A1,* ***33****) : 17, rue des Pérots, dans le village de* ***Chassiron.*** *☎ 05-46-76-80-56. • lechassiron@campinglechassiron.fr • campinglechassiron.fr • Congés : de mi-déc à fin fév. Forfaits tente 2 pers 21-24 €. Roulottes 2-6 pers ; prévoir linge de lit. 40 empl. Frais de résa offert sur présentation de ce guide sauf juil-août.* Camping néo-écolo dans un espace naturel protégé, avec vue sur le phare pour quelques emplacements (peu d'ombre en revanche). L'originalité, ce sont les roulottes en bois colorées et *tiny houses*. Dans le même esprit, potager en permaculture et resto dans une remorque customisée avec terrasse face à l'océan. Atypique et très sympa !

Camping Le Sabia *(plan A1,* ***34****) : 2, chemin de Sabia, à Saint-Denis. ☎ 05-46-47-97-84. • contact@camping-le-sabia.com • camping-le-sabia.com • À 2 petits km du centre de Saint-Denis par la D 734 en direction du phare ; dernier camping à droite vers le phare et vers la mer ; fléché. Ouv avr-oct. Mobile homes 2-6 pers 199-999 €/sem.* Un tout petit camping (34 emplacements seulement) « éco-citoyen », rénové et proche de la mer. Un esprit zen, calme, orienté sports et nature, détente et bien-être (salle de fitness). Très agréable espace piscine chauffée avec pataugeoire, et, dès qu'on sort, la nature vous tend les bras.

Les Hameaux des Marines *(plan A1,* ***35****) : 251, rue des Seulières, hameau des* ***Huttes.*** *☎ 05-55-84-34-48 (central de résa) ou 05-46-75-21-59. • reservation@terresdefrance.com • hameauxdesmarines.com • ♿ À 2 km au sud-ouest de Saint-Denis. Tte l'année. Doubles 49-189 € ; familiales. Parking gratuit. Réduc de 10 % sur le prix de la chambre, hors juil-août, sur présentation de ce guide.* Au calme, dans un écrin de verdure, à 300 m de la mer, une cinquantaine de chalets spacieux (minimum 250 m² par parcelle), tous dans les mêmes tons gris et parfaitement équipés, avec grande terrasse privative sous un bel ombrage arboré pour la plupart. On est vraiment chez soi ! Piscine couverte et chauffée en saison ; différents *food trucks* viennent en semaine. Très bien tenu et géré.

Où manger ? Où boire un verre ?

La Buvette de la Plage *(plan A1,* ***62****) : sur la plage de La Boirie, à côté des cabines de bain. Ouv w-e de Pâques-fin sept ou début oct et vac de la Toussaint. Plats 15-18 €.* Quelques plats simples mais maison, genre burger, crevettes sautées, encornets et légumes *a la plancha*. Et puis aussi un petit bar à huîtres avec les fameuses *Gillardeau*. Tellement sympa de manger un morceau ou de prendre un verre face à la mer, les pieds dans le sable !

La Biouve *(plan A1,* ***64****) : sur la plage des Huttes, à côté de l'école de surf Diabolo Fun. Ouv de Pâques à mi-sept ; fermé lun hors vac scol.* Le bar de plage qui sent bon les vacances, posé en haut de la dune face au célèbre spot de surf des « CRS ». Quelle vue ! Pour en profiter, une petite grignote toute simple (salades bio, sandwichs, glaces...) et les vendredis soir de juillet-août, les apéros *sunset* avec tapas et DJ set.

Le Jour du Poisson *(plan A1,* ***63****) : 3, rue de l'Ormeau. ☎ 05-46-75-76-21. • lejourdupoisson17650@gmail.com • Ouv de mi-fév à mi-déc, le soir jeu-lun*

(Toussaint-avr, fermé lun aussi). Résa conseillée. Carte 35 €. Les fines gueules ont vite repéré cette bonne table de l'île, affichant un remarquable rapport qualité-prix dans un cadre bistrot bord de mer sobre et feutré. Sympa, les tables de machines à coudre et les anciennes têtes de lit en fer pour cloisonner la salle. La cuisine, moderne et créative, est convaincante de bout en bout (bons vins locaux pour l'accompagner), l'accueil chaleureux et le service efficace. Bref, un succès bien mérité.

Quai 17 *(plan A1,* ***62****)* : *10, rue Pierre-Métayer (port de plaisance). ☎ 05-46-85-62-98. 06-80-72-06-39. • quai17@hotmail.fr • Avr-sept, tlj midi et soir. Carte env 18 €. Digestif offert sur présentation de ce guide.* Facile à repérer avec son côté bien propret, son vivier à huîtres et crustacés, sa terrasse chauffée aux 1ers frimas, avec vue imprenable sur les bateaux de plaisance. Cuisine soignée au diapason et service attentif et dynamique. Beau choix de fruits de mer, friture d'éperlans, une quinzaine de façons de cuisiner les moules... Petit plus : le chapeau à dispo pour manger au soleil sur la belle terrasse (ou le plaid selon la météo...).

À voir. À faire

L'église : édifice roman considérablement remanié au fil des siècles. La moitié de la façade date de l'époque romane. Très bel aspect général pourtant, et superbe oculus quadrilobé au-dessus du portail. Cette église, où la Réforme a été prêchée dès 1546, est considérée comme le berceau du protestantisme à Oléron.

Le phare et le musée de Chassiron *(plan A1)* : *à l'extrémité nord de l'île. ☎ 05-46-75-18-62. • chassiron.net • (musée seulement). Avr-sept, tlj 10h-19h (20h juil-août) ; le reste de l'année, 10h-12h30, 14h-17h. Montée au phare ou musée (parcours spectacle) : 3,50 € ; phare + parcours spectacle : 5 € ; réduc. Également des visites guidées en été (5 € ; réduc), mais surtout des visites nocturnes et costumées pleines d'humour à ne pas manquer juil-fin août (8 €, réduc ; rens à l'office de tourisme).*

Le voici, ce fameux Bout du Monde. Bon, on n'y trouve ni crevasse béante ni monstres infernaux, mais c'est bien ainsi que les anciens ou les cartes marines avaient l'habitude de désigner la pointe de Chassiron. Haut de 46 m et cerclé de bandes noires et blanches pour le différencier du phare des Baleines de l'île de Ré, le phare de Chassiron, érigé en 1834, a remplacé l'ancienne « tour à feu », dite « tour Colbert », de 1685, jugée peu efficace. Le phare actuel est visible de jour jusqu'à 35 km ; de nuit, sa portée est de 52 km. Très utile pour repérer le dangereux pertuis d'Antioche. Ne soyez pas déçu, mais le phare est aujourd'hui télécommandé et télésurveillé depuis La Rochelle !

UNE ATLANTIDE OLÉRONNAISE

Une légende raconte que le village d'Antioche fut un jour englouti par une terrible tempête. La balise d'Antioche que l'on aperçoit non loin de la côte en marque l'emplacement. Et pendant les soirs de tempête, en tendant l'oreille, certains prétendent qu'ils entendent encore sonner la cloche de l'église ensevelie... Arrêtez le cognac !

Pour grimper au sommet du phare et jouir du panorama, 224 marches. Au 1er étage, un aimable ***parcours-spectacle audioguidé*** nous fait tourner en rond autour du phare tout en nous faisant faire 2 fois le tour l'air de rien ! On suit le récit d'un jeune naufragé à la pointe de Chassiron, prétexte pour nous présenter en 26 mn la vie des hommes de la côte, le quotidien et le savoir-faire de ces marins des terres et paysans de la mer. Pas toujours passionnant mais parfois instructif, histoire d'en savoir un peu plus sur les vieux outils (marochon, griffon, râteau à sart, etc.), sur les écluses à poissons et sur la pêche à la courtine. Vous y apprendrez aussi le sens du mot « boyard », rendu célèbre par un certain jeu télévisé... Dans un registre plus bucolique, vous pourrez explorer les ***jardins du phare,*** en forme de rose des vents (vus du sommet du phare, c'est magnifique), en suivant justement un itinéraire jalonné de... roses des vents, pour en découvrir toutes les facettes et anecdotes. Un parcours très ludique à l'aide de bornes informatives, tables tournantes, lunettes de visée, borne audio et carte en relief.

Non loin, les ***falaises.*** Attention, mieux vaut les longer du haut (chemin balisé en jaune et blanc), les galets de la plage en contrebas rendant la marche malaisée, voire dangereuse. Par endroits, des sentiers aménagés permettent toutefois d'y descendre, histoire de tâter l'eau et de faire des ricochets, puisque, on vient de vous le dire, il y a des galets ! ***Attention : gare à la marée*** si vous descendez sur la grève (partir 2 ou 3h avant la marée basse les jours où le coefficient est d'au moins 60). Se renseigner à l'office de tourisme de Saint-Denis.

LA TRAGÉDIE DU *PORT CALEDONIA*

Le 2 décembre 1924, le grand navire à voiles Port Caledonia s'échoue sur le rocher d'Antioche, au large de Chassiron. À son bord, 25 marins. Les sauveteurs tentent l'impossible mais assistent, devant une mer déchaînée, à ce naufrage qui marqua les esprits de génération en génération. On enterra les marins dans le petit cimetière de la ville. L'épave du quatre-mâts ne sera retrouvée qu'en 2011. Sa cloche est exposée au musée du phare de Chassiron.

Visites guidées de l'estran, des écluses à poissons et des algues comestibles : *infos et résas au phare. ☎ 05-46-75-18-62. Durée : 2h. Tarif : 5 € ; réduc ; gratuit moins de 6 ans. Prévoir des bottes, ça mouille !* 3 visites guidées possibles : l'estran rocheux pour découvrir la biodiversité de Chassiron à marée basse ; les algues comestibles, comment les reconnaître, les déguster et les cuisiner ; et les écluses à poissons, typiques des îles charentaises (ces ouvrages ancestraux, de presque 1 km de long et en forme de fer à cheval, étaient construits sur l'estran rocheux pour piéger les poissons).

Le sentier côtier de Chassiron : *au départ du chemin de Sabia (camping à la sortie du bourg de Saint-Denis).* Par plages et criques, par anses calmes et paisibles... enfin, pas toujours en été. On peut ainsi cheminer sur plusieurs kilomètres en longeant la mer, faire le tour du phare de Chassiron puis descendre vers le sud jusqu'aux Huttes, en admirant au passage les vestiges de plusieurs écluses à poissons (juste après le phare, sur la côte ouest).

➢ Pour ***redescendre en voiture vers le sud de l'île*** depuis le phare de Chassiron et le parking, suivre la route côtière en direction de ***Chaucre,*** par ***Les Huttes*** et ***Les Seulières,*** vers Domino et La Cotinière ! Sauvage et bucolique.

DE L'ESTUAIRE DE LA SEUDRE À ROYAN

L'estuaire de la Seudre ? Si on avait écrit comme titre de chapitre « Le bassin de Marennes-Oléron », ça aurait tout de suite été plus parlant, bien sûr. Tout le monde identifie une région qui fournit chaque année près de la moitié des huîtres consommées en France. L'ostréiculture ne se limite pourtant pas aux environs de Marennes et à une des côtes de l'île d'Oléron. Elle s'est étendue à l'ensemble de l'estuaire. Une mono-activité qui joue sur la physionomie de la région. Les anciens marais salants reconvertis en parcs à huîtres et en claires ajourent la côte comme une dentelle. Et le chenal jalonné de baraques en bois aux couleurs éclatantes est devenu le mètre étalon du paysage.

À quelques encablures, côté mer, débute la « Côte de Beauté ». Ce qualificatif fait très dépliant touristique suranné et pourtant, elle le mérite. Cette côte qui part de la pointe d'Arvert pour, une dizaine de kilomètres plus loin, se confondre avec l'estuaire de la Gironde. D'autant plus que, malgré quelques inévitables verrues, les bétonneurs n'ont heureusement pas pu s'en donner à cœur joie. Sur notre route : des plages de sable qui semblent ne jamais finir, de délicieuses stations balnéaires Belle Époque, des coins déserts même en été le long de la bien nommée Côte Sauvage, et la célèbre Royan, une des 1res villes de vacances nées au XIXe s.

BROUAGE (17320) 620 hab. *Carte Charente-Maritime, B2*

L'océan a abandonné à son triste sort le « plus beau village de France ». L'histoire lui a préféré Rochefort ou La Rochelle. Et, aujourd'hui, cette petite cité fortifiée dressée au beau milieu de nulle part a, malgré son ouverture au tourisme, des airs de ville-musée. Une ville avec ses fantômes : à la morte-saison, on ne s'étonnerait guère d'y voir la cape pourpre de Richelieu tourner à l'angle d'une de ses rues tracées au cordeau, ou de rencontrer sur les quais le jeune Samuel de Champlain, originaire du coin et futur fondateur de Québec... Brouage, figurant désormais parmi les Plus Beaux Villages de France, est un décor fabuleux, ouvert à tous les rêves, une étoile de pierre qui brille au milieu des marais.

ET CHAMPLAIN DÉNICHA UN SPONSOR !

Né de parents pauvres, il avait bien du mal à financer ses expéditions au Québec. À 40 ans, il épouse Hélène Bouillée, âgée de 12 ans. Le beau-père, fortuné, est secrétaire de la chambre du roi. Le navigateur recevra une dot de 6 000 livres (30 fois ses gains annuels)...

UN PEU D'HISTOIRE

Véritable havre naturel, avec une embouchure de 400 m de large, elle était ***le grenier à sel de l'Europe et, pour cette raison, l'un des ports les plus actifs de la côte atlantique.*** Venues des Flandres, de la Hanse ou d'Angleterre, les gabares y débarquaient pour transborder le précieux or blanc. C'est pourquoi, vers 1555, un certain Jacques de Pons, baron de Mirambeau, décide d'y fonder Jacopolis, qui deviendra bientôt Brouage.

Mais les guerres de Religion eurent raison de cette suprématie. Rusé comme un renard, Condé (chef de file des protestants) eut l'idée d'assécher le port en y faisant sombrer 21 vieux vaisseaux chargés de sable et de caillasses. Opération réussie : Brouage s'envase. Richelieu prendra sa revanche, au siècle suivant, en s'emparant de La Rochelle, corrigeant

LOUIS XIV ET MARIE MANCINI

Marie Mancini, la nièce de Mazarin, fut le 1er grand amour du jeune roi. Pour raison politique, Mazarin décida de marier Louis XIV à l'infante d'Espagne. Il exila alors sa nièce à Brouage, plutôt faible en animation. Cette femme pleurant son amour contrarié sur les remparts inspira Racine dans Bérénice. Bien après, Louis XIV, revenant des guerres d'Espagne, s'arrêta à Brouage... et il pleura beaucoup.

cette fois définitivement les huguenots. Mais désormais, inexorablement, le port de Brouage se comblera... Et la cité ne sera plus qu'une forteresse cernée de marais, vouée à la déchéance, qui revit aujourd'hui grâce à l'obtention du label Grand Site national en 1989, qui permit la réhabilitation du site, et, bien entendu, grâce au tourisme qui en découle. Du coup, plusieurs boutiques de créateurs et d'artisans d'art contribuent à animer la cité d'avril à la Toussaint.

Adresses utiles

Office de tourisme : *2, rue de l'Hôpital. ☎ 05-46-85-19-16. • brouage-tourisme.fr • En hte saison, tlj 10h-13h, 14h-18h ; avr-juin et sept, tlj 10h-12h30, 14h-18h ; hors saison, lun-ven 10h-12h, 14h-17h.* Visite guidée de la place forte *(sur résa, avr-sept, tlj le plus souvent à 15h ; 5,50 €, réduc).* Se renseigner au sujet des visites théâtralisées. Livret-jeu pour partir sur les traces de Champlain. Liste des meublés sur la commune.

Syndicat mixte pour la restauration et l'animation du site de Brouage : *☎ 05-46-85-80-60. Dans la halle aux vivres.* Organise des sorties nature, ainsi que différentes expos et manifestations culturelles.

Où dormir ? Où manger ?

Chambres d'hôtes La Marouette : *chez M. et Mme Remont, 3, rue Martineau. ☎ 05-46-76-14-01. 07-71-26-83-87. • mamarouette@gmail.com • Entrée par le parking, rue Monboileau. Double 69 € ; familiale.* Dans le petit village de Hiers, à 3 km de Brouage, vous serez accueilli avec le sourire par Magali, qui tient avec beaucoup de cœur ses 5 chambres d'hôtes (3 doubles, 1 chambre-gîte avec cuisine et 1 familiale). Logées autour de la cour intérieure d'une ancienne maison (bien restaurée par les proprios), les chambres sont simples et zen, avec de grandes douches à l'italienne. Très agréables, tout comme le salon et la salle du petit déj (que l'on peut prendre dans la cour en saison). Frigo et micro-ondes à dispo. Une petite adresse sympa pour goûter au calme d'un hameau.

Le Champlain : *32, rue du Québec. ☎ 05-46-76-72-68. • jpaulvideau@yahoo.fr • Tlj sauf lun et fermé le soir hors saison sauf ven-sam. Congés : nov-mars. Menu 25 € ; carte env 32 €.* Notre table préférée à Brouage et dans ses environs ! Une cuisine qui joue à fond la carte locavore, privilégiant les circuits courts. Le poisson provient de petits bateaux de Port-des-Barques et la viande d'éleveurs des environs, le tout accompagné de légumes de saison en direct des AMAP. On s'installe avec plaisir dans la jolie cour à l'arrière ou dans la salle animée genre brasserie, assez élégante. Service attentionné. Une belle découverte !

Où boire un verre ?

Marie des Guérites : *3, rue de la Grotte. ☎ 05-46-76-03-95. Tlj sauf sam mat et mer 10h-19h (selon affluence).* En face des anciennes forges, un café qui a vite su fidéliser les locaux en créant une convivialité qui manquait sans doute en ville close. Beaux espaces et magnifique terrasse. Idéal pour boire un verre ou un bon thé.

À voir

La ville a plus ou moins l'aspect qui lui a été donné au XVIIe s par Richelieu. Brouage la catholique était l'ennemie de La Rochelle la protestante. Le cardinal avait fait de Brouage une base opérationnelle pour lancer le grand siège de La Rochelle. Tout y était prévu pour subvenir aux besoins d'une garnison de 2 000 soldats et 4 000 habitants : tonnellerie, forges, et même un port souterrain. Brouage mérite vraiment le détour, c'est avant tout une ambiance... Petit circuit disponible à l'office de tourisme et panneaux explicatifs sur chacun des sites et monuments.

Les remparts : des murs hauts de 8 m, renforcés de 7 bastions et de 19 échauguettes, qui forment un carré d'un peu plus de 2 km. Avec 2 ports souterrains et 4... latrines publiques ! Belle balade le long du chemin de ronde avec ses 4 poternes. Vue superbe sur les marais (désormais site protégé).

La halle aux vivres : ☎ *05-46-85-80-60. Juil-août, tlj 10h-13h, 14h-19h ; avr-juin et de sept à mi-nov, 10h30-13h, 14h-18h. Fermé déc-fév. Entrée : 3 € ; réduc.* Longue construction à double voûte d'arêtes. On y trouvait tout ce qui était entreposé en tonneau (sel, vin...). Abrite un musée consacré à l'histoire de la ville, avec quelques splendides maquettes de la place forte, des plans et une expo temporaire.

La forge royale et la forge prison : *à l'entrée du village. Ouv en cas d'expo.* Restaurées depuis peu, elles reçoivent des expos temporaires d'avril à septembre. On notera dans la forge royale une cheminée centrale datée de 1629, servant à la confection de l'alliage pour des pièces de canon.

La glacière : *à l'opposé de l'entrée principale, sur la gauche, près des remparts.* Coiffée d'un toit tout rond et pointu tout en bois, aujourd'hui restaurée, elle a été construite en 1690 et mesure 4,15 m de profondeur. Comme son nom le laisse penser, c'est le réfrigérateur de l'époque. On y déposait de la glace, et le tour était joué (10 % de perte par an)... Ainsi, le roi disposait de sorbets à volonté !

La poudrière et le port souterrain de la Brèche : la poudrière est un édifice de style Vauban avec une enceinte de protection destinée à éviter tout risque d'incendie. Le toit en pierre protégeait l'édifice des boulets de canon. Salle d'expositions temporaires en été. Sur le côté gauche, ne pas rater le port souterrain (n'hésitez pas à pousser la porte en bois) où accostaient secrètement des barques pour assurer le ravitaillement de la citadelle.

L'église Saint-Pierre : d'une austérité redoutable malgré ses vitraux offerts par des délégations canadiennes francophones. À l'intérieur, des cartels très intéressants évoquent les origines religieuses de la Nouvelle-France. Champlain vint y prier pour que la ville de Québec, conquise par les Anglais, soit restituée à la France. Une plaque commémorative le rappelle. « Ici Champlain a été exaucé »... En 1633, Champlain parvint à prouver que l'annexion de Québec avait été faite en temps de paix. La ville fut donc restituée à la France et Champlain repartit quelques mois plus tard pour son dernier voyage, avant de mourir le 25 décembre 1635 à Québec.

Le musée du Vélo : *15, rue du Québec.* ☎ *05-46-76-04-80. • musee-du-velo.com • ♿ 5 juin-19 sept, en principe tlj sauf lun 14h-18h30 ; hors saison, mieux vaut téléphoner. Entrée : env 5 € ; gratuit moins de 12 ans.* Près de 100 vélocipèdes exposés, datant du XIXe s à nos jours. Beaucoup de pièces rares : une draisienne de 1818, un cycle Michau de 1861, des tricycles dont la *Royal Salve* ou la *Victoria* de 1866, et les incontournables « grands-bi ». On y découvre qu'une taxe a longtemps frappé le cycliste ! Dès 1899, il dut s'en acquitter : petite plaque métallique, puis timbre à coller. Cet impôt ne fut abrogé qu'en 1958 !

À faire

➢ ***Des circuits en boucle sont possibles à partir de Brouage,*** ainsi que des circuits à faire à vélo. Infos auprès de l'office de tourisme. Une flore spécifique et des maisons toutes simples en pierre font le charme de ce marais qui n'est pas monotone pour qui sait observer. Ainsi, les oiseaux migrateurs demandent des jumelles, tôt le matin.

➢ ***Découverte de la réserve naturelle de Moëze-Oléron :*** *à env 3 km de Moëze ; à la sortie du village, prendre la direction de Brouage, puis suivre les panneaux jusqu'à la ferme de Plaisance (point accueil) ; bien indiqué. ☎ 07-68-24-70-23. • reserve-moeze-oleron.fr • Juil-août, tlj sauf sam 14h30-18h ; sept-oct, tlj sauf sam 14h30-17h30 ; avr-juin, tlj sauf sam 15h30-17h30. Petite expo. Sentiers de découverte en accès libre (compter 1h) : tte l'année, 7h-20h sauf polders. Propose plusieurs visites à thème avec un écoguide de la LPO (résa obligatoire), ainsi qu'un chemin communal qui longe la réserve (équipé de plateformes d'observation) ; se renseigner. Compter 5-8 € ; réduc ; gratuit moins de 8 ans.* Cette réserve, créée en 1985 et désormais classée Échappées Nature, vise à préserver des milieux naturels (marais littoraux) d'une grande richesse écologique. Elle est située sur une voie majeure de migration pour l'avifaune, entre l'Europe du Nord et l'Afrique de l'Ouest. 100 000 oiseaux viennent y séjourner l'hiver, dont 80 000 limicoles (bêtes à plumes, ailes et bec qui aiment les rivages) plein de bernaches cravants, tadornes de Belon, canards siffleurs, pilets et souchets... Au printemps, on peut y voir des cigognes blanches (nichoirs aménagés, notamment à la ferme des Tannes).

MARENNES

(17320) 6 250 hab. *Carte Charente-Maritime, B2*

« Manger une huître, c'est embrasser la mer sur la bouche. »

Joël Dupuch, ostréiculteur.

Passage obligé pour se rendre dans l'île d'Oléron, la ville de Marennes ne présente pas un grand intérêt touristique mais tente d'y remédier en aménageant plage, camping et tutti quanti...
Quoi qu'il en soit, Marennes est surtout célèbre, voire mondialement connue, pour son ostréiculture, et elle peut, à juste titre, se targuer d'être la « capitale de l'huître verte ». Pour le coup, les paysages sont fantastiques et, en plus, on se régale bien...

LA MAGIE DES HUÎTRES DE MARENNES-OLÉRON

De l'eau et de la terre, de la terre et de l'eau. De l'eau dans la terre et de la terre dans l'eau. Des espaces mouvants, un lieu émouvant. Pas moins de 3 estuaires (Gironde, Seudre et Charente) pour créer cet incessant ballet d'eau salée qui se mélange à l'eau douce. C'est cette subtilité des eaux qui régule la vie dans le bassin. Des bancs de terre, des bras de mer, et toujours cette eau qui se faufile dans les espaces herbeux. Et puis de curieuses cabanes en bois colorées, perchées sur de fins piquets, doucement éclairées par des guirlandes lumineuses. Un décor étrange, une alchimie singulière, un accord délicat entre les éléments pour que, depuis la nuit des temps, l'huître puisse naître, se développer et procréer.

Au début était la plate...

Les Romains, qui avaient inventé les prémices de l'ostréiculture en Italie, étaient, on le sait, de grands amateurs d'huîtres, qu'ils consommaient relevées de garum, une sorte de jus de poisson fermenté. À Marennes, s'ils creusèrent les 1ers marais salants, ils consommaient l'huître sauvage et plate de la Mare Santonum

(Marennes-Oléron), qui était encore un produit de pêche réputé et recherché jusqu'à Rome. C'est au XIXe s que ces marais salants, à l'activité déclinante, furent récupérés pour l'ostréiculture. Le succès fut aussi immédiat que fulgurant.

... puis vint la creuse

Dure à l'extérieur, fragile et délicate à l'intérieur. On pensait que l'huître arrivée ici par la magie de la nature était là pour toujours. Patatras ! En 1922, une épizootie ravage les plates du bassin. Heureusement, le destin avait voulu que, quelque temps plus tôt, un navire rempli d'huîtres portugaises, des creuses, vienne se protéger d'une tempête dans l'estuaire de la Gironde. On ordonna au capitaine de se séparer de sa cargaison de coquillages. Miracle ! Ces nouvelles émigrées ne mirent pas longtemps à s'intégrer à leur nouvel environnement, s'installant dans le bassin comme chez elles et remplaçant les plates moribondes. Pas pour longtemps. Une nouvelle épizootie décime cette fois les portugaises en 1970. On cherche alors le salut du côté du Japon, d'où l'on rapporte la *Crassostrea gigas.* Encore une creuse qui s'adapte merveilleusement et croît vite. C'est cette espèce qui occupe aujourd'hui le bassin de Marennes-Oléron (et même la quasi-totalité du littoral français) et donc le fond de nos assiettes.

Une huître, c'est comme un enfant, ça s'éduque !

Captage, domptage et éducation. 3 mots-clés pour un parcours plein d'embûches. Une alchimie d'une grande complexité dans laquelle la température et la salinité de l'eau jouent un rôle important. Sans entrer dans un discours complexe – bien que passionnant –, sachez tout de même que l'huître perd sa graisse à la fin de l'hiver pour fabriquer sa laitance et ses œufs au début du printemps, au moment du réchauffement de l'eau (les fameux mois sans « r »). La fécondation n'aura lieu qu'en juillet. Des centaines de milliers d'huîtres à la fois lâchent leur laitance et fécondent dans le lit de la rivière des milliards de poches d'œufs. Dès leur éclosion, les embryons cherchent à s'accrocher à tout ce qu'ils rencontrent. Les collecteurs mis en place par les ostréiculteurs sont là pour ça. Ce sont souvent des tiges de plastique ou des barres de fer, parfois des tuiles. Les huîtres se fixent alors elles-mêmes sur les collecteurs. Puis, durant 4 ans, elles seront baladées d'un parc à l'autre en fonction de la profondeur de l'eau, de la situation des parcs, de la présence de prédateurs dans les bassins, etc. Chaque producteur possède donc plusieurs parcs. Ainsi, dans l'estuaire, on assiste au ballet permanent de chalands qui promènent des dizaines de poches d'huîtres. Le parc principal est celui du mi-élevage, situé en mer, là où l'on trouve le phytoplancton en abondance. L'huître s'y développera pendant près de 2 ans. ***La 4e année est déterminante.*** C'est l'heure du triage, du calibrage et surtout de l'orientation de l'huître pour en faire une « fine de claire » ou une « spéciale » en fonction de sa taille, de son poids et de sa forme.

UN PEU DE SEL DANS LE COUPLE...

Laissons la parole au grand érudit et émailleur du XVIe s Bernard Palissy, qui avait déjà noté à l'époque que les « huistres se nourrissent la plus grande part de sel [...] et le sel a ceste vertu d'esmouvoir les parties genitalles ». Messieurs, foin de la corne de rhinocéros, du bois bandé ou du Viagra... mais des huîtres, rien que des huîtres !

La claire, spécificité de Marennes

Les claires sont en fait d'anciens marais salants (il y en a des milliers formant un étonnant quadrillage tout le long des estuaires) dans lesquels les huîtres font un passage plus ou moins long pour s'affiner. Elles y trouvent un complément de nourriture et un taux de salinité moindre que dans l'eau de mer. Là, elles ne croissent plus, mais leur coquille se durcit, elles gagnent en poids de chair et affinent leur goût. Et puis il y a la magie de la navicule bleue, la *Navicula ostraria*. C'est une algue unicellulaire qui se développe sur le fond du bassin de claire. Un étrange phénomène, spécifique au lieu et parfaitement incontrôlable, qui donne à l'eau une coloration bleue. Pourquoi, comment ? Personne n'a jamais percé ce mystère. ***L'huître, grâce à elle, prend une jolie teinte verte sur les rebords, véritable signature de l'huître de Marennes-Oléron.*** Ce sont tous ces éléments qui confèrent sa noblesse à l'huître affinée en claire. À Noël, vous saurez maintenant ce que « claire » signifie avant d'acheter votre bourriche chez le poissonnier. Voici un miniguide pour mieux comprendre.

– *La fine :* c'est l'huître normale, qui ne passe pas par le bassin de claire.

– *La fine de claire :* elle doit avoir séjourné au moins 1 mois en bassin de claire, avec une densité maximale de 3 kg par mètre carré.

– *La fine de claire « verte » :* c'est une fine de claire qui a séjourné dans une claire où s'est développée la navicule bleue. Un Label Rouge a été mis au point, déterminant des caractéristiques précises de cette fine de claire verte.

– *La spéciale de claire :* son passage en claire doit durer au moins 1 mois (densité de 3 kg au mètre carré) et elle doit répondre à des critères de forme, de poids et de volume de chair encore plus exigeants que la fine de claire.

– *La pousse en claire :* le nec plus ultra ! Une croissance à l'écart des copines (densité de 2 à 5 coquillages par mètre carré) et un séjour de 4 à 8 mois en claire. Elle est en fait produite de manière très confidentielle et donc difficile à trouver en dehors de la région.

Noter qu'on peut très bien trouver des fines de claire originaires de Bretagne. Il s'agit alors d'huîtres élevées en Bretagne, puis affinées en bassin de claires à Oléron.

Quelques chiffres

Le bassin de Marennes couvre 6 000 ha, dont 3 000 ha de parcs et autant de bassins de claires concédés pendant 35 ans (et cessibles de père en fils) à 1 200 exploitants. Un couple d'ostréiculteurs peut produire entre 40 et 50 t d'huîtres par an. ***En tout, ce sont environ 50 000 t qui sont produites annuellement*** (soit près de ***la moitié de la production nationale***), plus 20 000 t affinées ici en claires mais provenant d'autres bassins français. À l'inverse, nombre de naissains captés ici seront achetés par des producteurs et envoyés vers d'autres bassins ostréicoles français pour y être élevés.

Triplo ou pas triplo ?

Le débat fait rage chez les ostréiculteurs, comme chez les consommateurs... Créées artificiellement, en collaboration avec l'Ifremer, les fameuses « huîtres des 4 saisons » contiennent 3 chromosomes (d'où leur nom de « triploïdes »), au lieu de 2 pour les huîtres originelles, naturellement « diploïdes ». Ces « triplo » ont la particularité d'être stériles. Double bénéfice ! Ne se préoccupant que de grossir au lieu de se reproduire, elles arrivent à terme en 2 ans au lieu de 3. Surtout, elles ne sont pas laiteuses en été, au plus fort de la saison touristique ! On ne s'étonne donc plus d'apprendre que 80 à 90 % de la production ostréicole est désormais concernée, ce qui n'est pas sans engendrer une certaine méfiance. Certains ostréiculteurs, travaillant « à l'ancienne », accusent ces triplo, « chromosoïquement modifiées », d'être à l'origine de la mortalité que connaissent leurs huîtres naturelles « nées en mer ». On se contentera de remarquer que le consommateur, lui, n'est guère informé...

Adresse utile

Office de tourisme : *1, pl. Chasseloup-Laubat. ☎ 05-46-85-04-36. • tourisme-marennes.fr • ile-oleron-marennes.com • En hte saison, lun-sam 10h-12h30, 14h30-18h30. Hors saison, lun-ven 10h-12h30, 14h30-17h30 ; sam le mat seulement.* Accueil prévenant et pro.

Où dormir ? Où manger ? Où boire un verre ?

Au Bon Air : *9, av. Pierre-Voyer. ☎ 05-46-85-02-40. • contact@aubonair.com • aubonair.com • À Marennes-Plage, en direction de La Tremblade, au rond-point à gauche. Ouv avr-oct. Compter 20,60-31,80 € pour 2. Mobile homes et chalets 4-6 pers. Labellisé Accueil Vélo et Stop Accueil Camping-car avec aire de service. 126 empl. Réduc de 10 % sur les emplacements, hors juil-août, sur présentation de ce guide.* Petit camping familial, verdoyant et arboré. Animations sportives, soirées à thème en saison. Piscine chauffée avec un bassin pour les enfants... mais la plage de Marennes est à 2 pas (à peine 200 m). Bar, snack, épicerie sur place. Très bon accueil.

Manger sur la Plage – Dormir sur la Plage : *61, av. William-Bertrand, à Marennes-Plage. ☎ 05-46-38-41-93. • virginierobert9@orange.fr • dormirsurlaplage.fr • Tte l'année sauf janv et 15 j. en fév. Resto tlj sauf lun-mar 8h-22h. Doubles 150-200 €, petit déj compris. Menu 32 €. Parking.* Gentiment branchée, voici une vraie belle adresse face à la plage. Les assiettes y sont gourmandes, variées, colorées et bien dans l'air du temps avec un bon goût de vacances. L'amplitude horaire, le décor de bistrot et le service souriant participent à ce délicieux sentiment d'insouciance et de déconnexion. À toute heure donc, tapas, huîtres Gillardeau, fruits de mer, tartares, plats du jour, crêpes... Pour prolonger le plaisir, 4 belles chambres, contemporaines et tout confort, donnant elles aussi sur la lagune (avec terrasse privative pour 3 d'entre elles).

Établissement Fabrice Billeau – Bar à huîtres : *à la pointe du port de la Cayenne. ☎ 05-46-85-34-61. De mai à mi-sept seulement, tlj 11h45-15h, 15h40-20h30. Dégustation d'huîtres à partir de 8-12 € ; menus env 19-22,40 €.* Difficile de faire plus simple : une poignée de tables et de chaises de jardin éparpillées sur la grève avec, comme seul décor, la Seudre mouchetée d'embarcations. On se sent proche des éléments, dans un état d'esprit idéal pour savourer sans façon les huîtres élevées par la famille Billeau. Intéressante formule comprenant huîtres, moules, crêpe et café.

Le Cayenne : *19, rue des Martyrs, port de la Cayenne. ☎ 05-46-85-01-06. • le.cayenne.restaurant@gmail.com • Tte l'année, tlj sauf dim soir et lun. Congés : janv. Menu 25 € ; carte 25-50 €.* Le long du chenal de Marennes, cette gargote populaire et rustique cache bien son jeu. Avec ses grandes tablées, l'ambiance est avant tout conviviale et les portions sont relativement copieuses, mais ça n'empêche en rien un certain raffinement. Le beurre est AOC et la fraîcheur des produits irréprochable. On y trouve tous les classiques du bassin de Marennes : huîtres, bien sûr, mais aussi anguilles, moules (servies au kilo), et des poissons et fruits de mer du jour joliment cuisinés, comme la brandade de loup sur fondue de poireaux, les langoustines flambées ou le turbot au four... Plateaux de fruits de mer gargantuesques (vente à emporter également) ! Seul bémol, le lieu est devenu très touristique (et pas mal de bus s'y arrêtent).

Où dormir ? Où manger dans les environs ?

Pour l'hébergement, contacter sans hésiter l'office de tourisme afin d'obtenir la liste des chambres d'hôtes.

Le Terminus : *2, av. du Général-de-Gaulle, au port du Chapus, 17560.* ***Bourcefranc-le-Chapus.*** *☎ 05-46-85-02-42. • hoteleterminus@orange.fr • hotel-le-terminus.fr • Ouv tlj juil-août. Doubles 65-75 €. Menu 14,50 € (déj en sem) ; carte 30 €.* Face au fort Louvois, un resto-bar authentique et populaire, proposant 10 chambres simples à l'étage. Confort et déco réduits à leur plus simple expression, mais on est aux 1res loges pour observer la vie du port et le va-et-vient des ostréiculteurs. Une bonne adresse pour les petits budgets, qui permet de rayonner dans le secteur.

La Cabane du Chapus : *rue du Fort-Louvois, au port du Chapus, 17560* ***Bourcefranc-le-Chapus.*** *☎ 05-46-47-21-91. • lacabaneduchapus@gmail.com • De mars à mi-nov : tlj sauf lun en saison, tlj sauf mar-mer et le soir lun et jeu hors saison. Formule déj 14,50 € ; menu 23 € ; carte env 28 €.* Une ancienne cabane ostréicole transformée en resto sur pilotis, à la déco lambrissée grise, avec une agréable terrasse donnant sur le pont d'Oléron. L'adresse idéale pour se régaler d'un solide plateau de fruits de mer en faisant bien traîner le dépiautage. Fait également bar à huîtres et à moules, et propose de savoureux poissons *a la plancha* préparés par un chef qui maîtrise à merveille ses produits, d'une grande fraîcheur.

À voir. À faire

L'église Saint-Pierre-de-Sales et son clocher : *en été, on peut monter au clocher lun, jeu et sam 10h-13h, mar et ven 14h-18h ; hors saison, s'adresser au presbytère (☎ 05-46-85-03-86). Tarif : 2 € ; réduc.* Édifiée au XVIe s, puis retapée au début du XVIIe s (les guerres de Religion l'ayant endommagée), l'église domine nettement le paysage, du reste assez plat, des marais et bassins environnants. Remarquable pour son clocher de style gothique flamboyant, culminant à 85 m (le plus haut du Poitou-Charentes !) et qui servit longtemps d'amer (repère visible pour les marins)...

Le port de La Cayenne : jolie vue sur la Seudre et les parcs à huîtres. On y accède en longeant le chenal de Marennes bordé de ravissantes petites cabanes de pêcheurs. Ne vous y trompez pas, le chenal s'étire sur environ 4 km. On ne dirait pas !
Possibilité de prendre le ***Bateau-passeur*** pour rejoindre La Tremblade en 10 mn *(06-23-50-99-46 ; • bateaupasseur17.fr • ; en service de juil à mi-sept ; compter 2 € ; vélos acceptés).*

La Cité de l'Huître : *rue des Martyrs. ☎ 05-46-36-78-98 (infos et résas). • cite-huitre.com • (certaines cabanes seulement). Bien indiqué dans Marennes. Juil-août, tlj 10h30-19h ; avr-juin et sept, tlj sauf lun-mar hors vac scol 10h30-19h. Fermé nov-mars. Entrée : 9 € ; réduc ; forfait famille (2 adultes + 2 enfants) 23 €. Réduc sur présentation de ce guide. En juil-août, un petit train fait la liaison avec la billetterie d'été. Tte l'année, nombreuses animations pour petits et grands proposées sans supplément (programme complet sur le site internet). Prêt de vélos selon dispo (seulement à la billetterie d'été avec la formule « train-vélos » en juil-août). Boutique et resto sur place.*
Créé directement au cœur du site de production des fameuses huîtres de Marennes-Oléron, ce vaste complexe se visite en plusieurs parties.

La billetterie d'été
En juillet et août, c'est là que débute la visite avec billetterie et point de départ de la Cité de l'Huître (à pied, en petit train ou à vélo ; inclus dans le prix du billet). Le reste de l'année, on peut rejoindre directement la Cité de l'Huître.

La Cité de l'Huître
C'est un centre d'interprétation situé dans un grand bâtiment moderne derrière lequel se trouvent 4 cabanes de couleurs différentes, avec une nouvelle

scénographie et un nouveau concept encore plus tourné vers le public. Encore plus dynamique aussi pour créer des ambiances avec les animateurs. Pas d'ordre de visite particulier, mais il peut y avoir un peu d'attente en saison. Pour vous donner une petite idée des thèmes, sans faire la visite à votre place, on vous parlera de l'histoire de l'huître et du métier d'ostréiculteur, des saisons et des marées, des complexes méthodes d'élevage (« la claire est à l'huître ce que la barrique est au vin »), jusqu'au fameux verdissement automnal... Dans le grand amphithéâtre, projection du film *Entre terre et mer,* une présentation aérienne, maritime et terrestre de la Charente-Maritime. Enfin, il n'est pas stupide de terminer par la *Cabane jaune,* reconstitution d'un bar à huîtres branché où l'on vous expliquera les différentes recettes à base d'huître, et où un chef de cuisine propose une initiation à la cuisine des huîtres. Bref, en repartant, vous saurez tout sur le plus grand bassin ostréicole d'Europe, le mélange mer et rivières qui donne toute leur saveur aux huîtres, les bestioles nuisibles, le système des claires et leur biodiversité.

La cabane des claires
Visite d'une ferme ostréicole pédagogique située quelques centaines de mètres avant le musée avec, tous les jours, des visites animées, où l'on se met à l'eau pour vous présenter l'élevage des huîtres. Très intéressant.

Le chemin des claires
C'est un sentier d'interprétation de 3,8 km – à faire à pied ou à vélo – le long du chenal, au cœur des marais et des exploitations ostréicoles. Parking et point d'accueil à l'entrée du site avec une navette en été.
Resto-bar : *ouv tlj en saison. Carte 25-30 €.*

DANS LES ENVIRONS DE MARENNES

Le château de la Gataudière : *19, rue de la Gataudière, à Marennes. ☎ 05-46-85-01-07. 06-13-23-57-63. • gataudiere.com • À 2-3 km du centre-ville de Marennes ; prendre la D 728 en direction d'Oléron, puis tourner à droite (bien indiqué) après le croisement avec la D 3. Visite du parc seulement et activités de loisirs : juil-août, tlj 10h-20h ; mai-juin et sept-oct, w-e et j. fériés (tlj pdt vac de Pâques) 13h-19h. Parc : 2 €. Périodes d'ouverture, horaires et tarifs ou tarifs combinés pour plusieurs activités : se renseigner.* Construit au XVIIIe s par François Fresneau, seigneur de la Gataudière et père du caoutchouc, ce bel édifice de style Louis XIV est entouré d'un parc aventure : accrobranche, *bubble-foot,* saut à l'élastique horizontal, karting à pédales (dès 4 ans), location de quads, paintball, *laser game,* exposition de voitures hippomobiles...

Le moulin des Loges : *route de Mauzac, 17320* ***Saint-Just-Luzac.*** *Infos : ☎ 05-46-85-04-36. • moulin-des-loges.com • Depuis Marennes, prendre la D 728 en direction de Saintes ; après env 3 km, suivre les (petits) panneaux pour le moulin et s'enfoncer à droite dans les marais. En raison de la crise sanitaire, les horaires sont sujets à modification ; se référer au site internet. Entrée : 5 € (4 € sur présentation de ce guide) ; réduc (15 € pour les familles de 2 adultes et 2 enfants). Pas de CB.* Ce site protégé est une invitation à découvrir un patrimoine unique dans un cadre naturel de toute beauté. Construit probablement dès le XIIe s, le moulin des Loges, situé au cœur des anciens marais salants de la Seudre, est l'unique moulin à marée de la région en fonctionnement. Au programme : expositions, animations, démonstration de meunerie à marée basse (sous réserve que le coefficient de marée soit suffisant). Sur place, boutique de produits régionaux.

Le bateau-passeur : *au port du Vieux-Chapus. Résa obligatoire au 06-03-28-98-33. • bateaupasseur17.fr • En service juil-août, tlj sauf sam.* Liaison avec l'île d'Oléron (Le Château ou Saint-Trojan) en 20-45 mn *(compter 3-6 €).* Vélos acceptés.

Le fort Louvois : *à env 3 km de Marennes. ☎ 05-46-85-23-22. • fort-louvois.com • On y accède à pied (440 m à parcourir à marée basse, évidemment !) ou en bateau (GRATUIT) depuis le port de Bourcefranc-le-Chapus. Avr-début nov, tlj ou presque ; horaires (variables) sur le site. Entrée : 8 € ; réduc.* Il fut construit par Vauban à la fin du XVIIe s pour défendre l'accès sud à l'arsenal de Rochefort, à la demande de Louis XIV. Expositions, maquette de la région, vue panoramique avec table d'orientation. Jeu de l'oie et énigme pour les enfants. Spectacles en été ; sinon, également des jeux de piste et *escape games*.

RONCE-LES-BAINS (17390) *Carte Charente-Maritime, B2*

Sur la commune de La Tremblade, cette station balnéaire encore assez tranquille, familiale, fut créée ex nihilo vers 1860 (ce qui explique ces rues tracées au cordeau et l'unité architecturale des jolies villas du centre-ville). Nous sommes toujours dans l'estuaire de la Seudre, avec ses parcs à huîtres et ses fortes marées, et les « vraies » plages de baignade se trouvent un peu plus au nord-ouest, à 2 ou 3 km vers la pointe de la Coubre : la Cèpe, le Galon d'Or, l'Embellie, la Pointe espagnole puis la Côte Sauvage jusqu'au phare de la Coubre.

Adresse utile

Bureau d'information touristique : *50, av. Gabrielle. ☎ 05-46-08-17-53. • royanatlantique.fr • Pour les horaires et jours d'ouverture, consultez le site internet ; hors saison, s'adresser au bureau de La Tremblade.* Propose des visites guidées de la station de bain de mer avec balade au crépuscule vers les villas de style classique et rococo *(de mi-juil à fin août ; voir avec le guide).*

Où dormir ? Où manger ?

Martin Plage : *2, av. de Saint-Martin. ☎ 05-46-36-06-15. • auge maite@gmail.com • Avr-sept, tlj sauf mer ; ouv également aux vac scol de fév, de la Toussaint et de Noël. Plats 12-20 €.* Pour une petite ou une plus grande faim, on s'attable volontiers dans cette brasserie de style Art nouveau avec son long comptoir et ses quelques banquettes. Carte éclectique, du déjeuner complet au copieux burger accompagné de frites maison. Prix gentils et produits d'une exemplaire fraîcheur. Accueil sympa.

L'Hôtel de la Plage : *16, av. Gabrielle. ☎ 05-46-76-87-10. • contact@hoteldelaplage-ronceles bains.fr • hoteldelaplage-ronceles bains.fr • Ouv avr-nov. Doubles 95-115 € ; familiales. Menu 32 €. Parking gratuit. Réduc de 10 % sur l'addition sur présentation de ce guide.* Bel hôtel de villégiature à l'architecture balnéaire, récemment rénové au goût du jour (mais toujours sans ascenseur !). Les pieds dans le sable, il bénéficie d'une vue imprenable sur l'île d'Oléron. Donnant sur la mer, une terrasse et un jardin avec transats, que l'on n'a pas envie de quitter de la journée, trop fasciné par le spectacle des marées, puis du coucher de soleil. Chambres tout confort, dans le bâtiment principal ou dans une annexe, avec ou sans balcon. Dans le petit parc, piscine couverte et chauffée. Excellent accueil, ambiance conviviale et familiale.

Le Grand Chalet : *2, av. de la Cèpe. ☎ 05-46-36-06-41. • contact. grandchalet@orange.fr • legrandcha let.net • Ouv tlj en juil-août. Congés :*

1er nov-fin avr. Doubles 99-230 € ; familiales. Menus 19 € (déj en sem), puis 33-42 €. Un hôtel posé tout au bord de l'océan et un peu à l'écart du bourg. Les chambres tout confort (clim...), lumineuses et bien équipées, possèdent parfois des balcons côté mer. Piscine chauffée de Pâques à fin septembre. Côté resto, *Le Beach Bistrot* propose dans sa grande salle ouverte sur la mer une cuisine tendance faisant la part belle au poisson, mais aussi à quelques burgers ou salades. Accueil et service très pro.

À voir. À faire

➢ De Ronce-les-Bains, rejoindre la côte vers La Palmyre par la D 268 (La Fouasse) ou la D 25 (route côtière de la Côte Sauvage, notre préférée). Pour traverser la forêt de pins et de chênes avec ses nombreuses aires de pique-nique et ses accès aux plages par les sentiers verdoyants et sablonneux. Et après le phare, les ouvertures vers les plages de Bonne-Anse, baie fermée par son croissant de dune... ***Attention, les plages de la Côte Sauvage sont dangereuses !*** Des victimes sont à déplorer tous les ans ou presque.

Le phare de la Coubre : *lieu-dit la Coubre, La Tremblade. ☎ 05-46-06-26-42. • pharedelacoubre.fr • Tlj : juil-août 10h-19h30 ; avr-juin et sept 10h-12h30, 14h-18h ; de mi-fév à mars et d'oct à mi-nov 10h-12h30, 14h-17h30. Visite : 4 € ; 2,50 € 5-11 ans ; gratuit moins de 5 ans ; billet famille 11 €.* Superbe ! Et plus encore depuis sa dernière rénovation. Il se dresse, élégant, fier, rouge ! La vue à 360° en haut des 64 m et des 300 marches se mérite, évidemment. Mais rien que la vue de l'intérieur en opaline bleue est lumineuse. Que dire de l'escalier hélicoïdal conçu dans les ateliers Eiffel ? Et si votre vue ne porte pas aussi loin que les 52 km de la puissante lentille, profitez du panorama sur l'estuaire de la Gironde et la côte sauvage de La Tremblade. En bas, petit écomusée sur l'histoire et le matériel du phare si vous avez le vertige !

LA TREMBLADE

(17390) 4 200 hab. *Carte Charente-Maritime, B2*

Gros bourg sur la rive gauche de l'estuaire de la Seudre. On dirigera ses pas surtout vers La Grève, son port ostréicole ; le plus important de France, aussi pittoresque que ravissant. En saison, possibilité d'y prendre le bateau-passeur pour Saint-Trojan-d'Oléron, ou pour le port de La Cayenne à Marennes. Une bonne alternative à la voiture, d'autant que les vélos sont autorisés à bord !

Adresses utiles

Office de tourisme : *1, bd Pasteur. ☎ 05-46-08-17-52. • royanatlantique.fr • Ouv tte l'année. Pour les horaires et jours d'ouverture, consulter le site internet.* Excellent accueil.

Le bateau-passeur : *au port de La Grève. ☎ 07-73-66-25-94. • bateaupasseur17.fr • En service de juil à mi-sept. Compter 3-6 € pour l'île d'Oléron (Le Château ou Saint-Trojan), 2 € pour La Cayenne (Marennes).*

Où manger ?

Chez Gaby : *bd Roger-Letélié, sur le port de La Grève. ☎ 05-46-36-01-47. • contact@restaurant-chez-gaby.com • Tlj en saison ; fermé* *lun le reste de l'année. Congés : nov-mars. Résa conseillée. Menus 19,90-39,90 €. Café offert sur présentation de ce guide.* Genre de caboulot populaire qui s'est forgé une bonne petite réputation, installé dans une cabane d'ostréiculteur séparée en 2 par un grand filet. Également une terrasse sur le bord du chenal. 1er menu qui connaît ses classiques : huîtres, fricassée de coquillages, friture de céteaux, etc. Sinon, ris de veau aux crevettes et langoustines ou assiette royale de coquillages farcis. Également quelques plats plus exotiques.

À voir. À faire

Le port de La Grève : des cabanes de bois qui s'accrochent au chenal, les hommes qui déchargent les collecteurs des bateaux et les femmes, à quai, préposées au « détroquage » (elles détachent les huîtres du collecteur) au milieu d'entassement de coquilles... Une visite indispensable pour qui veut appréhender le vrai travail des ostréiculteurs. Dégustations toute l'année (ou presque) et expositions en juillet-août sur cette même grève ; illumination du port en nocturne (toute l'année).

Le train des Mouettes : voir plus loin « Dans les environs de Mornac-sur-Seudre ». Départ et arrivée du train littoral à La Tremblade.

MORNAC-SUR-SEUDRE

(17113) 830 hab. *Carte Charente-Maritime, B3*

À l'embouchure de l'estuaire de la Seudre. Un Village de pierres et d'eau, un des Plus Beaux Villages de France, sans aucun doute, encore labellisé Villes et métiers d'art. Ils sont nombreux en Charente-Maritime à mériter l'appellation. Mais, pour être objectif, Mornac-sur-Seudre a vraiment beaucoup de caractère : un écheveau de ruelles fleuries bordées de simples demeures de pêcheurs, des halles médiévales, un port avec ses vieux gréements. Et des artisans d'art (potiers, aquarellistes...) qui ont remplacé les naufrageurs d'autrefois (ils laissaient les navires s'enliser dans les marais).

Adresse et info utiles

Bureau d'information touristique : *5, route de Plordonnier. ☎ 05-46-08-21-00. • royan-atlantique.fr • À l'entrée du village en venant de Royan/Rochefort ; en face du cimetière. Pour les horaires et jours d'ouverture, consulter le site internet.* Organise des visites commentées du village *(mar en juil-août ; voir aussi « Le train des Mouettes » dans les environs plus loin).* Et sinon, récupérer le petit plan-circuit pour découvrir, à son rythme, le village et son « quartier arabe ». Accueil super sympa et souriant.

Stationnement : le petit centre historique étant piéton, en saison, on se gare sur les différents parkings signalés et... payants, ou sur d'autres gratuits, un peu plus éloignés.

Où dormir ? Où manger ?

Mornac, village touristique, certes... mais où le touriste trouvera de (très) bonnes adresses !

Chambres d'hôtes Le Mornac : *21, rue des Halles. ☎ 05-46-22-63-20. 06-14-05-23-54. • lemornac@sfr.*

fr • le-mornac.fr • Congés : fév et oct. Doubles 70-90 € (min 2 nuits en hte saison). Apéritif maison offert sur présentation de ce guide. Chez Riedel et Jan-Heyme Goedkoop, on profite du confort d'une maison bourgeoise française revisité par un accueil à la hollandaise. Avec un accent savoureux, le maître des lieux dévoile tous les charmes de sa demeure, des salons cossus et lumineux aux 5 chambres douillettes, rustiques ou contemporaines. Les chambres « Bleue » et « Jaune » sont peut-être les plus ensoleillées et les plus calmes... Et la piscine dans la cour ne gâte rien ! Atmosphère chic-décontractée, à quelques pas des halles.

Aux Claires du Grand Téger : *13, route du Marais. 06-73-39-36-30. • contact@clairesdugrandteger.fr • De mi-juin à mi-sept, tlj sauf lun midi. Résa indispensable. Gambas flambées au cognac 18 € ; formules 10-22 €. Vente d'huîtres et gambas à emporter.* Une cabane ostréicole tenue par des jeunes, qui s'est ouverte à la restauration. Ici, on produit de délicieuses huîtres, mais aussi des crevettes impériales en saison (en gros de mi-juillet à septembre), que l'on sert délicieusement flambées au cognac. À cela s'ajoute une belle sélection de fruits de mer, tous extra-frais : bulots, langoustines, crevettes, tourteaux, etc. Magnifique terrasse posée sur les claires ou salle intérieure à la déco brute et nue, c'est au choix. Très bon accueil. Un vrai coup de cœur !

Le Parc des Graves : *sur le port. ☎ 05-46-22-75-14. • leparcdesgraves@wanadoo.fr • Mai-sept, tlj. Menus 28-37,50 € ; éclade 17,50 € ; plateau de fruits de mer 62,50 € pour 2.* Difficile de ne pas craquer pour la terrasse, suspendue au bord du chenal, avec vue sur le vieux port et les marais salants. De juin à août, un autre spectacle vous attend, celui de l'éclade de moules. L'embrasement des aiguilles de pin est assurément un grand moment ! Et quel plaisir ensuite de déguster ses moules dans un tel cadre, les doigts (et le bout du nez) noircis par la cendre... Rassurez-vous, tout est prévu pour la toilette.

La Cambuse : *sur le port. ☎ 09-83-27-62-24. • lacambuse_mornac@yahoo.com • Tlj sauf mar-mer hors juil-août. Congés : janv. Carte 25 €. Café offert sur présentation de ce guide.* Un petit coup de cœur, niché dans l'un des Plus Beaux Villages de France. La terrasse sur le petit port est déjà une invitation en soi et l'on pourrait se contenter d'y boire un verre. Mais c'est aussi un lieu gourmand et convivial, où l'on se régale d'une cuisine toute simple à base de produits sains et de saison.

Les Basses Amarres : *5, rue des Basses-Amarres. ☎ 05-46-22-63-31. À 50 m du port. En hte saison, tlj sauf lun ; plus mar le reste de l'année. Congés : 2 sem en nov. Formule déj 31 € ; menu 40 € ; carte env 40 €. Café offert sur présentation de ce guide.* Le chef Franck Berthier a pas mal bourlingué et a finalement jeté les amarres par ici. Il propose une cuisine moderne de saison et du marché, pleine des couleurs et des fragrances qu'il a rapportées d'ailleurs... Au menu, huîtres, poissons et crustacés tiennent le haut du pavé. Terrasse avec panorama sur les marais alentour. Une très bonne table !

Où manger dans les environs ?

La Cabane : *rive droite du port, 17600* ***L'Éguille.*** *☎ 05-46-22-83-07. • 17.lacabane@gmail.com • À 7 km à l'est de Mornac. Fermé lun, plus mar hors saison. Congés : fév. Formules 18 € en sem ou 24-34 € tlj ; carte env 24 €. Apéritif maison offert sur présentation de ce guide.* On aime bien cette adresse, posée sur un port de poche en dehors des sentiers battus. Cadre bois et poutres chaleureux, tables bien espacées, terrasse protégée. Cuisine sérieuse avec des fruits de mer d'une belle fraîcheur (copieuse assiette) et quelques petits plats plus élaborés : papillote de poisson crémé au pineau, fricassée d'anguilles en persillade... Hmm !

Le Q Salé : *le Marais-Neuf, 17890* ***Chaillevette.*** *06-13-50-18-27.*

À 10 km au nord de Mornac par la D 14. ♿ Fin avr-fin sept, tlj 11h30-14h, 18h30-21h ; hors saison, seulement jeu soir-dim midi. Résa conseillée ! Repas 25 €. Vue sublime sur la Seudre, ses marais et le petit port de Chatressac depuis cette grosse cabane en bois de 2 étages ouverte par les Ménadier, une famille d'ostréiculteurs. Outre les huîtres maison, fraîches et savoureuses, on peut déguster de bonnes gambas (élevées dans les claires de l'exploitation), ainsi que des moules cuites *a la plancha*. En dessert, on craque pour la galette charentaise aux abricots ou pour les Glaces du Verger, produites non loin. Couchers de soleil absolument magiques !

À voir. À faire

L'église Saint-Pierre : *ouv tlj.* Église médiévale fortifiée. Imposante pour un si petit village ! Chœur et chapelles en cul-de-four arborant une litre funéraire médiévale (bande noire et blasons). Remarquez le chevet du XIIe s. Dans le vaste chœur encore, chapiteaux d'une facture qui s'éloigne des standards saintongeais. Quelques vestiges de fresques. À l'arrière, des sarcophages mérovingiens.

➢ ***Visite d'un marais salant :*** *rue des Mouettes. ☎ 05-46-22-42-31. 📱 06-71-09-03-03. • marais-salant@orange.fr • Juil-août, tlj sauf sam à 16h30 (mar et jeu à 10h30) ; juin et début sept, mar, ven et dim à 16h30. Tarif : 3,50 € ; gratuit moins de 15 ans.* Visite guidée (compter 1h15, pas de réservation nécessaire) avec Sébastien Rossignol, producteur, pour tout découvrir sur le métier de saunier et sur son environnement. Boutique sur place.

➢ ***Les taillées :*** *infos et descriptif à l'office de tourisme.* Petit circuit pédestre (5 km) le long des digues qui longent les marais de la Seudre.

➢ ***Le marais en bateau :*** ***L'Aigrette II,*** *📱 07-87-75-25-34. • seudrecroisieres.com •* Balade découverte de 1h *(21 €/adulte, 12 € moins de 12 ans)* et sorties fruits de mer *(52 €/adulte, réduc).* Horaires selon marées et météo ; se renseigner.

➢ ***Le marais en kayak :*** ***Kayak & Nature,*** *📱 06-12-64-92-88. • kayaketnature.com • Avr-oct.* Sorties kayak à thème *(guidées ; durée 2h ; 26 €/adulte, réduc).* Location de kayaks 1 ou 2 personnes *(12-17 €/h ; dégressif).* Également des *stand up paddles.*

DANS LES ENVIRONS DE MORNAC-SUR-SEUDRE

L'église Saint-Vivien : *à* ***Breuillet.*** *À 2 km au sud-ouest de Mornac par la D 140.* De type roman saintongeais. Elle souffrit énormément des guerres de Religion, comme en témoignent les 2 contreforts sur les côtés. Façade joliment restaurée, dotée d'un large portail central à quadruples voussures, surmonté de 2 étages d'arcatures et d'une frise à modillons (avec faces grimaçantes). Tout à côté, un vieux cimetière (pierres tombales éventrées et vermoulues, inscriptions mystérieuses) où déambuler philosophiquement. Notez ces curieuses tombes (les mêmes qu'à Talmont) en forme de bancs de pierre sculptée, ainsi que le carré à part de la famille Valette des Hermaux, hobereaux locaux aux épitaphes édifiantes...

➢ ***Le train des Mouettes :*** *gare touristique, 3, chemin Vert, 17600* ***Saujon.*** *☎ 05-46-05-37-64. • traindesmouettes.fr • ♿ Fonctionne de mi-avr à oct : 2de quinzaine avr et oct, départ jeu-dim à 14h30 de Saujon ; mai-juin et sept, départs jeu-dim à 10h et 15h15 de Saujon ; juil-août, départs tlj de La Tremblade et Saujon ; se renseigner pour les dates et horaires précis, ils sont variables. Trains à thème (Noël, Journées du patrimoine, marché...). Billet A/R : 14 € ; 7 € 4-16 ans ; forfait famille (2 adultes et 2-3 enfants) 38 € ; tarif réduit sur présentation de ce guide.*

Pour découvrir l'estuaire de la Seudre à toute vapeur ! Compter 1h15 de trajet entre La Tremblade et Saujon, avec arrêts possibles (et conseillés !) à Chaillevette et surtout à Mornac. Ligne créée en 1876 pour le transport des huîtres. En route, vous pourrez admirer les marais salants, les parcs ostréicoles et les villages de pêcheurs. À 30 km à l'heure, comme au XIXe s, on a le temps de profiter du paysage. Et quel bonheur d'emprunter la plus vieille loco encore en circulation (1891), autant dire un monument historique ! Pour le retour (ou l'inverse), on peut rentrer sur un vélo, que l'on aura auparavant embarqué à bord (gratuitement). À propos, les jeudi soir en juillet-août, au départ de Saujon ou de La Tremblade, allez visiter Mornac-sur-Seudre illuminée à la bougie pour la soirée des Loupiotes !

LA PALMYRE

(17570) 1 847 hab. (Les Mathes) *Carte Charente-Maritime, B3*

En passe de devenir l'une des stations les plus fréquentées de la côte : un monde fou en été et des bouchons interminables lors des retours de plage. La Palmyre, créée quasiment ex nihilo parce que le bourg voisin des Mathes était un peu loin de la mer, manque pourtant d'âme. Mais quelles plages ! Une dizaine de kilomètres, de la pointe de Grande-Côte à la baie de Bonne-Anse. Et la longue Côte Sauvage qui n'est que sable fin (mais attention, si les surfeurs s'y éclatent, la baignade est dangereuse). Et quelle forêt ! Plus d'une dizaine de milliers d'hectares (entre les forêts de La Palmyre, de la Coubre et de La Tremblade) de chênes et de pins plantés à partir du XIXe s pour stabiliser les dunes. Avec tout ça, on a failli oublier le célèbre zoo...

Adresses et infos utiles

i *Bureau d'information touristique :* *2, av. de Royan, 17570* ***Les Mathes-La Palmyre.*** *☎ 05-46-08-21-00. • royanatlantique.fr • Non loin du zoo, le long de la route principale. Ouv tte l'année. Horaires et jours d'ouverture sur le site internet.* Relais poste d'avril à octobre et animations en saison.

■ ***Location de vélos : Cyclo Trott,*** *sur le port. ☎ 05-46-22-52-34. • cyclo trott.com • Ouv Pâques-Toussaint env.* ***Élan Station-Service,*** *à côté du zoo. ☎ 05-46-22-50-01. • location-velo-la-palmyre.com • Tte l'année. Et* ***Locacycledirect.com,*** *23, av. de La Palmyre, Les Mathes. ☎ 05-46-05-48-93. Après l'hippodrome, à proximité des campings. Avr-sept. Loc en libre-service.* Pour profiter des 40 km de pistes cyclables qui sillonnent la forêt.

– ***Marchés :*** *ts les mat sauf mer et dim en juil-août, sous les halles, aux Mathes ; ven mat le reste de l'année. Également le mat mer et dim avr-sept au centre de La Palmyre, plus dim mat en oct. Marché nocturne mer au centre de La Palmyre et marché gourmand ven soir aux Mathes en juil-août.*

– Quantité de ***campings*** (plus de 20 !) à la chaîne, dont un pour les naturistes, sont installés et concentrés (comme les campeurs au mètre carré) en bordure de mer et forêt, avec épiceries, restos, etc. À prestations grosso modo équivalentes, nous n'en avons sélectionné aucun en particulier, mais les amateurs trouveront leur bonheur en se renseignant au bureau d'information touristique.

À voir

Le zoo de La Palmyre : *☎ 05-46-22-46-06. • zoo-palmyre.fr • ♿ (mais attention aux dénivelées). Tte l'année, tlj 9h-19h (18h oct-mars). Présentation* *d'otaries et de perroquets Pâques-Toussaint, tlj. Entrée : 19 € ; 15 € 3-12 ans. Compter 4h de visite.* L'un des parcs zoologiques les plus renommés d'Europe, notamment par sa superficie (18 ha) et le nombre d'animaux (plus de 1 600 et 110 espèces différentes). M. et Mme Caillé l'ont créé en 1966, puis aménagé et peuplé avec passion et succès. En effet, l'espace et la flore ne manquent pas. Les gorilles, les orangs-outans et les chimpanzés évoluent dans un complexe de 3 ha, et bien sûr les otaries, les gibbons, les rhinocéros, les girafes et les éléphants sont de la partie. Enfin, perroquets, calaos et autruches animent quelques vastes parcs ou volières, tandis que les reptiles, pythons et tortues des Seychelles rampent nonchalamment... Bref, un superbe zoo, l'un des plus beaux de France, et certainement tenu avec amour et sérieux. La promenade est agréable et on a toujours plaisir à observer l'extraordinaire monde animal, à défaut de pouvoir s'offrir un safari (photo, bien sûr !) au Kenya...

SAINT-PALAIS-SUR-MER

(17420) 3 990 hab. *Carte Charente-Maritime, B3*

À 10 km au sud de La Palmyre, Saint-Palais-sur-Mer présente le visage insouciant d'une charmante station balnéaire, familiale et bourgeoise, avec un terrain de golf, une école de voile et de char à voile active, et tout le toutim. Mais ce qui la caractérise sans doute le plus aujourd'hui, c'est son dynamisme culturel et sportif, qui la place d'emblée en tête de peloton. Les estivants l'ont bien compris, et les rues ne désemplissent pas... Saint-Palais s'est baptisé ainsi en 1920. Son ancien nom, Bureau-les-Bains (!), devait sûrement trop rappeler le boulot aux 1ers estivants... Le coin est vraiment sympathique avec une succession de baies (ici, on dit « conches ») et autant de petites plages, et des villas balnéaires enfouies sous les pins ou dressées sur les falaises. Et surtout, l'une des plus remarquables concentrations de carrelets de la côte que l'on peut admirer depuis le sentier des Douaniers qui devient, du coup, l'une des plus belles balades à faire sur le littoral charentais.

UN RÉVOLUTIONNAIRE DÉSARMÉ

C'est dans l'une des villas de Saint-Palais (ne la cherchez pas, elle a été détruite) que Trotsky a tenté de se faire oublier quelque temps des barbouzes de Staline. Il n'aurait pas dû quitter Saint-Palais pour Mexico, où sa tête rencontra le piolet de Ramón Mercader...

Adresses utiles

- ***Bureau d'information touristique :*** *1, av. de la République. ☎ 05-46-08-17-55. • royanatlantique.fr • Ouv tte l'année. Horaires et jours d'ouverture fluctuants selon saison ; à vérifier sur le site internet.* Organise des visites guidées thématiques de la station. Consulter aussi le site pour tablettes et smartphones pour les agendas, horaires des marées, activités, adresses de restos... Billetterie.
- ***Location de vélos :*** ***La Petite Vadrouille,*** *4, rue de la Plage. ☎ 05-46-23-21-94. • lapetitevadrouille.com •* Location de VTT, VTC et tandems. ***Le Vélocipède,*** *parking de la Grande-Côte. ☎ 05-46-06-40-75.*

Où dormir ?

De prix moyens à beaucoup plus chic

🏠 🍽 ***Hôtel-restaurant de La Plage :*** *1, pl. de l'Océan. ☎ 05-46-23-10-32. • hoteldelaplage-lesbalcons@wanadoo.fr • hoteldelaplage-stpalais.fr • ♿ Congés : nov. Doubles 65-116 € ; familiales. Formule déj 19 € ; menus 28-33 € ; carte env 40 €. Apéritif maison offert sur présentation de ce guide.* Hôtel familial, au cœur de la station, face à la plage. Entièrement rénovées, les chambres sont fraîches, pimpantes et très bien tenues (mais pas toujours très grandes). Piscine chauffée *(juin-sept)* et solarium à l'arrière. Petit déj soigné et resto réputé. Un bon petit *Logis de France* comme on les aime !

🏠 ☕ ***Villa Ouest et Spa :*** *13, av. de Pontaillac. ☎ 05-46-23-11-19. • contact@lavillaouest.com • lavillaouest.com • ♿ Congés : janv. Doubles 75-160 € ; familiales ; petit déj 14 €. Un petit déj/pers et par nuit offert sur présentation de ce guide.* Un bel hôtel, situé à 2 tongs de la plage du Bureau. Les chambres sont gaies et cosy, décorées de petites touches dans les tons bleus et dotées d'une literie haut de gamme, avec matelas de qualité. La bonne surprise, c'est le spa niché au sous-sol, comprenant hammam, sauna, jacuzzi et salle de massages (seuls ces derniers sont payants). Une excellente adresse, idéale pour se reposer. Fait aussi salon de thé l'après-midi.

🏠 🍽 ***Hôtel Primavera :*** *12, rue du Brick. ☎ 05-46-23-20-35. • contact@hotel-primavera.com • hotel-primavera.com • Tlj sauf lun, le soir seulement, plus dim midi. Congés : début nov-fin mars. Doubles 114-184 € ; familiales. Formules et menus 28-35 € ; carte env 40 €.* On ne peut s'empêcher d'indiquer cet hôtel tant son architecture fantasque nous a impressionnés. Isolée à la pointe de Saint-Palais, cette étonnante et surprenante folie 1900 expose aux vents marins sa façade délirante de style néoroman (et une verrue plus contemporaine). Elle abrite des chambres cossues, souvent pourvues d'un balcon côté mer. Et puis on ira volontiers piquer une tête dans la piscine (couverte et chauffée) ou se dépenser au tennis avant de reprendre des forces dans le salon voûté médiéval dominé par une cheminée armoriée. Également des chambres plus rococo dans un cottage à colombages ou avec terrasse privative dans une annexe. Fait également resto (spécialités de poisson et fruits de mer).

Où dormir dans les environs ?

De prix moyens à beaucoup plus chic

🏠 ***Chambres d'hôtes et appartements Le Logis de Mélisandre :*** *46, av. de Malakoff, 17640* ***Vaux-sur-Mer.*** *📱 06-75-02-27-99. • melisandre.mp@free.fr • melisandre.fr • Congés : oct-mars. Doubles 69-101 € ; familiales. 3 gîtes 4-6 pers 410-990 €/sem. Parking gratuit.* En découvrant un comptoir et, en face, le casier où attendent sagement les clés, on a franchement l'impression d'avoir mal compris l'adresse... pas du tout ! Marie a effectivement racheté un hôtel minuscule où elle cultive un esprit chambre d'hôtes. 5 chambres à la déco colorée et personnalisée. Salle d'eau et w-c privés pour tout le monde, un peu trop étriqués pour la chambre « Marine » (pourtant bien jolie). Également des gîtes entièrement équipés et aménagés avec soin.

🏠 ***Hôtel-résidence de Rohan :*** *7, av. de Rohan, 17640* ***Vaux-sur-Mer.*** *☎ 05-46-39-00-75. • info@residence-rohan.com • residence-rohan.com • ♿ Ouv juin-oct. Doubles 90-185 € ; familiales ; petit déj 15 €. Parking gratuit. Café offert sur présentation de ce guide.* À l'origine, il s'agissait d'un joli pavillon balnéaire qui appartenait à la duchesse de Rohan. Elle l'avait surnommé « le bois des Fées » ; voilà qui fait rêver ! Le petit manoir, datant du début du XXe s, a gardé son esprit Belle Époque, avec une déco cossue et une certaine idée du luxe et du confort. C'est-à-dire en toute simplicité, sans rien d'ostentatoire ni de tape-à-l'œil. On loge dans les anciens appartements de la duchesse ou dans un bâtiment annexe, plus moderne, ouvrant sur la plage. Piscine chauffée, et surtout un grand et superbe parc avec accès direct à la plage de Nauzan. Grande terrasse où l'on peut prendre un verre, et salon cosy. Une adresse d'exception, à prix encore abordable !

Où manger ?

De bon marché à prix moyens

Chez Bob : *8, rue des Bains. ☎ 05-46-23-11-10. Tlj. Compter 25-30 €.* L'incontournable de Saint-Palais, et même de toute la Côte de Beauté ! Face à la belle plage du Bureau et offrant une vue extra sur la mer, une élégante villa basquo-landaise soulignée de rouge, qui draine les foules en été (euphémisme). C'est simple, ça ne désemplit jamais ! Réputée pour ses moules et fruits de mer bien sûr, mais aussi ses burgers, salades ou pizzas. À côté du resto, l'établissement s'est enrichi d'une annexe dotée d'une terrasse plus discrète, idéale pour boire un verre ou grignoter quelques tapas entre amis. Beaucoup d'ambiance.

Restaurant Le Flandre : *route de La Palmyre. ☎ 05-46-23-36-16. • leflandre@hotmail.com • Sur la route de La Palmyre, à gauche dans la forêt (accès un peu tordu, par une contre-allée en sens unique). Juil-août, tlj ; hors saison, tlj sauf mar-mer. Congés : déc-janv. Formule déj 23 € (sauf dim) ; menus 29-37 €. Café offert sur présentation de ce guide.* On regrette un peu la proximité de la route, mais la vue sur la forêt rattrape le morceau... surtout si l'on choisit une table à l'arrière du bâtiment. Les 2 jolies salles s'harmonisent parfaitement avec une carte d'humeur marine. Spécialités de poisson classiques de bonne tenue (noisettes de lotte), secondées par quelques plats de viande. Service efficace et souriant.

L'Arrosoir : *73, av. de Pontaillac, face à la plage de Nauzan. ☎ 05-46-02-12-41. • arrosoir.nauzan@gmail.com • Juil-août tlj ; le reste de l'année, fermé dim soir-mar midi. Congés : de mi-nov à début fév. Menus 36-42 €.* Un resto bistronomique qui fait grand bruit sur la côte. Tenu par un chef qui a fait ses classes chez des étoilés, il propose une cuisine imaginative, tout en saveurs, au dressage flamboyant. Cadre élégant très contemporain et terrasse dominant la plage de Nauzan, avec coin canapés et fauteuils sous les arbres. Une adresse dans l'air du temps, mais attention au choix du vin, qui peut très vite faire grimper l'addition !

Où boire un verre ? Où sortir dans le coin ?

Le Café Dransard : *5, av. de la République, à Saint-Palais. ☎ 05-46-23-36-84. Tlj 8h-2h en saison.* Le bar préféré des jeunes estivants de Saint-Palais ! Toujours beaucoup de monde, qui fraternise autour de pintes de bières ou de bons cocktails. Retransmissions de grands événements sportifs et soirées DJ régulières.

La Maison Blanche : *plage de Nauzan, 17640* ***Vaux-sur-Mer.*** *☎ 05-46-38-01-06. • contact@maisb.fr • Avr-sept, tlj.* L'adresse qui n'en finit pas d'attirer une foule de fêtards depuis de nombreux étés. Normal, le cadre est idyllique et propice à de folles nuits : une maison à la Gaudí (une enfilade de pièces presque troglodytiques) dominant la plage de sa grande terrasse et de sa piscine. Les patrons et toute l'équipe ont incontestablement le sens de la fête et assurent des soirées endiablées quotidiennement... Fait également resto, mais cher.

À faire

➢ ***Le chemin des Douaniers :*** emprunté autrefois par les gabelous du bureau de douane de Bureau-les-Bains (la voilà l'explication de ce drôle de nom !) qui traquaient les contrebandiers. Il débute le long de la corniche de Saint-Palais et suit la côte jusqu'à La Palmyre (balisage blanc et rouge du GR 4 ; interdit aux vélos). Mais on peut se contenter de le suivre sur 1 ou 2 km, le long d'impressionnantes falaises du Crétacé que la mer sape inlassablement et inexorablement, façonnant des rochers aux noms de légende, tel le *Pont du Diable...* De l'autre côté, il va jusqu'à la *conche de Pontaillac,* à Royan.

Manifestations

- ***Saint-Palais Parade :*** *en juil.* Animations, spectacles, concerts, mise en lumière de la conche du Bureau.
- ***Festival de Rock progressif :*** *3e w-e d'août.* Pour les enfants du rock, un festival à taille humaine en plein air et gratuit.
- ***Rallye Dunes et Marais :*** *en oct.* Championnat de France de rallye tout-terrain.

ROYAN (17200) 18 500 hab. Carte Charente-Maritime, B3

• Plan *p. 304-305*

Qui n'est jamais passé par Royan, n'y a séjourné, ne s'est promené sur ses 5 plages ? Royan, station balnéaire par excellence... En réalité, c'est toute l'histoire du tourisme, et plus généralement l'Histoire avec un grand H des XIXe et XXe s, qui a produit, développé, puis anéanti et reconstruit Royan. Bien sûr, on peut être surpris par l'architecture années 1950 du front de mer, dont le style revient pourtant en grâce depuis quelque temps. Pourtant, nous y avons ressenti un je-ne-sais-quoi d'attachant, peut-être le ciel doux, l'aspect déjà désuet de l'urbanisme d'après-guerre, quelque nostalgie indéfinissable... Et nous ne sommes pas les seuls, puisque les habitués, les inconditionnels, se comptent par dizaines de milliers chaque année, depuis des lustres. Royan sera toujours Royan !

EN VOITURE, SIMONE !

Cette célèbre expression vient de Simone Louise des Forest, qui naquit en 1910 à Royan. Elle entama une carrière exceptionnelle de pilote automobile dès les années 1930. L'expression, associée à son nom, possède une version plus complète : « En voiture, Simone, c'est moi qui conduis, c'est toi qui klaxonnes ! »

UN PEU D'HISTOIRE

Comme pour toute la région Aquitaine, l'histoire a secoué Royan de conflits divers depuis les Romains jusqu'aux guerres de Religion. Mais la ville avait cette particularité de constituer une place forte défendant aussi bien l'embouchure de la Gironde que le port de Bordeaux. On y a donc beaucoup guerroyé.

Cependant, c'est au XIXe s qu'elle deviendra ce pour quoi elle demeure célèbre et fréquentée : une station balnéaire. Elle fut même l'une des toutes 1res villes de ce type en France, avec les Deauville et autres Biarritz. La liaison par mer Royan-Bordeaux en 1820, puis le raccord à la ligne de chemin de fer Bordeaux-Paris en 1875 (mettant la capitale à quelques heures de Royan, avec 1 ou 2 changements seulement) déclenchent un succès foudroyant (71 000 touristes en 1881 !).

Royan est devenue le ***lieu de villégiature de la bourgeoisie florissante de cette 2de moitié du XIXe s.*** Les villas s'y multiplient, souvent somptueuses, baroques, et les Années folles s'y complairont à merveille... 2 casinos distraient les nantis, on porte le maillot de bain, Sacha Guitry s'y promène... Bref, Royan est devenue l'endroit à voir, où aller, où se montrer, avant que les 1ers congés payés de 1936 commencent à y drainer de nouvelles catégories de vacanciers, plus populaires...

Puis patatras, on connaît la suite. La Seconde Guerre mondiale et son dénouement, celui en particulier dans la « ***poche de Royan*** », rayeront la ville de la carte : 80 % des constructions anéanties, plus de 600 civils ensevelis (certaines estimations penchent vers le millier), 5 ans de travail pour déblayer les décombres... Comme Le Havre, Dunkerque ou Brest, Royan a payé le prix fort. Celui de la Libération ? Peut-être...

Le 1er bombardement de Royan (1 500 t de bombes larguées sur la ville, le 5 janvier 1945, au petit matin) n'a, semble-t-il, servi à rien : les occupants n'ayant subi que de faibles pertes (une trentaine de tués contre 500 chez les civils – et des lignes de défense demeurées intactes). Une regrettable erreur pour les forces alliées mais dont personne, Anglais, Français comme Américains, ne voulait endosser la responsabilité. La polémique est d'ailleurs loin d'être enterrée (on a même reçu du courrier sur le sujet !). Selon la version officielle (un peu tirée par les cheveux...), des bombardiers auraient été détournés sur Royan à cause de mauvaises conditions météorologiques et sans aucune carte des positions allemandes... Une explication que complètent certains spécialistes de la Seconde Guerre mondiale : c'est un général américain du nom de Ralf Royce qui a pris sur lui la décision de l'opération. Et une série de ratés a empêché d'en informer les autorités alliées, notamment le général de Larminat. Pourtant, beaucoup de Royannais ont vu en Larminat le responsable de ce désastre, et vous ne trouverez jamais de place, de rue, ni même d'impasse du Général-de-Larminat à Royan...

VOYAGE AU BOUT DE L'ENFER

Le napalm fut utilisé pour la 1re fois en Europe à Royan par les bombardiers américains le 14 avril 1945. Il s'agissait d'éradiquer les soldats allemands qui résistaient depuis 10 mois. Ce gel incendiaire colle à la peau avant de s'embraser.

Pour conclure ce triste épisode, la « poche de Royan » sera libérée quelques mois plus tard, le 18 avril 1945, après un 2d bombardement (et, c'était une première, au napalm – voir encadré plus haut), suivi d'une attaque de la division Leclerc épaulée par les FFI.

CÉLÈBRE ET PATRIOTE

En 1943, Jean Gabin quitte les bras de Marlène Dietrich pour s'engager sous les ordres du général de Gaulle. Avec son tank, il participera à la libération de la « poche de Royan ». Et pourtant, à la fin de la guerre, il aura bien du mal à retrouver sa popularité.

La villa de *Mon oncle*

L'actuelle physionomie de la ville est née de la tragédie causée par le bombardement, mais aussi et surtout de l'envie de « faire du moderne », comme pour oublier le passé. Tandis qu'ailleurs (Flers, Maubeuge) on s'est contenté de faire vite, Royan a été le terrain – unique en France – de la mise en pratique des postulats urbains et architecturaux du ***Mouvement moderne,*** groupement d'émules de Le Corbusier.

Surtout, la diffusion par les revues de l'évolution de l'architecture moderne au Brésil pendant les années de la guerre apporte un profond bouleversement dans tous les projets architecturaux de Royan. On parle de l'âge d'or de l'architecture brésilienne (entre 1930 et 1960), auquel prennent part notamment Lucio Costa (l'urbaniste de Brasilia) et Oscar Niemeyer, son élève (aujourd'hui plus connu que le maître...). Niemeyer (né en 1907) a accru son prestige en produisant d'étonnants immeubles dans les années 1950. Lors de l'inauguration de la capitale Brasilia, en 1960, certaines de ses œuvres ont été transformées en témoins phares de l'architecture moderne, notamment le Congrès national (1958) et la cathédrale (1959-1970). L'église Notre-Dame de Royan n'est pas l'œuvre de Niemeyer, mais on y retrouve son influence, l'audace et l'imagination caractérisant les prouesses techniques du monument. En outre, l'utilisation du béton armé, dans cet édifice et dans bien d'autres à Royan, rend indéniable l'affiliation à l'architecture moderniste brésilienne.

Aujourd'hui, si on ne peut qu'admettre que le modernisme des années 1950 a ses limites (géométrisme trop systématique et mauvais vieillissement du béton), il ne faut pas oublier que Royan était, à l'origine, une ville laide, avec son usine à gaz en plein centre. Ainsi, force est d'y admirer l'œuvre accomplie en une dizaine d'années (1949-1959) sous la tutelle de l'urbaniste en chef Claude Ferret et de son assistant, Louis Simon : l'élégante courbe dessinée par le Front de Mer, le blanc éclatant des façades cubiques qui, avec le bleu de l'océan et le vert des pelouses, évoque irrésistiblement les toiles de Mondrian, ***l'impressionnante église Notre-Dame et ces centaines de villas design,*** aussi fantaisistes que celle de *Mon oncle,* de Jacques Tati... Ce n'est pas sans raison qu'en 1986 Royan a été consacrée ville « la plus 50 » de France !

– À lire absolument : *Royan années 50, parcours d'architecture,* Royan Culture, éd. Confluences, CAUE, 2000.

Comment y aller ?

➢ ***En train :*** ligne TGV Atlantique Paris-Montparnasse – Bordeaux, avec changement à Angoulême ou à Niort, selon les cas, et TER jusqu'à Royan (env 4h-4h30 de voyage).

➢ ***En voiture :*** autoroute A 10, sortie n° 35 (Saintes) en venant du nord, puis prendre la N 150 (40 km). En venant du sud, sortie n° 37, puis suivre la D 730.

Adresses et info utiles

Bureau d'information touristique *(plan D1)* ***:*** *1, bd de la Grandière. ☎ 05-46-08-17-50. ● royan-tourisme.com ● Ouv tte l'année. Horaires et j. d'ouverture disponibles sur le site internet.* Organise des visites guidées (se renseigner sur le programme complet). Billetterie pour de nombreux spectacles, mais aussi activités ou croisières. Accueil compétent et très aimable. Boutique de produits locaux et objets cadeaux.

Gare SNCF *(plan D1)* ***:*** *pl. de la Gare, pardi ! ☎ 36-35. ● oui.sncf ● Non loin de l'office de tourisme.*

Carabus – Se déplacer très royannais : *☎ 0810-810-977. ● carabus.com ● Tlj sauf dim, à partir de 7h40 jusqu'à env 22h20, ttes les 30 mn. Ticket : 1,40 € (en vente dans le bus) ; forfaits et réduc.* Les bus desservent le centre-ville (les plages et les principaux monuments) et permettent de rallier Saint-Palais-sur-Mer via Vaux-sur-Mer ou Saint-Georges-de-Didonne et Meschers ; également le zoo de La Palmyre en saison.

Taxis Radio Royannais : *☎ 05-46-39-88-88.*

■ ***Location de vélos :*** ***Royan by Cycles*** *(plan D1,* ***2****), 1, bd de la Grandière, à 50 m de l'office de tourisme.*

LA CHARENTE-MARITIME

☎ *05-46-06-08-18. Ouv en saison seulement.* ***Cyclo Jet,*** *20, bd de Lattre-de-Tassigny. ☎ 05-46-23-39-92. Tte l'année.*
Ferries Transgironde – Service maritime départemental *(plan C2) : embarquement du port de Royan. ☎ 05-56-73-37-73 (au Verdon) ou 05-46-38-35-15 (à Royan). • gironde.fr/bac •* Traversée de l'estuaire de la Gironde en ferry, entre Royan et Le Verdon-sur-Mer. Fin juin-début septembre, départs toutes les 50 mn 7h50-20h15 ; le reste de l'année, 7-9 départs/j. Tarifs : 2,80-3,60 € l'aller ; ajouter 18-28 € par voiture. Vélos gratuits. Depuis Le Verdon, départs 7h15-19h45 en saison.
Promenades en mer : *départ et achat des billets au Port-Médoc, Le Verdon-sur-Mer. 📱 06-09-73-30-84. • vedette-laboheme.com •* Plusieurs formules de balades commentées, vers le port de Meschers notamment *(compter 4h ; 25 €, réduc).*
– ***Marché :*** *juil-août, tlj 7h-13h ; hors saison, tlj sauf lun.* L'occasion de visiter le marché central, à l'architecture si caractéristique des années 1950 (visites guidées ; renseignements au bureau d'information touristique).

Où dormir ?

Attention, il n'est pas toujours évident de trouver à se loger à petit prix à Royan en période d'affluence estivale. Il faut en plus réserver longtemps à l'avance.

Camping

Camping Clairefontaine *(plan A1,* ***10****) : 16, rue du Colonel-Lachaud. ☎ 05-46-39-08-11. • clairefontaine@campeole.com • campeole.com • ♿ Au fond d'une impasse, dans un quartier résidentiel à 500 m de la plage de Pontaillac. Ouv avr-sept. Env 40-45 € pour 2 en hte saison. Bungalows toilés, tentes lodges, mobile homes et chalets 2-8 pers. 125 empl.* On se demande comment les promoteurs n'ont pas eu la peau de ces 5 ha de nature en pleine ville (au-delà, ce sont les marais), mais c'est tant mieux ! Camping 4-étoiles, bien ombragé et bien équipé. Piscine chauffée en saison avec une amusante cabane à carrelet, tennis, château gonflable, jeux pour petits et grands, snack, dépôt de pain et un petit quelque chose de différent dans l'atmosphère.

De prix moyens à plus chic

Hôtel Hermitage *(plan C2,* ***14****) : 56, Front de Mer. ☎ 05-46-38-57-33. • hermitage@brithotel.fr • hotel-royan-hermitage.brithotel.fr • Ouv tte l'année. Doubles 62-112 €.* Seul hôtel logé dans l'iconique bâtiment du Front de Mer, c'est ce qui fait toute son originalité ! Le lobby, meublé de fauteuils vintage, donne le ton. La vingtaine de chambres joue la même partition, le mobilier rétro s'accordant parfaitement avec le style du bâtiment. Salles de bains équipées de baignoire ou de douche, selon l'envie. Coup de cœur pour le joli duplex familial situé tout en haut, qui offre une magnifique vue sur la Grande Conche et le Front de Mer. Bon petit déj, constitué de produits locaux et servi dans une salle éclairée par un puits de lumière. Excellent accueil, prévenant et de bon conseil. On reviendra !
Hôtel Trident-Thyrsé *(plan D2,* ***12****) : 66, bd Frédéric-Garnier. ☎ 05-46-05-12-83. • trident.thyrse1@wanadoo.fr • letridentthyrse.fr • Doubles 56-96 € ; familiales.* En pénétrant dans le vaste et lumineux hall de cet hôtel, il semble que rien n'ait bougé depuis 1954. Des couleurs qui claquent (ça commence par la façade blanc et rouge), des bongos au coin du bar en formica, des effluves de salsa sur la terrasse face à l'océan... Les chambres sont toutes simples, plaisantes, décorées dans le même esprit (mobilier d'origine très vintage), certaines avec balcon côté mer et d'autres, latérales, avec balcon et vue en angle. De belles rénovations ont été réalisées (double vitrage, salles de bains...). Accueil très cool. Et il n'y a

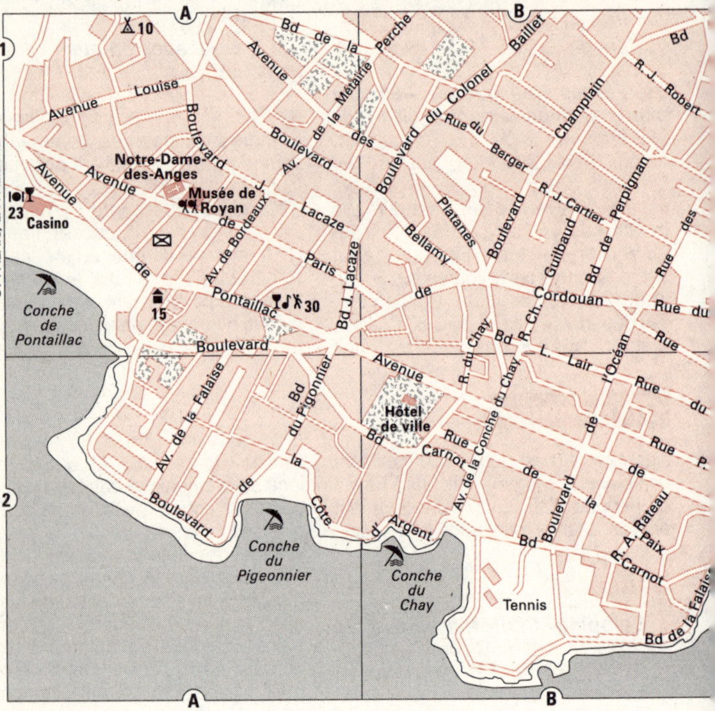

■ **Adresses utiles**

- Bureau d'information touristique (D1)
- **2** Royan by Cycles (D1)

Où dormir ?

- **10** Camping Clairefontaine (A1)
- **11** Family Golf Hôtel (D2)
- **12** Hôtel Trident-Thyrsé (D2)
- **13** Hôtel Beau Rivage (C2)
- **14** Hôtel Hermitage (C2)
- **15** Hôtel Belle-Vue (A1)

Où manger ?

- **22** La Table Notre-Dame (C1)
- **23** Face à New York (A1)

que le boulevard à traverser pour poser les pieds sur la plage. Un vrai coup de cœur !

Family Golf Hôtel *(plan D2,* ***11****) : 28, bd Frédéric-Garnier. ☎ 05-46-05-14-66. • family-golf-hotel@wanadoo.fr • family-golf-hotel.com • Ouv fin mars-début nov. Doubles 93-170 € ; familiales ; petit déj 14 €. Café offert sur présentation de ce guide.* Sur le front de mer, face à la plage, un bel hôtel à l'architecture rétro et balnéaire, entièrement rénové. Une trentaine de chambres, avec ou sans vue et de tailles variables, mais toutes de bon confort (salles de bains à l'italienne) et joliment décorées. Quelques-unes avec balcon. Une adresse familiale où l'on se sent bien. Excellent accueil.

Hôtel Belle-Vue *(plan A1,* ***15****) : 122, av. de Pontaillac. ☎ 05-46-39-06-75. • belle-vueroyan@wanadoo.fr • bellevue-pontaillac.com • ♿ Ouv avr-oct. Doubles 67-126 € ; familiales ;*

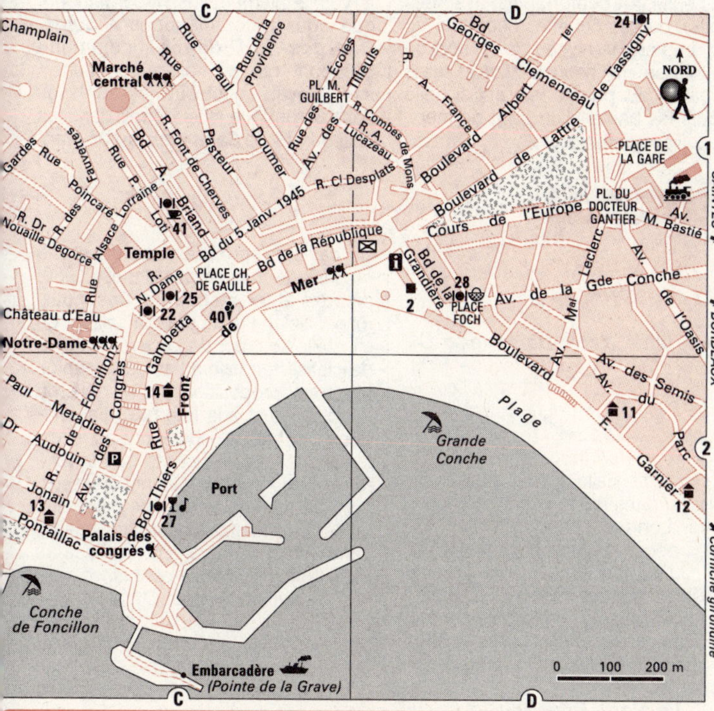

ROYAN

24 L'Avocette (D1)
25 Les Filets Bleus (C1)
27 Le Petit Bouchon (C2)
28 Cave 1950 (D1)

Où manger une glace ?
Où prendre le goûter ?

40 Lopez (C1)
41 Chez Mika (C1)

Où boire un verre ?
Où écouter de la musique ?
Où sortir ?

27 Le Floor (C2)
30 Le Garage (A1)

également 4 studios 2-4 pers avec cuisine 90-200 €. Café offert sur présentation de ce guide. Pension de famille dans les années 1950, c'est aujourd'hui un hôtel un brin cossu. Accueil dans le même ton, poli, discret et souriant. Chambres refaites et de bon confort. L'enseigne ne saurait mentir : l'*Hôtel Belle-Vue* domine avec une certaine superbe la jolie baie de Pontaillac et son casino. On privilégiera donc logiquement les chambres avec vue (certaines sont dotées de balcons, d'autres sont en rez-de-jardin). Une bonne adresse.

Hôtel Beau Rivage *(plan C2,* ***13****) : 9, façade de Foncillon. ☎ 05-46-39-43-10. • hotel.beaurivage@wanadoo.fr • hotel-beau-rivage-royan.com • Doubles (avec clim) 49-150 € ; familiales. Surveiller les intéressantes promos hors saison. Un petit déj/pers et par nuit offert sur présentation de ce guide.* Gentil petit hôtel familial. Chambres lumineuses et confortables, avec des rideaux ou des couettes coordonnées aux draps. Bon niveau de confort de l'établissement (insonorisation et salles de bains). Et puis la vue est si belle depuis les balcons du front de mer... Accueil sympathique.

Voir également les hébergements que nous recommandons à ***Saint-Georges-de-Didonne,*** commune limitrophe qui fait « plage commune » avec Royan, ainsi que les adresses dans la rubrique « Où dormir dans les environs ? » de ***Saint-Palais-sur-Mer.***

Où manger ?

De bon marché à prix moyens

La Table Notre-Dame *(plan C1,* ***22****)* **:** *11, rue des Bains. ☎ 05-46-05-89-75. • david.sonnet@hotmail.com • Tlj sauf dim. Congés : Toussaint et Noël. Formules déj 15-17 € ; carte env 40 €. Café offert sur présentation de ce guide.* Salle spacieuse et cadre plaisant, dans les tons gris, orange et blanc. Longues banquettes confortables pour une cuisine simple et fraîche. Du fait maison avec des produits choisis au gré des saisons. Les plats à l'ardoise bougent, entre poisson frais (bar rôti par exemple) et belles viandes. Le tout bien mitonné. Un remarquable rapport qualité-prix !

Le Petit Bouchon *(plan C2,* ***27****)* **:** *8, quai de l'Amiral-Meyer, voûtes du port. ☎ 05-46-22-08-82. • toinou.pieuchot@gmail.com • En été, tlj sauf mer ; hors saison, fermé mar soir et mer. Congés : déc-fév. Formules déj en sem 20-30 € ; menus 28-38 € ; carte env 36 €.* Sous les arcades du port, une déco marine avec ses banquettes arrondies ou sa terrasse protégée. Cuisine créative aux accents exotiques, en particulier pour les poissons et les desserts. Carte qui évolue au fil des saisons, toujours d'une parfaite fraîcheur. Service jeune, sympa, efficace et décontracté.

De prix moyens à chic

Cave 1950 *(plan D1,* ***28****)* **:** *2, av. de la Grande-Conche. ☎ 05-46-05-92-35. • contact@cave1950.fr • Ouv le midi mar-mer et le soir jeu-sam. Fermé dim-lun. Congés : janv. Résa indispensable. Carte env 31 € ; le soir, formule « saveurs découvertes » 25 €.* Ce caviste réputé, installé dans une magnifique maison des années 1950, dispose d'un restaurant très gourmand. Selon l'humeur et la saison, on s'installe au cœur de la cave ou sur la délicieuse terrasse à l'arrière. Le midi, place aux propositions du marché, où le poisson est à la fête mais pas uniquement. Les cuissons sont parfaites, les sauces aussi légères que savoureuses, les assiettes joliment dressées, bref, on se régale ! Le soir, place aux tapas gourmandes à partager. Superbe carte des vins, largement déclinée au verre. Soirées à thème parfois.

L'Avocette *(plan D1,* ***24****)* **:** *100, bd de Lattre-de-Tassigny. ☎ 05-46-02-15-30. Juil-août, tlj sauf mer et dim soir ; sinon, tlj sauf mar soir, mer, sam midi et dim soir. Congés : vac de Pâques et de la Toussaint. Formule déj en sem 19 € ; menus 27-37 €. Café offert sur présentation de ce guide.* Dès le 1er menu, on est sous le charme de cette cuisine créative, à la cuisson précise, pleine de saveurs et de couleurs. Des produits de saison s'harmonisant à merveille, dressés avec panache, et des desserts qui s'envolent vers un monde de joyeuse délicatesse. Cadre agréable et grande terrasse, service impeccable, prix maîtrisés : un sans-faute !

Les Filets Bleus *(plan C1,* ***25****)* **:** *14, rue Notre-Dame. ☎ 05-46-05-74-00. Tlj sauf dim (ouv dim midi juil-août) et lun. Congés : 2 sem en fév, 2 sem fin juin-début juil et 1 sem début nov. Formules déj en sem 17-19 € ; menu en sem 35 € ; carte 40 €.* À 2 pas de la cathédrale, le décor marin très réussi rappelle qu'on est ici sur la côte. La cuisine est logiquement très orientée vers la mer. Belles préparations et cuissons justes. Service courtois.

Face à New York *(plan A1, 23) : 4, esplanade de Pontaillac. ☎ 05-46-06-53-97. • contact@lajabotiere.com • Sur la plage de Pontaillac, à côté du casino. Tte l'année, tlj. Carte seulement, 20-25 €.* C'est le chef J.-M. Zimmerman qui tient les rênes de cette adresse très tendance installée à l'étage du casino de Pontaillac. Magnifique vue sur la mer depuis la salle, avec en prime une terrasse sur la plage aux beaux jours. Copieux petit déj dès 9h *(env 14 €)*, puis plats dans l'air du temps, savoureux et généreux, à tendance parfois exotique, qui justifient leurs prix rondelets. Énormes burgers et desserts gourmands en « vedettes ». Remarquable carte des vins (qui peut faire monter l'addition, attention !). Très animé les soirs d'été.

Où manger une glace ? Où prendre le goûter ?

Lopez *(plan C1, 40) : 16, Front de Mer. ☎ 05-46-05-78-11. Ouv avr-oct. En saison, tlj 10h-23h30 ; horaires réduits le reste de l'année. Autre adresse au 215, av. de Pontaillac.* Ce glacier et confiseur régale les Royannais depuis plus de 50 ans ! Au programme, des crèmes glacées bien onctueuses et des sorbets de saison, réalisés avec des produits locaux. Également de très bonnes gaufres, mais aussi niniches, guimauves et berlingots... Le paradis des becs sucrés !

Chez Mika *(plan C1, 41) : 40, bd Aristide-Briand. ☎ 05-46-02-81-69. • chezmikaroyan@outlook.com • En saison, tlj sauf dim ap-m et lun 10h-14h, 15h30-18h30 (9h30-18h sam). Formule déj 12,90 € ; brunch 19,90 €. Café offert sur présentation de ce guide.* Un petit salon de thé contemporain, qui régale son monde du petit déj au goûter en passant par le brunch ou le lunch. Excellents thés de la maison Palais des Thés, pâtisseries maison, etc.

Où boire un verre ? Où écouter de la musique ? Où sortir dans le coin ?

Le Garage *(plan A1, 30) : 149, av. de Pontaillac, à Royan. 📱 06-77-21-66-18. • arthur5917@hotmail.fr • Tlj, seulement le soir, sauf lun-mar en été. Bière 4 € ; cocktail (basique) 10 €. Carte env 22 €.* Cet ancien garage converti en guinguette festive a conservé quelques éléments amusants de son décor d'origine. Repaire très apprécié pour l'apéro, où l'on peut goûter à la sangria charentaise ou au punch maison. Le tout est à accompagner de petites tapas originales. Pas mal de concerts, mais aussi quelques DJs en fin de semaine, qui font danser les noceurs jusque fort tard. Petite terrasse devant.

Le Floor *(plan C2, 27) : quai Amiral-Meyer, à Royan (1er étage). ☎ 05-46-39-01-10. • max@lefloor.com • lefloor.com • Tlj sauf lun, plus mar hors saison, 16h-2h. Congés : mars. Cocktail env 9 €.* Même quand Royan paraît endormie, vous trouverez toujours la porte de ce « night-club » ouverte pour commencer ou finir la soirée. Spécialité de cocktails à déguster face au port. Le week-end ou en saison, vous vous sentirez tout de suite moins seul et il faudra même pousser les coudes certains soirs pour accéder au bar ! Cours de danse, concerts, soirées DJ régulièrement proposés par les dynamiques jeunes patrons. Ardoises pour grignoter.

Voir aussi nos adresses de la rubrique « Où boire un verre ? Où sortir dans le coin ? » à Saint-Palais, en particulier **La Maison Blanche,** sur la plage de Nauzan, à Vaux-sur-Mer.

À voir. À faire

Les quartiers Belle Époque : miraculeusement épargnées par les bombardements, une trentaine de villas balnéaires... c'est plus qu'à La Baule, où les promoteurs ont finalement fait davantage de dégâts que la guerre. Royan s'en

tire presque à bon compte ! Quelques-unes de ces villas s'alignent, comme à la parade, le long de la Grande Conche sur le ***boulevard Frédéric-Garnier*** *(plan D2)* : la *Rose Rouge,* au n° 38, d'inspiration Art nouveau, d'où l'on ne s'étonnerait guère de voir sortir Jacques-Henri Lartigue fixant pour l'éternité ses amis Sacha Guitry et Yvonne Printemps ; *Campaniles,* au n° 68, flanquée de 2 clochetons, réplique exacte de l'ancien casino de Foncillon ; la villa *Aigue-Marine,* au n° 100, encore un fief de Guitry, véritable château Renaissance. Juste derrière, le paisible ***quartier du Parc*** *(plan D2)* cache aussi quelques plus discrètes mais parfois inattendues villas (comme la japonisante *Kosiki,* avenue du Parc).
Plus à l'ouest, le long de la ***corniche de Pontaillac*** *(plan A1-2),* quelques spécimens pas mal dans leur genre aussi : au départ du boulevard de la Côte-d'Argent, l'immense (et aux faux airs de camp retranché) *Résidence du Golf,* ou la villa *Les Roches,* d'une blancheur toute hollywoodienne, perchée sur la falaise. Et le boulevard, comme les petites rues adjacentes, cache bien d'autres vrais-faux châteaux (la *Jeanne d'Arc,* square de La Trémoille) ou modestes mais croquignolets cottages...

Petit itinéraire des années 1950

Mettons la polémique de côté et admettons que Royan est une ville unique et, à ce titre, remarquable. Fortement décriée, on admet aujourd'hui que cette architecture du « tout béton » et de la reconstruction est avant tout méconnue. À Royan ont œuvré de grands noms de l'architecture, et ça change tout. Pour commencer, il faut envisager la ville comme une démonstration vivante, comme un musée à ciel ouvert, et arpenter les rues comme une galerie d'art.
Avec un peu d'attention, on se rend compte que là où l'on a tendance à ne voir qu'uniformité et austérité, on se trouve au contraire devant une synthèse brillante du modernisme des années 1920, de l'Art déco des années 1930 et de la révolution brésilienne des années 1940. Accordons le fait que le béton ne vieillit pas toujours bien, mais aujourd'hui, rénovée, remise en valeur, cette architecture apparaît moderne, ludique et progressiste. On voit l'importance de la lumière, de la couleur, qui vient ponctuer les façades immaculées et souligner les détails architecturaux. Ce patrimoine réhabilité peut aujourd'hui faire la fierté de Royan.
– Avant toute chose, on vous conseille de récupérer, au bureau d'information touristique ou au musée, le petit guide *Royan, ville 1950,* qui propose 4 circuits, pointe sur un plan chacun des bâtiments qui mérite le coup d'œil ou le détour, et s'accompagne d'un vocabulaire architectural permettant de se familiariser avec ce style qui, il faut l'avouer, ne séduit pas spontanément.

Le musée de Royan *(plan A1)* **:** *31, av. de Paris. ☎ 05-46-38-85-96. Juil-août, tlj sauf lun 9h30-12h30, 14h30-18h30 ; le reste de l'année, mer-dim 14h-18h plus 10h-12h30 le w-e. Entrée : env 4 € ; réduc ; gratuit moins de 18 ans.* Musée consacré à l'histoire de Royan, établi dans l'ancien marché couvert de Pontaillac. Un parcours historique retrace le destin mouvementé de la ville, par 2 fois détruite et par 3 fois (re)construite. Le musée s'attache particulièrement à l'époque moderne, à la naissance de la station balnéaire à la Belle Époque, aux bombardements et, bien évidemment, à la reconstruction. Objets quotidiens, maquettes, affiches et photographies émaillent le parcours. Sans oublier une belle collection de mobilier des années 1950. On termine par la reconstitution d'un cabinet de curiosités, avec des objets tous plus insolites les uns que les autres. Aménagé dans un splendide bâtiment années 1950, ce musée accueille de nombreuses expos temporaires liées à la vie et à l'histoire du pays royannais.

Le palais des Congrès *(plan C2)* **:** inscrite parmi les Monuments historiques depuis 2011, cette œuvre architecturale a été conçue par Ferret « comme une simple boîte rectangulaire de 60 m par 32 », qui rejoint dans son plan les idées de Le Corbusier. Depuis son inauguration en 1957, l'édifice a été sérieusement remanié en façade, mais sa structure reste inchangée, offrant une surface de 1 700 m² reposant sur 44 piliers de béton.

L'église Notre-Dame *(plan C1)* **:** dessinée par l'architecte Guillaume Gillet, l'église est construite entre 1955 et 1958 dans le même quartier que celle détruite par les bombardements. Ses dimensions (60 m de hauteur de clocher, 80 m de longueur sur 45 m de largeur pour la nef) permettent d'expliquer pourquoi elle est habituellement appelée « cathédrale »... Elle peut accueillir jusqu'à 2 000 fidèles. La flèche en béton, comme « un point d'exclamation dans le paysage urbain », est à la fois belle et élancée, surtout depuis sa restauration.
L'audace typique du mouvement moderniste se rencontre également à l'intérieur : l'architecture tient compte de la pente du terrain (l'entrée principale est dans la partie haute), et un voile en béton armé (de 8 cm d'épaisseur), en forme de selle de cheval, est tendu par 2 arcs paraboliques affrontés, formant un anneau de stabilité. Chaque sculpture est représentative du renouveau de l'art sacré à la reconstruction. Gillet s'étant réservé le soin de dessiner l'autel et le bénitier. Il considérait la « cathédrale » comme son chef-d'œuvre et décida même de s'y faire inhumer, en 1987.
Au 1er étage, le long du chemin de croix, petite expo relatant la construction de l'église, classée Monument historique en 1988 et restaurée en 2016.

Le marché central *(plan C1)* **:** *juil-août, le mat tlj ; hors saison, fermé lun sauf férié.* En y allant, passez devant le *temple protestant,* autre édifice – très dépouillé – du nouveau Royan. 2e fierté architecturale de la ville, le *marché central* (élu plus beau marché de France en 2018), construit en 1955-1956, est, lui, couvert d'une coupole de béton ondulé d'environ 53 m de diamètre qui évoque une conque, un parachute ou un parapluie. Avec ses 10 m de hauteur, l'intérieur semble immense. On y trouve de superbes étals : produits maraîchers régionaux et, surtout, poissonneries du tonnerre. On peut déguster des huîtres chez Papin.

Le front de mer *(plan C1-2)* **:** il faut, bien entendu, longer cet ensemble de 600 m, dont la forme en croissant de lune épouse exprès le littoral. Les urbanistes et les architectes des années 1950 ont fait en sorte qu'il sépare ainsi la ville en 2. Côté balnéaire, de grandes arcades sous lesquelles ont pris place des commerces. Côté urbain plus bétonné, mais des toits en tuiles rouges atténuent cette impression.

La nouvelle jetée-promenade *(entre le port de plaisance et la plage ; plan C2)* **:** c'est ici que s'achève le parcours. Un petit portique... de béton, forcément, a été édifié en 2000 sur la jetée (qui se trouve dans l'axe de l'avenue du Marché). Par son inscription, il rappelle l'importance des années 1950 dans la reconstruction de Royan.

Les plages : il y a, bien sûr, la *Grande Conche,* vaste, orientée plein sud, populaire, appréciée des véliplanchistes et idéale pour la pratique du cerf-volant. Mais attention : par grand vent, le sable cingle terriblement. De l'autre côté du port, on trouve la *conche de Foncillon.* Plus à l'ouest se cachent les *conches du Chay* et *du Pigeonnier,* adorables petites plages nichées au fond de criques rocheuses. Enfin, dernière plage de Royan, la *conche de Pontaillac,* ancienne mondaine, face au casino...

Manifestations

– **Festival Escale d'humour :** *2 sem de rires en fév.* Des humoristes plus ou moins connus se produisent salle Jean-Gabin et à l'Escale Jeunes.
– **Festival Coquillages et crustacés :** *en oct, salle Jean-Gabin.* 45 jours de divertissement à travers 5 pièces de théâtre.

– ***Rêve d'Icare :*** *1 sem début juin, ts les 2 ans (prochaine édition en 2023). Rens : 06-87-73-53-81.* Comme son nom l'indique, animation et démonstrations sur le thème des objets volants (montgolfières, deltaplanes, cerfs-volants...).
– ***Festival des Sports urbains :*** *2 j. début juin, au skatepark.* De nombreuses disciplines à découvrir. Toujours spectaculaire !
– ***Jazz et Ciné transat :*** *2 sem mi-juil.* Concerts et ciné gratuits en plein air, dans le cadre du Théâtre de verdure, quartier du Parc.
– ***Les Jeudis musicaux :*** *de juin à mi-sept.* Concerts dans les églises du pays Royannais.
– ***Un Violon sur le sable :*** *2-3 soirées de concerts gratuits (ou payants pour une place sur les gradins), fin juil, sur la plage.* Orchestre dirigé par Jérôme Pillement, auquel se joignent divers solistes chaque soir.

DANS LES ENVIRONS DE ROYAN

Le phare de Cordouan : *ne le cherchez pas sur le littoral, il est en pleine mer ! • phare-de-cordouan.fr • Pour s'y rendre depuis Royan,* ***Croisières La Sirène*** *(☎ 05-46-05-30-93 ; • croisierelasirene.com • ; départs bateaux de Verdon-sur-Mer également). Visites avr-oct. Compter 49 €/adulte avec la visite du phare (!) ; réduc. Durée : env 4h. Billetterie au port de plaisance (des minicroisières de 40 mn à 2h15 sont aussi organisées dans l'estuaire de la Gironde, l'occasion d'admirer, depuis la mer, Talmont, les carrelets et les habitations troglodytiques).*
Construit à partir de la fin du XVIe s, c'est le doyen des phares français et le dernier à être encore occupé par 2 gardiens. Situé en pleine mer, il guide les navires vers l'embouchure de la Gironde. Le site vient d'être inscrit au Patrimoine mondial de l'Unesco, juste revanche puisque ce fut le 2e monument classé historique après Notre-Dame de Paris.
On peut le visiter à l'occasion d'une croisière : après avoir débarqué sur un banc de sable, il faudra grimper les 301 marches de ce colosse de pierre pour accéder à la salle de la lanterne et profiter d'une incroyable vue sur l'estuaire. Entre-temps, on aura découvert l'appartement du roi, la chapelle (unique pour un phare) et le bureau de l'ingénieur. La plateforme de soubassement repose sur 2 000 pilotis, et il culmine à près de 70 m. Il faut dire que son architecte, Louis de Foix, n'était pas un débutant : il a aussi construit l'Escurial de Madrid et détourné le cours de l'Adour en creusant une embouchure. Sa pierre blanche a une luminosité qui se modifie selon la journée. Le soir, elle tire plutôt sur le rose. Des reflets changeants extraordinaires.

MARINS D'EAU DOUCE

Avec quelle eau les 2 gardiens de phare (les derniers de France) se lavent-ils les dents ? 2 fontaines représentant des têtes de lion en bronze, situées au rez-de-chaussée de la tour, récupèrent l'eau de pluie. Un décanteur et un filtre la purifient avant qu'elle ne soit stockée dans des citernes sous la cour intérieure.

L'abbaye de Sablonceaux : *à 17 km au nord-est de Royan par la N 150, puis la D 117. Rens : ☎ 05-46-94-41-62. • abbaye-sablonceaux.com • Juin-sept, accueil tlj sauf mar 15h-18h, plus 10h-11h45 mer-ven (certaines parties comme l'église restent accessibles librement à tt moment) ; visite guidée (adulte 5 €, réduc) à 15h et 16h30. Le reste de l'année, accueil l'ap-m seulement. tlj sauf lun-mar et visite guidée 1er dim de chaque mois. Animations et expos.* Une miraculée, fondée au XIIe s et sauvée d'une ruine annoncée. Le haut clocher de son église se dresse en pleine campagne. Une petite rivière bordée de peupliers, des vaches dans un pré, il ne manque qu'un impressionniste pour y planter son chevalet ! Le site est donc superbe. Comme le vieux porche voûté qui marque l'entrée (qu'un fabricant de camembert utilise d'ailleurs comme logo !). Entourée de bâtiments conventuels, vaste église abbatiale malmenée par l'histoire, fortement remaniée mais toujours d'une simplicité très cistercienne et d'une superbe luminosité. Tout comme l'église, la salle capitulaire (accolée) et le grenier à grains (au-dessus de la librairie) se visitent librement. En revanche, l'aile des Moines n'est accessible que dans le cadre d'une visite guidée. L'ensemble de ce centre spirituel, artistique et culturel est animé par la communauté du Chemin-Neuf.

SAINT-GEORGES-DE-DIDONNE

(17110) 5 470 hab. *Carte Charente-Maritime, B3*

Presque devenue un faubourg de Royan, cette petite station balnéaire familiale, lovée autour d'une jolie baie, connaît elle aussi un grand succès. Elle constitue une alternative intéressante pour ceux qui veulent être à Royan sans y être.

Adresses utiles

Office de tourisme : *12, rue Autrusseau. ☎ 05-46-08-17-67. • royanatlantique.fr • Ouv tte l'année. Horaires et j. d'ouverture disponibles sur le site internet.*

Saint-Georges Voiles : *à la base nautique. ☎ 05-46-05-65-14. • stgeorgesvoiles.fr •* Initiation à la pratique du char à voile sur une plage naturellement damée qui s'y prête bien. Propose également des cours de voile, planche à voile, catamaran...

Où dormir ?

Camping

Idéal Camping : *16, av. de Suzac. ☎ 05-46-05-29-04. • info@ideal-camping.com • ideal-camping.com • ♿ À 2,5 km du centre-ville et à 200 m de la plage. Ouv mai-sept. Pour 2-3 pers en tente, compter 17,80-39,40 € ; mobile homes 4-6 pers. 480 empl.* Dans les 8 ha du site protégé de la forêt de Suzac avec vastes étendues herbeuses, un camping familial 3-étoiles bien équipé et très bien entretenu. Parc aquatique chauffé avec toboggans, resto, bar, supérette, salle et aires de jeux... Location de vélos à proximité.

De prix moyens à chic

Hôtel Colinette : *16, av. de la Grande-Plage. ☎ 05-46-05-15-75. • info@colinette.fr • colinette.fr • ♿ Congés : déc. Doubles 55-120 € ; familiales ; petit déj 8 €. On se gare facilement dans la rue.* Entre la plage et la forêt de pins de Vallières, un charmant petit hôtel qui aligne des chambres sobres et confortables. Impeccables et pimpantes, toutes sont de taille et de style différents, certaines même avec un petit balcon. 2 chambres en rez-de-jardin disposent de terrasses. Bien pour tous budgets. Un bon point de chute pour des vacances au calme, à 2 pas de la mer. Très bon accueil.

Où manger ? Où boire un verre ?

O'Grain de Sel : *55, rue de la République. ☎ 05-46-06-43-76. En saison, tlj midi et soir ; sinon, fermé mer. Congés : janv-mars. Formule* *déj 19 € ; menu 26 € ; carte env 30 €. Digestif offert sur présentation de ce guide.* En plein cœur du village, proche de l'agréable place de l'église, un petit resto qui régale son monde toute l'année, prenant ses aises en terrasse à la belle saison. Petite salle guillerette, ornée de tableaux naïfs. Le poisson est à l'honneur, avec la pêche du jour en vedette, mais on trouve au menu un choix assez large. Service agréable et très professionnel.

La Réserve : *95, bd de Lattre-de-Tassigny. ☎ 05-46-05-36-60. Sur la grande plage mais côté Saint-Georges. Facilement accessible depuis Royan. Tlj 11h-2h. Tapas le soir 6-8 €. Apéritif offert sur présentation de ce guide.* Ce bar-resto est l'un des rendez-vous incontournables des nuits royannaises. L'été, on y danse presque tous les soirs, en s'accordant une pause les pieds dans le sable entre 2 morceaux. Beaucoup de monde.

À voir

Le phare de Vallières : *96, rue du Port. De mi-juin à fin sept, tlj 10h-12h30, 15h30-19h. Fermé le reste de l'année. Entrée : env 2 €.* Construit en 1902 et haut de 36 m, il servait à repérer le chenal d'entrée dans l'estuaire de la Gironde, avec le phare des Lapins dans la forêt de Suzac. Évidemment, vu d'en haut, c'est pas mal. Mais il faut gravir 144 marches.

Le parc de l'Estuaire : *47, av. Paul-Roullet. ☎ 05-46-23-77-77. • leparcdelestuaire.com • (villa uniquement). Juil-août, tlj 10h-18h30 ; oct, w-e 14h-18h ; le reste de l'année, mer-dim 14h-18h. Fermé début nov-fin mars. Entrée : 5 € ; 3 € enfants et étudiants. Demander le calendrier des animations et des visites guidées thématiques.* L'une des Échappées Nature du département, aménagée dans une belle villa des années 1950. Le cadre est exceptionnel, au cœur de la forêt de Suzac. À l'intérieur, une exposition consacrée à cet environnement original. On file ensuite à la tour de guet pour scruter l'horizon. Jeux pour les plus jeunes ainsi que des visites guidées, sorties et ateliers sur réservation. Un sentier de découverte (accès libre et gratuit) mène jusqu'au café, affublé d'une terrasse panoramique. De là, merveilleuse vue sur l'embouchure de la Gironde.

L'ESTUAIRE DE LA GIRONDE

La pointe de Suzac à Saint-Georges-de-Didonne marque la limite (toute théorique) entre fleuve et océan. Au-delà, c'est donc l'estuaire de la Gironde, le plus vaste de France (et même d'Europe !), un monde de falaises abruptes (mais habitées !) et de pêcheurs installés dans des cabanes sur échasses. La Route verte longe toute la rive nord de l'estuaire jusqu'à Libourne en passant par Blaye et sa citadelle.

MESCHERS-SUR-GIRONDE

(17132) 3 170 hab. *Carte Charente-Maritime, B3*

Attention, site exceptionnel ! Ce joli petit bourg est posé sur un plateau calcaire surplombant l'estuaire. Les flots battent des falaises hautes d'une trentaine de mètres et percées d'habitations troglodytiques. Meschers est logiquement et depuis longtemps appréciée des touristes. Au point que le maire,

en 1853, ordonna par arrêté la création de zones de baignade : hommes d'un côté, femmes de l'autre. Car tout de même, ça faisait désordre, ce mélange – d'autant qu'à l'époque on ne se baignait pas toujours en maillot de bain...

Adresse et infos utiles

Bureau d'information touristique : *31, rue Paul-Massy. ☎ 05-46-08-17-60. • royanatlantique.fr • Ouv tte l'année. Horaires et j. d'ouverture disponibles sur le site internet.* Plans disponibles. Bon accueil.

– ***Marché :*** *pl. du Marché. Juil-août, tlj 8h-14h ; le reste de l'année, ven-dim (plus mar Pâques-Toussaint) 8h-13h.*

– ***Marché nocturne :*** *juil-août, mer dès 20h.*

Où dormir ?

De prix moyens à chic

Hôtel-crêperie Les Grottes de Matata : *67, bd de la Falaise. ☎ 05-46-02-70-02. • grottesdematata@gmail.com • grottesdematata.com • Hôtel ouv avr-Toussaint ; crêperie avr-oct, tlj sauf jeu. Doubles 88-108 € ; petit déj 9,50 €. Galettes env 7-13 € ; carte env 25 €. Réduc de 10 % sur le prix de la chambre sur présentation de ce guide.* Une adresse atypique (mais touristique), puisqu'elle est installée dans le circuit de visite des grottes de Matata et tenue par la même famille depuis 3 générations. Les 6 chambres avec balcon, sobres mais confortables, occupent un bâtiment moderne au cœur de la falaise, fouetté par les vents marins. Terrasse où prendre son petit déj. Et une vue réellement somptueuse sur les flots gris-bleu de l'estuaire de la Gironde. Même panorama depuis la crêperie aménagée dans l'une des habitations troglodytiques. On y mange entre des murs couverts de fossiles datant du crétacé ! Étonnant. Étroite terrasse (attention, « vertigeux » s'abstenir) tout en longueur, accrochée à la falaise et littéralement prise d'assaut aux beaux jours (réserver !).

Où manger ? Où boire un verre ?
Où assister à un concert ?

Le Bistrot du Port : *66, av. du Port. ☎ 05-46-02-78-58. Juin-août, tlj ; le reste de l'année tlj sauf dim soir et lun. Résa indispensable en été. Formule déj 18 € ; menu 30 € ; carte 30-40 €.* Sur le petit port de Meschers, un établissement qui fait l'unanimité, aussi bien chez les locaux que parmi les vacanciers. Belle et grande terrasse où l'on prend plaisir à déguster poissons grillés et plateaux de fruits de mer servis généreusement. À l'avant, un petit comptoir informel pour ceux qui souhaiteraient juste s'enfiler une douzaine d'huîtres, accompagnée d'un verre de blanc. Service à l'écoute. Une valeur sûre !

La Crique – Suzac Beach House : *119, bd de Suzac. ☎ 05-46-06-26-81. • lacrique.suzac@gmail.com • Tlj midi et soir. Résa indispensable en été. Plats 12-27 €.* Sur la jolie plage de Suzac, un superbe emplacement les pieds dans l'eau, blotti contre la falaise. À la carte, tous les classiques des brasseries branchées de la côte, entre ceviche, moules-frites, *tataki* de poisson et viandes grillées. Beaucoup, beaucoup de monde en été : il est alors très difficile d'obtenir une table, pensez donc à réserver quelques jours à l'avance.

Bikki Beach : *plage des Nonnes. ☎ 09-81-84-13-11. • familyfunbowling@hotmail.fr • bikkibeach.fr • Bocaux 8,50-12,50 €. Cocktails 7-9,50 €.* Bar de plage où l'on adore siroter un verre en fin de journée, installé sur la grande terrasse en bois ou carrément posé les pieds dans le sable, à l'ombre des arbres. Les soirs d'été, le lieu accueille de nombreux concerts et jam-sessions, improvisés ou non. Possibilité de grignoter de bons petits plats grâce à un système de bocaux. Comme le patron est pâtissier, on s'y régale aussi de bons gâteaux dans l'après-midi.

À voir

Les grottes de Matata : *67, bd de la Falaise. ☎ 05-46-02-70-02. ● grottesdematata.com ● Avr-fin sept, tlj 10h-19h ; oct-début nov, tlj 10h-12h, 14h-18h. Entrée : env 5 € ; réduc enfants ; gratuit moins de 5 ans ; tarif réduit sur présentation de ce guide. Audioguide gratuit.*
Aucune tata célèbre n'a jamais habité ces grottes, mais un certain Permilhac de Belcastel, page (et, disent les mauvaises langues, amant) de Charlotte de La Trémoille. Soupçonné d'avoir aidé la jeune femme à empoisonner son époux, Henri de Condé, le page se réfugia dans ces grottes où il vécut comme un miséreux. Un matin, à quelqu'un lui demandant son nom, le page, qui devait être un doux rêveur, répondit d'un poème en latin évoquant la beauté du jour qui se lève : « *matuta, matutina* ». Pour tous les habitants du village, peu versés en poésie latine, l'ex-page s'appela dès lors Matata. Et son nom a été donné à ces grottes (une dizaine) où quelques fanatiques l'auraient emmuré vivant, le soupçonnant d'avoir pactisé avec le diable (il ne s'était simplement pas rendu au baptême de la cloche de l'église...). Une belle légende, qui est évoquée lors de la visite libre de ces grottes, qui ont servi de refuge à beaucoup d'autres : contrebandiers du sel, protestants, etc. Reconstitution d'un habitat saintongeais du XIXe s dans l'une d'elles, petit écomusée avec aquariums pour faire la connaissance d'un esturgeon. Évocation, surtout, des bains de mer et de la villégiature.
Ces grottes devinrent un lieu touristique pour de nombreux urbains ébahis à qui les habitants prirent l'habitude de servir café, crêpes et tarte aux prunes. Les grottes de Matata sont les seules à perpétuer la tradition puisqu'elles abritent toujours une crêperie (voir plus haut « Où dormir ? »). Plus extraordinaire encore, quand on y songe, elles abritèrent un restaurant étoilé où élégants et vedettes venaient se régaler de fruits de mer ! Séquence nostalgie...

Les grottes du Régulus : *81, bd de la Falaise. ☎ 05-46-02-55-36. ● grottesduregulus.com ● À flanc de falaise également, juste à côté de celles de Matata. Pâques-Toussaint, tlj : juil-août, visites guidées ttes les 20 mn 10h30-12h30, 13h30-18h30 (dernier départ) ; aux intersaisons, ttes les heures (sauf déj) 10h30-17h30 ; oct-début nov, 3 visites/j. 14h30-16h30. Durée de la visite : 45 mn. Entrée : 5 € ; réduc. Parcours-jeu pour les enfants en visite guidée, les « Énigmes de Minidick ».*
Creusées dans une falaise de calcaire voici 75 millions d'années, ces cavités naturelles furent agrandies par la main de l'homme pour l'habitat. Et elles en ont vu passer du monde ! Des protestants en fuite après la révocation de l'édit de Nantes, des élégants de la Belle Époque venus s'encanailler dans les guinguettes souterraines, et peut-être même... Cadet ! Les nuits de tempête, le terrible naufrageur promenait son bouc sur les falaises, une cloche et une lanterne suspendues à chaque corne pour attirer les navires sur les rochers et piller leurs épaves... Belle vue dès le sommet de la falaise.
À l'intérieur, chaque grotte aborde un thème différent, aussi bien écologique qu'historique, avec des mannequins en costume dans des saynètes typiques, de vieux outils, etc. Les dernières reconstituent l'habitat troglodytique au XXe s ; assez fascinant quand on comprend qu'on y vivait finalement bien à l'abri et même dans un certain confort.
Mais au fait, pourquoi Régulus ? Parce qu'en 1814 le capitaine du *Régulus* saborda son navire devant les grottes plutôt que de le livrer aux Anglais.

Plus ludique : en été, chaque mardi soir *(résa obligatoire)*, une troupe amateur organise une visite scénarisée, avec plein d'animations rigolotes qu'il ne faut surtout pas dévoiler. Déambulations nocturnes également le jeudi en juillet-août *(visites non guidées, à son rythme, 21h-23h ; fermeture billetterie à 22h30)*.

TALMONT-SUR-GIRONDE

(17120) 100 hab. *Carte Charente-Maritime, B3*

« Plus Beau Village de France », « Petite Cité de caractère », « joyau de la Saintonge », « perle de l'estuaire », « Village de pierres et d'eau », l'emphase est toujours au rendez-vous quand il s'agit de qualifier Talmont. Il faut dire que le coin est sacrément chouette. Le village, perché sur une presqu'île, n'est que ruelles fleuries, maisonnettes aux volets pastel et, inévitablement, succession de boutiques d'artisanat. Et, pour ne rien gâcher, doté d'une des plus belles églises de la région : Sainte-Radegonde. Seulement voilà, les parkings (payants) au pied de la colline occupent une plus grande superficie que celle du village, désormais entièrement piéton (même les vélos sont interdits !). Les sardines, vous connaissez ? Alors un conseil, venez tôt le matin ou, mieux, hors saison, c'est magique !

LA CHARENTE-MARITIME

Adresse et infos utiles

Office de tourisme : *rue de l'Église. ☎ 05-46-08-17-62. • royanatlantique.fr • Avr-sept seulement. Horaires et jours d'ouverture disponibles sur le site internet.*

– ***Promenades nocturnes :*** *juil-août, mar à 21h.* Visite à la bougie avec illuminations.

– ***Visites guidées de la ville :*** *juil-sept. Rens à l'office de tourisme.*

Où dormir ? Où manger à Talmont et dans les environs ?

Hôtel-restaurant L'Estuaire : *1, av. de l'Estuaire,* **Le Caillaud.** *☎ 05-46-90-43-85. • hotellestuaire@orange.fr • hotellestuaire.com • À 200 m du village, le long de la Route verte. Ouv avr-début nov. Doubles 68-86 €. Formule en sem env 23 € ; carte 25-30 €.* À 5 mn à pied de Talmont, *L'Estuaire* étire langoureusement son bâtiment face à la mer, dans un secteur assez tranquille. Situation plutôt privilégiée pour ce petit hôtel aux 7 chambres simples mais correctes. 4 donnent côté jardin, 3 côté estuaire, toutes situées en rez-de-chaussée (nos 1, 3 et 6, et coup de cœur pour la no 3, toute bleue). Certes, la vue y est un peu limitée, mais l'accès direct à l'estuaire compense. Superbe vue panoramique sur Talmont depuis la salle de resto, où l'on sert une cuisine régionale de bon aloi, préparée avec des produits frais. Et l'on prend le petit déj avec la même vue !

Le Promontoire : *rue de l'Ancien-Château, à Talmont. ☎ 05-46-90-40-66. En saison, tlj midi et soir ; hors saison, fermé le soir sauf sam, plus mer midi. Congés : fév. Formule (sauf dim et j. fériés) 18 € ; menus 25-32 €.* Au cœur du village, une auberge traditionnelle à l'ancienne. Salle à manger à la déco rustico-bourgeoise, chaleureuse et boisée. Aux beaux jours, changement de décor radical, avec la terrasse dressée dans le petit jardin ombragé et fleuri. Cuisine plutôt correcte, on ne peut plus traditionnelle :

anguilles, fruits de mer, lamproie à la bordelaise, grillades... En fait, le seul resto digne de ce nom du village, alors on ne fait pas la fine bouche !

L'Auberge des Monards : *sur le charmant port de pêche des Monards, 17120 **Barzan.** ☎ 05-46-90-44-44. • venanci_sylvia@orange.fr • aubergedesmonards.com • Hors saison, fermé jeu et le soir lun-mer. Congés : début janv et de mi-nov à mi-déc. Formule déj (sauf dim et j. fériés) 18,50 € ; menus 32-36 € ; carte env 38 €. Apéritif maison offert sur présentation de ce guide.* Le long d'un chenal, l'auberge de campagne caractéristique, à l'atmosphère chaleureuse. Les arbres de la terrasse sont toujours là mais... sous verre. Il a fallu pousser les murs et agrandir la salle d'une vaste véranda pour accueillir tout le monde ! Les grands classiques culinaires de la région sont au rendez-vous (ragoût de seiche au pineau), tout comme les viandes grillées au feu de bois (spécialité de la maison). Le midi, un exceptionnel menu à prix riquiqui (entrée-plat-fromage-salade-dessert). On s'est régalés ! Une adresse connue de longue date et à la qualité constante.

À voir

L'église Sainte-Radegonde : perchée en équilibre presque instable tout au bout d'un promontoire rocheux qui plonge dans l'estuaire. Sobre et de pur style roman saintongeais, elle fut édifiée à partir de l'an 1094 (eh oui, plus de 9 siècles, et on lui en souhaite encore au moins autant, désormais protégée du lent travail de sape de la Gironde) selon un plan cruciforme simple : il n'y a pas de nef en longueur, chaque partie de la croix étant de dimensions sensiblement égales. Le transept est couvert d'une coupole centrale, tandis que le portail présente des voussures abondamment sculptées et des arcades surmontées d'une arcature aveugle. À l'intérieur, le chœur en hémicycle est décoré d'arcs sculptés et de colonnes élégantes... Sur les chapiteaux, bestiaire fantastique et figures humaines typiques du roman saintongeais. Émouvant petit cimetière marin envahi par un océan de roses trémières et offrant une belle perspective sur l'estuaire et ses cabanes à carrelets. Notez ces tombes typiquement charentaises, en forme de banc de pierre sculptée ! Expo temporaire dans le presbytère.

Le musée de Talmont : *rue de l'Église. ☎ 05-46-90-43-87 (mairie). 06-85-50-77-81. Juin-sept, tlj sauf mer-jeu 10h-13h, 15h-18h30. Entrée : 2,50 € ; gratuit moins de 12 ans.* Ce petit musée installé dans l'ancienne école présente le riche passé de Talmont : occupée par l'homme depuis la préhistoire, objet de convoitise au cours des siècles pour les Celtes, les Romains, les Barbares, les Sarrasins, les Anglais, les Espagnols, avec évidemment un clin d'œil inévitable au site gallo-romain du Fâ. Pas mal de panneaux à lire, et des lutrins pour les passionnés d'histoire. À l'emplacement de l'ancienne salle de classe, vous pourrez écouter le diaporama réalisé par la Société des amis de Talmont... Au fond de l'ancienne cour de récréation, où l'on peut voir une vieille machine à corder, un minuscule musée de la pêche avec une yole traditionnelle et une collection d'outils utilisés par les pêcheurs talmonais.

Fête et manifestations

– ***Festival du Vent :*** *durant le w-e de l'Ascension. Sur la pl. de la Priauté.* Démonstration de cerfs-volants et ateliers pour enfants.

– ***Grande fête de Talmont :*** *2e dim d'août.* Ville égayée par plusieurs animations tout au long de la journée jusqu'au soir : tombola, défilés de majorettes, jeux pour enfants, feu d'artifice...

– ***Spectacles d'illuminations :*** *mi-août.* Spectacle de son et lumière sur l'église Sainte-Radegonde.

DANS LES ENVIRONS DE TALMONT-SUR-GIRONDE

Le musée et le site gallo-romain du Fâ : *route du Fâ, 17120* ***Barzan.*** *☎ 05-46-90-43-66. • fa-barzan.com • À 3 km au sud de Talmont et à 2 km de la côte (fléché). Juil-août, tlj 10h-19h ; mai-juin et sept, mer-dim 14h-18h ; avr et oct-11 nov, mer et w-e 14h-18h ; vac scol de Pâques et de la Toussaint, ainsi que j. fériés et ponts 1er avr-11 nov, tlj 14h-18h. Fermé 12 nov-30 mars. Dernière visite env 1h30 avt la fermeture. Entrée : 5 € ; réduc ; pass famille (2 adultes et 2 enfants) 12,50 €. Visite libre ou guidée, au choix ; on vous conseille vivement la 2de solution. Nombreuses animations en saison et activités spécialement adaptées aux enfants. Partenariat avec l'amphithéâtre de Saintes, le Paléosite de Saint-Césaire, la Cité de l'Huître à Marennes et les grottes du Régulus à Meschers pour réduc.*
C'est à partir de 1975, à l'aide de photos aériennes, qu'on a repéré des structures ensevelies mais laissant des traces dans les cultures. Visiblement, il s'agissait d'un site archéologique. On a creusé, fouillé, et l'on sait maintenant qu'il s'agit d'une ville portuaire gallo-romaine qui couvre environ 50 ha et qui est, par conséquent, un site archéologique majeur en France. On suppose que son rôle était de servir de port maritime à Saintes. Autre fait exceptionnel, ces 50 ha n'ont été recouverts par la suite d'aucun village, d'aucune ville, si bien que des trésors dorment sous terre, intacts. Les fouilles ont déjà mis au jour colonnes, marbres sculptés, objets de la vie quotidienne, etc.
Car c'est l'un des attraits majeurs du site du Fâ : les archéologues et leurs équipes œuvrent devant vous (pendant les campagnes de fouilles) avec patience et minutie. On estime qu'il y en a pour plusieurs générations de travail. Le site est devenu un chantier interrégional où travaillent nos futurs archéologues.
Le public peut découvrir en extérieur le sanctuaire et les thermes restitués dans leur organisation urbaine grâce à un parcours adapté aux petits comme aux grands. Quant au musée, il présente près d'un millier d'objets provenant des dernières fouilles, dans une muséographie moderne comprenant maquettes, images virtuelles, reconstitutions, et offrant la possibilité d'étudier de façon ludique et vivante l'histoire du site. On prend du même coup conscience de ce qui reste à faire... Nombreuses animations, en particulier pour le jeune public. On peut par exemple assister à une présentation de la vie quotidienne au temps des Romains ou apprendre les techniques de fouilles archéologiques !

Le port des Monards : une vraie carte postale, là encore ! Pour vous y rendre, on vous conseille la route côtière, depuis l'*Hôtel L'Estuaire* à Talmont, via Le Pilou. Splendide ! Le vignoble borde la côte et regarde la mer, et la route offre quelques échappées sublimes vers l'estuaire. Puis on arrive au ravissant port des Monards, à l'architecture plutôt insolite. Excellente auberge sur place (voir plus haut « Où dormir ? Où manger à Talmont et dans les environs ? »).

MORTAGNE-SUR-GIRONDE

(17120) 915 hab. *Carte Charente-Maritime, B3*

Encore un panorama spectaculaire et un paysage typique de l'estuaire. Perché sur une falaise, labellisé Village de pierres et d'eau, Mortagne est un bourg paisible, fier d'avoir eu (il y a quelque temps quand même...) le cardinal de Richelieu comme prince. Au cœur des falaises, quelques grottes curieusement aménagées en monastère. Et un pittoresque petit port, autrefois considéré comme l'un des plus importants de Gironde, qui abrite un musée de la Carte postale, et une étonnante minauderie reconvertie. Les gabares ont déserté le port, cédant la place aux bateaux de plaisance.

Adresse et info utiles

Bureau d'information touristique : *1, pl. des Halles. ☎ 05-46-08-17-66. • royanatlantique.fr • Juil-août, lun-sam 9h-13h, 15h-18h ; dim 10h-13h. Hors saison, lun-ven, horaires réduits.*

– **Marché :** *en saison, les cabanes du port sont ouv tlj.*

Où dormir à Mortagne et dans les environs ?

De prix moyens à beaucoup plus chic

Chambres d'hôtes Domaine du Meunier : *36, quai de l'Estuaire, à Mortagne. ☎ 05-46-97-75-10. • info@domainedumeunier.com • domainedumeunier.com • Dans la ville basse, face au port. Doubles 80-150 € ; familiales.* Une maison d'hôtes d'exception, unique dans la région ! Tenue par un couple franco-hollandais installé là depuis un bail, cette ancienne maison de meunier du XIXe s, réservée aux hôtes, abrite 5 chambres thématiques, spacieuses, dotées d'une vue superbe ; elles sont meublées à l'ancienne et décorées d'une riche collection vintage de chromos, de mannequins et de pléthore d'objets étonnants. Des œuvres d'art contemporaines, des vieux jouets des années 1930-1950, et un joyeux bric-à-brac délirant... Et on vous laisse découvrir maintes surprises, comme ce chai où trône une trentaine de flippers des années 1960-1970 (tous en état de marche), ce vieux manège transformé en lieu convivial pour pique-niquer et son espace vert face au calme petit port, 2 bassins de nage écolo... Des gîtes – dans le silo à grains – et des appartements sont également proposés dans des annexes, avec jardin et trampoline. Concerts et séances ciné de temps en temps. Bref, un gros coup de cœur !

Chambres d'hôtes du château des Salles : *chez Sylvie Couillaud, 61, rue du Gros-Chêne, 17240* ***Saint-Fort-sur-Gironde.*** *☎ 05-46-49-95-10. 06-62-90-76-04. • chateaudessalles@wanadoo.fr • chateaudessalles.com • À 6 km au sud-est de Mortagne par la D 145 ; bien indiqué dans le village. Ouv d'avr à mi-nov. Doubles 145-210 €. Table d'hôtes le soir sur résa 40 €. Apéritif maison offert sur présentation de ce guide.* Bienvenue dans un charmant château du XVe s, remanié dans le style néogothique au XIXe s. À l'abri derrière ses douves, Sylvie entretient l'atmosphère intime et feutrée d'une époque révolue. Un bel escalier grimpe vers des chambres spacieuses, exposées plein sud, toutes différentes et joliment décorées (bourgeoisement cossues au 1er étage, d'une rigueur presque nordique sous les toits). Grand jardin avec une chouette piscine chauffée (eau salée).

À voir

L'ermitage Saint-Martial : *à 600 m du port de Mortagne. 07-82-59-63-78. Ouv mer-dim ; horaires variables, appeler avt de venir. Pas de visite en cas d'intempérie. Contribution libre.* La vie de saint Martial est un roman, les biographies ne manquent pas et les « vérités » divergent. Selon Adémar de Chabannes (moine de l'ermitage au XIe s), il aurait même vécu au temps de Jésus ! (Rappelez-vous ce petit garçon qui apporta les pains et les poissons pour le miracle de la multiplication.) Mais il n'en aurait pas moins fondé l'ermitage au IVe s, alors qu'il était évêque de Limoges ; là, sa biographie se complique ! Il faut jongler avec les guides, légendes, positions de l'Église, traditions et Histoire, sans oublier les miracles... Toujours est-il que, profitant d'un site monolithique, des moines se sont progressivement installés dans l'ermitage « attribué » à saint Martial, à partir du IVe s, définitivement au Xe s. Ils transportaient les pèlerins de Compostelle d'une rive à l'autre de la Gironde (l'eau, à l'époque, baignait le pied de la falaise). Cuisine, réfectoire, cellules, les pièces troglodytiques qu'ils ont creusées dans la roche sont toujours là, tout comme l'impressionnant escalier qui grimpe au sommet de la falaise, gardé par une tour, ainsi que la chapelle du XVIIe s, qui baigne dans une lumière quasi surnaturelle (divine ?). Un savant système d'ouvertures pratiquées dans la roche (un truc que l'on retrouve dans l'architecture orientale) maintient en permanence une douce lumière sur l'autel.

SAINT-SORLIN-DE-CONAC

(17150) 200 hab. *Carte Charente-Maritime, C4*

Saint-Thomas-de-Conac, Saint-Sorlin-de-Conac et Port-Conac, vous êtes ici sur la rive droite de l'estuaire, à l'extrême sud du département de la Charente-Maritime, à la limite de la Gironde. L'environnement est merveilleusement préservé et le paysage, dominé par la vigne, est ponctué de moulins et de carrelets. Il ne faut donc pas hésiter à pousser jusque-là, d'autant plus que le Pôle Nature de Vitrezay vous en dévoile tous les mystères.

À voir dans le secteur

Le Pôle Nature de Vitrezay : *port de Vitrezay. ☎ 05-46-49-89-89. • portvitrezay.com • Ouv d'avr à mi-nov : juin-sept, tlj 10h-18h (19h w-e, j. fériés et juil-août) ; avr-mai et oct-nov, tlj 10h30-12h, 13h-17h30 (10h-18h w-e et j. fériés) Sentier accessible librement et gratuitement tte l'année. Visite guidée nature 7 € pour 1h ; initiation pêche (1h) 11 € ; croisières en bateau 13,50-62 € ; loc de vélos (VTC ou VAE) 5-7 €/h ; trottinettes électriques 15 €/h, réduc.* L'estuaire de la Gironde est le plus grand estuaire d'Europe. Au cœur d'un espace de plus de 60 ha, ce Pôle Nature permet d'en découvrir les immenses richesses, seul ou guidé : marais, faune (poissons, cigognes, hérons...), flore... De nombreuses animations sont proposées sur l'eau ou à terre : croisières, initiation à la pêche, balades à vélo dans les marais alentour. Resto sur place. Le petit port de Vitrezay est le dernier port de Charente-Maritime, il marque la limite avec le département de la Gironde. Là encore, carrelets à foison !

Le château de Beaulon : *25, rue Saint-Vincent, 17240* ***Saint-Dizant-du-Gua.*** *☎ 05-46-49-96-13. • info@beaulon.fr • chateau-de-beaulon.fr • À 9 km de Saint-Sorlin par la D 145. Vente au château : mai-sept, tlj 10h-18h ; oct-avr, lun-ven 10h-12h, 14h-17h (sur rdv le w-e) ; visite libre du parc à ces mêmes horaires (8 €, gratuit jusqu'à 15 ans).* Ce joli château Renaissance, à l'architecture encore fortement marquée par le gothique flamboyant, produit son propre pineau et son propre cognac (sur le même vignoble, ce qui s'avère fort rare ; à noter également que Beaulon est resté fidèle aux cépages traditionnels du XVIe s). Dans le magnifique parc d'agrément, belle vue sur le château (qui ne se visite pas), un pigeonnier du XVIIIe s avec près de 1 500 boulins et, surtout, les Fontaines bleues, des sources naturelles cachées dans la futaie, qui miroitent d'un bleu surnaturel.

LA SAINTONGE

La Saintonge, bordée au nord par l'Aunis et le Poitou, est une ancienne et vaste région qui déborde à l'est sur le département de la Charente et descend jusqu'aux Landes. À l'ouest, l'océan la limite – plus précisément l'estuaire

de la Gironde. Un vrai pays, historiquement cohérent (c'était, dès la fin du IVe s av. J.-C., le territoire d'une prospère tribu gauloise, les Santons), qui se décompose traditionnellement en 2 régions. La Saintonge côté mer, traitée plus haut, avec les parcs à huîtres de l'estuaire de la Seudre, les mimosas de l'île d'Oléron et Royan, capitale balnéaire de la Côte de Beauté. Mais plus encore, oserait-on dire, la Saintonge des terres, avec ses plaines, ses vallons agricoles ou viticoles (pineau et cognac, eh ! eh !) et son cortège d'églises si caractéristiques qu'on parle d'un art roman saintongeais. Sans oublier Saintes, capitale historique de l'ancienne province, d'où 2 000 ans d'histoire nous contemplent ! Tout un programme...

DE LA HAUTE SAINTONGE À SAINTES

La haute Saintonge, vallonnée et boisée, couvre le sud du département. Méconnue, rurale dans sa grande majorité, elle semble désormais fermement décidée à jouer la carte du tourisme. Un tourisme vert, comme les rangs de vignes autour de Jonzac ou les forêts de pins qui nous rappellent les Landes, ou blanc, comme la multitude d'églises romanes semées dans la campagne.

JONZAC (17500) 3 460 hab. *Carte Charente-Maritime, C3*

Ruinée par la guerre de Cent Ans, écartelée pendant les guerres de Religion, Jonzac peine à s'affirmer avant 1800, date à laquelle elle est promue sous-préfecture de la Charente-Inférieure. Avec une histoire en dents de scie, faite de périodes fastes dues notamment au commerce du cognac et de moments difficiles comme la crise du secteur agricole, Jonzac a abordé le nouveau millénaire avec un esprit revanchard. La petite ville campée sur 2 collines multiplie les projets pharaoniques : la station thermale compte aujourd'hui un gigacomplexe aquatique et un casino. Pourtant créée seulement en 1986, la station thermale de Jonzac est également devenue la 8e de France, avec près de 15 000 curistes par an. En attendant, on ira se balader dans l'agréable centre historique d'une ville qui mise sur l'avenir.
Jonzac s'est tournée vers les économies d'énergie et les énergies locales et renouvelables à travers différents pôles de production et de sensibilisation des habitants. La géothermie se positionne en véritable enjeu de développement ; elle permet d'approvisionner les thermes et d'assurer le chauffage urbain. Les chaufferies à bois alimentent déjà 2 000 foyers. Et la collecte des eaux de pluie permet d'arroser terrains de sport et bacs de fleurs municipaux. Une ville exemplaire qui suscite un intérêt international pour sa gestion responsable.

Adresse utile

Office de tourisme : *22, pl. du Château. ☎ 05-46-48-49-29. • jonzac-tourisme.com • ♿ Tlj sauf dim en janv.* Organise des visites guidées payantes du château *(en été, tlj sauf sam à 16h ; le reste de l'année, seulement mar à 15h)* et des concerts dans son théâtre. Également des visites payantes de la ville *(juil-août, mar et jeu à 17h15 et nocturne lun ; le reste de l'année sauf en janv, mar à 16h15 ; pass visite de la ville et du château : 5,30 €).* Sinon, plan gratuit « La traversée de Jonzac », pour parcourir la ville et ses environs à pied ou à vélo, sur de jolis sentiers. Organise des après-midi découverte sur différents thèmes tout au long de l'année. Balades thématiques sur la biodiversité de la rivière. Visite commentée du jardin médiéval aménagé au pied de l'ancien chemin de ronde *(avr-oct ; sur résa).*

Où dormir ? Où manger ?

Camping municipal : *pl. Saint-Exupéry. ☎ 05-46-48-64-87. • camping@villedejonzac.fr • jonzac-tourisme.com • Proche du centre-ville, le long de la rivière. Ouv de mi-mars à fin nov. Forfait env 16 €. 38 empl.* Un petit camping basique, simple et fonctionnel, avec une note bucolique pour les quelques emplacements en bord de rivière. Équipement correct. Accès direct (1 km) aux thermes et commerces tout proches.

Le Coq d'Or : *18, pl. du Château. ☎ 05-46-48-00-06. • lecoqdor.fr@gmail.com • lecoqdor.eu • Resto fermé dim soir et lun. Congés : 1re sem de mai et vac de Noël. Doubles 90-100 € ; familiales. Formule déj en sem 14 € ; menu 25 € ; carte env 40 €.* On ne peut plus central, en face du superbe château. Belle façade de 1908 aux airs de théâtre de la Belle Époque. 5 chambres spacieuses (plus une familiale), élégant mobilier ancien d'un charme certain et d'un bon confort (double vitrage, clim...). Au rez-de-chaussée, une agréable brasserie dont on remarquera le cadre de caractère, les grandes glaces gravées et le joli comptoir en bois et zinc. Bonne cuisine classique : joue de bœuf-mousseline de pommes de terre, noix de Saint-Jacques poêlées aux cèpes, etc. Plaisante terrasse.

Café-brasserie du Marché : *19, pl. du Marché. ☎ 05-46-04-35-09. Fermé dim soir et lun. Formules déj 11-15 € ; menu charentais 21 €.* L'adresse idéale pour déjeuner après avoir profité de l'animation du joli marché de Jonzac. La formule du jour, simple et fraîche, ne manquera pas de vous convaincre, à moins d'opter pour l'une des spécialités du cru comme les grillons charentais, les huîtres, les moules, la chaudrée de poissons ou les escargots (les fameuses cagouilles !). Belle terrasse pour profiter du soleil. Service efficace. Soirées musicales en été.

À voir. À faire

Le château : *visites organisées par l'office de tourisme (voir « Adresse utile »).* Il existe depuis la fin du XIe s, mais l'édifice actuel ne remonte, pour ses parties les plus anciennes, qu'au XVe s. Puissant châtelet d'entrée flanqué de tours rondes, mâchicoulis (au passage, plus bretons que saintongeais) et douves : il porte encore beau. C'est toujours le siège du pouvoir puisque ses ailes abritent la sous-préfecture et l'hôtel de ville. On ne peut donc en visiter qu'une partie : la salle des mariages et celle du conseil municipal (qui datent du XIXe s), et un théâtre de style Napoléon III.

Autour du château, l'***ancien bourg,*** qui a constitué l'essentiel de la ville de Jonzac jusqu'au XVIIe s, a conservé moult traces de son passé : la *porte de ville* (XVe s) ou la ruelle médiévale de *Champagnac,* entre sente et tunnel, les galeries noires...

L'église Saint-Gervais : à côté d'un marché couvert pur style Baltard entièrement restauré *(nocturnes mer juil-août).* Beau portail roman typiquement saintongeais. Illuminations tous les soirs. Scénographie autour de la nécropole mérovingienne du parvis.

Le pont de pierre : jeté sur la Seugne au XIXe s. Un coin délicieux. Des maisons anciennes pieds dans l'eau et une rivière qui se perd un peu au milieu d'îlots moussus. Fort joli chemin le long de la rivière, qui appartient aux Chemins de la contemplation (un réseau de près de 10 km de sentiers). Tout à côté, les artisans ont investi l'ancienne ***corderie.***

Le cloître des Carmes : fondé en 1505, il n'a jamais abrité plus de 8 religieux... Après la Révolution, il devient tribunal de l'arrondissement et maison d'arrêt. L'église abbatiale abrite toujours le tribunal. On n'en verra donc que le petit cloître du XVIIe s, adorable même si toutes ses arcades n'ont pu être dégagées pour le moment.
Une des chapelles latérales accueille un *musée archéologique* *(se renseigner auprès de l'office de tourisme pour connaître les conditions d'accès).* *Expositions temporaires* toute l'année et cycle de *conférences* en juillet-août. Également à proximité : la médiathèque.

La Maison de l'énergie : *☎ 05-46-04-84-51. ♿ Mar-sam 10h-12h, 14h-18h (visites commentées, se renseigner). Fermé janv et j. fériés. GRATUIT.* Histoire de la géothermie à Jonzac et découverte des énergies renouvelables de manière ludique (ateliers pour enfants). Bornes interactives, exposition permanente sur les énergies renouvelables, l'éco-énergie, visites commentées et conseils, comme « comment choisir son mode d'isolation ».

Le moulin à vent du Cluzelet : *rue du Cluzelet. En face du centre aquatique Les Antilles de Jonzac. Juil-août, mer-dim. Se renseigner à l'office de tourisme pour les visites et horaires, variables selon saison, période... et vent. Entrée : 5,20 € ; réduc.* Ce meunier-là ne dort pas beaucoup. Il préfère raconter l'histoire de son moulin, exposé aux 4 vents depuis le XVIIIe s, et moudre du grain pour enseigner à ses visiteurs l'art de « pigeonner » le client. Faut bien vivre ! Et la farine dans tout ça ? On peut en acheter un sachet ou goûter aux délicieux « palets de Jonzac » à l'office de tourisme. Table d'orientation.

Le moulin à eau de Chez Bret est lui aussi toujours en activité. Même principe que celui du Cluzelet, avec une meunière qui fait de l'huile de noix. *(♿ ; en été, visites commentées sam-jeu ; le reste de l'année, se renseigner à l'office de tourisme ; entrée : 6,10 €, 2,30 € enfants).* Scénographie sur l'occupation de Jonzac depuis 50 000 ans et expo permanente sur les vestiges découverts dans la villa gallo-romaine. Également témoin de la vie de la rivière et du lien homme-rivière. Très intéressant et didactique.

Les Antilles de Jonzac : ***parc du Val-de-Seugne.*** *☎ 05-46-86-48-00. ● lesantillesdejonzac.com ● ♿ Téléphoner pour les horaires, très différents selon période. Entrée : espace ludique 11,70 € (8,70 € enfants), espace détente 15,30 € (10,20 € enfants) ; pass Liberté (espaces ludique et détente) 14,30 € ; réduc. Accès libre à la serre tropicale de 1 800 m².* Parc écologique puisque l'eau est chauffée grâce à un forage géothermique (jusqu'à 29 °C tout de même !). Jeux d'eau, vagues, toboggans, plage et bassin extérieur en été... Sans oublier l'espace détente (avec sauna, hammam ou bains bouillonnants) et l'espace beauté, où l'on pourra s'offrir un massage ou un soin. Dans la serre, on se balade parmi une impressionnante végétation exotique. Bref, tout le monde y trouve son compte ! Vente de produits élaborés à partir d'eau de Jonzac à la boutique.

La base de loisirs municipale d'Heurtebise : *avec plage et espaces verts. ☎ 05-46-48-49-29 ou 14-07. ♿ Activités payantes en été (infos à l'office de tourisme).* Sur place, espace jeux pour enfants et aire de pique-nique *(tte l'année)*, resto *(avr-nov env)*, sorties encadrées en canoë, boulodrome, centre équestre, sentiers de balades, pêche... Durant les vacances d'été, parcours aventure : escalade, trampoline, nautisme, mini-navires, jeux de précision, *stand up paddle*, tyrolienne, structures gonflables, activités pour les tout-petits...

– ***Les thermes de Jonzac :*** *domaine d'Heurtebise. ☎ 05-46-48-59-59. ● chainethermale.fr/jonzac ● ♿ Ouv de mi-fév à mi-déc, tlj sauf dim. Forfaits journée*

40-145 €. Jonzac est aussi une ville thermale. Ces thermes, qui traitent des problèmes de rhumatismes, voies respiratoires, phlébologie, fibromyalgie, sont situés dans un site troglodytique unique en Europe. Il s'agit d'anciennes carrières qui servirent de dépôt de munitions à l'armée allemande pendant la Seconde Guerre mondiale. Si vous n'êtes pas curiste, vous pourrez évidemment profiter de ce décor unique pour des soins de détente et de remise en forme. Le parc thermal qui entoure le site permet une jolie balade.

Manifestations

– ***Prélude au printemps :*** *mars-avr.* Festival de musique et théâtre avec 4 ou 6 spectacles au théâtre et au centre des congrès.
– ***Journée des métiers d'art :*** *début avr.*
– ***Journée des moulins :*** *1 j. en mai.*
– ***Site en scène Drôles de rues*** *(2 j. en juil)* ***et festival Eurochestries*** *(août)* **:** concerts gratuits ou payants et animations.
– ***Jazz :*** *juil-août.* Concerts au cloître des Carmes.
– ***Conférences Université d'été :*** *jeu soir, en été.* Conférences et expos gratuites sur l'histoire, la généalogie... aux Carmes.
– ***Instants musicaux :*** *ts les mer, en été, à 17h15. Au théâtre du château de Jonzac.*
– ***Brocante géante :*** *1er w-e d'oct.* Toute la ville de Jonzac envahie par un gigantesque vide-greniers ! Très prisée.
– ***Feuillets d'automne :*** *en nov.* Festival théâtre avec 5 spectacles.
– ***Bourse du jouet ancien et de collection :*** *1 j. mi-déc.*

DANS LES ENVIRONS DE JONZAC

La haute Saintonge regorge d'églises romanes. Demander aux offices de tourisme la remarquable brochure *Promenades romanes,* qui les répertorie toutes à travers une dizaine d'itinéraires.

L'église de Moings : *à 7 km au nord-est de Jonzac par la D 249 puis la D 250.* Une petite église romane comme il y en a quelques-unes dans le coin ! Mais toutes n'ont pas leurs murs ornés d'un ensemble de graffitis du XIIe s, qui semble n'avoir aucun équivalent. Découverts par hasard sous une couche de badigeon dans les années 1950, ces graffitis évoquent, avec un étonnant sens du récit, des scènes de bataille : chevaliers, sonneurs d'olifant... Une sorte de bande dessinée gravée dans la pierre, qui fait penser à la tapisserie de Bayeux. Surprenant !

Clion-sur-Seugne et son musée artisanal et rural : *à 9 km au nord-ouest de Jonzac, par la D 134. Musée à côté de l'église, ouv lun-ven 9h-12h, 13h30-17h ; en été, 14h30-18h30 ; sinon, sur rdv (☎ 05-46-70-47-03 ; ● clion.musee@orange.fr ●).* Cette localité perdue en pleine campagne a été ajoutée à la liste des 14 Villages de pierres et d'eau de Charente-Maritime. Une balade s'impose dans son petit centre dominé par une jolie église et entouré par 2 rivières bucoliques. De nombreux sentiers partent sillonner les environs. Mais le détour vaut surtout pour la découverte de l'intéressant musée rural, qui présente des dizaines de métiers d'antan à travers une foultitude d'outils et de panneaux explicatifs : pressoir, forge, matériel agricole, mais aussi salle de classe d'avant-guerre, vieux bistrot aux réclames pour le moins incitatives, ou intérieurs paysans encombrés de solides armoires saintongeaises. Accueil génial des bénévoles, qui se feront un plaisir de vous raconter de savoureuses anecdotes sur le village.

Montendre : *à 21 km au sud de Jonzac par la D 19.* Cette ancienne place forte médiévale, occupée dès le Néolithique, comme en témoignent les nombreux mégalithes qui couvrent le territoire, mérite sans doute un petit détour pour son marché nocturne en été, le plus beau du département. À voir aussi, la belle halle. Le château actuel, qui occupe l'ancienne motte féodale, date du XVIIIe s et a été reconstruit au XIXe. Belle vue depuis le jardin de sculptures aménagé au pied de la tour carrée.

La Maison de la forêt : *17210* ***Montlieu-la-Garde.*** *☎ 05-46-04-43-67. • maisondelaforet.org • Juil-août, tlj 10h-18h ; le reste de l'année, lun-ven 10h-18h (11h-17h fév-mars), dim 11h-18h. Fermé en janv et j. fériés. GRATUIT.* Site Échappée Nature départemental consacré à la forêt et au bois. À découvrir : parc arboré de 15 ha, tour de guet avec son belvédère, ancienne scierie, constructions à colombages et grange du XVIIIe s. Jeux pour les enfants, expos, animations...

Montguyon : *à env 36 km au sud-est de Jonzac par la D 142 et la D 910 bis, et à env 20 km de Montendre par la D 730.* Aux confins du département, on y trouve la « Pierre folle », un superbe dolmen au milieu des vignes. Dans le bourg, impressionnante (et romantique) ruine d'une forteresse du XIIIe s foudroyée en 1793.

– La foire aux célibataires de La Genétouze : *à env 20 km à l'est de Montguyon.* La Genétouze est un village de 220 âmes où, depuis plus d'une vingtaine d'années, est organisée une foire (un terme charmant...) aux célibataires le dernier week-end d'août. Au début, il y avait même un concours du plus long baiser et des compétitions entre femmes aux seins nus... mais on a mis fin à ces joyeuses manifestations païennes. Il n'empêche qu'on y a compté jusqu'à 2 000 participants ! Alors, si vous cherchez l'âme sœur...

PONS (17800) 4 200 hab. *Carte Charente-Maritime, C3*

Dominant le cours de la Seugne, cette cité ancienne mène une vie paisible autour de son donjon, ses remparts ayant été démantelés en 1621 par les armées de Louis XIII. Elle n'a plus l'importance stratégique et économique de naguère, et vit essentiellement des industries de l'alimentation (biscuiteries, etc.), du pineau et du cognac, *of course !* Au fait, on prononce « Pon ».

Adresse utile

Office de tourisme : *pl. de la République. ☎ 05-17-24-03-47. • tourisme.haute-saintonge.org • Mai-oct, bureau ouv tlj dans le donjon (voir plus loin) ; nov-avr, bureau dans le château de Pons (de l'autre côté de l'esplanade), ouv tlj en hte saison.* Riche documentation sur tout le département. Organise des visites guidées de la cité médiévale *(juil-août, se renseigner avt)* et de l'hôpital des pèlerins.

Où dormir ? Où manger ?

Hôtel-restaurant de Bordeaux : *1, av. Gambetta. ☎ 05-46-91-31-12. • info@hotel-de-bordeaux.com • hotel-de-bordeaux.com • Resto fermé sam midi en hte saison. Congés : janv et 1re sem nov. Double 82 € ; familiales. Formule déj 14 € ; menus 19-32 € ; carte 40-50 €. Parking 6 €/j. Réduc de 10 % sur le prix de la chambre sept-avr sur présentation de ce guide.*

Le restaurant est bien connu des gourmands. La grande salle reste certes classieuse, presque solennelle malgré ses murs colorés, le service se révèle très « école hôtelière », mais l'accueil est nature. Au déjeuner, menu du jour avec de bons produits frais. Une cuisine de terroir et de saison, inventive mais pas frimeuse, pleine de jeunesse et de vivacité. Nos papilles en frémissent encore... Autre bonne nouvelle, l'hôtel a été entièrement rénové et affiche des chambres séduisantes.

Où dormir ? Où manger dans les environs ?

Le Moulin du Val de Seugne : *lieu-dit Marcouze, 17240* ***Mosnac.*** *☎ 05-46-70-46-16. • contact@valdeseugne.com • valdeseugne.com • À 11 km au sud de Pons par la D 137 ; puis la D 134 (et à 12 km au nord de Jonzac). Resto ouv ts les soirs, plus le midi ven-dim. Congés : de début oct à mi-avr. Doubles 119-131 € ; familiales. Menus à partir de 35 €. Parking gratuit.* Au bord de la Seugne, un beau moulin transformé en hôtel-restaurant à l'atmosphère rustique, chic et cossue. Salle à manger, terrasse et chambres ont quasiment les pieds dans l'eau, et le cadre verdoyant est particulièrement reposant (piscine l'été). Le resto est sans doute un peu (trop) cher pour une cuisine somme toute très classique (foie gras, homard), mais la table reste hautement recommandable. Belles chambres, spacieuses et fleuries, avec terrasse sur la rivière ou patio sur le jardin.

Domaine du Seudre : *17240* ***Saint-Germain-du-Seudre.*** *☎ 05-46-70-91-26. • domainedu seudre@orange.fr • domainedu seudre-restaurant.com • À env 15 km au sud-ouest de Pons. Resto tlj sauf mar-mer, et dim-lun soir hors saison. Congés : 2 sem fin fév et 1 sem mi-oct. Résa obligatoire. Double 60 € ; familiales. Formule déj en sem 18 € ; menus 33-55 € ; carte 40 €. Apéritif maison offert sur présentation de ce guide.* Dans une ancienne propriété viticole du XVIe s, une auberge gastronomique de grande réputation, spécialisée dans les séminaires, mariages et repas de famille, mais qui reçoit aussi les individuels. Grande salle à manger en pierres sèches. Que des produits régionaux pour une belle cuisine de terroir. Grand parc ombragé pour se délasser. Et 4 roulottes et 1 chalet pour dormir au frais si ça vous dit.

LA CHARENTE-MARITIME

À voir. À faire

Le donjon : *☎ 05-17-24-03-47. Avr-Toussaint, tlj 9h30 (10h le w-e)-12h30, 14h-18h (18h30 en été). Entrée : 3,80 € ; réduc.* Ses créneaux (ajoutés en 1904) lui donnent un air de château de parc d'attractions floridien, mais c'est un vrai donjon du XIIe s, seul vestige encore debout de la forteresse de Pons, pourtant réputée imprenable. On pénétrait autrefois dans ce donjon haut de 30 m par des échelles que l'on retirait en cas de danger. On passe aujourd'hui par la porte pour découvrir quelques salles d'exposition, un diaporama sur l'histoire de la ville et, au terme de 136 marches, un chouette panorama sur la ville.
Au pied du donjon, un ancien logis seigneurial du XVIIe s ; et au fond du jardin public se cache l'ancienne chapelle du château.

L'hôpital des pèlerins et sa voûte : *dans la ville basse (suivre la direction Bordeaux). Juil-août, lun-ven 10h-12h, 14h-18h ; le w-e 14h-18. En basse saison, sur rdv au 07-86-34-67-17.* Un des rares monuments de ce type existant encore en France. Il est d'ailleurs inscrit au Patrimoine mondial de l'Unesco depuis 1998. Né de l'obligation d'accueillir les pèlerins en route pour Compostelle et construit hors les murs pour leur offrir un abri de nuit quand les portes de la ville étaient fermées. Asseyez-vous sur les bancs de pierre installés pour les pèlerins et détaillez les graffitis (notamment des fers à cheval) gravés sur la voûte. Possibilité de visiter la salle des malades, coiffée d'une belle charpente des XIIe-XIIIe s. L'hôpital abrite également, au cœur de sa halle, le Musée archéologique. À l'arrière, faites un tour dans le joli jardin médiéval de 3 000 m² dans lequel on dénombre plus de 100 plantes médicinales.

Le Château des Énigmes (château d'Usson) : *route de Fléac, à 1 km au sud de Pons par la D 249. ☎ 05-46-91-09-19. • chateau-enigmes.com • Pâques-Toussaint, tlj 10h-19h (20h en été, 18h sept-nov) ; attention, fermeture des guichets* ***2h avt*** *! Entrée : env 16 € ; 13 € 4-12 ans.*
Drôle d'histoire que celle de ce château ! Édifié en 1536 à la sortie de Pons pour la famille de Rabaine, il a été racheté au XIXe s et déplacé pierre par pierre quelque 6 km plus loin ! Drôle de château Renaissance aussi. Au fond de la cour, la galerie aligne en façade Césars en médaillons, sentences tirées de la Bible et des créneaux d'où émergent une ribambelle de petits Cupidons, œuvres d'un élève de Michel-Ange. À un angle, une tour, donjon en réduction mais coiffé d'un toit dont on dirait qu'il est pour le moins original si le terme n'était pas un peu faible... Mais le plus insolite est sans doute le jardin d'hiver, à l'armature Eiffel, qui s'avère être la principale salle du château, subtilement camouflée derrière la vénérable façade. Bref, à Usson, c'est « pourquoi faire sobre quand on peut faire exubérant » !
Mais c'est avant tout un parc de loisirs. On vient ici pour s'amuser. Il s'agit d'observer, de réfléchir et d'être un minimum adroit pour se lancer dans cette chasse au trésor et rechercher des indices qui permettent de résoudre toutes sortes d'énigmes. Pour les plus grands : *Escape Castle*, un grand jeu d'évasion à vivre dans les 2 salles entre amis ou en famille *(• escape-game-17.com • ; résa obligatoire ; 2-6 pers ; dès 6 ans).* Également un sentier pour la marche nu-pieds, au contact du bois et de la terre, de quoi éveiller les petits secrets de nos 5 sens.
5 cabanes dans les arbres permettent de prolonger le dépaysement en dormant sur place *(📱 06-42-11-86-76 ; • sur-un-arbre-perche.com • ; résa longtemps à l'avance ; compter env 145 €, petit déj compris).*

– **Le jardin de la Seugne :** *au fond du parking du 18-Juin (ville basse), près du pont sur la Seugne. Tte l'année, tlj dès 6h30.* Quelques bancs, un petit accès à la rivière pour un petit coup de vert et de fraîcheur dans un beau petit parc.

DANS LES ENVIRONS DE PONS

Si vous avez un faible pour les églises romanes, sachez que la haute Saintonge en regorge (plus d'une centaine). Évidemment, toutes ne valent pas forcément le détour. Pour vous aider dans votre choix, l'office de tourisme dispose d'un guide consacré aux promenades romanes ; une dizaine de circuits sont proposés. Nous avons retenu 2 églises incontournables.

L'église Saint-Martin : *à* ***Chadenac.*** *À 8 km au sud-est de Pons sur la D 250.* Édifiée au milieu du XIIe s, elle est considérée comme l'une des plus remarquables églises romanes saintongeaises. Sa façade richement ornementée lui a d'ailleurs valu le surnom de « marquise de Saintonge ». Marquise un peu décatie, certes (la maladie alvéolaire de la pierre), mais superbe encore. Toute la décoration tourne autour du thème du Bien et du Mal. On retrouve les sujets habituels de l'iconographie romane (Vierges folles et Vierges sages, Vertus terrassant les Vices, etc.) auxquels s'ajoute une série de personnages aux prises avec des monstres qu'on espère ne jamais rencontrer. Les arcades abritent des statues fatiguées par les années mais qui témoignent d'un sacré coup de ciseau.

L'église Saint-Sulpice : *à* ***Marignac.*** *À 10 km au sud-est de Pons par la D 142.* Une des plus originales de Saintonge. D'abord, en raison de son plan : nef unique et sanctuaire à plan tréflé. Ensuite, pour sa décoration. Une frise qui court sur presque tout l'édifice, à l'intérieur comme à l'extérieur. D'un embrouillamini végétal surgissent un homme tonneau, des couples qui se livrent à des pratiques que la morale réprouve... Tiens, on aurait bien aimé le rencontrer, celui qui a sculpté cette petite merveille !

SAINTES

(17100) 25 150 hab. *Carte Charente-Maritime, C2-3*

• Plan *p. 330-331*

Capitale de la Saintonge, comme on s'en doute, depuis quelques bons millénaires ! Riche histoire, riche patrimoine donc. Rien d'étonnant, dès lors, à ce que la ville soit labellisée Ville d'art et d'histoire. Pourtant, que cet archétype de sous-préfecture paraît banal quand on se contente de traverser la ville, longeant cours et avenues tracés au cordeau du XVIIe au XIXe s ! Saintes se mérite. Oh, avec peu de peine ! Grimpez seulement les quelques volées de marches de la ruelle de l'Hospice, entre petites maisons presque blanches et jardins suspendus, où pointent les têtes ébouriffées des palmiers qui frôlent les toits de tuiles roses et l'insolite clocher de la cathédrale, avec, à ses pieds, la Charente nonchalante qui baigne berges verdoyantes et hôtels particuliers cossus. Voilà, vous êtes, comme nous, sous le charme...

UN PEU D'HISTOIRE

Les Santons, tribu celte plutôt à l'aise financièrement, avaient bien dû planter là quelques maisons puisque César a trouvé trace d'une *Civitas Santonum* en conquérant la Saintonge. Mais c'est véritablement ***entre 40 et 20 av. J.-C.*** qu'Agrippa, gendre d'Auguste, séduit par cette position de carrefour entre la grande voie romaine qui reliait Lyon à l'Aquitaine et la Charente, érige ici une ville appelée *Mediolanum*. Une ville ? Une ***métropole*** plutôt, qui, en véritable capitale de l'Aquitaine, fait la nique à Bordeaux et à Poitiers, et se dote de monuments en nombre. La civilisation romaine y brille de tous ses feux... vite éteints ! Dès le milieu du IIe s, la ville décline.

La chrétienté marque ensuite la ville, réduite à l'actuel quartier Saint-Pierre, de son empreinte (ce qui va finalement bien à son nom...). Les coteaux environnants se couvrent de nécropoles chrétiennes, notamment celles de Saint-Eutrope. Au cours du Moyen Âge, au cœur d'une région dont tout le monde ou presque se dispute la suprématie, Saintes connaîtra quelques siècles pour le moins mouvementés, passant de main en main jusqu'à être littéralement coupée en 2 par le traité de Paris qui plaçait sa rive gauche sous domination anglaise, la rive droite restant française !

FAIRE FEU DE TOUT BOIS

On connaît tous le céramiste Bernard Palissy, qui n'hésita pas à brûler meubles et planchers afin de découvrir le secret des émaux en 1555. Établi à Saintes, il lui faudra 20 ans de recherche. Mais ses vrais soucis venaient de ses origines protestantes. Il réchappa de peu à la Saint-Barthélemy et mourut à la Bastille.

La ***Révolution*** porta au pinacle un enfant du pays : en 1789, le bon (eh oui !) ***docteur Guillotin*** fit adopter à l'Assemblée l'instrument que l'on sait et qui abrégeait la douleur. Sans doute avec des arguments tranchants...

Au XVIIIe s, Saintes renoue avec la prospérité, les hôtels particuliers et les balcons en fer forgé des riches négociants en cognac ont pignon sur Charente.

Pourtant, Napoléon, en 1810, choisit comme préfecture La Rochelle plutôt que Saintes. En 1867, la mise en service de la 1re ligne de chemin de fer Rochefort-Saintes-Angoulême redonne de l'élan à la ville. La construction de la gare et d'ateliers de réparation peuple la rive droite de la Charente. Ce qui explique son petit côté popu, face à la rive gauche, plus chic, plus bourgeoise... Saintes est aujourd'hui une tranquille sous-préfecture, dotée d'un secteur tertiaire florissant. C'est, encore et toujours, le centre commerçant d'une Saintonge rurale dans sa grande majorité (foire et marchés d'importance).

Comment y aller ?

➢ ***En train :*** *☎ 36-35. • oui.sncf •* Une bonne dizaine de TGV A/R par j. en moyenne, au départ de Paris-Montparnasse, avec un changement à Angoulême (3h30-4h) ; liaisons directes avec Bordeaux, La Rochelle, Nantes ou Niort.
➢ ***En bus :*** ***Réseau interurbain Nouvelle-Aquitaine*** *☎ 0800-73-01-46. • transports.nouvelle-aquitaine.fr •* Liaisons régulières avec Royan, Rochefort, Saint-Jean-d'Angély et Jonzac. Départ depuis les gares SNCF.
➢ ***En voiture :*** autoroute A 10, sortie nº 35 « Saintes ».

Adresse et infos utiles

ℹ ***Office de tourisme de Saintes et de la Saintonge*** *(plan C2)* **:** *pl. Bassompierre (à l'arc de Germanicus). ☎ 05-46-74-23-82. • saintes-tourisme.fr • Juil-août, tlj 9h30-12h30, 13h30-18h30 ; mai-juin et sept, tlj 9h30-12h30, 13h30-18h ; oct-avr, lun-sam 10h-12h30, 13h30-17h. Fermé certains j. fériés.* L'équipe est charmante ! Dans le cadre du label Ville d'art et d'histoire, l'office de tourisme et les Services du patrimoine proposent ensemble, en juillet-août, des visites régulières de la ville avec guide conférencier *(7 €, gratuit moins de 12 ans).* Billetterie pour les croisières sur la Charente. Prêt de vélos toute l'année (voir ci-après).
– Bon à savoir : il existe un ***pass découverte Cognac-Saintes*** regroupant plus de 40 prestataires à tarifs réduits (musées, loisirs, etc.).
– ***Prêt de vélos :*** *GRATUIT. Rens auprès de la mairie, juste en face : ☎ 05-46-92-34-45.*
🅿 ***Stationnement :*** *places gratuites tte l'année sur la pl. du 11-Novembre (cours Reverseaux, en lisière du centre piéton ; plan B2) et au parking Mendès-France (proche de l'office de tourisme ; plan C2). Sinon, stationnement payant partout dans le centre (lun-sam mat).*
– ***Marchés :*** *mar et ven pl. du 11-Novembre, mer et sam pl. Saint-Pierre, au pied de la cathédrale, jeu et dim av. Gambetta. Sans oublier la grande foire, le 1er lun de chaque mois, le long de la rue principale.*

Où dormir ?

Camping

⛺ ***Au Fil de l'Eau*** *(hors plan par C1,* ***10****)* **:** *6, rue de Courbiac. ☎ 05-46-93-08-00. • campingaufildeleau@sfr.fr • camping-saintes-17.com • ♿ À env 1 km du centre, en longeant la Charente vers Taillebourg. Ouv mai-sept. Tente pour 2 pers 16 €. Caravanes. 150 empl.* Comme son nom l'indique, le *Fil de l'Eau* déroule une bonne partie de ses vastes emplacements le long de la Charente. Propre et assez bien ombragé (certaines zones le sont très bien), il dispose en outre d'un petit bistrot et d'un point alimentation. Piscine à la disposition des campeurs.

De très bon marché à prix moyens

🏠 |●| ***Auberge de jeunesse*** *(plan C2,* ***11****)* **:** *2, pl. Geoffroy-Martel.*

☎ 05-46-92-14-92. • saintes@hifrance.org • aj-saintes.fr • À côté de l'abbaye aux Dames. Congés : vac scol de Noël. Nuitée en dortoir 19 € ; doubles 45-50 € ; draps et petit déj inclus. Self-service sur résa : formule 11 €. Parking gratuit. Idéalement située, en centre-ville et à 5 mn de la gare ferroviaire, cette auberge nickel dispose de 90 places réparties en 24 chambres de 2 à 6 lits. Simples et confortables, dans un bâtiment moderne, elles ne partagent leur salle d'eau (lavabo, douche, w-c) qu'avec une seule chambre mitoyenne. Casiers, tiroirs, lumières individuelles et prises sont au rendez-vous. En outre, l'AJ dispose aussi de doubles avec salle de bains privée. Salle TV commune et cuisine à dispo. Avec un brin de fantaisie dans la déco, tout serait parfait. Excellent accueil.

Les Chambres de l'Abbaye *(plan C2, **14**) : 11, pl. de l'Abbaye. ☎ 05-46-97-48-33. • abbayeauxdames.org • Au 1er étage ; accès par la cour de l'abbaye, en face de l'accueil. Doubles 58-95 € ; également 1 familiale et 2 triples.* Au cœur de l'abbaye aux Dames, les anciennes cellules de nonnes ont été converties en chambres confortables qui, on s'en doute, se révèlent plutôt monacales (pas de TV). Le décor, véritable rêve de pierre et de brique, est assez unique ! Impressionnant couloir central, où s'affichent de belles photos du festival de Saintes. Petit déj à base de produits locaux, à prendre dans la belle salle capitulaire du rez-de-chaussée.

De prix moyens à chic

Souvenirs de Familles *(plan D1, **16**) : 2, rue Jean-Moulin. ☎ 05-46-74-91-60. • sas.ensemble@yahoo.fr • souvenirs-de-familles.com • ♿ Congés : 2 sem à Noël. Doubles 79-120 € ; familiales. Un petit déj/chambre et par nuit offert sur présentation de ce guide.* Face à la gare, un bel hôtel traditionnel construit en 1925, entièrement rénové en 2015. Les meubles, de famille ou chinés, évoquent tous un souvenir, empreints d'une charge émotionnelle à laquelle il est difficile de rester insensible. Une trentaine de chambres donc, desservies par un élégant escalier, à la déco charmante et rétro. Beaucoup de pièces communes, pour la convivialité, un poil kitsch et surchargées, pour la petite touche d'humour. Salon de thé dans la journée. À disposition, une petite lingerie et une salle de fitness. Excellent accueil !

Hôtel Saveurs de l'Abbaye *(plan C2, **12**) : 1, pl. Saint-Pallais. ☎ 05-46-94-17-91. • infos@saveurs-abbaye.com • saveurs-abbaye.com • ♿ Sur la rive droite, à 2 pas de l'abbaye. Resto fermé dim-lun. Double 79 € ; familiales. Menu du jour (déj en sem) 20 € ; autres formules et menus 29-49 €.* L'auberge est là depuis des lustres, assurant le gîte et le couvert aux voyageurs et aux pèlerins, mais un vent de jeunesse a soufflé. 8 chambres coquettes, au bon rapport qualité-prix-confort, bien rénovées, à la déco personnalisée, certaines donnant sur l'abbaye. Le resto vaut vraiment le détour (voir plus loin « Où manger ? »).

Chambre d'hôtes Les Persiennes *(plan C3, **15**) : 123, chemin de Champboudeau. ☎ 05-46-95-38-17. • lespersiennes@orange.fr • lespersiennes.fr • ♿ Sur la rive droite, non loin l'abbaye. Double 82 €. Table d'hôtes sur résa mar, jeu et dim seulement ; assiette gourmande 16 € ; menu 28 €, boisson comprise.* Dans une maison faubourienne de 1904, dotée d'un chouette jardin au fond duquel s'ébattent poules, moutons et chèvres, 2 chambres confortables et parfaitement équipées. Déco apaisante à l'ambiance marine, où le bois est omniprésent. On prend le petit déj (viennoiseries, pain frais, confitures maison) dans l'agréable salon de la maison ou en terrasse. Table d'hôtes sur demande, avec de bons produits du marché. Excellent accueil.

De chic à plus chic

Hôtel des Messageries *(plan B2, **13**) : rue des Messageries. ☎ 05-46-93-64-99. • hotel.des.messageries@wanadoo.fr • hotel-des-messageries.com • ♿ Congés : 3 sem à Noël. Doubles 95-137 € ; familiales. Parking 10 €/j. Un petit déj/chambre et par nuit*

■ **Adresses utiles**

- Office de tourisme de Saintes et de la Saintonge (C2)
- Parkings (B2 et C2)

Où dormir ?

10 Au Fil de l'Eau (hors plan par C1)
11 Auberge de jeunesse (C2)
12 Hôtel Saveurs de l'Abbaye (C2)
13 Hôtel des Messageries (B2)
14 Les Chambres de l'Abbaye (C2)
15 Chambres d'hôtes Les Persiennes (C3)
16 Souvenirs de Familles (D1)
17 Chambres d'hôtes La Porte Rouge (B2)

Où manger ?

12 Les Saveurs de l'Abbaye (C2)

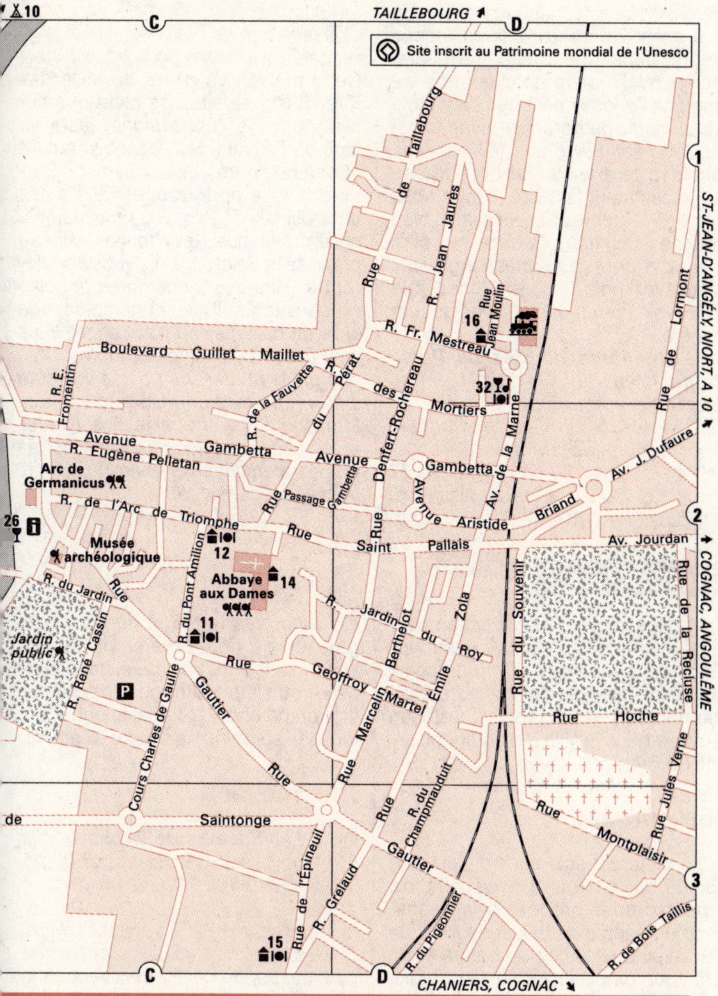

SAINTES

22 Le Clos des Cours (B2)
24 Res'Thé Manger (B2)
25 L'Insolite (B2)
26 Le Batiâ (C2)
27 Le Parvis (B1)

Où boire un café ?
Où boire un verre ?
Où grignoter ?

Où écouter de la (bonne) musique ?

30 La Musardière (B2)
31 Au Vin Gourmand (B2)
32 Quai du Blues (D1)

Où acheter de bons produits ?

40 La Ferme Santone
(hors plan par A2)

offert sur présentation de ce guide. En plein cœur du centre ancien (accès direct), dans une ruelle tranquille. Ancien relais de poste, comme en témoigne l'agencement des bâtiments autour de la petite cour pavée, ainsi que les vestiges d'un vieil escalier. Pour le reste, c'est un bel hôtel classique, récemment restauré, confortable, avec des chambres très au calme, bien équipées (minibar, TV satellite, clim et jacuzzi pour les suites). Agréable salon avec coin lecture. L'ensemble est fort bien tenu, décoré avec goût et sobriété.

Chambres d'hôtes La Porte Rouge *(plan B2,* ***17****) : 15, rue des Jacobins. ☎ 05-46-90-46-71. 06-34-44-37-25. • monique.potel@la-porte-rouge.com • la-porte-rouge.com • Doubles 130-145 € ; familiales 145-190 €. Table d'hôtes sur résa 28 €. Parking payant (8 €). Apéritif maison offert sur présentation de ce guide, plus recharge de batterie, lave-linge et sèche-linge gratuits pour les cyclistes.* Cette maison en pierre de taille des XVIe-XVIIe s se situe en plein quartier historique de l'Échevinage, juste en face du couvent des Jacobins. Autant dire dans un très beau quartier... Derrière la jolie porte rouge, vous serez accueilli par Monique ou par James, un sympathique New-Yorkais exilé au cœur de la Saintonge. Ils vous conduiront à l'une des 2 chambres doubles ou dans la familiale (2 chambres, une salle de bains) selon votre choix. Elles sont à la fois élégantes et sobres. On a une petite préférence pour la vue côté jardin (très mignon). Côté fourneaux, Monique a une spécialité : les viandes et les poissons fumés... mais aussi les herbes aromatiques ; plateau de fruits de mer sur demande.

Où manger ?

C'est bien simple, Saintes est en train de devenir la petite capitale gastronomique du département. Trop de choix désormais dans les bonnes adresses ! Une solution pour en profiter : rester un peu plus dans la ville... d'autant qu'il y a de quoi visiter.

Bon marché

Le mercredi et le samedi, jours de marché, sur la terrasse ou au comptoir, le ***poissonnier*** propose à la dégustation un banc d'huîtres et de fruits de mer. Avec une tartine de beurre et un petit coup de blanc, on ne saurait faire meilleur, ni plus sympa !

Res'Thé Manger *(plan B2,* ***24****) : 13, rue Saint-Michel. ☎ 05-46-95-21-97. • resthemanger@yahoo.fr • Tlj sauf dim-lun ; service continu 8h30-18h. Compter env 18 €.* On aime beaucoup cette petite salle mignonne comme tout avec son coin lecture, son petit espace jeux pour les enfants et de drôles d'objets de récup' détournés de leur fonction. Tenu par 2 femmes adorables, qui proposent des produits bio de saison pour un menu qui change tous les jours, sans compter des clafoutis, des tartes et de craquants gâteaux de grand-mère. Un lieu où l'on se sent bien, pour déjeuner à toute heure ou simplement pour prendre un thé (grand choix bio également). Belle terrasse sur le calme square à l'arrière.

Prix moyens

Les Saveurs de l'Abbaye *(plan C2,* ***12****) : 1, pl. Saint-Pallais. ☎ 05-46-94-17-91. • infos@saveurs-abbaye.com • Tlj sauf dim et lun soir. Menu du jour (déj en sem) 20 € ; autres formules et menus env 34 €.* Un excellent restaurant, au rapport qualité-prix réjouissant (du moins le midi). Il accueille les gourmands de passage dans sa salle épurée ou sur sa belle terrasse ensoleillée, face à l'abbaye aux Dames. La formule du jour est vraiment très attractive et permet de déjeuner gourmand à bon prix. Cuisine créative et soignée, bien dans l'air du temps. Un coup de cœur !

Le Batiâ *(plan C2,* ***26****) : pl. Bassompierre. ☎ 05-46-90-42-31. • info@lebatia.fr • Tlj sauf lun-mar. Formule déj en sem 19 € ; menu 28 €.* Cette péniche amarrée devant l'office de tourisme anime les quais et la Charente jusqu'ici bien trop tranquilles. L'endroit est agréable, *lounge* et design, limite branché. La terrasse est évidemment prise d'assaut et il est prudent de réserver, le rapport qualité-prix est impeccable. Bien sympa ! Bar pour l'apéro et soirées DJ.

L'Insolite (plan B2, **25**) : *28, rue Saint-Michel. ☎ 05-46-97-70-69. • rock-ya@hotmail.fr • Tlj sauf dim soir et mer. Formules déj 12,50-20,90 € ; carte env 40 €. Digestif offert sur présentation de ce guide.* Niché au cœur du centre-ville, un restaurant convivial et gourmand qui fait la part belle aux produits locaux. Salle agréable au décor contemporain et petite terrasse au calme, sur la rue piétonne. Le jeune chef, sacré meilleur écailler de la région, a plus d'un tour dans son sac : il sait sublimer poissons et fruits de mer comme il se doit, mais il maîtrise également la cuisson des viandes et la préparation des sauces, toujours bien parfumées. En salle, Madame assure un service efficace et attentionné. Une adresse attachante, qui ne triche pas.

Le Clos des Cours (plan B2, **22**) : *2, pl. du Théâtre. ☎ 05-46-74-62-62. • infos@closdescours.com • Tlj midi et soir. Formule déj 18,50 € ; menus 32-55 € ; carte env 32 €. Café offert sur présentation de ce guide.* Ce resto contemporain avec une cuisine ouverte sur la salle n'est pas bien grand, mais le bouche-à-oreille l'a fait vite grandir. Dès le petit menu du midi, d'un bon rapport qualité-prix, un petit effort de créativité dans les plats fait toute la différence. Idem dans les autres menus. À la carte, entre autres, tempura de gambas ou pièce de bœuf fumée maison pour les viandards. Grande terrasse aux beaux jours. Accueil pro.

Chic

Le Parvis (plan B1, **27**) : *12 bis, quai de l'Yser. ☎ 05-46-97-78-12. • contact@restaurant-le-parvis.fr • Tlj sauf dim-lun et mer soir (hors j. fériés). Résa conseillée. Formules déj en sem 20-22,50 € ; menus 31,50-65 € ; carte env 50 €.* Demeure particulière précédée d'un charmant jardin qui vous fait immédiatement oublier la ville. Là encore, une authentique cuisine de pro. Pascal Yenk ne travaille que les produits frais, possède une maîtrise absolue des cuissons, joue habilement des déclinaisons sur un produit et sait concocter des plats solides et inspirés tout à la fois. Madame est experte en vins, et la carte change toutes les 6 semaines. Que demander de plus ? Terrasse protégée sur le jardin, très recherchée aux beaux jours.

Où dormir ? Où manger dans les environs ?

Prix moyens

Chambres d'hôtes des Bujours : *chez Marie et Stéphane Trouvé, 5, rue de l'Église, 17810* ***Saint-Georges-des-Coteaux.*** *☎ 05-46-92-96-66. 07-86-40-33-45. • mstrouve@yahoo.fr • auxchambresdesbujours.fr • À 7 km à l'ouest de Saintes par la N 150 (direction île d'Oléron) puis la D 125. Tte l'année. Double 69 € ; familiale. Parking privé. Réduc de 10 % sur le prix de la chambre hors juil-août sur présentation de ce guide.* Aménagées dans les anciens greniers à foin d'une ferme du XVIIIe s, 3 chambres avec douche, pleines de charme, ainsi qu'une chambre au rez-de-chaussée, avec une déco très nature et un accès direct au jardin. Pas de table d'hôtes mais une cuisine à disposition, décorée dans l'esprit « vieux commerce » avec des tons gris-bleu acier. Vaste salle de séjour : magnifique charpente, solides murs aux pierres apparentes, grande cheminée, baby-foot en mezzanine et un billard français pour tenter de réussir les 3 bandes. Accueil agréable.

Les Acacias : *1, rue du Grand-Pré, 17600* ***Corme-Royal.*** *☎ 05-46-94-72-48. • les-acacias.fr • À 15 km à l'ouest de Saintes par la D 728. Tlj sauf mar soir, mer, dim soir, plus lun soir hors saison. Double env 56 € ; familiales. Menu déj (sauf dim) 16,50 € ; menu-carte 34 €.* Au cœur du village, un joli petit hôtel familial tout simple mais récemment rénové. 7 chambres

LA CHARENTE-MARITIME

seulement, confortables et cosy. Restaurant pour parfaire l'étape ou le séjour.

De chic à beaucoup plus chic

Chambres d'hôtes Le Logis d'Astrée : *chez Sophie Boutinet-Mangeart, 17770* ***Saint-Bris-des-Bois.*** *☎ 05-46-93-44-07. • sophie@logis-astree.fr • logis-astree.fr • Derrière l'église, à la sortie du village par la D 134. Ouv de préférence sur résa. Doubles 130-215 € ; familiales. Parking gratuit. Apéritif maison offert sur présentation de ce guide.* En plein vignoble, une splendide maison aux allures de château, datant du XVIIe s et appartenant à la même famille depuis 7 générations ! La dernière en date, tout en perpétuant la tradition de la vigne, a ouvert ses portes aux hôtes de passage. Heureux hôtes qui pourront ainsi profiter de 4 chambres de charme avec meubles anciens, cheminées majestueuses et déco tendance. Parc, piscine et salon à disposition. Une bien belle adresse.

Domaine Les Chais de Thénac : *41, rue de la République, 17460* ***Thénac.*** *☎ 05-46-91-05-74. • accueil@domainedeschais.com • Congés : début janv. Doubles 90-120 €. Apéritif maison offert sur présentation de ce guide.* Un complexe touristique assez chic (reçoit des séminaires d'entreprise), dans un parc de 2 ha. Installé dans un ancien chai de 1785 (puis écuries, caserne napoléonienne, entrepôt pour les tonneaux de pineau) superbement rénové. 5 chambres de charme au-dessus du chai, qu'on atteint par un vénérable escalier en bois, plus une en rez-de-chaussée. Chaque chambre possède sa personnalité, mais toutes présentent un côté tout à la fois élégant et cosy, dans des tonalités douces (diverses variétés de gris, crème, blanc), avec des murs en pierres sèches et du beau mobilier ancien... Parfois des baldaquins, des ciels de lit, et pour toutes de superbes salles de bains. 2 gîtes à louer aussi. Piscine. Attention, on y célèbre souvent des mariages et autres réunions de famille. Évitez quand même les week-ends festifs si vous recherchez la tranquillité. Au rez-de-chaussée, le restaurant.

Design Hôtel des Francs Garçons : *1, rue des Francs-Garçons, 17610* ***Saint-Sauvant.*** *☎ 05-46-90-33-93. • contact@francsgarcons.com • francsgarcons.com • À 13 km à l'est de Saintes, sur la route de Cognac. Doubles 95-150 € ; 15 €/pers supplémentaire. Dîner 27 € sans la boisson.* Comment imaginer qu'un hôtel aussi branché – et aussi réussi – puisse naître dans un petit village comme Saint-Sauvant, aussi adorable soit-il ? Eh bien, miracle, c'est arrivé ! Il faut dire que les architectes de l'école de Saintes et ceux du village s'y sont tous mis. Ils ont ouvert et restauré 5 maisons mitoyennes qui tombaient en ruine et les ont métamorphosées. À l'intérieur, tout n'est qu'élégance et créativité, que ce soit dans les petits salons, situés à des niveaux différents, ou dans les chambres et suites où les couleurs et le mobilier contemporain se marient merveilleusement à la pierre. Par la fenêtre de toit de la chambre *twin,* on a même la vue sur la petite église romane, comme un tableau d'un autre siècle. Pour compléter cette description idyllique, une très belle piscine aux lignes épurées offre un contraste parfait avec les angles et le grain de la pierre séculaire de la maison de Dieu, juste en face. Bref, une élégance touchée par la grâce !

Où boire un café ? Où boire un verre ? Où grignoter ? Où écouter de la (bonne) musique ?

La Musardière *(plan B2, **30**) : 29, rue Alsace-Lorraine. ☎ 05-46-74-34-87. • la-brulerie@orange.fr • En saison, tlj midi et soir ; hors saison, jeu-sam. Formules 12,50 € le midi et 24 € le soir ; carte env 25 €. Café* *offert sur présentation de ce guide.* Comme nous, vous trouverez toujours une bonne excuse pour venir musarder dans ce joli lieu convivial et polyvalent. Tout à la fois brûlerie de café, salon de thé, épicerie fine, boutique du musée de l'Échevinage (attenant) et restaurant, les occasions ne manquent pas. Quant à la terrasse ombragée, c'est une véritable invitation au farniente. En journée, on déjeune en toute simplicité du petit plat du jour (d'inspiration méditerranéenne le plus souvent) et d'une pâtisserie maison. Le soir, changement de décor, on passe à l'étage où l'ambiance devient très *caliente* lors des dîners-concerts *(sam ; résa obligatoire ; programme sur leur page Facebook).*

Au Vin Gourmand *(plan B2,* ***31****) : 4 bis, rue Saint-Michel. ☎ 05-46-97-85-07. • auvingourmand@outlook.fr • Mar-sam 18h-minuit. Congés : 2de quinzaine de mars et 1 sem en oct. Verres de vin 3-7 €. Planches 5-18 €.* Bar à vins convivial qui témoigne du dynamisme du centre-ville de Saintes. Idéal pour l'apéro ou une petite faim puisque l'on peut accompagner son verre de vin de charcuterie ou de fromage basques. Petite terrasse dans la rue piétonne.

Quai du Blues *(plan D1,* ***32****) : 49, av. de la Marne. 06-64-44-85-90. • pascal.chipaux@editionsplus.fr • Resto mer-sam 12h-14h, 17h-minuit. Bar mer-sam 17h-1h (2h ven-sam). Dîner-concert env 35 €. Programmation sur leur page Facebook.* Un bar-resto-concert au décor bohème, réputé pour ses soirées musicales de qualité à dominante blues (on s'en serait douté !), mais aussi folk, soul ou rock. Belle terrasse sous les platanes, où se déroulent les shows en été. Cuisine simple mais honorable pour les dîners-concerts. Un endroit qu'on aime beaucoup !

LA CHARENTE-MARITIME

Où acheter de bons produits ?

La Ferme Santone *(hors plan par A2,* ***40****) : 8, rue de la Côte-de-Beauté. ☎ 05-46-93-61-14. • contact@la-ferme-santone.fr • Mer-sam 9h30-13h, 14h30-19h (18h sam).* « De la ferme au consommateur », ce supermarché fera le bonheur des locavores et adeptes de circuits courts, mais aussi des gourmands amateurs de bons produits de terroirs. Vous l'avez compris, tout vient ici d'exploitations locales, les produits sont donc sains, fermiers, de saison et vendus à prix justes ; volailles, charcuterie, viande, fromages, produits laitiers, fruits, légumes, vins, épicerie... Parfait pour le pique-nique !

À voir

L'amphithéâtre gallo-romain *(ou arènes ; plan A2) : 20, rue Lacurie, sur les hauteurs de la rive gauche, dominant la ville. ☎ 05-46-97-73-85. Mai-sept, tlj 10h-19h ; oct-avr, tlj sauf dim mat et lun 10h-12h30, 13h30-17h. Entrée : 4 € ; gratuit moins de 18 ans. Supplément de 3 € pour les visites guidées juil-août ; gratuit moins de 7 ans. Audioguide : 3 €.*
Sélectionné parmi les 18 sites retenus pour bénéficier des fonds collectés par le Loto du patrimoine en 2019, l'amphithéâtre de Saintes va bénéficier d'une importante campagne de restauration à partir de juin 2021, pour une durée de 2-3 ans. Le site restera ouvert autant que possible durant les travaux. Même si les siècles l'ont endommagé, l'amphithéâtre de Saintes, adossé à un vallon naturel, a encore une sacrée élégance. Et la végétation qui, par endroits, a remplacé gradins et escaliers lui confère une allure toute romantique. C'est l'un des plus anciens de l'Empire romain, typique de la « Gaule chevelue » (Belgique et France non méditerranéenne). De forme elliptique (126 m sur 102 m pour l'ensemble, l'arène mesurant, quant à elle, 65 m sur 39 m), on estime qu'il pouvait recevoir environ 15 000 spectateurs. On distingue encore, de part et d'autre de l'arène,

les vomitoires par lesquels entraient les spectateurs venant assister aux combats sanglants des stars de la gladiature. Un vrai décor de péplum !

L'église Saint-Eutrope (plan A2) : *en descendant des arènes vers le centre, rue Saint-Eutrope. Tlj 9h-19h en été, 8h30-18h30 en hiver.* Ce chef-d'œuvre de l'architecture romane, dédié à saint Eutrope (1er évêque des Santons), fut consacré en 1096 par Urbain II, le pape de la 1re croisade. Étape essentielle sur la route de Compostelle, l'église figure sur la liste du Patrimoine mondial de l'humanité de l'Unesco, tout comme l'ensemble des chemins et monuments jacquaires, d'ailleurs. À l'époque, pour faire face à l'afflux croissant des pèlerins en route pour Compostelle venus prier au tombeau du saint, les architectes innovèrent en construisant un sanctuaire présentant 2 églises superposées et reliées par une nef unique. Celle-ci fut détruite au XIXe s, laissant orphelins le chœur supérieur réservé aux moines et le chœur inférieur où l'on exposait les reliques.
Si l'église recèle encore quelques trésors, comme de magnifiques chapiteaux historiés, le prodigieux contraste offert par sa ***crypte*** laisse le visiteur sans voix (entrée sur le côté, en face de la boulangerie)... De cette merveille architecturale, à peine éclairée, se dégage une impression de puissance et de recueillement saisissante. Piliers trapus et motifs floraux sur les chapiteaux. Au centre, le sarcophage de saint Eutrope, avec cette simple inscription : « Evtropivs », gravée vers l'an 600. On ressort de là tout chose, comme d'un lieu magique...

Le musée Dupuy-Mestreau (plan B2) : *4, rue Monconseil. ☎ 05-46-93-36-71. Avr-sept, mar-sam 10h-12h30, 13h30-18h et dim 14h-18h. Entrée : 3 € ; gratuit moins de 18 ans.*
Un vrai coup de cœur ! Installé dans l'hôtel de Monconseil, construit en 1738 par un riche marquis saintongeais, ce musée étonnant présente des collections aussi riches que variées.
Sur 3 niveaux, quantité d'objets sont exposés, insolites, rares, précieux ou tout simplement beaux... Nous ne pourrions les évoquer tous, mais citons d'abord la ***collection d'enseignes.*** Saviez-vous qu'avant la « carotte » les buralistes accrochaient un aigle ou un napoléon pour signaler leur commerce, parce que l'Empereur fut à l'origine de la Régie nationale des tabacs ? Estampes, gravures, notamment une série sur le thème des églises romanes régionales, jolie comme tout. Puis coffre de corsaire en fer forgé et décor peint (pièce rare, datant du XVIIe s), belle figure de proue et, au sol, une espèce d'haltère : il s'agit d'un boulet destiné à démâter les navires ennemis. Plus loin, les sacoches ayant contenu les 4 clés des portes de La Rochelle, et d'anciennes plaques administratives, dont un permis de mendier... qu'il fallait pouvoir se payer !
Côté vestimentaire, ***coiffes et tenues paysannes,*** tenues somptuaires ou encore ces énormes bottes de postillon (10 kg la paire). Et puis de superbes faïences de La Rochelle, des pendules (dont une entièrement en bois et à engrenages de terre cuite, pièce unique), et nombre de collections d'objets délicats (les passe-temps de demoiselles : broderies réalisées avec des grains de sable (!) – il n'y avait pas la TV...) des XVIe-XIXe s, ainsi que quelques meubles, comme cette magnifique armoire en noyer blond, tout en courbes... Enfin, portrait de la marquise de Montespan : « Tu es voleuse de cœur », et, véritable relique, pantoufle portée par Louis XVI lors de sa détention au Temple...
Franchement, cette riche collection rassemblée depuis 1920 par le négociant en cognac Mestreau, et laissée respectueusement en l'état depuis sa vente en 1993, nous a impressionnés. Par ailleurs, toutes les salles sont superbes, avec parquet chevillé, plafond d'époque, et boiseries provenant du château de la Montespan. Une visite à ne pas manquer et dont la présente évocation ne donne qu'un pâle reflet.

La cathédrale Saint-Pierre (plan B2) : *pl. Saint-Pierre. Tlj 9h-19h.* Au XIIe s se trouvait là une cathédrale romane. À la suite des brutalités des protestants qui avaient fragilisé l'édifice, elle menaçait de tomber en ruine et l'on décida de la reconstruire. Une reconstruction qui s'est éternisée jusqu'au XVIIIe s et qui, de fait, ne fut jamais menée à terme. Résultat : un drôle d'édifice. L'extérieur, gothique, date pour l'essentiel du XVe s. L'imposant clocher est recouvert d'un dôme métallique, comme si un géant facétieux l'avait coiffé d'une passoire ! L'intérieur, lumineux, est globalement très dépouillé et plutôt composite : nef et collatéraux du XVIe s, une coupole romane dans un coin, des chapelles Renaissance dans un autre et une porte qui s'ouvre sur les vestiges d'un cloître du XIIIe s... Sauvons tout de même le beau buffet d'orgue (XVIe-XVIIe s) et le baldaquin du chœur emprunté à l'abbaye aux Dames. À droite de l'entrée, on peut désormais accéder à l'ancien cloître, qui offre des vues spectaculaires sur le clocher.

Autour de la cathédrale, quelques rues quadrillent ce qui fut la ***ville médiévale*** *(plan B2)*. Le quartier a bien sûr changé de physionomie au fil des siècles mais, avec ses rues un peu de guingois, ses maisons du XVe s (le long de la rue Saint-Michel notamment) et ses vieux noms évocateurs (place aux Herbes, des Récollets), il a conservé pas mal de charme.

Le quartier de l'Échevinage : prétextes à d'agréables balades, encore des vieilles rues, commerçantes et piétonnes, comme la rue des Jacobins jalonnée d'anciens hôtels particuliers (hôtel de Brémond d'Ars construit en 1597 à l'angle de la rue Martineau). On pourra se poser quelques instants dans la bucolique cour de la médiathèque municipale installée dans l'ancien couvent des Jacobins, dont les origines remontent au XIIIe s. Dans la chapelle à la superbe verrière, une association de tailleurs de pierre ouvre ses portes en semaine pour faire partager sa passion.

Le musée de l'Échevinage *(plan B2)* **:** *29 ter, rue Alsace-Lorraine. ☎ 05-46-93-52-39. Avr-sept, mar-sam 10h-12h30, 13h30-18h et dim 14h-18h ; oct-mars, mar-sam 13h30-17h. Entrée : 3 € ; gratuit moins de 18 ans.* Toujours dans un ancien hôtel particulier, précisément celui des échevins (équivalents des maires actuels), doté d'un impressionnant beffroi de 1587 où sont exposés des tableaux du XVe au XXe s. Pas de peintres majeurs (à part un petit Courbet), mais des artistes locaux de valeur. Les collections sont classées par thématiques : le rez-de-chaussée est consacré à l'histoire, la mythologie et la religion ; le 2e étage aux paysages urbains et maritimes et le 3e aux portraits. Muséographie fraîchement repensée (murs de couleurs vives, coussins au sol...). Au passage, on remarquera quelques céramiques de Sèvres.

L'arc de Germanicus *(plan C2)* **:** *sur la rive droite de la Charente, pl. Bassompierre.* Véritable symbole de la ville, cet arc votif édifié au Ier s de notre ère ne manque pas d'allure. Il fut sauvé in extremis par Prosper Mérimée, alors inspecteur des Monuments historiques, en 1843, lorsqu'il fallut détruire le pont sur lequel il était construit. Mais il y a toujours des grincheux. Victor Hugo laissa une description critique de ce « déménagement », selon lui sacrilège.

Le Musée archéologique *(plan C2)* **:** *face à l'office de tourisme, pl. Bassompierre. ☎ 05-46-74-20-97. Avr-sept, mar-sam 10h-12h30, 13h30-18h ; dim et j. fériés 14h-18h. Oct-mars, mar-sam 13h30-17h. Fermé 1er janv, 1er mai, 1er nov et 25 déc. Entrée : 3 € pour 1 site, 4,50 € pour 2 ; gratuit moins de 18 ans.* Dans une salle, présentation d'objets de la vie quotidienne des Gallo-Romains du Ier au IIIe s (tablettes d'écriture, amphores, bijoux, biberons et jeux romains...) et la tête de l'empereur Auguste, en marbre de Carrare.

L'abbaye aux Dames, la Cité musicale *(plan C2)* **:** *rive droite, pl. de l'Abbaye (accès par la rue Geoffroy-Martel ; parking gratuit). ☎ 05-46-97-48-48. • abbayeauxdames.org • Ouv tte l'année. Horaires variables, se renseigner sur le site. Entrée : 10 € ; réduc pour les « Voyages sonores », les « Siestes sonores » avec tour de carrousel musical et audioguide. Carrousel musical seul ou Festival virtuel : 3 €.*

Fondée par Agnès de Bourgogne, épouse en 2des noces de Geoffroy Martel, comte d'Anjou, tout-puissant en Saintonge, cette abbaye bénédictine de femmes (d'où son nom...) a été consacrée en 1047. Une abbaye très puissante (les abbesses portaient, comme les évêques, crosse et mitre, et ne reconnaissaient que le pape comme autorité supérieure), chargée de l'éducation des jeunes filles des meilleures familles (une certaine Athénaïs de Rochechouart, future marquise de Montespan, y fit un passage). L'abbaye prospéra jusqu'à la Révolution. Transformée en prison puis, sous l'Empire, en caserne (l'église abbatiale servait carrément d'écuries), l'abbaye aux Dames fut rendue au culte en 1939 et complètement restaurée en 1988, sauvée par son festival.
L'architecture et l'histoire du site sont présentées de façon claire, avec même un peu d'humour. La visite vous fait passer du cloître à la tribune qui surplombe la nef, et au clocher, joyau de l'art roman saintongeais du XIIe s. Au passage, on découvre le revers de la voûte en croisée d'ogives du transept sud, rarissime, paraît-il.

L'église abbatiale
Un des édifices majeurs de la Saintonge, l'une des plus belles églises romanes qui soient. La façade, l'une des plus ornées de Saintonge, présente un large portail aux admirables voussures finement ciselées. Sur la 1re voussure, Dieu est symbolisé par une main bénissant ceux qui pénètrent dans l'église ; sur la 2e, l'Agneau agenouillé est encadré par les 4 animaux qui représentent les évangélistes ; la 3e voussure évoque le Massacre des saints innocents. Enfin, sur la 4e voussure se serrent les 24 vieillards de l'Apocalypse qui, par la grâce du sculpteur, sont devenus 54 mais n'en portent pas moins les instruments de musique qui les caractérisent. Une exubérance, typique de l'iconographie romane, que l'on retrouve sur les tout aussi superbes chapiteaux ornés de figures décoratives : lutte symbolique du Bien et du Mal, anges et démons, bestiaire... Sur le carré du transept s'élève le clocher, massif et carré à la base, puis surmonté d'une tour cylindrique ajourée de fenêtres géminées. On peut, dans le cadre de la visite du monument, grimper jusqu'à la plateforme sommitale (joli panorama sur la cité).
À l'intérieur, les chapiteaux sont en revanche très sobres (ils n'ont jamais été colorés, comme cela avait été prévu). Aux murs, une collection de tapisseries contemporaines aux coloris éclatants, dont l'ensemble charme plus qu'il ne choque.

Les bâtiments conventuels
Ils s'ordonnent autour de l'abbatiale. Long corps de logis du XVIIe s, d'une grande pureté de lignes, accentuée par la blancheur du calcaire typiquement saintongeais.
Remarquablement restaurée, l'abbaye aux Dames est maintenant la *Cité musicale*. Lieu de concerts (pendant le festival de Saintes en juillet, mais aussi toute l'année), de création et de formation.

Musicaventure
Outre l'audioguide classique, qui propose une passionnante visite guidée de l'abbaye fourmillant d'anecdotes historiques, des dispositifs de visite « nouvelle génération » permettent de découvrir l'abbaye d'une tout autre manière, les sens aux aguets, les oreilles déployées. Casqué, vous voilà plongé au cœur d'un son binaural (son en 3 dimensions), d'une musique spatialisée et en 3D ! De salle en salle, vous vivez une intense expérience musicale, une immersion totale ! La technique, il faut l'avouer, est assez bluffante et l'on a plaisir à suivre ces « Voyages sonores » : 2 modules, 2 scénarios pour un même circuit. Un 3e module permet de se munir d'un casque avec son binaural pour écouter un concert du Festival de Saintes. Outre l'immersion musicale, ces visites imposent un rythme, une respiration, une inspiration que l'on ne s'accorde plus guère dans la vie moderne et trépidante. Le temps devient vibration. Planant !

Le Carrousel musical
3 € le tour, 10 € les 4 tours. La dernière attraction musicale de l'abbaye est ce manège fantastique. Le Bazilik, monstre ludique, onirique et déjanté, semble tout

droit sorti d'un conte de fées ! Il entraîne petits et grands dans une expérience musicale et sensorielle totalement inédite. 24 postes instrumentaux permettent de composer une joyeuse cacophonie et de parvenir, à la fin de l'aventure, à une magique harmonie.
– L'abbaye aux Dames propose en saison toutes sortes d'animations musicales : voyages sonores et nocturnes, siestes sonores, expos...
Possibilité de passer une nuit à l'hôtel *Les Chambres de l'Abbaye,* aménagé dans les anciennes cellules des moniales (voir plus haut dans « Où dormir » ?).

Le jardin public Fernand-Chapsal *(plan C2)* **:** *à côté de l'office de tourisme et proche de l'arc de Germanicus. Ferme à 21h l'été.* Arbustes, fleurs et bancs en bord de Charente (et même des banquettes-lits pour la sieste !). Calme et reposant. Quelques jeux pour enfants et un petit parc.

À faire

➢ ***Promenades fluviales sur la Charente :*** *mai-sept. Infos à l'office de tourisme.* 3 possibilités de navigation : des petits bateaux électriques à piloter soi-même, une gabare charentaise traditionnelle pour une balade commentée de 1h-1h30, ou un bateau de promenade effectuant des croisières jusqu'à Chaniers ou Port-d'Envaux à la journée (avec déjeuner) ou à la demi-journée *(plus de rens sur • croisieres-palissy.fr •).* À signaler que ce dernier bateau, le *Palissy III,* fonctionne à l'énergie électrique solaire, aussi écologique que silencieux !

➢ ***La Flow Vélo :*** *• laflowvelo.com • Plan téléchargeable et indications de difficulté sur le site.* Loin du trafic, 190 km de pistes cyclables ont été aménagés pour parcourir la Charente-Maritime, reliant une multitude de sites patrimoniaux emblématiques, dont le paysage saintongeais. Itinéraires depuis Saintes (38 et 23 km), Rochefort (39 km) et Fouras (27 km). Voir le *Routard* spécial *La Flow Vélo.*

Manifestations

– ***Festival de Saintes :*** *mi-juil. Rens : ☎ 05-46-97-48-48. • festivaldesaintes.org •* Festival de musique classique classé parmi les 100 meilleurs du monde. Concerts donnés à l'abbaye aux Dames et dans les églises de la Saintonge romane.
– ***Coconut Music Festival :*** *début sept. • coconutmusicfestival.org •* Festival de musique pop-rock à l'abbaye aux Dames.
– ***Les Noëls Blancs :*** *déc.* Tout au long du mois, nombreuses activités et animations dans les rues du centre-ville, dont la Cavalcade de la Saint-Sylvestre (le 31 au soir).

DANS LES ENVIRONS DE SAINTES

Le Paléosite : *17770* ***Saint-Césaire.*** *☎ 05-46-97-90-90. • paleosite.fr • Ttes vac scol. Avr-début nov, tlj sauf lun-mar hors vac scol 10h30-19h et seulement le w-e en oct (fermeture billetterie 1h avt). Entrée : 10 € ; 6 € 6-14 ans ; forfait famille 26 €. Compter 3h de visite.*
De l'***info néandertalienne*** certes, mais interactive ! Voilà ce qu'ont imaginé les concepteurs de ce site, construit sur le lieu même où Pierrette, une jeune Néandertalienne, a été découverte en 1979. Grâce à une scénographie de pointe, une salle revient sur cette fabuleuse aventure. Mais l'émerveillement débute dès le hall, où est installée une exposition sur les ***animaux de la préhistoire*** (mammouths, tigre à dents de sabre, mégalocéros, rhinocéros laineux...). Un formidable bestiaire que

vient compléter un documentaire sur écran géant, « Pierrette en terre animale », et un court-métrage ***dédié à la place de la femme dans la préhistoire,*** « Les Femmes de Saint-Césaire ».
Puis on enchaîne à un rythme effréné séquences pédagogiques et ludiques, et l'on ne s'ennuie pas une seconde. Entre 2 vidéos à la technique bouleversante, on joue les apprentis scientifiques : à l'aide d'un scan, on peut comparer son crâne avec celui d'un Néandertalien... Carrément désopilant, un procédé de morphing vous transforme en quelques secondes en personnage de *La Guerre du feu.*
À l'extérieur, dans le cadre des ***ateliers et animations*** proposés les week-ends et vacances scolaires, on peut s'entraîner au tir au propulseur (toujours pratique pour aller chasser le mammouth !) ou apprendre à allumer un feu et tailler des outils en silex, etc. On peut aussi découvrir les reconstitutions grandeur nature d'habitats préhistoriques du film *Ao le dernier Néandertal,* ou d'un troupeau de rennes et d'un aurochs sur un parcours extérieur sonorisé. De la vulgarisation au sens noble du terme, une réussite ! Rien d'étonnant quand on sait qu'Yves Coppens a participé au projet. Grâce à lui et au reste de l'équipe, on ressort incollable sur le Big Bang et l'histoire de l'évolution humaine ! Cafèt' sur place *(w-e et vac scol).*
Saint-Sauvant : *petit village perché à 2 km au sud de Saint-Césaire.* Tout en ruelles pentues, maisons anciennes et vestiges de fortifications médiévales, ce village est superbe et désormais classé Petite Cité de caractère. Son église romane ne dépare pas l'ensemble.

L'abbaye de Fontdouce : *sur la commune de* ***Saint-Bris-des-Bois,*** *à env 15 km à l'est de Saintes par la D 131. ☎ 05-46-74-77-08. • fontdouce.com • Visites (guidées sur résa) juil-août, tlj 10h-19h (17h sam) ; avr-juin et sept-oct, tlj 10h30-18h30 (17h sam). Entrée : 6,50 € ; 5 € sur présentation de ce guide ; réduc.* Fondée au XIIe s, elle fut en partie détruite par les guerres de Religion et la Révolution, avant d'être restaurée au XXe s. Superbe chapelle basse aux voûtes évoquant l'art roman. La salle capitulaire, de style gothique primitif (XIIIe s), compte 12 travées (contre 6 habituellement). Toutes les clés sont richement et différemment ornementées. Elle est même traversée par un petit filet d'eau, la Fontdouce, qui prend sa source 500 m en amont. C'est l'une des plus belles salles capitulaires de France. Remarquez la blancheur de la pierre du parloir ; aucune opération de nettoyage n'a pourtant été réalisée. Impressionnant ! La chapelle haute date du XIIe s et a été transformée au XVIIIe s. Notre préférée reste la salle des Moines, excavée en 2006, aux magnifiques volumes là encore.
Ne pas rater non plus les restes de l'abbatiale où ne subsiste guère que le chœur. En revanche, l'emplacement de la nef et des transepts nord et sud se repère parfaitement. Quelques sarcophages retrouvés sur place, avec des alvéoles funéraires pour la tête et les pieds !
Avant de repartir, une balade dans les jardins s'impose. Les aménagements à la française alternent superbement avec le jardin des simples, typique du Moyen Âge. Jeux de piste proposés pour petits et grands.
– Juste à côté de l'abbaye, le ***Parc Aventure de la vallée de Fontdouce*** : *• parc-aventure-fontdouce.com • Avr-oct, tlj pdt vac scol 14h-19h (10h-20h juil-août), seulement w-e et j. fériés hors vac scol. Accrobranche : 20 €, réduc ; laser game 9 € la 1re partie (tarif dégressif). Forfaits et tarifs famille.* 12 parcours sur des chênes centenaires (de 30 m !), dont 3 accessibles dès 3 ans. À l'abbaye, nombreuses animations pour les enfants de tous âges (Water Fight, Bubble Foot, chasse au trésor, enquête policière, etc.).

Petite balade romane autour de Saintes

Difficile, bien sûr, de vous indiquer toutes les églises romanes qui ont poussé sur le sol de Saintonge. Ce petit circuit se balade essentiellement dans un rayon d'une vingtaine de kilomètres au sud et sud-ouest de Saintes, à la rencontre de quelques-unes des plus intéressantes églises du coin. Difficile également de détailler la débauche d'ornementations de leurs portails ou chevets. À vous de jouer, de traquer les acrobates, les monstres et les scènes érotiques...

Chermignac : *à 7 km au sud-ouest de Saintes par la D 129.* Église Saint-Quentin (XIIe-XIIIe s). Les voussures du portail sont ornées d'étonnantes sculptures : animaux carrément flippants et une ribambelle de personnages (on devine un forgeron, à son marteau et sa tenaille). Croix hosannière du XVe s dans le cimetière.

Rétaud : *à 6 km à l'ouest de Chermignac par la D 138.* L'église Saint-Trojan (du XIIe s) est sans conteste l'une des plus belles du coin. Ornementation un poil chargée (on la qualifie de baroque) mais moins que chez certaines de ses voisines. La façade est à observer à la loupe, comme le chevet (masques grimaçants des modillons).

Rioux : *à 5,5 km au sud de Rétaud par la D 216.* De prime abord, l'église Notre-Dame (fin du XIIe s) paraît bien modeste... Pourtant, en façade, les voussures et les arcatures sont déjà finement travaillées (belle Vierge à l'Enfant dans l'arcade centrale). Et vous n'avez pas encore vu le chevet ! Ses 5 pans font véritablement dans la débauche d'ornementations. Motifs géométriques, figures humaines ou monstrueuses, il faudrait des heures pour tout détailler. Bel exemple de cet art roman qu'on associe souvent (à tort) à la sobriété et qui, ici, est proche de la démesure... À l'intérieur, colonnes du chœur en contre-courbe (pour faire simple, elles font des zigzags : sacrée prouesse technique !) et bel ensemble en bois polychrome du XVe s (le mariage mystique de sainte Catherine).

Meursac : *à 7,5 km au nord-ouest de Thaims par la D 138.* Chœur roman et chevet gothique, mais le mélange fonctionne. Chapiteaux romans sculptés (combats entre hommes et animaux). Surprenante crypte monolithe (comprendre entièrement creusée dans la roche) paléochrétienne du Ve s.

Corme-Royal : *à 15 km à l'ouest de Saintes par la D 728.* Et une « perle de la Saintonge », une ! On a l'air de se moquer, mais la façade romane (XIIe s) de l'église Saint-Nazaire, ancien prieuré de l'abbaye aux Dames, est plutôt impressionnante. Les sculpteurs ont développé leur art sur 3 étages, n'oubliant pas un millimètre carré de pierre. Même les plus petites colonnes fourmillent de détails ! À l'intérieur, gothique, curieux bénitier, chapiteau de marbre renversé, peut-être rapporté des croisades.

LA VALLÉE DE LA CHARENTE, DE SAINTES À TONNAY-CHARENTE

• Carte *p. 343*

TAILLEBOURG

(17350) 725 hab. *Carte Charente-Maritime, C2*

Plus que pour ses quais pittoresques au bord de la Charente et ses vestiges d'un puissant château fort, Taillebourg est resté célèbre dans l'histoire grâce à la vraie-fausse bataille de 1242 entre Saint Louis et Henri III Plantagenêt. Celui-ci mit un terme à la 1re « guerre de Cent Ans ». On s'explique : les armées française et anglaise se sont effectivement mesurées à Taillebourg mais dans un face-à-face pacifique, chacune campée sur une rive du fleuve.

À la faveur d'une trêve, le roi d'Angleterre en profita pour se réfugier derrière les remparts de Saintes, interrompant ce terrible duel !

Adresses utiles

- Renseignements à l'***office de tourisme des Vals de Saintonge,*** à Saint-Savinien-sur-Charente. *☎ 05-46-32-60-75. • accueil@destinationvalsdesaintonge.com • destinationvalsdesaintonge.com •*

- ***Location d'embarcations à pédales et de bateaux :*** *Les Quais de Taillebourg,* *route de la Brossardière (sur les quais). ☎ 05-46-91-73-28. • lesquaisdetaillebourg.com •*

- ***École de ski nautique :*** *route de la Brossardière (sur les quais). Rens : M. Haury, 06-75-37-18-02. • nauticclubtaillebourg.com •* Stages d'initiation et de perfectionnement.

Où dormir ? Où manger ?

Auberge Les Glycines : *4, quai des Gabariers. ☎ 05-46-91-81-40. • auberge-glycines@live.fr • Tte l'année, tlj sauf lun. Résa nécessaire (surtout le w-e). Menus 26-32,50 €.* Vénérable et coquette demeure en bord de Charente, dans un environnement paisible. Salle lumineuse aux tonalités jaune d'or sur pierre sèche. Solide réputation pour ses plats de terroir bien ficelés à base de produits régionaux. Accueil jeune et souriant. Goûtez, entre autres, à la montgolfière de cagouilles flambées au cognac et aux desserts gourmands (hmm, le soufflé au Grand Marnier !). Agréable terrasse sous la glycine, dans la cour fermée.

Chambres d'hôtes Maison d'Aliénor : *37, rue Aliénor-d'Aquitaine. 06-62-37-76-73. • maisondalienor@hotmail.fr • maison-dalienor.com • Doubles 75-85 €. Apéritif offert sur présentation de ce guide.* Au-dessus de la galerie d'art et d'artisanat des propriétaires, une adresse très *arty,* proposant 4 chambres à la déco recherchée. Une jolie adresse de charme au cœur de ce ravissant village charentais. La chambre « Mélusine » peut accueillir jusqu'à 4 personnes. Terrasses et jardin pour le farniente... Une adresse toute douce, avec un accueil attentionné.

Où dormir ? Où manger dans les environs ?

Chambres d'hôtes au château de Crazannes : *à 8 km à l'ouest de Taillebourg, commune de* ***Crazannes.*** *☎ 05-46-90-15-94. • contact@crazannes.com • crazannes.com • Congés : janv-mars. Doubles 95-150 € ; suite 190 € ; suite familiale 240 € ; gîte dans le donjon 1 400-1 750 €/sem.* Nul besoin d'une chevalière armoriée ou d'un haubert étincelant pour se sentir châtelain. À force de gravir les escaliers des tours, de s'endormir dans de vastes chambres au mobilier d'époque ou de bouquiner dos à la cheminée crépitante, on prend vite des habitudes ! Et si le petit déj servi dans l'ancienne salle des pèlerins renforce l'atmosphère médiévale, la piscine rappelle les bienfaits du monde moderne.

Les Canotiers : *5, rue du Port, 17350* ***Port-d'Envaux.*** *☎ 05-46-92-17-50. Congés : l'hiver. Sandwichs 4-6 € ; huîtres + verre de vin blanc 10 € ; poisson env 17 €. Café offert sur présentation de ce guide.* Une guinguette sympa, posée au bord de la Charente. À part louer des bateaux et autres *paddles* (voir plus loin), on peut aussi commander de bons sandwichs, gober quelques huîtres et même déguster des poissons frais cuits *a la plancha.* Sain et copieux ! Délicieuse terrasse champêtre sous les mûriers. Possibilité de se baigner dans la Charente juste en face (plage aménagée). Limonades maison et glaces pour se rafraîchir. Service parfois débordé.

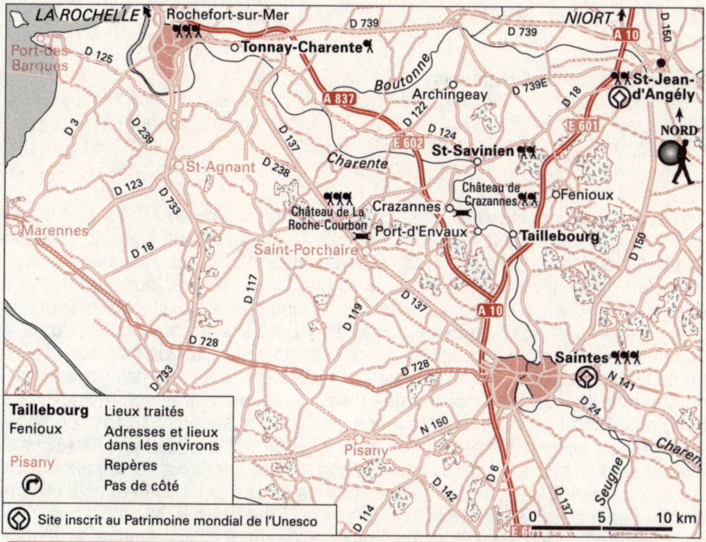

LA VALLÉE DE LA CHARENTE DE SAINTES À TONNAY-CHARENTE

Le Gabarier : *2, rue des Lapidiales, 17350* ***Port-d'Envaux.*** *☎ 05-46-90-18-33. • legabarier@orange.fr • Dans le centre du village. Tlj sauf dim et lun soir en saison, plus mar soir et mer en hors saison. Résa impérative le w-e. Congés : vac scol de Pâques et la Toussaint. Formule 18 € ; menu 26 € ; carte env 40 €. Digestif offert sur présentation de ce guide.* Grosse demeure particulière avec une vaste terrasse. Excellente cuisine de terroir mais n'excluant pas une certaine recherche, comme cette mousseline de sandre aux écrevisses, ce suprême de pintadeau aux morilles, et tant d'autres petits plats bien troussés.

À voir

Les remparts et le château : *sur les hauteurs de la ville. Visite des vestiges du château sur résa : rens auprès de la mairie, ☎ 05-46-91-71-20. • taillebourg17.fr •* L'allée qui y mène est bordée de jolies maisons bourgeoises, aménagées dans les anciennes écuries datant du XVIIIe s. Bel ensemble, où se mêlent restauration XVIIIe s et architecture médiévale. Autour des vestiges remaniés du château, un joli parc. Déjà habité au IXe s, le château fut ensuite reconstruit de façon plus prestigieuse. À tel point qu'il accueillit Louis VII et Aliénor d'Aquitaine lors de leur nuit de noces ! Objet de luttes incessantes entre Français et Anglais, il fut rasé en 1179 par Richard Ier Cœur de Lion, fils (ingrat) d'Aliénor ! Entrée dans le domaine royal au début du XVe s, la forteresse sera démolie puis reconstruite à maintes reprises. De cette histoire mouvementée subsistent la tour d'angle du XVe s et les fortifications. De la terrasse du parc, très belle vue panoramique sur la vallée de la Charente.

DANS LES ENVIRONS DE TAILLEBOURG

Le château de Crazannes : *☎ 05-46-90-15-94. • crazannes.com • À 8 km à l'ouest de Taillebourg. Visites guidées seulement : juil-août, tlj 10h-12h30, 13h30-18h (visites à 11h, 14h, 15h15 et 16h30) ; mai-juin et sept, tlj sauf mar (hors juin) 10h-12h, 14h-18h (visites à 11h, 15h et 16h30) ; avr et oct-déc, tlj sauf mar 14h-18h (visites à 15h et 16h30). Fermé 1er janv-1er avr. Entrée : 9 € ; 5 € 7-14 ans. Parc seul : 5 € ; 3 € enfants.*
Son surnom de « château du Chat botté » vient du fait qu'au XVIIe s il fut la propriété du comte de Caravaz, dont s'inspira Charles Perrault pour son personnage du marquis de Carabas, rendu riche et célèbre grâce aux ruses de son chat. Bien que d'architecture composite, avec une chapelle, une tour de défense et des douves du XIe s, un logis seigneurial flanqué d'une grosse tour cylindrique, tous 2 du XVe s, et une façade sud remaniée début XXe s, le château de Crazannes présente un ensemble homogène et intéressant (sauf la façade sud, sur laquelle on ne s'attardera pas). Face nord sculptée d'époque gothique flamboyant, avec notamment une superbe porte ornée d'emblèmes plus ou moins mystérieux et interprétables, et impressionnante tour à mâchicoulis rappelant Thierry la Fronde !
À l'intérieur, noter le bel escalier en bois et l'énorme table rustique, l'âtre monumental en pierre de Crazannes et le plafond aux poutres sculptées d'engoulants (figures fantastiques). On découvre ensuite les salons, la bibliothèque, la cuisine, la salle des gardes, le grenier et la chambre du Chat botté (si elle n'est pas louée en chambre d'hôtes). Depuis toujours propriété de riches Saintongeais, le château servit aussi au XVIIIe s de résidence à Mgr Pierre-Louis de La Rochefoucauld, dernier évêque de la ville de Saintes.
Dans le parc, une chapelle romane, le pigeonnier et un petit musée d'objets ruraux anciens dans une dépendance.
– L'été *(en principe 1er dim d'août),* une ***fête médiévale*** est organisée. Également des animations pour Halloween et Noël. Et dernière nouveauté, un ***escape game*** où l'on endosse le rôle... du Chat botté *(3 € en sus du prix du billet).*

La pierre de Crazannes : *à 1 km du village de* ***Crazannes.*** *☎ 05-46-91-48-92. • pierre-de-crazannes.fr • Accès par la D 119 ou par la D 18 et le chemin en face de la rue où se trouve la mairie (D 128). De mi-juin à mi-sept, tlj 10h-12h, 14h-17h ; d'avr à mi-juin et 2e quinzaine sept, tlj sauf lun 10h-12h, 14h-17h30 ; mars et oct, mer et sam-dim 10h-12h, 14h-17h. Fermé nov-fév. Résa conseillée. Visite guidée 6 € ; visite libre 3,50 € ; réduc ; gratuit moins de 6 ans. Animations thématiques régulièrement proposées.* Ce site, estampillé Échappées Nature de Charente-Maritime, livre un aperçu rapide sur l'activité de carrier, spécialité de la région pendant près de 2 000 ans. Jolie balade champêtre dans les carrières, désaffectées depuis la Seconde Guerre mondiale. On déambule au fond d'impressionnants canyons creusés par les carriers, aujourd'hui envahis par une végétation luxuriante aux allures tropicales. Les guides vous dévoilent avec passion le rude métier de carrier, tout en vous présentant les espèces végétales rencontrées, depuis la fougère scolopendre à la clématite vigne-blanche jusqu'aux différentes espèces d'orchidées. On peut voir les blocs de pierre lors des phases d'extraction. Quel boulot ! Ils étaient ensuite emportés sur des charrettes jusqu'au port, puis chargés dans les gabares. Diverses

UNE PIERRE PRÉCIEUSE

La pierre de Crazannes a fait la renommée de la ville, s'invitant sur des dizaines de monuments à travers l'Europe et le monde : pour certains, elle serait même présente sur le socle de la statue de la Liberté ! Citons aussi la cathédrale de Cologne, l'arc de Germanicus à Saintes et... le fameux fort Boyard. Autant dire que Crazannes est fier de sa pierre !

animations thématiques de mai à fin septembre : initiation à la sculpture sur pierre, randonnées pédestres sur l'ancienne route de la pierre, etc.

– Enfin, pour les apprentis Rodin, signalons ***Les Lapidiales,*** une résidence de sculpteurs installée dans la carrière des Chabossières située à 1,7 km de l'Échappée Nature, sur la commune de Port-d'Envaux.

La lanterne des morts : *17350* ***Fenioux.*** *À 9 km au nord de Taillebourg par la D 127.* Au cœur de la verdoyante vallée de la Boutonne. Cet édifice, dressé à la gloire des défunts, date du XIIe s. Constitué de 11 piliers surmontés d'un lanternon, le tout atteint presque 20 m. Juste à côté, très belle église romane des IXe-XIIe s. Admirez le magnifique portail aux voussures typiquement saintongeaises.

Le château de Panloy : *17350* ***Port-d'Envaux.*** *☎ 05-46-91-73-23. • panloy.com • À 12 km au nord-ouest de Saintes. Juil-août, tlj 10h-19h ; avr-juin et sept-oct, tlj sauf lun 14h-18h (plus 10h-12h mai-juin). Visite guidée pour le château (1h), libre pour le parc et les communs. Entrée : 9 € ; réduc. Animations régulières, notamment pour les enfants, avec jeu de piste et chasse au trésor… et un quiz pour les adultes !* Caractérisé par son harmonieuse façade, ce vaste château de style Louis XV appartient à la famille de Grailly depuis sa reconstruction, au XVIIIe s. Les outrages du temps et des remaniements malheureux n'enlèvent rien au fait qu'on y trouve encore de bien jolies choses. Une chaise à porteurs et une baignoire à roulettes Louis XV, une trompe de calèche, ancêtre du klaxon, de rares lampes à huile de 1840, un rafraîchissoir du XVIIIe s, etc. Et de nombreux trophées de chasse, dont une tête de loup. Le guide s'arrête sur chaque objet, samovar ou machine à café. Dans le salon d'honneur, de rares et belles tapisseries de Beauvais du XVIIIe s représentent des scènes bucoliques et courtoises. Dans le parc, jolie balade en suivant le « sentier nature ». Impressionnant pigeonnier datant de 1620. Également 2 ***chambres d'hôtes*** spacieuses *(compter 98 €, petit déj compris).*

– ***Location de bateaux :*** ***Les Canotiers,*** *5, rue du Port, à* ***Port-d'Envaux.*** *☎ 05-46-92-17-50. • les-canotiers.fr •* Bateaux électriques ou à moteurs thermiques, location de *paddles,* kayaks et canoës. On peut aussi embarquer à Saint-Savinien (voir plus loin).

SAINT-SAVINIEN-SUR-CHARENTE

(17350) 2 540 hab. *Carte Charente-Maritime, C2*

Superbe bourg lové dans une boucle de la Charente. Une église juchée sur un rocher et, au pied, des maisons qui s'alignent le long de la rivière. Bien paisible aujourd'hui, Saint-Savinien fut pourtant un port très actif dès le XIIIe s. Les gabares y étaient chargées de vin, de bois ou de céréales, mais aussi et surtout de ces pierres de taille extraites des carrières de Saint-Savinien qui ont servi à construire aussi bien les quais du port de Londres que les églises d'Anvers ou de Gand. Pour patienter pendant les chargements, les mariniers plongeaient dans la Charente à la recherche des fameuses moules perlières appelées « patagaux »… Labellisée Petite Cité de caractère, Village de pierres et d'eau et Ville et Métiers d'art (rien que ça !), la ville héberge aujourd'hui une petite colonie d'artistes qui accueillent le public dans leur galerie ou leur atelier.

Adresse utile

Office de tourisme des Vals de Saintonge : *1, rue des Bateliers. ☎ 05-46-32-60-75. • accueil@destinationvalsdesaintonge.com •*

LA CHARENTE-MARITIME

*destinationvalsdesaintonge.com • Sur l'île de la Grenouillette, de l'autre côté du pont (commune du **Mung**). En saison, lun-ven ; le reste de l'année, vérifier les horaires sur le site.* Infos sur les nombreuses activités sportives et les croisières sur la Charente.

Où dormir dans les environs ?

Camping L'Île aux Loisirs : *102, route de Saint-Savinien, sur l'île de la Grenouillette de l'autre côté du pont (commune du **Mung**). ☎ 05-46-90-35-11. • contact@ileauxloisirs.com • ileauxloisirs.com • ♿ Ouv avr-sept. Forfait tente 17,70 € pour 2. Chalets pour 6 pers. 82 empl.* Camping familial arboré et bien entretenu, sur une île entourée par la Charente. Des emplacements au calme, à l'écart des hébergements locatifs. Pêche autorisée, location de canoës et kayaks, soirées thématiques, jeux pour enfants et accès gratuit à la piscine intercommunale. Tennis attenant. Accueil sympa.

Chambres d'hôtes La Pertuzerie : *chez Mireille et Érik Framont, hameau **La Pertuzerie.** ☎ 09-74-76-29-60. 📱 06-29-25-45-79. • contact@lapertuzerie.fr • lapertuzerie.fr • À 5 km du centre-ville, passer la voie ferrée vers Saint-Jean-d'Angély, prendre à gauche en direction des Nouillers, puis encore à droite en campagne (fléché). Congés : 2 sem en juin. Doubles 59-69 €. Table d'hôtes 22,80 €, boissons incluses. Café ou digestif offert sur présentation de ce guide.* Des chambres d'hôtes de charme, réparties dans 3 maisons indépendantes d'un ancien hameau restauré. De l'adorable maisonnette avec cheminée et douche hydromassante aux chambres aménagées en duplex avec kitchenette, poêle à bois et salle de bains à l'italienne, en passant par celle aménagée dans les anciennes écuries aux pierres apparentes, toutes sont soignées, de bon confort et avec terrasse privative. On ne manquera pas la table d'hôtes pour les petits plats concoctés par Érik et Mireille, à base de produits bio de la ferme ou de poisson que leurs amis mareyeurs leur rapportent de La Cotinière.

Chambres d'hôtes Les Hortensias : *chez Marie-Thérèse Jacques, 16, rue des Sablières, 17380 **Archingeay.** ☎ 05-46-97-85-70. 📱 06-50-02-05-15. • jpmt.jacques@wanadoo.fr • chambres-hotes-hortensias.com • ♿ À 7 km de Saint-Savinien sur la D 114 en direction de Tonnay-Boutonne. Dans le centre du village. Congés : fêtes de fin d'année. Doubles avec bains 65-72 € ; familiale. Apéritif maison offert sur présentation de ce guide.* Marie-Thérèse a fait de son jardin un petit paradis floral dans cette ancienne exploitation viticole réaménagée avec talent. Les 3 chambres (dont 1 familiale) offrent un bon niveau de confort. Elles sont décorées de beaux meubles charentais et pourvues de salles de bains agréables. Cadre charmant.

À voir. À faire

L'église : édifiée entre les XIIIe et XIVe s. Grimpez-y à pied, les rues tortueuses n'aiment pas les voitures. Impressionnant clocher doté d'une échauguette : il aurait été érigé par les Plantagenêts et servait de tour de guet pendant l'occupation anglaise de la Saintonge.

Dans le bourg, on pourra aussi voir le ***château de la Cave,*** logis noble fortifié du XIVe s *(privé, ne se visite pas),* l'***ancien couvent des Augustins*** (XIIIe s), la ***maison de l'Armateur*** et les ***anciens temple protestant et cimetière.***

La Maison du patrimoine : *24, quai du Port. ☎ 05-46-97-76-17. Juil-août, sam 10h-12h, plus jeu 14h30-18h, et sur rdv. GRATUIT.* Un musée d'histoire locale installé dans une vieille maison restaurée, qui retrace le destin et les activités sociales de la ville à travers archives, maquettes et objets divers. Abrite une ancienne chapelle du XIIe s, dite « des Marins ». Organise des visites du bourg et l'exposition estivale annuelle d'art et artisanat régional.

– **Le port miniature :** *17, rue des Bateliers, sur l'île de la Grenouillette, qui concentre ttes (ou presque) les activités de loisirs du pays savinois. 06-70-95-25-14. • portminiature-saintsavinien.fr • Juil-août, tlj 10h30-18h30 ; avr-juin et sept, seulement dim, j. fériés (tlj vac scol de Pâques zone A) 14h-18h. Fermé en cas de mauvais temps. Entrée : 5,70 € ; 4,70 € moins de 9 ans ; réduc.* Un rêve de môme (ou de grand enfant !). Des modèles réduits sur lesquels on peut embarquer pour une balade de 15 mn sur un étang artificiel, doublé d'une petite rivière spécialement conçue pour la navigation. Une flottille assez considérable de bateaux, du chalutier pour pêcher la sardine au vapeur du Mississippi. Après la croisière, on remonte le temps sur la petite île aux manèges et jeux gonflables, où de véritables manèges d'époque ont été restaurés : carrousel, balançoires, circuit de karts... *(1,40 € le tour de manège ; accès illimité 12 €).*

Location de bateaux : ***Les Canotiers,*** *base nautique. ☎ 05-46-92-24-13. • les-canotiers.fr • Juil-août, tlj 10h-20h ; avr-juin et sept-oct, w-e et j. fériés.* Pour naviguer sur la Charente, location de bateaux électriques ou à essence, à l'heure ou à la journée (mais aussi à la semaine avec couchage pour 4 personnes). Formule « Belle Étoile » pour passer la nuit au fil de l'eau. Également présents à Port-d'Envaux (voir plus haut « Dans les environs de Taillebourg ») : bateaux électriques, canoë, kayak et *paddle*.

Manifestations

– ***Marché des potiers :*** *2e w-e de mai.*
– ***Marché des peintres et des sculpteurs :*** *dernier dim de juil.*
– ***Foire aux vins et à la bonne chère :*** *1er w-e d'août.* Dégustation, vente de vins et de produits du terroir.

DANS LES ENVIRONS DE SAINT-SAVINIEN-SUR-CHARENTE

Les Trésors de Lisette : *17380* ***Archingeay.*** *☎ 05-46-97-81-46. • lestresorsdelisette.monsite-orange.fr • Centre bourg, sur la D 114 entre Saint-Savinien et Tonnay-Boutonne. Ouv tte l'année : juil-sept, tlj 15h-19h ; hors saison, se renseigner. Entrée : 7 € (5 € pour 1 adulte sur présentation de ce guide) ; réduc.*
Voilà un endroit où la passion, le rêve, l'imaginaire et le réel s'enchevêtrent et fusionnent pour donner un pur instant de magie et de bonheur ! À l'origine, des années passées par Gisela et Éric à arpenter les brocantes de l'Europe et à collectionner des milliers d'objets de la vie domestique du XIXe s aux années 1950. Et puis une idée géniale... celle de mettre en scène tous ces trésors à travers un conte, celui de Lisette, servante du baron Arquier, veuf et père de 4 enfants : Maximilien, Émily, Noëlie et Petit Paul.
Le rideau s'ouvre. On découvre des vitrines qui regorgent d'ustensiles, et Lisette, qui s'affaire aux tâches ménagères quotidiennes (le marché, la cuisine, la lessive, etc.). Les yeux s'emballent, s'émerveillent... on a envie de tout voir. C'est impossible ! Il ne faut quand même pas rater l'attendrissante Zézette, la petite chienne naturalisée de la grand-mère d'Éric, qui ne mangeait qu'à table, avec sa bavette, sur une chaise de bébé ! Mais aussi le petit morceau de pain qui date du siège de Paris (1870-1871), le « bourdaloue » qui servait de pot de chambre aux dames pendant les prêches du curé, ou cette incroyable collection de boîtes publicitaires (1860-1930), et il y en a tant d'autres ! Éric et Gisela sont là pour nous accompagner dans cette aventure, pour nous raconter la vie des gens d'autrefois. Et puis des tas de

devinettes (*Search Game* au choix). L'histoire finit bien pour tout le monde, à l'image des contes de fées. Seule la dernière scène est interdite aux moins de 18 ans !
La visite s'achève. On a ri. On a l'impression d'avoir pénétré le monde magique de ces livres d'histoires qu'on nous racontait le soir avant de nous endormir paisiblement. Gisela et Éric, bravo !

LE CHÂTEAU DE LA ROCHE-COURBON

Carte Charente-Maritime, B2

À mi-chemin, grosso modo, entre Saintes et Rochefort. L'un des plus beaux châteaux des Charentes, qui attire plus de 50 000 visiteurs par an. Plusieurs films y furent tournés, parmi lesquels *Les Trois Mousquetaires* et *Point de chute,* avec Robert Hossein et Johnny ! Prévoyez du temps, pas seulement pour la visite de l'intérieur, mais aussi pour les jardins, splendides, ainsi que pour la forêt, ses grottes et ses expositions. En été, jeux anciens pour les enfants et balades au temps de la préhistoire. Aire de pique-nique.
Construit au XVe s, le château est d'abord une forteresse, édifiée sur les ruines d'un fief plus ancien du nom de La Roche. Tout est remanié au XVIIe s, dans le style des élégantes demeures Renaissance, avec galerie, escalier en fer à cheval, toits à la Mansart, pavillons Louis XIII et jardins à la française. L'intérieur n'est pas en reste, embelli de poutres peintes, de frises, de tomettes, et surtout d'un étonnant cabinet entièrement décoré de peintures sur bois datant de 1662.

LE CHÂTEAU DE LA BELLE AU BOIS DORMANT

C'est sous ce titre pour le moins romantique que paraît dans *Le Figaro,* en octobre 1908, un article signé ***Pierre Loti.*** Plus qu'un simple article, il s'agit d'un appel au secours pour « sauver de la mort une forêt, avec son château féodal campé au milieu, une forêt dont personne ne sait plus l'âge ». Un cri du cœur justifié : Loti passa 12 années de son enfance à parcourir cette forêt qu'il comparait à une jungle, et où se développa son amour des paradis exotiques. Et il apprend que le domaine, abandonné depuis des lustres, risque d'être livré à la hache des bûcherons... Comme dans un vrai conte de fées, l'appel de l'écrivain est entendu, mais avec 12 ans de retard ! Entre-temps, un escroc belge s'est rendu acquéreur de la propriété, puis la guerre a éloigné les bûcherons...
En 1920, un certain Chenereau rachète le domaine. Son fils, Paul, riche industriel, promet à Pierre Loti de sauver le chef-d'œuvre en péril. Il y consacrera effectivement toute sa fortune. Vendre des conserves en boîte n'empêche pas le fils Chenereau d'avoir du goût, beaucoup même, et il apporte tout son amour de l'art à la restauration des lieux. On lui doit le château tel qu'on peut l'admirer aujourd'hui, qu'il restaura intégralement, meubla à l'ancienne et agrémenta d'un ravissant jardin en s'inspirant d'une peinture du XVIIe s pour le reconstituer tel qu'il était à l'époque... Ses descendants, Jacques, Marie-Jeanne Badois et leurs enfants, poursuivent la mission de préservation des lieux, à travers la Société du domaine de La Roche-Courbon, propriétaire du château.

Infos utiles

➢ ***Accès :*** *pour s'y rendre de Saintes ou de Rochefort, prendre la D 137 et sortir à Saint-Porchaire puis suivre le fléchage.*

– Horaires et conditions de visite : *☎ 05-46-95-60-10. ● larochecourbon.fr ● ♿ (partiel). Mai-sept, tlj 10h-19h ;*

le reste de l'année, tlj sauf jeu 10h-12h, 14h-18h. Visite du parc et des jardins avec visite guidée : 12 € ; 7-8 € pour les extérieurs seulement, avec accès aux grottes et au musée de la Préhistoire ; 6 € enfants, comprenant 3 parcours-jeux château et jardin ; gratuit moins de 7 ans. Pour l'intérieur, visite guidée obligatoire (env 45 mn ; horaires fluctuants selon monde, 1er départ à 11h). Ensemble du site ouv tlj en hiver sauf dim mat et en sem en janv. Résa des escape games et de l'aventure Coccinelle en ligne.

– Sur place, aire de jeux anciens pour s'amuser en famille, restauration rapide de juin à septembre et aire de pique-nique.

À voir

🎈🎈🎈 ***L'intérieur :*** il surprend non seulement par son mélange rare de raffinement, mais aussi par son charme... car rien ici n'est clinquant. Pour preuve, la salle à manger évoquant l'atmosphère d'une cuisine traditionnelle saintongeaise, où les batteries de casseroles en cuivre côtoient les poutres merveilleusement décorées, ou encore la chambre dite « paysanne », joliment dépouillée malgré ses baldaquins. Quel contraste avec le salon XVIIIe s (ravissantes boiseries) et le vestibule digne d'un musée (superbe escalier du XVIIIe s, tapisseries et statues) ! Bref, contrairement à bien d'autres, cet endroit a une âme.

La pièce la plus spectaculaire est cette fameuse « salle de bains » qui ressemble à tout sauf à une salle de bains ! Il s'agit en fait d'un ancien cabinet (au sens ancien, hein, rien à voir avec de vulgaires waters !) intégralement orné, plafond compris, de médaillons, de frises sculptées et de panneaux de bois peints du XVIIe s représentant la vie et certains travaux d'Hercule. Il se trouve que l'une des anciennes propriétaires, une certaine Charlotte, a eu la bien curieuse idée d'y faire installer une baignoire, vraisemblablement pour profiter du soleil couchant...

On termine par la cuisine des gardes, avec son exposition sur la restauration des jardins et sa salle des gardes à l'atmosphère médiévale avec sa monumentale table en pierre.

🎈🎈 ***Le donjon :*** un nouveau musée de la Préhistoire, entièrement restauré, y a été aménagé. On y apprend que les magdaléniens occupèrent le site : on a retrouvé leurs traces dans des grottes situées sous le château !

🎈🎈 ***Les jardins :*** créés par La Quintinie (qui dessinera plus tard le potager du Roy à Versailles) dans le plus pur style français, d'une rare élégance, avec compositions florales, parterres de gazon, allées, statues, conifères. Il est d'ailleurs classé Jardin remarquable, sans doute pour son gigantesque plan d'eau, prolongé d'escaliers et d'une imposante terrasse conçue pour admirer l'ensemble. Ne loupez pas ce panorama, le plus somptueux qui soit de La Roche-Courbon, avec le reflet du château dans l'eau.

DES JARDINS SUR PILOTIS

Les jardins reposent sur des marais. Ils auraient été engloutis depuis longtemps si les propriétaires n'avaient pris les mesures qui s'imposent, à savoir, planter chaque année des pieux de plus en plus longs pour consolider le terrain. Même les allées sont sur pilotis ! Il a fallu pas moins de 25 ans pour planter les 2 500 pilotis reposant sur la partie solide du terrain...

🎈 ***Les grottes :*** le secteur semble en être truffé. Les grottes du Bouil-Bleu, les plus intéressantes, se trouvent à environ 800 m du château. Elles furent habitées pendant le Paléolithique. Mais bon, de nos jours, elles servent avant tout de prétexte à une agréable petite promenade... Un parcours karstique y est installé pour comprendre la formation géologique du site. Malheureusement, cet espace boisé, qui était l'endroit préféré de Pierre Loti, a été fortement touché – allez, n'ayons pas peur des mots... ravagé – par la tempête de décembre 1999. Évidemment, des vents à plus de 200 km/h, ça laisse des traces ! Heureusement, le temps passe et, aidés par une association d'amis, les propriétaires ont pu, année après année, panser les plaies de ces 150 ha de forêt ! La balade « préhistozen » permet de mieux comprendre ces habitats d'antan et nous emmène loin de l'âge classique.

TONNAY-CHARENTE

(17430) 8 155 hab. *Carte Charente-Maritime, B2*

Ce port historique de la Charente (Tonnac à l'époque celtique, Tauniacum à la période romaine) se situe sur la rive droite du fleuve, à la frontière entre Saintonge et Aunis. Poste stratégique, il fut maintes fois convoité et occupé pendant la guerre de Cent Ans, avant d'échoir aux Rochechouart-Mortemart (famille dont est issue la célèbre marquise de Montespan, favorite de Louis XIV). Colbert songea y établir son grand arsenal, qui sera finalement construit à Rochefort. Port fluvial actif dès le Moyen Âge, il connut son apogée au XIXe s grâce au commerce du sel, du vin et du cognac. Ses quais témoignent encore de cette activité florissante. Enjambant la Charente, le magnifique pont suspendu est devenu l'emblème de Tonnay-Charente.

Info utile

Renseignements à l'***office de tourisme de Rochefort-Océan*** *(☎ 05-46-99-08-60 ; ● rochefort-ocean.com ●)* ou auprès de la ***mairie*** *(☎ 05-46-82-14-30 ; ● tonnay-charente.fr ●).*

À voir

Il fait bon flâner dans Tonnay, petite ville autrefois prospère (et toujours commerçante), à la découverte de ses maisons de négociants sur les quais. Hormis son église romane (remaniée au XVIIIe s), les bâtiments les plus marquants datent du XIXe s, âge d'or de Tonnay : ancienne distillerie Girard, halles, hôtel de ville, lavoir, fontaines, etc. Mais c'est bien son pont suspendu qui attire le regard !

Le pont suspendu : inauguré en 1842 (classé en 1988), il mesure 620 m de long. Conçu par Louis Dor, il fut reconstruit par Arnodin (l'ingénieur des ponts transbordeurs en général et de celui du Martrou à Rochefort en particulier) après l'écroulement de son tablier en 1883. C'est donc à Arnodin que l'on doit la silhouette tout en grâce et légèreté de ce pont de fer et de pierre (tablier, pylônes, câbles et haubans). Il fut sauvé de la destruction par la Résistance, en août 1944, et le passage des voitures y est interdit depuis 1964. On le traverse aujourd'hui à pied ou à vélo.

LES VALS DE SAINTONGE

Le pays des Vals de Saintonge est délimité à l'ouest par la rive droite de la Boutonne, à l'est par le département de la Charente, et au sud par le fleuve Charente. Le paysage, contrairement à celui des plaines monotones

de l'Aunis, est nettement plus vallonné. Il annonce déjà la verte vallée charentaise. On trouve, dans ce berceau de l'art roman, l'un des plus beaux exemples architecturaux saintongeais : l'église Saint-Pierre d'Aulnay-de-Saintonge. Sa tradition viticole fait également de cette région un des grands centres de fabrication du cognac.

TONNAY-BOUTONNE

(17380) 1 150 hab. *Carte Charente-Maritime, C2*

Cette ancienne place forte est devenue un gros carrefour routier, la D 739 reliant Rochefort (et la côte) aux Vals de Saintonge, dont elle est la porte d'entrée. C'est un point de départ pour de nombreux circuits à vélo, avec plus de 100 km de pistes balisées.

Adresse et info utiles

Office de tourisme des Vals de Saintonge : *☎ 05-46-32-60-75.* *• destinationvalsdesaintonge.com •* Pas de bureau dans la ville. Contact à Saint-Savinien-sur-Charente (à 12 km).

– ***Marché :*** *ven mat, derrière la mairie.*

Où dormir ? Où manger dans les environs ?

Le Logis du Péré : *le Péré, 17430* ***Saint-Coutant-le-Grand.*** *☎ 05-46-84-07-17. • le-logis-du-pere@orange.fr • le-logis-du-pere.com • ♿ À 10 km au sud-ouest de Tonnay-Boutonne par la D 739 ; dans le village, suivre la direction du Lussant, puis le fléchage. Resto fermé lun et mar midi. Congés : de mi-fév à mi-mars. Doubles 130-260 € ; familiales. Menus 34-49 € ; carte env 45 €.* Dans cette belle seigneurie du XIVe s réhabilitée en hôtel-restaurant de grand charme, tout a été fait pour offrir aux hôtes le sentiment de passer un séjour d'exception, une sorte de parenthèse enchantée au cœur de la Saintonge. Tout n'est ici qu'élégance, calme, raffinement et... simplicité ! L'adresse est classée Relais du Silence et pratique des prix finalement très attractifs au vu des prestations : une excellente table, un petit déjeuner gourmand, une superbe piscine dans le parc, un jacuzzi dans l'orangeraie... Accueil stylé mais pas guindé. Parfait pour un séjour en amoureux.

SAINT-JEAN-D'ANGÉLY

(17400) 7 420 hab. *Carte Charente-Maritime, C2*

Sous-préfecture de la Charente-Maritime, Saint-Jean-d'Angély prend place dans un méandre de la Boutonne où elle offre sans retenue ses majestueuses richesses architecturales. Son centre est un entrelacs de rues labyrinthiques au charme certain.

UN PEU D'HISTOIRE

Bâtie sur une ancienne villa romaine, *Angeriacum,* Saint-Jean-d'Angély devient un important centre monastique avec l'implantation d'une abbaye au IXe s. La cité est alors entourée de remparts afin de prévenir les pillages dévastateurs des Normands dans la région. Elle entre dans une phase prospère de son histoire : ***située sur la voie de Tours du chemin de Saint-Jacques-de-Compostelle,*** elle en devient vite l'une des ***étapes principales*** et un haut lieu d'échanges. Malheureusement, c'est aussi l'époque à laquelle Aliénor d'Aquitaine nous quitte pour les Plantagenêts, emportant du même coup l'ensemble de ses terres, dont Saint-Jean ! Constamment ballottée entre Français et Anglais, la ville s'implique corps et âme dans la guerre de Cent Ans. Grâce au valeureux Du Guesclin (merci les Bretons !), elle retrouve définitivement sa liberté et son identité en 1372.

Acquise aux idées de la Réforme dès le XVIe s, elle paiera de ses privilèges pour sa puissance jugée insolente par le roi. En 1621, Louis XIII la soumet après un siège (qui n'a toutefois rien à voir avec celui de La Rochelle), fait raser ses fortifications (passe encore...) et lui retire son nom. Saint-Jean s'appellera Bourg-Louis (ben voyons !) jusqu'en 1665.

Aujourd'hui centre maraîcher et viticole, Saint-Jean-d'Angély peine à surmonter la crise agricole alors que l'activité industrielle du secteur reste encore insuffisante. On compte désormais sur le tourisme !

Adresses et info utiles

Office de tourisme des Vals de Saintonge : *pl. du Pilori, 8, rue Grosse-Horloge. ☎ 05-46-32-04-72. • accueil@destinationvalsdesaintonge.com • destinationvalsdesaintonge.com • Juil-août, lun-sam, plus mat dim ; hors saison, se renseigner sur le site pour les 4 bureaux d'information touristique des Vals de Saintonge.* Accueil attentionné et professionnel.

Gare SNCF : *13, av. A.-Briand. ☎ 36-35. • oui.sncf •* Depuis Paris, TGV jusqu'à Niort, puis correspondance jusqu'à Saint-Jean-d'Angély. Liaison directe avec Saintes ; de là, correspondance pour La Rochelle...

Kayak Club Angérien : *30, quai de Bernouët. ☎ 05-46-32-59-61.* Location de canoës-kayaks, *stand up paddles,* ministages d'apprentissage et de perfectionnement, balades découverte avec animateurs et balades nocturnes.

Atlantys (centre aquatique) : *av. de Marennes. ☎ 05-46-59-21-50. • piscineatlantys.fr • Tte l'année, tlj, horaires variables (voir le site internet).* Piscines (bassins ludique et sportif, pataugeoire, toboggans...), espaces forme et bien-être.

– ***Marché :*** *mer et sam mat, autour de la halle du XIXe s.*

Où dormir ? Où manger ?

Camping

Val-de-Boutonne : *56, quai de Bernouët. ☎ 05-46-32-26-16. • campingvaldeboutonne@gmail.com • camping-charente-maritime-17.com • ♿ Ouv avr-sept. Compter 20-24 € pour camper. Hébergements locatifs et Coco Sweet. 100 empl. Réduc de 10 % sur présentation de ce guide.* Idéalement situé à moins de 1 km du centre-ville, dans le quartier agréable de l'ancien port de transit de Saint-Jean-d'Angély. Une centaine d'emplacements peu spacieux mais bien tenus et ombragés. Possibilité de louer des tentes *lodges,* des Coco Sweet et mobile homes pour 2 à 6 personnes face à la Boutonne et à côté d'un arboretum. Location de vélos. Dépôt de pain. Nombreuses activités à proximité : centre aquatique, canoë, rando, etc. Accès direct par une passerelle à la base de loisirs. Piscine. Accueil sympa.

Prix moyens

Hôtel-restaurant de la Place : *pl. de l'Hôtel-de-Ville. ☎ 05-46-32-69-11. • hoteldelaplace17@gmail.com • hoteldelaplace.net • Resto fermé dim. Congés : 1re quinzaine de janv et w-e de la Toussaint. Doubles 80-90 €. Formules déj en sem 15-18,50 € ; menu 30 € ; carte env 36 €. Café offert sur présentation de ce guide.* Une dizaine de chambres confortables et accueillantes, équipées d'un double vitrage. Toutes de taille et de style différents, celles du 2e étage sont mansardées. Cuisine de saison et du marché, de bonne tenue, assaisonnée à l'occasion d'une pointe d'inventivité : le menu du marché change tous les jours ! Salle élégante et contemporaine, ou agréable petite cour intérieure.

Hôtel-restaurant La Goule Benèze : *21, av. Port-Mahon. ☎ 05-46-32-57-67. • infos@lagoule-beneze.com • lagoule-beneze.com • Resto fermé dim et le midi ven-sam. Congés : 3 sem en déc. Double 75 € ; familiales. Formule déj en sem 18 € ; menus 26-35,50 €. Café offert sur présentation de ce guide.* Un joli petit hôtel à proximité du centre-ville. Les chambres rénovées ne manquent pas de charme, celui de l'élégance contemporaine ingénieusement injectée dans le cadre de l'ancien. Belle hauteur sous plafond dans celles du 1er étage. Seul défaut, sa situation au bord de l'avenue circulaire, mais le survitrage couvre bien le bruit. Côté resto, élégante petite salle et terrasse en été où les habitués du coin se côtoient chaque midi. Gentille cuisine, classique et de très bonne facture. Excellent accueil.

Le Scorlion : *5, rue de l'Abbaye. ☎ 05-46-32-52-61. • restaurant-le-scorlion@hotmail.com • Tlj sauf dim soir et lun (fermé mar soir et mer soir hors saison). Formule déj en sem 19,50 € ; carte 35-50 €.* Dans une aile de l'abbaye royale, une référence chez les gastronomes locaux ! Délicieuse cuisine qui suit les saisons et multiplie les audaces, proposant des assiettes très graphiques. Le menu du midi est vraiment une affaire ! Superbe terrasse à l'arrière et salle élégante au design bien étudié, où la pierre des murs répond au cuir des fauteuils. Service très pro. Assurément l'une des meilleures tables de la région.

Chambres d'hôtes Les Acanthes : *16, rue Rose. ☎ 05-46-33-17-83. 06-66-47-93-11. • contact@les-acanthes.com • les-acanthes.com • Dans le centre-ville. Tte l'année. Doubles 70-85 € ; familiales. Garage gratuit.* Dans un hôtel particulier de caractère du XVIIIe s, où les proprios ont réussi à caser mobilier et objets anciens méticuleusement chinés durant de longues années, 2 chambres spacieuses et un appartement avec cuisine équipée. Trumeaux, chauffeuses, causeuses, bibliothèque Napoléon se mêlent avec succès au confort moderne (TV, douche à l'italienne à éclairage tamisé au sol, ainsi qu'un lit Louis XVI, électrique, s'il vous plaît !). En prime, salon à dispo et un jardin paysager de 1 500 m^2 avec bassin et petit pont romantique. Une adresse de charme à l'accueil chaleureux.

Où dormir dans les environs ?

De prix moyens à chic

Domaine de Rennebourg : *chez Michèle Frappier, lieu-dit Rennebourg, 17400* ***Essouvert.*** *☎ 05-46-32-16-07. • domainederennebourg@gmail.com • domainederennebourg.fr • À 6 km au nord de Saint-Jean-d'Angély par la N 150 en direction de Niort. Tte l'année. Doubles 80-100 €. Parking gratuit. Apéritif offert sur présentation de ce guide.* Sous la houlette de Michèle et de sa fille Florence, ce superbe logis saintongeais du XVIIIe s a troqué sa défroque paysanne pour une tenue des plus aristocratique. Les 5 chambres, restaurées et aménagées avec soin, arborent des boiseries d'époque ou des tapisseries aux tonalités chaudes. Le mobilier de style est à l'avenant, de même que les faïences anciennes et les porcelaines de famille qui accompagnent à merveille le petit déjeuner de Michèle. Enfin, le pompon : cette fabuleuse collection de jouets et de costumes chinés à droite et à gauche par Florence. À côté du joli parc, une piscine et une grange transformée en salon d'été Louis XV. Une adresse coup de cœur où il fait bon séjourner... longtemps !

À voir. À faire

À signaler, des petites brochures bien faites, disponibles à l'office de tourisme, relatant les principaux événements, personnages et monuments de la ville.

L'abbaye royale : abbaye construite au IXe s par Pépin, petit-fils de Charlemagne et roi d'Aquitaine, afin d'abriter la tête de saint Jean-Baptiste rapportée d'Orient. Ravagée une 1re fois par les Vikings, l'abbaye est reconstruite au XIe s par l'abbé Alduin, qui y installe la sainte relique retrouvée dans les décombres. Elle devient ainsi l'une des étapes de prédilection des pèlerins sur la route de Saint-Jacques-de-Compostelle et, surtout, l'une des plus puissantes de tout l'ouest de la France. À nouveau saccagée pendant la guerre de Cent Ans, puis démolie au XVIe s par les protestants, elle est reconstruite pour de bon au cours du XVIIe s ! D'architecture classique, elle possède un portail d'entrée monumental et une vaste cour d'honneur. Remarquez, gravées sur les murs du cellier ouest, les cibles sur lesquelles les soldats allemands s'entraînaient pendant l'Occupation !
L'abbaye abrite aujourd'hui la médiathèque municipale ainsi qu'une école de musique. Elle est inscrite depuis 1998 par l'Unesco au Patrimoine mondial de l'humanité, comme jalon sur les chemins de Saint-Jacques-de-Compostelle.

***Les tours :** juil-sept, mar-sam ap-m. GRATUIT.* Beau panorama sur Saint-Jean et la campagne environnante. Les tours furent érigées lors de l'ambitieuse reconstruction (la 5e !) de l'abbatiale, entreprise en 1741. Il ne s'agit donc pas de ruines, mais d'un ensemble inachevé, les moines étant partis à la Révolution. Elles furent aménagées en prison à partir de cette période instable et jusqu'en 1872. On peut encore voir l'ébauche des grandes arcades de la nef. La façade, d'une hauteur de 35 m, est d'une prestance admirable...

L'église Saint-Jean-Baptiste : attenante aux tours, elle avait été provisoirement construite en remplacement de l'abbatiale. La construction de la nouvelle abbatiale n'ayant jamais été achevée (voir plus haut), on garda celle-ci comme église paroissiale. Ce qui explique qu'elle n'ait pas été peaufinée, tant sur le plan architectural que sur celui de la décoration intérieure. Restaurée au XIXe s, elle a gardé quelques éléments des ruines de l'ancienne abbatiale gothique sur laquelle elle avait été bâtie : le mur du chevet, 3 fenêtres et un arc-boutant encore bien visibles. On peut y voir une belle toile du XIXe s (*La Présentation de la Vierge au Temple,* de Sotto), une magnifique Vierge à l'Enfant, statue en bois du XVIIe s, et un très bel orgue classé, en bois sculpté, de 1849.

Le musée des Cordeliers :** 9, rue Regnaud. ☎ 05-46-25-09-72. De mi-juin à mi-sept, tlj sauf lun 10h30-12h30, 13h30-18h ; le reste de l'année, mer-ven 14h-18h, le w-e 14h30-18h. GRATUIT.* Ce musée évoque entre autres sujets l'époque héroïque des ***fameuses expéditions Citroën en Afrique dans les années 1920. Confiés à un enfant du pays, Louis Audouin-Dubreuil, ces raids hauts en couleur relevaient aussi bien du défi technique que de l'aventure ethnographique, anthropologique et géographique. L'autochenille rescapée de la 1re traversée du Sahara et assez petite n'a plus grand-chose à voir avec les bolides du

Paris-Dakar... Une expo qui sent bon le sable chaud ! On y trouve pêle-mêle de belles pièces d'art africain, des photos, des films et divers souvenirs rapportés de ces expéditions. À l'étage, place à la collection d'armes européennes des XVIIIe et XIXe s, à un panorama de l'évolution des styles du mobilier français et à quelques statues religieuses du XIVe au XVIIIe s.

La fontaine du Pilori : *14, rue Grosse-Horloge.* Petite place où les condamnés étaient exposés à la vindicte de la population. On y trouve désormais une belle fontaine de style Renaissance. On peut y lire l'inscription suivante : « L'an 1546, je fus édifiée et assise. » Belles terrasses pour faire une pause.

La tour de l'Horloge : *rue Grosse-Horloge. Ne se visite pas.* Belle construction gothique du XVe s, qui enjambe la rue à l'emplacement d'une ancienne porte de la ville. Au sommet de ce beffroi à mâchicoulis, une cloche de 1 500 kg qui rythme toujours la vie de la communauté puisqu'elle sonne encore les heures aujourd'hui.

Les rues anciennes : parce que les rues sont étroites, il vaut bien mieux arpenter le vieux Saint-Jean à pied... Par ailleurs, un réel effort de mise en valeur du patrimoine architectural permet d'identifier, à l'aide de plaques apposées sur les façades, les maisons anciennes et autres curiosités.
De la plus vieille maison de la ville, au n° 6 de la rue de Verdun (maison d'un marchand du XVe s), à l'hôtel de Lestang (fin XVIIIe s), au n° 14 de la rue de l'Échevinage, quelques beaux porches et façades témoignent de l'importance de Saint-Jean dans l'histoire. De récents travaux de restauration de façades ont mis en valeur un patrimoine d'une grande richesse.
Au hasard de vos pérégrinations, découvrez notamment les rues de l'Abbaye, du Minage, Grosse-Horloge, Jélu ou le canton des Forges (petite place où se trouvaient serruriers et ferronniers), pour leurs très belles maisons à colombages des XVe-XVIe s. De la même époque, remarquez encore un tympan de porte au croisement des rues Maîtresse-École et de la Bonneterie. Les rues d'Aguesseau, Coybo, Rose, des Bancs (rue commerçante) ou de l'Échevinage et la place André-Lemoyne réunissent quelques exemples d'architecture des XVIIIe-XIXe s avec de beaux portails, des petites cours et des balcons en fer forgé travaillé. L'hôtel de Saint-Mandé (au n° 6 de la rue Jélu), devenu école maternelle, est doté d'une jolie porte Louis XVI. Dans la rue de l'Hôtel-de-Ville, voir la façade d'une maison du XVIIIe s à l'emplacement de l'ancien hôtel de Condé. Henri de Condé (ancêtre du Grand Condé) y mourut en 1588 d'une péritonite. Ce qui valut à sa femme, Charlotte de La Trémoille, d'être accusée de meurtre !

– **Base de loisirs de Saint-Jean-d'Angély – Plan d'eau de Bernouët :** *av. de Marennes. ☎ 05-46-59-56-56. Accessible tte l'année.* Tables, bancs et sanitaires sont à disposition pour le pique-nique. Skate park, minigolf, boulodrome, table de ping-pong, espace fitness, sentiers pédestres et cyclos. Aire de jeux pour les enfants. Embarcations à pédales et canoës-kayaks. Aire multi-services pour camping-cars. Resto-snack *(mai-sept).*

Manifestation

– ***Festival Théâtre en l'abbaye, dans le cadre de « Site en Scène » :*** *en sept, dans les cours de l'abbaye royale et au musée des Cordeliers, ainsi que dans la salle de spectacle* L'Eden. *Infos auprès de l'Association angérienne d'action artistique (☎ 05-46-59-41-56) ou à l'office de tourisme.* Des compagnies de notoriété interprètent des œuvres classiques revues par des créateurs contemporains.

DANS LES ENVIRONS DE SAINT-JEAN-D'ANGÉLY

Le Jardin de Gabriel : *au lieu-dit Chez Audebert, 17770* ***Nantillé.*** *☎ 05-49-36-30-05. • inventaire.poitou-charentes.fr/le-jardin-sculpte-de-gabriel-albert • À 10 km au sud de Saint-Jean par la D 129. Juil-août, mar et jeu 10h-12h, 14h-17h30. Possibilité de visites guidées.*
Cousin saintongeais du facteur Cheval, M. Albert a occupé sa retraite à décorer sa cour-jardin d'un incroyable monde de figures humaines, sculptures de taille moyenne (environ 1,60 m), parfois de bustes, et aussi de quelques animaux (chiens principalement).
Combien sont-ils à vivre là, dans cette cour ? Près de 400 ! Nous n'avons jamais rien vu de tel : les personnages, aux traits doux et naïfs, présentent d'aimables figures. Il y a le garde champêtre, le facteur, le paysan trinquant avec un ami, et beaucoup de femmes étrangement vêtues de robes plissées courtes et assez décolletées. Puis il y a les groupes : les 8 (!) nains autour d'une biche, une ronde de jeunes filles dansant... Au fond de la cour, quelques nus, et sur la gauche, allez savoir pourquoi, MM. Giscard d'Estaing, Mitterrand et Marchais (seuls personnages au demeurant n'ayant pas l'aspect doux et naïf du monde de M. Albert), et même un Chirac à la figure plutôt machiavélique.
Le charme de ce « musée », appartenant à la Région Nouvelle-Aquitaine, tient autant à la qualité esthétique des œuvres qu'à leur caractère insolite, étrange, accentué par l'usure (car tout ce monde vit en plein air : teintes passées, visages moussus)... Mais M. Albert est parti. Qui sait, peut-être a-t-il rejoint ses divinités ou les 8 nains ?
– À la sortie du hameau, ne manquez pas le ***fanal d'Ebéon.*** Datant de l'époque romaine (IIIe s), il s'agit d'une curieuse tour, haute de 16 m, dont l'utilité laisse encore dubitatif.

L'écomusée du Cognac – Domaine Tesseron : *35, rue des Bessons, 17770* ***Migron.*** *☎ 05-46-94-91-16. • domaine-tesseron.com • ♿ (accès partiel). À 17 km au sud-est de Saint-Jean ; itinéraire fléché en direction de Cognac (située à 17 km). Mai-sept, tlj 9h30-12h30, 14h30-18h30 ; le reste de l'année, mar-sam. Entrée : 8 € (5 € sur présentation de ce guide) ; réduc ; 4 € pour tous oct-déc ; gratuit moins de 16 ans. Janv-mars, boutique seulement, mar-sam.*
Cet écomusée très sympa et remarquablement conçu a été créé par les Tesseron, famille de vignerons et bouilleurs de cru depuis 1850, à partir du patrimoine familial (locaux, outils... et savoir-faire !). C'est une véritable invitation (unique en son genre) à la compréhension du cognac, à un regard sur le métissage culturel dont il est issu, à la découverte de ses mystères et de son univers sensoriel raffiné. Tout ça de manière ludique et poétique.
La visite commence à l'étage. Un espace audiovisuel, « Le cognac et 2 000 ans d'art et d'histoire », précise que les 1res vignes plantées dans cette région le furent à l'époque romaine ! Le commerce du vin se développe au Moyen Âge, puis s'intensifie en raison des échanges croissants avec les pays du Nord. D'où l'extension des vignobles sur les bords de la Charente, axe principal de communication. Pour une histoire détaillée du cognac, voir la rubrique « Vins et alcools » dans le chapitre « Hommes, culture, environnement » en fin de guide.
Au rez-de-chaussée, reconstitution d'un logis de vigneron saintongeais, d'un atelier de tonnellerie, d'un chai de pineau, de l'ancien atelier de distillerie. On rejoint ensuite les orgues à parfums qui distillent des arômes fruités, épicés ou boisés... Superbe ! Et, bien sûr, la très attendue dégustation. Également une expo sur le havane et le café, ainsi que sur le chocolat. Tiens, pourquoi le havane ? Tout simplement parce que sa production rappelle en de nombreux

points celle du cognac. La famille Tesseron vous expliquera tout ça avec passion. Enfin, on pourra aller admirer les véhicules de collection des années 1950-1960. Expositions temporaires.

Le Cep Enchanté *(M. et Mme Queron, viticulteurs) : 4, rue de la Croix-de-l'Anglais, lieu-dit La Botte, 17490* ***Macqueville.*** *☎ 05-46-26-67-76. • lecepenchante.fr • À env 37 km au sud-est de Saint-Jean (et 15 km de Cognac) ; tt droit par la D 939, puis tourner à droite à Siecq sur la D 133. Juil-août, tlj sauf dim-lun 10h30-18h30 ; le reste de l'année, mar-sam 9h30-12h, 14h-17h30. Tarif d'entrée selon activité, voir site internet ; gratuit moins de 12 ans.* Pour les parents qui veulent faire une dégustation de pineau, de cognac et de vin de pays tout en occupant les enfants, la sympathique famille Queron propose un parcours ludique dans les vignes, une activité de *swin-golf* sur un terrain de 9 trous entre vignes et truffière, une chasse au trésor, et même un *escape game* *(sur rdv).* Dégustation des produits du domaine offerte à la fin de la visite : cognac, pineau, vins IGP, jus de raisin. Jeux de plein air dans le verger.

AULNAY-DE-SAINTONGE

(17470) 1 390 hab. *Carte Charente-Maritime, C2*

Amateurs de vieilles pierres, ouvrez grand vos yeux ! L'église Saint-Pierre d'Aulnay est l'un des joyaux de l'art roman français en général et poitevin en particulier. Elle fut construite au cours du XIIe s et, bien que simple paroisse, elle se trouvait sur l'un des multiples chemins de pèlerinage vers Saint-Jacques-de-Compostelle. Son décor en témoigne aujourd'hui. Aux abords d'un magnifique cimetière (tombes du XIXe s et croix hosannière du XVe s) à la périphérie du bourg, entourée de cyprès, elle s'offre pleinement à la vue de chacun, et vous aurez tout le recul nécessaire pour apprécier les volumes harmonieux de son architecture.

Adresse utile

Office de tourisme des Vals de Saintonge : *290, av. de l'Église. ☎ 05-46-32-60-71. • destinationvalsdesaintonge.com • Ouverture variable ; s'adresser à l'office de Saint-Jean-d'Angély et consulter le site internet.* Descriptif succinct de l'église gratuit, sinon, documents plus complets *(5,50 €).* Boutique de livres, circuits de randonnée, produits régionaux.

Où dormir ?

Prix moyens

Hôtel du Donjon : *4, rue des Hivers. ☎ 05-46-33-67-67. • hoteldudonjon@orange.fr • hoteldudonjon.com • En plein centre-bourg, en retrait de la place. Congés : vac scol de Noël. Doubles 71-77 € ; familiales.* Une superbe maison de ville saintongeaise du XVIIIe s, restaurée récemment avec talent. La déco met en valeur le charme des vieilles pierres et des poutres apparentes. Vieilles armoires et mobilier patiné, ajoutant au caractère de l'établissement. Seulement une dizaine de chambres, lumineuses et douillettes (comme la coquette chambre-salon), qui garantissent l'intimité du lieu, et une ambiance type chambres d'hôtes. Et puis le jardinet croquignolet vous tend les bras à l'heure du farniente !

À voir

L'église Saint-Pierre : *tte l'année, tlj 9h-19h. Visites guidées proposées par l'office de tourisme, se renseigner.*
Inscrite depuis 1998 par l'Unesco au Patrimoine mondial de l'humanité comme jalon sur les chemins de Saint-Jacques-de-Compostelle. Sur le portail latéral gauche, belle crucifixion de saint Pierre. 3 voussures décoratives rappellent la délicatesse et la richesse ornementales de l'art musulman. Remarquez les traces de polychromie et tentez d'imaginer l'église telle qu'elle était, c'est-à-dire peinte de la tête aux pieds ! Le portail central porte des voussures historiées. Belles petites sculptures de la corniche, dignes d'une B.D. de science-fiction. Sur la voussure interne, les Vices et les Vertus s'affrontent. Le Christ est très bien entouré (par les Vierges folles et les Vierges sages !), tandis qu'un calendrier zodiacal est illustré sur la voussure externe.
À droite, le portail sud. Un petit bijou ! Cette fois-ci, chaque pierre de la voussure contient une sculpture, d'où un effet de rayonnement différent du portail ouest. Belle voussure interne décorative. Prophètes et apôtres, vieillards de l'Apocalypse et, sur la voussure externe, un bestiaire d'une richesse et d'une inventivité surprenantes.
Tout autour de l'église, succession de frises, d'arcatures, de voussures et de modillons ; on passerait des heures à les détailler !

À l'intérieur
L'architecte d'Aulnay a utilisé pour la nef une nouveauté de la 1re moitié du XIIe s, la voûte en berceau brisé. Elle exerce moins de poussées latérales qu'une voûte en berceau plein cintre. Néanmoins, ces poussées n'étant pas négligeables, il a fallu élever 2 collatéraux en berceau brisé de hauteur presque équivalente au vaisseau central pour les contrebalancer (malin, non ?). L'éclairage de la nef est donc indirect (fréquent dans les églises romanes), puisque les seules fenêtres existantes s'ouvrent sur les collatéraux. Cette douce pénombre de la nef contraste avec l'éclairage direct du chevet par les fenêtres de l'abside.
Les piliers de la nef sont formés de 4 colonnes accolées. Chaque colonne est surmontée d'un chapiteau en continuité avec le chapiteau voisin. Chaque pilier donne ainsi l'impression d'être une simple colonne. Cette disposition permet de créer un espace d'une grande sobriété, sans lourdeur, où lignes courbes et verticales s'organisent harmonieusement.
Après un coup d'œil général, il est temps d'observer les magnifiques chapiteaux qui forment l'essentiel du décor intérieur. Les chapiteaux ornementaux figurés et les chapiteaux historiés sont caractéristiques de l'art roman. Les artistes romans, peu sensibles au relief et au réalisme, se jouèrent des contraintes techniques imposées par la forme des chapiteaux (comme les enlumineurs se débrouillèrent avec le peu de place qui leur était alloué) en développant une sculpture stylisée d'une expressivité presque moderne ! Les 1ers chapiteaux de la nef sont à décor végétal (palmettes, entrelacs, etc.) ou figurés (griffons adossés, grosses têtes aux yeux globuleux, éléphants même !). Certains sont historiés (Caïn et Abel). Dans le chœur et l'abside, on retrouve encore une décoration végétale. C'est sous la coupole de la croisée du transept que se trouve l'essentiel des chapiteaux historiés d'Aulnay : histoire de Samson et Dalila, péché originel, saint Georges terrassant le dragon, et plein d'autres histoires aussi croustillantes les unes que les autres.
En ressortant, derrière le cimetière, a été recréé un petit jardin d'inspiration médiévale.

On peut aussi voir le ***donjon*** (archéoscope) du XIIe s sur la place Charles-de-Gaulle, qui présente des objets provenant des fouilles d'un camp militaire romain. Possibilité, enfin, de jeter un coup d'œil au ***colombier*** restauré, rue de Salles. Mais après l'église Saint-Pierre, c'est franchement décevant.

DAMPIERRE-SUR-BOUTONNE

(17470) 285 hab. *Carte Charente-Maritime, C1-2*

Petit village tranquille lové dans un méandre de la Boutonne, à la frontière du département des Deux-Sèvres et à quelques kilomètres seulement de la forêt de Chizé. Il faisait autrefois partie de la province du Poitou. Son majestueux château du XVIe s témoigne toujours de ce passé faste. À quelques kilomètres de là, l'asinerie du baudet du Poitou est également un incontournable...

Où boire un verre ? Où guincher ?

Le Garage à Papi : *27, rue du Château. 06-98-91-15-87. • legarageapapi@gmail.com • Mai-déc, ouv mar-ven et dim, midi et soir en hte saison. Concerts dim en début d'ap-m. Café offert sur présentation de ce guide.* Café-buvette situé juste en face du magnifique château de Dompierre-sur-Boutonne. Déco intérieure assez géniale avec des éléments issus du garage d'antan, comme de vieilles guimbardes et des pubs vintage Michelin ou Citroën. Joli parc au bord de l'eau, où des concerts sont organisés chaque week-end à la belle saison. Marché paysan le jeudi soir avec d'excellents produits locaux et bio ; sinon, quelques bricoles à grignoter. Les locaux (qui ont parfois l'accent britannique !) se mêlent joyeusement aux visiteurs de passage, le tout dans une ambiance chaleureuse. Une belle découverte !

À voir

Le château et ses jardins : *05-46-24-02-24. • chateaudampierre.fr • De mi-juin à fin sept, tlj 10h30 (14h lun)-18h30 ; de mai à mi-juin et d'oct à mi-nov, tlj 14h-18h30 ; de mi-nov à fin déc, ouv seulement dim 14h-17h. Entrée : 8 € (6 € extérieurs seuls) ; 10 € avec visite guidée des appartements privés (sur résa) ; réduc.*

Ce château d'origine médiévale fut largement remanié à la Renaissance, au point d'en faire un véritable Chambord-sur-Boutonne ! L'édifice a été conçu comme un manifeste initiatique, symbolique et ésotérique ; en témoigne l'énigmatique décor de la galerie Renaissance, avec ses 65 caissons « alchimiques » qui fascinèrent Salvador Dalí. Au fil des salles, on découvre de très belles pièces de mobilier d'époque, des objets d'art et de splendides éléments décoratifs, qui justifient à eux seuls le déplacement. Dans le grand comble et sous la merveilleuse charpente (entièrement restaurée), on parcourt d'abord un cabinet de curiosités puis on découvre une expo consacrée à Salvador Dalí, qui séjourna quelque temps au château.

L'escalier à vis de la tour sud mène ensuite aux espaces extérieurs. On déambule au milieu d'îles-jardins, de terrasses ombragées ou de jardins à la française, tout en passant par un labyrinthe ou un coquet parc à l'anglaise. Possibilité de prolonger la balade sur l'un des sentiers qui sillonnent la forêt de peupliers du domaine. Jeux de piste, aire de pique-nique et échiquier géant à dispo. Également un musée du Cheval dans les anciennes écuries. Accueil cordial. Un vrai coup de cœur !

DANS LES ENVIRONS DE DAMPIERRE-SUR-BOUTONNE

L'asinerie du baudet du Poitou : *à* **La Tillauderie.** *☎ 05-46-24-68-94. • asineriedubaudet.fr • À 4,2 km de Dampierre. Très bien indiqué. Avr-oct et vac scol (sauf Noël), tlj (mer et w-e seulement en oct) 10h-12h, 14h-18h (18h30 juil-août) ; nov-mars, lun-ven sur résa. Compter 3 € (6 € en visite guidée) ; réduc ; gratuit moins de 6 ans. Chaque année, 3 manifestations estivales importantes : la fête de la Nature, le concours national mulassier et la fête de l'Âne.*
Appartient au réseau des Échappées Nature. Petite exposition sur l'historique du baudet (l'âne) du Poitou, puis rencontre avec des animaux attendrissants, au contact des mères et des petits. Gérée en partie par le parc naturel régional du Marais poitevin et le département, cette asinerie fut créée en 1979 pour éviter l'extinction de la race.
Le baudet du Poitou est grand, massif, avec une grosse tête et de longues oreilles. Il pèse en moyenne 350 à 400 kg. Le tout avec une belle toison courte et frisée, ou un étonnant pelage de longs poils bruns... Sur ce site naturel protégé se côtoient ânes, mules et chevaux de trait poitevins, races intimement liées par leur histoire. L'asinerie organise régulièrement des visites guidées, des promenades en attelage, ou des randos avec âne bâté *(résa obligatoire).*

LA CHARENTE-MARITIME

LE MARAIS POITEVIN

• Carte *p. 362-363*

Tout visiteur qui passe dans cette région, aux confins des 3 départements de la Vendée, des Deux-Sèvres et de la Charente-Maritime, se doit de s'arrêter dans ce coin de France, célèbre pour ses beautés. Incontournable, immanquable, inévitable, nécessaire ! Mais attention, la Venise verte sait garder ses secrets. Ici, on vous affirmera que seuls les vrais Maraîchins peuvent circuler dans le Marais sans jamais se perdre. C'est inscrit dans leurs gènes. Car, à l'heure du GPS, on peut encore s'égarer dans cette jungle bocagère qui décline son camaïeu de verts à l'infini, au travers de tunnels étroits perdus dans la chevelure des arbres. Et impossible de semer des petits cailloux pour se repérer !
Malgré tout, magie ou pas, le Marais poitevin se meurt. La plus grande zone humide de France après la Camargue s'assèche, vidée, pompée, drainée pour répondre aux nécessités de rentabilité des cultures céréalières. Depuis 1973, sur les 100 000 ha du Marais, plus de 30 000 ha de prairies ont été retournés pour y faire de la culture intensive (céréales, tournesol, maïs). Les intérêts s'opposent, les hommes aussi. Le conflit est ouvert. L'affaire est compliquée. Explications.

LA LONGUE HISTOIRE DU MARAIS

Autrefois envahi par la mer, le Marais est né, comme la Hollande, de la main de l'homme. Avant le XIe s, les quelques populations courageuses installées là en dépit d'un environnement inhospitalier se contentent d'élever des digues sur le pourtour des îles pour lutter contre la mer, tandis que l'absence de pente empêchant le cheminement des eaux douces chargées d'alluvions vers l'océan laisse émerger de nouvelles terres.
Au XIIe s, des moines cisterciens et bénédictins sont dépêchés sur les lieux pour défricher les terres et creuser des canaux. Dernier témoignage de cette époque

de « pionniers », le canal des Cinq-Abbés reste le principal maillon du système de drainage du Marais.

La guerre de Cent Ans puis les guerres de Religion vont mettre un frein au développement de la région. Cependant, Henri IV, séduit par la magie d'un lieu « où les gens ne se déplacent qu'en bateau plat », ordonne à Sully d'entreprendre la restauration et l'amélioration du Marais. Il fait même venir des ingénieurs hollandais, spécialistes des polders.

COMME VACHE QUI PISSE

L'origine surnaturelle du Marais poitevin semble attribuée à Gargantua... Après quelques frasques rochelaises, le géant voulut pisser. Un pied sur la cathédrale de Fontenay, l'autre sur celle de Luçon (qui, du coup, s'enfonça !). Le voilà en train de se soulager, remplissant abondamment et pour longtemps les canaux du Marais. Son descendant, s'il existe quelque part, devrait bien en faire autant, car le Marais se dessèche, en attendant la pluie du ciel !

Lentement on creuse des canaux, on endigue et on draine. La partie occidentale est desséchée, et on laisse le fond du golfe recevoir les eaux de la plaine vendéenne. Il sert de réservoir. À la fin du XVIIIe s, le *Marais desséché* connaît sa physionomie actuelle alors que le *Marais mouillé* reste encore sauvage, servant à la fois d'éponge pour endiguer les crues d'hiver et, en été, de réservoir d'eau pour le Marais desséché. Celui-ci est protégé de la mer par des portes à flots qui se ferment à marée haute.

Du coup, on parle du 1er comme d'un enfer où règnent pestilences, maladies et pauvreté. Les habitants du Marais mouillé avaient mauvaise réputation. En effet, les réfractaires de tout poil sont venus s'installer ici, échappant ainsi à la justice, à la conscription ou au bagne. On les appelle des *colliberts* (en latin : « épris de liberté »).

Napoléon Ier donne un élan nouveau au Marais mouillé. La plupart des projets voient le jour dans la 2de moitié du XIXe s. Élargissement des canaux, canalisation de la Sèvre Niortaise, etc.

À cette période apparaissent les peupliers et les mojettes (des haricots blancs) qui valorisent brutalement ces terres humides où l'on ne vivait que de pêche et de chasse. Au fur et à mesure, les terres amphibies s'enrichissent avec la diversification des ressources. Les inondations continuent, mais le Marais mouillé voit sa population augmenter au détriment du Marais desséché, touché au XXe s par l'exode rural.

UNE GRANDE RICHESSE ÉCOLOGIQUE

Aujourd'hui, le Marais représente près de 100 000 ha, pensés, organisés et conquis sur la mer au fil des siècles. Il se partage en 3 zones distinctes : le ***Marais maritime,*** pourtour de vase bordant la baie de l'Aiguillon ; le ***Marais desséché***, s'étendant de la baie jusqu'à Marans ; et, au fond, le ***Marais mouillé*** (inondable par crue ou engorgement en période pluvieuse), de Marans à Niort, avec sa végétation luxuriante.

On y trouve une faune et une flore d'une richesse incroyable. Loutres, anguilles, hérons, roseaux, tamaris, frênes têtards bordant les conches... Des milliers d'oiseaux migrateurs s'y arrêtent en hiver et au printemps

L'OR BLANC DU MARAIS

Le peuplier blanc, caractérisé par un haut tronc rectiligne et une écorce claire, lisse et fine, se nourrit de beaucoup d'eau et s'épanouit parfaitement dans ces milieux marécageux dont il borde les principales voies d'eau. Servant à la fabrication de charpentes, mais aussi de contreplaqué pour des boîtes à fromage, il fit la fortune de familles du Marais. Pas étonnant alors qu'on ait coutume de planter un peuplier à la naissance d'un enfant ! Fut donc un temps où l'on comptait autant de peupliers que d'habitants dans le Marais.

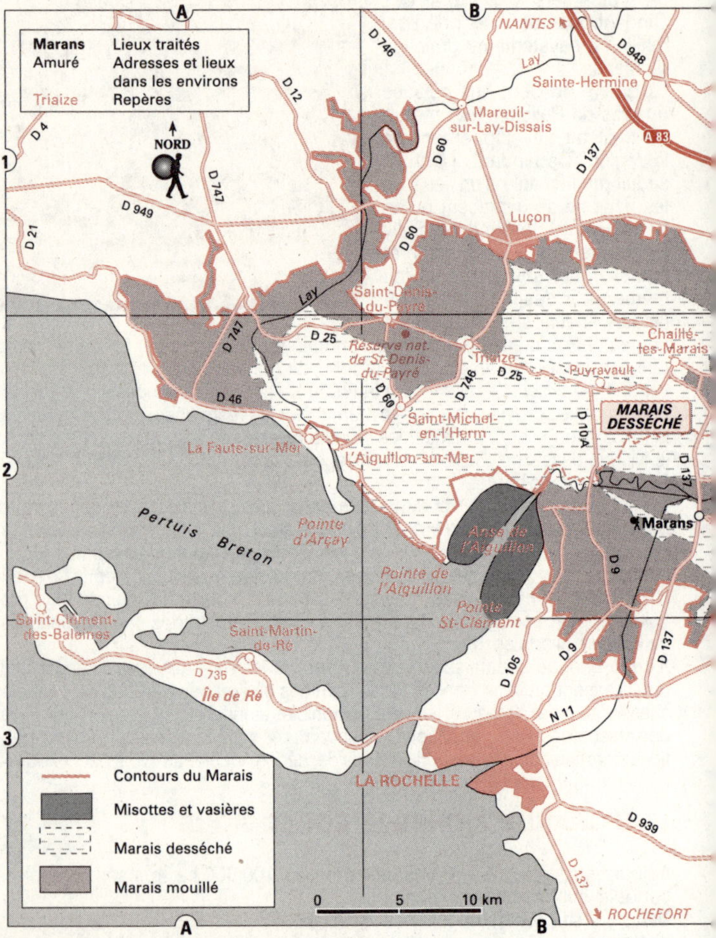

principalement. La modification de l'écosystème mettrait en péril l'ensemble du Marais, qui forme une seule et même entité. Or les scientifiques ne cachent pas leur inquiétude : le Marais est un écosystème qui ne cesse de s'appauvrir de manière alarmante, les effectifs de canards hivernants ont, par exemple, chuté de près de 75 % en 20 ans.

Des intérêts divergents

En fait, l'équilibre précaire de ce site a commencé à vaciller dans les années 1950, avec le remembrement. Mais 2 logiques s'affrontent : celle de

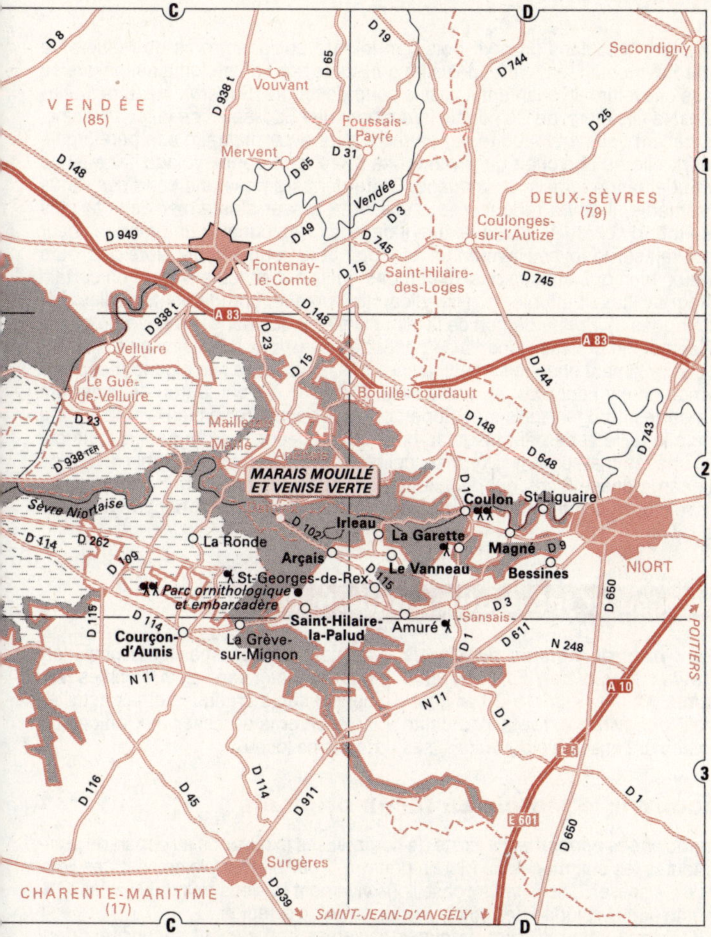

LE MARAIS POITEVIN

l'intensification agricole (subventionnée par la Commission européenne), conduisant à un assèchement progressif, et celle de la valorisation écologique des zones humides. L'irrigation des champs de « maïs boit-sans-soif » dans les plaines autour du Marais est devenue une réelle menace pour celui-ci. Là où l'eau n'a jamais manqué durant des millénaires, ce sont les eaux maritimes qui remontent vers la terre.

Il est vrai que la gestion des eaux du Marais poitevin fait l'objet d'un véritable enjeu politique. Comment peut-on gérer logiquement une zone couvrant 3 départements, 2 régions administratives ? En attendant, les céréales continuent à gagner du terrain...

MÉLUSINE, FÉE BÂTISSEUSE

Au Moyen Âge, dans un petit bois non loin de Lusignan, près de Poitiers, le comte Raymondin rencontre Mélusine qui, sur le bord d'une fontaine, peigne sa longue chevelure en chantant. C'est le coup de foudre. Superbe créature, Mélusine est la fille du roi de Calédonie (autre nom de l'Écosse) et de la fée Pressine. Plus gênant : elle fut maudite par sa mère pour avoir maltraité son père (ironie du sort, elle ne cherchait qu'à venger sa mère d'un époux volage !). Le jeune comte demande la belle en mariage. Cette dernière pose une condition : tous les samedis, il devra renoncer à la voir et la laisser s'enfermer dans la plus haute tour du château. Si d'aventure il devenait trop curieux, un grand malheur s'abattrait sur le foyer. Raymondin accepte, et le couple coule alors des jours heureux, bien que chacun des 10 garçons qu'ils ont ensemble, dont un certain Pantagruel (!), soit affublé d'un handicap (œil unique, grande dent, oreilles dissymétriques...). Puis le démon de la jalousie s'immisce dans le ménage. Le frère de Raymondin pousse le mari à se poser des questions. Mélusine ne recevrait-elle pas un amant chaque samedi, au nez et à la barbe de son nigaud d'époux ? Raymondin n'y tient plus, et, un samedi, il jette un œil par le trou de la serrure de la porte interdite. Horreur et stupéfaction : il découvre sa bien-aimée femme jusqu'à la taille et serpent jusqu'au bout de la queue... La douce Mélusine est donc une femme-serpent ! Surprise, celle-ci s'envole en faisant 3 fois le tour de Lusignan, pousse 3 cris qui déchirent le crépuscule et disparaît à tout jamais pour rejoindre la famille des fées, des monstres et des dieux déchus dont elle était issue.

Adresse et infos utiles dans le Marais

Parc naturel régional du Marais poitevin : *2, rue de l'Église, 79510 Coulon.* ☎ *05-49-35-15-20.* • *parc-marais-poitevin.fr* • Toute l'actualité du parc sur l'ensemble du Marais, ses animations et ses manifestations. Idéal pour préparer son séjour. Pour les renseignements pratiques et les activités à réserver, s'adresser aux offices de tourisme locaux.

Découvrir le Marais de façon originale

– ***Randonnées pédestres :*** il existe de nombreuses excursions au départ de presque toutes les communes du Marais poitevin. Pour profiter pleinement des lieux sans s'y « enliser », nous vous conseillons vivement de vous munir de cartes IGN, en vente dans la plupart des offices de tourisme de la région...

– ***À VTT ou à vélo :*** 800 km de pistes cyclables entièrement sécurisées, dont une partie en site propre, sillonnent à présent le Marais. En vente dans tous les offices de tourisme du Marais, dans les Maisons du parc et chez certains prestataires (loueurs de cycles), des cartes détaillées proposent toutes sortes d'itinéraires. Bon à savoir : vous pouvez acheter en ligne les cartes cyclistes dont vous avez besoin : • *cartovelo.fr* • Voir aussi *La Vélo Francette* : • *lavelofrancette.com* •

– ***En barque :*** possibilité de découvrir le Marais en barque, accompagné d'un guide ou seul. Il existe une trentaine d'embarcadères sur tout le Marais mouillé, listés sur la carte touristique du parc. Nous en signalons certains dans nos pages.

Une adresse militante

■ ***Coordination pour la défense du Marais :*** *06-84-61-65-41.* • *marais-poitevin.org* • Engagée dans la lutte pour la survie du Marais.

LE MARAIS DESSÉCHÉ

Très étendu, il représente plus de 60 000 ha. De ce côté-ci, l'absence pratiquement totale d'arbres le rend plus uniforme, à l'image des polders de Hollande et parfois même de la Camargue. C'est dire la beauté du lieu. Les villages se sont réfugiés sur les anciennes îles du golfe des Pictons. Ici, les Maraîchins sont agriculteurs, traditionnellement tournés vers l'élevage. Mais les céréales envahissent de plus en plus cette partie du Marais, où le comblement des conches va bon train. Malgré ces transformations, le Marais desséché a retrouvé son label de parc naturel régional en 2014 ; il l'avait perdu en 1997 en raison de l'agriculture intensive (unique cas de déclassement en France !). Bourgades principales : Marans et Courçon-d'Aunis.

MARANS

(17230) 4 560 hab. *Carte Marais poitevin, B2*

Autrefois « île enfermée de marais bocageux » (selon les mots d'Henri IV), Marans était un relais important pour le cheminement des pelleteries importées d'Amérique du Nord vers Niort, et une éminente plaque tournante de la foire aux grains du Poitou. Elle avait la particularité d'être une ville portuaire à l'intérieur des terres, reliée à l'océan et à La Rochelle par le fameux canal de Marans (du XIXe s). Un passé riche, dont témoigne encore la présence de belles demeures des XVIIe et XVIIIe s. Aujourd'hui, située sur la D 137 qui relie La Rochelle à l'A 83, Marans ne rigole pas tous les jours et subit la tyrannie d'un trafic routier dense et bruyant. En attendant – malheureusement – la construction de l'autoroute, cette petite bourgade fleurie demeure la porte d'entrée principale, par la Sèvre Niortaise, du Marais poitevin côté Charente-Maritime.

OH ! LA BELLE POULE

C'est à partir du XIIe s qu'apparaît la poule de Marans, reconnue tant pour ses œufs fermes de couleur rousse que pour sa chair. Cette qualité, elle la doit à un joli croisement entre des coqs d'origine lointaine et les poules du Marais poitevin. On compte moult variétés de marans, qui ont pourtant perdu quelques plumes au cours du XXe s, notamment après la guerre. On a même cru à la disparition de l'espèce.

Adresses utiles

Office de tourisme Aunis-Marais poitevin – Bureau de tourisme de Marans : *1, pl. Cognacq. ☎ 05-46-01-12-10. • aunis-maraispoitevin.com • À env 300 m sur la droite de la rue principale en venant du pont. Ouv tte l'année. Voir horaires et j. d'ouverture sur le site internet car ça change sans arrêt.* Organise des visites et goûters à la ferme et des sorties pêche... Cartes des circuits à vélo. Livret découverte de la ville gratuit, découverte du patrimoine (balade d'environ 1h30). Billetterie.

Embarcadère du Marais poitevin : *73, quai Joffre. 06-65-35-50-19. Près du vieux pont. Avr-oct, tlj 9h-19h.* Base avec bateaux électriques pour une approche plus douce de la faune. Location de bateaux électriques et à moteur *(30 €/h pour 1-4 pers).* Une bonne solution pour une visite du Marais poitevin. Très bel itinéraire de 5h30, avec passage par une aire de pique-nique *(85 € la ½ journée pour 1-4 pers).*

■ ***Marais Plaisance :*** *D 137, entre le Super U et le Marais fleuri. 📱 07-82-64-73-29.* Location de canoës et kayaks *(18 €/pers pour 1h),* de bateaux à moteur sans permis *(25-145 €),* de *stand up paddles (20-40 €).*

■ ***Cycles Nadeau :*** *68, rue Gambetta. ☎ 05-46-01-03-50. Tlj sauf dim. Compter env 15 €/j.* Location de vélos et VTT.

Où dormir ? Où manger ?

Une liste des chambres d'hôtes est disponible à l'office de tourisme, et l'équipe saura vous conseiller une chambre sympa à l'écart du trafic.

Chambres d'hôtes L'Instant Bleu : *18 bis, quai du Général-Leclerc-de-Hautecloque. 📱 07-63-31-46-25. • l.instant.bleu.marans@gmail.com • linstantbleu.fr • Doubles 85-145 € (réduc à partir de 2 nuits). Parking gratuit. Apéritif maison offert sur présentation de ce guide.* Cette maison maraîchine posée au bord du canal de Marans accueille 3 agréables chambres d'hôtes, aussi confortables que paisibles. Cadre idyllique avec un étang où l'on peut s'adonner aux joies de la pêche (sans permis) et un pré où batifolent poneys, poules et moutons. Bref, la campagne en ville quoi ! Magnifique piscine et cuisine d'été bien pratique, équipée d'une plancha. Le propriétaire, qui est masseur de profession, vous offre un massage pour un séjour de 2 nuits. Une adresse de charme.

La Porte Verte : *20, quai Maréchal-Foch. ☎ 05-46-01-09-45. Le long du canal ; fléché. Fermé dim soir et lun-mar. Congés : fév. Menus 24-56 € ; carte env 30 €.* Belle maison dont la façade est envahie par le lierre, avec un jardin planté de cyprès. 2 petites salles blanches avec tables en zinc et bois, pavés anciens. Ou quelques tables en terrasse à quelques mètres du chenal de la Sèvre. Une adresse sympa comme le service, pour une cuisine du marché et de saison (légumes notamment), tout en fraîcheur des produits locaux. Prix sages, surtout le midi.

LA CHARENTE-MARITIME

À voir. À faire

L'église Saint-Étienne : *au milieu du cimetière.* Construite au XIIe s, il n'en subsiste que quelques murs et un clocher octogonal très particulier.

L'église Notre-Dame : *visite du clocher juil-août, lun, mer et ven 16h-19h30, mar, jeu et sam 10h-12h30.* En 1988, grâce à la générosité du Marandais Barthélemy Fabbro, on édifia enfin le clocher de cette église inachevée depuis le début du XXe s, faute de moyens financiers. Campanile de verre et de béton conçu par les architectes Pasquel et Chicot, il mesure 52 m et abrite une belle salle panoramique.

➢ ***Balade le long du canal :*** pousser ses gambettes jusqu'aux écluses des Enfrenaux, avant-dernier barrage entre les eaux de la Sèvre Niortaise et l'océan. Une balade qui rappelle l'importance des voies navigables dans l'histoire prospère de La Rochelle, à laquelle Marans reste très liée. L'activité portuaire de Marans (haute place protestante) s'est essoufflée après la révocation de l'édit de Nantes. La ville livre désormais son port et ses canaux à la navigation de plaisance.

Voies cyclables : *La Vélodyssée* et *La Vélo Francette* passent par Marans. De belles balades en perspective. *• lavelodyssee.com • lavelofrancette.com •*

– Et aussi pêche du mulet au lancer, pêche à l'écrevisse, et plein d'autres animations. Se renseigner au comptoir local : *☎ 05-46-01-12-10. • aunis-maraispoitevin.com •*

COURÇON-D'AUNIS

(17170) 1 780 hab. *Carte Marais poitevin, C3*

Village carrefour entre le Marais poitevin et la forêt, qui en constitue une des principales portes d'entrée. Courçon, autrefois très connu pour ses foires aux bestiaux, vaut surtout pour son église dite fortifiée et ses tumulus. Pour info, le village a été bâti sur l'un des points culminants de la région, soit à... 25 m d'altitude. Ouvrez grand vos poumons !

Adresse utile

Office de tourisme Aunis-Marais poitevin – Bureaux de tourisme de Marans ou de Surgères : *☎ 05-46-01-12-10. • aunis-maraispoitevin.com • Voir à Marans, plus haut, ou à Surgères, plus loin.* Sorties pêche, botanique et visites de ferme.

Où camper ? Où manger dans les environs ?

Écocamping La Frênaie : *1, chemin du Camping, 17170* ***La Grève-sur-Mignon.*** *☎ 05-46-67-14-77. 06-82-83-09-01. • lafrenaie.org@gmail.com • lafrenaie.org • Accès par la D 3, à 1,5 km du centre du bourg, juste à la limite des 2 départements. Ouv mai-sept. Compter 19,50 € pour 2 en camping ; yourte dortoir 16 €/adulte et 12 €/enfant ; yourte couple 80 €/nuit ; yourte famille 110 €/nuit (5 pers). CB refusées. 80 empl.* Un terrain ombragé de 2,5 ha au bord de la rivière sur une prairie du Marais régulièrement inondée. Confort rudimentaire, mais calme et agréable. Yourtes de fabrication maison, en frêne avec isolation en chanvre et laine de mouton. On aime beaucoup cette structure verte et écolo, avec sa gestion environnementale (pas de désherbant, petit potager, toilettes sèches, four solaire aléatoire, etc.). Échanges garantis entre campeurs ! Animations nature. Plein de pistes cyclables pas loin. Bonne ambiance, accueil simple et agréable.

Les Étangs de Julie : *Bazoin, 17170* ***La Ronde.*** *☎ 05-46-28-57-62. • lesetangsdejulie@gmail.com • Ouv de mi-fév à nov : juil-août, midi et soir tlj sauf mar ; le reste de l'année, ts les midis sauf mar et le soir ven-sam. Formule déj 15 € ; carte env 30 €. Café offert sur présentation de ce guide.* Cadre ravissant pour cette auberge située au cœur du Marais poitevin, face à un embarcadère. Entre étang envahi par des lentilles et conche verdoyante, l'agréable terrasse invite à prendre son temps, tout comme la belle salle de restaurant, très haute de plafond. Dans la cuisine ouverte, Julie envoie ses petits plats gourmands qui mettent en valeur le riche terroir local : anguille des marais, bœuf de race maraîchine, fromages fermiers de la ferme de Maillezais, etc. Coup de cœur pour le vin vendéen de chez Mourat. Une belle découverte !

À voir

L'église Notre-Dame : église romane d'apparence fortifiée de la fin du Xe s. De cette époque demeurent la nef, l'échauguette (sorte de petite tour d'angle qu'on trouvait sur les châteaux forts pour guetter l'ennemi), le portail et le clocher (remanié aux alentours de 1900). Agrandie aux XIVe-XVe s, elle fut prolongée d'un chœur et de 2 chapelles gothiques. Enfin, fortement restaurée au XXe s, elle a été flanquée, sur décision du maire de l'époque (parano ou mégalo, la limite est floue !), de pseudo-fortifications purement ornementales dont elle aurait pu se passer ! À l'intérieur,

LA CHARENTE-MARITIME

très belle reproduction d'un tableau de Raphaël qui se trouve au Louvre, *La Sainte Famille,* attribuée à Jules dit « le Romain », disciple du grand peintre. Remarquez aussi les 4 magnifiques vitraux au fond du chœur, qui représentent, de gauche à droite, saint Guillaume, duc d'Aquitaine (touché par la grâce divine, il est à l'origine de la construction de l'abbaye de la Grâce-Dieu, près de Benon, 1re abbaye cistercienne en Aunis), Jeanne d'Arc, Saint Louis et saint Bernard (fondateur de l'abbaye).

DANS LES ENVIRONS DE COURÇON-D'AUNIS

La Briqueterie : ***La Grève-sur-Mignon.*** *☎ 05-46-68-92-93. • aunisatlantique.fr • À droite du pont de la D 3 vers Niort, à la sortie du bourg. De mi-juin à mi-sept, ven-sam 14h-18h. Entrée : 2,50 € ; réduc. Ateliers et visites des « bris » (à pied) payants (se renseigner).* Un haut lieu du patrimoine industriel régional, au cœur du Marais. Du bri à la brique, un parcours didactique retrace l'histoire de la 1re tuilerie mécanique du Marais. Un espace d'écohabitat dédié à l'écoconstruction et à l'écorénovation.

Découverte du Marais, location de barques : *embarcadère des écluses de Bazoin, 17170* ***La Ronde.*** *☎ 05-46-56-41-28. • polenature-maraispoitevin.fr • Avr-sept, tlj 14h-17h (10h-18h le w-e) ; juil-août, tlj 10h-19h. Compter 25 €/barque (2-4 pers) pour 1h30 de loc avec plan, 16 € pour un kayak. Balade guidée 20 €/pers pour 2h (min 2 pers).* La balade avec accompagnateur se révèle très intéressante compte tenu de la richesse de la flore et de la faune dans ce secteur du Marais poitevin. Également de nombreuses autres activités proposées (location de kayaks, apéro sur l'eau pour découvrir le Marais de façon ludique, sortie sportive, etc.).

LE MARAIS MOUILLÉ ET LA VENISE VERTE

Le Marais mouillé constitue le cœur du Marais poitevin, et aussi sa partie la plus visitée : plus de 380 000 touristes s'y pressent chaque année. Ici vivent des hommes et des femmes qui ont façonné leur territoire et qui n'auront de cesse de vous le faire partager. Alors il faut savoir se promener, marcher, apprécier cet air étrange aux parfums de terre et d'eau douce, se laisser pénétrer par l'esprit unique de la Venise verte !

SAINT-HILAIRE-LA-PALUD

(79210) 1 560 hab. *Carte Marais poitevin, C2*

2 hameaux, La Rivière et Montfaucon, pour un seul village : Saint-Hilaire-la-Palud, qui se proclame – attention ! – « capitale du Marais sauvage des Deux-Sèvres ». Ce village est l'un des points de départ pour une balade dans le Marais.

PALU ? PAS VU !

Le nom de Saint-Hilaire-la-Palud vient du latin palus, qui signifie… « marais ». D'où d'ailleurs l'origine du mot « paludisme » ! Vous voilà dans la partie la plus sauvage et la moins connue du Marais, mais pas de panique : le moustique infecté ne sévit plus sous ces latitudes, et les libellules du Marais détruisent la plupart des moustiques !

Adresses et infos utiles

Point d'information touristique : *2, route de Niort, dans les locaux du bureau de poste. ☎ 05-49-24-18-79. ● niortmaraispoitevin.com ● Ouv en principe l'été, lun-mar et jeu-sam 9h-12h30.* Juste un petit point d'infos avec quelques cartes et brochures.

Bus Tanlib : les lignes nos 21 et 22 relient Niort à Saint-Hilaire-la-Palud et Coulon, en passant par le Marais. Au départ de Niort toute l'année ; horaires et tarifs : *☎ 05-49-09-09-00 ; ● tanlib.com ●*

Embarcadère du port de Montfaucon : *☎ 05-49-35-34-97. ● embarcadere-port-montfaucon.fr ●* Un peu moins connu que Coulon, Arçais ou La Garette, et dans une partie plus sauvage du Marais, donc logiquement moins fréquenté. Bon accueil et petit historique sur le Marais avec plans, cartes et vieux outils, avant chaque départ en visite guidée *(résa conseillée pour éviter l'attente ; 15,50 €/h par pers avec 2 passagers, 11,50 €/h par pers avec 4 passagers, ensuite c'est dégressif).* Location de barques en visite libre également *(compter 15 €/h pour 1-4 pers, 25 € pour 2h, etc.).* Propose aussi la location de canoës et de vélos.

Base de canoë-kayak : *à la base nautique du Lidon. ☎ 05-49-35-31-60. Juil-août, tlj 14h-20h.* Propose des locations ou une initiation.

LA CHARENTE-MARITIME

Où dormir ? Où manger ?

Camping Le Lidon : *Le Lidon. ☎ 05-49-35-33-64. ● camping-le-lidon@orange.fr ● camping-le-lidon.com ● ♿ À 3 km de Saint-Hilaire ; suivre Courçon et, à 1 km, tourner à droite vers La Roche et Lidon. Ouv avr-sept. Forfaits 17-29 € pour 2. Loc de tentes, chalets, mobiles home, bungalows toilés, roulottes et chalets 2-7 pers. 140 empl.* Au cœur du Marais sauvage, longé par une conche, un camping très convivial proposant toutes sortes d'activités (piscine, pêche, balades en barque ou à vélo, canoë). Accueil familial sympa.

Chambres d'hôtes Les Lavandières : *8, rue des Lavandières. ☎ 05-49-76-16-72. 📱 07-78-76-89-97. ● leslavandieres.maraispoitevin@orange.fr ● leslavandieres.tourisme-maraispoitevin.fr ● Double 79 € ; familiales.* Les sympathiques propriétaires de cette maison typique font feu de tout bois pour gâter leurs hôtes. Piscine chauffée, cuisine et coin barbecue à disposition, terrain de pétanque, salle de fitness, prêt de vélos, rien ne manque. Côté couchage, les chambres sont impeccables, joliment aménagées dans un style classique et de bon confort (il y a même une vaste suite pour les familles dans une dépendance). Le tout au bout d'une impasse : tranquillité et repos garantis.

Chambres d'hôtes Le Logis de la Venise Verte : *12, pl. de l'Église. ☎ 05-49-24-31-61. 📱 06-98-57-30-32. ● lelogisdelaveniseverte@gmail.com ● lelogisdelaveniseverte.com ● Congés : de fin sept à mi-déc. Double 70 €.* Planquée derrière l'église, cette belle maison bourgeoise a de l'allure avec son jardin tranquille et ses dépendances. Les chambres, sobres et modernes, occupent d'ailleurs la grange réhabilitée. Quant à la familiale, une suite cosy, elle est isolée dans l'ancien cabinet du médecin où subsistent quelques moulures et la cheminée. Une bonne adresse, d'autant que l'accueil est très sympa et qu'il y a même un jacuzzi et une petite piscine hors sol pour se détendre en rentrant de balade.

Le Petit Resto'logique : *à l'intérieur du parc ornithologique (voir plus loin).* Pour profiter de ce petit snack-resto de qualité à prix doux, il faut s'acquitter du droit d'entrée du parc, mais comme celui-ci est top, ça vaut vraiment le coup !

Où goûter des produits régionaux ?

Les Fromages d'Emma : *38, rue de Pied-Blanc. 06-83-16-50-33. • lesfromagesdemma@orange.fr • En principe, mar et ven 17h-19h.* Arrêt obligatoire pour tous les amateurs de fromages de chèvre, car ceux d'Emma, de fabrication fermière et au lait cru, sont rudement bons ! Et si vous êtes sympa, vous pourrez même assister à la traite !

À voir

Le parc ornithologique et embarcadère Les Oiseaux du Marais poitevin : *Le Petit-Buisson. ☎ 05-49-26-04-09. • oiseauxmaraispoitevin.com • Fléché depuis Saint-Hilaire. Des vac scol de Pâques à mi-sept, tlj 10h-19h ; mars-Pâques et de mi-sept à la Toussaint, tlj sauf lun 14h30-19h. Entrée : 9 € ; réduc. Visite guidée « Soigneur d'un jour » ts les jeu à 9h (3h de découverte, comprenant le nourrissage des animaux) : 3 €. Possibilité de forfait : visite du site et balade en barque. Loc de barques avec ou sans guide et de canoës (réduc de 10 % sur la loc de barques pour les visiteurs du parc). Également la visite « Privilège », une balade de 1h30 en barque avec petit déj le mat ou apéro le soir, suivie de la visite du site (compter 43 €/pers). Jeux pour enfants, aire de pique-nique et resto sur place.*

Imaginez une zone vierge du Marais entièrement dévolue à la faune locale et aux oiseaux, un petit paradis de 8 ha aménagé en une immense volière, le plus souvent à ciel ouvert. C'est le pari gagné par une famille de passionnés qui ont réalisé leur rêve : nous faire entrer dans l'intimité du Marais et nous donner la possibilité de voir de plus près les petits habitants de la région et toutes ces créatures ailées qui nous narguent souvent de bien haut...

Ici, ce sont 75 espèces d'oiseaux représentées par plus de 350 volatiles que l'on admire le long d'un sentier bucolique en sous-bois qui serpente entre conches et parcelles aménagées, quand il ne traverse pas carrément l'une des vastes volières. Des petits modules pédagogiques apportent juste ce qu'il faut d'explications, souvent agrémentées d'anecdotes savantes ou de devinettes pour petits et grands. Parmi les plus précieux, le héron bihoreau si difficile à observer car c'est un noctambule, la grue cendrée qui a du mal à se reproduire en captivité, mais aussi les oies à tête barrée qui peuvent voler jusqu'à 8 000 m et passent au-dessus de l'Himalaya, les cygnes chanteurs, les très rares cigognes noires ou ces ibis sacrés qui sont arrivés plus tard et se sont acclimatés... Aux côtés de ces hôtes prestigieux, on découvre aussi les représentants de la faune typique du Marais, comme les oies grises, et en saison les chevaux de trait mulassiers et les emblématiques baudets du Poitou, au formidable manteau laineux.

Enfin, on ne manquera pas de se perdre dans le labyrinthe fait de frênes têtards, d'aubépines et de saules, ponctué de panneaux pédagogiques sur la migration des oiseaux. Un bon complément à la végétation du Marais, qui est préservée sur le site (une trentaine de plantes sont d'ailleurs présentées avec leurs vertus médicinales, leurs usages culinaires ou leurs toxicités, à l'instar de l'angélique, qu'on découvre sous sa forme originelle). La visite s'achève par un beau film de 20 mn.

Le Petit Resto'logique : *à l'intérieur du parc ornithologique (billet d'entrée obligatoire). Tlj le midi (seulement pour le goûter hors saison). Menus 15,50-18,50 €.* Profitez de votre visite pour programmer un déjeuner ici. Le principe de ce petit *Resto'logique*, c'est de privilégier le circuit ultra-court, selon le principe locavore. Presque tous les ingrédients viennent du coin, en voisins, ou carrément du potager bio : fromages, légumes, viandes, et même le vin de Vix. De quoi se régaler d'un excellent farci (d'après la recette de grand-mère, s'il vous plaît !), de jambon vendéen aux mojettes et de salades bien saines. Pour boire, ne ratez pas les sirops de sureau ou de menthe d'eau. Parfait pour une pause relax en terrasse (sous le préau s'il pleut).

ARÇAIS (79210) 620 hab. *Carte Marais poitevin, C2*

Un village typiquement maraîchin, à l'image de La Garette. Au XIIIe s, déjà, Arçais était un port dynamique où transitaient bois, vin, céréales... Juste en face de l'embarcadère, un logis de rêve du XIXe s nargue la rivière (propriété privée). Emprunter le chemin de halage et découvrir les marais dans les environs. Sur le petit coteau, belle vue sur le Marais sauvage. Prisé des artisans, qui viennent de plus en plus s'installer au village : sculpteur, potier, tourneur sur bois, vannier...

Adresse et info utiles

Office de tourisme : *pl. de l'Église. ☎ 05-49-24-18-79. • niortmaraispoitevin.com • Pâques-fin sept, tlj 10h-18h30 (18h45 en été).* Ouvrages, cartes pour la rando et le VTT, billetterie pour les sites, animations et sorties d'été. Billetterie des activités de loisirs et entrées de site.

Embarcadères : il y en a 3 sur le port. Arçais se targue d'être le seul village du Marais à posséder 40 km de canaux navigables et une superficie de 1 000 ha de Marais mouillé. Passez voir notamment l'équipe d'***Au Martin Pêcheur*** *(📱 06-89-47-94-52 ; • aumartinpecheur.com •),* qui connaît une foule d'histoires sur le Marais. Promenades en barque libres ou commentées, location de canoës et kayaks. Accueil compétent.

Où dormir ? Où manger ?

De prix moyens à chic

Maison Flore : *25, rue du Port. ☎ 05-49-76-27-11. • contact@maisonflore.com • maisonflore.com • ♿ Congés : de mi-déc à début mars. Doubles 75-140 € ; familiales. Parking privé.* La *Maison Flore,* c'est un établissement de charme préservant à la fois le patrimoine architectural et l'environnement. Centrale photovoltaïque, bassin de récupération d'eau de pluie ou installation aérothermique au sol permettent, en coulisse, de faire vivre cette ravissante maison maraîchine, aux chambres joliment personnalisées. Sans négliger le confort : double vitrage, clim, TV... Et toujours plus de petits plus, comme les buffets bio du matin, les balades en barque (assurées par l'entreprise familiale) et le beau jardin fleuri où il fait bon lézarder. Une adresse intime qui tient plus de la chambre d'hôtes que de l'hôtel.

Chambres d'hôtes du Canal : *10, rue de l'Ouche. ☎ 05-49-35-42-59. 📱 06-29-05-81-72. • chambresetgitesducanal@gmail.com • gite-maraispoitevin.com • ♿ (gîtes). Double 65 €. Gîtes 2-6 pers 250-750 €/sem.* On ne croirait pas que cette grande demeure, posée au cœur du village, dissimule un tel havre de paix. Si la maison, côté rue, ne se distingue pas particulièrement, à l'arrière, un beau jardin arboré court vers une adorable conche, où sont amarrées des barques prêtées bien volontiers aux hôtes. Pour couronner le tout, il y a même une piscine d'eau salée, chauffée et couverte ! Côté couchage, on a le choix entre des chambres rustiques dans la maison principale et des gîtes confortables et meublés à l'ancienne, répartis dans la propriété. Tous les avantages sans les inconvénients. Accueil très sympathique.

Le Patio : *24, rue du Marais. ☎ 05-49-24-65-85. Tlj sauf lun (ouv seulement ven-dim hors saison). Congés : de janv à mi-fév. Plats env 15-17 €.* Discrètement installé au cœur du village, on le remarque à peine en passant. Ça vaut pourtant le coup de pousser la porte : l'accueil est charmant, la petite salle est agréable et pimpante, et surtout la cuisine est pleine de goût, dans un registre traditionnel et de saison (carte courte de saison, privilégiant les poissons). Quant au patio, il est bien là, avec ses quelques tables sous les parasols. Une excellente adresse, mais souvent prise d'assaut, on s'en doute (réservez à l'avance !).

À faire

➢ ***Le chemin de halage :*** il démarre au pied du logis. Ce vieux chemin longe le quartier de la Garenne. On voit des fermes à flanc de coteau, dont les dépendances descendent jusqu'au bief Minet. Même si certains bâtiments sont en ruine, remarquez les superbes appareillages de pierres. Entre chaque maison s'ouvrent des venelles pour accéder aux barques. Elles permettent juste le passage d'une brouette !

– ***BicyLoc :*** *36, route de Saint-Hilaire-la-Palud. ☎ 05-49-35-42-56. • maraispoitevin-bicyclette.com • Début juin-sept, presque tlj ; le reste de l'année, sur résa.* Location de tous types de vélos, bien entretenus, avec tout le matériel adéquat. Accueil très sympa.

IRLEAU (79270) 410 hab. *Carte Marais poitevin, D2*

Un petit village au nom évocateur, lente déformation du mot « îlot ». La route entre Coulon et Irleau suit le cours du... fleuve (la Sèvre se jette dans la mer, donc on parle bien d'un fleuve !). Vous pourrez y voir un de ces barrages-écluses qui ont permis, au XIXe s, de rendre la Sèvre navigable de Niort à Marans. Possibilité de faire de longues balades au calme, entre les canaux jusqu'au Vanneau, loin de la route principale souvent dangereuse. Passez l'écluse et suivez les chemins...

Où dormir dans les environs ?

Chambres d'hôtes Le Paradis du Marais : *embarcadère 29, lieu-dit Sainte-Sabine, 79270* ***Le Vanneau-Irleau.*** *☎ 05-49-35-33-95. 06-52-79-25-53. • contact@leparadisdumarais.fr • leparadisdumarais.fr • Congés : déc. Doubles 64-77 € ; familiale. Parking gratuit. Réduc de 10 % sur la loc de bateaux sur présentation de ce guide.* À quelques kilomètres d'Arçais, une petite route plonge vers la conche et débouche sur un site enchanteur : déroulé sur les berges, un parc arboré de 5 ha où ronronnent au soleil différentes maisons en pierre de pays. Elles abritent de jolies chambres d'hôtes nickel et confortables, avec entrée indépendante. Salle à manger commune avec réfrigérateur, micro-ondes, vaisselle, et vaste terrasse sous auvent avec table de cuisson pour un repas champêtre. Possibilité d'emprunter des vélos, et de louer barques et canoës sur place. Une super adresse, d'autant que l'accueil est charmant.

LE VANNEAU (79270) 800 hab. *Carte Marais poitevin, D2*

Verdoyant petit port, rénové avec goût, peu fréquenté puisque dépourvu d'embarcadère. Jardins potagers sur la motte, d'accès public. Tout à côté, la Belette, rue typique en bord de conche avec des maisons ayant entrée sur rue et sur l'eau, comme à Arçais, La Garette ou Saint-Hilaire-la-Palud. Bon point de départ pour une balade à pied autour des canaux à travers de petites forêts, et pour rejoindre Irleau.

Manifestation

– ***Marché sur l'eau :*** *dernier sam de juil, port du Vanneau.* Le matin, vente de produits régionaux et artisanaux, et animations sur l'eau, suivies d'un déjeuner champêtre. Balades à pied, à vélo ou en barque. Le soir, bal et feu d'artifice sur le Marais.

DANS LES ENVIRONS DU VANNEAU

Saint-Georges-de-Rex *(79210)* **:** un charmant village, avec sa grande fontaine, ses 4 lavoirs, son pigeonnier. Quelques curiosités, comme les ruines de la forteresse féodale, aux douves encore remplies d'eau (ne se visite pas). Et si le Christ en croix qui marque l'entrée du village est noir, dans l'église, celui du retable polychrome du XVIIe s est habillé en bleu-blanc-rouge !

Chambres d'hôtes Du Coq à l'Âne : *12, rue du Moulin, à Saint-Georges-de-Rex. ☎ 05-49-35-06-28. • contact@ducoqalane.fr • ducoqalane.fr • Ouv avr-oct. À partir de 80 € pour 2 pers par hébergement (chambre, yourte ou tente du prospecteur).* Tout est dit dans le nom. Ici, on fournit le couchage, dans de belles chambres vastes et confortables (mezzanine dans certaines), réparties dans une ancienne écurie pleine de cachet ou... dans une yourte, à moins de craquer pour la tente du prospecteur, façon Far West (ces dernières se partagent le bloc sanitaire). Et dès le chant du coq, départ pour une randonnée bâtée avec les meilleurs compagnons qui soient : les célèbres baudets du Poitou ! Original et sympa comme tout pour les familles, d'autant qu'on peut aussi profiter de la ferme pédagogique et découvrir la fabrique de savons au lait d'ânesse (voir plus loin).

Marais Snack : *dans le parc des chambres d'hôtes* Du Coq à l'Âne *(voir ci-dessus). • contact@ducoqalane.fr • ducoqalane.fr •* Avant ou après la visite de l'asinerie et de la savonnerie, ce petit snack familial vaut le coup pour une pause en terrasse (pas de salle, mais une toile pour s'abriter du cagnard) autour du plat du jour ou d'un en-cas : anguilles l'été, lasagnes, sandwichs, salades, ou tout simplement des frites, tous maison.

L'asinerie et la savonnerie du Marais poitevin, parc Du Coq à l'Âne : *12, rue du Moulin, 79210* **Saint-Georges-de-Rex.** *☎ 05-49-35-06-28. • ducoqalane.fr • Fin mars-fin oct, tlj (sauf lun hors vac scol) 14h-18h. Entrée : 7 € ; réduc.* Les propriétaires de la chambre d'hôtes *Du Coq à l'Âne* (voir ci-dessus) font feu de tout bois. Avec le temps, ils ont développé un vrai site touristique. La visite comprend désormais une découverte ludique et pédagogique de leur asinerie. Un parcours à la déco Far West jalonné de jeux permet d'aller à la rencontre des ânes bien sûr, mais aussi d'animaux insolites tels que des alpagas, des porcs laineux et des vaches de race Highland. Également une présentation de leur savonnerie artisanale où tout est fabriqué à base de lait d'ânesse cru, et un snack où l'on pourra déguster une glace au lait d'ânesse (voir ci-dessous). Tout un programme !

Amuré : tout mignon village avec son église romane du XIIe s et son petit cimetière, sa croix hosannière et ses curieuses sépultures dont la forme symboliserait la lutte contre les inondations.

LA GARETTE (79270) 350 hab. *Carte Marais poitevin, D2*

Village maraîchin typique dont les maisons s'étirent le long de la Vieille Sèvre et d'une conche, avec un double accès : par la cale (petit port sur le fleuve) et par la rue des Gravées. Le village se résume d'ailleurs à cette unique rue, très belle, avec un herbier sculpté le long du sol pavé, où se succèdent de petits embarcadères. Le « coteau pentu » donne lieu à un étagement de maisons qui s'imbriquent, et chaque propriété bénéficie d'un accès à la « conche des cabanes ». L'architecture ancienne a été préservée (façades traditionnelles, tuiles rustiques dites « tiges de botte »), ce qui donne du cachet au village...

Où dormir ?

Camping L'Îlot du Chail : *rue des Gravées. ☎ 05-49-35-00-33. • camping-ilotduchail@orange.fr • Au centre du village. Ouv d'avr à mi-oct. Forfaits env 12-16 € pour 2. Chalets, bungalows toilés tt équipés (avec ou sans sanitaires). 90 empl.* À 2 pas des commerces et des restos, ce camping est situé dans un cadre verdoyant, sur un beau terrain bordé par des conches (petits canaux) typiques de la Venise verte. Emplacements vastes et ombragés, confort classique très correct. Possibilité de loger dans les bungalows toilés, de grandes tentes meublées avec 2 chambres et kitchenette. Les plus : barbecue à dispo, bar-resto juste en face et accès gratuit à la piscine municipale voisine *(juil-août)*. Sympa.

Chambres d'hôtes Le Trèfle d'Eau : *52, rue des Gravées. ☎ 05-49-05-30-23. • robert.brangier@wanadoo.fr • letrefledeau.fr • Au centre du village. Doubles env 70-92 €.* Cadre de rêve pour cette belle maraîchine cachée dans une ruelle pittoresque. De la grange revue et corrigée par des architectes, vue plongeante sur la conche (et sa barque) et la passerelle conduisant à un adorable jardin verdoyant. Impeccable pour se ressourcer, d'autant que les chambres sont au top (cosy et soignées) et qu'il y a même un salon et un spa pour reprendre des forces entre 2 balades. Accueil très sympa.

COULON

(79510) 2 315 hab. *Carte Marais poitevin, D2*

Vitrine du Marais et de la Venise verte, Coulon est un village de caractère et l'un des plus beaux du département. Aux confins des provinces de l'Aunis, du Poitou et de la Saintonge, le port de Coulon fut l'un des plus considérables du bassin de la Sèvre Niortaise. Aujourd'hui, c'est le village du Marais poitevin possédant le plus d'embarcadères... et, par conséquent, le plus visité. Dès les beaux jours, l'activité de batellerie y est très importante, car les touristes débarquent sur le site pour faire l'incontournable balade à bord d'une « plate » et découvrir les beautés des conches et du Marais.
L'endroit est magique. Peupliers, palmiers et bananiers (si, si ! preuve que le climat est doux), frênes têtards, lentilles, vaches dans les prés... tout est réuni pour la photo. On peut également découvrir ici l'habitat maraîchin traditionnel. Sobres, tout en harmonie et en subtilité, les maisons sont basses, allongées, avec des murs blanchis à la chaux et des volets peints de couleurs vives. Et une barque attend devant chaque maison.

Adresses et info utiles

ℹ ***Office de tourisme :*** *à la Maison du Marais poitevin, pl. de la Coutume. ☎ 05-49-24-18-79. • niortmaraispoitevin.com • Pâques-Toussaint, tlj 10h-18h30 (18h45 en été).* Propose divers ouvrages et de très bonnes cartes de balades à pied, à vélo ou en barque. Vente de billets pour de nombreux sites, animations et sorties d'été.

■ ***Location de vélos :*** ***La Bicyclette du Marais,*** *pl. de l'Église. ☎ 05-49-35-83-42. Ouv avr-oct.*

Plusieurs ***embarcadères*** sur le chemin de halage. Nombreuses formules de balades. Lire plus loin « À voir. À faire ».

Où dormir ? Où manger ?

Camping

Camping de la Venise Verte : *178, route des Bords-de-Sèvre. ☎ 05-49-35-90-36. • accueil@camping-laveniseverte.com • camping-laveniseverte.com • ♿ À la sortie de Coulon, direction Irleau. Ouv début avr-début oct. Forfait tente pour 2 à partir de 22 €. Bungalows toilés et chalets 2-7 pers env 200-590 € pour 2 pers. 92 empl.* Sur les bords de la Sèvre, un agréable camping à l'ambiance familiale, offrant tout le confort nécessaire. Terrain plat, ombragé, mais sans haies pour délimiter les emplacements. Et une piscine *(chauffée de mi-juin à mi-sept).* Resto en saison. Bref, un bon camp de base pour découvrir le Marais poitevin. A obtenu l'écolabel pour sa bonne gestion des ressources. Accueil sympa.

De prix moyens à chic

Hôtel-restaurant Le Central : *4, rue d'Autremont. ☎ 05-49-35-90-20. • le-central-coulon@wanadoo.fr • hotel-lecentral-coulon.com • ♿ Face à l'église. Resto fermé dim soir et lun (hôtel fermé dim soir oct-mars). Congés : de mi-fév à mi-mars et 2 sem début oct. Doubles 87-106 €. Formules déj (sauf dim) 19-23 € ; menus 33,50-48 €.* La table incontournable du Marais : sérieux du service et qualité irréprochable des plats. Le chef maîtrise avec brio les grands classiques régionaux, sublimant fricassée d'anguilles et autre carré d'agneau du Poitou en croûte d'herbes, mais il n'hésite pas pour autant à ajouter à l'occasion une pointe d'originalité dans l'association des saveurs et dans la présentation raffinée. À déguster dans une salle élégante et lumineuse, dans un style campagne chic. Les chambres sont aménagées dans le même esprit, mêlant l'ancien et le moderne (vasques contemporaines, beaux tissus). Annexe façon chalet dans le jardin, idéale pour les familles (patio intérieur). Une valeur sûre. Ne pas manquer de réserver, surtout le week-end.

Hôtel Au Marais : *46-48, quai Louis-Tardy. ☎ 05-49-35-90-43. • contact@hotel-marais-poitevin.com • hotel-marais-poitevin.com • Congés : de mi-déc à fin fév. Doubles 85-101 € ; familiales. Réduc de 10 % sur le prix de la chambre sur présentation de ce guide.* Un emplacement de rêve ! Non seulement ce petit hôtel convivial, tenu par un couple franco-italien vraiment très sympathique, profite d'un cadre romantique sur les bords de la Sèvre, mais il occupe également une position centrale à 2 pas des commerces. Réparties dans 2 maisons voisines, ses chambres ont été joliment réactualisées dans un style gai et lumineux (belles salles de bains). Même chose pour le salon de lecture et la salle de petit déj pimpante, où l'on sert de bons produits locaux le matin. Une excellente adresse.

L'Atelier Gourmand : *2, pl. de la Pêchoire. ☎ 05-49-79-68-02. • lateliergourmandcoulon@sfr.fr • ♿ Tlj sauf mar soir et mer. Congés : de mi-janv à mi-fév et vac scol d'automne. Formules 16-19 € ; menus 29-32 €.* De l'ancienne boucherie, il ne reste que les marbres et un insolite coffre encastré. Pour le reste, la déco fait dans le néobistrot, mêlant moderne et objets rétro. Sympa et chaleureux donc, à l'image d'une cuisine traditionnelle simple, bonne et copieuse. Choix relativement restreint, gage de qualité, mais suffisant pour satisfaire tout le monde (tarte salée, salades, viandes, poisson du jour, le tout joliment présenté). Vraiment agréable, surtout si l'on obtient une table dans le joli patio à l'arrière.

Où dormir dans les environs ?

Bon marché

Chambres d'hôtes La Rigole : *180, route des Bords-de-Sèvre, à Coulon. ☎ 05-49-35-97-90. Sortir de Coulon par la D 123 en direction d'Irleau ; après 1,5 km, tourner à droite aussitôt après le camping, pour s'engager dans un petit chemin. Double 60 €.* Au bord de la rivière, isolée dans un grand jardin arboré, cette charmante maison maraîchine dégage une impression de bien-être... Un sentiment confirmé en découvrant l'accueil chaleureux et les 4 chambres mignonnettes avec salle de bains, toutes personnalisées. Belle salle à manger avec grande cheminée pour profiter des bons petits déj. Un des meilleurs rapports qualité-prix du Marais.

Où acheter des produits régionaux ?

Boutique Saveurs Régionales : *10, pl. de l'Église. ☎ 05-49-35-99-96. Avr-nov, tlj 9h30-19h30. Autre adresse au 13, rue de l'Église.* Liqueur d'angélique, pineau des Charentes, poire Williams, cognac, mais aussi une création originale que l'on ne trouvera que chez lui, la fleur de caramel salé. Et on ne fait pas que regarder, on peut également goûter de nombreux produits. Accueil sympathique.

La Tête de Mule : *à l'ancienne laiterie de Coulon, à la sortie du bourg en direction d'Irleau. ☎ 05-49-24-35-94. • brasseriedumarais.fr • Avr-sept, ven-sam 10h-18h (tlj 10h-19h juil-août, ouv à 14h le dim) ; oct-mars, seulement ven 14h-18h et sam 10h-17h. En juil-août, visite guidée de la brasserie lun, mer, ven et sam à 17h15 (résa obligatoire) : 2,50 €.* C'est la brasserie du Marais, dont l'étiquette fait référence à la célèbre mule poitevine. Mais les stars, bien sûr, ce sont les bières. Artisanales, réalisées avec des ingrédients soigneusement sourcés, elles ne sont ni filtrées ni pasteurisées et ne manquent pas de goût, quelle que soit la couleur. Pour s'en convaincre, il suffit d'en goûter une en s'installant à la terrasse composée de palettes de récup', et de suivre la visite pour découvrir pas à pas tout le processus de fabrication. Quant à ceux qui conduisent, ils pourront se consoler avec les excellentes limonades !

À voir. À faire

L'église Sainte-Trinité : XIe-XVe s. D'origine romane, elle a subi quelques ajouts de style gothique (nef sud et sa porte). Nombreux vitraux et une architecture dont on perçoit les divers remaniements du XIXe s.

Le chemin de halage : suivre les venelles et ruelles partant de l'église jusqu'à la Sèvre – en fait, d'anciennes voies d'eau comblées. Balade sympa le long des quais, de part et d'autre de la Sèvre canalisée (lavoirs, cales, embarcadères).

La Maison du Marais poitevin : *pl. de la Coutume. ☎ 05-49-35-81-04. • maison-marais-poitevin.fr • Début juil-fin août, tlj 10h-13h, 14h-19h ; avr-juin et de sept à mi-nov, tlj 10h-13h, 14h-18h30 (18h 1re quinzaine d'avr et d'oct à mi-nov) ; dernière entrée 1h avt fermeture. Entrée : env 7,50 € ; réduc. Expos thématiques.*
Animé par une équipe de passionnés, cet espace muséographique est l'un de ces endroits interactifs où l'on vient avant tout pour comprendre. Car il s'agit de prendre conscience de la spécificité du Marais, de sa fragilité, de ses richesses et de sa formidable histoire commencée alors que toute la région était recouverte par l'océan. Au gré de la visite, enrichie par les interventions des guides, on saura tout de l'histoire du Marais et du mode de vie de ses habitants : reconstitution d'un intérieur traditionnel, l'incroyable parcours de l'anguille, petite reine des marais en voie de disparition dans le secteur (80 % de la population a disparu en 15 ans !), salle consacrée à la batellerie locale (avec un atelier de construction de sa célèbre plate), le *Maraiscope,* audiovisuel retraçant l'histoire du Marais, et une exposition temporaire. D'ailleurs, pour l'anecdote, l'écomusée est installé dans la maison de la Coutume (XVe s), où logeaient les percepteurs d'un droit coutumier prélevé sur les marchandises qui remontaient la Sèvre Niortaise.
À l'arrière de la maison, pigeonnier et grande fenêtre Renaissance ; sous l'entablement, personnage grotesque, feuilles de chardon et bélier sculptés, qui seraient des symboles alchimistes. Au final, une visite paisible, reposante... comme le Marais.

➢ En juillet-août, ***balades découverte*** combinant marche et promenade en bateau organisées par la *Maison du Marais poitevin (résa indispensable)* : les guides vous emmènent de sentiers en chemins d'eau à la découverte des particularités du Marais (histoire, habitat traditionnel, hydraulique, faune, flore...).

➢ ***Le Petit Train du Marais :*** *6, rue de l'Église. ☎ 05-49-35-14-14. À côté de l'église. Avr-sept. Résa conseillée. Tarif : 10 € ; 7 € jusqu'à 12 ans ; gratuit jusqu'à 5 ans. Formule avec barque + petit train ou vélo 23-25 €/adulte et 15 €/enfant.* Un parcours de 1h dans un petit train vert pour visiter le Marais sans se fatiguer.

Promenades en barque

La Trigale – DLM Tourisme : *6, rue de l'Église. ☎ 05-49-35-14-14. • lemaraispoitevin.fr • Avr-sept, tlj 9h-19h.* Nombreuses formules avec ou sans guide, dont une qui combine promenade en barque et repas régional ou virée à vélo. Propose aussi la location de canoës.

LA CHARENTE-MARITIME

Embarcadère Cardinaud : *av. de la Repentie (route de Magné). ☎ 05-49-35-90-47. • embarcadere-cardinaud.fr • À l'entrée de la ville. Ouv tte l'année. Loc de barques (max 7 pers), sans guide : à partir de 20 € pour 1h (carte du circuit fournie). Promenades guidées collectives de 1 à 2h : 10-15€/pers ; réduc enfants. Promenades guidées privées de 1 à 2h : 18-30 €/pers. Possibilité de balades « insolites » à l'aube (7h-9h avec petit déj) ou au crépuscule (départ vers 19h-20h selon saison, avec dégustation de produits régionaux) : 39 € ; réduc.* Très organisé et professionnel.

Manifestation

– ***Rallye canoë-kayak :*** *dernier w-e de juin.* Le plus grand rassemblement nocturne de canoës en France, où chaque participant est déguisé.

MAGNÉ (79460) 2 570 hab. *Carte Marais poitevin, D2*

Si vous traversez en voiture cette charmante bourgade fleurie, il y a peu de chance pour que vous remarquiez sa particularité. Magné est en fait une île enserrée entre le cours principal de la Sèvre et le bras du Sevreau, avec 4 ponts la reliant aux autres communes. Sous l'Ancien Régime, le commerce de l'anguille salée y connut un développement considérable. La place de l'église et les bords de Sèvre invitent à la flânerie. Un petit arrêt s'impose dans celle qui se proclame la « 1re commune du Marais » (en venant de Niort) !

Où manger à Magné et dans les environs ?

Le Bœuf en Écailles : *24, av. du Marais-Poitevin, à Magné. ☎ 05-16-25-77-52. Fermé dim-lun. Formules déj en sem 14,90-19,90 € ; menus 39 et 55 € ; carte 30-40 €.* De l'extérieur, anodin, impossible de deviner la belle terrasse qui se cache à l'arrière, les pieds dans l'eau. Un lieu reposant et romantique, idéal pour se faire plaisir en dégustant sans hâte un cochon de 16h, une daurade sur peau, un tartare ou des viandes archifondantes, tous bien exécutés et joliment présentés. Qu'on pioche côté bœuf ou côté écailles, on se régale, d'autant que les vins au verre sont bien choisis. Et s'il fait frisquet, la salle très cosy ne fait pas regretter le détour. Excellent accueil.

Auberge de la Roussille : *30, impasse de la Roussille, 79000* ***Niort-Saint-Liguaire.*** *☎ 05-49-06-98-38. • leclusegourmande@wanadoo.fr • ♿ Bien indiqué depuis la D 9 en arrivant de Coulon ou de Niort ; laisser la voiture au parking et traverser la passerelle. Fermé dim soir et lun-mar. Congés : 1 sem en fév, 1 sem en juil et 1 sem en oct. Menu 29 € (en sem), puis 45-62 €.* C'est d'abord le cadre qui bluffe tout le monde... Après avoir traversé un quartier résidentiel moderne, on ne s'attend pas à découvrir au bout d'un petit chemin en sous-bois cette auberge isolée, ancienne maison d'éclusier rénovée et aménagée dans un style chic et élégant. Alors forcément, dès que le soleil pointe le bout de son nez, la terrasse au bord de l'eau est envahie de gourmands qui se régalent d'une cuisine traditionnelle dans l'air du temps, soigneusement préparée à base d'ingrédients de saison au top. En saison, les promeneurs peuvent aussi se contenter d'une crêpe le temps d'une petite pause.

À voir. À faire

L'église collégiale Sainte-Catherine : de style gothique du XVIe s, avec son vieux portail signé Mathurin Berthomé et sa belle rosace (à voir depuis l'intérieur). Après la Révolution, elle fut utilisée successivement comme entrepôt à fourrage et hôpital militaire.

À quelques mètres, un **pont-levis,** qui n'a rien de médiéval, enjambe la Sèvre. À côté, le **four Pontet,** remis à neuf, utilisé comme salle d'exposition, et dernier four de potier, témoin d'un artisanat qui apparaît dans la région dès le Néolithique.

➢ Sur l'autre rive, petite **balade** le long du chemin de halage, agréablement entretenu. Il mène jusqu'à l'écluse du Marais-Pin (1864) au lieu-dit La Motte-qui-Branle. La légende raconte que le sol y est si instable qu'on le sent se dérober sous nos pas... En tout cas, l'écluse, elle, n'a pas bougé et témoigne des grands travaux hydrauliques de la fin du XIXe s dans la région, pour réguler et gérer les flux de l'eau. Réserve de pêche, baignade interdite !

BESSINES (79000) 1 730 hab. *Carte Marais poitevin, D2*

1re commune après Niort, à l'entrée du Marais mouillé. Village natal de Jean Richard, commissaire Maigret à l'écran et directeur de cirque. Ce qui explique, fait exceptionnel, qu'une rue ait été, de son vivant, baptisée de son nom. Village bien calme, avec un sympathique et discret embarcadère des Trois-Ponts en sortie du village, sur la route de Magné.

Où dormir ? Où manger ?

Chambres d'hôtes Le Logis de la Pierre Levée : *48, rue Jean-Richard. ☎ 05-49-09-13-10. 06-19-11-35-59. • contact@logis-pierrelevee.com • logis-pierrelevee.com • Doubles 92-95 € ; familiales. Table d'hôtes sur résa env 27 €. Digestif offert sur présentation de ce guide.* Avec sa tour du XVe s et ses belles pierres ravalées, ce logis ne manque pas de panache. Les chambres aussi, très cosy, où l'ancien et le contemporain se combinent à merveille dans un esprit très déco. On se sent bien ici, d'autant que l'accueil est aux petits soins. Une tradition familiale sans doute, puisque c'est la maison natale de Jean Richard, créateur du cirque du même nom.

L'Adress : *1, rue des Iris. ☎ 05-49-79-41-06. • restaurant.ladress@orange.fr • En arrivant de Niort par la D 811, au rond-point pour Bessines, ne pas entrer dans le village mais prendre à gauche (panneaux). Tlj sauf dim-lun et j. fériés. Résa conseillée. Formule déj en sem 21 € ; menus 38-72 € ; carte env 54 €.* L'adresse est un peu improbable, mais l'une des meilleures tables du secteur mérite le petit détour. Ils sont d'ailleurs nombreux à rallier cette grande maison moderne aux allures de villa et à s'installer dans la salle élégante et design dont les baies vitrées donnent sur le jardin. Un seul mot d'ordre : « Le produit, rien que le produit ! ». Cuisine inventive, fraîche, pleine de couleurs, de saveurs qui se télescopent : on se régale. Service pro. Un grand, donc, à prix encore abordables...

Le Domaine de la Tuilerie : *98, route de La Rochelle. ☎ 05-49-09-12-45. Fermé dim soir et lun. Formule et menu déj en sem 15,90-19,50 € ; autres menus 29-37 €.* Cette vaste ferme entièrement relookée est devenue l'un des lieux de sortie favoris des gens du coin. Ils apprécient les nombreuses salles cosy aménagées dans un esprit très déco, l'immense terrasse, et surtout, la cuisine bien réalisée, mêlant classiques de terroir et options japonisantes. Service efficace et sympathique.

À voir

L'église Saint-Caprais : *à la sortie du village.* Église romane du XIe s, remaniée au XVe s. Tympan chapeauté d'une cloche apparente. Chemin de promenade à la sortie de l'église pour rejoindre le cœur du village.

SURGÈRES ET LE CŒUR DE L'AUNIS

Pratiquement au centre de l'ancienne province royale de l'Aunis et à quelques galops de cheval des zones inondées du Marais, la région de Surgères réserve quelques bonnes surprises aux voyageurs curieux, à commencer par un patrimoine roman exceptionnel.

SURGÈRES (17700) 7 080 hab. *Carte Charente-Maritime, C1*

Carrefour sur la route qui va de Niort à La Rochelle en passant par Saint-Jean-d'Angély (le GR 360 y passe également), Surgères est une étape très agréable. Cette ville au long passé mouvementé est aujourd'hui connue pour avoir abrité Hélène de Fonsèque (dite Hélène de Surgères, à qui Ronsard adressa ses fameux *Sonnets*), mais aussi pour son beurre, bénéficiant de l'AOP Charentes-Poitou !

UN PEU D'HISTOIRE

Guillaume de Poitou y établit dès le IXe s un camp fortifié afin de contenir les attaques des Normands. Quelques années plus tard, il revend le camp et sa forteresse à son cousin, le vicomte de Maingot, qui transforme le tout en château. Sa famille l'occupe jusqu'au XIVe s. ***Devenu l'un des châteaux forts les plus puissants de la région,*** il fut mis à rude épreuve lors de la guerre de Cent Ans. Par la suite, Louis XI ordonna, en 1472, la démolition de l'enceinte.
À nouveau meurtri par les guerres de Religion, l'ensemble seigneurial est repris par René de Fonsèque, père d'Hélène de Surgères, copine de Ronsard. Le château et son église connaissent alors une période de répit aux mains de Charles de Fonsèque et de sa sœur Hélène, qui consacre son temps aux bonnes œuvres. De cette époque date l'enceinte actuelle. Au XVIIe s, le château passe aux mains des La Rochefoucauld, héritiers des Fonsèque, avant d'être revendu à la Ville en 1856. Depuis, ***l'hôtel de ville et la police municipale y ont trouvé leur place...***

Le beurre et l'argent du beurre

Après la Révolution française et la fuite en Angleterre d'Ambroise de La Rochefoucauld, dernier seigneur de Surgères, le domaine est racheté par la bourgeoisie locale, qui s'ouvre à une ***économie viticole.*** Une orientation qui vaudra à la ville une période faste jusqu'en 1876, date à laquelle toutes les vignes de la région sont ***ravagées par le phylloxéra.*** La majeure partie des propriétés est rachetée à très bas prix par des paysans des Deux-Sèvres et de Vendée qui apportent avec eux leur « beurrée de confiture ». La région se consacrera désormais à la ***production de lait*** et à la ***fabrication du beurre.*** Et les cuisinières remplaceront définitivement le saindoux par le beurre !

En 1888, c'est le début de la gloire lorsque Eugène Biraud, un paysan de Chaillé (près de Surgères), crée la 1re laiterie coopérative des Charentes, dont le dynamisme est à l'origine de cette renommée. Elle a pour but d'encourager la commercialisation de la production laitière et, surtout, de lutter contre la baisse du prix du lait. D'autres coopératives voient alors le jour sur le même modèle, et se réunissent toutes en 1893 au sein de l'Association centrale des laiteries coopératives des Charentes et du Poitou. Telle est l'origine de l'actuelle appellation d'origine protégée « beurre Charentes-Poitou ».

Aujourd'hui, Surgères est un centre de production laitière d'envergure européenne, et son beurre s'est taillé une belle réputation sur tout le territoire pour son p'tit goût de noisette ! Ses installations à la pointe de la technologie promettent encore un bel avenir...

Comment y aller ?

➢ ***En train :*** *☎ 36-35. • oui.sncf •* 10-12 liaisons/j. en TGV au départ de Paris-Montparnasse (direction La Rochelle). Durée : env 2h45.

Adresse et info utiles

ℹ ***Office de tourisme Aunis-Marais poitevin – Bureau de tourisme de Surgères :*** *5, rue Bersot. ☎ 05-46-01-12-10. • aunis-maraispoitevin.com • Ouv tte l'année. Horaires et jours d'ouverture consultables sur le site internet.* Toute l'année, animations et ateliers pour les familles. Entre autres docs, récupérer le livret découverte de la ville gratuit et le plan proposant un petit circuit patrimonial. Billetterie.

– ***Marché couvert :*** *mar, jeu et sam 9h-13h.* Marché réputé où l'on retrouve tous les produits maraîchers, céréaliers et laitiers de la région, vendus directement par les producteurs.

Où dormir ? Où manger ?

Camping

⛺ ***Camping de la Gères :*** *10, rue de la Gères. ☎ 05-46-07-79-97. 📱 06-75-71-80-50. • contact@campingdelageres.com • campingdelageres.com • ♿ Ouv mars-oct. Forfait tente 2 pers 20-24 €.* Une cinquantaine d'emplacements, simples et convenables, au bord de la rivière. Ombragé et à 2 pas du centre et de ses commerces. Camping calme et familial. Piscine chauffée, snack-bar, aire de jeux, boulodrome, ping-pong, baby-foot, barbecue collectif avec aire de pique-nique.

De bon marché à prix moyens

🍴 ***La Table d'As :*** *24, av. de la Libération. ☎ 05-46-07-00-63. • latabledas@yahoo.fr • Tlj sauf lun-dim. Congés : fin fév-début mars. Carte env 25 €. Café offert sur présentation de ce guide.* Face aux remparts, une des bonnes tables de Surgères. À prix doux, le chef propose une jolie cuisine de terroir, plutôt créative et à base de produits frais. Une adresse appréciée des locaux pour les petites et grandes occasions.

Restaurant Le Vieux Puits : *6, rue Paul-Bert. ☎ 05-46-07-50-83. • gireaudrestauration@wanadoo.fr • Fermé mer soir, jeu et dim soir. Congés : 2 dernières sem de sept. Formule déj en sem 10 € ; menu 30 € ; carte env 38 €. Café offert sur présentation de ce guide.* Pourtant cachée au fond d'une courette pavée bordée de roses trémières, cette adresse conviviale n'a pas échappé aux gastronomes de la région. Propose une bonne cuisine de saison à base de produits frais, privilégiant aussi bien le poisson que la viande.

Où dormir ? Où manger dans les environs ?

Chambres d'hôtes Le Clos de la Garenne : *chez Brigitte et Patrick François, 9, rue de la Garenne, 17700* **Puyravault.** *☎ 05-46-35-47-71. 06-80-62-84-56. • info@closdelagarenne.com • closdelagarenne.com • De Surgères, prendre la D 115 au nord-ouest et suivre les panneaux jusqu'à Puyravault, à 5 km. C'est au centre. Congés : déc-mars (sauf vac de Noël) ; gîte ouv tte l'année. Doubles 80-85 € ; familiales. Table d'hôtes occasionnelle, sur résa, 29 €, vin et café compris (25 € ado, 15 € enfant). Apéritif, café ou digestif offert sur présentation de ce guide.* Cette maison du XVIIe s appartint à Pierre-François Audry, qui, sa vie durant, fut un fervent défenseur de la République et président de l'Assemblée constituante en 1848... Aujourd'hui, Brigitte et Patrick continuent de rénover patiemment et constamment cette demeure de charme tout en proposant 2 vastes chambres, 2 suites et 2 gîtes partagés entre la maison et les dépendances. Déco et ameublement de bon goût, à l'image du salon avec bibliothèque et billard. Table d'hôtes partagée en famille, à base d'excellents produits locaux : volailles fermières, agneau du cru, légumes souvent bio, etc. Parc de 4 ha où les animaux du domaine s'en donnent à cœur joie. Sans oublier les nombreux jeux à disposition et les chaises longues qui invitent au farniente... Un authentique havre de paix.

Le Clos de Landrais : *2, rue de la Garenne, Les Égaux, 17290* **Landrais.** *06-76-18-47-72. • olivieretchristophe@leclosdelandrais.com • leclosdelandrais.com • À env 13 km à l'est de Surgères par la D 939 et la D 208. Doubles 99-139 € ; séjour de 2 nuits min en hte saison. Bulle (avr-août seulement) 169-199 €/nuit. « Plateaux d'hôtes » 24-44,50 €. Réduc de 10 % sur le prix de la chambre nov-avr sur présentation de ce guide.* Dans une ravissante maison charentaise, 2 jolies chambres à l'étage donnant sur le verdoyant jardin clos. Dans une dépendance, un grand gîte, tout charme et tout confort, a été aménagé pour 4 personnes. Pour les amateurs, dans un recoin et à l'abri des regards, une bulle – bien aménagée et chauffée si besoin – permet de dormir quasiment à la belle étoile ! Piscine et potager à disposition. Accueil délicieux. Un coup de cœur !

Le P'tit Caprice : *1, chemin des Chèvres, 17700* **Vouhé.** *☎ 05-46-68-17-98. • carl.margueres@wanadoo.fr • Au cœur du village, à 6,5 km de Surgères en direction de Marans par la D 115. Ouv ts les midis sauf lun et le soir jeu-sam (mer-sam juil-août). Congés : 2 sem en fév, 1 sem en juin et la Toussaint. Formules déj en sem 12-14,50 € ; menus 25-36 €.* Tenu par un couple souriant et dynamique, ce petit resto-bar occupe une jolie maisonnette traditionnelle en pierre, en retrait de la route de Marans. Grande terrasse pour les beaux jours. En saison, au bonheur de la carte, cassolette d'escargots, persillade d'anguilles, mouclade... Un resto qui s'est forgé une bonne petite réputation.

Au Clos Gourmand : *51, rue du Marais-Poitevin, 17330* **Saint-Félix.** *☎ 05-46-26-52-06. • auclosgourmand@orange.fr • À 12,5 km à l'est de Surgères par la D 115. Congés : 5 janv-8 fév. Tlj sauf lun-mar, plus mer en hors saison. Menus 24-36 € ; carte env 40 €.* Les adresses sont rares dans le secteur, a fortiori les bonnes. Au milieu de nulle part et en même temps aux portes du Marais poitevin, entre Surgères et Dampierre-sur-Boutonne, on n'est jamais bien loin de ce joli clos qui dépannera plus d'un gourmand. La terrasse dans le jardin fleuri est vraiment agréable aux beaux jours. Cuisine soignée, servie avec le sourire.

À voir. À faire

Le château : ce qu'on appelle communément « château » n'est en fait que l'enceinte qui le cernait autrefois. Longue d'environ 600 m et agrémentée de 6 tours, elle témoigne encore de l'importance des lieux. Détruite à plusieurs reprises pendant les guerres de Cent Ans et de Religion, elle fut à nouveau rasée (à mi-hauteur seulement !) au XIXe s pour que l'intérieur de l'enceinte soit mieux éclairé ! En entrant par la place du Champ-de-Foire, on aperçoit les traces de l'ancien pont-levis. Sur la droite, une motte féodale érigée artificiellement afin de mieux guetter l'assaillant, le château étant, chose peu commune au Moyen Âge, bâti sur une base plate.
L'enceinte ouvre sur un grand parc boisé de chênes et de hêtres séculaires, aujourd'hui jardin public, très agréable (notamment pour le pique-nique). Il abrite une remarquable porte Renaissance du XVIe s, par laquelle on accédait au parc du logis médiéval dont il ne reste aujourd'hui que la tour Hélène, vestige du donjon de l'ancien château. Le logis seigneurial du XVIIe s, très belle demeure construite par la famille de La Rochefoucauld, est aujourd'hui le siège de la mairie... tandis que les dépendances (anciennes écuries des XVIIe et XVIIIe s, et maison dite « du Régisseur », avec son toit d'ardoises à la Mansart) abritent respectivement la bibliothèque et le centre social.

L'église Notre-Dame : *dans l'enceinte du château. Visite : rens au ☎ 05-46-01-01-77.*
« Bien que blasé, j'ai trouvé à m'extasier devant son église ; je ne trouve rien de plus beau que sa façade... », déclarait Prosper Mérimée, alors inspecteur des Monuments historiques, lors de son passage à Surgères en 1841. Édifiée au XIIe s sur commande de la famille Maingot, l'église Notre-Dame est un très bel exemple d'art roman, malgré les grandes restaurations entreprises au XIXe s.
La porte principale est entourée d'une magnifique série d'arcatures sur 2 étages : au rez-de-chaussée, elles sont aveugles, tandis qu'au 1er étage elles sont asymétriques, avec des voussures richement ornées. Celle du milieu est entourée de 2 petites niches. Dans chacune d'elles, un cavalier : à gauche, ce serait l'abbé de Vendôme, et à droite Guillaume d'Aquitaine (suzerain des comtes de Surgères) ; à moins qu'il ne s'agisse de l'empereur Constantin et du Christ triomphant entrant dans Jérusalem. Beaux chapiteaux qui représentent toutes sortes d'animaux, monstres et signes du zodiaque. Le clocher domine la croisée du transept. Le toit octogonal, porté par 16 colonnes à 30 m du sol, abrite notamment une énorme cloche classée de 420 kg, datant du XVIIIe s.
L'intérieur a été restauré en vue de lui redonner son allure d'origine. Les églises romanes étaient souvent enchâssées dans le sol pour des facilités de construction (on y pénétrait en descendant un escalier), aussi l'a-t-on rabaissé à son niveau initial, dégageant du même coup la crypte où l'on a retrouvé des traces de peintures murales. On y a installé de nouveaux vitraux aux motifs géométriques. Hélène de Surgères aurait par ailleurs été enterrée dans cette église.

➢ **_Promenade le long de la Gères :_** *sentier en boucle de 3 km. Compter 1h30. Infos à l'office de tourisme.* De l'avenue de Saint-Pierre, longer la Gères derrière le château (belle vue sur les douves). Très beaux paysages. Retour au centre avec une halte dans le superbe parc verdoyant du château.

Manifestations

– ***Grande foire :*** *3e mar mat de chaque mois, dans les rues de la ville.*
– ***Marchés nocturnes :*** *juil-août seulement, 1 fois/mois.*
– ***Surgères Brass Festival :*** *3 j. fin juil.* • *surgeresbrassfestival.com* • Festival de jazz dans les douves du château.
– ***Festival Sérénade :*** *début août.* ☎ *05-46-07-76-15.* Festival de musique de chambre.

DANS LES ENVIRONS DE SURGÈRES

Petit circuit pour les amateurs d'églises romanes

Compter une matinée (mais encore faut-il trouver les clés !).

Saint-Mard : *reprendre la D 911 vers Surgères, puis la D 939 en direction de Saint-Jean-d'Angély.* Appelée aussi Saint-Médard, cette église a été remaniée plusieurs fois. Architecture très sobre. À l'intérieur, encadrés, quelques fragments de fresques du XIIe s.

Breuil-la-Réorte : *de Saint-Mard, prendre la D 211. Demander les clés à la mairie (☎ 05-46-68-91-72).* Sur une petite colline, au milieu des champs. Mélange de roman et de gothique, et façade du XVIIe s. Voir les très belles peintures murales gothiques du XIVe s, remarquablement conservées : l'Annonciation, la Nativité, l'Adoration des bergers et la Crucifixion.

Vandré : église du début du XIIIe s dédiée à saint Vivien. Clocher carré. Étonnamment haute, ce qui explique sans doute les fortes poussées sur les murs ; en entrant, on est frappé par leur « ondulation ». Voir aussi les vitraux aux armes des seigneurs de Vandré. Haut lieu de résistance pendant les guerres de Cent Ans et de Religion.
– ***Le musée « Vandré, il y a 100 ans » :*** *dans les dépendances de l'ancien presbytère. Sur rdv au ☎ 05-46-01-99-38. Entrée : env 2 € ; réduc.* 5 pièces aménagées par des bénévoles évoquent la vie des paysans avant 1914, selon différents thèmes : les tâches ménagères, les travaux des champs, l'art de vivre charentais et la vigne. Un petit musée très intéressant, avec notamment une riche collection de coiffes et costumes charentais (belle robe de mariée de 1904) ou encore une étonnante ponne (profond bac doté d'un orifice) pour la lessive. Mérite d'être vu.

Genouillé : *par la D 211.* Église fortifiée construite entre les XIIe et XIIIe s. Notre préférée ! Sur sa ravissante façade, voussures aux personnages grimaçants. Une des très rares en France (il y en aurait actuellement 3 ou 4) où l'on peut observer une litre funéraire (voir encadré).

Landrais : *reprendre la D 111, puis la D 112.* Vaut surtout pour son magnifique retable du XVIIe s, classé Monument historique. Il n'y en aurait que 3 comme celui-ci en France !

LITRE ET TITRES DU SEIGNEUR

Une litre funéraire ? Mais qu'est-ce donc ? C'est la large bande de peinture noire qui fait le tour de l'intérieur de l'église de Genouillé, découverte par hasard lors de travaux de restauration. Sur cette litre sont peints les 16 blasons du dernier seigneur de la région. Par transparence, on peut même apercevoir d'autres blasons légèrement décalés, qui laissent supposer qu'on y peignait systématiquement les armes du dernier seigneur défunt.

Vouhé : *par la D 115 en direction de Marans.* Église classée, remaniée au XIVe s. Les coquilles Saint-Jacques attestent du passage des pèlerins en route vers Compostelle.

Saint-Georges-du-Bois : *par la D 911 en direction de Niort.* Petite église rurale typiquement romane. Les pans de mur sont évasés, conséquence des poussées latérales beaucoup trop fortes exercées par la voûte. Le chœur n'est pas dans l'axe de la nef. Il penche légèrement sur la droite (comme pour représenter la tête penchée du Christ crucifié...).

HOMMES, CULTURE, ENVIRONNEMENT

CHARENTAISES

Ce symbole de la France est né à Angoulême au temps de Louis XIV. La ville est alors spécialisée dans la confection de manteaux en feutre pour la Marine royale, dont – le recyclage ne date pas d'aujourd'hui ! – les chutes sont utilisées pour fabriquer des chaussons qui remplacent la paille dans les sabots. La languette est déjà là, qui protège le coup de pied du frottement avec le bois. Un cordonnier de La Rochefoucauld a ensuite l'idée de poser une semelle sous ces chaussons qu'on utilise donc désormais tels quels. Les « silencieuses », comme on les appelle, font un tabac à la Cour : leurs patins de feutre évitent aux domestiques d'arriver avec leurs gros sabots et lustrent les parquets par la même occasion ! On doit la charentaise telle qu'on la connaît aujourd'hui (avec son dessus imprimé écossais) à un certain docteur Jeva, qui crée ce modèle en 1907, à La Rochefoucauld toujours. Après divers rebondissements, une fabrique régionale de ces douillets souliers, L'Atelier Charentaises, a relancé sa production en mai 2020. En attendant de revenir franchement à la mode ? À suivre !

CHARENTE, FLEUVE NONCHALANT

François Ier l'aurait baptisée « le plus beau ruisseau du royaume ». Comme la Loire, et bien avant la Seine, ***la Charente,*** fleuve à la fois mythique et méconnu, ***a été un acteur de tout un pan de l'histoire de France.*** On y transporta du sel et du bois, puis des tonneaux de « liqueur des dieux » issue de ses rives : le cognac. Ses eaux claires alimentèrent les moulins des meilleures papeteries de l'Angoumois, connues dans toute l'Europe pour leur fameux papier royal : le vélin. Ses boucles permirent à une kyrielle de charmants villages de s'y blottir et de prospérer. Ses berges accueillirent châteaux et abbayes, églises romanes et prestigieuses maisons de négoce. ***La Charente est une « artère royale », mais aussi le berceau d'une civilisation fluviale*** (celle des gabariers), ainsi que le plus beau des fils conducteurs pour découvrir le terroir local. Des villes glorieuses la bordent, d'Angoulême à Cognac, de Saintes à Rochefort. Pourtant, comme ses habitants, la Charente sait se faire discrète. Soucieuse des trésors qu'elle charrie, elle ne les dévoile pas au 1er visiteur venu. Ses habitants l'ont bordée de croquignolettes chapelles et l'ont embellie de ponts de pierre, de chemins de halage et de dizaines d'écluses, que franchissent ces « croiseurs » venus spécialement pour elle, séduits par la vogue du tourisme fluvial. On peut aussi longer, à vélo ou à pied, ses rives ombragées ourlées de plages de galets ou de sable pour s'y baigner en été ! En 2020, l'estuaire de la Charente s'est vu attribuer le prestigieux label de Grand Site de France, lui garantissant une mise en valeur touristique respectueuse de son environnement.

CHEMINS DE SAINT-JACQUES-DE-COMPOSTELLE

Les différents chemins de Compostelle convergent vers la Galice et la cathédrale Saint-Jacques, où sont conservées les reliques d'un des plus importants apôtres de Jésus, Jacques, mort en martyr vers l'an 35.

C'est en 800 qu'un ermite, guidé en songe par une étoile, retrouve le tombeau du saint. Le nom de Compostelle proviendrait d'ailleurs de *campus stellae* : « champ d'étoiles »... Dès le Xe s, des pèlerins en provenance de toute l'Europe viennent se recueillir sur ces reliques. Le « chemin » est peut-être encore plus populaire aujourd'hui qu'hier, et presque embouteillé dès la belle saison, notamment sur ses dernières étapes dans les Pyrénées (le *Camino francés,* où se rejoignent toutes les « voies »). Parce que, au fil des ans, les pèlerins ont été rejoints par les férus de randonnée et autres amateurs d'art roman. Il faut dire qu'outre leur dimension spirituelle, les chemins de Compostelle traversent des paysages d'une beauté renversante et présentent un réel intérêt historique : les échanges culturels et religieux et la nécessité d'héberger un grand nombre de pèlerins ont favorisé, dès le Moyen Âge, le développement des villes et des monuments-étapes sur le chemin.

Balisés à partir de 1970 par la Fédération de randonnée pédestre, les 4 sentiers français (appelés « voies ») commencent respectivement au Puy-en-Velay (c'est aujourd'hui le plus fréquenté), à Vézelay, à Arles et à Tours (aujourd'hui à Paris, en fait). C'est ce dernier chemin qui traverse la Charente-Maritime, avec quelques grandes étapes comme l'église Saint-Pierre à Aulnay-de-Saintonge, l'abbaye royale Saint-Jean-Baptiste à Saint-Jean-d'Angély, l'église Saint-Eutrope à Saintes et l'ancien hôpital des pèlerins à Pons. Une variante (plus confidentielle) de ce chemin traverse, elle, la Charente. Quelques grandes étapes « jacquaires » là encore : les abbayes de Nanteuil-en-Vallée, Tusson (du moins, ce qu'il en reste...) et Saint-Amant-de-Boixe, la cathédrale Saint-Pierre d'Angoulême et la surprenante église souterraine d'Aubeterre-sur-Dronne.

Depuis 1998, le parcours et les principaux monuments qui le jalonnent ont été classés au Patrimoine mondial de l'humanité par l'Unesco.

– Pour plus de renseignements : ***Fédération française des associations des chemins de Saint-Jacques-de-Compostelle (FFACC),*** • *compostelle-france.fr* •

COGNAC, JARNAC, JONZAC, BLANZAC, CHIRAC...

On remarque vite, sur n'importe quelle carte des Charentes, que la plupart des noms de villages sonnent en « -ac »... Une sacrée brochette : Mornac, Segonzac, Conzac, Cressac, Rouillac, Montignac et autre Fleurac. En cherchant bien, on trouvera même, au sud de Confolens, un village du nom de Chirac ! Paradoxalement, pas de « Mitterrandac » (mais finalement, Jarnac lui allait assez bien). Une explication toute simple à cette floraison de consonances « ac-ceuses » : le suffixe « -ac » se traduit grosso modo par « chez », un peu comme le « -ker » des Bretons. En Saintonge et dans l'Angoumois, les appellations de ces communes remontent souvent aux Gallo-Romains. Ainsi, Cognac, à l'époque, signifiait « domaine de Comnius »... Chirac, dans ce cas, ça voudrait dire « chez Chi » ?

CUISINE

Les fameux fruits de mer

– ***Les huîtres :*** en Charente-Maritime, elles font vivre 15 000 personnes sur de petites exploitations familiales peu mécanisées. Une huître sur 2 gobée en France vient des plus vastes parcs du pays, situés dans le bassin de Marennes-Oléron (au sud de Rochefort). Introduite après une épidémie, cette « gigas » a d'ailleurs ses aïeules au Japon.

Pourquoi Marennes ? D'abord, l'île d'Oléron abrite naturellement le site. Ensuite, celui-ci loge dans ses sols imperméables (ceux d'anciens marais salants) de petits écrins d'eau claire – ces longs bassins de 4 à 10 ares, profonds de 50 cm et qu'on appelle justement « claires ». Protégées par une appellation contrôlée, ces huîtres nécessitent 2 à 3 mois d'affinage qui occasionnent un étrange phénomène : une algue microscopique locale, la navicule bleue, teint les huîtres en vert, laissant au passage un petit goût d'herbe. *Fines de claire* (très bonnes), *spéciales de claire* (encore meilleures) et *pousses en claire* (divines !) ne proviennent que du bassin de Marennes-Oléron. Quant aux huîtres plates, elles descendent des rescapées des très anciens bancs d'huîtres du cru, presque totalement anéantis par l'épizootie (épidémie animale) de 1920.

LES HUÎTRES ET LA DERNIÈRE GUERRE

Autrefois, les huîtres étaient consommées par une élite. Mais en 1941, alors que la nourriture ne s'achetait que sur présentation de tickets de rationnement, les huîtres (trop rares ?) se vendaient sans tickets. Très vite, la consommation décupla. La production aussi. À la fin de la guerre, les Français y avaient pris goût.

Plates ou creuses, mangez-les comme vous voulez ! Crues ou marinées, accompagnées de pain et de beurre AOP Charentes-Poitou ou de *crépinettes* (petites saucisses grillées), avec un verre de vin blanc charentais ou du pineau... Mais aussi chaudes : gratinées (avec du persil, de l'ail, un peu de chapelure ; délicieux mais on perd un peu le goût de l'iode), en bouchées avec du lard, en brochette (avec du lait et du paprika ou du jambon vendéen), en gelée (exquis), et même en pâté ou en soupe.

– ***Les moules :*** moins prestigieuse que l'huître, la moule du bassin de l'Aiguillon (dite aussi « de Charron »), favorisée par un mélange d'eau douce et d'eau de mer, fait pourtant elle aussi figure de grand cru. Les « boucholeurs » l'élèvent sur des piquets, les « bouchots ». Et les gourmands, pas fous, s'en régalent en saison, de juin à septembre.

En plus de la classique *marinière,* les Saintongeais la préparent à la mode de chez eux, c'est-à-dire en ***mouclade*** – une sauce riche et crémeuse, relevée de curry et de pineau. Autre recette dont l'île d'Oléron revendique la paternité, plus rustique encore : l'***églade*** (ou *éclade*). Les moules, disposées en spirale sur une planche de bois, sont recouvertes d'un tapis d'aiguilles de pin que l'on embrase (en plein air, obligatoirement !).

– Les ***coques*** (ou *sourdons*) réclament, quant à elles, une sauce à la crème et au pineau fort calorique.

– Et bien sûr : les ***pétoncles,*** pêchés à la drague en haute mer (en hiver uniquement), que l'on peut passer sur le gril ; les ***clams,*** importés des États-Unis, qui ont trouvé les eaux de la Seudre à leur goût (on les mange frais ou farcis) ; les ***couteaux,*** à la longue coquille tranchante comme un... ; les ***lutraires,*** dont la forme rappelle une grosse amande grise, etc.

Les crustacés et les poissons

Malgré le « ramassage » intensif, les trous d'eau laissés par la marée sur les côtes des îles regorgent encore de crevettes et d'étrilles. Mais aussi de tourteaux et de crabes verts, qu'on attrape au harpon.

Quant aux poissons, ils aiment fréquenter les vases ou les rochers d'une côte échancrée d'estuaires riches en nourriture. Les Rhétais font moisson de ***casserons*** (seiches), les habitants d'Oléron guettent les ***céteaux*** (sorte de petites soles souvent préparées en friture), et la plupart des pêcheurs charentais taquinent le bar, les petits rougets *(barbarins),* la lamproie, le ***maigre*** (voir encadré), l'alose et la fameuse sardine de Royan. Les poissons nobles, trop menus pour être cuisinés tels quels, vont plonger dans la ***chaudrée*** (ou *migourée*), avatar charentais ou vendéen de la cotriade bretonne, qui n'est rien d'autre qu'un court-bouillon de vin blanc mêlant toutes les espèces marines.

POISSONS CHANTEURS

Les maigres sont les vedettes des eaux charentaises. Pour attirer les femelles, les mâles disposent d'une petite poche pleine de gaz qui leur permet d'émettre un bruit similaire à un grognement. Voilà pourquoi on les pêche « à l'écoute ». Autre particularité, leurs oreilles renferment une petite pierre (concrétion calcaire).

Dans le Marais poitevin, l'***anguille*** est très appréciée pour sa chair. Les anguilles naissent et reviennent pour se reproduire dans l'océan, notamment du côté de la baie de l'Aiguillon, et passent une grande partie de leur vie dans les canaux du Marais. Bien que la pêche soit très réglementée, surtout en ce qui concerne les ***civelles*** (ou alevins) et les *anguilles argentées* sur le point de se reproduire, les populations d'anguilles diminuent dangereusement. Résultat, dans les restaurants du Marais, vous ne trouverez plus dans vos assiettes que des anguilles congelées, venues de Nouvelle-Zélande principalement.

C'est peu connu, mais les Charentes produisent une grande partie du ***caviar*** français, en particulier dans l'estuaire de la Gironde, du côté de Saint-Fort-sur-Gironde. Les femelles esturgeons peuvent renfermer jusqu'à 1 kg d'œufs dans leur ventre. Il faut néanmoins attendre jusqu'à leurs 8 ans pour les pêcher et « récolter » leur or noir, qui sera ensuite salé, affiné puis mis en boîtes.

Mentionnons enfin les ***truites d'eau douce*** de Charente, notamment celles de la Touvre près d'Angoulême ou de Gensac-la-Pallue, qui se taillent une belle réputation chez les grands chefs. Fumées ou grillées, elles constituent une alternative 100 % locale aux saumons d'Europe du Nord.

Le bon beurre

Les laitages charentais comptent, au même titre que ceux d'Isigny en Normandie, parmi les meilleurs au monde. S'ils ont toujours existé, la véritable naissance de ces laitages remonte aux années 1880, quand les agriculteurs mirent en herbages leurs arpents de vigne ruinés par le phylloxéra. Au début du XXe s, le fameux gastronome Curnonsky recommandait les beurres de La Rochelle. Aujourd'hui, on pointe plutôt le beurre de Surgères, doté d'une AOP (Appellation d'origine protégée) comme l'ensemble des beurres Charentes-Poitou... Particulièrement crémeux, il est réputé pour son goût de noisette légèrement iodé (la mer n'est pas loin !). Comme tous les grands beurres, ils ont leur place à table (et non en cuisine !) et sont meilleurs en été, saison des beaux herbages.

Les gentils escargots

Ce diablotin cornu est le héros des Charentes. Qu'il s'appelle ***luma*** (en Aunis) ou ***cagouille*** (notamment en Saintonge, dont les habitants sont surnommés cagouillards), il s'agit du même petit-gris, tendre et parfumé. On le ramasse en été le long des « palisses » ou dans les vignes, après un gros orage. On le débusque en hiver dans les vieilles souches des marécages, où il hiberne par tribus entières. Engraissé (au thym, c'est meilleur ; à la farine, c'est plus gras), il est mis à jeûner 15 jours. Après quoi, on le nettoie longuement... Et l'on invite toute la famille pour le déguster grillé, braisé, cuit au pineau, en pot-au-feu, à la vinaigrette, en sauce blanche, ou même agrémenté d'une farce à l'ail, à la tomate, aux échalotes, etc. Dans l'escargot, tout est bon (enfin, peut-être pas la coquille...) ; on peut même manger ses œufs, le caviar d'escargot.

Les belles viandes

– À bon beurre, belle viande ! L'herbe du Confolentais engraisse l'***agneau Diamandin,*** aux chairs délicatement persillées, légères, à marier aux inévitables mojettes ou aux morilles. Si l'agneau est *de pré salé* (les prairies côtières, battues par les embruns), il n'en sera que plus fondant.
– On aime aussi le ***veau de Chalais,*** à la chair aussi blanche que tendre, qui même s'il ne bénéficie pas (encore...) d'une AOP se doit d'être élevé autour de... Chalais. L'IGP veau du Limousin englobe également une bonne partie du département de la Charente.
– N'oublions pas non plus le ***lapin,*** orgueil de ces contrées, qui le consomment farci ou accompagné d'une sauce piquante.
– Le ***cochon*** n'est pas en reste. Il prête ses abats au *gigori,* ragoût au vin rouge accompagné de couennes, et produit d'excellents rillons (ici, on dit « grillons », c'est-à-dire des rillettes avec de gros morceaux de viande). Si vous trouvez toute l'année des ***grillons charentais,*** la tradition veut qu'on en mange le 1er mai accompagnés d'un aillet (ou ail jeune d'Aquitaine) cru.
– ***Les volailles :*** aux portes du Périgord, la Charente propose évidemment quelques foies gras et autres rillettes de canard (on dit grillons ici, rappelons-le). Citons également la discrète (la race a manqué disparaître) ***poule noire de Barbezieux,*** connue depuis le Moyen Âge et dont Brillat-Savarin était grand amateur. Sans oublier la ***poule de Marans,*** dans le Marais poitevin, une sacrée cocotte dont les œufs ont la particularité d'être bruns à... marron chocolat.

Le potager

– ***Le melon charentais :*** importé d'Italie à la Renaissance, pour être servi aux tables des châteaux de la Loire. Acclimaté d'abord en Touraine, ce melon cantaloup a trouvé les sols charentais tellement à son goût qu'il en a pris le nom. Problème : en l'absence d'appellation, le melon charentais peut être produit un peu partout, d'Israël au Maroc...

LA VÉRITÉ SUR LE MELON

Pour bien choisir un melon, certains le sélectionnent à l'odeur, d'autres, selon le poids (plus il est lourd, plus il est sucré). Les producteurs observent surtout le pédoncule (la queue signale que le melon est mûr lorsqu'elle se détache). Et n'oubliez pas qu'ils ont meilleur goût en juillet et août, leur pleine saison.

– ***La pomme de terre de l'île de Ré :*** 1er légume français à bénéficier d'une AOC. Il faut dire qu'elle le mérite. Exceptionnellement goûteuse, on la mange tout simplement avec du beurre et du sel. En primeur, elle est merveilleuse... mais bien chère. Le secret : elle est légèrement sucrée et a un petit goût de noisette car elle est récoltée avant maturité.
– ***Les mojettes :*** ou *mojhettes* en Saintongeais. Retenez bien ce nom... Il désigne des petits haricots de marais aux couleurs diverses, que l'on cuisine à toutes les sauces. Notamment à la saintongeaise (couennes et huile de noix), aux tomates, en vinaigrette ou en potée (palette, saucisson, pommes de terre, choux divers).
– ***Les choux :*** en matière de *chou farci,* autant le dire, l'Auvergne peut être jalouse. Ici, tout le potager y passe. Des choux, petits et gros, mais aussi blancs de poireaux, pommes de terre, oignons, fèves, joutes (bettes), ciboulette et persil, oseille s'il se peut, et mojettes (haricots blancs ou rouges) par-dessus tout. Et aussi de la mie de pain, du lard, de la farine et des œufs. Et encore du blanc de volaille, de la couenne. Pétrissez et mettez à cuire 3h dans de l'eau. C'est le fameux ***farci poitevin,*** fort apprécié dans le Marais... poitevin.
– ***Les oignons*** (sous la cendre) ***:*** de bons gros oignons rouges des campagnes ou des Vertus (ils sont jaune paille). Après 1h30 de cuisson, ils acquièrent

un délicieux moelleux et un fameux goût fumé. Servez-les avec distinction : sur une tranche de pain rustique, avec du gros sel.
– ***La truffe :*** François Ier est le premier en France, paraît-il, à avoir invité à sa table ce champignon parfumé. Mais ce n'est qu'en 1790 qu'un meunier poitevin eut l'idée d'en faire pousser par ici. Le marché aux truffes régional se tient à Jarnac.

Les fromages

Si le voisin poitevin se targue de produire la moitié des ***fromages de chèvre*** consommés en France, en Charentes, pas de fromage superstar. Hormis, peut-être, la fameuse ***caillebotte,*** caillé de lait de vache (ou bien, désormais, de brebis), à manger frais avec du sucre ou du miel et de l'essence de café. Tout comme sa cousine, la ***jonchée saintongeaise*** (enveloppée de pailles de joncs tressées, d'où son nom), souvent servie en dessert, parfumée avec de l'eau de laurier amandée. François Mitterrand en était très friand. Quelques chèvres, quand même, comme le *Tricorne de Marans* ou la *Taupinière charentaise* (dont la forme évoque les mottes de terre soulevées par les taupes). Ou le *Manslois,* un fromage blanc.

Les desserts et gourmandises

La région n'est pas très « dessert ». Citons quand même la ***galette charentaise,*** spécialité de la Saintonge (qui se mange aussi bien à l'apéro qu'au dessert ou au goûter), le ***millas charentais*** (solide gâteau-flan à la farine de maïs, parfumé au cognac), les ***cornuelles*** que Villebois-Lavalette se targue d'avoir inventées (même si l'on en trouve également dans le Limousin) et, pour la forme (dans tous les sens du terme !), la ***pine*** de Barbezieux...

ÉCONOMIE

Tournesol, huître, beurre, pagaie, train, siège d'avion, prof et militaire... un inventaire à la Prévert, l'économie en Charentes ! C'est dire si ces 2 départements, qu'on pourrait vite cataloguer comme agricoles, cachent les secteurs d'activités les plus divers, qui se répartissent et s'équilibrent plutôt harmonieusement sur l'ensemble du territoire.

Des départements dans les champs

L'agriculture pèse toujours un certain poids dans l'économie locale. Même si, comme malheureusement partout ou presque en France, le nombre d'exploitations ne cesse de diminuer. Mais le secteur emploie tout de même encore près de 6 % de la population active pour la Charente-Maritime et la Charente (2017). Dans cette dernière, les terres agricoles couvrent plus de 60 % du territoire départemental (moyenne nationale : 51 %).
La Charente fait la part belle aux céréales, principalement du blé. Du maïs également (avec près de 6 % de la production française, la Charente se place au 2e rang national pour le maïs-grain). Ou des protéagineux : féveroles, lupin... Vous ne connaissez pas ? Normal, cette production est essentiellement destinée à l'alimentation animale ! La moitié des sols agricoles charentais lui est consacrée avec une bonne place faite, quand même, aux oléagineux : dans la campagne charentaise, en été, difficile d'éviter les romantiques tournesols penchant leurs têtes vers l'horizon enflammé par un soleil couchant. Avec, qui sait, en prime, une adorable église romane, quelque part dans le paysage...
Mais revenons à nos moutons ! Parce que les Charentes font également dans l'***élevage.*** Même si côté ovins, impossible de rivaliser avec les voisins poitevin et limousin (la Haute-Vienne compte presque plus de brebis que d'habitants !), d'autant que le département de la Charente a perdu plus de la moitié de ses

éleveurs au cours de la dernière décennie... Toutefois l'élevage bovin tient bon avec quelque 230 000 têtes (d'ailleurs, la Charente produit quelques viandes d'exception : voir la rubrique « Cuisine » plus haut).
Quand la Charente a vue sur la mer, l'activité se concentre évidemment autour des ressources marines. Les 3 principaux ports (La Rochelle – 6e port de commerce français –, La Cotinière et Royan), tournés vers la ***pêche*** au large, totalisent près de 8 000 t de poissons par an. Et si l'on vous dit « Marennes-Oléron », vous penserez immédiatement ***huîtres.*** Normal, il s'agit de la 1re zone conchylicole de France. Celles et ceux qui ont déjà l'eau à la bouche se reporteront à « La magie des huîtres de Marennes-Oléron » en intro à la ville de Marennes. Évoquons également l'importante production de ***moules*** (la mytiliculture) du côté de la baie de l'Aiguillon et de Charron, à l'extrême nord du département de Charente-Maritime.
Mais, dans les Charentes agricoles, la grosse affaire reste la ***vigne.*** Pour produire non pas tant les petits vins de pays, mais bel et bien le ***cognac*** (et le ***pineau***) ! Si les terroirs les plus prestigieux sont regroupés autour de Cognac, l'ensemble des 2 départements est planté de pieds de vigne (40 % de la surface agricole totale, un chiffre qui n'a de cesse de s'accroître). Et la vente de cognacs (exportés à près de 98 %) a généré, en 2019, 3,5 milliards d'euros de chiffre d'affaires, avec environ 211 millions de bouteilles vendues...

Du pain et des pagaies

Le ***secteur agroalimentaire*** concentre environ 30 % des établissements industriels des 2 départements (et occupe la 1re position en nombre de salariés). Le beurre (Charentes-Poitou de son appellation) fait également recette ! La production de pain et de pâtisseries englobe la moitié des établissements agroalimentaires des 2 départements. Et si les Charentes ne font pas partie des plus importantes terres d'élevage, l'industrie de la viande, avec 27 % d'établissements, se défend plus qu'honorablement.
La ***construction navale,*** activité historique en Charente-Maritime, s'est aujourd'hui tournée vers la fabrication de bateaux de plaisance avec quelques jolies réussites comme Dufour, Fountaine-Pajot, Rhéa-Marine... Pour rester dans l'eau, la Charente abrite aussi la société Égalis, le leader européen de la fabrication de pagaies pour canoës-kayaks !
Tout aussi historiques, les secteurs du papier-carton et de l'***imprimerie*** restent également très présents : en favorisant le développement d'emballages haut de gamme, le cognac y est un peu pour quelque chose. La richesse du sous-sol a également favorisé la création de quelques industries des ***produits minéraux,*** avec notamment plusieurs cimenteries et des tuileries. Dans les airs, votre siège d'avion (comme le gilet de sauvetage rangé dessous) a peut-être été fabriqué dans les Charentes. Mais surtout, nombre de ***rames de TGV*** sont produites à Aytré, près de La Rochelle, dans les usines d'Alstom. On y fabriquera bientôt le nouveau TGV-M, qui devrait être mis en circulation pour les J.O. de 2024.

Touristes et fonctionnaires

Le tertiaire rafle la mise avec un peu plus de 70 % des emplois charentais. Dans ce domaine, la Défense se défend ! Avec pas moins d'un emploi sur 5 en Charente-Maritime. Et sa voisine continentale accueille le 1er régiment d'infanterie de marine à Angoulême (dont l'effectif tourne autour du millier de personnes) ainsi que la base aérienne de Cognac-Châteaubernard, qui abrite l'école de pilotage de l'armée de l'air. Mais, côté tertiaire, ***le plus dynamique des secteurs reste le tourisme,*** qui représente près de 8 % de l'économie des 2 départements. Le chiffre d'affaires du secteur avait encore augmenté de 5 % en 2019, année sans Covid-19. Avec, naturellement, une activité plutôt concentrée côté mer. La Charente-Maritime se classe régulièrement dans le top 3 des départements touristiques français. Ce qui ne veut pas dire, loin de là, que les autres coins de la région sont dépourvus d'intérêt ! Depuis quelque temps, des efforts importants ont été faits pour le développement du thermalisme (Rochefort, Jonzac...). Enfin, tirons notre chapeau aux différentes ***initiatives culturelles*** qui, aujourd'hui, ont acquis une notoriété nationale et contribuent pleinement à l'économie régionale. On pense notamment, bien sûr, aux *Francofolies* de La Rochelle et au *Festival de la bande dessinée* à Angoulême, mais également à l'excellent festival *Cognac blues passions* ou encore à celui *du polar,* dans la même ville.

ENVIRONNEMENT

Les Charentes présentent une grande diversité de paysages, donc d'écosystèmes : littoral, bocage, vallées, coteaux calcaires, zones humides (douces ou salées) dont le célèbre Marais poitevin... Ces richesses naturelles constituent un facteur important de l'attractivité touristique, et leur conservation une forte préoccupation pour une majorité de Charentais.
Dans les Charentes, la préservation et la valorisation des espaces naturels s'appuient notamment sur l'action de différents acteurs comme le Conservatoire d'espaces naturels ou le Conservatoire du littoral. Le réseau « Natura 2000 » compte plus de 60 sites, de la vallée de la Charente aux dunes des îles de Ré ou d'Oléron en passant par la forêt de la Braconne. Des actions sont ainsi menées pour développer la protection, mais aussi l'attractivité touristique de ces espaces naturels, comme dans le parc naturel régional du Marais poitevin ou l'estuaire de la Charente, tous deux labellisés Grand Site de France.
Dans cet environnement entre terre et mer, la qualité de l'eau est un enjeu majeur. Les cultures céréalières, très présentes en Charentes, sont de grosses consommatrices d'eau. Par le passé, on a pompé plus que de raison dans les marais, au point que certains d'entre eux ont été définitivement asséchés (dans les années 1980)... Les taux de nitrate et de phosphore ont fortement augmenté dans les eaux ces 20 dernières années, surtout dans l'ouest de l'hexagone. Dans les Charentes, les concentrations en nitrates sont aujourd'hui plutôt stables. La situation a nettement progressé pour le phosphore. L'amélioration de la qualité des eaux de baignade est constante en Charentes, comme dans toute la France d'ailleurs.
Les Charentes peuvent également se vanter d'avoir un des airs les plus purs de France. Les indices ATMO des principales agglomérations sont tous au vert et indiquent une qualité allant de bonne à excellente !

GÉOGRAPHIE

Vu du ciel, une diversité de formes aux couleurs éclatantes caractérise le charme particulier des Charentes. Vallées, bocages, îles, forêts, dunes, plages sablonneuses, croisement d'eaux douces et salées, une variété de paysages dont on ne se lasse pas. Trait d'union entre ces 2 départements (en plus du climat, à la douceur légendaire), le fleuve Charente les traverse en prenant son temps, accueillant généreusement villes et villages au creux de sa vallée.

Le littoral

L'ouest de la Charente...-Maritime (naturellement) est bordé par 470 km (les 4 îles comprises) de côtes, le long desquelles se succèdent plages de sable (de La Rochelle à la Côte Sauvage), baies vaseuses (estrans) et petits golfes (en patois, les « conches »), massifs dunaires, falaises de craie ou de calcaire, estuaires, parcs à huîtres (Oléron, Marennes) et marais salants. Réputées pour leur douceur de vivre, les îles d'Oléron et de Ré contribuent largement à la renommée du littoral charentais, avec une nature encore sauvage et préservée, et une lumière sublime en toute saison.

Les marais

Avec un bon cinquième de sa superficie globale occupée par des marais, la Charente-Maritime est un des départements les plus marécageux de France. Elle partage avec ses voisins des Deux-Sèvres et de la Vendée une partie du célèbre Marais poitevin (le Marais desséché, principalement), qui reste l'une des zones les plus sauvages de la région. Moins connus du grand public mais tout aussi intéressants sont les marais de Rochefort, de Brouage, de la Seudre ou de la rive droite de l'estuaire de la Gironde. Sans oublier les marais salants près de Marennes, et surtout sur les îles.

Les cours d'eau

Fleuves et rivières tiennent une place importante dans la géographie régionale. D'abord parce que ce sont eux qui délimitent, au sud, la région avec l'estuaire de la Gironde (le plus vaste d'Europe). Mais aussi parce qu'ils ont longtemps été – la Charente et la Boutonne notamment – un moyen efficace de communication. Et c'est aujourd'hui grâce à ce dense réseau de fleuves et de rivières que la campagne reste verdoyante toute l'année.
Les 2 départements abritent également une multitude d'étangs, souvent artificiels (d'anciennes carrières, par exemple). Ils cachent quelques rivières souterraines qui ont creusé des réseaux de grottes (comme celles du Quéroy) et surgissent ici ou là à l'air libre : les sources de la Touvre sont la 2e plus grande résurgence de France.

Plaines, vignes et forêts

L'intérieur des 2 Charentes est une vraie mosaïque de paysages, même si bocages et vastes plaines céréalières semblent, de prime abord, dominer. L'Ouest est le royaume des vignobles, qui s'étendent à perte de vue. Le Nord-Est flirte avec le Limousin, donc avec le Massif central : on y trouve logiquement, avec le rocher des Oiseaux, le point culminant des Charentes (368,63 m quand même !). Le Sud est, lui, aux portes du Périgord (vert !). Rien d'étonnant alors à ce qu'on y trouve de vastes forêts, surtout plantées de pins maritimes. Enfin, l'ensemble est quadrillé par les vallées de nombreuses rivières (la Charente, évidemment, mais aussi la Vienne, la Dronne, la Boutonne...) où se concentre l'habitat.

HISTOIRE

Les 1ers Charentais

Ils s'appelaient... ***Charentiens*** et taillaient leurs silex sur les bords du fleuve. Sur les rives de plus modestes rivières, ces Charentiens ont laissé sur les parois de grottes, abris-sous-roche peintures, gravures et autres sculptures. Cro-Magnon avait la fibre artistique ! Le roc de Sers ou la grotte du Placard ne sont certes pas Lascaux ni la grotte Cosquer, mais leur importance historique est égale. Le cousin Néandertal vivait en même temps dans le coin ; une certaine Pierrette en tout cas, à Saint-Césaire. Dolmens et autres menhirs apportent une preuve des plus solide qu'au Néolithique hommes et femmes continuent à se plaire en Charentes. Même s'ils voyagent, jusqu'à la Baltique si l'on en croit les fouilles de la grotte des Duffaits.
Enjambons ensuite allègrement quelques siècles pour rencontrer les ***Santons,*** qui ne sont pas de Provence mais nos ancêtres les Gaulois (de Saintonge). Les Santons construisent un oppidum à Pons et se font de l'argent de poche avec le commerce du sel, récolté sur le littoral. Dans l'Angoumois s'installent d'autres Gaulois, d'une tribu inconnue. On lui doit quelques oppidums comme *Iculisma* (l'actuelle Angoulême). C'est un peuple qui soignait son look : en témoigne le luxueux casque d'Agris avec plaques d'or et incrustations de corail.

La guerre des Gaules conduit les légions romaines jusque dans les Charentes en 57 av. J.-C. Les Santons tergiversent : ils s'allient d'abord avec les Romains contre les Helvètes et les Teutons, avant d'aller prêter main-forte à Vercingétorix à Alésia (mauvaise pioche !). Une nouvelle révolte sous Auguste assoit la domination de l'Empire. Les Charentes se romanisent : on construit sa villa à la campagne, on prend les bains aux thermes de Cassinomagus, on va au théâtre aux Bouchauds ou à Saintes, plus importante cité de l'époque, capitale de la 1re Aquitaine. La dolce vita ! Jusqu'à ce que, ***vers 418, les Wisigoths ravissent les Charentes à leur tour.*** Sans beaucoup de changement, en réalité : le Wisigoth, qui tient désormais le plus gros de la Gaule, avec l'Espagne en prime, est sérieusement romanisé.

Les Charentes passent aux Francs

Les Wisigoths tiennent un siècle à peine en Charentes, brutalement chassés par ***Clovis, qui s'empare d'Angoulême en 508.*** Avec les Francs s'installe la féodalité : les Charentes se morcellent en une multitude de fiefs, chapeautés par autant de seigneurs, petits ou grands, comme les 1ers comtes d'Angoulême. Mais voilà qu'arrivent les ***Maures,*** qui, après l'Espagne, construiraient bien quelques sublimes édifices mudéjars un peu plus au nord. Vous connaissez la suite de l'histoire : ***en 732, « Charles Martel arrête les Arabes à Poitiers ».*** C'était, en fait à Moussais et il faut un tout petit peu plus de temps avant que l'Aquitaine ne redevienne franque. Pépin le Bref doit encore jouer quelques années de l'épée avant que ***Charlemagne*** ne termine le boulot en 769. Il place, en 783, son fils, ***Louis le Pieux, à la tête du royaume d'Aquitaine.*** Les drakkars vikings remonteraient ensuite volontiers la Charente mais les Carolingiens ne sont pas franchement d'accord. Les Charentes se couvrent des châteaux de leurs vassaux et d'une foultitude d'églises romanes où les pèlerins s'usent les genoux (après avoir usé leurs souliers sur les chemins de Saint-Jacques).

Le mariage de la célèbre ***Aliénor d'Aquitaine*** avec un certain Henri fait passer le duché d'Aquitaine chez les Plantagenêts, donc, pour faire simple, chez les Anglais. Le 1er duc d'Aquitaine à avoir l'accent british s'appelle ***Richard Cœur de Lion,*** le pote de Robin des Bois. Ensuite, trahisons familiales, enlèvement de fiancé (un vrai drame shakespearien !)... débouchent sur une guerre de 3 ans entre France et Angleterre. Une autre suit qui dure, d'après les livres d'histoire, 100 ans. Les Charentes sont anglaises puis françaises, puis anglaises, puis françaises... À feu et à sang, en tout cas.

Sous le règne de ***François Ier*** (né à Cognac), le nerf de la guerre se déplace vers la Bourgogne et l'Italie, tandis qu'Anglais et Français s'allient contre le tout-puissant Charles Quint. Néanmoins, c'est dans un climat d'intenses tensions sociales que ***Calvin*** et ses disciples commencent à prêcher ici la Réforme protestante. Un mécontentement durement réprimé par l'autorité royale, ce qui explique peut-être que les Charentes (comme le voisin poitevin) aient été si réceptives à cette foi nouvelle.

Turbulences autour d'une réforme

Les séjours de Calvin, dans les années 1530, ont converti de nombreux marchands, notables et grands personnages (Jarnac, La Rochefoucauld). Très vite, la région s'impose comme tête de pont de la nouvelle religion. La guerre (de Religion) éclate violemment en 1562. Quand Poitiers la protestante est conquise par les catholiques, ***la Réforme trouve sa capitale à La Rochelle.*** Alors, en 1598, Henri IV réconcilie les 2 églises en promulguant l'***édit de Nantes.*** La paix est restaurée dans le royaume.

Les hostilités reprennent sous Louis XIII, moins tolérant que son prédécesseur. La cité protestante se soulève, soutenue par l'Angleterre et les Pays-Bas. Devant une telle provocation, le Cardinal de Richelieu est désigné pour défendre le pouvoir royal en péril. Tandis que les troupes de Buckingham sont défaites sur l'île de Ré, il affame les Rochelais en empêchant le ravitaillement de la ville non seulement par la terre, mais aussi par la mer grâce à la construction d'une monumentale digue. Au bout de 416 jours, la cité tombe enfin : les trois quarts de ses habitants sont morts ! Le ***siège de La Rochelle*** conclut ainsi un siècle d'agitation protestante en Charentes.

Et pendant ce temps-là...

Si Jacques Cartier, l'homme qui a découvert le Saint-Laurent en 1534, venait de Bretagne, les Charentes lui ont offert de nombreux successeurs. 8 ans plus tard, la flotte d'Alphonse de Saintonge appareille de La Rochelle et débarque 200 colons au Canada. Pierre Du Gua de Mons, lui, est un protestant de Royan : Henri IV lui concède la lieutenance générale sur la côte est du Canada, où 4 navires de colons français accostent en 1604. La région couvre alors le territoire actuel de la Nouvelle-Écosse, du Nouveau-Brunswick et de l'île du Prince-Édouard au Canada, ainsi qu'une partie de l'État du Maine aux États-Unis. Les Français la trouvent si agréable qu'ils la baptisent « Acadie », du nom de l'antique Arcadie grecque, un pays de cocagne. Le Saintongeais ***Samuel de Champlain fonde la ville de Québec en 1608.*** Réputés plus « terriens » que les Bretons ou les Normands, ceux d'Aunis et de Saintonge affrontent pourtant par milliers les tempêtes de l'Atlantique nord pour bâtir la ***Nouvelle-France.***

Mais la couronne anglaise a jeté son dévolu sur le Canada. Elle investit en hommes, en matériel, alors que pour Voltaire (et les autres) ces immensités se réduisent à « quelques arpents de neige ». L'essor de cette nouvelle colonie suscite la jalousie des colonies anglaises qui, dès lors, persécutent les Acadiens de toutes les façons possibles. Plus tard, Louis XIV cède l'Acadie à la domination anglaise par le traité d'Utrecht (1713). Dès lors, les Anglais deviennent de plus en plus nombreux sur le territoire. En 1755, le nouveau gouverneur britannique exige des Français d'Acadie un serment d'allégeance. Ceux qui refusent sont déportés, leurs maisons et récoltes détruites. Ce triste épisode, connu aujourd'hui sous le nom de ***Grand Dérangement,*** a profondément modifié le visage des anciennes colonies. Les Acadiens sont dispersés dans divers États, voire emprisonnés en Angleterre. Certains partent vers la Guyane et les Antilles ; beaucoup se réfugient en Louisiane, où ils formeront une nouvelle Acadie, toujours peuplée aujourd'hui par leurs descendants, les Cajuns. D'autres sont rapatriés en France en 1758, mais ruinés et sans terre.

D'une révolution, l'autre

Malgré la proximité de la Vendée, profondément royaliste, la Révolution ne fait pas plus de vagues que ça sur les eaux dolentes de la Charente. Il faut dire que, sous Louis XIV, ***la Fronde et la révocation de l'édit de Nantes*** ont déjà bien assez secoué la région. La constitution civile du clergé est plutôt bien vécue dans les campagnes charentaises, beaucoup moins dans les villes. Comme on ne peut guillotiner tous les prêtres réfractaires, on planifie leur ***déportation*** en Guyane ou à Madagascar. En attendant un hypothétique départ, ils sont relégués à Rochefort, à l'embouchure de la Charente. Entassés par groupes de 400 sur des pontons à fleur d'eau (vestiges d'anciens navires négriers...), dormant sur de la paille pourrie, nourris de fèves et se lavant à l'eau salée, ils finissent pour la plupart emportés par le typhus. Beaucoup sont enterrés, au plus près, sur l'île Madame ou sur l'île d'Aix. De nombreux nobles émigrent ; leurs biens sont confisqués et vendus. Majoritaire à défaut d'être unanime, l'enthousiasme charentais quant à la Révolution se lit dans le nombre de civils qui rejoignent l'armée révolutionnaire au cours des levées de volontaires.

D'un point de vue administratif, le fleuve donne son nom à un 1er département en 1790. Puis, quelques mois plus tard, à un 2e, la Charente-Inférieure (qui attendra 1941 pour devenir « Maritime »...).
L'Empire laisse aux Charentes quelques solides fortifications, dont le fort Boyard (ses tigres et son père Fouras...). Et l'on se souvient ici que l'île d'Aix a été la dernière étape avant l'exil de Napoléon Bonaparte, qui n'avait pas oublié de faire quelques réserves de son cognac préféré (le Courvoisier) sur le bateau qui l'emmenait vers Sainte-Hélène. Sous la Restauration, à La Rochelle, sont guillotinés les « 4 sergents », accusés d'avoir voulu renverser la monarchie.
La ***révolution industrielle*** a davantage remué le cours placide de la Charente. La force motrice du fleuve fait tourner les usines après les moulins, Angoulême est toujours dans le papier (et les charentaises !), Cognac dans le... cognac et Ruelle-sur-Touvre dans les canons.
Sur le littoral, les 1ers adeptes des ***bains de mer*** découvrent les plages charentaises dès la Belle Époque. Royan est l'une des pionnières en la matière, accueillant le Tout Paris à partir 1875, quand une liaison ferroviaire directe est ouverte avec la capitale. Elle est rapidement imitée par d'autres stations balnéaires comme Fouras-les-Bains, Châtelaillon-Plage, et même l'île de Ré. Le mouvement s'intensifie durant les Années folles, la côte charentaise devenant alors l'un des incontournables du tourisme estival. Mais la Grande Guerre va tout chambouler.

Guerres et plages

La Première Guerre mondiale saigne les villages charentais. La pleureuse du monument aux morts de Segonzac s'en souvient. La Seconde coupe les Charentes en 2, dans le sens ouest-est, et la zone libre accueille des réfugiés par milliers. Le 29 juin 1940, avec la prise des îles de Ré et d'Oléron, les Charentes sont entièrement sous le joug nazi. L'organisation Todt construit ici une partie du mur de l'Atlantique, plante de nombreux blockhaus sur le littoral, et crée même une base sous-marine pour U-Boots. Mais la Résistance s'organise dès le début à grands coups de sabotages et de passages clandestins. Le mémorial de Chasseneuil-sur-Bonnieure honore ainsi les 1 465 maquisards tombés au combat. La Résistance est de toutes les batailles, jusqu'à celles de début mai 1945 qui libèrent définitivement les Charentes avec la reddition des « poches » de La Rochelle et de Royan. Royan dont les bombardements alliés n'ont laissé que des ruines. Royan qui devient un symbole de la reconstruction d'après-guerre. Une période qui voit également l'émergence de quelques personnalités charentaises ***(Jean Monnet, François Mitterrand...)*** qui laisseront leur nom dans l'Histoire.
Comme le chante Bob Dylan, dans les années 1960, les temps sont en train de changer. Dans les Charentes comme ailleurs : les touristes arrivent en masse (construction du pont de l'île d'Oléron en 1966), les paysans s'en vont : en 1968, la Charente-Maritime compte, pour la 1re fois de son histoire, plus d'urbains que de ruraux. En 1993, les 1ers étudiants s'installent sur les bancs de l'université de La Rochelle. En 1999, les Charentes essuient rudement la tempête du siècle, puis, en 2010, une autre, tout aussi meurtrière, prénommée Xynthia. Ces dernières années, ce sont les flux de voyageurs en goguette qui agitent les 2 départements. La Charente-Maritime surtout, qui se hisse régulièrement dans le top 3 des régions les plus touristiques de France.

Quelques dates

- ***17000 av. J.-C. :*** Cro-Magnon joue de la palette.
- ***5000-3000 av. J.-C. :*** dolmens et menhirs se dressent un peu partout.
- ***52 av. J.-C. :*** les Santons s'allient à Vercingétorix (mauvais calcul...).
- ***Ier s :*** urbanisation romaine, formation des grands domaines *(villae)*. Début de la christianisation et martyr de saint Eutrope près de l'actuelle Saintes.
- ***Ve s :*** les Wisigoths s'emparent des Charentes.

– ***476 :*** fin de l'Empire romain d'Occident.
– ***507 :*** Clovis vainc les Wisigoths. La région devient franque.
– ***732 :*** Charles Martel arrête les Arabes près de Poitiers.
– ***781 :*** Charlemagne crée le royaume d'Aquitaine pour son fils Louis.
– ***799 :*** 1re incursion viking.
– ***845 :*** les Vikings prennent Saintes.
– ***Xe-XIe s :*** les comtes-ducs d'Aquitaine règnent sur... l'Aquitaine.
– ***1152 :*** Aliénor d'Aquitaine apporte les Charentes à son nouvel époux, Henri II Plantagenêt, comte d'Anjou. Quand celui-ci devient, en outre, roi d'Angleterre, ses domaines français sont alors aussi étendus que ceux du roi lui-même. Ainsi débute la guerre de Cent Ans.
– ***1224 :*** rattachement de la Saintonge et de l'Aunis au domaine royal.
– ***1308 :*** rattachement de l'Angoumois au domaine royal.
– ***1534-1535 :*** Calvin prêche à Saintes et à Angoulême.
– ***1562 :*** début des guerres de Religion.
– ***1603-1604 :*** 1er voyage d'exploration de Samuel de Champlain au Canada.
– ***1627-1628 :*** siège et prise de La Rochelle.
– ***1664 :*** Colbert fonde Rochefort et son arsenal.
– ***1790 :*** l'Assemblée constituante crée la Charente (ex-Angoumois) et la Charente-Inférieure (ex-Aunis et Saintonge).
– ***1815 :*** après sa déchéance, Napoléon Ier embarque pour l'île d'Aix avant de se livrer finalement aux Anglais.
– ***1822 :*** « complot » des 4 sergents de La Rochelle.
– ***1945 :*** Royan est anéantie par les bombardements alliés.
– ***1966 :*** un pont relie l'île d'Oléron au continent.
– ***1988 :*** un pont relie l'île de Ré au continent.
– ***1996 :*** enterrement de François Mitterrand à Jarnac.
– ***2008 :*** découverte du gisement paléontologique d'Angeac-Charente, près d'Angoulême, qui met au jour plus de 400 ossements de dinosaures. Et les fouilles sont loin d'être terminées.
– ***2010 :*** la tempête Xynthia ravage la région, qui est entièrement déclarée zone de catastrophe naturelle.
– ***2014 :*** le Marais poitevin retrouve son statut de parc naturel régional (PNR), perdu en 1997. Les Francofolies de La Rochelle fêtent leurs 30 ans.
– ***2015 :*** au terme d'un chantier de reconstruction de 18 ans à Rochefort, la frégate *L'Hermione* hisse enfin les voiles et fait la traversée vers l'Amérique, sur les traces de La Fayette.
– ***2016 :*** les Charentes intègrent la « Nouvelle-Aquitaine ».
– ***2018 :*** inauguration de *La Flow Vélo.* Longeant le fleuve Charente, cette voie verte relie l'Atlantique au Périgord.
– ***2019 :*** réouverture en grande pompe de l'hôtel de ville de La Rochelle, un joyau du patrimoine architectural de la ville, ravagé par les flammes en 2013.
– ***2020 :*** l'estuaire de la Charente et l'arsenal de Rochefort sont labellisés Grand Site de France.
– ***2021 :*** le phare de Cordouan est inscrit sur la liste du Patrimoine mondial de l'Unesco.

LANGUE RÉGIONALE

2 Charentes, 2 langues régionales ! Enfin, ce n'est pas si simple que ça puisque ***la « frontière » entre langue d'oc et langue d'oïl traverse les 2 départements en suivant un axe nord-sud.*** Au sud, on a longtemps parlé le limousin (ou marchois, ou angoumoisin), l'occitan quoi ! Et si ce n'est plus franchement le cas aujourd'hui, l'occitan est, depuis 1981, une option dans les lycées charentais. Et au nord, le saintongeais, langue romane, connaît un certain engouement. Pour preuve, le succès en librairie de récentes adaptations des *Aventures de Tintin* en

saintongeais : *L'llate Nègue* (*L'Île noire*, 2013) et *Charboun apiloté* (*Coke en stock*, 2015). Gros challenge pour Maryse Guédeau, journaliste et ambassadrice de cette langue vernaculaire : traduire en saintongeais les bordées de jurons du capitaine Haddock (qui pour l'occasion est passé du whisky au cognac) ! Si d'aventure ce parler savoureux vous intrigue, n'hésitez pas à faire un tour sur le site de Maryse Guédeau : • *xaintonge.fr* •

PATRIMOINE ARCHITECTURAL

Une terre romane

En sillonnant les chemins de l'Angoumois et de la Saintonge, en traversant les bourgs de ces anciennes provinces du duché d'Aquitaine, ***les églises romanes se dévoilent, les unes après les autres,*** discrètement, presque secrètement. Dans tel bourg, l'église est imposante avec son clocher trapu en forme de tour. Là, elle semble chuchoter quelque chose aux vignobles fuyant vers l'horizon. Ici, elle arbore avec fierté sa façade enrichie de créatures fantastiques et de figures inquiétantes. Ailleurs, elle témoigne de l'audace et de l'imagination créative de l'architecte, du peintre ou du sculpteur. Les formes rigoureuses du roman s'épanouissent dans une floraison monumentale d'absides, de colonnes et de coupoles en craie blonde... Nul ne sait vraiment pourquoi cet art s'est exprimé ici avec un tel éclat.

Ce qui est sûr, c'est qu'à partir du XIe s ***la région devient une terre de prédilection pour la diffusion de l'art roman.*** Comme dans tout l'Occident, le renouveau – tant économique que démographique – affleure, le clergé fait preuve de volonté réformatrice, les pèlerinages vers Saint-Jacques-de-Compostelle se développent. Si quelques ouvrages civils et militaires (donjons et châteaux) sont construits, ce sont surtout les églises, les prieurés et les abbayes qui se multiplient. Aujourd'hui, ces édifices témoignent de l'émulation et du dynamisme culturel qui marquèrent 2 siècles d'histoire.

De manière générale, les églises de l'Angoumois et de la Saintonge obéissent à des schémas plus simples que celles du Poitou. La nef est souvent unique. La cathédrale d'Angoulême, elle, illustre une nouvelle technique de construction du XIIe s : la nef coiffée de coupoles, qui se répand ensuite en Saintonge et en Angoumois. Ailleurs, le chevet est réduit à sa plus simple expression, mais richement ornementé sur le mur extérieur. La façade de l'édifice est évidemment un élément très important ; elle se doit d'évoquer la puissance divine et témoigne du talent de l'artiste. Si, au XIe s, un clocher massif surmonte souvent l'entrée de l'église, au XIIe s se répandent les façades planes où abondent arcatures (succession d'arcades, souvent disposées sur 3 niveaux) et sculptures. Ces dernières envahissent les portails, les chapiteaux, les corniches, et s'intéressent aussi bien à la vie des saints qu'à la vie des champs. Mais on y voit aussi des Vierges sages et des Vierges folles, comme sur le portail de l'église de Chadenac.

Bref, apprêtez-vous à recevoir une rare leçon de beauté qui bouleversera les plus réfractaires.

Châteaux en Charentes

De ***grandes familles*** ont prospéré sur les terres charentaises. ***La plus célèbre est celle de La Rochefoucauld,*** dont le château familial se dresse avec superbe au-dessus du bourg de... La Rochefoucauld. Au départ simple camp fortifié élevé au Xe s à la demande de Fucaldus, évêque d'Angoulême, pour protéger la région des invasions normandes, ce château de la Roche passe aux mains de la famille de Foucauld au XIe s (la Roche... Foucauld, vous avez compris !). Famille qui n'aura de cesse de le modifier jusqu'au magnifique édifice Renaissance que l'on visite aujourd'hui. Et qui possédera nombre d'autres châteaux dans la région, comme ceux de Verteuil-sur-Charente et de Bayers, pour n'en citer que 2. Style Renaissance également pour le château de Cognac (qui a vu naître un certain François Ier), pour celui de La Roche-Courbon ou encore de Dampierre-sur-Boutonne. ***Une bonne centaine d'autres châteaux hérisse les terres charentaises :*** solides donjons médiévaux à Pons, Saint-Germain-de-Confolens ou Montignac-sur-Charente, « Versailles charentais » (inachevé) vers Villebois-Lavalette, ruines romantiques à Bouteville, ou bien élégants manoirs comme celui du Maine-Giraud, ancienne propriété d'Alfred de Vigny... L'amateur de pierres et d'histoire(s) a l'embarras du choix ici. Il pourra même, l'espace d'une soirée, se sentir l'âme d'un châtelain, puisque certains de ces châteaux ont été transformés en chambres d'hôtes ou en hôtels.

Un habitat sobre, aux influences multiples

En Charente, ***les influences venues de proches ou de plus lointains horizons sont nettement visibles.*** La région ne fut-elle pas une terre de transition entre la langue d'oc du sud de la France et la langue d'oïl parlée au nord ? Les terrains calcaires qui s'étendent dans la partie centrale de la région ne cèdent-ils pas la place aux roches granitiques et schisteuses qui annoncent le Massif armoricain et le Massif central ? De là à croire que l'habitat ne présente aucune homogénéité, il n'y aurait qu'un pas. Et pourtant, l'œil averti percevra assez facilement des caractéristiques récurrentes, une signature, une atmosphère paisible que l'on retrouve presque immanquablement.

L'habitation rurale traditionnelle obéit à une grande sobriété. Les volumes et les plans s'organisent simplement. Doit-on y voir l'expression de la douceur du climat, ou peut-être bien de l'esprit économe des habitants ? Avec des toits à faible pente recouverts de tuiles romanes, l'influence méridionale est omniprésente. Les maisons charentaises sont souvent étroites et leurs murs constitués de moellons calcaires. Avec une grange ou une étable accolée, elles forment un ensemble de bâtiments qui s'étire parfois de manière surprenante. Dans la région des vignobles, les maisons de maître, élégantes mais toujours sobres, sont nombreuses ; un beau portail marque l'entrée dans une cour souvent fermée, comme pour mieux préserver le secret de l'alchimie qui s'opère dans le chai. Au contact du Bordelais, ces demeures gagnent en prestige. La pierre de taille remplace le moellon. En bord de mer, les maisons sont petites, comme pour donner moins de prise aux vents du large. Les murs blanchis à la chaux sont ponctués par le vert, le bleu des volets et des hampes de roses trémières. Enfin, pour compléter cette diversité, les habitations dans le Confolentais offrent une impression de robustesse avec des murs de granit et de schiste.

Une côte à défendre

De Ré à Oléron en passant par l'île d'Aix et par toute la côte de Bourcefranc-le-Chapus à Fouras, ce ne sont pas moins de ***12 places fortes qui furent édifiées du Moyen Âge au XIXe s.***

Il y eut d'abord le château fort de Fouras, bâti au XIe s par les ducs d'Aquitaine pour contrer les Normands et défendre l'entrée de la Charente. Puis, au XIIe s, la haute tour de Broue, perdue dans les marais à quelques kilomètres de Brouage, et aujourd'hui en ruine.

Mais ***c'est sous Louis XIV,*** avec les maîtres d'œuvre Vauban et Montalembert, ***que les forts se multiplient.*** Il s'agissait de parer aux assauts des Anglais, des Espagnols et autres Hollandais qui avaient alors la maîtrise des mers – sans oublier les pirates de tout poil ! Les arsenaux de Brouage et surtout de Rochefort devaient impérativement être protégés. C'est principalement à Vauban que l'on doit le système de fortification en étoile, défense exemplaire dont seront dotés Ré, Oléron, l'île d'Aix et l'île Madame, quelques points côtiers (fort Lupin, fort Chapus), ainsi que l'îlot d'Énet. Une protection tellement imparable qu'elle reste un modèle

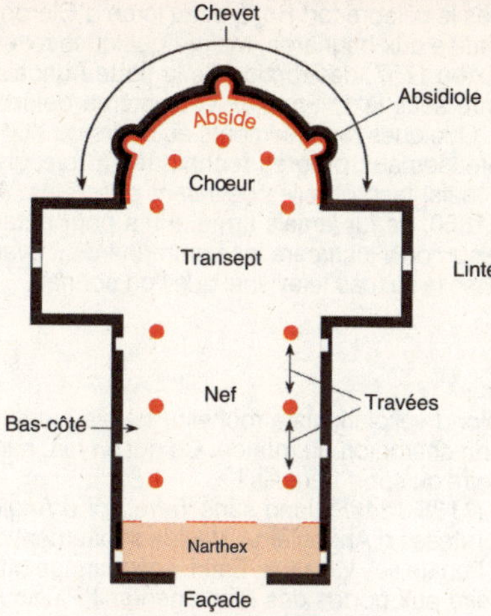

PLAN D'UNE ÉGLISE ROMANE

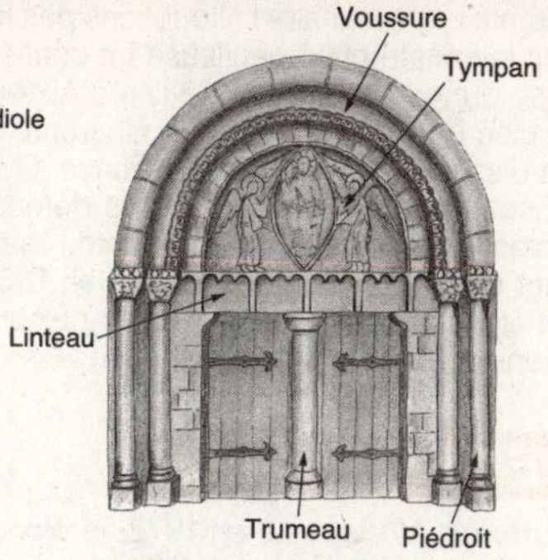

PORTAIL D'ÉGLISE ROMANE

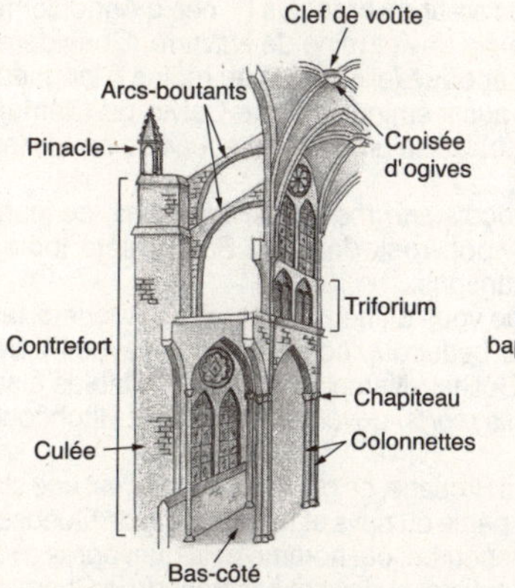

COUPE TRANSVERSALE D'UNE ÉGLISE GOTHIQUE

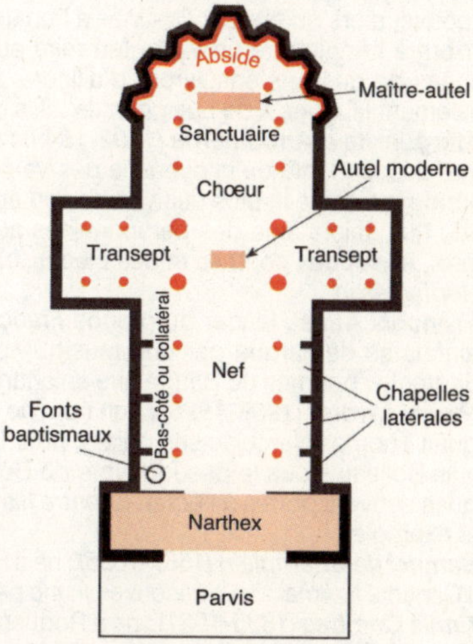

PLAN D'UNE ÉGLISE GOTHIQUE

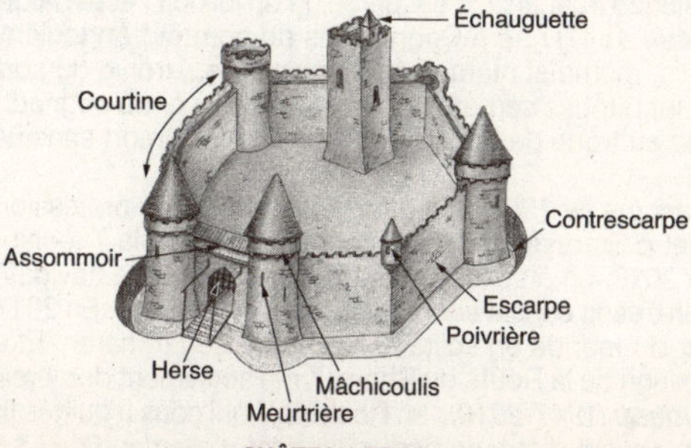

CHÂTEAU FORT

d'architecture militaire ! N'oublions pas le célèbre fort Boyard, au large d'Oléron – dont la construction périlleuse fut confiée aux bagnards. Malgré quelques revers (prise du fort de la Rade de l'île d'Aix en 1757, destruction de la flotte française acculée dans l'estuaire de la Charente sous le 1er Empire), ce système défensif – et dissuasif – s'est montré efficace. Quelques remaniements au cours du XIXe s consolidèrent et adaptèrent ces défenses aux progrès techniques (projectiles explosifs, portée de tir accrue, etc.) mais, bientôt, elles devinrent obsolètes. Au point que le fort Boyard, achevé en 1860, ne fut jamais armé. Il n'a pour autant pas été perdu pour tout le monde puisqu'on y incarcéra les communards... avant qu'une société de production n'en fasse le succès télévisuel que l'on connaît.

PERSONNAGES

– ***Antoine Albeau :*** né en 1972, le blond véliplanchiste rochello-rhétais amateur d'adrénaline a raflé plus de 20 titres de champion du monde. Ce qui en fait, mine de rien, le sportif le plus titré de l'histoire du sport français !
– ***Isabelle d'Angoulême (Taillefer)*** *(1188-1246)* **:** Jean sans Terre, roi d'Angleterre, subjugué par la beauté de la comtesse d'Angoulême, décide subitement de l'épouser alors qu'elle est destinée à l'un de ses vassaux. Enfin... ce mariage offre surtout à l'Angleterre un vaste territoire aux portes des Plantagenêts ! Plusieurs années de guerre s'ensuivront d'ailleurs. Et Isabelle, devenue veuve, épousera finalement Hugues X de Lusignan, le... fils de son ancien promis.
– ***Marguerite d'Angoulême*** *(1492-1549)* **:** sœur de François Ier, née à Angoulême, cette descendante de la dynastie des Valois devint reine de Navarre. Considérée comme la femme la plus cultivée de son époque (elle parlait au moins 6 langues), cette humaniste aida des personnalités aussi éminentes que Calvin ou Clément Marot, écrivit des poèmes et des pièces, et laissa un célèbre recueil de nouvelles, *L'Heptaméron.*
– ***Frànçois Atlas :*** leader du groupe *Frànçois and the Atlas Mountains,* ce jeune Saintais se démarque par une musique pop-rock décalée. Sa dernière lubie ? Adapter les poèmes de Baudelaire en chansons.
– ***Pierre Ayraud*** *(1908-1998)* **:** son nom ne vous dit rien ? Normal, ce Rochefortais signait Thomas Narcejac ses polars, pour beaucoup écrits à 4 mains avec Pierre-Louis Boileau (sous le pseudonyme de Boileau-Narcejac). D'indémodables classiques souvent portés à l'écran (*D'entre les morts,* devenu *Vertigo* chez Hitchcock, par exemple).
– ***Samuel de Champlain*** *(1567-1635)* **:** né à Brouage, ce grand navigateur est une star au Canada. Normal : il a « découvert » une partie du pays et fondé la ville de Québec.
– ***Émile Combes*** *(1835-1921)* **:** né à Roquecourbe, cet homme politique, après avoir perdu la foi, s'installe à Pons (Charente-Maritime) et devient sénateur de la Charente en 1885. Homme de gauche, il sera le précurseur d'une politique fortement anticléricale à laquelle il donnera son nom, le « combisme ». S'il demeure aujourd'hui une grande figure politique française, c'est parce qu'on lui doit l'école laïque.
– ***François Ier*** *(1494-1547)* **:** né à Cognac, fils du comte d'Angoulême, c'est bien un enfant du pays, même si maman était savoyarde... Ironie du sort, la chapelle du château où il fut baptisé sert aujourd'hui à entreposer du cognac. Sacré vin de messe ! Il accéda au trône de France en 1515, après la mort sans héritier de son cousin Louis XII.
– ***François Gabart*** *(né en 1983)* **:** ce navigateur et skipper professionnel français, né à Saint-Michel-d'Entraygues en Charente, remportait la 7e édition du Vendée Globe en janvier 2013, en établissant un nouveau record de navigation autour du monde en solitaire, sans escale sur monocoque, en 78 jours. En 2017, il décroche le record du tour du monde en solitaire à bord de son trimaran. Et en 2018, il se classe à la 2e position de la Route du Rhum, 7 mn seulement derrière le vainqueur !
– ***Bernard Giraudeau*** *(1947-2010)* **:** un Rochellois qui nous a quittés trop tôt. Matelot de la « Royale » avant d'être comédien : le prof d'allemand de *La Boum* (1980),

le séducteur trouble de *L'Année des méduses* (1984), entre autres apparitions sur le grand écran. Bernard Giraudeau avait également un joli brin de plume ; en témoignent ses 2 romans, *Les Dames de nage* et *Cher amour*.

– ***Joseph-Ignace Guillotin*** *(1738-1814)* **:** né à Saintes. Son nom vous dit sûrement quelque chose... À son grand dam, d'ailleurs, car ce médecin, paradoxalement plutôt humaniste, ne voulait pas que la guillotine porte son nom ! Il l'avait conçue (ou plus exactement perfectionnée, puisqu'elle existait déjà) uniquement pour qu'elle abrège les souffrances des condamnés à mort... Quand on songe à l'enthousiasme de Robespierre et consorts devant l'infernale machine... Ils n'imaginaient sans doute pas que leurs têtes sauteraient à leur tour !

– ***François de La Rochefoucauld*** *(1613-1680)* **:** les garçons de cette très vieille famille de la noblesse française portent ce patronyme depuis le XVIe s (voir la ville du même nom dans le chapitre « La Charente. La Rochefoucauld – Porte du Périgord »). Mais nous retiendrons le numéro 6. L'auteur des fameuses *Maximes* avait son propre château au nord d'Angoulême, où il fut exilé pour avoir conspiré contre Richelieu. Un autre François de La Rochefoucauld, né un siècle plus tard, a laissé une phrase à défaut d'une œuvre. C'est lui qui répondit à Louis XVI : « Ce n'est pas une révolte, Sire, c'est une révolution. »

– ***Renaud Lavillenie*** *(né en 1986)* **:** né à Barbezieux-Saint-Hilaire, il a détenu un temps le record mondial de saut à la perche en salle (6,16 m !). Et il accumule les médailles : l'or aux J.O. de Londres en 2012, l'argent à ceux de Rio en 2016 et une foule de 1res places aux championnats d'Europe, du monde ou de la Ligue de diamant.

– ***Pierre Loti*** *(1850-1923)* **:** aussi célèbre pour ses récits de voyage que pour ses excentricités, dont sa maison-musée de Rochefort n'est pas la moindre, Julien Viaud (de son vrai nom) a passé sa vie à fuir sa Charente-Maritime natale pour mieux y retourner. Il est enterré dans le jardin de sa maison de famille, à Saint-Pierre-d'Oléron.

PIERRE LOTI, PAS TRÈS CLAIR

Après le succès de son roman Ramuntcho, Loti tomba en admiration devant le Pays basque. Il séjourna fréquemment à Hendaye et décida d'avoir des enfants d'une mère basque, afin qu'ils soient d'une race... plus pure. Il eut 3 enfants basques dont le 1er s'appela Ramuntcho. Ils furent élevés par sa femme officielle !

– ***François Mitterrand*** *(1916-1996)* **:** né et enterré à Jarnac, Tonton, homme patient selon la tradition charentaise, était un authentique enfant du pays. C'était aussi le digne héritier des personnalités régionales : philosophe inspiré tel La Rochefoucauld, intrigant à la manière de Mme de Montespan, lettré à l'égal de Guez de Balzac, laïque comme Combes, orientaliste à la façon de Fromentin, et autant partisan de l'Europe que Monnet... S'il régna 2 fois moins longtemps que François Ier, il fut un grand bâtisseur, à la manière des rois de France : pyramide du Louvre, bibliothèque François-Mitterrand, Opéra Bastille... En 14 ans de présidence, il lança 11 projets architecturaux d'envergure !

– ***Jean Monnet*** *(1888-1979)* **:** le « père de l'Europe » est né à Cognac. Héritier d'une maison de négoce en cognac, il préfère devenir banquier, puis occupe un poste important à la Société des Nations (ancêtre de l'ONU). Pendant la guerre, il se bat aux côtés du général de Gaulle depuis Londres. Ainsi va naître l'idée de l'Europe politique : Monnet propose une union entre Anglais et Français. Il prolonge ensuite cette idée à d'autres pays et tentera de la mettre en application en tant que président du Comité pour les États-Unis d'Europe.

– ***François Ravaillac*** *(1578-1610)* **:** l'assassin d'Henri IV est charentais, né à Angoulême. Valet de chambre, puis maître d'école, assailli de visions mystiques, il a bouleversé l'histoire de France d'un simple coup de couteau. L'inventeur de la poule au pot n'en a pas eu (de pot) !

– ***René Antoine Ferchault de Réaumur*** *(1683-1757)* **:** ce physicien et naturaliste né à La Rochelle a publié des rapports sur les sujets les plus divers (de la fabrication des perles artificielles à la conservation des œufs frais), découvert le processus de transformation de la fonte en acier, étudié la locomotion des oursins et laissé une somme inachevée (6 tomes tout de même !) sur les insectes.

– ***Georges Simenon*** *(1903-1989)* **:** l'écrivain belge s'installe en Charente-Maritime avant la guerre. Le père de Maigret s'inspire de l'atmosphère du littoral et des cafés de diverses bourgades (Nieul-sur-Mer, Charron, Esnandes) pour certains de ses romans. C'est à La Rochelle (si bien décrite dans *Le Voyageur de la Toussaint*) qu'il passera, selon ses dires, les plus belles années de sa vie...

– ***Ludovic Trarieux*** *(1840-1904)* **:** issu d'une famille aisée d'Aubeterre-sur-Dronne, Ludovic Trarieux est avocat avant de se lancer en politique. Garde des Sceaux en pleine « affaire Dreyfus », Trarieux se range dans le camp des dreyfusards. Et c'est entre 2 séances du procès pour diffamation de Zola (après le fameux « J'accuse ») que Trarieux a l'idée de la création, en 1898, de la Ligue des Droits de l'homme.

– ***Alfred de Vigny*** *(1797-1863)* **:** un bien curieux garçon, militaire mais poète, ancien « mousquetaire rouge » à l'aspect souffreteux, météore littéraire lancé par Victor Hugo, qui se retira sur ses terres, dégoûté du show-biz de l'époque. Lui qui pensait profiter de la fortune de sa femme (fille du richissime gouverneur de la Jamaïque) n'eut droit, en dot, qu'à une île paumée de Polynésie, « toute pleine d'anthropophages » ! Consolation : il récupéra la propriété charentaise de son grand-père, le bien mignon domaine du Maine-Giraud, où il écrivit *La Bouteille à la mer,* avant de se recycler dans le commerce du cognac...

SITES INSCRITS AU PATRIMOINE MONDIAL DE L'UNESCO

Organisation des Nations Unies pour l'éducation, la science et la culture · En coopération avec le Centre du patrimoine mondial

Pour figurer sur la liste du Patrimoine mondial, les sites doivent avoir une valeur universelle exceptionnelle et satisfaire à au moins un des 10 critères de sélection. La protection, la gestion, l'authenticité et l'intégrité des biens sont également des considérations importantes.

Le patrimoine est l'héritage du passé dont nous profitons aujourd'hui et que nous transmettons aux générations à venir. Nos patrimoines naturel et culturel sont 2 sources irremplaçables de vie et d'inspiration. Ces sites appartiennent à tous les peuples du monde, sans tenir compte du territoire sur lequel ils sont situés.

Pour plus d'informations : ● *whc.unesco.org* ●

Pour les Charentes sont concernés plusieurs sites, à commencer par la ***fortification de Saint-Martin-de-Ré,*** sur l'île de Ré (Charente-Maritime), qui fait partie des sites Vauban classés en 2008. Par ailleurs, 4 autres sites sont inscrits, depuis 1998, comme étapes sur les chemins de Saint-Jacques-de-Compostelle : la ***basilique Saint-Eutrope de Saintes*** (Charente-Maritime), l'***église Saint-Pierre d'Aulnay-de-Saintonge*** (Charente-Maritime), l'***abbaye royale de Saint-Jean-d'Angély*** (Charente-Maritime) et l'***hôpital des pèlerins de Pons*** (Charente-Maritime). En 2021, c'est le ***phare de Cordouan,*** situé dans l'estuaire de la Gironde au large de Royan, qui a été inscrit sur la précieuse liste de l'Unesco.

VINS ET ALCOOLS

Le cognac

Les Chinois ne jurent aujourd'hui plus que par lui, les stars du hip-hop américain s'affichent bouteille à la main dans leurs clips et les Japonais ont racheté l'un de ses producteurs (et non des moindres, Courvoisier pour ne pas le citer...). Et même si quelques-unes des 1res grandes maisons de négoce (Hennessy, Martell) ont été

fondées au XVIIIe s par des Anglo-Saxons, même s'il est presque intégralement exporté, n'allez surtout pas demander aux Charentais si le cognac est encore un produit français ! C'est une AOC dont la zone de production a été fixée par décret dès 1909 puis classée par « crus » en 1938.
Mais son histoire est beaucoup plus ancienne. En Charentes, le vignoble existe depuis l'époque romaine. Au XVe s, on prend l'habitude de distiller les vins charentais pour qu'ils supportent le voyage. Parce qu'on les exporte, et depuis longtemps. Dans les ports de la Ligue hanséatique notamment où, dans les tavernes, on raffole de ce « vin brûlé » (*brandwijn,* qui, à Londres, devient... *brandy* !). Au hasard de quelques méventes, on s'aperçoit que ce vin brûlé gagne largement en goût au contact du chêne des barriques. Donc, à partir du XVIIe s, les vins du Poitou, de La Rochelle et de l'Angoumois sont transformés en eaux-de-vie, puis bonifiés en fûts de chêne. Quant à savoir qui a inventé le procédé de distillation « à repasse » toujours utilisé aujourd'hui... Une légende locale raconte que la technique est apparue en rêve à un chevalier de Segonzac. Plus sérieusement, ce sont sûrement les Anglais qui ont appliqué au cognac cette double distillation, déjà utilisée pour le whisky irlandais.
La distillation s'effectue donc en 2 temps : d'abord, obtention du 1er distillat appelé « brouillis », remis en chaudière pour une 2de distillation appelée « la bonne chauffe ». Le vieillissement du cognac prend au minimum 2 ans et demi et comprend 3 phases principales : l'extraction, l'hydrolyse et l'oxydation. La maturation s'effectue grâce au bois, qui établit un contact indirect entre l'eau-de-vie et l'air ambiant.
Le maître assembleur procède à un mariage de différentes eaux-de-vie, d'âges et de crus différents, qui confère à chaque produit toute sa personnalité. Tous les cognacs ne se ressemblent donc pas ! Une fois en bouteille, contrairement au vin, le cognac n'évolue plus ; il conserve donc l'âge qu'il avait au moment de son embouteillage.
Si vous passez par Cognac ou Jarnac, la plupart des grandes maisons de cognac proposent visite et dégustation.
Pour en savoir plus : ● *cognac.fr* ●, le site du bureau national interprofessionnel du cognac (BNIC). Renseignements sur toutes les grandes marques de cognac.

AL-KHÔL

Les origines de l'alambic charentais remontent à l'Égypte antique. Le vase en cuivre, utilisé alors pour la fabrication du khôl (maquillage pour les yeux), est appelé Al-ambic par les Égyptiens. Par la suite, les Arabes commencèrent à distiller le vin et donnèrent le même nom au produit obtenu, d'où l'apparition du mot Al-khôl, signifiant « chose subtile » et qui donna, par la suite, notre « alcool ».

Le pineau

Au XVIe s, paraît-il, un vigneron verse par hasard du moût de raisin dans un tonneau de cognac. Pensant avoir perdu toute la précieuse eau-de-vie, il laisse le tonneau dormir dans un coin. Ayant besoin quelques années plus tard du contenant, il goûte quand même le contenu avant de le jeter... Et, ô miracle, il gagne le gros lot : le pineau des Charentes ! Voilà pour la petite histoire.
Maintenant, les explications techniques. On sait que tout vin découle d'une fermentation, qui transforme en alcool les sucres du moût (le jus). Pour produire du pineau, le viticulteur attend que le degré d'alcool du moût monte à 10°. Il y ajoute alors du cognac « rassis » (c'est-à-dire issu d'une distillation antérieure) qui doit titrer au minimum 60° et provenir du même domaine. D'un côté, cet alcool arrête la fermentation (l'alcool est un tueur de champignons et de levure), gardant ainsi au moût ses réserves de sucre. D'un autre côté, il élève à 17° la teneur alcoolique du vin. Bu après avoir vieilli de 18 mois à 3 ans,

le pineau se révèle à la fois fort et sucré, doux et capiteux. Il existe 2 sortes de pineau : un blanc et un rosé. Plus il est vieux, meilleur il est.
Les Charentais l'ont réservé longtemps à leur propre consommation. Aujourd'hui, le pineau (qui se boit frais, en apéritif ou comme vin de dessert) réjouit les Belges, les Canadiens, les Allemands et les Américains. Les Chinois, amateurs de cognac, se laisseront-ils tenter ?

Les vins

Dans une région où le raisin sert principalement à la production de cognac, pas facile de produire du bon vin. Il y a pourtant quelques crus qui jouissent d'une réputation honorable. Sur l'île d'Oléron par exemple, les artisans vignerons ont fait ces dernières années des progrès considérables et produisent désormais des ***blancs*** de caractère, vinifiés notamment avec le cépage colombard.

PETITS TRUCS ET ASTUCES POUR ÉVITER LES ABUS ET MAUVAISES SURPRISES

Un routard informé en vaut 2 ! Pour éviter les désagréments en tous genres, voici un petit pense-bête destiné à parer aux coûts et aux coups de bambous.

Bien sûr, nos enquêteurs veillent au grain, et les établissements qui ne répondent plus à nos critères ou abusent sont vite supprimés de nos guides. La réciproque est aussi valable. N'oublions pas que les hôteliers et restaurateurs font un métier difficile, et que la pandémie liée au Covid n'a pas amélioré les choses. S'ils se doivent de toujours garder le sourire, nous nous devons de les respecter en n'arrivant pas chez eux en terrain conquis.

À L'HÔTEL

1 – Arrhes ou acompte ? : dans les 2 cas, il s'agit de sommes versées au moment de la réservation, à titre d'avance sur l'occupation d'une chambre ou d'une location saisonnière, et faisant office de garantie réciproque. On préfère parler d'arrhes plutôt que d'acompte considéré comme définitif, c'est-à-dire sans dédit possible. Légalement, aucune règle ne précise le montant des arrhes, mais il est d'usage de verser ***25 à 30 % du prix total au moment de la réservation.*** Cette somme ne pourra pas être remboursée en cas d'annulation de la réservation, sauf cas de force majeure qu'il vous faudra justifier (maladie ou accident) ou en accord avec l'hôtelier si l'annulation est faite dans des délais jugés raisonnables. Si, au contraire, l'annulation est le fait de l'hôtelier, il doit vous rembourser le double des arrhes versées. Enfin, si vous avez réservé une chambre (sans avoir rien versé) et que vous avez un empêchement, ***passez un coup de téléphone pour annuler,*** c'est la moindre des politesses.

2 – Numéro de carte à la réservation : qu'elle se fasse sur Internet ou par téléphone, il est de plus en plus courant de fournir son numéro de carte bancaire pour garantir la réservation de la chambre. Le client peut alors annuler sa réservation jusqu'à 24h avant l'arrivée dans l'hôtel. Au-delà, l'hôtelier est en droit de débiter la totalité du montant de la 1re nuit.

3 – Subordination de vente : les hôteliers ont interdiction de pratiquer la subordination de vente. C'est-à-dire qu'***ils ne peuvent pas vous obliger à réserver plusieurs nuits d'hôtel si vous n'en souhaitez qu'une.*** Dans le même ordre d'idées, on ne peut vous obliger à prendre votre petit déjeuner ou vos repas dans l'hôtel. Ce principe, illégal, est cependant toléré en pratique, surtout en haute saison, dans les zones touristiques où la demande est bien plus importante que l'offre.

4 – Les réservations en ligne : elles se sont généralisées. Si les centrales de réservation en ligne sont devenues incontournables, sachez qu'elles garantissent rarement de meilleurs prix qu'en direct, sauf promos exceptionnelles, évidemment. C'est d'ailleurs souvent l'inverse. En effet, la plupart des établissements font payer la commission versée aux sites internet à leurs clients, en augmentant leurs tarifs d'autant. ***N'hésitez donc pas à réserver en direct auprès de l'hôtel, de bonnes surprises vous attendent.*** Autre avantage de la résa en direct, vous pouvez préciser le type de chambre souhaité (sur mer, sur jardin) et obtenir des renseignements fiables sur l'établissement.

5 – Responsabilité en cas de vol : un hôtelier ne peut en aucun cas dégager sa responsabilité pour des objets volés dans la chambre d'un de ses clients, même si ces objets n'ont pas été mis au coffre. En d'autres termes, les éventuels panonceaux dégageant la responsabilité de l'hôtelier n'ont aucun fondement juridique.

AU RESTO

1 – Les prix : ils sont libres, mais ***l'affichage est obligatoire*** à l'extérieur de l'établissement, de manière visible. Tous les menus doivent être affichés, même le moins cher. Ils doivent être identiques à ceux que l'on vous présente à l'intérieur.

2 – Formule ou menu ? Généralement, la formule est une proposition écourtée comprenant entrée + plat ou plat + dessert. Avec parfois un verre de vin et/ou le café. De fait, elle est moins chère que le menu, en principe complet (entrée + plat + dessert). Très souvent, les formules et les 1ers menus (les moins chers) ne sont ***servis qu'en semaine et/ou seulement au déjeuner,*** et plus rarement avant certaines heures (12h30 et 20h environ). C'est parfaitement légal, à condition toujours que ce soit clairement indiqué sur le panneau extérieur et sur le menu que l'on vous présente à table. Il arrive qu'il disparaisse comme par enchantement (humm, mauvais signe…). Vous êtes en droit de le demander.

3 – Le « fait maison » : pour parer au sous-vide et tout congelé, et parallèlement valoriser le travail de restaurateurs scrupuleux, le « fait maison » (logo d'une casserole surmontée d'un toit de maison avec cheminée) apparaît comme un faire-valoir évident et rassurant. Même s'il ne garantit pas le 100 % maison (la loi est un peu tordue sur le sujet et il n'y a pas de contrôle), ni la qualité du chef ! Cela dit, c'est un bon début.

4 – La carte en dit long ! Voici, foi d'enquêteur, quelques trucs très simples pour analyser un menu : tout d'abord la ***brièveté de la carte*** est un bon gage de fraîcheur ; quand les produits sont locaux et de saison, c'est encore mieux ! On peut aussi questionner le serveur. Sa franchise (ou son embarras) vous en dira long (le bar, il est sauvage ou d'élevage ?). Autre indice : si la carte n'est composée que de plats passe-partout dont certains peuvent nécessiter des cuissons très longues (parmentier de canard, suprêmes de volaille en sauce, souris d'agneau, bourguignon...), ce n'est pas forcément bon signe, surtout s'ils sont servis trop rapidement. Même topo avec les desserts bistrotiers type tarte Tatin, mi-cuit ou mousse au chocolat, crème brûlée, panna cotta, tiramisù qui sortent soit du congélateur, soit d'une brique ! Tout comme les mignardises qui accompagnent le café gourmand souvent surfacturé. Un bon chef n'est pas forcément un bon pâtissier. Et il a rarement le temps de préparer 36 desserts ! Enfin, en dehors des zones côtières, on évite les poissons et fruits de mer le lundi… les livraisons ayant rarement lieu le week-end !

5 – Commande jugée insuffisante : sachez qu'il est illégal de pousser le client à la consommation. Une attitude parfois un peu insistante de la part du serveur est indigne d'un bon établissement.

6 – *Doggy bag :* la lutte anti-gaspi a du bon ! Depuis le 1er juillet 2021, les restaurateurs ne peuvent vous refuser de partir avec ce que vous avez laissé dans votre assiette. Alors, n'hésitez pas à le demander, c'est une bonne occasion de terminer votre repas… à la maison !

7 – Eau : une carafe d'***eau du robinet*** est ***gratuite*** à condition qu'elle accompagne un repas. On ne peut pas vous la refuser, sauf si elle est jugée impropre à la consommation par décret. Dans certains restos, on vous l'apporte d'office en guise de bienvenue. Un vrai bon point ! La bouteille d'***eau minérale*** doit, quant à elle, comme le vin, être ouverte devant vous. L'arnaque consiste parfois à proposer d'emblée une eau minérale, facturée au prix fort. À la question du serveur : « Et pour l'eau, plate ou gazeuse ? », vous pouvez répondre sans rougir : « Une carafe me conviendra ».

8 – Vins (et autres alcools) : la marge la plus importante des restaurateurs ! Et certains en abusent… Le vin au verre s'est généralisé. Tant mieux. Sinon, au-delà de 2 verres (gare aux prix exorbitants et à l'interdiction de conduire), il peut être plus intéressant de commander une bouteille, quitte à l'emporter en fin de repas si elle n'est pas terminée. Sinon, ne pas hésiter à demander un ***petit vin de pays en pichet,*** l'occasion de découvrir ainsi des petites cuvées locales et bon marché.

les ROUTARDS sur la FRANCE 2022-2023

(dates de parution sur • *routard.com* •)

Découpage de la FRANCE par le ROUTARD

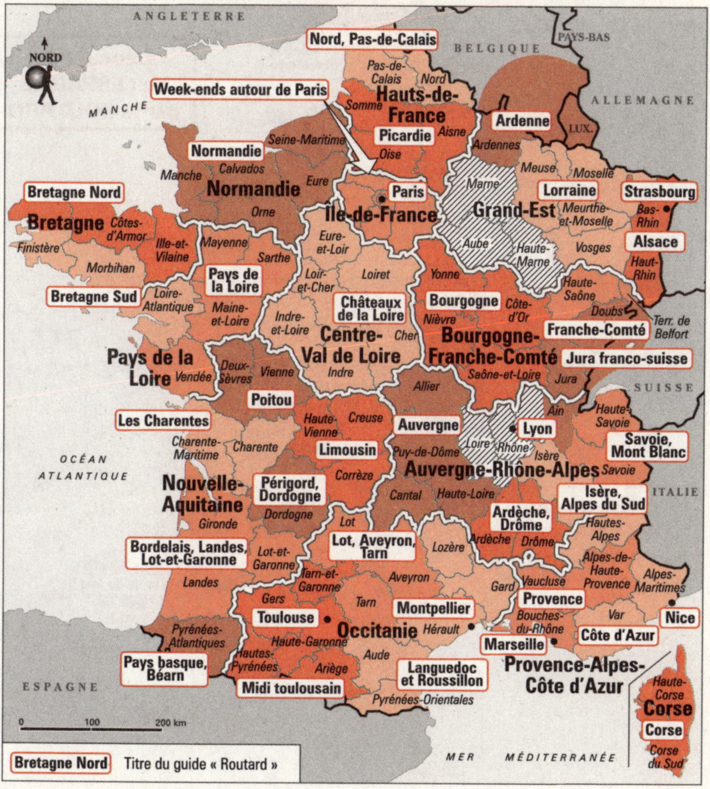

Autres guides sur la France

- Nos meilleurs campings en France
- Nos meilleures chambres d'hôtes en France

Autres guides sur Paris

- Paris
- Paris balades
- Restos et bistrots de Paris
- Le Routard des amoureux à Paris
- Week-ends autour de Paris

Le Routard à vélo

- EuroVelo6
- La Bourgogne du Sud à vélo
- La Flow Vélo
- La Loire à Vélo
- La Vélo Francette
- La Vélodyssée (Roscoff-Hendaye)
- Le Canal des 2 mers à vélo
- Paris Île-de-France à vélo
- ViaRhôna
- Les plus belles escapades à vélo en France

les ROUTARDS sur l'ÉTRANGER 2022-2023

(dates de parution sur • **routard.com** •)

Découpage de l'ESPAGNE par le ROUTARD

Découpage de l'ITALIE par le ROUTARD

Autres pays européens

- Allemagne
- Angleterre, Pays de Galles
- Autriche
- Belgique
- Bulgarie
- Crète
- Croatie
- Danemark, Suède
- Écosse
- Finlande
- Grèce continentale
- Hongrie
- Îles grecques et Athènes
- Irlande
- Islande
- Madère
- Malte
- Norvège
- Pays baltes : Tallinn, Riga, Vilnius
- Pologne
- Portugal
- République tchèque, Slovaquie
- Roumanie
- Suisse

Villes européennes

- Amsterdam
- Berlin
- Bruxelles
- Budapest
- Copenhague
- Dublin
- Lisbonne
- Londres
- Moscou
- Naples
- Porto
- Prague
- Saint-Pétersbourg
- Stockholm
- Vienne

les ROUTARDS sur l'ÉTRANGER 2022-2023

(dates de parution sur • *routard.com* •)

Découpage des ÉTATS-UNIS par le ROUTARD

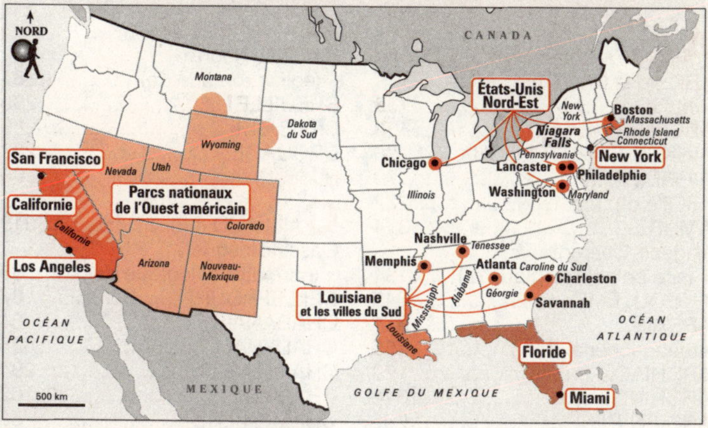

Autres pays d'Amérique

- Argentine
- Brésil
- Canada Ouest
- Chili et île de Pâques
- Colombie
- Costa Rica
- Équateur et les îles Galápagos
- Guatemala, Belize
- Mexique
- Montréal
- Pérou, Bolivie
- Québec et Ontario

Asie et Océanie

- Australie côtes est et nord + Red Centre
- Bali, Lombok
- Bangkok
- Birmanie (Myanmar)
- Cambodge, Laos
- Chine
- Hong Kong, Macao, Canton
- Inde du Nord
- Inde du Sud
- Israël et Palestine
- Istanbul
- Jordanie
- Malaisie, Singapour
- Népal
- Shanghai
- Sri Lanka (Ceylan)
- Thaïlande
- Tokyo, Kyoto et environs
- Turquie
- Vietnam

Afrique

- Afrique du Sud
- Égypte
- Kenya, Tanzanie et Zanzibar
- Maroc
- Marrakech
- Sénégal
- Tunisie

Îles Caraïbes et océan Indien

- Cuba
- Guadeloupe, Saint-Martin, Saint-Barth
- Île Maurice, Rodrigues
- Madagascar
- Martinique
- République dominicaine (Saint-Domingue)
- Réunion

Guides de conversation

- Allemand
- Anglais
- Arabe du Maghreb
- Arabe du Proche-Orient
- Chinois
- Croate
- Espagnol
- Grec
- Italien
- Japonais
- Portugais
- Russe
- G'palémo (conversation par l'image)

Livres-photos/Livres-cadeaux

- 50 voyages à faire dans sa vie
- 52 escapades nature en France **(nouveauté)**
- 52 week-ends coups de cœur en Europe (city trips)
- 52 week-ends coups de cœur en France
- 120 coins secrets en Europe
- 1 200 coups de cœur en France
- 1 200 coups de cœur dans le monde
- Cahier de vacances du Routard
- La France de Stéphane Bern
- Nos plus belles balades et randos en France **(nouveauté)**
- Road Trips Monde
- Road Trips en France
- Sacré : 100 lieux d'inspiration divine **(nouveauté)**
- Voyages
- Voyages : États-Unis
- Voyages : France
- Voyages : Italie

INDEX GÉNÉRAL

LISTE DES CARTES ET PLANS

INDEX GÉNÉRAL

« OSONS LE PAS DE CÔTÉ »

Le surtourisme ? Tous concernés. Et pourtant, à l'écart des grands flux touristiques, il existe plein de pépites méconnues, souvent oubliées des circuits trop encombrés. Ici un site ignoré ; là un quartier secret ; plus loin un village caché au charme discret, avec un troquet d'une autre époque... Il existe une infinité de lieux peinards que l'on a envie de mettre en avant avec ce pictogramme. Un vagabondage enfin calme favorisé aussi par les **visites aux heures creuses.** Vive le *slow trip* !

#osonslepasdecote

Remarque importante aux hôteliers et restaurateurs

Les enquêteurs du *Routard* travaillent dans le plus strict anonymat. Aucune réduction, aucun avantage quelconque, aucune rétribution n'est jamais demandé en contrepartie. Face aux aigrefins, la loi autorise les hôteliers et restaurateurs à porter plainte.

Avis aux lecteurs

Le Routard, ce n'est pas comme le bon vin, il vieillit mal. On ne veut pas pousser à la consommation, mais évitez de partir avec une édition ancienne. Les modifications sont souvent importantes.

Les réductions accordées à nos lecteurs ne sont jamais demandées par nos rédacteurs afin de préserver leur indépendance. Les hôteliers et restaurateurs sont sollicités par une société de mailing, totalement indépendante de la rédaction, qui reste donc libre de ses choix. De même pour les autocollants et plaques émaillées.

Avec routard.com, choisissez, organisez, réservez et partagez vos voyages !

✓ Rejoignez la plus grande communauté francophone de voyageurs : **plusieurs millions d'internautes.**

✓ Échangez avec les routarnautes : forums, photos, avis d'hôtels.

✓ Retrouvez aussi toutes les informations actualisées pour choisir et préparer vos voyages : près de 300 guides destinations, une centaine de dossiers pratiques et un magazine en ligne pour découvrir tous les secrets de votre destination.

✓ Enfin, comparez les offres pour organiser et réserver votre voyage au meilleur prix.

Les **Routards** *parlent aux* **Routards**

Faites-nous part de vos expériences, de vos découvertes, de vos tuyaux et de vos coups de cœur. Aidez-nous à remettre l'ouvrage à jour. Indiquez-nous les renseignements périmés. Faites profiter les autres de vos adresses nouvelles, combines géniales... On adresse un exemplaire gratuit de la prochaine édition à ceux qui nous envoient les meilleurs courriers, pour la qualité et la pertinence des informations.

Quelques conseils cependant :

– Envoyez-nous votre courrier le plus tôt possible afin que l'on puisse insérer vos tuyaux sur la prochaine édition.

– N'oubliez pas de préciser l'ouvrage que vous désirez recevoir, ainsi que votre adresse postale.

– Vérifiez que vos remarques concernent l'édition en cours et notez les pages du guide concernées par vos observations.

– Quand vous indiquez des hôtels ou des restaurants, pensez à signaler leur adresse précise et, pour les grandes villes, les moyens de transport pour y aller. Si vous le pouvez, joignez la carte de visite de l'hôtel ou du resto décrit.

En tout état de cause, merci pour vos nombreux mails.

122, rue du Moulin-des-Prés, 75013 Paris

● *guide@routard.com* ● *routard.com* ●

Routard Assurance *2022*

Enrichie au fil des années par les retours des lecteurs, *Routard Assurance* reste l'assurance voyage référence des globe-trotters. Tout y est inclus, même la **Covid** : frais médicaux, assistance rapatriement, bagages, responsabilité civile... Avant votre départ, appelez *AVI* pour un conseil personnalisé. Besoin d'une **attestation Covid,** d'un avis médical, d'une prise en charge dans un hôpital ? Téléchargez l'appli mobile *AVI International* pour garder le contact avec *AVI Assistance* et disposer d'un vaste réseau médical à travers le monde. *AVI Assistance* est disponible 24h/24 pour une réponse en temps réel. De simples frais de santé en voyage ? Envoyez les factures à *AVI* dès votre retour, ils vous remboursent sous une semaine. *Le Colisée Gardens, 10 avenue de l'Arche, CS 70126, 92419 Courbevoie Cedex.* ☎ *01-44-63-51-00.* ● *avi-international.com* ● Ⓜ *La Défense.*

Édité par Hachette Livre (58, rue Jean-Bleuzen, CS 70007, 92178 Vanves Cedex, France)
Photocomposé Jouve SAS (561, Rue Saint Léonard, 53100 Mayenne, France)
Imprimé par Dupliprint (Quai n° 2, 733, rue Saint-Léonard, BP 3, 53101 Mayenne Cedex, France)
Achevé d'imprimer : février 2022
Collection n° 15 - Édition n° 01
15/1332/8
I.S.B.N. 978-2-01-717213-0
Dépôt légal : mars 2022

PAPIER À BASE DE FIBRES CERTIFIÉES